국가

이론과 쟁점

Colin Hay
Michael Lister
David Marsh 엮음

양승함 옮김

명인문화사

국가: 이슈와 쟁점

제1쇄 펴낸 날 2024년 2월 15일

엮은이 Colin Hay, Michael Lister, David Marsh
옮긴이 양승함
펴낸이 박선영
주 간 김계동
디자인 전수연
교 정 김유원

펴낸곳 명인문화사
등 록 제2005-77호(2005.11.10)
주 소 서울시 송파구 백제고분로 36가길 15 미주빌딩 202호
이메일 myunginbooks@hanmail.net
전 화 02)416-3059
팩 스 02)417-3095

ISBN 979-11-6193-081-7
가 격 30,000원

ⓒ 명인문화사

....

The State: Theories and Issues, Second Edition
Edited by Colin Hay, Michael Lister and David Marsh

Editorial selection and matter ⓒ Colin Hay, Michael Lister & David Marsh, 2022.

Individual chapters ⓒ their individual authors, 2022.

This translation of *The State: Theories and Issues, Second Edition* is published by arrangement with Bloomsbury Publishing Plc.

Korean language edition published by Myung In Publishers, Copyright ⓒ 2024.

국내외 저작권법에 의거하여 복사제본과 PPT제작 등 **무단 전재**와 **무단 복제**를 **금지**합니다.

간략목차

서론   1

제1부 국가이론
1장 다원주의   37
2장 엘리트주의   66
3장 마르크스주의   94
4장 공공선택   129
5장 제도주의   157
6장 여성주의   189
7장 녹색이론   211
8장 탈구조주의   242

제2부 국가 쟁점
9장 국가와 주권   273
10장 국가와 안보   299
11장 국가와 영토   322
12장 국가와 자본   348
13장 국가와 민족주의   378
14장 국가와 대중영합주의   405

결론   431

세부목차

역자서문 • x

서론 • 1
국가에 대한 정의 • 6
국가의 개념 • 15
국가이론의 최근 발전 • 22
국가를 넘어서? • 24
책의 구성 • 25

제1부 | 국가이론

1장   다원주의 • 37
서론 • 37
다원주의의 핵심 • 40
다원주의의 발전 • 45
다원주의 비판 • 48
다원주의 재활성화 • 50
현대 다원주의의 발전 • 54
불평등 세계에서의 다원주의 • 63
결론 • 64

2장   엘리트주의 · 66

서론 · 66
토대 · 68
근대 엘리트주의자 · 72
현대 엘리트주의 접근방법 · 78
인공지능과 미래 엘리트 거버넌스 · 90
결론: 통치 엘리트의 흥망성쇠 이해 · 92

3장   마르크스주의 · 94

서론 · 94
마르크스주의와 국가 · 95
마르크스주의 이론에서의 국가의 계보학 · 105
결론 · 123

4장   공공선택 · 129

서론 · 129
비효율적 국가 · 132
정치적 교환의 산물로서의 국가 · 143
결론 · 152

5장   제도주의 · 157

서론 · 157
'구제도주의'에서 '신제도주의'로 · 159
합리적 선택 제도주의(RCI) · 160
역사적 제도주의(HI) · 166
사회학적 제도주의 · 170
담론적 제도주의 · 175
결론 · 185

6장 여성주의 · 189
서론 · 189
중립적이고 온화한 국가 · 193
가부장적 자본주의 국가 · 195
탈식민 국가 · 201
탈구조주의 국가 · 203
신물질주의와 국가 · 204
국가에 대한 여성주의 정치분석 · 206
결론 · 208

7장 녹색이론 · 211
서론 · 211
녹색국가란 무엇인가? · 214
복지국가의 녹색화? · 219
녹색국가를 위한 주요 도전 · 224
결론 · 239

8장 탈구조주의 · 242
서론 · 242
탈구조주의와 이성 · 243
탈구조주의와 해석주의 · 248
표출 · 253
주권 · 257
통치성 · 263
결론 · 269

제2부 | 국가 쟁점

9장 국가와 주권 • 273
　서론 • 273
　'지배권력'으로서의 주권 • 275
　주권과 유엔 • 283
　책임으로서의 주권 • 288
　결론: '통제권 회수' • 294

10장 국가와 안보 • 299
　서론 • 299
　안보에서의 국가 • 301
　안보로서의 국가? • 307
　국가와 안보관계의 '얽히고설킨 역사' • 315
　결론 • 320

11장 국가와 영토 • 322
　서론 • 322
　'계산 공간'으로서의 영토 • 326
　연결망으로서의 영토 • 333
　결론 • 345

12장 국가와 자본 • 348
　서론 • 348
　기업 권력에 관한 이론적 논쟁 • 349
　민주정치에서 기업의 역할에 관한 초점 감소 • 356
　기업의 권력에 대한 경험적 분석 • 358
　결론 • 376

13장 국가와 민족주의 • 378
　　서론 • 378
　　민족주의와 국가에 대한 이론적 시각 • 381
　　민족주의의 다양성: 포용과 배제 • 385
　　국가 및 하위국가 민족주의 • 391
　　국가 해체? 민족주의와 독립 • 400
　　결론 • 402

14장 국가와 대중영합주의 • 405
　　서론 • 405
　　대중영합주의 정의하기 • 407
　　대중영합주의란 무엇인가? • 409
　　대중영합주의와 국민 • 412
　　대중영합주의가 아닌 것 • 413
　　대중영합주의와 근대국가 • 417
　　반자유주의적, 그러면 민주적인가? • 421
　　변화하는 수요 – 권력을 잡은 대중영합주의 • 424
　　대중영합주의의 물결 • 426
　　결론 • 428

　　결론 • 431
　　코로나19 팬데믹과 국가 • 433
　　코로나19 이후의 국가 • 445
　　변화, 그러나 근본적인 연속성과 함께 • 452
　　인종과 국가 • 460

　　참고문헌 • 467
　　찾아보기 • 524
　　저자소개 • 529
　　역자소개 • 534

도해목차

표

3.1 구조주의 대 도구주의를 넘어   118
5.1 네 종류의 신제도주의   186

도표

0.1 GDP 대비 국가 지출(1960~2020년)   3
0.2 GDP 대비 총 국가 부채(1995~2020년)   4
4.1 자연 상태   145

역자서문

『국가: 이론과 쟁점』(The State: Theories and Issues)의 제2판을 명인문화사에서 번역 출판한다는 공모를 봤을 때 기꺼이 기쁜 마음으로 응모했다. 왜냐하면, 이 책의 초판을 역자가 국가론 강의에서 교과서로 유용하게 사용했기 때문에, 번역본이 출간된다면 국가를 연구하는 사람은 물론 국가에 관심을 가진 일반 독자에게도 쉽게 유익한 접근 기회를 제공할 수 있기 때문이었다. 수개월 간의 노력 끝에 출판되는 번역본이 소정의 기대를 충족시킬지는 독자들의 판단에 맡기면서 조심스러운 마음으로 역자 서문을 쓴다.

   이 책은 우선 근대국가의 쇠퇴론 및 전환론에 근본적인 의문을 제기하고 근대 국민국가는 본질적인 역할과 기능을 유지하면서 지구상에 가장 중요한 정치 행위자로 존속할 것이라고 주장한다. 이 책의 초판이 출판된 2006년 만 해도 세계경제 및 지역 통합, 테러와의 전쟁, 신사회운동 그리고 기후변화 등의 초국적 현상과 글로벌 기업, 국제 거버넌스, 국제NGO, 테러주의자 등의 초국적 행위자의 역할 증폭으로 새로운 거버넌스체제가 국가를 공동화(hollowing out)할 것이라는 국가이론이 유행하던 시기였다. 그러나 이 초판에서 저자들은 초국적 요소가 중요해진 것은 사실이지만 국가가 여전히 지배적으로 남아있다고 주장했다.

16년이 지난 후 제2판에서 저자들은 그동안 일어난 세계 및 국가 현상들은, 다양한 변화에도 불구하고, 자신들의 주장이 정당화됐음을 자신 있게 선언한다. 세계금융위기, 브렉시트와 트럼프의 등장, 세계 곳곳에서의 대중영합주의의 부상 그리고 코로나19의 대유행 등은 사회적, 정치적, 경제적, 문화적 영역에서 국가의 권력과 자율성을 오히려 강화시켰다고 분석하고 있다. 국가는 백신 처방과 인적 교류 통제, 경제 개입의 확대와 정보 흐름의 통제 등 현대 사회의 거의 전 영역에서 그 영향력을 사회에 침투하고 확산해왔다는 것이다.

정치학에서 국가만큼 중요한 개념은 없을 것이다. 동시에 국가만큼 많은 학자들이 다양한 시각에서 서로 다른 것을 의미하는 다양한 개념을 제시하는 개념도 드물다. 이 책은 국가의 개념을 국가 기능을 수행하는 제도적 총체로서의 제도적 맥락과 역사적으로 변화 적응해온 역사적 맥락에서 도출하고 있다. 따라서 유럽연합(EU)에서 나타나고 있는 공동주권(pooling of sovereignty)과 같은 현상은 국가 주권의 쇠퇴가 아니라 일부 주권을 이양함으로써 그 분야에서 더 큰 역량을 발휘하기 위한 주권 개념의 변천 과정의 하나라고 해석한다. 지구적 차원을 넘어 행성적 차원의 문제까지 대두되는 미래에서도 국가의 조직적 기능은 중요하게 존속될 것이며 국민국가 쇠퇴론은 과장된 것이라고 설득력 있게 주장한다.

영국 학자 중심으로 유럽 전문가들이 편집한 이 책은 그동안 미국 학자들에 의해 주도된 국가이론서와는 사뭇 다른 시각을 제공한다. 사회민주적 대륙계 학풍이 자유민주적 미국계 학풍과는 대조를 이루며, 유럽 중심적 시각에서 미국 중심적 시각에 도전하는 비판이 날카롭게 전개된다. 고전적 국가이론의 삼두체제라고 할 수 있는 다원주의, 엘리트주의, 마르크스주의에 대한 비판적 고찰이 미국적 사조와는 다르고, 합리성에 기반한 공공선택이론에 대해서는 더욱 그렇다. 그 외에 상대적으로 최신 이론이자 대안적 이론인 신제도주의, 여성주의(feminism), 녹색이론, 탈구조주의에 대해서는 우호적인 평가 분석을 하고 있다.

이 책의 제1부는 위에 언급한 9개의 이론적 접근방법에서 국가와 관련한 이론적 논의를 제공하고 있고, 제2부는 국가와 관련한 주요 쟁점인 주권, 안보, 영토, 자본, 민족주의, 대중영합주의를 다루고 있다. 일반적으로 이론에 관한 연구는 거의 유사한 경우가 대부분이나, 이 책의 제1부의 국가이론은 강조점에 차이가 있을 뿐만 아니라 가장 최근에 발표된 연구 결과도 포함하고 있어 기존 이론에 익숙한 독자도 AI문제 등 신선한 내용을 접할 수 있다. 특히 제2부 국가 쟁점에 관해서는 기존의 고정 관념에 충격을 주는 다양한 분석적 시각을 제시하고 있다.

구체적으로 몇 개의 예를 들면, 우선 이론 분야에서 다원주의가 주류 국가이론으로 취급되는 일반적 경향과는 달리, 다원주의의 역설, 즉 국가에의 권력 집중을 경계하면서도 국가를 민주정치의 경기장(arena)으로 간주하는 것에 대해 비판적 고찰을 하면서 집단과 이익 간의 불공정 게임을 지적하는 신다원주의에 큰 비중을 두고 있다. 쟁점 분야에서는 국가는 국민의 안전에 필수적이라는 홉스(Thomas Hobbes)적 국가와 안보 관계에 관한 정설에 정면 도전하면서 많은 경우 국가는 안보를 담보로 국민의 안전을 위협하거나 실질적 가해자로서 기능한다고 고발하고 있다. 대표적 사례의 하나로서 2005년 허리케인 카트리나(Katrina) 위기관리에 대한 미국의 대응 분석은 인상적이다.

이 책의 결론은 일반적 결론이라기보다 사실상 또 하나의 장이라고 할 만큼 새로운 주제를 다루면서 문제제기를 하며 마무리한다. 코로나19 사태에서의 국가의 역할과 영향력 증가에 대해 논하면서 범지구적 문제에서도 국가의 존재가 지배적임을 경험적 사례를 들어 증명한다. 이 시기에 있었던 "흑인 생명은 중요하다!"(Black Lives Matter!)와 같은 사회운동은 지금까지의 국가이론에서 다루지 않은 인종 문제가 중요한 연구 과제임을 입증한다고 강조한다. 인종주의는 근대국가의 영토 획정에서부터 기본적으로 연계되어왔으며 국가이론이 연구해야 할 근본 과제의 하나라고 지적한다.

이 책은 다른 일반적 이론서와는 달리 이론과 관련된 실제 사례들을 유기적으로 연계해 설명함으로써 독자의 이해력을 높이고 있다. 특히 국가이론 문헌은 학술적으로 난해도가 높기로 정평이 나 있는데, 권위 있는 저자들이 이론적 논의를 쉽게 풀어서 설명하고 있다. 또 편집된 책은 대체로 장별로 제각기 다른 구성과 논리를 펼쳐 일관성이 없는데, 이 책은 각 장이 체계적이고 유기적인 구성과 논리를 펼침으로써 마치 일인의 저자가 쓴 것과도 같은 착각을 들게 할 정도다. 또 하나의 장점은 대개 저술이 출판되는 데 걸리는 시간이 2년 정도여서 대부분 시의성을 잃어버리는데, 이 책은 출판되기 직전의 자료까지 참고한 것으로 보아 마지막 순간까지 노력한 열의를 보였다고 할 수 있다.

굳이 단점을 꼽으라면, 유럽 대륙 계통의 글들이 미국의 국가와 사회에 대한 비판적 시각이 많아 역시 유럽 중심주의적 사고라는 인상을 지울 수 없었다. 그러나 미국 중심주의적 사고와 문화에 편중해 있는 우리에게는 세계의 다양한 시각과 사조를 접할 수 있는 기회다. 오히려 균형 잡힌 시각을 가질 수 있는 절호의 기회다. 연구 범위에 있어서, 국가와 사회관계에 대한 이론적 조명이 다소 불분명한 점이 있다. 물론 국가는 사회와의 관계 속에서 존재하므로 각 이론과 쟁점 논의에 자연히 함축돼 있으나, 좀 더 체계적인 분석이 아쉬운 감이 있다.

본 번역본이 나오기까지 역자와 출판사 편집진과 용어의 한글 번역에 관한 논의가 제법 있었다. 역자는 본래 한글 사용을 강조한 반면, 출판사는 읽기 편하게 상용화된 외국어를 그대로 쓰자는 것이었다. 예를 들면, 글로벌, 네트워크, 레짐, 페미니즘, 젠더, 포퓰리즘 등에 관해서였는데, 글로벌은 수용했으나 나머지는 굳이 한글 사용을 고집했다. 그래서 연결망, 정권(체제, 제도), 여성주의, 성별, 대중영합주의 등의 '낯 설은' 말이 나오면 그래도 망각되거나 사라져가는 한글 살리기의 한 단면이라고 이해해주기 바란다.

끝으로 긴 노역 과정을 함께하고 성실하고 꼼꼼하게 요즘 보기 드물게 편집과 출판에 열과 성의를 다해준 명인문화사 대표 박선영님과 편집 디자이너 전수연, 교정자 김유원 박사께 깊은 감사의 말씀을 드린다.

이 책이 햇빛을 보는 날부터 드러나는 모든 흠은 역자의 탓이다.

2024년 1월 22일
독립문 사제에서 양승함

서론

콜린 헤이(Colin Hay) &
마이클 리스터(Michael Lister)

▌국가에 대한 정의　　　　6
▌국가의 개념　　　　　　15
▌국가이론의 최근 발전　22
▌국가를 넘어서?　　　　24
▌책의 구성　　　　　　　25

정치담론과 정치분석에서 국가의 개념보다 더 중심적인 개념은 없다. 그러나 우리가 국가에 대해서 논할 때 우리가 말하고 있는 것에 대해 아는 것같이 생각하는 경향이 있지만, 국가는 악명이 높을 정도로 정의하기가 어려운 개념이다. 17세기 이후 국가라는 말이 처음으로 광범위하게 사용됐지만, 그 개념은 치열하게 논쟁적이었고 (Skinner 1989; Viroli 1992) 현재까지도 그렇다. 국가는 매우 다양한 시각에서부터 매우 다양한 학자에 이르기까지 아주 다양하게 다른 것을 의미해 왔고 또 계속해서 그렇게 남을 것이다. 이 책의 목적의 하나는 국가에 관한 그러한 지식에 대한 계보적 유사성(family resemblances)을 고찰함으로써 '이러한 국가는 무엇인지' 그리고 실로 그것은 '어떻게 발전하고 있는지'에 대한 보다 일관성 있는 그림을 그리기 위해 조각들을 종합해 맞춰 보려는 희망에서 시도한다. 그런데 그것은 쉬운 과제가 아니다. 왜냐하면 우리가 분석할 계보적 유사성이 무엇이든지 간에 국가가 무엇인지와 그 발전 궤도가 어떠한지에 대한 논쟁적 설명들 사이의 커다란 차이를 극복할 수 있을 것 같지 않기 때문이다. 그렇다면, 우리는 처음부터 다양성을 기대할 수밖에 없다.

그러나 국가가 가부장적 탄압의 억압기구로, 또는 사회정치적 자유를 보장하는 필요조건으로 묘사되든, '이상적 집단적 자본주의 국가' 또는 시장의 자율규제 능력에 대한 족쇄로 서술되든지 간에, 국가의 개념은 사회, 정치, 경제 분석에 있어서 근본적이라는 것에 동의하지 않을 논평가는 없을 것이다. 국가는, 좋든 나쁘든, 단지 몇 가지 분명한 활동을 열거하자면, 코로나19 예방을 위해 백신을 주사하고, 국토 방위를 위해 국민을 동원하며, 시민사회 내의 행위를 규제하고 감시하며 단속하고, 경제 활동에(우리가 좋아하든 싫어한다고 생각하든지 간에) 개입하며, 공적 영역 내의 정보 흐름을 규제(어떤 경우는 통제)한다. 현대 사회 내에서 국가 영향력의 편재성(遍在性)과 침투성을 부인할 사람은 거의 없다.

혹은 우리는 그렇게 상상하고 있는지도 모른다. 최근에 국가 개념의 적절성에 대한 의문이 증대해왔기 때문이다. 국가는 국민국가로 확실히 구체화하는 모습을 보이고 있음에도 불구하고, 세계화와 국가 간 복잡한 상호의존성의 시대에 국가의 영향력은 감퇴하고 있고 국가의 실제 형태와 기능이 도전받고 있다고 흔히 주장되고 있다. 이 책의 두 번째 목표는 이렇게 영향력은 있으나 논쟁적으로 무모하고 미성숙한 주장을 평가하는 것이다. 가장 단순하게 말하자면, 우리의 야망은 현대 국가의 발전 경로와 궤적에 대한 분석을 위해 국가이론의 전당에 전시된 이론적 개념적 자원의 범위와 다양성을 조사하는 것이다. 그렇게 하기 전에 어떻든 우리는 몇 개의 전염성 있는 신화와 인기 소설을 한쪽으로 치우는 게 중요하다.

국가는 역사적으로 그 어느 때보다도 높은 세계 GDP의 총 비중을 거의 확실하게 차지하고 있지만, 국가는 그 몫이 훨씬 적었던 20년 전 심지어 40년 전보다도 상당히 적게 주목을 받고 있다. 경제협력개발기구(OECD: Organisation for Economic Co-operation and Development) 국가들에서 국가적 활동에 사용된 GDP 몫이 1990년대 초부터 어느 정도 감소해 왔다고 자주 지적됐다. 그러나 도표 0.1이 명확히 보여 주는 바와 같이, (a) 그 감소는 많은 논평가들이 지적하는 것보다 훨씬 덜 뚜렷한 것으로 나타났고, (b) 그것은 세계금융위기와 코로나 팬데믹 이전에 일어났으며, (c) 그 두 사건 모두 심지어 OECD 내에서도 GDP대비 국가 지출을 전례 없는 수준으로 낮추었다.

보다 더 정확히 분석하면, 1990년대에는 국가 지출 증가율이 줄어들었고 그 후로는 촉진됐다. 그러나 그마저도 이야기의 오직 부분만

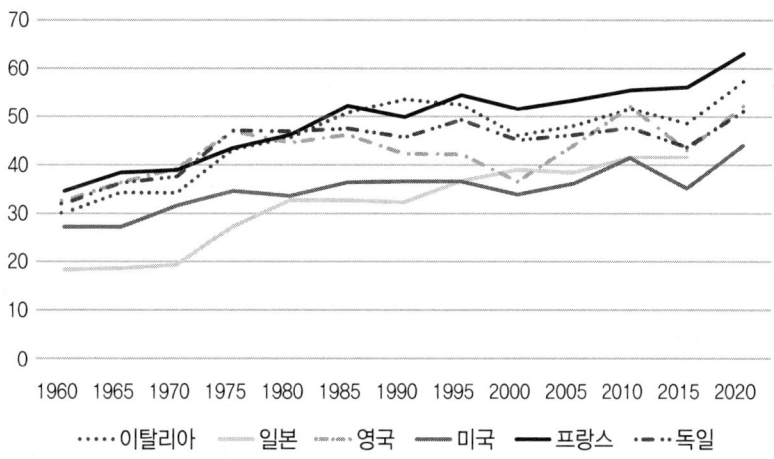

도표 0.1 GDP 대비 국가 지출(1960~2020년)

출처: Eurostat and OECD *Economic Outlook* (여러 해)

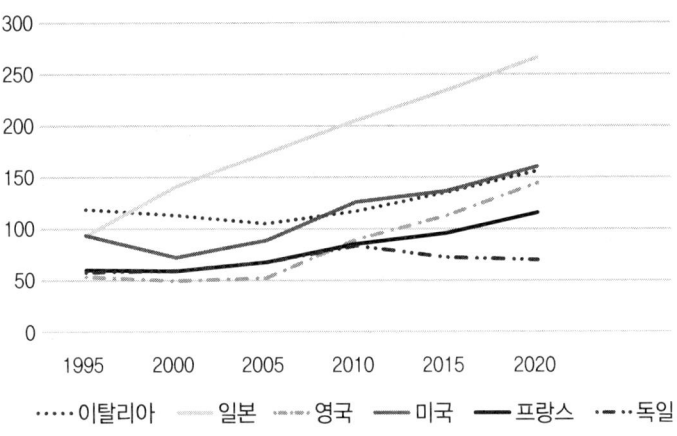

도표 0.2 GDP 대비 총 국가 부채(1995~2020년)

출처: Eurostat and OECD *Economic Outlook* (여러 해)

말해주므로, 논의 여지가 있다. 왜냐하면 이것은 본질적으로 국가 지출에 관한 것만이 아니기 때문이다. 도표 0.2가 아주 명확히 보여 주는 바와 같이 정부 부채가 동시에 확장됐다. 위기 시에 우리는 국가로 되돌아 가는 경향이 있고 이는 세계금융위기와 코로나 위기 상황에서 공적 부채 수준이 대폭 증가한 데서 알 수 있다.

우리는 그 어느 때보다 국가에 대해 더 회의적이고 덜 신뢰할지도 모른다. 그러나 어느 쪽이냐 하면, 21세기 초는 최후 수단의 공공재 제공자로서 국가의 역할은 강화되고 공고화됐다. 잠재적으로 전 지구적 규모로 전염될 수 있는 상황에서 재정이든 혹은 바이러스든 경제를 긴급 구제하고 공공재의 지속적인 공급을 확보할 수 있는 유일한 실체는 바로 우리가 그렇게나 불신해온 국가로 판명이 났다.

이것이 암시하는 바와 같이 국가에 대한 지적 관심은 증감해왔지만, 현대정치의 중심에서 국가는 변치 않는, 그리고 어느 쪽이냐 하면 증대하는, 존재다. 이러한 사실은 1990년대 이후 국가가 정치분석가의 레이더에서 사라진 것 같다는 인식은 다소 설명하기 어렵다. 그 결과는 한때는 맹렬한 급류였던 국가이론이 현재는 개울 이상의 것이 아닌, 오직 강인한 이론가들에 의해서만 고찰되는 지적 침체상태에 있다. '국가로의 복귀'**는, 결코 처음은 아니지만(예를 들어, Evans et al. 1985 참조), 이제 오래 지연됐다. 그런데 이 책의 여러 장들이 분명히 밝히고 있듯이 이러한 복귀의 시작은 다양한 범주의 이론적 시각으로부터 많은 현대의 발전에서도 발견될 수 있을 것이다. 참으로, 다음의 장들이 입증하듯이, 국가 '제자리 돌려놓기'와 같은 지적 연구가 인정받고 활기를 띠는 것은 20여 년 전 이 책의 초판이 출판됐을 때보다 오늘날이 오히려 더 크다.

 이러한 책이 '국가로의 복귀'에 가장 빈약한 방법으로 공헌하는 것은 아니라는 생각이 주제넘은 것일 수도 있다. 이 책이 제공하기를 희망하는 바는 일종의 국가 연구에 관한 현상 파악이다. 만일 현대 정치생활에서 국가의 구심성이 당대의 정치분석가들에 의해 제공된 정치적 역학 설명에서 인정되고 반영된다면(우리가 그래야 한다고 생각하는 것같이), 그러면 특히 우리의 국가에 대한 의존도가 그 어느 때보다 큰 시점에서, 국가를 조사하기 위해 우리의 재량에 따라 이론적 자원

** 역자 주) "국가로의 복귀"는 아몬드(Gabriel A. Almond)의 논문 제목으로 스카치폴(Theda Skocpol)과 에반스(Peter Evans) 등이 제시하는 국가 중심주의적 접근방법은 새로운 패러다임이 아니며 다원주의의 한 아류라고 주장한다. 이 논쟁에 대해서는, Gabriel A. Almond, "The Return to the State," *American Political Science Review*, 82, 3 (September 1988): 853-874 참조. 기존의 다원주의와 마르크스주의 연구방법은 국가를 소홀히 연구해 왔다고 주장하면서 국가 중심적 연구 패러다임의 필요성을 강조한 연구로는, Peter Evans, Dietrich Rueschemeyer and Theda Skocpol, eds. *Bringing the State Back In*, London: Cambridge University Press, 1985 참조.

의 범위와 다양성을 전개하는 것이 중요하다. 그것이 이 책의 보다 온건한 목표다.

상대적으로 간략한 이 서론에서 우리는 먼저 유럽정치사상에서의 근대국가에 관한 독특한 개념의 등장과 발전을 평가한다. 그런 다음 우리는 여전히 상당한 영향력을 행사하는 베버식 접근방법과 국가에 대한 정의, 그리고 최근 국가이론의 현상에 대해서 다룬다. 우리는 국가에 대한 베버식 이해가 어떻게 국가이론의 전통적 삼두체제 — 다원주의, 엘리트이론, 마르크스주의 — 에 강력한 영향력을 계속 행사하고 있는가를 보여준다. 다음으로 우리는 푸코식 담론분석 그리고 무엇보다 여성주의 시각에 의해 제시된 국가에 대한 주류 개념의 등장으로 제기된 도전에 대해 다룬다. 우리는 세계화와 신자유주의가 쇠퇴하는 시대에 우리 스스로가 인정하는 위기에 의해서 문제가 제기된 국가와 국가이론에 대한 전망을 고려하면서 결론을 맺는다.

국가에 대한 정의

국가에 대한 서론들은 정의 문제를 다루면서 시작하는 경향이 있다. 그러나 모두 너무 빈번히 답을 제시하지 못하고 만다. 국가를 정의하는 것은 던리비(P. Dunleavy)와 오리어리(B. O'Leary)가 주목한 것처럼 국가가 물질적 대상이 아니고 추상적 개념이라는 점을 고려하면 더욱 중요해진다 (1987: 1; Hay 2014 참조). 따라서, 개념으로서의 유용성을 당연한 것으로 받아들일 수 없고 또 그렇게 해서도 안 된다. 그것은 참조할 만한 자명한 물질적 대상을 갖고 있지 않기 때문이다. 그 유용성은 반드시 증명되어야 하고, 이를 위해 우리는 먼저 무엇을 의미하는가에 관해 분명해야 한다.

　이것은 원칙적으로 좋은 소리이나, 정의에 대한 문제는 이 책같이 이론적으로 다원적인 책에서는 특별한 문제를 일으킨다. 실제로 우리가 제공하는 이론적 자원의 다양성을 일종의 덕목으로 여기는 이 책에서, 오늘날 국가의 역할을 조사하는 것은 각 독특한 접근방법에 따른 정의문제라고 하면서 그대로 놔두도록 제안하고 싶은 강한 유혹이 있음은 사실이다. 그리고 이미 지적한 대로 또 진부한 소리라는 비판 위험에도 불구하고, 국가는 참으로 여러 다른 시각으로부터 다양한 다른 것들을 의미한다.

　그러나 우리는 그렇게 내버려 둘 수는 없다. 왜냐하면 국가는 학자에 따라 다른 것을 의미할 수 있고 또 실제로 그렇다 할지라도 겉으로 다양해 보이는 정의들 가운데 공통점이 있다는 것을 간과해서는 안 된다. 그리고 국가는 '무엇인가'에 관한 국가의 존재론을 고려하지 않는 것에 대한 구실을 제공하도록 허용할 수 없다. 이를 달성하기 위해서 그리고 다음 장을 위한 역사적 맥락을 제공하기 위해 우리는 먼저 국가 개념의 계보학을 고찰하고 다음으로 근대국가에 대한 가장 큰 영향력이 있는 베버(Max Weber)에 의한 정의로 향한다.

　그렇게 하기 전에 우선 근대국가 자체의 발전, 또는 적어도 근대국가라고 일반적으로 특징지을 수 있는 정치제도의 발전에 관해서 언급하는 것이 중요하다 (훨씬 더 광범위한 취급에 대해서는, Gill 2003). 왜냐하면, 국가에 대한 우리의 개념이 국가와 관련된 제도의 발전으로부터 고립해서 발전된 게 아니기 때문이다. 우리는 이 둘을 따로 고려할 수는 없다.

근대국가의 발전

홀(John A. Hall)과 아이켄베리(G. John Ikenberry)가 국가에 대한 유용한 서론에서 언급한 바와 같이 "인간의 역사 대부분은 국가의 존재에 의한 혜택을 받지 못했다"(1989: 16). 이것은 의심할 여지가 없는 사실이다. 더욱이 국가라는 용어는 이미 기원전 3000년에 메소포타미아에서 등장한 정치적 거버넌스 구조와 과정을 주목하기 위해 소급해서 사용된 말인 반면, 인류 역사를 국가의 개념이 수놓은 것은 겨우 17세기 이후부터이다. 가장 전통적인 설명에 의하면, 국가의 기원은 수렵과 채집의 유목생활에서 점증적으로 조직화하는 농업 활동으로 특징지어지는 농업사회로의 전환 과정에서 생성된 것이다 (Hall 1986; Mann 1988; Sahlins 1974). 실제로, 농업 생산은 상대적으로 지리적 토착화가 필요했기 때문에, 비록 초기에는 특정하게 정해진 영토에 걸쳐 다소 분산된 방법이기는 했지만, 권력을 행사하고 통치할 수 있는 제도와 하부구조의 발달을 가져 왔다. 홀과 아이켄베리가 언급한 대로 "관개 사업은, 그리고 대추야자와 올리브 나무들은, 농업 생산자들을 토지에 매우 단단히 얽매이게 함으로써 국가를 형성하기 위한 보다 훌륭한 자원이 됐다"(Hall and Ikenberry 1989: 18). 이렇게 하여 우리가 오늘날 국가와 관련된 영토에 권력을 투사할 수 있는 제도적 능력이 발생하게 되는 원인을 수렵과 채집을 농업으로 대체하는 역사적 사건에서 찾을 수 있다. 이러한 일은 메소포타미아, 중앙아메리카, 인더스강 계곡, 중국, 페루에서 처음 일어났으며 그리고 나서 전반적으로 확산했다.

이러한 발전의 초기 단계에서 국가는 대체로 주민에게 전제적이고 강압적인 권력 행사를 했다. 이러한 맥락에서 국가의 두 번째 주요 요소인 종교가 중요하게 등장한다. 수렵-채취 공동체는 혈연관계에 기초한 결합체로 부족의 형태를 띠었다. 이들을 대체한 농업국가는 달랐다. 농업국가는 더욱 강제에 의존해야 했는데, 이는 구성원들 간에 강한 혈연관계가 부재하고 있어 강제권력이 도전을 받으면 정치적으로 취약할 수밖에 없었기 때문이다. 이러한 맥락에서, 크론(Patricia Crone 1989)이 보여 준 것같이, 종교의 능력을 통해서(신성 권위에 호소함으로써) 강제권력을 조직화하고 점증적으로 중앙집권화해 사용할 정통성을 부여받았다. 이것은 차례로 지리적 영토를 지배하고 규제할 제도적 능력의 발전을 더욱 촉진했으며, 이와 함께 군사적 동원 능력도 향상됐다. 국가와 군사력 간의 관계는 초기부터 확립된 것이며 논쟁적이긴 하지만 오늘날까지도 계속된다. 국가가 조직 능력을 개발함으로써 국가 이전의 사회와 대결했을 때 국가에 경쟁 이익을 부여한 이래 정복은 빠르게 주요 기제가 됐는데, 이를 통해서 국가의 제도적 형태가 확산됐다.

만일 국가 자체의 기원이 메소포타미아에서였다면, 근대국가의 기원을 찾기 위해서는 우리는 반드시 서구로 눈을 돌려야 한다. 근대국가를 특징짓기 위해 일정 불변하게 채택하는 두 가지 동시에 존재하는 결합요소의 하나는 엄격하게 획정된 지리적 영토에 대한 거버넌스를 책임지는 공적 권력으로서 행동하는 것이고, 다른 하나는 공적 권력이 통치할 권한이 있다고 주장하는 것들로부터의 분리다. 그렇다면, 근대국가는 한정된 영토 내에서 통치 권한에 대한 책임을 지고 있는 최고의 정치권위로서 스스로 주권을 주장하는 제도적 복합체다.

서구에서 이러한 제도적 형태로 발전할 수 있게 만든 요인은 역시 복잡하게 얽혀있는 종교 권위의 역할이다. 그 과정은 또한 매우 우발적이었다. 그것은 특히 로마제국의 권위에 도전한 교회였다. 그 결과는 전혀 전례가 없었던 정도의 문화적 동질성을 가져왔다. 그 이유의 하나는 초기에는 있을 것 같지 않았던 기독교 교리의 통합이었고, 다른 하나는 로마제국으로부터 넘어온 강한 법적 유산이었다. 이러한 전통은 유럽 경제 전반에 걸친 합의적 교역 관계와 근대국가의 제도적 형판(型板)의 확산을 촉진했다. 이것은 다시 16, 17세기 부르봉 프랑스, 합스부르크 스페인 그리고 튜더 영국에서 절대주의 국가의 탄생을 초래했다. 이상이 우리가 현재 국가라고 인정하는 제도적 복합체에 대한 전조들이다. 그것은 다시 중앙집권화된 관료제도와 조세징수 능력, 상비군, 다른 국가와의 외교관계체제 그리고 가장 중요한 부분으로 명확히 획정되고 공통으로 인정되는 영토 경계로 특징지어지게 됐다.

가장 최근에 일어난 중요한 국가 구조 재편성과 팽창의 기원 역시 서구에서 찾을 수 있다. 이와 같은 제도적 활력은 대부분 가장 선진화된 경제에 한정됐고 제2차 세계대전 직후에 일어났으며 복지국가의 등장과도 관련돼 있다. 그것은 세계가 일찍이 보지 못했던 가장 많이 확장된 국가 제도의 창설이었다. 도표 0.1에서 본 바와 같이 이들 복지국가는 많은 경우 GDP의 50퍼센트를 초과하여 차지하고, 대체로 전체 노동력의 10~20퍼센트를 고용한다 (Hay 2021). 그들은 적어도 현재까지 국가의 제도적 능력의 발전에 있어서 최고점을 나타내고 있다. 그들이 그 어느 때보다도 밀접하게 통합된 세계경제에서 경제성장과 번영을 지속하는 데 더욱더 부담되고 시대착오적인지는 매우 심각한 논쟁거리이자 이 책의 주요 주제다. 현재의 상습적인 과장에도 불구하고, 지금까지 진행되고 있거나 즉각적인 국가의 쇠퇴 증거는 없다고 해도 과언이 아닌 것으로 보인다. 글로벌 상호 연결망 시대에 그들의 거버넌스 제도가 최적은 아닐지라도 지금까지는 괄목할 만한 회복력을 증명해 왔다. 우리 자신들을 통치하는 보다 효과적인 수단을 상상하는 것은 그리 어렵지 않을지라도 당면하고 있는 지구적 도전을 고려하면, 국가가 소멸할 거라는 풍문은 적어도 현재까지는 정당한 근거가 없다.

국가 개념의 계보학

국가의 제도적 기원과 발전을 고찰함으로써 우리는 국가 개념의 전개를 고려하고 설명할 수 있는 보다 나은 위치에 있다. 어원적으로, 국가의 개념은 라틴어 '스타투스(status)'에서 유래됐고, 글자 뜻대로 사회적 지위, 특히 공동체 내의 개인에 대한 신분 또는 평판에 관한 것이다. 14세기까지 이 용어는 통치자의 평판이나 지위(실제로 '위엄')를 의미했고 통치자의 지배를 받는 신민들과 분리·구별하기 위해 사용하는 게 일반적이었다. 국가가 통치자의 신체에 존재하고 있다는 아이디어는 국가와 '주권자(sovereign)'가 동의어이고, 이것이 전 근대적 형식의 특성이었다 (Shennan 1974; Skinner 1989).

현저히 차이나는 근대적 국가 개념의 발전을 위해서는 3세기를 더 기다려야 했다. 그리고 그러한 발전은 절대주의 국가처럼 위에서 언급한 제도적 복합체의 등장과 유사하다. 첫 번째 걸음은 소위 '군주를 위한 귀감'과 같은 저술 작가들에 의해서 이뤄졌는데, 가장 유명한 것은 마키아벨리(Niccolò Machiavelli)의 『군주론』(*Il Principe*)이다. 이 문헌에서 '국가(lo stato)'는 이제 군주 자신과 일치할 뿐만 아니라 정권의 특성과도 동의어가 됐다. 이는 주권적 권위가 주장되고 유지되는 지리적 지역과 이러한 권위를 보전하기 위해 요구되는 그 정부 제도를 의미했다 (Machiavelli 1988).

두 번째 발전은 르네상스 시대의 공화정치이론과 함께 왔다 (Skinner 1978; Viroli 1992 참조). 이러한 운동은 '국가' 혹은 시민 자유 조건을 실현할 수 있는 자치 공화 정권의 대의를 옹호했다. 단테(Dante Alighieri)의 용어로는 '프랑코의 국가(lo stato franco)'다. 여기서 마침내 우리는 독립적 공동체나 '연방'의 공무를 규제하는 자율적 시민 및 정치적 권위의 개념이 등장하는 것을 볼 수 있다. 국가는 폭력의 정당한 사용에 대한 독점을 주장하고 누리는 것으로서, 그리고 이러한 권위가 지배자(들)의 권력이나 신분으로부터가 아닌 국민 자신들로부터 파생되는 것으로서 제시된다. 국가는 여기서 처음으로 지배자가 유지해야 할 의무가 있고 그들의 지배보다 오래 계속되는 독특한 정부 기구로서, 그리고 지배자의 타고난 권위의 연장과는 대비되는 것으로 인용되고 있다.

마지막 걸음은 17세기 유럽의 절대주의 국가의 등장과 함께 왔다. 여기에서, 특히 보댕(Jean Bodin)과 홉스(Thomas Hobbes)의 저술에서, 마침내 국가는 지배자와 피지배자의 권력으로부터 진정으로 분리된 것으로 개념화됐다. 이 형식화의 세 측면이 국가에 대한 독특한 근대적 개념으로 분류된다. (i) 사회 내 개인은 국가에 의무를 지며 지배자 개인이 아닌 국가 자체에 대해 충성하는 국가의 국민으로서 제시된다. (ii) 국가의 권위는 유일하고 절대적이다. (iii) 국가는 시민정부의 모든 일에 있어서 권위의 최고 형태로 간주된다 (Skinner 1989: 90). 홉스의 『리바이어던』(*Leviathan* 1968)과 그 저서에 반영된 절대주의 국가는 정치권력이 개인적이고 카리스마적인 용어로서 이해된 국가의 전 근대적 개념의 종식을 나타낸다. 국가는 이제 그 권력에 영향을 주는 사람들로부터 독립적인 권위의 독특한 형태로 바라보게 됐다.

근대국가에 대한 베버의 정의

현대 국가이론을 여전히 지배하는 국가의 근대적 개념은 바로 이것이다. 실제로, 국가의 정의로 가장 많이 인용되는 이 정의는 베버의 정의로 홉스의 것과 괄목할 만한 유사성을 보인다. 베버는, 흔히 인용되는 바와 같이, 국가를 기능의 차원이 아닌 '국가의 운용방식(modus operandi)'의 차원에서 정의했다. 보다 구체적으로 말하면, 그는 강제와 물리력을 사용하는 조직과 그 전개의 관점에서 국가를 인식했다. 그가 설명한 것처럼, "지속적인 효력을 지닌 강제 정치조직이 질서를 확립하는 데 있어서 행정 관료들이 물리력을 정당하게 사용할 수 있는 독점권을 성공적으로 확보한다면 이를 '국가'라고 부를 수 있다"(Weber 1978: 54).

이 정의는 국가에 관한 많은 현대적 해석을 위한 기초 그리고/또는 출발점을 제공하는 두 가지 면에서 특별히 주목할 만하다. 첫째, 베버에게 국가는 헌신적인 인사들로 구성된 일련의 제도들이다. 이러한 관찰은 특히 미국에서 활동하는 신베버주의자, 신국가주의자(neo-statists) 그리고 제도주의자와 같은 다양한 집단에 의해 수용되고 발전됐다 (제5장 참조). 그들은 국가를 시민사회로부터 구분함으로써 국가 관리자들이 사회적 요인으로는 단순히 설명될 수 없는 일련의 독특한 이익, 선호 그리고 능력을 발전시키는 것을 이해할 수 있다고 주장한다.

사회적 인과관계에서 국가를 행위자와 독립적 세력으로 '국가 제자리 돌려놓기' 노력을 하면서, 신국가주의자들은 사회로부터의 국가 자율성과 정치결과에 대한 '국가중심적' 설명의 힘 모두를 강조해 왔다. 보다 구체적으로 말하자면, 그들이 집중하는 주제는, 비국가 세력으로부터 독립적으로 그리고 자율적으로 권력을 행사하려는 국가 관리자들의 능력, 근대 사회를 침투하고, 통제하며, 감독하고, 치안을 유지하며, 규제하는 국가의 '하부구조 권력(infrastructural power)', 그리고 특정한 시기에 특정한 국가에서의 특정한 제도적 구조가 이러한 일반적 능력을 강화하거나 해치는 행동 등이다. 이러한 아이디어는 신마르크스주의 국가이론(예를 들면, Block 1990 참조; 일반적인 논의는

제3장 참조)과 조금 다른 형태이기는 하지만, 공공선택이론(제4장 참조)에서 점증적으로 영향이 증가하는 것으로 증명됐다.

둘째, 베버는 근대국가를 영토 경계 내에서 권위적인 규칙 제정에 대한 독점을 행사하는 것으로 간주한다. 이것은 다시 같은 영토 공간 내에서 물리적 폭력의 수단에 대한 독점으로 뒷받침된다. 베버에게 가장 명확하게 영향을 받은 제도주의자들과 신국가주의자들은 국가가 권위적 규칙 제정에 대한 독점을 유지하려는 (또는 적어도 유지하려고 시도하는) 구조에 관해 집중한다. 그들은 특히 정통성 문제에 관해 초점을 맞춰왔는데, 정통성이 형성되고 유지되는 주로 민주적 그리고/또는 민족주의적 전략과 구조에 관해, 정통성의 철회를 초래하는 과정에 관해, 근대 사회에서 강제와 합의 사이의 항상 불안정한 균형의 결과에 관해, 그리고 정통성이 (정부의 변화와 어떤 경우는 혁명을 통해서) 재확립될 수 있는 구조에 관해서 집중한다. 그런데 이 주제들은 또 신마르크스주의자들(특히 그람시[Antonio Gramsci]의 통찰력 개발에 열정적인 사람들)과 신다원주의자들을 위해 더욱더 관심 대상이 됐다. 다른 신국가주의자들, 소위 전쟁중심 국가론자들과 국제관계의 현실주의자들과 신현실주의자들(가장 유명하게는, Waltz 1959)은 국가의 폭력 수단, 특히 국가권력의 군사적 차원에서의 예상되는 독점에 관해 초점을 맞춘다. "전쟁은 국가를 만들고 국가는 전쟁을 만든다"(Tilly 1975)는 틸리(Charles Tilly)의 주목할 만한 직관적 호소에 자극을 받은 전쟁중심 국가론자들은 특히 국가의 전쟁 수행 능력을 고찰해왔는데, 국가기구 내부의 조직이 군사적 요소를 반영하는 정도 그리고 전쟁 수행과 전쟁 동원이 국가 자체의 진화와 전환에 주는 영향력에 관해, 요컨대 전쟁 수행과 국가 형성 간의 관계에 관한 분석을 한다. 이러한 주제들은 역시 여성주의 학자들에 의해서도 연구됐는데 (제6장 참조), 국가, 조직화된 폭력, 군국주의, 남성성 사이의 복잡한 관계를 깊이 있게 조사한 가장 주목할 만한 사람은 아마도 엔로(Cynthia Enloe 1990)일 것이다.

위의 논의가 지적하는 바와 같이, 근본적으로 서로 다른 상당수의 문헌이 베버의 국가 개념으로부터 유래된 계통을 추적할 수 있다. 그러나 이러한 외형적 다양성에도 불구하고, 신베버주의적 시각들은 특정한 공통점, 실제로는 약점을 나타내는 경향이 있다. 첫째, 이러한 이론들은 국가 내부의 정치적 요인에만 일방적으로 집중하는 경향이 있다. 결과적으로, 이들은 사회운동과 압력집단과 같은 국가의 외부 및 국가를 넘어서 있는 정치세력에 대해 지나치게 최소한의 역할을 부여하고 있다. 둘째, 많은 신베버주의 이론은 국가와 사회 변수 사이의 다소 빈약한 구분에 의존하고 있고 후자의 희생하에서 전자에 관한 설명을 강조하고 있다. 1970년대와 1980년대 미국 사회과학 연구에 '국가 제자리 돌려놓기' 시도를 한 상황에서는 국가로의 경도가 전적으로 적절했다. 그러나 '국가중심적' 접근방법이 지난날 '사회중심적' 접근방법이 그랬었던 것 이상이 아니라면 적어도 그만큼 지배적인 오늘날에는, 두 시각 모두 국가와 사회, 공적 영역과 사적 영역 사이의 복잡하고 변화무쌍한 관계때문에 이에 대한 이해를 발전시키려는 시도에 있어서 큰 어려움을 겪어왔다는 사실을 인정하는 게 중요하다. 이것이 현재 국가이론이 바로 대응해야 하는 도전이다 (특히 제1, 6, 9장 참조).

국가의 개념

국가에 대해 명확하고 일관되게 표현된 개념을 갖는 것은 정말 좋은 일이고, 그것이 명확히 표현된 국가에 대한 정의로 구성된다면 그 이상 좋은 일이 없다. 그러나 국가가 즉각적으로 투명하거나 자명한 물질적 대상이 아니라는 사실을 고려하면, 이것은 단순히 국가를 중앙무대에 위치하려는 정치적 견해를 옹호하는 한걸음에 불과하다.

국가의 개념을(그리고 그 연장선에서 이론을) 발전시킨다는 것은 정치를 특정한 방법으로 바라보는 것이다. 그것은 방어할 수 있고 또 방어해야만 하는 선택이다. 이것은 분명한 함의가 있는 중요한 논점이다. 정치분석은 국가의 개념이 없이도, 흔히 그러고 있지만, 진행할 수 있다 (예를 들면, Easton 1967; Allen 1990 참조). 그런데 우리가 만일 '국가로의 복귀'를 정당화하려면, 반드시 먼저 다음 질문에 답을 해야 한다. 무슨 개념적 작업이 그 개념(또는 이론적 추상화)을 작동하게 할 것인가? 더 확실히 말한다면, 그 국가 개념이 무슨 분석적 이득을 정치분석에 제공할 것인가? 요컨대, 그 개념이 아니라면 우리가 놓쳤을 무슨 분석적 향연이라도 있는가? 그리고 어떤 추가적인 통찰력을 제시할 만한 가치가 있는가?

이러한 일련의 질문들이 얼마나 훌륭하고 분명하든 간에, 국가이론이 준비된 답을 제시하기에는 아직 이르다. 심지어 이와 관련된 질문을 정리하는 데 가장 근접한 던리비와 오리어리조차도 국가가 분석적 추상이라 말하고 이어서 국가이론가들이 제공한 국가 정의에서 특정한 계보상의 유사성을 지적하면서 스스로 논쟁에 휘말려 진정한 답을 제시하지 못한다 (Dunleavy and O'Leary 1987: 1-6). 그러한 과정에서 그들은 국가이론가들이 조직과 기능적 정의를 구별하는 하나의 범주로서 국가를 인정하기를 호소하는 이론적 추상의 종류를 식별한다. 그러나 그들이 하지 않은 것은 이러한 추상으로부터 제공된 정치현실에 관한 분석적 이득을 평가하고 옹호하는 것이다. 따지고 보면, 이것 일부가 그들이 말하는 것에 암시돼 있다. 그러나 현재의 목적을 위해, 우리가 아마도 조금 더 명료해지는 것이 중요하다. 특히, 국가의 개념이 제공한 분석적 실익의 두 가지 요소가 유용하게 확인될 수 있다. 이들은 정치행태를 맥락화할 수 있는 능력과 연관된다. 첫째는 정치행위자에 대한 구조적 그리고/또는 제도적 맥락화와 둘째는 정치행태와 동태의 역사적 맥락화와 관련돼 있다. 우리는 이 둘을 차례로 고찰한다.

제도적 맥락화로서의 국가

다음 장들이 증명하겠지만, 국가이론들은 그들이 전제하고 기반하는 것으로부터 국가에 관한 가정들과 관련해 상당히 다양하다. 그러나 국가의 개념을 전개한 이론가들은 거의 예외 없이 구조적 그리고/또는 제도적 관점에서 국가를 본다. 그러므로 국가가 조직적으로 또는 기능적으로 파악되든지, 특정한 제도적 총체로서 필수적으로 수행하는(적어도 기능을 수행하는 한) 기능들의 장치로서, 혹은 제도적 총체 그 자체로서, 국가는 정치적 행위자들이 내재하고 있으리라 여겨지는 맥락을 제공한다. 국가는 정치행위자가 위치해야 하는 상황을 분석적으로 파악하게 해주며 우리가 그들의 행태를 이해할 수 있도록 돕는다. 국가는 이러한 개념을 통해 정치적 행위자들이 반드시 협상해야 하는 그리고 그렇게 행동하는 의미를 이해하는 열쇠를 위한 제도적 풍경(의 중요한 부분)을 제공한다.

이러한 풍경은, 제솝(Bob Jessop)의 분석에 의하면, '전략적으로 선택적'이다. 그것은 특정한 전략에 기인하는 경우가 많고, 구체적으로는 다른 행위자보다는 특정 행위자의 이익 그리고/또는 선호를 현실화하기 위한 것이다 (Jessop 1990: 9-10; Hay 2002: 127-131 참조). 그것은 논쟁과 변화의 정치적 갈등에 대해 불균형적으로 윤곽이 그려진 배경, 행위자들이 그들의 의도를 실현하려면 자신들이 적응해야만 하는 전략적 지형이다.

이것이 암시하는 바와 같이, 국가 개념에 대한 호소는 정치분석자의 관심을 끄는 경향이 있다. 그 이유는 분석과정에서 정치행위자가 그들의 의도, 선호, 그리고 이익을 실현하기 위해 직면하는 기회와 (매우 빈번히) '제약'에 관한 분석을 예리하게 하기 위한 희망에서 그럴 수 있다. 국가이론에 의한 정치분석은 정치행위자를 임의적 관점에서, 자신의 운명을 거의 완전하게 통제하여 자신의 선호와 의지대로 정치현실을 형성할 수 있는 자유 의지의 주체로 인식하지 않는 경향이 있다. 임의주의와 행위자 중심 설명과는 대조적으로, 국가이론가들은 행위자가 그들 자신의 전략적 선택성을 강제하는 밀도 높게 구조화된 제도적 맥락(즉, 맥락이 제시하는 기회와 제약의 유형) 속에서 결정하는 흔히 복잡한 전략적 선택에 따라서 자신의 의도를 실현하려는 행위자의 능력을 관찰하는 경향이 있다.

이러한 고찰은 중요하며, 행태주의가 지배적인 정치학 주류에서 정치적 결과를 설명하기 위한 주요 열쇠로서 행위자의 선호 하나만을 관찰하는 경향에 대해, 가치 있고 절실한 교정을 제공할 잠재성을 지니고 있다. 국가이론은 선거 압승으로 차지한 정치권력이라 할지라도 그러한 자격이 영속적인 사회적, 정치적, 경제적 변화를 추구할 수 있는 제도적 그리고/또는 전략적 능력을 반드시 가져다주는 게 아니라는 사실을 상기시켜 준다. 만일 정치적 의지와 권력 및 영향력 있는 지위에의 접근만이 요구되는 모든 것이라면(예를 들면, 일부 다원주의와 엘리트주의 개념에서처럼), 대규모 정치적 변화는 지엽적인 것에 불과할 것이다. 이것이 그런 경우가 아니라는 사실은 국가와 같이 제도적으로 맥락화하는 추상체의 가치를 암시한다. 더욱이 '정치적 기회 구조'에 대해 오히려 더 낙관적이고 현실적인 평가를 장려한다 (Tarrow 1998).

그러나 이렇게 가치있는 통찰력도 그 자체의 위험이 없는 것은 아니다. 국가이론은, 이 책의 여러 장에서 보여 주는 바와 같이, 때때로 구조주의 경향이 있는 것으로 특징지어진다. 실상 이것은 국가이론이 걸리기 쉬운 병리적 현상으로 보인다. 그 많은 변형들 중에서 적어도 일부는, 마르크스주의, 제도주의, 녹색이론, 여성주의 그리고 심지어 공공선택이론까지 모두 정당하게 구조주의로 비판을 받아왔다. 왜냐하면 각각은 때때로 그리고 특정한 형태로, 행위자의 의지, 의욕 또는 기능과는 관계없이 독립적으로 재생산되는 국가의 근본적이고도 타협 불가능한 특성(국가의 자본주의, 가부장제, 자연환경 파괴에의 연루 등)에 대해서 호소해왔다. 이러한 근본주의는 치명적이고 또 비정치적이다. 정치현실에 관한 분석자의 이익을 증진하는 데 아무 역할도 하지 못한다. 참으로, 어떤 의미에서 그것은 질문해야 할 '정치적' 현실이 있다는 사실을 부정하는 것이다 (운명과 정반대로서의 정치에 대해서는, Gamble 2000; Hay 2007 참조). 그러나 구조주의가 국가이론 비평가들에게 거의 영원한 표적임이 증명되면서, 당대 국가이론들은 과거 어느 때보다 오늘날 그 위험성을 더 예민하게 알아차리고 있는 것으로 보인다. 사실, 국가이론의 최근 발전은 적어도 부분적으로 구조주의로부터의 후퇴와 "국가 '행위자' 제자리 돌려놓기"로 읽을 수 있다.

역사적 맥락으로서의 국가

만일 국가의 개념 또는 추상화에 대한 호소가 '정치기관과 행위자를 제도적으로 맥락화'할 필요성에 대해 정치분석가들을 민감하게 만들었다면, '현재를 역사적으로 맥락화'할 필요성에 대해 그들을 민감하게 한 역할도 그에 못지않게 중요하다. 사실, 이 둘은 밀접하게 연관돼 있다.

정부와 고위 공직자에 대한 정치학자의 특유한 관심은 현재에 대한 분석적 초점과 관련돼 있다. 이러한 전통적 틀 내에서, 정치적 결과에 대한 결정요인은 특정한 시점에서 특정한 맥락과 관련된 요인, 즉 일반적으로 직접 관련된 행위자의 동기와 의도 그리고 권력과 영향력 있는 위치로의 접근에 변함없이 있는 것으로 본다. 이러한 다소 비역사적인 접근방법은 국가의 개념에 대한 호소를 통해서 즉각적으로 문제화된다. 정부가 등장하고 사라지는 동안, 국가는, 시간에 따라 진화하면서도, 제도적 총체로서 영속한다. 그 진화는 통치 전략과 정책이 의도하거나 의도하지 않은 결과에 따라 형성된다. 그러나 이것은 호혜적 관계다. 왜냐하면, 어느 특정한 시점에서, 정부가 처한 전략적 상황은 국가의 전략적 능력과 제도적 권능 그리고 다시 이들이 부과하는 제약과 기회의 반영이기 때문이다. 그렇다면, 정부의 자율성에 대한 능력을 이해한다는 것은 과거로부터 물려받은 제도적, 구조적, 전략적 '유산'의 범위를 평가하는 것이다 (Farrall, Gray and Hay 2020 참조). 요컨대, 시간에 따라 달라지는 국가와 정부 권력 사이의 동태적 관계를 이해하는 것이다.

한 가설적 예가 그 논점을 보강해 줄 수 있다. 만일 특정 시점에서 국가의 제도가 (아마도 과격하고 이념적인 정부가 주도해) 체계적인 개혁 과정을 통해서, 말하자면 20년 전보다 매우 다른 형태의 제도를 갖추게 된다면, 그 국가의 다수의 규모와는 관계없이 어떠한 새 행정부라도 스스로 자율성에 관해 의미 있는 영향력을 행사하게 될 것이다. 그런데 이 예시는 이미 지적한 대로, 역시 구조주의의 위험을 확실히 안고 있다. 새롭게 취임한 정부는 지난 20년간 실행해 온 제도적,

정치적, 문화적 개혁의 유산을 해결하도록 분명히 맞서 싸워야 한다. 그런데 역사적으로 맥락화하려는 욕망이 지나쳐서 우리는 과거가 현재에 주는 부담을 지나치게 과장할 수도 있다. 그렇게 함으로써 우리는 새로운 정부가 취임한 후에 취한 행동의 결과에 대한 책임을 부주의하게 면제해 줄 수도 있다. 즉, 새 정부가 정치적 신념을 활성화하지 못해 발생한 자신의 잘못을 인정하는 것이 더 타당할 것임에도 불구하고 새 정부의 부족한 급진주의를 전임 정부의 유산 탓으로 돌릴 수 있다는 것이다.

어쩌면 국가이론은, 특히 신제도주의(제5장 참조) 형태에서는, 계속성, 관성 그리고 잘해야 전 기간에 걸친 점진적 진화를 관찰하는 경향이 너무 강하게 있다. 국가는 정부와 마찬가지로 변화하고, 특정한 조건에서는, 그들의 경로의존적 본성에도 불구하고, 놀라울 정도로 빠르게 변화할 수도 있다. 그렇다면 국가의 추상화가 조장하는 현재에 대한 역사적 맥락화가 이전 상태의 끝없는 재생산에 대해 역사적으로 크게 다르지 않은 설명으로 유도하지는 않는다는 점이 중요하다. 이것이 암시하는 바는, 국가의 개념에 대한 호소는 역사적 동태성에 대한 우리의 감성을 확실히 높여줄 수 있지만, 반드시 그렇게 해야 할 필요가 있는 것은 아니다.

사실, 지나치게 구조주의적이고 지나치게 역사적인 설명은 시기에 따른 변화 문제에 관한 우리의 분석적 결과를 예리하게 하기보다는 둔하게 만들 수 있다. 그런데 이미 지적한 바와 같이, 국가에 대한 당대의 이론들은 아마도 그 전의 이론들보다 이러한 위험을 더 정확히 알고 있을 것이다. 국가이론에서의 최근 발전은, 다른 어떤 것들과 마찬가지로, 시기에 따른 국가 발전의 불균형 속도와 촉매자 또는 방해자로서의 정치행위자의 중요한 역할에 대해 강조하는 게 특징이다.

국가이론의 최근 발전

1970년대 이후 국가에 관한 관심의 부활을 지배해 온 신베버주의 시각의 우세가 최근 몇 년 동안 도전을 받고 있다. 여기에 두 개의 이론적 조류가 특히 주목할 만하다. 그 하나는 국가에 대한 독특한 여성주의 이론의 발전이고 다른 하나는 탈구조주의자들(특히 푸코주의자들과 담론분석가들)에 의한 국가에 대한 관념 자체의 거부다.

여성주의는 국가에 관한 이론이 없는 것으로 흔히 주장된다. 그런데 "여성주의자들이 국가에 관심이 있는 경우, 국가의 본질과 형태에 관한 그들의 아이디어는 흔히 외부로부터 수입되곤 했다"는 앨런(Judith Allen 1990: 21)의 말이 한때는 정당했지만, 지금은 상황이 좀 복잡해졌다. 일부는 여성주의는 독립적인 국가이론이 없으므로 긴급히 필요로 한다고 주장한다. 다른 일부는 여성주의는 국가이론이 없고 필요하지도 않다는 반면, 또 다른 일부는 여성주의는 국가이론이 필요할 뿐만 아니라 정밀하게 개발하기를 적어도 시작해야 한다고 암시한다 (예를 들면, Chappell 2003; Cooper 2019; Haney 2000; Kantola 2006 참조).

최근의 학문적 활동을 보면 후자의 입장을 지지하는 것으로 보인다. 최근의 여성주의자들은 사실 매우 적절하고 독특한 여성주의 국가 '이론'을 위한 기반을 확립하기 시작했다 (제6장 참조). 실제로, 당대의 국가이론에서 가장 흥미롭고 고유한 발전의 많은 부분이 여성주의 학자로부터 나왔다. 이러한 통찰력을 지닌 여러 주요 관찰은 다음과 같다. (i) 만일 국가가 일부 경우에서처럼 마치 '이상적인 집단적 자본주의자'로 행동하는 것으로 볼 수 있다면, 국가는 역시 사회 내 가부장적 지배관계를 재생산하는 '가부장적 전략가'로 볼 수 있다. (ii) 빈곤의 여성화가 증대하자 계속 증가하는 수의 여성들이 자신들의 생존 자체를 위해 국가에 의존하게 됨으로써 여성의 삶에 역사적으로 전례 없이 두드러진 국가를 경험하고 있다. (iii) 역설적으로, 동시에 국가는 복지 긴축의 시대에 지급되지 않는 여성의 가사노동에 어느 때보다도 더 많이 의존하게 됐다. (iv) 이것이 논증하는 바와 같이, 자본주의 사회관계의 재생산은 가부장적 관계의 재생산과 완전하게 결합돼 있으므로 이에 대한 적절한 이론은 그들의 상호 표출에 관해 다뤄야만 한다.

최근 들어 여성주의자들이 국가이론을 향해 점증적으로 관심을 돌렸다면, 푸코주의와 담론분석 시각의 등장은 국가'로부터의' 이동, 즉 일종의 반대 방향의 운동을 나타낸다 (제8장 참조). 이러한 접근방법은 국가에 대한 전통적 이론가들에 대한 근본적인 도전을 의미한다. 푸코(Michel Foucault)의 연구를 추종하는 이들은 국가의 개념과 담론은 오직 우리의 행위를 통치하고 형성하며 그것을 여러 '통치 전략들'과 조화시키는 보다 광범위한 과정의 한 부분에 불과하다고 주장한다. 이러한 시각에서 보면, 국가 효과는 마치 국가가 존재하는 것같이 국민이 행동하기 때문에 그래서 존재한다. 그러므로 국가가 존재하는 한, 국가는 우리가 받아들이는 아이디어 안에 존재한다. 이것은 많은 이론가로 하여금 국가에 대한 관념 전체를 거부하도록 이끌었다 (예를 들면, Abrams 1988 참조). 그러나 국가에 대한 담론이 국가의 권력, 권위와 기본 요소를 부분적으로 구성한다는 아이디어는 일부가 주장하는 것만큼 국가이론에 그렇게까지 파괴적이지는 않다. 그러나 그것은, 만일 국가이론가들이 그 신화를 재생산하지 않는다면, 그들은 반드시 한편으로는 국가가 이해되는 과정, 그리고 다른 한편으로는 이러한 개념 및 국가의 제도, 과정, 행위 간의 관계에 더욱 많은 주의를 기울여야 한다는 것을 의미한다.

국가를 넘어서?

국가이론에 대한 마지막 도전은 그야말로 예기치 못했던 출처인 국가 그 자체로부터의 도전이다. 최근 들어 국가이론의 가치가 공격을 받는 것은 이론의 세련됨이나 그 이론이 생성한 통찰력의 중요성에 대한 거부 때문이 아니다. 국가이론이 거부된 것은 이론의 시대적 적실성이다. 사람들은 세계화와 국제화, 금융 통합과 자본의 유동성 시대에 국가가 빠르게 퇴화하고 있다고 주장한다. 국가는 시대착오적인 것(만일 이미 되지 않았다면)이 되고 있다. 벨(Daniel Bell 1987)의 말을 바꿔 설명하면, 국가는 국제적 또는 글로벌 무대에 점증적으로 투영되고 있는 큰 문제를 다루기에는 너무 작고, 지역 수준으로 점차 이양되는 작은 문제들을 다루기에는 너무 비대하다. 이러한 주장을 부정하기는 어렵다. 그러나 어느 정도의 주의와 회의론을 가지고 당대의 국민국가의 위기에 관한 대담한 주장을 부분적으로라도 다루는 것은 중요하다. 첫째, 세계화는 특별히 새로운 현상은 아니다. 사실, 그것은 적어도 제국주의 시대까지 거슬러 올라갈 수 있다. 세계화의 양식은 시기에 따라서 확실히 변해왔지만, 세계화 세력의 존재만으로 단순히 국가 형태의 소멸을 예고할 필요는 없다.

금융 통합, 증대된 자본의 유동성, 지역 교역권의 등장, 그리고 초국가 규제 조직의 확산은, 여러 종류의 지구적 전염병은 차치하더라도, 국가가 운영하는 (경제적, 정치적, 사회적 그리고 문화적) 상황을 심각하게 변화시키고, 국가의 변화하는 형태와 기능 속에 실제로 반영되어 있을 수 있다. 그러나 이것이 어떤 의미에서건 국가의 죽음을 의미하는 것은 아니다. 사람들은 오늘날과 같이 국가 제도에 의해 주로 통치되는 영토적으로 획정된 공동체 내에서 계속 살아갈 것이므로 그들은 국가 제도에 계속해서 정통성을 부여하고, 자신들이 처한 사회경제적 상황에 대해 국가가 가장 먼저 책임이 있다고 계속 간주할 것이다. 이것이 암시하는 바와 같이, 세계화는 국민국가에 도전하고 있지만, 그 도전은 정치의 국가 기반 조직을 훼손시킨 만큼이나 적어도 지금까지는 재강화시키기도 했다.

국가는 영역, 범위, 규모에 있어서 행성적 차원의 문제들을 다루느라고 투쟁하고 있지만, 국가가 당면하고 있는 도전들의 종류는 국가의 활동을 심각하게 축소하거나 생략하는 것과는 현재까지 관련되지 않았다. 참으로, 한편에서의 지구적 문제들의 확산과 지구적 해결의 비확산 사이의 긴장이 국가 이론가들을 위한 당대의 과제를 논쟁의 여지는 있지만 정의하고 있다. 모든 가용한 증거에 의하면, 국가의 종말과 국가이론의 소멸에 대한 풍문은, 좋든 나쁘든, 대단히 과장된 것으로 보인다.

책의 구성

이 책은 다원주의(pluralism), 엘리트주의(elitism), 마르크스주의(Marxism)의 고전적 삼두체제에 대한 재평가로 시작한다. 이를 다루는 세 개의 장 모두는 이들 접근방법이 단일한 사상의 집합체가 아님에 주목하고 각 장은 주요 아이디어, 개념 그리고 사상가들을 강조하기 위해 사상의 가닥들을 서로 이어서 종합한다. 다원주의에 관한 장에서 스미스(Martin Smith)는 다원주의 사상의 중심에 있는 역설을 주목하면서 시작한다. 다원주의는 국가와 같은 조직에 권력이 집중되는 것을 문제가 되고 바람직하지 않은 것으로 보지만, 국가는 여전히 사회의 다른 이익들이 대표되는 민주정치의 경기장(arena)으로 여긴다는 것이다. 다원주의는 이러한 역설을 조화시키려고 투쟁을 하는데, 중앙집권화된 이론을 거부하고 정치결과에 대한 집단의 중요성에 초점을 맞추는 정치와 국가에 대한 견해를 중심으로 일관하려 한다. 그러나 스미스는 다원주의는 이익과 집단 간의 불평등한 권력을, 특히 경제와 기업 엘리트와 관련해서 이러한 비판에 대한 보다 나은 설명을 하려는 신다원주의의 시도에도 불구하고, 적절히 개념화하려고 일관되게 투쟁하고 있다고 주장한다. 그럼에도 불구하고, 스미스가 상세히 논하고 있듯이, 다원주의의 영향력과 그것의 복잡성, 다양성과 다수성에 대한 주의는 국가에 관해 활력 있고 영향력 있는 사고 방법을 계속해서 제공한다.

에반스(Mark Evans)는 엘리트주의에 관한 개관을 제공하면서 다양한 학자들이 국가 안팎의 권력 집중을 확인하는 방법들을 시사한다. 그는 엘리트이론이 처음부터 주장했던 주요 명제들을 평가한다. 즉, 지배자들은, 경제적, 정치적 또는 이념적 자원에의 접근 기반에 의해 선택되고, 영토 내에 기초하며, 피지배자들과는 격리된, 응집력 있는 집단을 형성한다는 것에 대해서다. 엘리트이론에 대한 보다 최근의 기여는 그 초점을 초국적 또는 글로벌 엘리트로까지 연장하고, 이들의 권력과 영향력은 때때로 교묘하고 미묘한 차이를 보이는 방법으로 분산되어 민주적 거버넌스에 대한 쟁점을 제기한다. 덧붙여서, 에반스는 최근 대중영합주의(populism)로의 선회는 엘리트에 대항하는 '국민'의 봉기라고 하기보다는 아마도 '국민'의 진정한 대표권에 대한 신·구 엘리트 간의 경쟁으로, 엘리트 순환의 한 예라고 주장한다. 이 장은 현재와 미래 엘리트에 대한 인공지능(AI)과 기술의 잠재적 충격을 고려하면서 마친다.

헤이의 마르크스주의 국가이론에 관한 설명은 마르크스주의 국가

이론은 무엇인가와 왜 마르크스주의는 국가에 대한 이론이 필요한가의 두 질문을 탐구하면서 시작한다. 후자에 관해서 헤이는 국가는 자본에 대한 규제와 재생산에 있어서 결정적 역할을 하며, 그러므로 국가는 마르크스주의에 중심적 관심이라고 주장한다. 첫 질문과 관련해서는 다양한 설명과 반응이 있다. 마르크스주의 국가이론이 파악하려고 논쟁을 벌이는 주요 쟁점은 과연 국가는 자본주의 재생산을 위해 동의를 구성하는가와 하면 어떻게 하는가 그리고 국가는 본래부터 자본주의인가 아니면 자본주의체제 내에 존재하기 때문에 자본주의인가를 포함한다. 더 최근의 연구는 이러한 이중성을 넘어서려 하고 있다. 헤이는 제솝의 전략관계적(stratigic-relational) 접근방법을 지적한다. 당대의 국가에 대한 분석과 이해를 하는 데 많은 시사점을 주는 접근방법으로서 과거 투쟁을 형성하지만, 미래 결과를 결정하지 않는 전략적 선택성을 강조한다.

국가에 대한 고전적 이론으로부터 계속 나아가 제4장은 공공선택이론이 국가에 대해서 생각하고 비판하는 것에 대해 고찰한다. 테일러(Brad R. Taylor)와 보스워스(William Bosworth)는 경제학으로부터 유래된 공공선택이론의 근본 가정을 상술하면서 시작한다. 이 이론은 방법론적 개별주의(individualism)에, 그리고 개인은 자신의 이익을 극대화하려 한다는 견해에 천착한다. 이로부터 생성된 국가에 대한 견해는, 이익집단 정치의 불평등한 본질 때문이든 아니면 비효율적인 공공 관료 때문이든지 간에, 시장 실패를 효율적으로 그리고 효과적으로 교정할 수 있는 국가의 능력에 대해서 회의적이다. 테일러와 보스워스는 공공선택이론이 시장은 실패하지 않는다고 추정하지는 않으나 오히려 국가와 정부가 실패한다는 점에 주목한다. 그러므로 공공선택이론은 국가와 국가의 개입을 제한하려고 하는 신자유주의적 정부 개혁과 강하게 연관되어 있다.

이러한 시각과는 대조적으로, 신제도주의(new institutionalism)는 공공선택이론의 가정과 1960년대의 행태주의 혁명에 대한 반응으로 국가를 복권시키려고 시도했다. 신제도주의는, 슈미트(Vivien Schmidt)가 주장하는 바와 같이, 정치행위를 개인적 부분으로 축소하기보다는 정치행위의 집단적 요소를 분석하려고 노력했다. 이 장이 다루고 있는 신제도주의의 범주는 합리적 선택 제도주의, 역사적 제도주의, 사회학적 제도주의 그리고 담론적(discursive) 제도주의다. 이들은 정치행위에 대한 통찰을 어떻게 접근하느냐에 따라 매우 다르지만, 넓게 이해해서, 제도가 어떻게 개인의 행위를 수정하는가에 공통된 관심이 있다. 그것이 동기 구조든, 역사적 유산이든, 문화적 그리고/또는 담론적 규범을 통해서든 개인 행위에 영향을 준다. 이러한 다양성의 전반적인 효과는 신제도주의 접근방법이 국가에 대한 실질적 이론이라기보다는 국가에 관해 연구하고 사고하는 방법들을 구성하는 것이라고 슈미트는 주장한다.

제6장에서 칸톨라(Johanna Kantola)는 여성주의(feminism)가 국가에 대해서 오랫동안 불편함을 표시해왔다고 주장한다. 국가는 어떤 면에서 일부 여성들의 평등을 증대시켰지만, 동시에 다른 형태의 불평등을 심화시켰다. 이 장은 국가를 중립적이고 온건하게 보는 자유주의적 여성주의 견해를 탐구한다. 그리고 난 후 이 입장에 비판적인, 국가는 가부장적이라는 주장을 고찰한다. 국가에 관해 잘 알려진 서구 중심적 연구를 소개한 후, 칸톨라는 탈식민지 국가에서의 여성주의 연구와 다양한 국가의 실행과 상황이 여성에게 미치는 영향에 대해서 지적한다. 탈구조주의 여성주의는 국가에 관해 총합화하는 화법(totalizing narratives)을 거부하고 대신 국가의 분화된 본질에 주목

한다. 신자유주의와 대중영합주의와 같은 광범위한 쟁점 분석을 통해, 칸톨라는 국가에 관한 여성주의 이론화 방법은 국가 내외에 걸친 권력 관계가 복잡하고 공동 구성되는 방법을 탐구하는 것이라고 지적한다.

칸톨라와 여성주의와 비슷한 논리로, 크론셀(Annica Kronsell)과 힐딩손(Roger Hildingsson)은 녹색정치사상의 국가를 둘러싼 모호성에 대해서 지적한다. 국가는 환경 악화를 초래하는 구조를 재생산하는 데 책임이 있는가 하면, 동시에 국가의 행동과 개입은 환경 위기를 해결하는 데 중요한 것으로 간주한다. 이 장은 환경 거버넌스에서의 규범적 이상과 다른 국가들의 업적을 비교하면서 녹색국가의 특징을 논평한 후에, 복지국가의 발전은 국가의 녹색화를 위한 잠재적 통로를 제공한다는 주장을 평가한다. 크론셀과 힐딩손은 녹색국가를 위한 세 가지 도전을 고려하면서 이 장을 마친다. 경제적 및 환경적 불가피성의 조화, 변화와 전환의 과정 그리고 새 정치 및 민주적 형식이 환경적 도전을 해결하는 데 필요하다는 것이다.

이 책의 이론 부문 마지막 장은 탈구조주의(poststructuralism)를 다룬다. 마틴(James Martin)과 핀레이슨(Alan Finlayson)은 탈구조주의를 합리성에 관심이 있는 것으로 특징을 짓고, 어떻게 특정한 합리성이 지배하게 되고 또 합리성은 어떻게 경쟁하는가로 시작한다. 그들은 많은 중요한 제도들은 의미와 정체성의 체계들이며 개방돼 있고, 융통성이 있으며, 불안정하여, 담론적 틀을 통해서 영구적 의미를 이룬다고 주장한다. 이 장은 탈구조주의가 국가와 그것에 관련된 행동들을 불안정화하고 분산시키려는 방법들에 주목한다. 탈구조주의는 국가를 고정되고 단일한 행위자 또는 실체라기보다는, 특정한 의미를 표출하기 위한 투쟁의 장이자 결과를 의미하는, 조건적 합리성의 복합체로 인식한다. 그러므로 국가는 정치를 설명하기 위한 대상이 아니라 정치의 결과 그 자체다. 통치성(governmentality)에 관한 푸코의 연구와 사회 전체에 권력이 어떻게 분산돼 있는가에 대한 그의 분석은 국가 행동의 복잡성과 다원성을 강조한다.

이 책의 제2부는 국가이론으로부터 국가에 관한 토론에서 제기되거나 함축된 주요 개념과 아이디어에 대한 비판적 논쟁으로 이동한다. 국가에 대한 정통적인 견해는 '국민'을 안전하게 하고 사유재산을 보호하기 위해 정해진 영토에 대한 주권을 행사하는 조직체로서 국가를 본다. 제2부의 장들에서 이들 용어 각각은 국가에 대한 우리의 이해를 증진하기 위해 더 깊은 질문을 주제로 한다. 새로운 장들을 선택한 것은 정치와 국제관계가 이 책의 초판 발간 이후 여러 해 동안 변화하고 발전해 온 주요 양상을 말해 준다. 세계금융위기는 국제금융체제를 규제할 국민국가의 (무)능력과 국가에 대한 기업의 권력을 둘러싼 일련의 의문을 제기한다. 테러주의 같은 쟁점은 안보정치를 새롭게 강조하게 되었고, 브렉시트(Brexit)와 트럼프(Donald Trump)의 선출, 그리고 유럽 전역에 걸친 민족주의/대중영합주의 정당의 득세는 주권, 민족주의 그리고 대중영합주의에 새로운 관심을 기울이게 했다. 이러한 상황 전개는 각각 국가에 관한 의문과 논쟁을 유발했고, 이들에 대해서 다음의 장들이 탐구하려 한다.

브라운(Chris Brown)은 국가와 주권의 관계에 대한 분석을 17세기 중반 주권(the sovereign)이라는 인격으로 등장한 권력과 권위의 집중에 주목하면서 시작한다. 베스트팔렌조약하에서 확립된 주권으로부터 유엔체제에서의 주권과 (비)간섭을 둘러싼 논쟁에 이르기까지 여러 종류의 정권과 주권에 대한 이해를 재검토한다. 이 장의 주요 목적은 주권을 자신이 원하는 대로 전적으로 처리할 수 있는 능력, 즉 완전한 지배(dominium)로 이해한다면, 그와 같은 개념은 결코 널리 수용되지 않아 왔다는 사실을 강조하기 위한 것이다. 경제관리 쟁점을 둘러싼 협력으로부터 인권 제도에 이르기까지 국제체제는 주권에 관한 제약과 한계를 인정하고 허용해 왔다. 그러나 당대의 많은 서구 국가에서 대중영합주의 운동은 국제거버넌스 제도에 반대를 표출하는 수단으로서 주권에 대한 아이디어를 고수해 왔다. 주권에 대한 이러한 이해는 분석적으로 빈약하고 편파적이지만, 브라운은 주권에 대한 아이디어는 상징적으로 유력한 힘으로 남는다고 주장한다.

빌긴(Pinar Bilgin)은 제10장에서 국가와 안보관계를 탐구한다. 빌긴이 주목하는 바와 같이, 안보연구는 거의 완전히 국가에 관한 초점으로 밀접하게 묶여있다. 홉스의 이론 틀 내에서 보면, 국가만이 유일하게 안보를 제공할 수 있고, 안보는 국가 없이는 생각할 수도 없다. 국가에 관한 이러한 집중은 국가의 관념을 고정되고 안보 이전의 것으로, 또한 당연히 안전하게 지켜져야 할 대상으로 삼고 있는 경향이 있다. 국가가 '내부' 안전을 제공하고 '외부'로부터 시민을 보호하려고 한다는 아이디어를 포함하여, 후자는 하나의 영구적인 제한적 조건으로 남는다. 빌긴은 국가 자체가 흔히 (국가)안보를 제공한다는 명분으로, '내부' 행위를 포함하여, 불안전 행위에 연루되는 무수한 사례를 지적한다. 이 장은, 국가의 개념이 때때로 암시적으로 글로벌 안보와 탈식민적 안보에 관한 사고에 정보를 제공한다는 것과, 이러한 관계의 역사적 복잡성에 더욱 많은 주의를 기울일 것을 요청하는 방법을 고려하면서 결론을 맺는다.

국가와 영토관계가 존스(Rhys Jones)의 장에서 초점이 맞춰진다. 존스는 영토적 요소가 없는 국가는 거의 생각하기 불가능하다고 주목한다. 국가는 특정 영토에 대해 주권(위 참조)을 주장하기 때문이다. 이러한 영토에 대한 측량과 통제와 더불어 국민의 구체화된 경험은 결정적이다. 존스는 공간은 측정과 계산 과정을 통해서 영토가 되고, 이런 점에서 우리는 영토를 정치적 기술(technology)의 관점에서 생각할 수 있다. 그러나 이러한 주장들은 국가 영토가 '평평'하지 않고 단절되고 불균형적이며 불완전하다는 점에서 논쟁적이고 불충분하다. 이 장은 연결망(networks)과 흐름(flows)에 관한 아이디어를 고려할 것을 제안한다. 이들이 영토의 중요성을 점점 약하고 쇠퇴하고 있음을 암시하고, 국가 영토를 침투적이며 불안정하고 흔히 열망적인 것으로 다시 생각하게 만들기 때문이다. 이러한 동태성은 국민과 물질적 하부구조에 의해 만들어지고 도전을 받으며, 나아가 국가 영토(그리고 국가 자체)에 대한 관념을 진행 중인 단편화되고 불완전한 과업으로 간주하게 된다.

마쉬(David Marsh)는 국가와 자본의 관계를 분석한다. 이 관계에 관한 두 개의 주요 이론, 마르크스주의와 다원주의에 관한 개관으로 시작하면서, 마쉬는 두 견해의 수렴에 주목한다. 즉, 기업은 중요하지만, 국가 내에서 분화되지 않거나 비경쟁적인 행위자가 아니라는 것이다. 마쉬는 세계금융위기가 국가 내 자본의 역할과 지위에 대한 설명에 새로운 자극과 초점을 주었다는 주장을 내세운다. 구조-대리인과 권력 논쟁의 양상을 바탕으로, 이 장은 국가와 자본 관계에 관한 다른 입장을 가진 저자와 주장을 고찰한다. 기업이 국가보다 지배적 관계에 있다는 주장에서부터 기업 권력은 변동하고 대항 압력의 지배를 받는다는 주장에 이르기까지의 범위를 다룬다. 그러한 과정에서 마쉬는 자본이 자신의 이익을 확대하려고 전개하는 전략과 기술에 대한 설명을 제공한다.

국가와 민족주의(nationalism) 관계를 고찰하는 장에서, 맥이웬(Nicola McEwen)과 세트라(Daniel Cetrà)는 민족과 국가 사이는 등가성이 존재하는 것으로 흔히 인정된다고 암시한다. 즉, 국가는 정통성을 부여하고 민족은 감정적 애착을 제공하므로, 국가는 민족을 위한 적절한 저장소라는 것이다. 이러한 견해는 민족은 국가의 등장에 긴밀하게 관련된 현상이라고 주장하는 지배적인 민족주의 접근방법에 의해 뒷받침된다. 이 장은 근대국가의 정치적 권위와 주권의 궁극적 원천인 국민의 경계를 그려내는 민족주의의 여러 형태가 있음을 주목한다. 그러나 맥이웬과 세트라는 민족과 국가 사이의 단순한 등가성이 항상 존재하는 것은 아니라고 주장한다. 국가는 민족의 정체성을 촉진하는 민족주의의 대리인 역할을 할 수 있고, 또 하위민족 집단과 실체들이 그들의 민족적 정체성을 보다 더 많이 인정받으려는 민족주의의 대상이 될 수도 있다. 민족주의는 정통성의 중심적 근원인 국민을 확립한다고 이 장은 주장한다. 그런데 국민은 누구인가? 다양한 형태의 민족주의는 시민 정체성, 민족성, 언어 그리고 성별을 포함하는 여러 다른 방법으로 소속 경계를 결정한다.

퀴스마(Mikko Kuisma)의 대중영합주의(populism)에 관한 장은 이 책의 전반에 걸쳐 다뤄지는 여러 많은 다른 주제들을 모은다. 그는 대중영합주의는 정의의 모호성의 정도가 심각한 정도이지만, 그 핵심 특징은 국가 내 불평등과 엘리트와 기업의 지배에 대한 우려들을 포함한다고 지적한다. 대중영합주의는 역시 국가 주권으로 이해되는 국민 주권을 엘리트의 권력과 글로벌 자본주의에 대항하여 정치의 한 중심부에 위치시키려 하고 있다고 퀴스마는 주장한다. 이 장은 대중영합주의가 국가에 대해 그 자체로서 도전이라기보다는, 좌익이든 우익의 형태이든, 국민과 국가의 관계에 관해 일련의 근본적인 질문을 던진다고 주장한다.

추가 읽을 거리

Evans, P.B. et al. (eds) (1985), *Bringing the State Back In*, Cambridge: Cambridge University Press.

Hay, C. (1996), *Re-Stating Social and Political Change*, Buckingham: Open University Press.

Hay, C. (2014), "Neither real nor fictitious but 'as if real'? A political ontology of the state," *The British Journal of Sociology*, 65(3), 459–480.

Mann, M. (1988), *States, War and Capitalism*, Oxford: Blackwell.

Pierson, C. (1996), *The Modern State*, London: Routledge.

Skinner, Q. (1989), "The State," in T. Ball et al. (eds), *Political Innovation and Conceptual Change*, 90–131, Cambridge: Cambridge University Press.

제1부

국가이론

1장 다원주의 • 37

2장 엘리트주의 • 66

3장 마르크스주의 • 94

4장 공공선택 • 129

5장 제도주의 • 157

6장 여성주의 • 189

7장 녹색이론 • 211

8장 탈구조주의 • 242

1장

다원주의

마틴 J. 스미스(Martin J. Smith)

서론	37
다원주의의 핵심	40
다원주의의 발전	45
다원주의 비판	48
다원주의의 재활성화	50
현대 다원주의의 발전	54
불평등 세계에서의 다원주의	63
결론	64

서론

다원주의와 국가이론을 논의하는 데 있어 문제점은 다원주의가 국가에 대한 비판으로 발전하는 동안 그것은 국가의 본질에 대한 토론을, 만일 했다 하더라도, 거의 명료하게 하지 않았다는 사실이다. 다원주의는 국가의 개념과 관련한 정의를 내리기가 어렵다. 왜냐하면, 다원주의는 그 본질 자체가 다원적이므로 정치나 국가에 대한 일원적 정의와 개념을 거부한다. 실제로 국가나 정치에 대한 다원주의 이론을 다루는 문헌이라고 명백하게 규정할 만한 연구는 없다. 조단(Jordan 1990)에게는, 마르크스주의(제3장 참조)나 엘리트주의(제2장 참조)와는 다르게, 어떠한 다원주의 규범이나 일관된 다원주의 이론은 없다. 다원주의를 지지하는 것은 하나의 역설이다. 원칙적으로 다원주의자는 국가는 권력을 집중하는 유해한 조직이므로 절대 권력의 위협을 제한하고 저지하기 위해 다원적 형태의 사회조직이 필요한 것으로 간주한다. 그러나 국가를 시민사회에 대한 위협으로 인식하는 한편, 다원주의자는 국가를 문제화하는 데 실패하고, 또 그렇게 실패함으로써, 국가를 온화하거나 적어도 중립적인 일련의 제도적 장치로 다루는 경향이 있다. 따라서 국가는 민주적 다원주의 전통에서처럼 또는 연결망 거버넌스를 둘러싼 보다 최근의 논쟁에서처럼 단편화된 제도로서 사회의 다양한 이익을 반영하는 것으로 간주된다. 한편으로, 국가는 '정당한 폭력의 독점'(Weber 1946)을 하므로 제약될 필요가 있다. 그렇지 않으면, 국가가 자유롭고 개방된 사회에 위협이 되기 때문이다. 다른 한편으로, 국가는 민주적 정치가 작동하는 하나의 장(arena)이다. 국가는 사회의 다양한 이익의 요구를 반영하는 다원주의의 보증자이다. 이러한 역설은 절대 화해되지 않는다. 왜냐하면, 그것은 다원주의가 발전해 온 방식의 결과이기 때문이다. 다원주의는 일관된 이론의 한 학파로서가 아니라 여러 다른 광범위한 이론, 접근방법, 그리고 방법론의 집합으로 이뤄졌다.

다원주의는 집단 상호작용에 초점을 맞춤으로써 권력에 대한 단순한 이해를 제공하는 것으로 오랫동안 특징지어져 왔다. 이러한 맥락에서 국가 또는 정부는 넓은 국가이익을 위한 결정을 하기 위해 갈등하는 이익을 중재하는 것으로서 상대적으로 온화하게 그려졌다. 물론 레닌(Lenin 1917)으로부터 밀리반드(Miliband 1969)와 제솝(Jessop 1978)에 이르기까지 일군의 마르크스주의자들은 다원주의적 민주주의의 관념은 부르주아 국가의 상황에서 자본의 정치적 이익을 정당화하려는 이념적 기제라고 강조했다 (제3장 참조). 그것은 분명히 전후 시대에 고도로 영향력을 발휘한 대부분의 미국 다원주의 경우를 일컫는다. 미국 다원주의는 미국정치과정에 대해 상대적으로 특별히 긍정적인 견해를 피력했다. 달(Dahl 1973)과 트루먼(Truman 1951) 같은 학자들은 미국정치의 분화된 특성과 집단들이 정치적 결과에 영향을 주기 위해 다양한 자원을 끌어들이는 방법들을 강조하는 데 열심이었다.

갤브레이스(Galbraith 1952)에 의하면, 자유민주주의체제는 단일한 이익의 지배를 방지하는 대항적 권력의 배열(range)을 통해서 운영된다. 이러한 제약의 결과가 현대 산업사회에서 권력의 분산을 뜻하는 다원주의의 독특한 주요 특징이다. 바로 이러한 사회의 복잡성과 상호의존성이 다양한 이익에 개방된 정치체제와 혼합되어 다원주의로 인도한다. 더욱이, 자원은 평등하게 나누어져 있지는 않지만, 돈과 같은 한 자원을 결여하고 있는 사람은 대부분 대안적 자원을 가진다. 예를 들면, 투표다. 다원주의자에게는 여러 종류의 지도자들 사이에 광범위한 권력의 분산, 비엘리트와 경쟁 엘리트로부터의 제약, 그리고 한 정책으로부터 누가 이익을 얻을 것인가에 관한 불확실성이 있다. 결과적으로, 모든 결정을 하고 그 모든 결정으로부터 이익을 보는 어떤 유일한 엘리트는 존재하지 않는다. 다원주의자들에게 자유민주주의는 결과에 영향을 줄 수 있는 많은 목소리를 허용하는 복잡하고 다차원적인 정체를 위한 하나의 틀을 제공하는 것이다.

국가에 대한 다원주의 개념을 이해하기 위해서는 다원주의자들이 집단과 정치이익의 산출에 있어서 집단의 역할을 어떻게 정의하는가를 볼 필요가 있다. 이 장은 다원주의 집단이론이 19세기의 초기 발전으로부터 어떻게 변화해 왔는가 그리고 이것은 정부에 대한 다원주의 개념에 어떻게 반영되어왔는가를 강조해서 밝힌다. 이 장은 다원주의 형태의 정부와 국가에 초점을 맞추는 학자가 그들 스스로 다원주의자라고 명시적으로 생각하는 사람은 거의 없음을 암시한다. 그들은 묵시적으로 정치와 국가에 대한 다원주의적 가정을 수용하는데, 그렇게 함에 있어서 그들의 분석에서 국가 제도에 권력을 부여하지 않는다. 이 장은, 다원주의의 복잡하고 다양한 성격에도 불구하고, 여러 다원주의 접근방법의 범주에 핵심을 제공하는 공통된 주제를 강조하면서 시작한다.

다원주의의 핵심

다원주의는, 더 정확히 말하면 다원주의자들은, 분석적, 규범적이고 처방적인 접근방법 사이를 표류해 왔고, 앞으로 우리가 고찰하는 바와 같이, 다원주의는 여러 면에서 서구 민주체제를 정당화하고 옹호하는 데 있어서 통합해 왔다. 다원주의를 단합시키는 것은 지식과 정치에 대한 일원적 접근방법을 거부하고 집단들이 존경받고 대표돼야 할 필요가 있는 이익을 가지고 있다는 믿음이다. 그것은 국가 내에 권력과 자원이 집중돼 있다고 보는 엘리트주의와 마르크스주의 접근방법을 거부한다 (제2장, 제3장 참조). 주요 주제는 "많은 현대 국가의 사회 질서는 문화, 사회, 그리고/또는 인종 기반 위에 구조적으로 독특한 구획으로 사회가 분리되어 수직적 균열로 나타나 있다"(Leon and Léons 1977: 5). 단일한 다원주의 이론으로 정의하기 어렵고 다원주의 또는 다원주의자라는 용어는 많은 다른 이론들과 이론가들에게 적용되지만, 여전히 다른 다원주의 접근방법들을 연결하는 아이디어 또는 지식의 넓은 기반이 있다. 다원주의 사고의 넓은 분야에는 국가, 권력 그리고 집단과 관련해 일종의 공통 원칙이 존재한다.

국가

다원주의에는 국가에 대한 두 개의 경쟁하는 개념이 있다. 19세기와 20세기 초의 초기 다원주의는 국가를 악의적 세력으로 보았고 정부 제도 내에 권력을 집중하거나 독점화하는 어떠한 장치에도 강하게 반대했다. 초기 영국 다원주의자들에게, 집단은 지역 연합을 국유화하여 초창기 복지국가로 전환하는 과정을 통해서 발전하는 근대국가의 권력이 증대하는 것을 제한하는 기제였다. 초기 다원주의 내에는 강한 무정부적 경향이 있었는데, 이들은 집단과 장인(guilds)을 국가권력을 제한하고 정책 결정을 공동체에 연결하는 자율 조직 기제로 보았다. 다원주의자들을 위한 근본 쟁점은, 홉스와는 반대로, 주권이 국가와 함께 존재하는 것이 아니라 (제9장 참조), 국가는 사회에 있는 여러 가지 이익을 반영해야 한다는 것이다. 그럼에도 불구하고 국가에 대해 주의 깊었던 초기 다원주의자들도 그렇게 강하게 비판적이지는 않았다. 라보르드(Laborde 2000: 177)는 어떻게 영국 다원주의에게 국가와 시민사회의 구별이 다원주의의 근본적 원칙 중의 하나인가를 설명했으나, "이러한 구분은 전혀 적대적인 용어로 표현되지 않았다. 국가는 문제가 되지 않는 제도적 필요조건으로 보았고 공적과 사적 영역의 경계는 다원주의 연구에서 혼동됐다"고 지적했다.

고전적 미국 다원주의는 국가에 대한 심지어 더욱 온화한 견해를 발전시켰다. 집단이 국가에 대해 균형을 맞추기보다는 오히려 국가는 집단 이익을 현실화시키는 기제라는 것이다. 고전적 미국 다원주의자들은 헌법적 지위를 수용했다. 정부는 공공이익과 관련해 개방된 민주적 과정이다. 미국정부체제의 경우에는 많은 이익이 정치결과에 영향을 줄 수 있도록 보장하는 단편화된 정치과정, 제한된 집행 및 대표제가 있었다. 실제로 정책결정에 관한 많은 연구가 정치과정의 기구에 대한 윤곽을 그리는 데 관계하고, 권력에 초점을 맞추기보다 합리적 지식의 확립과 이익 집합에 관한 과정으로서 바라본다. 던리비와 오리어리(Dunleavy and O'Leary 1987)가 시사하듯이, 다원주의는 국가를 이익을 정부로 전달하는 매개자(vector) 또는 다양한 이익이 투쟁하는 경기장(ring)으로 인식했다. 국가는 어떻게 해서든지 중립적이라고 가정한다. 그러나 많은 다원주의자들은 정책과정의 불완전성, 복잡성, 그리고 점진적 특성을 인정하는 정책결정에 대해 더 현실적이고 경험적으로 증명할 수 있는 모델을 개발하려고 노력하고 있다는 것을 시사한다 (Lindblom 1959, 1965). 다원주의자들은 적어도 정책부문 수준에서 정책결정이 특정 이익(주목할 만한 예는 보건과 농업)에 의해 포획되기 쉽다는 생각을 거부하지 않는다. 그러나 그들은 미디어, 입법 의원, 선거운동 집단 등과 같은 대안적 권력 중심이 장기간에 걸쳐 특정 이익의 지배에 도전할 수 있다고 암시한다. 이러한 집단정치의 관념은 시장 논리의 유추에서 비롯된다. 만일 한 집단이 권력의 독점을 개발한다면, 다른 집단들이 그 지배권을 잘라내고 도전하기 위해 시장에 진입할 것이다. 다두제의 관념과 함께 달(Dahl 1973)이 의미하는 요점은 민주정치체제는 불완전할 수 있지만 다른 이익들이 목소리를 내고 또 정치적 결과에 영향을 줄 수 있다는 것이다.

집단

모든 다원주의 사상의 주요 특성은 개인보다는 집단에 관한 초점이다. 개인의 정체성은 집단을 통해서 존재하고 집단은 사회의 주된 구성 요소이다. 벤틀리의 말에 의하면(Bentley 1908: 208), "집단이 적절히 언급됐을 때, 모든 것이 언급된 것이다." 영국 초기 다원주의자들에게는, 집단은 대리인과 함께한 '개인들'로 간주됐다 (Nicols 1974: 5). 집단은 다원주의 사상에서 핵심 역할을 한다. 첫째, 개인보다는 집단이 정체성의 기반이다. 이것은 집단을 사회 조직의 기본적 기반으로 본 초기 다원주의자들의 핵심 원칙이다. 특히 압력집단을 정치의 중심으로 본 미국 다원주의자들에게는 더욱 그러하다. 인류학적 다원주의자들은 사회를 여러 다른 가치 집단으로 구성된 것으로 본다. 이 견해는 후일 다문화주의자들에 의해서 개발됐다. 결과적으로, 쿠퍼(Kuper 1969)는 집단을 교차하는 가치로 묶여 있다고 보는 미국 다원주의자들이 제안한 사회적 합의 모델과 사회를 분열과 본래 내재한 갈등으로 형성된 것으로 보는 세력균형과 갈등모델 사이의 차이를 강조한다. 둘째, 집단의 역할은 국가에 관한 제한으로서 또는 일부 접근방법의 경우 국가에 대한 대안으로서 행동하는 것이다. 이 개념은 나중에 논의할 사회자본에 관한 퍼트남(Robert Putnam)의 연구에서 어느 정도 제기되기도 했고 (이후에 논의함) 영국의 큰 사회론에 관한 아이디어에서도 찾을 수 있다. 다원주의 내에는 자유 결사체 아이디어에 대해 19세기까지 거슬러 올라가는 강한 전통이 있는데, 이는 스스로 조직된 집단 또는 공동체가 공공재 공급을 위한 책임을 질 수 있고 지역 공동체의 희망을 반영하는 결정을 함으로써 보다 민주적인 정책과정을 보증하는 것이다.

권력

많은 20세기 다원주의자들은 권력에 대해 제한되고 천진난만한 견해를 가지고 있는 것으로 간주된다. 루크스(Lukes 1974)와 같은 비평가들의 요점은 다원주의자들은 행태주의 입장을 채택하고 권력은 직접적이고 관찰할 수 있는 어떤 것으로 보는데, 누가 자원 획득에 성공하는가를 보면 누가 권력을 가지고 있는가를 알 수 있다는 것이다. 다원주의자들에게는, 권력은 눈에 보이는 힘을 통해서 작동하는 것이지 보이지 않는 구조나 엘리트를 통하는 게 아니다. 달(Dahl 1957)에게, 권력이란 "A가 B가 하지 않았을 어떤 일을 하게끔 하는 정도에 따라 A는 B에 대해 권력을 갖고 있다"라고 정의된다. 즉, 정책결정 과정에서 "A가 B가 Y라는 정책을 선택하려고 할 때 X라는 정책을 선택하게 하면 그때 권력이 존재한다." 권력에 대한 이러한 견해는 다원주의 방법론을 결정한다. 실제 행동이 기록, 목격 등에 의해서 관찰되거나 재구성된다. 따라서 동일한 집단이 둘 또는 그 이상의 쟁점 분야에서 성공을 이루는가 아닌가를 경험적으로 결정하는 것이 가능하다.

휴위트(Hewitt 1974)에게는, 정치적 결정이 만들어지는 방법과 특정 결과를 관찰함으로써 각양각색의 이익이 다양한 정치적 영역에서 성공한다는 것이 명확하다. 그럼에도 불구하고, 일부 다원주의 접근 방법은 권력의 분석에 있어서 풍자적인 표현보다는 더 세련돼 있다. 예를 들면, 고전적 미국 다원주의자들도 일부 집단의 접근을 방해하는 집단이 존재한다는 제도적 관계를 인정했고(Truman 1951), 켈소(Kelso 1978)는 특정 이익이 정부를 포획했다는 조합다원주의를 강조했다. 달(Dahl 1961)과 트루먼(Truman 1951) 모두 기업은 '전통적 신화 양식에서 호의적 지위'를 가지고 특권을 누리는 것을 암시했으며 그리고 린드블롬(Lindblom 1977)과 같이, '기업' 집단의 특혜적 지위는 기업인들의 이익에 대한 신념과 기대가 경제의 건강에 결정적으로 중요하다는 경제체제의 존재로 인해 더욱 강화됐음을 인정했다.

다원주의의 발전

다원주의의 기원과 발전은 홉스적 정치사상의 일원적 접근방법과 자유주의의 개별주의 모두에 대한 반응에서 찾을 수 있다. 홉스는 이익 갈등의 사회에서 질서를 위한 기제로서 강한 주권을 인정했다. 로크와 밀과 같은 자유주의자들은 홉스적인 국가를 개인의 권리에 대한 위협으로 간주했고 국가에 대한 정당한 제한을 규정하려고 했다. 초기 다원주의자들은 과도하게 강력한 국가의 발전을 피하려 했고 동시에 그들이 목격한 시장 개별주의의 잠재적 충격으로부터 공동체 또는 사회를 보호하려 했다. 그러므로 초기 영국 다원주의자들은 사회주의적이고 집단주의적 접근방법을 개발했다. 20세기 초 영국에서의 다원주의 발전은 점증적으로 강해지는 국가에 관한 우려를 반영했으며 자발적 조직과 노동조합을 통해 공공재를 공급하는 강한 시민사회 관념 위에 세워졌다. 그러나 1914년과 1945년 사이의 기간에 영국에 존재했던 자유주의 국가의 형태가 효과적으로 파괴됐다. 영국의 국가는 공공재에 대한 다원주의적 공급을 국유화했다. 그럼으로써 자발적 부문, 사적 기업, 그리고 지방정부에 의해 지원되던 업무를 중앙정부가 접수했다. 더욱이 의회주권의 우위와 공공업무의 홀데인(Haldane)[**] 개념, 즉 장관과 공무원 사이의 공생 관계에서 만들어진 결정은 권력이 폐쇄된 엘리트 국가 내로 독점화됐다는 것을 의미했다. 미들마스(Middlemas 1979)는 영국의 국가에서 조합주의적 편견을 강조하면서, 집단의 역할

[**] 역자 주) 1918년 영국 의회의 홀데인 보고서에 의해 확립된 공무원과 장관 간의 작업방식 규정이다. 장관은 경력과 전문 지식을 가진 공무원과 상담하여 정책을 결정하고 장관은 의회에 책임지고 공무원은 장관에 책임지는 공생관계에 있다는 것으로 오늘날에도 유효하다.

은 항상 주권의 핵심인 집행부를 통해서 중재됐고 정책에 있어서 그 영향력은 크게 제한됐다고 했다. 영국의 정치담론에서 특히 혹(Quentin Hogg)과 맥밀런(Harold Macmillan)과 같은 고결한 토리주의(Toryism) 사람들에게는 다원주의 개념이 존재했지만, 현실에서 영국정부는 점증적으로 중앙집권화되고 주권적 국가가 됐다. 영국의 국가는 분리 불가능한 대내외적 주권 관념과 혼합된, 간접적 개인 대표제, 시민사회로부터 고립되고 집단 이익에 반응하지 않는 정책결정 엘리트에 대한 관념에 기초하고 있다. 반(反)다원주의의 전형은 집단과 중간 제도에 대한 의혹과 함께 주권적 정부와 개인 간의 직접적 관계를 강조하는 대처주의(Thatcherite) 국가개념이다 (Smith 2015). 이러한 발전의 결과로서, 다원주의는 영국에서 거의 득세하지 못했고, 콜(George D. H. Cole), 피기스(John Figgis), 라스키(Harold Laski)의 연구는 1980년대까지 정치적, 학문적 토론에서 실제로 사라졌다. 미국에서는 국가 형태가 다원주의 사상을 그렇게까지 숨 막히게 하지는 않았다. 1930년대 뉴딜(New Deal)정책 동안 국가의 활동은 매우 괄목할 만큼 팽창했지만, 국가는 결코 모든 분야의 활동을 그 지배 안으로 끌어들일 만한 능력을 개발하거나 추구하지도 않았다. 포괄적인 복지국가를 발전시키는 데 실패했고, 지방과 연방 국가 수준의 정부는 상당한 자율성을 유지했으며, 사적 부문은 강하게 남았다. 계획이나 국유화의 특정 부문을 넘어서려는 시도는 없었다. 그리고 중앙국가는 헌법에 보장된 권력분립의 결과로 제도적으로 단편화됐다. 따라서 다원주의가 미국정치현실의 일부 요소를 계속 반영할 수 있도록 보장하는 충분한 다원성이 정치체제에 존재했다. 제1차 세계대전과 1960년대 말기까지의 기간에 다원주의가 미국 국가의 지배적인 개념으로 등장하였다.

전후 시대에 다원주의는, (일부는 이익집단 다원주의라고 부르는 데) 미국정치학에서 지배적인 패러다임이 됐고, 나머지 세계에서의 정치분석에 괄목할 만한 영향을 주었다. 심지어 소련 연구에도 사용될 정도였다 (Solomon 1983 참조). 그것은 미국정치 이해를 위한 기제로서 그리고 정치는 어떠해야 하는지에 대한 경험적이고 규범적인 정치이론으로서 발전했다. 20세기 초 이론가들의 다원주의와 전후 경험적 정치다원주의 사이의 단절에 대한 다원주의 문헌에 하나의 가정이 있다. 사실, 전후 다원주의의 많은 관심과 개념은 20세기 초의 보다 급진적 다원주의에 빚을 졌다. 근대 미국 다원주의의 창설자, 벤틀리(Arthur Bentley)로부터 듀이(John Dewey)에 이르기까지 직접적인 연계가 있다 (Ratner and Altman 1964). 벤틀리로부터 근대 다원주의자들은 정치에서의 집단의 역할 강조와 국가의 권력과 능력을 제한할 필요성에 대해서 고전적 다원주의를 수정했다. 벤틀리의 연구 주제는 트루먼(David Truman 1951)에 의해 발전됐고, 달, 린드블롬과 '예일학파'(the Yale School)의 연구에 의해 경험적 분석으로 발전했다 (Merelman 2003 참조). 다원주의 이론의 발전에 따라, 어떻게 해야 한다는 규범적 이론으로부터 권력이 어떻게 분배되어 있는가를 분석하는 경험적 이론으로 전환했다. 그런 다음에 다원주의는, 머렐만의 말에 의하면 (Merelman 2003: 18), 미국정치를 정당화하는 담론이 됐다. "즉, 그들은 미국정치인들이 자신의 권력을 정당화하기 위해 전형적으로 만들어 내는 주장을 전적으로 지지한다." 다원주의자들은 다원적 권력 중심과 집단의 영향에 의해 제한되는 국가를 기대했고 이것이 전후 미국에서의 정치인식이다. 결과적으로, 국가에 대한 미국 다원주의 이론은 미국정치가 어떻게 운영되어야 하는가를 믿었던 실제 모형이었고, 배젓(Walter Bagehot)과 제닝스 경(Sir Ivor Jennings)의 연구가 영국의 집행부 주권을 정당화한 것과 비슷한 형태로, 다원주의자들은 미국정치체제를 정당화했다. 밀스(C. W. Mills)와 같은 학자들이 인정했듯이, 그것은 다원주의자들이 미국정치체제는 다른 형태의 정부보다 도덕적으로 우월하고 미국 사회에서 광범위한 이익에 대표성을 준다는 의미에서 냉전 병기고의 부분이 됐다.

다원주의 비판

다원주의가 서구 정권의 민주적 본성을 정당화하는 위치에 선 것은 정치학의 지배적인 패러다임이 되는 시점과 일치했다. 그러나 다원주의가 신격화되는 순간이 되자마자 중요한 이론적 경험적 비판이 다원주의 개념과 관련해 제기된 것은 뜻밖의 결과다. 머렐만이 지적했듯이 (Merelman 2003), 달의 주장(Dahl 1967: 24)에 잉크도 마르기 전에 미국 남부의 흑인들은 정치적 권리와 시민권을 주장하면서 죽어가고 있었다. 달은 "미국 다원주의의 이론과 실제는 다수의 권력 중심의 존재, 아무도 전체 주권을 장악하고 있지 않은 상황은 권력을 길들이고, 모두의 합의를 보장하며, 그리고 갈등을 평화롭게 해결하도록 도와주고 (또 필요할 것이라고) 가정하는 경향이 있다"라고 주장했다. 예일학파가 다원주의는 미국에 견고하게 확립됐다고 생각한 시점이 바로 그것의 한계가 분명해지는 순간이었다. 1960년대와 1970년대에 다원주의는 경험적이고 학문적인 비판의 대상이 됐다. 경험적으로, 다원주의와 관련한 많은 가정이 1960년대 시민권 운동과 베트남전 반전운동에 의해 도전을 받았다. 시민권 운동은 강한 불만이 있는 집단이 정치과정으로부터 배제된 것을 예증했다. 미국체제의 분명한 다원주의에도 불구하고 정치참여에 중대한 장벽이 있었다. 마틴 루터 킹(Martin

Luther King)의 암살과 뒤이은 폭동에 대한 퍼트남의 반응은 다원주의의 난국을 그대로 보여준다. "킹 목사가 암살된 저녁 하늘의 노을 빛이 전한 것은 우리가 모두 작업하고 있었던 개념적 틀에는 포함되지 않았던 어떤 일이 미국정치에 일어나고 있었다는 의미였다"(Merelman 2003: 211-212). 베트남전쟁은 여러 면에서 다원주의에 대한 더 큰 도전이었다. 미국정치가 합의에 기반하고 있다는 어떠한 주장도 훼손시켰다. 반전 시위는 미국정치가 공동의 의식에 기반하고 정치체제의 형태에 대한 사회 전반의 동의가 있다는 아이디어를 거부했다. 합의의 붕괴는 다원주의에 대한 많은 학문적 비판을 초래했다. 첫째, 합의가 존재한다기보다는, 다원주의가 제시한 것은 미국체제에 대한 냉전적 열망에 기반한 견해였다는 것이다. 권력을 분산하고 모든 이익에 개방한다는, 완벽하게 기능하는 민주주의에 대한 그림은 조작, 배제, 엘리트 지배의 과정을 숨기기 위한 것이었다. 이것은 미국체제의 우월성을 나타내려는 의도였다는 머렐만의 정당화 담론이었다. 둘째, 베트남전쟁과 시민권 운동 그리고 뒤이은 보다 과격한 여성운동과 동성애 운동은 사회에 가치에 대한 일반적 수용이 있었다는 관념을 훼손시켰다(Lockwood 1964 참조). 참으로, 1960년대 이후의 시대는 미국 내에서 신념 간의, 말하자면 동성결혼을 지지하는 사람과 기독교 우익 근본주의자들 간의 괄목할 만한 두 갈래의 분열을 목격했다. 바흐라흐와 바라츠(Bachrach and Baratz 1962) 그리고 루크스(Lukes 1974)는 합의 개념이 정치과정에서 조작될 수 있는 방식을 보여주었다. 더욱이, 밀스(C.W. Mills 1956), 도모프(Domhoff 1967) 그리고 밀리반드(Miliband 1969) 같은 엘리트주의(제2장 참조)와 마르크스주의(제3장 참조) 학자들은 권력의 집중과 정부 정책의 결과가 엘리트에게 특혜를 주는 방식을 경험적으로 증명했다. 다원주의는 관찰할 수 있는 권력에 기초를 두었지, 숨은 구조와 아이디어가 정치적 과제를 형성하는 관행에 대해서는 간과했다 (Polsby 1963: 4; Polsby 1960: 477). 루크스의 연구는 흔히 강제의 형태를 은폐하여 합의를 만들어 내는 구조적 기제를 부각시켰다. 머렐만(Merelman 2003: 99)이 대담하게 말하는 바와 같이, 사회 변화와 이론적 비판의 혼합으로 "1970년대 초에 이르러서 다원주의는 예일에서 폐위되기에 이르렀다."

다원주의의 재활성화

다원주의 이론가들은 1960년대와 1970년대의 사건에 대해서 반응을 보였고 주요 제안에 대해서 괄목할 만한 재고를 했다. 다원주의의 재형성은 미국과 영국에서 다른 형태로 일어났다. 미국에서는 로위(Lowi 1969)와 맥코넬(McConnell 1953, 1966)의 연구에서의 미국 민주주의 비판과 달과 린드블롬의 연구에서 다원주의 본질에 대한 재고에서 생성된 신다원주의에 대한 독특한 관념의 발전이 이뤄졌다. 신다원주의는 정책과정에서 집단의 역할에 관한 다원주의적 관심을 계속 가지면서도, 특정 집단, 특히 기업이 정책 분야에서 흔히 지배적이며 소비자 같은 집단과 비교해서 분명히 유리한 위치에 있다는 것을 받아들였다 (Dunleavy and O'Leary 1987; Kelso 1978). 맥코넬(McConnell 1966)은 기업이 미국정치에서 커다란 권력을 행사하는 것으로 보았고, 로위(Lowi 1969)는 이익집단은 다원주의를 이루지 못하고 정책결정의 장에 공중이 배제된 특혜 구조에서 활동하는 것으로 보았다. 린드블롬은 확실히 예일학파 다원주의에 속하지만, 기업이 정치영역에서 추가적인 자원을 누리고 있음을 인정한다. 첫째, 정부는 자신의 성공을 경제성장에 의존하므로 호의적인 세금과 경제정책을 위해 기업의 요구를 받아주는 경향이 있다. 결과적으로 기업은 '정부에서 특혜받는 위치'에 있게 된다 (제12장 참조). 둘째, 시장체제에서 국민의 삶에 중요한 영향을 줄 수 있는 많은 결정이 민주적 통제 없이 채택된다 (Lindblom 1977: 175). 기업들은 아무런 책임도 지지 않고 공장을 닫거나 환경을 오염시킬 수 있다. 린드블롬은 기업이 로비 능력을 통해서 권력을 가질 뿐만 아니라 구조적 권력을 장악한다고 보았다. 그의 방향전환은 그를 전후 미국의 고전적 다원주의자라기보다는 오페(Claus Offe 1984)와 코우츠(David Coates 1980)와 같은 마르크스주의자에 더 가깝게 위치시켰다 (이러한 수렴에 관해서는, McLennan 1995 참조). 그러나 마르크스주의자들과는 달리, 린드블롬은 집단에 관한 다원주의적 초점을 유지했고 국가의 본질에 대해서는 거의 주의를 기울이지 않았다. 그는 계속 국가를 단편화된 제도로 보았고 기업은 그 단편화된 국가에서 특권적 지위를 갖는다고 주장했다. 국가는 본래부터 자본주의는 아니었지만, 기업은 자본주의체제 내에서 본질적으로 강한 위치에 있었다 (제12장 참조). 린드블롬(Lindblom 1982)은 국가에 대한 전통적 다원주의 개념에는 많은 오류가 있었다고 인정하고 국가에 대한 과격한 그리고 마르크스주의 개념의 가설을 적어도 고려해 볼 것을 주장했다. 예를 들면, 사회화의 개념을 평가하면서, 미국 사회과학에서는 사회 가치와 규칙을 전파하는 온화한 의미로 사용하지만, 마르크스주의의 개념은 그것이 기득권의 통제를 유지하기 위한 세뇌의 한 형태라는 것에 대해서 적어도 시험은 해볼 것을 요구했다 (1982: 19-20). 린드블롬이 다원주의에 대해 강한 비판을 한 주장에는 다음의 이유가 있다 (Lindblom 1982: 19).

우리는 마치 동의가 아무 설명을 요구하지도 않는 자연 현상인 것처럼 사회의 사람들이 비슷하게 생각하리라는 것을 단순히 당연하게 여기는 나쁜 습관에 빠져 있다. 심지어 자연 현상도 설명을 요구한다. 정치적 원칙에 관한 동의도 설명을 절실히 요구한다.

린드블롬은 합의가 정치적 만족에 대한 필연적 지표라는 기본적 다원주의 관념에 의문을 제기한다. 그는 전통적 이론이 '냉대받던 곳으로부터(from the cold)' 과격한 사상을 들여올 것을 요구하면서 결론을 맺었다 (Lindblom 1982: 20). 신다원주의자들은 정책결정을 '선험적으로' 다원주의적이라고 간주하는 다원주의 입장으로부터와 그것을 지배계급에 의해 지배되는 것이라는 '선험적인' 마르크스주의 입장으로부터도 도피한다 (보다 자세한 내용은 제12장의 마쉬 참조).

영국에서 다원주의 관념은 정책 연결망과 정책 공동체 개념을 통해서, 특히 리차드슨과 조던의 연구를 통해서 부활됐다 (Richardson and Jordan 1979). 그들은 정책과정의 복잡성을 강조하고 암묵적으로 마르크스주의와 엘리트주의 접근방법의 일반적 가정을 비판하기 위해 경험적으로 풍부한 사례연구 사용에 집중했다. 리차드슨과 조던은 영국에서의 정책결정이 복잡하고 단편화된 본질을 지니고 있음을 강조하기 위해 영국정치에 대한 경험적 분석을 사용했다. 그들은 정책결정에서의 집단의 역할을 다시 강조했고 정책과정의 자문과 합의적 성격을 두드러지게 평가했다. 리차드슨과 조던에게 영국정치체제에는 어떠한 단일 집단도 지배적이지 않도록 정부가 집단들과 상담해야 하고 더욱 특히 여러 정책 분야에서는 다양한 집단이 대표되어야 하는 강한 규범이 있어야 했다 (Richardson and Jordan 1979; Jordan and Richardson 1987a; Jordan and Richardson 1987b; Jordan 1981 참조). 그들의 연구는 벤틀리와 같은 다원주의 전통에 속한 미국정치학자들의 연구에 명료하게 의존했다. 그들은 "이익집단의 상호작용은 서구에서 정책과정의 지배적인 특징이고"(Richardson and Jordan 1979: 3), 정책의 채택은 "어떤 한 시기에서 특정 집단의 세력을 반영하는 것"(Richardson and Jordan 1979: 6)이라고 주장했다. 이 두 주장은 영국을 포함한 많은 서구 국가에서의 국가 전통의 강세를 고려하면 과장된 주장이다. 그러나 리차드슨과 조던은 미국 후기 집단 이론가들의 연구에 의존해 다원주의 전통을 발전시키려고 노력했다. 미국의 학자들은 헤클로(Heclo 1978), 리플리와 프랭클린(Ripley and Franklin 1987) 그리고 가이스, 피터슨과 워커(Gais, Peterson and Walker 1984)인데, 이들은 정치체제가 독특한 정책 영역에서는 단편화된 것으로 보았다. 이러한 영역 내에서 참가하는 데 장벽이 있을 수 있고 또 특정 집단이 지배할 수 있다는 것은 가능한 일이다. 리차드슨과 조던은 다원주의 입장에서의 대부분의 추정을 유지했다. 첫째, 그들은 집단을 정책과정에 중요한 것으로 간주했고 사실 국가와 집단의 관계는 의회체제를 침식하는 것으로 보았다. 둘째, 그들은 권력은 정책분야에 걸쳐서 분산되고 단편화됐으며 정책 공동체 내에 걸쳐서 지배적인 단일 이익은 없다는 것을 유지했다. 셋째, 그들은 영국에서의 지배적인 정책유형을, 만일 이러한 것이 있을 수 있다면, 협상이라고 제시했다. 그들은 공무원은 광범위하게 상담하고 다른 집단의 견해를 고려해야 한다는 합의의 규범에 의해서 행동한다고 암시했다. 정책결정은 협력과 합의에 의해서 특징지어졌다(Jordan and Richardson 1987b). 넷째, 그들은 정책결정에의 접근은 상대적으로 열려있고, 가장 합리적인 집단이 화이트홀(Whitehall, 영국의 중앙 관청가 - 역자 주) 부서의 상담 목록에 접근을 획득할 수 있다고 믿었다. 리차드슨과 조던의 분석 틀은 대처(Margaret Thatcher) 정부가 대부분의 압력집단과 관련해서는 결코 합의를 구하지 않았다

(Smith 2015)는 사실과 그들이 상대적으로 개방된 것으로 본 정책 영역으로부터 많은 집단이 배제된 것을 인정하지 않았기 때문에 훼손됐다. 그들은 세 개의 근본적인 실수를 했다. 하나는 다원주의자들의 공통적인 잘못이다. 마쉬(Marsh 2002)가 주장하는 바와 같이 다원주의를 위한 다수를 잘못 생각한 것이다. 많은 집단과 정책 영역의 존재가 곧 권력이 분산됐고 그에 대한 접근이 개방됐음을 의미하는 것은 아니다. 둘째, 그들은 협의 목록에 집단이 올라있고 공무원과의 논의에 참여했다고 해서 그들이 영향력을 가졌다고 추정했다. 셋째, 그들은 연결망을 기본적으로 대리인에 기반을 둔 것, 달리 말해서 개인적 관계에 의존한 것으로 보았고, 그래서 다른 다원주의자들과 마찬가지로 그들은 권력의 구조적 기반을 경시했다.

현대 다원주의의 발전

다원주의에 대한 거의 한 세기에 걸친 경험적, 이론적 비판에도 불구하고, 다원주의 전통은 강하게 남아 있다. 지난 10년 동안 여러 분야에서 각자가 다원주의 전통의 다른 부분들에 의지해서 그 자체를 다시 활기를 띠게 했다. 다원주의의 강점은 그것의 규범적 호소와 그 대부분은 자유민주주의에 대한 우리의 직관적 감각과 일치한다는 사실로부터 나온다. 더욱이 다원주의에 대한 비평가들, 특히 마르크스주의와 엘리트주의는 전자의 경우는 불신임을 받았고, 후자의 경우는 발전하지 못했거나 다원주의 사상의 다른 요소로 통합됐다 (제2장과 제3장 참조). 다원주의는 네 가지 주요 방법으로 현대 정치학을 발전시켰다. 거버넌스에 대한 관념은 전후 미국 다원주의로부터 발전했다. 사회자본과 시민사회에서의 이익은 미국 초기 다원주의자들에 의해 강조된 주제로부터 인용됐다. 이와 유사하게, 결사적 민주주의와 급진 민주주의는 영국 초기 다원주의자들로부터 빌려온 것이 확실하고 무정부주의 요소는 프랑스 다원주의에서 발견된다 (Laborde 2000). 끝으로, 다문화주의의 발전은 니콜스(Nichols 1974)가 다수 사회 문학이라고 불렀던 때로 돌아가서 연결될 수 있다. 우리는 이제 이들 발전 내용을 평가한다.

거버넌스

거버넌스는 정책 연결망 접근방법으로부터 발전하여, 뉴라이트(New Right, 신우파 – 역자 주)의 등장, 신공공관리, 공적 부문 개혁 및 세계화의 발전에 따른 근대국가에서의 공공정책 결정과 공공재의 전달을 묘사하는 데 사용하는 용어다. 거버넌스 이론가들에게는, 점증적으로 복잡해지는 사회의 맥락에서 국가와 시민사회와의 관계를 이해하는 방법이다. 그러나 거버넌스의 분석 틀 내의 대부분은 주류 미국 다원주의로부터 유래된 것이다. 거버넌스 용어는 다원주의처럼 다양한 범주의 견해와 정치학 내의 여러 다른 하부 영역을 망라한다. 거버넌스 입장의 기본 전제는 중앙정부는 공공정책을 결정하는 데 있어서 더 이상 지배적인 세력이 아니라는 것이다. 로즈노우(Rosenau 1990) 같은 일부 학자들에게는, 우리는 이제 중심이 없는 사회에 살고 있다. 정부의 단일한 중심은 없으나, 달의 다중심주의같이, 다양한 행위자를 포함하는 많은 중심이 있다. 결과적으로 정책과정은 고도로 단편화된다. 이 시각의 핵심 요점은 다양한 이익이 존재하는 세계에서 정책과정을 복합적이고 다중심적인 것으로 보는 것이 더 현실적이라는 것이다. 캐어니, 헤이킬라와 우드가 시사하는 바와 같이(Cairney, Heikkila and Wood 2019: 2)

많은 이론가들은 복합적, 다중심적 또는 다수준의 거버넌스 개념을 포용한다. 그들은 일련의 선형적 단계에서 정책 결정을 하는 행위자의 핵심 집단으로 구성된 단일한 중앙정부에 초점을 맞추는 것은 정책과정에 대한 잘못된 서술을 제공한다고 인정한다. 그보다는 정책결정은 많은 정책결정자와 영향력 행사자를 포함하는 정책결정의 중심들이 복합적이고 중복적인 상호작용을 통해서 발생한다. 만화경처럼 다채로운 활동에 대한 이미지가 정책 순환과 연관된 단일한 집단과 같은 잘못된 모습을 대체해야 한다.

이 접근방법이 흥미로운 점은 정책과정의 복잡하고 단편화한 그리고 다중심적 아이디어를 인정함으로써 정책결정의 다원주의적 개념을 효과적으로 재생산하고 있다는 것이다. 더욱더 복잡해지는 세계적 맥락 속에서 단일한 권위가 정책과정을 통제하기는, 불가능하지는 않더라도 어렵다.

린드블롬과 같은 고전적 미국 다원주의자들의 연구처럼, 거버넌스는 정책결정에 대한 '현실적' 견해를 반영하는 것으로 제시된다. 그렇게 함에 있어서, 그것은 전통적 다원주의와 같은 오류를 범하고 있다. 국가를 문제화하는 데 실패하고, 권력의 비대칭성을 인정하지 않고, 복잡성은 다원성과 같다는 가정을 하고 있다. 게다가 정책연결망 접근방법과 같이, 그것은 정책 분야에 관련될 수 있는 복합적 행위자와 연결망 회원 자격이 기능적으로 분산화되어 있는 방식들에 초점을 맞추고 있다. 그런데 그것은 정책과정에서 배제된 집단에 대해서는 충분한 관심을 기울이지 않고 있다. 여러 면에서 증대된 복잡성은 시민들이 정책결정과 관련한 복잡한 과정들을 협상하기가 어렵다는 것을 알게 됨으로써 민주적 대표성의 어려움이 두드러질 수밖에 없다. 국가에 대한 많은 과격한/마르크스주의 접근방법이 그들의 최근 국가의 개념화에 있어서 거버넌스 접근방법의 일부 요소를 수용한 것으로 보이는 데는 주목할 만한 가치가 있다. 국가는 더 이상 계급이나 자본의 단순한 도구가 아니라 '다차원적 제도'다. 국가는 다수의 위치를 차지하려고 하는 광범위한 이익과 갈등을 다루어야만 하고 (Glasberg, Willis and Shannon 2017: 137; Jessop 2007 참조), 정책 결과는 단일한 이익의 지배보다는 집단 간의 권력 갈등을 반영한다. 데이비스(Davies 2011)는 거버넌스에 대해 마르크스주의 경향의 비판을 제기하면서 거버넌스의 관념은 통치에 대한 신자유주의 접근방법과 연결돼 있다고 지적한다. 거버넌스 과정이 위계질서의 그늘에서 계속 벌어지고 있는 현실을 고려하면 (Jessop 2007), 거버넌스는 기업 이익에 특혜를 주는 정부 통제를 재생산하기 위한 효과적인 대안적 수단이다. 더욱이 탈정치화의 관념은 정책결정의 단편화가 유사 정부로 분산된 것은 정책결정을 다원화하기보다는 오히려 시민을 정치토론으로부터 배제시키려는 기제라는 것을 드러낸다 (Fawcett et al. 2017). 예를 들면, 약품 사용을 허가하는 조직으로서 국립임상연구소의 설립은 결정을 전문가에게 맡김으로써 특정 약품에 관한 공적 토론을 제한하는 방법이다 (Wood 2015).

시민사회와 사회자본

미국과 영국 양국에서 초기 다원주의자들의 주제 중의 하나는 강한 시민사회, 공동체 조직과 시민행동주의는 국가에 대항하는 보루로서 공공재를 전달하는 기제로서 둘 다 중요하다는 것이다. 초기 미국 다원주의자인 듀이와 폴레트(Mary Parker Follet)는 개인의 정체성은 집단 밖에서는 존재할 수 없고, 집단의 정체성은 개인의 자유를 보호하고 국가의 권력을 제한하는 데 절대 필수적이라고 강조했다. 폴레트(Follet 1918)에게 집단은 건강하고 민주적인 정체를 위한 건축용 벽돌이다. 어떤 점에서는, 집단은 국가에 대한 대안적 집단 조직 양식을 제공하고, 그리고 또 공공재와 정치적 상호작용을 전달하는 기제가 되기도 한다. 폴레트는 집단을 자치를 위한 기제라고 믿었다. 권위주의와 사회민주적 사상가들은 집단행동의 문제에 대한 해결을 국가에서 찾는다. 다원주의자들은 재화의 집단 공급을 위해 국가에 의존하면 억압적인 국가를 낳고 개인의 자유 상실을 초래한다고 믿는다. 따라서 많은 다원주의자들은 집단적 공급을 위해서는 공동체나 집단을 바라본다. 이것이 바로 퍼트남이 사회자본에 관한 연구에서 내세우는 주장의 일종이다. 퍼트남은 어떤 유형이든 지역 결사체 회원 수의 감소는 미국 및 등지에서의 사회적, 경제적 재난의 주요 원인으로서 간주한다. 퍼트남에게 결사체의 회원권은 신뢰를 세우고 이러한 사회자본은 경제발전을 위해 필수적이다. "사회자본은 세계 어디서나 경제발전에 결정적 요소로서 간주되고 있다"(Putnam 1993: 37). 퍼트남은 초기 영국과 미국 다원주의자들과 같이 결사체 회원 자격을 개인과 공동체 발전을 위해 불가결한 것으로 인식한다. 퍼트남에게 시민사회의 강화는 세계에 걸쳐서 민주주의와 경제발전을 복원하기 위해 필수적 기제다. 퍼트남은 예일 졸업생이고 스스로를 확실한 전통적 미국 다원주의자라고 자신한다 (Merelman 2003: 196). 그는 전통적 그리고 미국 다원주의자들과 같이 유사한 잘못을 저지른다. 도시 내부의 빈민은 구조적 불평등 때문에 가난한 것이 아니라 사회적 자본을 형성하지 못했기 때문이다 (DeFilippis 2001 참조). 퍼트남은 토스카나와 시칠리아를 조사하고,

시칠리아의 경제발전과 민주주의의 결핍은 사회자본의 부재 때문이지 토지 소유 유형이나 유럽 변두리라는 위치 때문이 아니라고 암시했다. 그는 사회자본을 결여할 경우 일어나는 일 중의 하나는 경제발전의 부재라는 인과관계에 관해 강력히 주장한다. 다른 다원주의자들과 같이 그는 깊게 자리 잡은 구조적 문제에 대해 단순하고 임의적인 해답을 제시한다. 이 시각이 제시하는 바는 국가에 대한 제한된 역할이다. 국가는 사회 불평등과 경제발전을 해결하기 위해 대규모 복지와 경제 프로그램을 개발하기보다는 사회적 연합을 발전시켜야 한다는 것이다.

과격 민주주의와 결사체주의

사회자본과 함께 반향을 일으킨 다원주의의 근대화된 관념은 과격 민주주의[**]와 결사체주의의 개념이다. 다원주의는 인식론에서는 근본주의자이고 방법론에서는 실증주의자로 나타나지만, 얄궂게도 다원주의의 관심은 탈근대주의 문헌에서 식별할 수 있다. 다원주의자들과 마찬가지로 탈근대주의자들은 일원주의를 거절하며 특히 유일한 진실과 설명에 대한 마르크스주의 믿음을 배격한다. 탈근대주의자들과 과격 민주주의자들은 다원주의의 전통적 관심으로부터 많은 것을 수용해

[**] 역자 주) radical을 통상 급진으로 번역하는 경향이 있으나 여기서는 보다 포괄적 의미로 사용하기 위해 과격으로 번역한다. '급진'은 혁명과도 같이 현실을 근본적으로 급하게 변혁시키는 것을 의미하므로, 좀 더 점진적 의미를 지닐 수 있는 '과격'으로 번역한다. 본 절에서 논하는 퍼트남과 탈근대주의는 사회운동을 통해 근본적인 변화를 개혁적으로 추진하려 하기 때문이다. 퍼트남의 이념 정향을 정확히 표현하면 자유공동체주의다. 또한, 급진 민주주의는 라클라우(Ernesto Laclau)와 무페(Chantal Mouffe)가 1985년 저작에서 후기마르크주의 입장을 제시하며 사용한 용어로서 그것과 구분할 필요도 있다.

다룬다. 맥클루어(McClure 1992: 15)에 의하면, 그들은 정치영역에서 단일의, 일원적 또는 전체화하는 개념에 대한 중대한 반대에서 표출된 것이다. 특히 정치과정 그리고/또는 사회관계를 감독하거나 결정하는 일부 단일 주권 또는 독특한 기관을 추정하는 한 더욱 그렇다. 이것은 지식에 대한 다원주의 개념으로 인도한다. 어떠한 조직도 지식을 독점할 수는 없다. 웨인라이트(Wainwright 1994)는 지식은 사회적으로 구성되기 때문에 단일의 개인, 집단 또는 정당이 모든 것을 알 수 없다고 강조한다. 이상적으로는, 지식은 광범위한 사회운동으로 탈신비화되어야 한다. 그러므로 퍼트남과 같은 과격 민주주의자들의 중심에는 시민사회의 풍요로움과 국가의 독점화 경향을 통제하고 제약하기 위한 기제로서의 사회운동의 중요성에 강한 믿음을 갖고 있다. 전통적 다원주의자들처럼, 과격 민주주의자들은 사회운동을 사회에 중대한 요소로 보고 있다. 시민사회는 개인들이 일련의 여러 사회 집단에 소속되므로 복잡하고 다원적이다. 이러한 집단들은 예정된 운명적 존재이거나 정체성을 가지고 있지 않고 사회적 상호작용과 투쟁의 결과로서 발전한다 (McClure 1992: 115). 과격 민주주의자들은 자유민주주의에 대한 정당성 부여라기보다는 비판으로서 다원주의를 제시한다. 그렇지만 전통적 다원주의에 대한 일부 비판은 역시 과격 민주주의에 의해서도 이뤄질 수 있다. 이 장에 논의된 대부분의 다원주의 형태는 국가에 대한 설득력 있는 이론을 개발하지 못했다. 국가 권력은 사회운동과 자율 조직의 세계로부터 분리된 영역으로 간주되어 거의 일괄적으로 버려졌다. 과격 민주주의자들이 국가와 시민사회의 관계를 개념화하는 곳에, 그들은 국가에 대해 대부분 온화한 관념을 제공하는 경향이 있다 (Dryzek 1996 참조). 결과적으로 그들은 국가 권력을 극복하기 위한 효과적인 전략을 제공하지 않는다. 전통적 다원주의자들과 퍼트남에게는 서로 유사하게, 정치전환을 위한 희망이 사회 집단에 부여돼 있다. 그러나 탈근대주의자들의 상대주의는 다양한 집단들의 지위와 관련해 어떠한 도덕적 주장도 할 수 없으므로 과격 민주주의의 목표에 동의하지 않는 집단과는 관계할 수 없다. 그들의 접근방법은 사회 전체를 정치화하는 것인데 이는 전통적 다원주의와는 매우 다른 점이다. 그렇다면, 국가는 약하고 정치이익은 매우 중요한데, 소수 집단인 소수 인종의 이익은 어떻게 보호되는가에 대한 문제가 제기된다.

다문화주의와 다원사회

다문화주의는 급진적 다원주의가 제기한 일부 문제들을 더 근거 있고 규범적인 접근방법으로 다루려고 시도한다. 다문화주의는 다원주의 사상에 뿌리를 두고 있다고 할 수 있다. 그것은 어떠한 유일 규범이나 가치체계가 한 사회를 지배해서는 안 되고, 국가의 역할은 특정 집단의 지배를 강화하기보다는 다른 이익들을 화합시키는 것이어야 한다는 사상에 기초하고 있다. 그것은 다른 집단들이 함께 살게끔 강제한 식민지 사회를 분석하는 한 방법으로 발전한 다원적 사회의 관념으로까지 그 흔적을 찾을 수 있다. 결과적으로, 식민지체제 내에서 많은 인종이 나란히 같이 살면서도 거의 상호작용이 없고 각자가 전통적 사회생활, 규범과 가치 유형을 유지하는 것일 수도 있다 (Nichols 1974 참조). 그러나 규범적으로 선한 것으로 여겨지는 다문화주의 관념과는 달리, 다원사회는 단지 공통된 경제체제와 세력의 존재로 결합된 사회다. 다문화주의는 정치이론에서 중심적 논쟁의 하나가 됐다. 그것은 이 장 초반에 논의했던 압력집단 다원주의 종류와는 여러 측면에서 다르지만, 다문화 사회를 세력에 기반한 것으로 보기보다는 규범적으로 선한 것으로 본다. 그것은 다원 사회에서 상기되는 일부 주제를 반영한다. 첫째, 다문화주의는 집단 정체성의 관념에 기초하고 있다. 다문화주의자들에게 중요한 것은 집단적 권리다. 둘째, 다문화주의는 단일다원주의, (특히 다수 집단이) 다른 집단을 지배할 수 있다는 생각에 반대한다. 다문화주의의 기반은 집단에 대한 평등한 대우이고 국가의 역할은 집단 이익 갈등에서 균형을 잡는 것이다. 왈저(Walzer 2002: 151)와 같은 일부 다문화주의자들 사이의 가정은 국가는 "국가 내 모든 다양한 인종 및 민족 집단의 위에 선다"는 것이다 (Kymlicka 2001: 16). 주류 미국 다원주의자들과 같이, 특히 왈저는 미국 국가에 대해 온건한 견해를 취하는데, 여러 다른 이민자 집단들에 의해 유지된 다양하고 두터운 문화 사이에서 중립적인 역할을 한 것으로 보았다 (Walzer 2002: 151). 어떻든, 다문화주의 논쟁은 국가가 어떻게 소수 집단의 권리를 보호하고 발전시키는 데 긍정적인 역할을 해야 하는지에 대한 평가 쪽으로 움직이고 있다. 이러한 입장은 국가는 소수자의 권리를 보호할 수 있고 또 기꺼이 할 수도 있는 세력이라는 온건한 견해에 기반하고 있다. 물론 일부 자유주의 국가에서 소수 권리에 대한 수사적 양보를 하기는 하지만, 고용, 거주, 교육에 관한 집단의 영향은 제한돼 있을 수 있다. 프랑스와 같은 다른 자유주의 국가들은 여전히 다문화주의 틀로부터 다수자의 권리를 보호하는 데 관심을 보인다. 다문화주의자들은 개인 기반보다는 집단 기반의 권리로 인식하는 다원주의 전통을 수용한다. 영국에서 무슬림의 문화와 종교를 유지하기 위한 권리를 보호하는 것은 좋은 일일 것이다. 그런데 일부 무슬림 여성 중에는 그들의 권리가 무슬림으로서보다는 개인의 권리로 보호받기를 원할 수 있다. 왜 우리의 권리는 기본적으로 임의적인 집단에 연결돼야 하는가? 이것은 물론 다문화주의의 딜레마이다. 집단의 권리가 개인의 권리에 어떤 영향을 주는가 그리고 이 둘 사이에는 긴장이 있는가?

불평등 세계에서의 다원주의

고전 및 최근의 다원주의 접근방법 다수는 자유민주주의를 다양한 견해의 대표성을 위한 기준틀을 제공하는 것으로 인식하고 부의 불평등 분배를 억제하는 정치평등을 주장한다. 정체성 정치의 사례를 지적하는 일은 상대적으로 쉽다. 예를 들면, 다양한 배제된 집단의 권리에 관한 상당한 영향을 주고 다른 집단들이 그들의 이익을 보호하거나 심지어 입법으로 보장하는 훨씬 강한 권리 기반 접근방법으로 전환하는 경우들이다. 그러나 동시에 21세기는 권력과 공공재 둘 다의 분배에 관해 중대한 영향을 주는 경제 불평등이 증가해 왔다 (Dorling 2019). 마친 (Machin 2013)이 강조하듯이, 초(超)부자는 불평등의 규모가 민주적 대표성의 과정을 왜곡함으로써 정치평등에 대한 관념에 직접적 도전을 제공한다. 가장 부유한 1퍼센트가 세계 부의 44퍼센트를 통제하는 것으로 평가됐다 (Credit Suisse 2019). 미국에서는, 21세기 초가 20세기 초의 불평등 수준으로 돌아간 것으로 나타난다. 이러한 불평등은 권력에 직간접적으로 영향을 준다. 직접적으로, 초부자는 정치엘리트와 매우 밀접한 관계에 있고 정당과 개인 정치인에게 상당한 액수의 자금을 제공한다. 더욱이 기업 로비 활동가들이 정부 정책에 영향을 주기 위해 엄청난 양의 돈을 소비한다 (Culpepper 2010). 지난 20년간 부유층은 재정 정책으로부터 불균형적으로 이익을 받았고 (Blyth 2013) 사회의 최빈곤층은 2008년 금융 붕괴 당시 긴축정책으로 피해를 보았다

(Mendoza 2015). 불평등의 증가로 인한 간접적 결과는 사회의 최빈곤층이 교육과 생활 기회, 특히 건강과 관련해서 가장 나쁜 결과를 경험할 정도로 극적이다 (Wilkinson and Pickett 2010; Dorling 2019). 코로나19 위기는 최빈곤층이 경제적 충격과 건강 상실로 곤경에 처하게 함으로써 불평등의 충격을 명확히 조명한다 (결론 참조). 불평등은 정치체제가 덜 부유한 사람들의 이익을 위해 작동하는 것을 방해해 왔는데, 미국과 유럽에서의 대중영합주의의 증폭을 인정하는 요점이기도 하다 (제14장 참조). 다원주의자들은 경제적 불평등이 어떻게 정치적 결과를 형성하는가를 예견하는 데 실패했다. 동시에 대중영합주의의 큰 파도에 대항해 다원주의를 방어할 시도들이 전개되기도 했다 (Galston 2017).

결론

다원주의는 많은 비판과 적지 않은 경험적 논박에도 불구하고 괄목할 만한 이론이며, 정치가 어떻게 이해하고 연구돼야 하는지에 대해서 계속 영향력을 행사하고 있다. 어느 의미에서는, 이것은 단일하고 일관성 있는 이론이 아니고, 일원적 사고방식을 거부하며 정책과정에서 집단의 역할에 초점을 맞추는 접근방법이기 때문인 결과다. 다원주의는 정책결정에 대한 보다 현실적이고 복잡한 모형의 발전을 돕는 데 효과적이다. 그러나 그것은 국가와 경제 권력의 본질에 불충분하게 주목하면서도 이를 가능하게 해왔다. 거의 모든 다원주의자들이 체계적인 방법으로 인정하는 데 실패한 것은 경제 권력의 집중과 불평등에 내재한 경제 권력의 사회적 집중의 결과로서 생성된 권력의 비대칭성이다. 다원주의자들은 복잡하고 단편화된 정책과정의 본질 그리고 정책 결과는 정부와 정책결정자들이 지지 연합을 형성하기 위한 노력으로 흔히 타협의 결과라는 사실을 강조함으로써 정책과정에 대한 우리의 이해를 의심할 여지 없이 복잡화한다. 그러나 그들은 경제 권력을 제한하고 반대할 수 있는 많은 다른 형태의 권력이 있다고 가정한다. 다원주의 시각에서 보면, 정치체제, 정책결정과 성공적인 정책 결과는 더 넓은 사회적 협력의 정도에 의존하며 그러므로 동의 없는 정책의 실행은 문제가 된다. 그러나 다원주의는 결과가 특정 집단에 특혜를 줄 수 있는 경향이 있다는 문제를 해결하는 데는 실패했다 (Marsh 2002). 그런데 2008년 이후 기간은 기업의 경제권력과 부유층의 정치권력 둘 다 일반 시민이 정치체제에 접근하기 어려운 방법으로 정치결과에 영향을 준다는 점을 깨닫게 했다. 2008년 금융위기의 결과는 유럽의 정부들은 은행체제를 강화하기 위한 기제로서 긴축 정책을 강제하는 것이었다.

추가 읽을 거리

Cairney, P., T. Heikkila and M. Wood (2019), *Making Policy in a Complex World*, Cambridge: Cambridge University Press.
Dahl, R.A. (1961), *Who Governs?*, New Haven, CT: Yale University Press.
Galston, W.A. (2017), *Anti-Pluralism: The Populist Threat to Liberal Democracy*, New Haven, CT: Yale University Press.
Laborde, C. (2000), *Pluralist Thought and the State in Britain and France, 1900–25*, Basingstoke: Palgrave Macmillan.
Lindblom, C.E. (1982), "Another state of mind," *American Political Science Review*, 76(1), 9–21.
Lukes, S. (1974), *Power: A Radical View*, Basingstoke: Macmillan.
Merelman, R.M. (2003), *Pluralism at Yale: The Culture of Political Science in America*, Madison: University of Wisconsin Press.

2장

엘리트주의

서론	66
토대	68
근대 엘리트주의자	72
현대 엘리트주의 접근방법	78
인공지능과 미래 엘리트 거버넌스	90
결론: 통치 엘리트의 흥망성쇠 이해	92

마크 에반스(Mark Evans)

서론

이 장은 엘리트이론의 본질에 대한 비판적 논평과 당대 국가이론에 대한 우리의 이해를 위해 얼마나 공헌했는지에 대해서 평가한다. 이 장은 미헬스(Robert Michels [1911] 1962), 파레토(Vilfredo Pareto 1935) 그리고 모스카(Gaetano Mosca [1896] 1939)의 사상에서 엘리트주의의 고전적 기원을 추적하고, 근대 엘리트주의자의 견해에서 마르크스주의와 다원주의에 대한 비판과 선진산업사회에서의 통치 엘리트의 성격에 대한 경쟁적 시각에 대해서 고찰한다. 그리고 나서 이 장은 당대의 엘리트주의자들, 국가 통치술 연구 그리고 경제위기와 기존 정치 질서에 대한 신뢰 감소로 인한 반응으로서 대중영합주의 리더십 민주주의의 재발견에 대해서 다룬다.

이 장은 엘리트이론과 관련된 핵심 명제들, 즉 엘리트 지배의 불가피성, 순환과 재생에 대해서 평가한다. 이 장은 새로운 엘리트 연구가 어떻게 그리고 왜 카리스마적 리더에 의한 기존의 정치 질서에 대한 비판에서 등장하는가에 특별한 강조를 한다. 그것은 최근에 성공적인 리더십 연구가 신자유주의적 경쟁국가에 대한 비판에서 반글로벌주의 수사 위에 근거를 두고 있다는 것을 인정한다. 그러나 그것은 이러한 연구와 '강한 사람' 리더십 저변에 있는 관념이 자유민주적 국가와 시민사회 사이의 분열된 신뢰를 연결할 수 있는가에 대해 궁극적으로 의문을 제기한다.

이에 대한 논의는 4개의 절로 구분된다. 제1절은 고전적 엘리트주의의 등장과 핵심 명제들을 조사한다. 제2절에서 우리는 통치 엘리트의 운영 기반을 이해하고자 하는, 근대 엘리트주의 시각이 이룩한 공헌을 발췌하여 평가한다. 제3절은 신구 권력을 반영하는 엘리트의 세 유형의 당대 연구에 초점을 맞춘다. 첫째 유형은 전통적 형태의 통치술을 통해 지배하는 정치 엘리트, 둘째 유형은 전통적 통치술에 도전하는 대중영합주의 엘리트, 셋째 유형은 초국적 정책 엘리트다. 제4절은 미래 민주 거버넌스에서 전통적 국민국가 엘리트를 대체하고 있는 인공지능(AI)의 잠재력을 평가한다. 이러한 엘리트의 다른 유형에 대한 연구는 거버넌스의 글로벌과 국가적 수준에서의 통치 엘리트의 형태와 기능에 대한 중요한 통찰력을 제공한다.

토대

사회권력 이론으로서의 엘리트주의는 미헬스([1911] 1962), 파레토(1935), 그리고 모스카([1896] 1939)의 연구와 가장 많이 관련되어 있다. 그들의 공통 주제는 지배 엘리트들의 작은 무리에 사회 권력이 집중되는 것은 모든 사회에서 불가피하게 일어난다는 점이며 그들은 무계급 사회로 진화적 변화를 한다는 마르크스(Karl Marx)의 비전에 대해서는 반대했다. 모스카가 지적한 바와 같이, 정치의 역사는 엘리트 지배에 의해 특징지어진다 (Gaetano Mosca [1896] 1939: 50).

> 모든 사회에서, 즉 매우 빈약하게 발전하고 문명의 여명이 거의 비치지 않는 사회로부터 가장 선진화하고 강력한 사회에 이르기까지 두 계급의 사람들이 나타난다. 지배하는 계급과 지배받는 계급이다. 첫 번째 계급은 항상 수가 적고, 모든 정치 기능을 수행하며, 권력을 독점하고 권력이 수반하는 이익을 누리는 한편, 두 번째인 더 많은 수의 계급은 첫 번째에 의해 관리되고 통제된다.

이 사상가들 각자는 마르크스주의와 다원주의에 대해 비판한다. 특히 계급지배 개념과 다원주의적 경향의 권력분산에 대해서다. 그들의 연구로부터 세 가지 중요한 개념이 도출될 수 있다. 과두제의 철칙, 엘리트 순환 그리고 정치공식이다.

과두제의 철칙

미헬스([1911] 1962: 364)는 민주주의의 실제적 이상은 인민의회의 의사결정에 따른 대중의 자치에 있다고 주장했다. 그런데 이 체제는 위임 원칙의 연장에 대한 제한 조치에도 불구하고 "과두제 도당의 형성에 대항하는 어떠한 보장도 제공하지" 못했다. 요컨대, 대중에 의한 직접 정부는 불가능했다. 미헬스는 비슷한 주장을 정당에도 적용한다. 그의 견해는 정당의 기술과 행정적 기능은 먼저 관료제도를 만들고, 그리고 나면 과두제가 불가피하다. 그러므로 미헬스에게는, "누가 조직을 말한다면, 과두제를 말하는 것이다"(Michels [1911] 1962: 364). 이 금언은 엘리트의 본질에 대한 개념을 명확히 결정지었다. '과두제의 철칙'이라는 악명 높은 개념은 엘리트 구조의 본질에 대한 미헬스의 이론화 작업의 핵심을 제공한다. 그것은 일반 대중에 대한 리더십의 지배를 보장하기 때문이다. 엘리트 순환은 대중이 리더십의 의도에 대항해 동원할 수 있는 능력이 없기에 유지된다. 이것은 엘리트 마음의 변화에 따라 대중의 복종을 보장한다. 이러한 리더십체제의 존재 그 자체가 기본적으로 자유민주주의와 다원주의의 교의와 병립할 수 없다.

엘리트 순환

파레토는 역사적 경험이 엘리트와 과두제의 영구적 순환과 인간 사업의 모든 분야에는 자체의 엘리트를 가지고 있다는 증거를 제시한다고 주장한다. 파레토는 통치 엘리트 구조의 본질을 조명하기 위해 마키아벨리로부터 '여우'와 '사자' 두 범주의 엘리트를 빌려왔다(Pareto 1935: 99, 110). 두 범주는 통치의 연속 선상에서 서로 반대 끝에 선다. '여우'는 합의 획득을 시도하기 위해 통치하므로 힘을 사용할 준비가 되어 있지 않다. 그들은 지적이고 교활하며, 진취적이고, 예술적이고 혁신적이다. 그러나 위기 시 그들의 인도주의가 잘못하면 타협과 평화주의로 유도하게 된다. 그래서 파레토에게는 정치적 해결을 위한 마지막 시도가 실패하면 정부는 치명적으로 약화된다. '사자'는 그 연속 선상의 반대 끝에 처해있다. 그들은 강하고 안정적이며 성실한 사람으로 그려진다. 냉정하고 상상력이 없는 그들은 이기적이고 그들의 위치를 달성하거나 유지하기 위해 힘을 사용할 준비가 되어 있다. '사자'는 국가와 시민사회 둘 다에서 현상유지 옹호자며, 그들은 공공질서, 종교 그리고 정치적 정통성을 지키는 데 헌신하는 경향이 있다. 파레토에게는 '여우'와 '사자'의 질은 일반적으로 상호 배타적이고 역사는 이러한 두 유형의 엘리트 간의 순환 과정으로 특징을 이룬다.

협소한 정치 엘리트의 손에 권력이 집중됐다는 파레토의 확인은 국가를 지배계급과 계급갈등의 단순한 도구로 간주한 마르크스주의 개념을 거부한 것으로 나타난다 (제3장 참조). 동시에 파레토의 엘리트주의 시각은 국가가 다원 사회에서 국가이익의 조정자로서 행동한다는 정치적 자유주의의 주장과도 차이가 난다.

정치공식

비슷한 맥락에서, 모스카는 모든 사회가 소수에 의한 다수의 독재로 특징지어지므로 엘리트는 불가피하다고 주장한다. 그는 지배계급의 존재를 확인했으나 그들이 반드시 경제적으로 지배적이지는 않고, 주요 공직을 차지하면서 지배계급이 되기도 한다. 각 지배계급은 모스카의 공식화 내에서 나머지 국민에게 그들의 지배를 유지하고 정당화시키는 정치공식을 개발한다. 엘리트 순환은 보통 상속을 통해서 일어나는데, 그러나 때때로 정치공식의 실패와 붕괴로 인해 권력이 다른 계급으로 넘어갈 수 있다.

정치공식에 대한 모스카의 개념화는 마르크스와 엥겔스의 『독일 이데올로기』(The German Ideology)에서 나오는 헤게모니 개념과 많은 공통점이 있다 (Marx and Engels [1845] 1987). 즉, 지배계급의 아이디어가 모든 역사적 단계에서 지배 아이디어라는 것이다. 그러나 그와 같은 시대의 마르크스주의자였던 그람시(Antonio Gramsci)와는 달리, 모스카는 체계적인 방법으로 정치공식의 개념을 발전시키는 데는 실패했다. 그람시의 권력 지배와 통제에 대한 변증법적 이해는 이데올로기적 차원의 중심적 위상에 있어서 모스카가 분명히 간과한 중요한 고찰이다.

요컨대, 고전적 엘리트주의는 정치, 정부 조직 그리고 국가와 시민사회의 관계에 대한 대부분의 서구 자유주의 가정의 주요 전제들에 도전했다. 엘리트주의자에게는, 사회의 본질이 어떠하든, 그것이 합의적이든 권위주의적이든, 평화주의 또는 전체주의이든, 엘리트의 본성에 의해서 결정된다. 그러므로 그 고전적 공식화에서 엘리트이론은 사회에서의 권력 분배에 관한 일련의 명확한 명제들을 가졌다. 사회의 지배자는 사회적으로 응집력이 있는 집단이며, 이 집단은 영토적으로 국민국가 내에 기반하고 있고, 지배엘리트는 피지배자로부터 '격리'돼 있으며, 그리고 그 회원은 그들의 경제적, 정치적, 또는 이데올로기적 자원의 효력에 의해 선택된다.

미헬스, 파레토, 모스카는 엄격한 경험적 조사 없이 엘리트의 형성에 대해서 일반적으로 가정한다. 미헬스는 서구의 정치 정당들은 엘리트 지배에 의해 특징지어진다고 주장했지만, 그의 주장을 뒷받침할 만한 경험적 증거를 제시하는 데는 상당히 자의적이어서 그에 대한 비판에 대항하는 것에는 취약했다. 더욱이 파레토는 파시즘의 등장과 무솔리니(Benito Mussolini, 1922~1944)에 의한 사회질서의 전복을 고려하면, 그의 모국인 이탈리아에서의 엘리트 지배 이론을 증명하는 데 실패했다. 더욱이, 모스카는 과거의 정부는 흔히 자기 잇속만 차리는 엘리트에 의해 특징지어진다고 보여주곤 했지만, 그는 이것이 항상 그렇다는 사실을 확립하지는 않았다. 이러한 고전적 이론의 유산을 고려하면, 후속 엘리트 이론가들이 서구 산업사회에서의 엘리트 지배의 본질, 원인 그리고 결과에 관해서 강하게 동의하지 않았다는 점은 그리 놀랄만한 일이 아니다.

근대 엘리트주의자

이 절에서는 산업사회를 누가 지배하는가에 관한 근대 엘리트주의의 시각들에 대한 선택적 평가를 제공한다. 근대 엘리트주의 사상사에서 두 개의 핵심적 고려의 대상인 국가 엘리트 권력연구와 국가중심적 '통치엘리트' 시각에 관해 주의를 집중한다.

국가 엘리트 권력연구

국가 엘리트 권력 연결망 연구는 미국과 영국에서 오랫동안 연구의 초점이었다. 이러한 문헌의 주요 관심은 국가 엘리트 구조가 단합돼 있는가 또는 분산돼 있는가의 정도를 밝히는 것이었다. 이 연구의 기원은 급진적 엘리트주의자 밀스(C. Wright Mills 1956)에 의해 주도된 미국에서의 1940년대와 1950년대 다원주의와 급진적 엘리트주의 간의 논쟁에서 비롯된다. 그의 이론은 권력 분배에 있어서 세 수준의 단계 설정과 관련됐다. 최고 수준에는 근대사회의 주요 제도적 위계질서를 지휘하는 사람들로서 중앙정부의 집행부, 대기업 그리고 군부에 속

한 엘리트들이다. 밀스(1956: 292)에 의하면,

> 권력 엘리트와 그 통합성은 경제적, 정치적, 그리고 군부 조직 사이에 이익의 일치성과 상호 부합하는 발전에 의존한다. 그것은 또한 출신과 사고방식의 유사성, 그리고 이러한 지배적 위계질서로부터 각각 최고위층에서의 사회적, 개인적 관계에도 의존한다.

여러 제도에서 비슷한 사회적 배경을 가진 강력한 사람들의 넓고 포괄적인 연결망의 존재는 권력 구조에 대한 이러한 견해의 중요한 특징이다. 그러나 권력엘리트 연구는 정치엘리트 통합의 세 주요 차원을 지적한다. 첫째는 계급과 지위의 공통된 배경을 강조하는 사회적 동질성, 둘째는 '게임의 규칙'에 관한 엘리트 사이의 동의에 기초하는 가치 합의, 셋째는 비공식적인 사회적·개인적 상호교류와 공식적인 공동의 조직 소속을 통해서 엘리트 사이의 개인적 상호작용이다. 이 셋째 차원은 미국 주요 기업의 상호 연결되는 이사회 명단에 반영돼 있다. 이러한 연분은 기업계 내의 통합, 응집, 합의를 촉진시킨다. 특히 미국의 많은 사회과학자들이 개인적 전문 공동체에서 엘리트 간의 이러한 사회측정학적 연계를 조사했다 (Burnham 1943; Laumann 1976 참조).

영국에서는 한 역사학자가 영국귀족의 운명을 고찰한 바 있는데 (Perrott 1968; Winchester 1981), 토지와 상업적 이익 관계의 변화하는 본질 또는 영국 농촌정부에서 토지 귀족의 쇠퇴하는 역할에 관해서 깊이 있게 논했다. 1977년부터 1979년까지 클레멘슨(Heather Clemenson 1982)은 베이트만(John Bateman)의 『토지 소유자의 귀환』(Return of the Owners Land [1883] 2014)에 편집된 지주의 목록을 표본으로 해서 조사를 했다. 클레멘슨은 지방정부평의회가 제2 토지대장 조사를 발간한 후 100년 이상이 지나면 거의 소멸할 것이라는 주장에도 불구하고, 500대 '영국 대지주'의 등급별 표본의 반수가 그들의 본래 부동산과 대저택을 계속 소유했음을 보여줬다.

피어스(Roger Pierce)는 클레멘슨의 연구를 2004년에 재조사를 했다. 참으로, 동부 요크셔의 '더웬트(Derwent)'지역 사례연구로부터 모아진 자료는 클레멘슨의 표본을 보강했다. 광야, 계곡, 고원 마을에서 농촌 사회의 지역 지주와 다른 유지들을 포함하여 폐쇄적, 중간적, 개방적 마을 주민들의 대표적 표본으로부터 얻어낸 이야기들에서 확인됐다. 그의 연구 결과는 클레멘슨에 의해 확인된 거의 모든 지주들이 남아있는 부동산을 계속해서 소유하고 있으며, 부동산의 본래 표본의 40퍼센트 이상이 1873년 베이트만에 의해 확인된 바 있는 동일 가족의 소유권으로 남아있다. 더욱이, '영국 대지주'의 수는 1873년과 1980년 사이에 반으로 줄었지만, 이들이 보유한 토지 면적은 3분의 1밖에 줄지 않았다.

이와 대조적으로, 샘슨(Anthony Sampson 1962, 1982)은 영국사회를 해부하는 방대한 연구에서 귀족정치가 이제는 더 이상 통치하지 않으며, 참으로 진정한 사회 엘리트도 이미 존재하지 않는다고 주장했다. 더욱이 샘슨은 영국 사회의 여러 위계질서는 충원 과정에서 점진적으로 보다 개방적으로 변했으며, 이러한 위계질서의 다양성은 더 이상 권력의 단일한 중심이 존재하지 않는 상황이 됐다고 주장한다. 그러나 샘슨의 분석은 정치권력을 더 넓은 경제적 사회적 맥락에서 평가하는 데 실패한다.

이와 대조적으로, 스코트(John Scott 1991: 1)는 권력엘리트 전통 내에서 연구하며 다음과 같이 주장한다.

영국에서 경제, 사회, 정치체제에서 지배적 위치를 차지하는 작은 소수 집단이 있다는 견해가 널리 인정되고 있다. 이 소수 집단은 여러 다양한 방식으로 묘사된다. '체제', '권력자', '지배 소수', '엘리트', 또는 보다 평범하게, '그들'이라고 부른다.

스코트(Scott 1991: 4-5)의 분석은 베버와 마르크스 두 사람의 연구를 끌어들이면서, 국가에 대한 엘리트주의와 마르크스주의 이론 간의 수렴 내용을 발췌한다. "특별히, 나는 자본주의 국가와 지배계급에 대한 마르크스주의 개념을 명료하게 할 방법으로 베버의 계급, 지위 그리고 당 사이의 분석적 구별을 사용한다." 그의 연구는 사회적 지위의 문제에 많은 주의를 기울인다.

> 지위의 위계질서는 권력구조의 정통성에 있어서 하나의 중요한 요소로 보여지며, 지위집단 관계의 동태성은 계급 재생산과 권력연합 형성에 있어서 절대 필요한 요소로 간주된다 (Ibid.).

그러므로, 스코트에게는, '자본주의 계급,' '상류계층,' 그리고 '국가 엘리트'의 개념들은 계급, 지위 그리고 정치로부터 획득한 권력을 행사하는 특권 집단을 묘사하기 위해 상호 교환해서 사용할 수 있는 용어다 (제12장 참조). 그의 결론(Scott 1991: 151-152)은 이러한 관심에 대한 균형을 반영한다.

> "영국은 누가 지배하는가?"에 대한 질문에 이제 답할 수 있다. 영국은 경제적 지배가 국가 운영을 통해서 유지되는 자본주의 계급에 의해 지배되며, 이들이 국가기구를 지배하는 권력엘리트에 불균형적으로 대표되고 있다. 이것은 곧, 영국은 지배계급을 가지고 있음을 의미한다.

국가주의자와 통치엘리트

1980년대 중반에 이르러 정치학의 거의 모든 중요한 이론적 연구의 조류는 국가 자체를 기본적인 분석 단위로 연구하려는 관심의 부활에 합류했다. 에반스, 루쉬마이어 그리고 스카치폴(Peter Evans, Dietrich Rueschemeyer and Theda Skocpol 1985: 3)이 인정한 바와 같이, "국가는 하나의 행위자 또는 제도로서 강조되어왔다"(제5장 참조). 국가주의 입장을 옹호하는 두 주요 학자는 스카치폴(Skocpol 1985)과 만(Michael Mann 1988)이다.

스카치폴(Skocpol 1979: 26)은 근본적인 이익 갈등이 한 쪽에는 기존의 지배계급 또는 일련의 집단과 다른 한쪽에는 국가 지배자 사이에 발생할 수 있다고 주장한다. 그녀는 국가주의 입장을 특징짓는 6개의 주요 명제를 전개했다.

1. 사회혁명을 특징짓는 계급 봉기와 사회경제적 전환은 구정권의 국가조직의 붕괴와 신정권의 국가조직의 강화와 기능 활성화와 밀접하게 서로 뒤얽혀 왔다. 그러므로 우리가 국가를 하나의 거대구조로서 심각하게 다뤄야만이 사회혁명적 전환을 의미있게 다룰 수 있다.
2. 행정적(공공 업무) 그리고 강제적(경찰, 정보 및 군사 업무) 조직은 국가권력의 기초다.
3. 이러한 조직들은 지배계급의 직접적 통제로부터 잠재적으로 자율적이다.
4. 국가 조직들은 경제 및 사회로부터 자원을 충당하는 데 있어서 지배계급(들)과 어느 정도 필연적으로 경쟁한다.
5. 비록 국가는 기존의 경제 및 계급 구조를 보존하기 위해 기능하지만, 그럼에도 불구하고 국가는 지배계급(들)을 상대하여 자신

의 독특한 이익을 가지고 있다.
 6. 국가는 국가 활동이 지배엘리트의 이익을 위협하지 않는 한 공동의 경제 및 계급이익을 나누는 지정학적 실체(예를 들면, 글로벌 거버넌스의 제도)에 합류한다.

이러한 공식화는 강력한 통치엘리트의 역할과 통치엘리트의 정통성 문제를 다루는 것의 중요성 두 가지 모두를 주요 설명 개념으로서 강조하고 있다는 의미에서 중요하다.

　만(Mann 1988: 4)의 주된 관심은 그가 말하는 "국가라고 부르는 중앙집권화된 제도적 총체와 그들을 채우는 인사들의 권력" 즉 '통치 또는 국가 엘리트'라는 것에 있다. 그의 연구는 국가와 국가 엘리트가 소유하고 있는 권력의 본질은 무엇인가에 대한 문제를 다룬다. 그는 국가 엘리트의 권력을 시민사회의 권력집단인 이데올로기 운동, 경제계급, 군부 엘리트와 대조시킨다. 만은 국가 권력의 두 의미를 강조한다. 하나는 규모와 복잡성에 있어서의 국가의 등장과 다른 하나는 선진산업사회의 정책결정 과정이다. 그는 이들이 분석적으로 독특하고 권력의 자율적 차원인 것으로 인정한다. 첫 번째는 '전제권력(despotic power)'으로, 국가 엘리트가 시민사회와 관례적 협상 없이 취할 수 있는 권한이 주어진 행동 범위와 관련이 있다. 두 번째는 '하부구조권력'(infrastructural power)으로, 국가가 시민사회에 실제로 침투할 수 있고 정치적 결정을 이행할 수 있는 능력을 말한다. 만(1988: 5)은 "오늘날의 국가는 어떠한 역사적 국가가 했던 것보다도 더 많이 일상생활에 침투한다. 국가의 하부구조권력은 막대하게 증가해 왔다"고 관찰한다.

　국가에 관한 관심의 부활이 새롭다는 점을 과장하는 일은 잘못일 수 있다. 제숍(Bob Jessop)이 관찰한 바와 같이(1990: 283), "국가주의는 전통적 국가이론가들에게 이미 잘 알려졌고 더 최근의 다원주의, 신마르크스주의와 구조기능주의 연구에서 알려지지 않았던 게 아닌 주제들을 단순히 재발견했기" 때문이다. 이러한 일반적인 관찰은 독자적인 엘리트주의 접근방법이 과연 존재하는지 여부에 관해서 비평가들 사이에 적지 않은 논쟁을 불러일으켰다 (예를 들면, Birch 1993: ch. 11; Dunleavy and O'Leary 1987: ch. 4 참조). 자본주의 국가가 성숙해지면서 다원주의, 마르크스주의, 엘리트주의 입장 사이의 구별이 점차 희미해지는 상당한 정도의 수렴이 일어났다. 그러나, 엘리트주의는 항상 넓은 교파였다. 참으로, 많은 이론가들은 마르크스주의가 국가를 지배계급의 지배를 보호하는 도구로서 강조했기 때문에 마르크스주의 이론을 엘리트주의 이론의 하나로 다루어 왔다 (Birch 1993: 186 참조; 제3장 참조). 둘째로, 대부분은 고전적 엘리트주의의 뿌리에는 동의하지만, 어느 근대 이론가가 엘리트주의 기치 아래 들어갈 수 있는가에 대해서는 합의가 이뤄지지 않고 있다. 엘리트주의 입장을 둘러싼 개념적 모호성 때문에, 엘리트주의 사상이 자유민주주의 모델의 주요 전제에 대한 도전에도 불구하고, 정치권력의 분배가 엘리트주의라고 묘사할 수 있을 만큼 만족할 만한 적절한 엘리트주의 이론이 없다는 것을 의미한다. 엘리트 이론 그 자체로는 국가와 시민사회의 관계에 대한 부분적 이해만을 제공한다.

현대 엘리트주의 접근방법

이 부문에서는 신구 권력을 반영하는 엘리트의 세 유형에 관한 당대의 연구에 초점을 맞춘다 (Tims and Heimans 2018). 통치술의 전통적 형태를 통해 통치하는 정치 엘리트, 전통적 통치술에 도전하는 대중영합주의 엘리트, 그리고 초국적 정책 엘리트들이다.

구권력은 구조, 전문성, 감시를 '통제하는 것에(controlling)' 기반하는 한편, 신권력은 개방적 분담과 조건적 제휴와 보다 전반적인 참여로 특징되는 더 많은 연결성과 능력을 '증대하는(enabling)' 활동으로 수행된다. 구권력은 해체되지 않고 도전을 받는다. 신권력은 개인적으로든 집단적으로든 임무를 완수하고 그들 자신의 해결책을 찾는 데 있어서 시민들에게 통제보다는 더 많은 권력을 약속하는 개혁을 수반한다. 신권력은 협력과 빠른 환류(feedback) 고리 그리고 참여에 초점을 둔다. 여기서 참여는 통제를 향한 움직임이라기보다는 영향력과 창의성에 관한 것이다. 무엇보다도 우리는 '우리'와 '그들'의 세계로 더욱 양극화되어 살고 있다. 대부분의 자유민주주의에서 성공적인 '국가' 사업에의 소속감은 소득 불평등이 증폭되면서 의문시되고 있다. 이러는 사이에 지속적인 구조재편성, 원가 절감 및 임시 노동자화의 시대에 경제적으로 소외되거나 직장에 대한 두려움으로 경제적 불안감을 느끼고 불신임하는 시민들의 수가 증가하고 있다.

통치술과 통치 엘리트

비록 통치술(statecraft) 접근방법은 특정 측면에서 개념적 명확성이 부족하지만, 현대 정책결정에 대한 통치 엘리트의 접근방법을 이해하기 위한 유용한 개념적 틀을 제공한다. 그렇다면, 통치술 접근방법은 무엇을 포함하고 있는가? 이 접근방법은 영국 정치학자인 불피트(Jim Bulpitt)에 의해 1986년 처음으로 개발됐다. 이후 영국(Buller and James 2011)과 호주(Evans 2010; Evans and McCaffrie 2014, 2016)의 수상 리더십 연구에 적용됐고, 유럽연합의 정책결정(Buller 2000)과 선거 통치술(James 2012)에도 적용됐다. 그것은 영국에서 대처주의(Thatcherism)의 등장과 발전을 이해하기 위한 뉴라이트 이념 연구사업의 중요성을 강조한 많은 연구자들(Hall and Jacques 1983 참조)에 대한 반응으로 등장했다. 불피트는 뉴라이트의 사업이 대처 사업의 대규모 기획을 제공했고 정책 과제의 본질을 형성했다고 주장한 홀(Stuart Hall)과 자크스(Martin Jacques)와 같은 연구자들에게 동의하지 않았다. 그는 아이디어 자체는 그다지 중요하지 않다고 주장했다. 대신에, 그는 그가 명명한 통치술 또는 '통치의 정치'의 중요성을 강조했다.

통치술은 핵심 정치엘리트에 대한 연구를 중심으로 구체화하는데, 불피트(Bulpitt 1986)는 이들을 당 지도자, 고위공무원 그리고 정책조언자로 구성된 '중심(the Center)' 또는 '왕실(the Court)'로 칭한다. 불피트는 이 집단은 사회의 나머지 이익들과는 별개로 자신들만의 이익이 있으며, 다른 행위자들의 반대에 직면해서도 그들의 이익을 흔히 성공적으로 추구할 수 있다고 주장한다. 달리 말하면, 통치술 접근 방법은 공공 정책결정에 대한 엘리트이론이다.

불피트에 의하면, 성공적 국가책략을 위해서는 세 가지 조건이 있다. 첫째, 중심/왕실은 선거 승리와 통치 능력의 이미지를 획득함으로써 공직을 유지할 목표와 함께 일련의 통치 목적들을 확립할 필요가 있다. 둘째, 이러한 목적들을 달성하기 위해 일련의 원칙, 신념 그리고 실천 요강이 포함된 통치 규약(모스카의 정치공식과 유사한)을 개발해야만 한다. 이것은 불피트가 말한 '상위 정치(High Politics)'와 '하위 정치(Low Politics)'로의 책임 이양에 대한 국내적 자율성의 보존과 증진을 포함한다. 현실적으로 표현하면, 상위 정치란 중심이 선거에서의 승리와 통치 능력의 이미지를 획득하기 위한 기회에 절대로 필요하다고 생각하는 모든 정책 쟁점을 의미한다. 상위 정치에 대한 자율성은 통치 능력의 달성에 결정적이다. 하위 정치는 나머지 범주이다. 그것은 중심이 너무 세속적이고 힘들거나 시간 소모적이어서 다룰 수가 없다고 인식하는 모든 나머지 일들을 의미한다. 셋째, 선거 승리와 통치 능력의 모양새를 갖추려는 시도에 있어서 중심/왕실은 통치 규약을 지원할 일련의 '정치적 지지 기제'를 고용한다. 이러한 기제는 정당 관리의 기능들과 정치적 주장의 헤게모니 달성을 의미한다. 불피트(Bulpitt 1986: 22)가 말하는 바와 같이, 이것은 "다양한 위치에서의 승리하는 수사학(설득력), 즉 정당의 주장의 뼈대가 일반적으로 수용할 만하거나, 특히 중요한 정치적 문제에 대한 해결책이 그 반대자의 것보다 더 그럴 듯하게 보이기 때문에 승리를 하게된다."

요컨대, 통치술은 통치의 정치에 관한 것이다. 그것은 단기간의 전술적 조작, 예를 들면 모든 성공적인 선거 전략에 필수적인 자질 등과 관련돼 있다. 그것은 역시 장기적인 전략적 계산과 통치 엘리트 순환을 보장하기 위한 행동과도 관계가 있다. 불피트에게는, 통치엘리트는 전략적으로 생각할 수 있고 그들의 정치적 목적을 보다 쉽게 달성하기 위해 제도와 구조를 바꿀 수 있다.

경험적으로, 국가책략의 지속적인 성공사례가 웨스트민스터(Westminster) 유형의 민주주의에서 찾을 수 있다. 예를 들면, 영국에서는 대처(Margaret Thatcher, 1979~1990년)와 블레어(Tony Blair, 1997~2007년)정부이고, 호주에서는 하워드(John Howard, 1996~2007년) 정부다. 이 세 계획은, 통치 능력의 필요한 정도와 함께 선거 지배와 결합하여, 상위 정치에서 지배적 위치를 달성했다. 각 계획이 특정 이데올로기에 대한 호소보다는 선거에서 성공을 유지하기 위한 필요성 때문에 주로 실용주의로 운영됐다는 사실을 주목할 만하다.

국경을 초월한 통치와 초국적 정책 엘리트의 등장

레그랜드(Timothy Legrand 2019: 200)가 관찰한 바와 같이, "글로벌정책 병리학은 국내 정책의 과정, 유형, 그리고 결과를 변화시키고 있다." 이것은 국제조직과 연결망(networks)에 기반한 정책 실행의 새로운 초국적 행정 현장의 등장에 반영돼왔다. 이들은 사이버 안보, 기후변화, 세대 간 정의, 이주 그리고 국제테러주의 같은 국민국가 행위에 저항하는 국경을 초월한 광범위한 쟁점을 해결하기 위한 것이다 (Stone and Ladi 2015). 스톤과 멜로니(Stone and Kim Maloney 2019: 3)는 글로벌정책 연결망과 초국적 행정은 "글로벌 거버넌스의 다양성을 이해하기 위한 핵심 요소가 되고 있는데," 가장 의미 있는 것은, 그들이 우리에게 더욱더 강력하고 책임지지 않는 초국적 기술 통치 엘리트의 등장에 대한 중요한 통찰력을 제공한다는 것이다.

스톤의 초국적 정책 엘리트에 관한 연구(Diane Stone 2004, 2012)는 국민국가 영역과는 대조적으로 국제조직과 비국가 행위자가 정책 도구의 경성 이동에 대한 필수적 보완으로서 규범의 확산과 같은 '연성' 형태의 정책 이동을 촉진하는 데 주요 역할을 담당하는 것에 주목한다. 실제로, 초국적 연결망 자체가 초국적뿐만 아니라 글로벌 거버넌스의 제도를 통하여 정책과 실행을 확산하기 위한 주요 전략적 도구로서 간주된다. 스톤(Stone 2012: 494)은 "연결망이 개인적이든, 전문적이든 또는 전자적이든 간에 이를 통한 아이디어와 정보의 '연성' 이동은 빠르고 빈번하다"고 주목한다. 예로써, 그녀는 '차용정부'와 폐쇄된 초국적 정책연결망을 통해서 조건부 현금 양도 프로그램의 발전을 촉진하는 미주개발은행(Inter-American Development Bank)과 세계은행(World Bank)의 역할(Teichman 2007)과, 개발도상국가 정책 엘리트,

대부분 경제전문가를 위한 교육과정을 제공하는 국제통화기금(IMF)의 훈련 기관의 역할을 인용한다. 경제협력개발기구(OECD) 같은 다른 국제조직들은 특정한 분야에서 공동 정책 반응을 분산시키기 위해 그 회원국에게 비교 증거 근거를 사용한다. 이것은 반부패와 공공부문 생산성에서부터 공공 신뢰와 양성평등에 이르기까지의 중요한 거버넌스 쟁점과 정책 혁신, 거버넌스와 규제의 개선을 알리기 위한 최선의 실천 안내 등을 망라한다.

이러한 초국적 정책 엘리트의 영향력은 거버넌스와 지배적인 규범과 가치가 다른 공간에서 현존하는 학습의 문화적 유형에 따라, 그들에게 요구된 역할에 따라, 그리고 정책 학습의 과정에 동원되는 자원(이를 테면, 지식, 사회, 경제, 정치 자본)에 따라 달라질 것이다. 예를 들면, 브룸(André Broome 2010)은 글로벌 거버넌스 구조를 통해서 경제정책 아이디어(예를 들면, 글로벌정책 규범)를 확산하는 국제훈련조직인 비엔나공동연구소(JVI: Joint Vienna Institute)의 영향력에 대해서 평가한다. 그는 이 연구소가 상호작용의 학습 환경을 통해서 국가 경제 거버넌스의 새로운 규범을 수용하도록 공무원들을 사회화하는 데 중요한 역할을 한다고 주장한다. 학습 내용은 사회화의 세 가지 세부 과정, 모방하기, 사회 영향력 키우기, 그리고 설득하기의 과정을 촉진하는 일이다.

JVI는 1990년대 초 이래 경제정책 성향의 훈련에 참여한 2만 3,000명의 정책결정자와 공무원의 정책 실행에 영향을 주는 데 있어서, 그리고 참여자들 간의 초국적 정책 연결망을 육성하도록 도움으로써 중요한 매개적 역할을 해왔다. 더 일반적으로는, 국제기구는 국가 정책 엘리트의 사회화(Greenhill 2010)와 보다 강한 형태의 정책 전환이 일어나도록 초국적 행정 기관을 운영한다. 부머와 그의 동료(Bulmer and colleagues 2007)는 유럽연합에서의 정책 이동에 대한 개척적인 연구에서, 예를 들면, 고도로 제도화된 거버넌스정부에서 보다 강한 형태의 정책 이동이 일어난다는 일반적 가설을 지지하는 증거를 찾는다. 또 '작은' 제도 변수, 즉 초국가 제도에서 생성된 권력, 결정 규칙, 국가 행위자 간의 교류의 밀도와 같은 변수가 이동 결과를 형성한다는 증거도 있다 (Evans 2019 참조).

요컨대, 초국적 행정을 통해서 국내 정책을 형성하는 데 있어서 초국적 정책 엘리트 활동의 규모와 집중도는 지난 20년에 걸쳐서 깜짝 놀랄만한 속도로 증가했다. 이러한 초국적 정책 엘리트가 정치권력 행사를 위해 제한된 정당성 기반을 가짐으로써 국민국가 수준에서의 대의제 민주주의를 중대한 딜레마에 빠지게 했다 (Skogstad 2019).

정치적 불신, 통치 엘리트 그리고 대중영합주의의 재발견

헤이워드(Jack Hayward)는 1996년에 다음과 같이 관찰했다.

> 어느 것이 더 믿을 수 있는 여론을 반영하는가에 대한 대의제 민주주의와 직접 민주주의 간의 갈등은 경쟁적인 정치지도자와 인민의 의지라고 알려진 것과의 긴장을 나타낸다. 정당정치의 중개 역할에 대한 불신은 국민투표에의 의존 증대와 사회적, 그중에서도 좌우 극단주의자의, 시위운동의 등장을 초래했다. 유럽연합의 폐쇄적 정치가 그것이 채택하는 결정의 제한된 민주적 정통성과 혼합되어 반엘리트 대중영합주의를 통해서 표현되는 선동적 비현실성의 경향을 조장해 왔다.

반엘리트 대중영합주의는, 만일 그것이 사라진 적이 있었다면, 현대 민주주의의 중앙 무대로 다시 돌아오면서 엘리트 순환 연구를 위해 중요한 공간을 제공하고 있다. 퀴스마(Mikko Kuisma)가 제14장에서 주장하듯이, 대중영합적 정당과 운동은 정치에 대한 반체제적 접근방법을 대표하고, 자유민주적 국가의 가치에 반대하는 가치를 추구하는 것으로 특징지어진다. 그러나 가장 최근의 대중영합주의는 반드시 국가 자체에 반대하는 게 아니고 기존 정치 질서를 대표하고 보호하는 특정 국가 엘리트에게 반대한다. 그러므로 '우리 국민'의 진실한 표현을 대표한다고 여기는 전통적 엘리트와 대중영합주의 엘리트 사이에, 국가는 신구 권력 간의 투쟁 장소가 된다는 점에서 엘리트주의와 대중영합주의 사이에는 중요한 연결 고리가 있다.

헤이워드의 위 논평의 요지는, 예를 들면, 영국에서의 2016년 브렉시트(Brexit) 투표를 설명하는 데 있어서 오늘날 선견지명으로 남기는 하지만, 당대의 대중영합주의와는 구별할 만한 약간의 차이가 있다. 과거에는, 대중영합주의는 과도하게 반민주적인 나치주의와 같이 탄압적이고 편협한 정치 이데올로기 또는 강령으로 연상해 왔다. 그러나 오늘날의 대중영합주의는 민주주의체제 내에서 가장 공통적인 표현을 드러내며, 대부분의 경우에 민주적 제도와 적응하여 만들어져 왔다. 이러한 당대의 대중영합주의 형태는 자유 선거를 폐지하고 독재를 설치하자고 제안하지 않고 오히려 그 반대로 '인민들이 원하는 바를 해주는' 민주주의를 요구한다. 머드(Cas Mudde 2015)가 설명하는 바와 같이,

> 대중영합주의는 좌파와 우파 모두에서 찾을 수 있다. 이 말은 대중영합주의는 '카멜레온' 같다고 말하는 것과 정확히 같은 말은 아니다. 왜냐하면, 그것은 색깔을 바꾸는 대중영합적 행위자와 반드시 같은 것은 아니기 때문이다. 대중영합주의는 대부분 대중영합주의자들이 다른 이데올로기와 혼합해서 행동한다는 의미에서 거의 순

수한 형태로 존재하지 않는다. 이것은 소위 숙주 이데올로기라고 하며, 좌파든 우파든 매우 안정적인 경향을 띤다. 일반적으로, 좌파 대중영합주의는 사회주의에 대한 일부 해석을 대중영합주의에 혼합할 것이고, 한편 우파 대중영합주의는 민족주의의 일부 형태를 혼합할 것이다.

유럽에서는 대중영합주의의 많은 영향이 기존 정치질서에 도전하기 위해 세워진 정당을 통해서 이뤄져 왔는데, 북부 유럽에서는 우익 성향의 대중영합주의가, 남부 유럽에서는 좌익 대중영합주의가 더 지지를 받고 있다. 2015년까지 대중영합주의 정당이 20개 유럽 국가에서 적어도 10퍼센트 이상의 대중 투표를 획득했다. 그리스, 헝가리, 이탈리아, 슬로바키아, 스위스의 5개국에서는 제1정당이 됐다. 그리고 여러 국가에서 대중영합주의 정당이 정부를 장악하거나 연립정부를 형성했다(Mudde 2015). 영국에서의 2016년 브렉시트 투표는 부분적으로 대중영합주의 정치에 의해 주도됐고(Stoker and Hay 2016), 브렉시트당 지도자 패라지(Nigel Farage)는 대중영합주의 정치인으로 널리 알려졌다. 심지어, 2017년 영국 총선거에서 코빈(Jeremy Corbyn)의 노동당 선거운동이 성공적이지는 못했지만 예상보다 훨씬 선전한 이유는 선거 쟁점에서의 그의 대중영합주의적 획책 때문이었다고 일부 전문가들은 지적한다 (Flinders 2017).

유럽 이외에도, 정치에 관한 신구 대중영합주의의 영향에 대한 증거는 무궁무진하다. 필리핀의 전 대통령인 두테르테(Rodrigo Duterte)는 권위주의적 대중영합주의자로 선출됐다. 호주의 핸슨(Pauline Hanson)은 일국당(One Nation party) 창설자이며 대중영합주의 깃발을 내걸고 있다. 물론 트럼프(Donald Trump)의 2016년 미국 대통령 선거에서의 성공적인 선거운동은 주류 정치에서 대중영합주의 경향에 대한 검증 각인이 찍힐 정도다. 실제로, 대중영합주의 활동의 영향을 받지 않은 동시대의 민주주의체제는 거의 없다 (Rooduijn 2013, 2014; Rovira Kaltwasser and Taggart 2016).

물론, 대중영합주의 운동이 기존 정치질서를 전복시킨 최근에도 엘리트 순환의 사례들이 역시 있다. 예를 들면, 튀르키예에서 2003년부터 에르도안(Recep Tayyip Erdoğan)은 "공화국 구조를 바꾸지 않고 민주주의와 이슬람 사이의 타협을 찾고," '종교 세대'를 양성하는 계획 사업에 착수했다 (Tol and Alemdaroglu 2020). 2002년 11월 총선거에서 단 37퍼센트의 득표율로 신승한 에르도안의 정의개발당(AKP: Justice and Development Party)은 튀르키예 통치 방법을 근본적으로 바꾸는 다수의 헌법 개정안을 통과시켰다. 이에는 의회체제를 '튀르키예식 대통령제'로 대체하는 안이 포함됐고 이것은 에르도안을 잠정적으로 2026년까지 권력을 장악할 수 있게 했다. 군부는 무력화되어 이 이상 새로운 대통령제로부터 에르도안과 AKP를 반대하거나 쫓아낼 수 있는 권력을 갖지 못한다. 그리고 그는 수십억 달러를 종교 교육에 투입함으로써 이슬람화의 세력을 키우는 교육 개혁을 이용했다. 그는 이슬람교 수장(imam hatip) 양성 중등학교의 수를 극적으로 증대하고 연령 집단을 낮추어 확장했는데, 이 학교들은 본래 교회 수장과 전도사가 되려는 젊은이들을 훈련하기 위한 국립 직업학교였다. 그는 국립학교에서 종교 교육에 할당하는 시간을 증대했고 교과과정에서 진화에 대한 교육을 금지했다. 이슬람은 튀르키예의 정치 무대에서 이제 유력한 세력이고 세속주의는 쇠퇴하고 있다. 2007년에 AKP는 46퍼센트의 표를 획득했고, 2011년에는 그 수치가 50퍼센트에 달했다. 에르도안 치하의 튀르키예는 엘리트 순환의 고전적 사례다 (Cagaptay 2017).

이와 대조적으로, 2020년 9월 3일 수단의 과도정부는 국가로부터 종교를 분리하기로 합의해 30년에 걸친 이슬람 통치를 마감했다 (Reuters 2020). 수단인민해방운동인 북부 반란 집단의 지도자 알힐루(Abdel-Aziz al-Hilu)와 함독(Abdalla Hamdok) 수단 수상은 아디스 아바바에서 선언에 서명했다.

> 수단이 모든 국민의 권리가 보장되는 민주국가가 되기 위하여, 헌법은 어느 자결권이 존중되어야 하는지가 불분명한 상황에서는 '종교와 국가의 분리' 원칙에 기초해야 한다 (CGTN 2020).

수단은 전 대통령인 알바시르(Omar al-Bashir)가 1989년에 권력을 장악하고, '이슬람 세계의 전위대' 국가로 만들기 위해 이슬람법 해석의 강경 노선을 추구했을 때 시작된 국제적 고립의 시기로부터 벗어나고 있었다 (원문은 현재형으로 되어 있으나 과거형으로 번역한 이유는 2023년 현재 수단은 내전에 싸여 있기 때문이다 – 역자 주).

대부분 당대의 평론가들은 대중영합주의의 핵심은 통치 엘리트에 대한 정치적 신뢰 결여를 이용하려는 대항 현상이라는 데 동의한다. 즉, '약속과 합의를 지키는 것'과 관계가 있는 개념이다 (Hetherington 2005: 1). 그리고 세계 민주국가의 80퍼센트 시민이 자국정부를 불신하고 있다는 사실을 고려하면, 반엘리트적 대중영합주의와 엘리트 순환을 위해서 적절한 시기가 조성돼 있음을 알 수 있다 (Edelman 2019). 후게와 그의 동료들은(Marc Hooghe and colleagues 2017: 214) "정치적 신뢰는 민주 사회에서 그 역할의 복잡성 때문에 거의 정의 자체가 파악하기 힘든 개념이라고" 관찰한다. 정부에 대한 시민의 불신은 민주적 감시를 위한 기본적 이유를 제공하나, 정부에 대한 시민들의 종합적인 신뢰 결핍은 업무 이행을 위한 국가 능력에 대해 무능한 것으로 간주할 수 있다.

이스톤(David Easton 1965)이 정치체계에 대한 구체적 지지와 분산된 지지를 구별한 것은 잘 알려져 있다. 전자는 현재의 정부, 그 지도자들과 정책에 대한 지지를 의미한다. 후자는 민주주의의 기본 정치질서에 대한 지지를 의미한다. 첫 번째 전선에서 지지를 얻지 못할 경우, 민주주의에 대해서는 쟁점이 없다. 만일 일부 시민이 현 정부에 대해 회의적이라면, 신뢰의 결핍은 그 자체의 일을 하는 것이다. 그 판단에 대한 투쟁은 선거에서 판가름 난다. 오히려 신뢰의 결핍에 관한 우려는 민주주의에 대한 산만한 지지에 관한 우려를 반영한다. 스토커와 에반스(Stoker and Evans 2014)는 시민은 민주주의와 그것의 양도 불가능한 정치적 권리에 대한 아이디어에 관해서 여전히 긍정적일 수도 있으나, 분산된 지지는 그 체제를 고갈시킬 수도 있다고 주장한다. 시민이 정체의 일반적 운영과 정치의 현실적 실행에 있어서 신념을 상실하고 있기 때문이다. 그러므로 정치 신뢰에 대한 우려는 시민이 그들의 정치 체제가 어떻게 작동하는가에 대한 신념의 상실 여부에 초점을 맞출 수 있다. 신념의 대규모 상실은 운명주의와 이탈 현상, 또는 우리가 지금까지 살펴본 바와 같이, 대중영합주의를 수용하게끔 유인할 수 있다.

그것은 역시 한편으로는 순수하고 주권적인 국민과 다른 한편으로는 부패하고 무책임한 정치 엘리트를 구별하는 데 달려 있는데, 물론 후자에 대한 전자의 (도덕적) 우월성 여부에 달려 있다 (Mudde 2004). 대중영합주의는 정치가 작동하는 방식에 대한 불만 의식으로부터 나오고 상황을 이용하고 대중으로부터의 열성적 참여와 지지를 유발하는 매력적인 지도자에 의존한다.

그러나 정치적 불신은 역시 민주주의를 다르게 실행하기 위한 민주적 혁신을 위해 지지할 수 있는 길을 열어주기도 한다. 최근의 대중영합주의의 등장은 부분적으로 불만이 있는 시민들에게 다가가고 권한을 부여하지 못한 주류 정치제도와 행위자들의 무능력의 산물이다. 그러므로 새 정치는 소통을 정치적 행위의 핵심에 위치시키고, 재생을 위해 영합(zero-sum)의 길을 넘어서 그리고 대의제 민주주의의 질을 재강화하기 위한 방법론으로 민주주의의 참여적 양식을 인정하는 게 앞으로 나아가는 분별있는 방법이라고 여겨진다. 넌지시 암시하는 바는, 대중영합주의는 대중영합주의 정치인을 통해서 대의제와 참여 거버넌스 형태를 통합하기 위한 명백한 수단을 제공한다. 이때의 대중영합주의 정치인은 총통 민주주의(Führer démocratie, 퓨러는 히틀러의 칭호 – 역자 주)를 통해서 불신을 조작하려는 욕망에 의해서가 아니라 참여적 정책결정을 통해서 사회적 문제를 해결하려는 열망에 의해서 행동할 경우를 의미한다.

요약하면, 당대의 정치에 관한 사고의 방식, 즉 시대정신(zeitgeist)으로서의 대중영합주의와 좌파든 우파든 정치운동 또는 정치적 동원의 형태로서의 대중영합주의를 세밀하게 구별할 만한 가치가 있다. 대중영합주의는 많은 정치인과 선동가에 의해 사용되는 도구이자 새 정치운동, 정당 또는 엘리트가 기존 정치질서에 반대하여 도약할 수 있는 토대다. 대중영합주의의 두 양상 모두 당대의 민주주의의 동태성과 통치 엘리트의 등장과 몰락을 이해하기 위해 중요하다.

인공지능과 미래 엘리트 거버넌스

마지막 첨언으로서, 인공지능(AI: artifcial intelligence)의 역할이 국가 엘리트의 역할을 강화할지 또는 침식할지에 대한 문헌이 증대하고 있음을 주목하는 일은 중요하다. 로빈스키(Konstantin Rovinskiy

2019) 같은 일부 관측자들은 AI가 전통적 국민국가 엘리트를 대체하는 데 사용될 수 있다고 주장한다.

AI 기반 사회적 재편성에 대한 복잡한 당대의 경향을 이해할 수 있는 사람들에게는, 전통적 국민국가 엘리트가 전 세계에 걸쳐서 스마트한 기계에 의해 대체되도록 운명지어졌다는 것이 명백하게 받아들여진다. 국가 관료제도는 최근에는 국민을 통치하는 데 충분히 효율적으로 대처하지 못한다 … 관료적인 국가 엘리트는 인간 무리로부터 수집한 이익의 상당한 부분을 초국적 글로벌체제로부터 박탈하면서 너무 많은 자원을 소비한다. '국가' 관료제도가 인간 무리로부터 탈취를 점점 더 실행할 수 없게 되기 때문에 '국민국가'에 기반한 낡은 자본주의는 퇴화하고 있다.

비록 코로나19의 관리는 국민국가의 규제 역할과 감염 확산 봉쇄에서 효과적 거버넌스의 중요성을 강조해 왔지만, 로빈스키의 전망은 미래 거버넌스에서 현실화될 수 있다. 테슬라(Tesla)와 스페이스엑스(SpaceX)의 최고 경영책임자 엘론 머스크(Elon Musk)는 더 나아가서 인공지능이 "인간성을 파괴하기 위해 악마일 필요는 없다"고 주장한다. 〈당신은 이 컴퓨터를 신뢰합니까?〉(*Do You Trust This Computer?*)라는 기록영화에서 머스크는 초지능의 창조는 '영구적 독재자'로 만들 수 있다고 주장한다 (Browne 2018). 머스크는 그러므로 인간이 현대성과 무관한 존재가 되는 것을 피하려면 AI와 반드시 융합해야 한다고 믿는다. 그러므로, 누가 통치하는가의 선택은 디지털 거버넌스를 통해서 전통적 국민국가 엘리트가 현대성과 무관하게 되는 위험을 피하기 위해 AI와 융합하여 새로운 글로벌 질서를 세우는 기술 거인이든('스카이넷'류의 기술관료 엘리트), 또는 인류 위에 군림하는 '불후의 독재체제' 사이 중의 하나가 될 것이다.

결론: 통치 엘리트의 흥망성쇠 이해

적어도 4개의 주요 결론을 엘리트이론 평가를 통해서 끌어낼 수 있다. 첫째, 엘리트주의는 사회과학자와 정치철학자의 연구를 위해 중요한 초점을 여전히 제공하며, 긴급한 재생 그리고/또는 혁신이 필요한 분야를 강조하면서 자유민주주의 모델의 취약성에 계속 주의를 끌게 한다.

둘째, 당대의 엘리트이론은 거버넌스의 여러 영역에서의 정책결정 중심에 있는 특권적 통치 엘리트의 본질과 역할에 대해서만 집중하는 경향이 있고 국가와 시민사회의 관계에 대한 보다 넓은 이론의 개발에는 덜 관심을 둔다. 이것은, 버치(Birch 1993: 202)가 상기시키는 바와 같이, "민주적 체제가 실제에 있어서 항상 엘리트주의여야만 한다는 것을 보여주는 적절하고 설득력 있는 이론이 없기 때문이다."

셋째, 엘리트주의 접근방법의 신뢰성은 국가의 규모와 복잡성이 극적으로 증대한 데에 대한 반응으로 증가했고, 우리가 살펴봤듯이, 그것의 미래 발전은 무책임한 초국적 기술 관료의 등장과도 필연적으로 관련이 있다. 이러한 발전이 자유민주주의 모델의 효용성에 대한 이해에 어떤 영향을 주는가는 당대 엘리트 이론가를 위한 주요 관심사여야 한다.

그리고 넷째, 지난 반세기 동안 OECD 국가들이 최고 수준의 소득 불균형을 경험하고 있는 사실을 고려하면, 반엘리트 대중영합주의는 코로나19 이후 회복 과정에서 민주정치의 중심으로 남게 될 것이다. OECD 인구의 가장 부유한 10퍼센트의 평균 임금은 가장 빈곤한 사람들의 약 9배에 이른다 (OECD 2019). 이것은 통치 엘리트의 흥망성쇠에 대해 체계적인 이해를 더 정교하게 해주고 또 엘리트이론이 사회, 경제 그리고 정치 위기의 상황에서 엘리트 순환에 대한 불충분한 개념화를 제시한다는 비판에 반격할 수 있도록 사회과학자를 위해 살아있는 실험실을 제공할 것이다.

✄ 추가 읽을 거리

Best, H. and J. Higley (eds) (2010), *Democratic Elitism: New Theoretical and Comparative Perspectives*, Leiden/Boston: Brill.
Dahl, R. (1966), "Further reflections on 'the elitist theory of democracy,'" *American Political Science Review*, 60(2), 296–305.
Diamond, L. (2020), *Ill Winds*, New York: Penguin Books.
Domhoff, G. W. (1967), *Who Rules America?*, Englewood Cliffs, NJ: Prentice-Hall.
Gilens, M. and B. Page (2014), "Testing theories of American politics: Elites, interest groups, and average citizens," *Perspectives on Politics*, 12(3), 564–581.
Michels, R. ([1911] 1962), *Political Parties*, New York: Free Press.
Mills, C.W. (1956), *The Power Elite*, New York: Oxford University Press.
대중영합주의에 관한 주요 문헌을 위해서는 제14장 참조.

3장

마르크스주의

- 서론　　　　　　　　94
- 마르크스주의와 국가　95
- 마르크스주의 이론에서의 국가의 계보학　105
- 결론　　　　　　　　123

콜린 헤이(Colin Hay)

서론

마르크스주의 국가이론은, 여성주의와 같이 '참여이론(engaged theory)'으로서, 세상을 단순히 해석하는 데 만족하지 않고 세상을 바꾸기 위한 절대적 야망에 의해 동기부여 됐기 때문에, 완전한 성공이라고 판단되지는 않는다. 참으로, 기존의 '실존 사회주의' 붕괴 후 30년이 지나면서, 마르크스주의 국가이론을 순전히 역사적 관심거리로 처리하고 싶은 유혹이 분명히 있다. 그러나 이 장의 주장은, 부분적으로는 자본주의의 놀라울 정도의 생존력을 설명하기 위한 시도 덕분에 마르크스주의 국가이론은 다른 국가이론가들이 여전히 많이 배울 수 있는 자본주의 민주 국가에서의 국가, 경제와 사회 사이의 복잡하고 동태적인 관계에 대하여 일련의 강력하고 탐사적인 통찰력을 제공한다는 것이다.

다음에서 나는 마르크스와 엥겔스로부터 레닌과 그람시를 거쳐, 밀리반드와 풀란차스 그리고 당대의 학자들, 주로 블록과 제숍에 이르기까지, 국가 연구와 분석에 대한 마르크스주의와 네오마르크스주의 접근 방식의 발전을 비록 양식화된 방식이기는 하지만 도표로 작성하면서 국가에 대한 우리의 이해에 마르크스주의가 기여한 것에 대한 평가를 제공하고자 한다. 주장은 세 절로 펼쳐진다. 첫 번째 절에서 마르크스주의자들은 국가이론이 왜 필요했는가 그리고 그들은 그들의 관심의 초점을 어떻게 개념화했는가에 대해서 고찰한다. 두 번째 절은 국가에 대한 마르크스주의 이론의 발전을 창시자들의 연구, 레닌과 그람시에 의한 재형성, 그리고 전후 시대 마르크스주의 국가이론에 대한 관심의 부활에 대해서 추적한다. 마지막 절은, 마르크스주의 국가이론이 현재 어느 때보다도 마르크스주의 성향을 덜 띠면서 그만큼 세련되어 왔는지 그리고 오늘날 과연 마르크스주의 국가이론이 필요한지에 대해 물으면서, 동시대의 마르크스주의/신마르크스주의 국가이론의 발전에 대해 고찰한다. 이 장은 마르크스주의 국가이론이 세계화의 세상과 빈번한 위기를 겪는 세계화에 대해 이치에 맞는 의미를 제공하는 이론적 자원인지를 평가하면서 결론을 맺는다.

마르크스주의와 국가

슈미터(Philippe Schmitter)가 시사하는 바와 같이, "근대국가는 변별하기 힘든 다양한 기능을 수행하면서 분명하지 않은 경계를 가진 기관들의 무정형적 복합체다"(1985: 33). 이러한 견해로 마르크스주의 국가이론에 관한 장을 시작하는 것은 명백한 패배주의자가 아니더라도,

어느 정도 이상해 보인다. 그러나 어떤 의미에서는 그것은 각별히 적절한 출발점을 제공한다. 왜냐하면, 내가 이미 다른 곳에서 언급했듯이, "국가이론에서 이렇게 악명 높게 파악하기 어렵고 빠르게 움직이는 목표를 정의하는 것보다 어려운 일은 없다"(Hay 1996a: 2; Hay 2014 참조)고 할 수 있기 때문이다. 그렇다면, 우리는 국가 연구에서 첫 번째 질문인, 우리는 왜 국가이론을 필요로 하는가를 다루기 전에, 아마도 두 번째로 가장 경시된 질문인, 국가는 무엇인가를 먼저 다루어야 한다. 사실, 우리가 살펴보겠지만, 마르크스에 의한 정의가 명료하기보다 흔히 암묵적이고 비록 국가와 관련한 그들의 정의가 다소 신비스럽지만, 이 전통 내의 이론가들이 답을 함에 있어서 부족하지 않았다는 것은 그들의 공로다.

국가란 무엇인가?

마르크스주의 국가이론에 대한 현재의 실질적인 기록을 잠시 살펴보는 것만으로도, 물론 마르크스주의자들은 국가에 대한 특정 개념과 지식에 '암묵적으로' 의존하겠지만, 그들이 책에서 이러한 내용을 전개하는 일을 악명 높을 정도로 못한다는 사실이 드러날 것이다. 이것은 일반적으로 동의하는 정의는 고사하고, 탐구 대상으로서 분석적으로 정확한 마르크스주의의 국가에 대한 정의를 다소 식별하기 어렵게 만든다. 국가에 대한 마르크스주의 개념을 알려주는 가정들에서 계보의 유사성을 통해 확인할 수 있다. 실제로, 이들은 국가에 대한 네 개의 다른 개념으로 구체화할 수 있다.

부르주아계급의 강압적 무기로서의 국가

카노이(Martin Carnoy)에 의하면, "부르주아계급의 강압적 기구로서의 (자본주의)국가 관념은 국가에 대한 마르크스주의의 독특한 성격 규정이다"(Carnoy 1984: 50). 이것은 다소 가공되지 않고 일차원적인 국가 권력의 개념이다. 그것은 지배계급의 강압적 힘의 표현으로서 자본주의국가를 보고 있는 것이며, 이는 레닌의 저서 『국가와 혁명』(*The State and Revolution* [1917] 1968)과 밀접히 관련돼 있다. 그런데 그것은 엥겔스의 연구에 그 기원이 있다 (예를 들면, [1844] 1975: 205-207; [1884] 1978: 340; 비교하면, van den Berg 1988: 30-1 참조). 그것의 기능주의, 즉 그 결과에 주목하면서 어떤 것을 설명하려는 시도는 드래퍼(Hal Draper)에 의해 잘 표현되고 있다.

> 국가는 … 사회의 공동 기능을 이행하는 데 필요한 제도가, 그 기능들을 계속 유지하기 위해 사회의 일반적 기관으로부터의 강압적 권력의 분리를 요구하는 한 존재하게 된다 (Draper 1977: 50).

지배계급의 도구로서의 국가

'도구주의자' 입장은, 그것이 알려진 바와 같이(아래 참조), 아마도 마르크스주의 이론 내에서 가장 널리 알려진 개념을 제공한다. 도구주의 자체는 국가에 대한 여러 다른 '이론들'을 표현하는 다양한 입장에 걸쳐서 넓게 사용되고 있음에도 불구하고, 그것은 가장 많이 '바로 그' 마르크스주의 국가이론의 지위와 일치되고 있다. 가장 노골적으로 표현된 형태로는, 국가는 "계급구조 자체의 안정성을 강화하고 보장하기 위해 지배계급의 손 안에 있는 도구"라는 것을 암시한다 (Sweezy 1942:

243). 이러한 독특한 학파 내에서, "국가의 기능은 … 전략적 위치에 있는 사람들에 의해, 직접적으로 국가 정책의 조작을 통해서 또는 간접적으로 국가에 관한 압력 사용을 통해서, 권력의 도구적 행사로 이해된다"(Gold et al. 1975a: 34). 도구주의자 또는 '영향력 있는 이론가'는, 오페(Claus Offe)가 그들을 부르는 것같이(1974: 32), 다음의 분석에 관심을 가져왔다. (i) 이른바 '권력구조연구'라는 연구에서 경제권력의 위치를 차지하는 개인들 간의 사적 및 사회적 인연의 유형과 연결망(Domhoff 1967, 1970, 1980, 2014; Mintz and Schwartz 1985; 논평에 대해서는, Barrow 1993: 13-24 참조), (ii) 경제권력과 국가엘리트의 지위를 갖고 있는 사람들 간의 사회적관계(Domhoff 1979, 1990; Miliband 1969; 논평에 대해서는, Barrow 1993: 24-41 참조), (iii) 국가 및 사회 엘리트의 이데올로기적 구속을 주조하는 사회과정(Miliband 1969). 미국 대통령으로서 트럼프(Donald Trump)의 선출과 그의 후보 시절과 현직에서의 미국 기업에 의한 역할은 아마도 놀랍지 않게 이 접근방법에 새로운 관심을 불러일으켰다 (예를 들면, Campbell 2018; Domhoff 2017; Pierson 2017 참조).

'이상적 집단적 자본가'로서의 국가

이상적 집단적 자본가로서의 국가 개념은 『반뒤링』(Anti-Dühring)에서 자주 인용되는, 비록 우연이기는 하지만, 엥겔스의 언급에 그 기원이 있다. 엥겔스는 "근대국가는, 그것의 형태가 무엇이든지 간에, 근본적으로 자본가의 기계이고, 자본가들의 국가이며, 전체 국가자본의 이상적 인격화"라고 했다 [1878] 1947: 338). 이러한 국가 개념 옹호자들은 자본은 자체적으로 재생하거나 자신의 재생산을 위한 조건을 스스로 확보할 능력이 없다는 사실을 지적한다. 왜냐하면 자본주의 사회 형성의 지속성 자체는 어느 특정 자본의 개별적 이익에서가 아닌 자본의 일반적 이익에서 집단적으로 생성된 특정한 개입에 의존하기 때문이다 (Hirsch 1978: 66). 합리적 선택이론의 관점에서는, 이것은 하나의 '집단행동의 문제'다 (예를 들면, Dunleavy 1991: 30-36 참조). 그러므로 외부적이고 적어도 '상대적으로' 자율적인 조직체 또는 총체가, (개별 자본의 단기적 이익 갈등과는 반대되는) 자본의 장기적 일반이익에서 자본을 위해 개입할 것이 요구된다. 이 조직체가 국가이며 '이상적 집단적 자본가'다 (Altvater 1973). 오페가 설명하는 바와 같이,

> 엥겔스가 … 국가는 '이상적' 집단적 자본가라고 부른 데에는 그만한 이유가 없었던 것은 아니다. 국가가 '진정한' 집단적 자본가라는 게 논리적으로 불가능할 것이기 때문이다 … 첫째로 국가기구는 그 자체가 자본가가 아니기 때문이고 … 그리고 둘째로 집단적 자본가라는 개념은 경쟁이 … 자본의 움직임의 기본이므로 그 자체가 무의미하다 (Offe 1974: 31).

사회 형성에 있어서 '응집 요인'으로서의 국가

비록 구절 자체는 분명히 풀란차스(Nicos Poulantzas)의 연구와 대부분 관련이 있고, '응집 요인'으로서의 국가 관념은, 실제로는 풀란차스에 의한 것이지만, 엥겔스의 『가족, 사유재산 그리고 국가의 기원』(The Origin of the Family, Private Property and the State)에서 또 하나의 우연적이고 특별히 불충분한 언급을 통해 그 흔적을 찾을 수 있다.

경제적 이익 갈등을 벌이는 계급들은 무익한 투쟁으로 자신들과 사

회를 소모하지 않도록 그 갈등을 조절하고 '질서'의 범위 내에 지키기 위해 외관상 사회 위에 서 있는 권력을 가지는 것이 필요하게 된다. 그리고 이 권력은 사회로부터 생겼지만, 사회 위에 그 자신을 위치시키고 그로부터 자신을 점점 더 소외시키는 것이 바로 국가다 (Engels [1884] 1978: 205-206; 또한 Bukharin [1921] 1926 참조).

이러한 개념 내에서는, 국가는 그 효과의 관점에서 이해되고, "계급 지배를 집중시키고 규제함으로써 사회 형성의 통합과 응집"을 유지하는 역할의 관점에서 정의된다 (Poulantzas 1975: 24-25; 또한 1973: 44-56, 특히 44, 304 참조; Gramsci 1971: 244; Jessop 1985: 61, 177). 우리는 아래에서 이 개념의 문제로 돌아간다.

위 토론이 보여주듯이, 국가는 많은 마르크스주의자들에게 많은 것을 의미해 왔고 또 계속해서 그럴 것이다.

왜 마르크스주의자들은 국가이론이 필요한가?

울프(Alan Wolfe)는 다음과 같이 제안한다.

> 히긴스(Henry Higgins)가 자신의 연구를 통해 자신의 연구 대상을 원래 상태가 아닌 다른 것으로 변화시킨 것같이, 마르크스주의 국가이론의 목적은 자본주의국가를 이해하는 것뿐만 아니라 그 파괴를 도우려는 것이다 (Wolfe 1974: 131).

이러한 언급을 고려하면, 그러한 이론을 개진하는 사람들에게서 다음의 질문에 대한 답을 기대하는 것이 비합리적이지 않을 것으로 보인다. "얼마나 정확히 마르크스주의 국가이론이 진보적인 사회 전환의 동기를 촉진하는가?" 그러나 여성주의 국가이론가들(Brown 1992;

Connell 1990; MacKinnon 1982, 1983, 1985; 또한 제6장 참조)과는 달리, 마르크스주의자들은 그들의 이론적 노력과 선택에 대해 어떠한 이런 정당화를 제공하도록 요구된 적이 거의 없다. "왜 마르크스주의자들은 국가이론이 필요한가"라는 질문과 "왜 다른 사람이 '마르크스주의' 국가이론을 필요로 하는가"라는 훨씬 덜한 질문에 대한 명료한 답을 찾기는 어렵다. 그러나 대답은 아마도 마르크스주의 이론가들이 국가의 형태와 기능에 관해 말한 것으로부터 추론하는 게 그리 어렵지 않을 것이다.

　여기서 우리는 소위 독일의 '국가 파생론자'를 유용하게 추적할 수 있다. 왜냐하면, 비록 그들의 연구가 여러 면에서 매우 문제가 많지만 (Barrow 1993: 94-95; Jessop 1982: 78-101 참조), 자본주의 재생산 과정에서 국가의 중심성을 강조하는 데는 확실히 공헌했기 때문이다. 파생론자들은 그 호칭이 암시하듯이 자본주의 생산양식의 요구로부터 자본주의국가의 형태와 기능이 '파생한 것'으로 탐구했다. 우리의 목적을 위해서, 우리는, 파생론자들처럼, 국가가 냉혹한 내부 논리에 의해 그러한 기능적 요구를 반드시 충족해야 한다는 것을 입증하는 데는 관심이 없지만, 단지 국가가 자본주의 관계 재생산의 중대한 과정에 실제로 연루되어 있다는 것에 관심을 둔다. 따라서 비록 그들의 관점이 자본주의국가의 형태 그리고/또는 (역)기능을 결코 '설명할' 수는 없지만, 그 옹호자들이 믿었던 것처럼, 그것은 그럼에도 불구하고 우리에게 대단히 유용한 자기 발견적 방법을 제공할 수 있다. 자본주의 사회 관계가 재생산'되는' 한 (그리고 우리가 거주하고 있는 사회에서 그러한 기능이 재생산된다는 것을 이해하는 데 많은 통찰이 필요하지 않으므로) 그러한 기능은 어떤 제도, 기구 또는 이들의 조합에 의해 실제로 실행되어야 한다. 이러한 제도의 대부분이 (전부는 아니더라도) 국가기구 그 자체이거나 국가에 의해 엄격하게 규제된다는 점을 시사하는 것은 특별히 대단한 일은 아니다. 따라서 국가는 현대 자본주의 사회를 특징짓는 권력 관계의 연결망에서 결절(結節)마디(nodal point, 맺힌 마디 - 역자 주)로 등장하며, 그러므로 마르크스주의 관심의 핵심 초점이다. 따라서 밀리반드(Ralph Miliband)가 "마르크스주의 정치에서 국가만큼 중요한 제도는 거의 없다"(1977: 66)고 결론을 내리는 것은 놀라운 일이 아니다.

그렇다면 자본주의국가는 자본의 확대 재생산에 정확히 얼마나 관련되어 있는가? 또는 달리 말해서, 자본주의 사회관계가 재생산되려면 국가가 수행해야 하는 기능은 무엇인가? 이 역할의 여러 양상이 확인될 수 있다. 종합하자면, 그들은 마르크스주의 이론 내에서 더 일반적으로 독특하게 마르크스주의 국가이론을 위한 충분한 정당성을 제공한다.

첫째, 우리는 자본이 다수의 경쟁적 단위로 단편화되어 있지만, 잉여가치가 노동으로부터 추출되고 이윤을 확보하기 위해서는, 충족되어야 할 특정한 일반 조건에 결정적으로 의존한다는 사실을 지적할 수 있다(Altvater 1973). 요컨대 국가는 자본주의의 집단행동 문제에 대한 대응이다. 국가에 의해 규제되지 않고는 원형적 자유 시장과 다수의 경쟁 자본으로 불가피하게 구성된 가상의 자본주의 경제를 상상해 보라. 이러한 경제는 본래부터 위기에 빠지기 쉽다. 왜냐하면 자신의 생존을 위해 경쟁하는 어떠한 개별 자본도 일반적 이익을 위해 그 자신의 이익을 희생하지는 않을 것이기 때문이다. 이러한 규제되지 않은 경제 내에서 모순이나 '조정 문제'는 필연적으로 발생하지만, 결코 해결할 수는 없다. 따라서, 억제되지 않은 상태로 놓아두면, 그들은 시간이 지남에 따라 결국 자본주의 자체의 안정성을 위협할 때까지 축적하는 경향이 있으며, 생산양식의 본격적인 위기를 촉발한다. 규제가 없는 자본주의 경제는, 현재 자유시장주의자들의 널리 퍼진 언사에도 불구하고, 선천적으로 불안정하다 (Aglietta 1979; Habermas 1975: 24-31; Jänicke 1990: 8; Offe 1975; '시장 실패'에 대한 논의는, 제4장 참조).

어느 정도의 '이상적 집단적 자본가'로서 국가에 들어가 보라. 알트바터(Elmar Altvater)는 이 국가가 자본주의 축적을 계속하는 데 도움이 되는 조건을 확보하기 위해 자본주의 경제 내에 필연적으로 개입해야 하며, 그럼으로써 그가 '일반적 유지 기능'이라고 부르는 것을 수행한다고 주장한다 (Altvater 1973; Jessop 1982: 90-91). 이것은 최소한 다음의 의미를 지닌다. (i) 일반적 하부구조를 공급하는데, 이것은 "모든 기업 활동을 위해 필요하지만, 개별 사적 기업에 의해 직접적으로 ('그리고 이윤을 남기며') 생산할 수 없는 물질적 조건"이다 (Barrow 1993: 80). (ii) 국가가 규제하는 국가 경제 공간의 방어(최후의 경우에는 군사적으로) 그리고 그 과정에서 국가가 주권을 갖는 행정적 경계의 보존이다. (iii) 사유재산을 소유할 수 있는 권리를 확립하고 집행하며 국가 경제 내 자본의 안정적인 축적에 잠재적으로 피해를 줄 수 있는 내부자 거래와 같은 관행을 금지하는 법률 시스템을 제공한다. (iv) 계급투쟁 그리고 자본과 노동 사이의 불가피한 갈등을 규제 그리고/또는 개선하기 위한 국가의 개입이다. (v) 내생적(내부적으로 생성된) 또는 외생적(외부적으로 생성된) 충격, 전염 및 병리에 직면한 위기관리다.

이러한 개입은 하버마스(Jürgen Habermas 1975)가 '위기 환치의 논리'라고 말한 것을 확증한다. 그의 말이 의미하는 바는, 경제 내부에서 '조종 문제'로 발생하는 근본적인 위기는 대처하지 않으면 자본주의 자체의 종말의 조짐으로 울릴 수도 있었으므로 국가가 이제 경제의 최고 규제자로서 책임을 지게 됐다는 것이다. 위기는 그러므로 (해결할 수 있는 내부 '능력이 없는') 경제에서 (해결'할 수도 있고 또 못 할 수도 있는') 국가로 대체된다. 만일 이렇게 구성된 국가가 이러한 위기를 해결할 수 없다면, 제일 먼저 문제가 되는 것은 자본주의 국가의 특정한 형태이지, 자본주의 생산양식 자체의 안정성은 아니다. 예를 들면, 선진 자본주의 경제에서 널리 알려진 1970년대 후반의 위기를 고려해 보자. (전후 '포드주의' 경제성장 양식의 고갈과 같은) 일련의 경제적 요인에 의해 촉발되었지만, 후속된 신자유주의적 구조 조정이 보여주듯이 이것은 국가의 특정 형태의 위기였지, 그 자체로서는 자본주의의 위기가 아니었다 (Hay 1996; Jessop 2016; Streeck 2014). 더 최근의 세계금융위기와 그것이 초래한 신자유주의의 탈규제 성향에 대한 도전에 대해서도 (자본주의 그 자체에 대한 것은 아니라는) 비슷한 주장이 제기될 수 있다.

    마르크스주의 국가이론에 대한 이것의 의미는 뜻깊다. 다시 한번 국가가 자본 순환을 보호하는 데 결정적 역할을 하는 것으로 드러났기 때문이다. 우리가 자본주의 생산양식의 작동을 이해하길 원한다면, 국가이론을 빼놓을 수 없다. 더욱이 하버마스의 주장은 우리가 자본주의 위기이론을 발전시키기 원한다면, (이는 마르크스주의 이론 내에서 당연히 우선순위지만) 처음부터 국가로 방향을 돌려야 한다고 제안하는 것이다. 적어도 현대 자본주의 내에서의 경제위기는 경제 규제의 위기로서 명시되고, 따라서 국가의 위기로 간주될 가능성이 있기 때문이다 (이러한 의미로 세계금융위기를 설명한 예는, Hay 2013 참조). 요약하자면, 우리가 자본주의 생산양식의 '정상적인' 기능과 위기의 순간에서 그리고 이를 통한 자본주의의 전환에 대한 통찰력을 발전시키려면, 자본주의국가에 대한 동태적 이론이 필요하다. 이러한 이론을 개발하는 데 있어 우리가 사용할 수 있는 자원에 대해서는 다음 부문에서 살펴본다.

마르크스주의 이론에서의 국가의 계보학

1977년 마르크스주의 국가이론에 대한 최초이자 (아마도 여전히 최고의) 체계적이고 포괄적인 논평에서 제숍(Bob Jessop)은 마르크스와 엥겔스가 일관되고 단일하거나 통합된 국가이론을 개발하지 않은 것은 '자명한 이치(truism)'였다고 주목했다 (1977: 353). 이러한 자명한 이치는 1982년 그의 저서 『자본주의국가』(The Capitalist State)에 이르러 '일상적인' 인용구가 되었고 이제는 너무 자주 언급되어 진실로 논란의 여지가 없는 몇 안 되는 '사회과학적 사실'의 하나일 것이다 (예를 들면, van den Berg 1988: 14, Bertramsen et al. 1991: 38; Carnoy 1984: 45; Dunleavy and O'Leary 1987: 203; Finegold and Skocpol 1995: 175; Miliband 1965; Poulantzas 1978: 20; Wolfe 1974: 131 참조; 비교로서 Draper 1977 참조). '마르크스주의보다 훨씬 덜한 의미에서도 (단일한) 마르크스적 국가이론은 없다.' 이것은 마르크스주의 국가이론에 관한 장에 치명적인 타격으로 생각될 수도 있다. 사실, 마르크스주의 국가이론을 검토하는 것은 단순히 죽은 말을 채찍질하는 연습이 아니라 먼저 절단된 시체를 파내고 사지를 조립하는 완전히 더 섬뜩한 행동을 요구하는 연습으로 생각될 수 있다. 더욱이, 마르크스와 엥겔스의 연구에 생기를 불어넣은 매우 다양한 관심을 고려할 때, 더 일반적으로 마르크스주의에 대한 것은 말할 것도 없고, 모든 손발이 같은 시체에 속한다는 것이 전혀 분명하지 않다. 제숍이 지적한 것처럼, "마르크스와 엥겔스는 그들이 관심을 가진 문제에 따라 서로 다른 접근방법과 주장을 적용했다"(Jessop 1982: 28). 그럼에도 불구하고, 국가에 관한 마르크스와 엥겔스의 아이디어에 대한 명확한 전개 과정을 추적할 수 있다.

초기 마르크스

『헤겔의 국가 교리 비판』(Critique of Hegel's Doctrine of the State [1843a] 1975)은 마르크스의 국가에 대한 첫 번째 확장된 성찰을 포함하고 있다. 비록 헤겔에 대한 지속적이고 때로는 논쟁적인 비판이지만, 그것은 여전히 근본적으로 헤겔의 분석 틀 내에서 표현되고 있다. 헤겔의 신비에 가까운 관념론(idealism)에서 국가와 시민사회의 분리, 즉 보편성과 특수성의 분리는 국가에서 그 해결책을 찾는다. 후자는 이상적인 자본가집단이 아니라 모든 국민의 일반적이고 공동의 이익을 표현할 수 있는 '이상적인 시민집단'으로서 이해된다. 마르크스는 이것을 순수한 신비화로 간주한다. 그러므로 그는 헤겔의 국가와 시민사회 간의 구분을 받아들이고, 시민사회를 "개인과 타인의 관계가 이기적 필요와 개인의 이익에 의해 지배되는 경제생활의 영역"(59)으로서 그의 이해를 공유했지만, 마르크스는 국가가 실제로 보편적 이익을 위해 행동한다는 것은 부인했다. 왜냐하면, 국가권력이 재산권 보호에 철저히 관련되어 있는 한, 국가는 실제로 시민사회에서 '만인에 대한 각자의 전쟁'을 재생산하는 기능을 하기 때문이다.

해결책은 마르크스가 '진정한 민주주의,' '특수성과 보편성의 최초의 진정한 통합'(88)이라고 말한 것에 있다. 초기 마르크스의 이 개념에 대한 해석은 매우 논쟁적이다. 알튀세르(Louis Althusser)와 같은 구조주의자들은 이러한 초기 형식화를, 구제할 수 없을 정도로 헤겔적이며, 그의 '성숙하고' '과학적'인 후기 저술에서 보여준 급진적인 '인식론적 단절'에 의해 분리된 것으로서 해체하기를 희망한다 (Althusser 1969: 32-34, 62-64, 249). 이와는 완전히 대조적으로, 아비네리(Shlomo Avineri)는 '진정한 민주주의'의 개념에서 후일 '공산주의'라고 이름을 짓게 될 것을 감지한다. 이에 따라 그는 다음과 같이 주장한다.

> 마르크스의 지적 발전에서 결정적인 전환은 급진적 민주주의에서 공산주의로의 전환이 아니었고, 관념론에서 유물론으로의 전환도 아니었다 … 『비판』(Critique)은 마르크스가 1843년에 사유재산의 폐지와 국가의 소멸에 기반한 사회를 상상했음을 보여주는 충분한 자료를 포함하고 있다. 간단히 말해서, 『공산주의 선언』(Communist Manifesto)은 『비판』에 내재하고 있다 (Avineri 1968: 34; Colletti 1975: 41-42 참조).

후자의 해석은 아마도 마르크스의 에세이 "유대인 문제에 관하여"("On the Jewish Question" [1843b] 1975)에 의해 강화된다. 여기서 그는 (헌법적으로 성문화된) 형식적 민주주의와 관련된 정치적 해방과 또는 '진실한 민주주의'와 관련된 진정한 인간 해방을 구별한다. 전자는 중대한 진전을 나타내지만, 완전한 인간 해방으로 가는 길의 한 단계에 불과하다. 후자는 질적으로 새로운 사회질서로 나아가기 위해 부르주아 사회를 초월함으로써만 실현될 수 있다 (Miliband 1965: 281-282). 『비판』에 대한 그의 '서론'([1844] 1975)에서 마르크스는 드디어 프롤레타리아트를 이러한 전환의 주체로 확인함으로써 그의 후기 저작에서 국가에 대한 계급이론의 기초를 놓는다.

마르크스 흔적 2: '성숙한' 연구

『독일 이데올로기』(The German Ideology)에서 마르크스와 엥겔스는 계급국가로서의 체계적인 국가이론을 형식화하는 데 가장 근접한다. 그들은 국가는 부르주아가 그들의 재산과 이익의 상호 보장을 위한 내부 및 외부 목적 모두를 위해 필연적으로 채택하는 "조직의 형태에 불과하다"고 유명한 주장을 한다 (Marx and Engels [1845/6] 1964: 59). 이러한 개념은 『공산당 선언』([1848] 1975: 82)에서 메아리친다. (국가를 지배계급의 수중에 있는 도구로 생각하는) 광범위한 도구주의적 분석 틀은 마르크스와 엥겔스의 국가에 대한 '제1의' 관점이라고 밀리반드에 의해 확인된다 (Miliband 1965: 283; 또한 Sanderson 1963 참조). 그러나 그것은 그들의 유일한 공식이 아니며 검증이 안 된 상태로 남아 있지도 않다. 실제로 마르크스가 『프랑스의 계급투쟁』(The Class Struggles in France [1850] 1978)와 『루이 보나파르트의 브뤼메르 18일』(The Eighteen Brumaire of Louis Bonaparte [1852] 1979)에서 언급한 것처럼, 국가기구를 통제하는 것은 지배계급이라기보다는 흔히 지배계급의 일부 분파들이다. 이것은 당시 가장 선진적인 자본주의 사회인 영국과 프랑스의 경우에 특히 그러하다. 더욱이 국가의 인사는 종종 지배계급과는 전혀 다른 계급에 속한다. 이러한 설명은 수정되고 제한적이지만, 그럼에도 불구하고 여전히 근본적으로 도구주의적 국가 개념을 반영한다. 국가는 지배계급으로부터 어느 정도의 자율성을 부여받지만, 여전히 '그들의' 도구로 남아 있다. 궁극적으로 비용을 부담하는 자가 결정권을 가진다.

그러나 때때로, 특히 그들의 보다 역사적인 저술에서 마르크스와 엥겔스의 검증된 도구주의는 보다 구조주의적인 입장에 양보한다. 그러므로 『브뤼메르 18일』과 『프랑스 내전』(The Civil War in France [1871] 1986)에서 마르크스는 이전에 『독일 이데올로기』에서 인정한 것보다 훨씬 더 독립적인 역할을 국가에 부여한다. 국가에 대한 이러한 '이차적' 관점은, 밀리반드가 기술한 바와 같이(Miliband 1977: 284-285), 엥겔스가 『가족의 기원』(The Origin of the Family)에서 다시 서술한다. 따라서 마르크스는 루이 보나파르트를 소작농을 '대표하는' 또는 적어도 대표한다고 주장하는 것으로 보았지만, 그도 국가도 그들의 이익을 진정으로 표현한 것은 아니다. 밀리반드가 설명하듯이, "마르크스에게 보나파르트주의 국가는 그것이 어떤 특정 계급으로부터 '정치적으로' 독립적이라고 할지라도, 계급 사회에서는 경제적으로 그리고 사회적으로 지배계급의 보호자로 남을 수밖에 없다"(ibid.: 285 강조는 원문). 자본주의국가의 구조와 기능 자체가 자본주의 사회관계의 재생산을 보장하거나 또는 적어도 강력하게 선택하는 것처럼 보일 것이다. 이러한 인상은 『프랑스 내전』에서 확인됐다. 여기서 마르크스는 자본주의국가의 기구는 진보적 목적을 위해 적합할 수 없으며 프롤레타리아트의 혁명적 사업은 이 억압적인 부르주아 제도를 분쇄하는 것이어야 한다고 단호하게 주장한다. 그렇게 하는 데 있어서,

> 마르크스는 국가는 정치적 지배의 체계이며, 그 효과성은 국가의 제도적 구조에서만큼이나 그것을 통제하는 사회적 범주, 분파 또는 계급에서도 발견될 수 있음을 암시한다 ⋯ 정치적 대표제 및 국가 개입 체계의 내재적 편향성에 대한 분석은 국가권력을 지배하는 사회 세력에 대한 조사보다 논리적으로 우선한다 (Jessop 1978: 62; 1982: 27 참조).

위에서 간략히 설명한 입장의 순전한 범위와 다양성을 고려할 때,

울프(Alan Wolfe)가 "마르크스주의 시각에서 국가를 연구하는 것은 이미 개발된 이론을 기존 상황에 적용하는 것이 아니라, 마르크스 자신의 상당히 신비로운 시작에 기반한 바로 그 이론 자체의 창조를 의미하고, 따라서 그 연구계획의 흥분과 모호함도 동시에 존재한다고 결론을 맺는다"(Wolfe 1974: 131). 다음 부문에서 우리는 흥미진진하면서도 모호한 세계 속으로 롤러코스터를 타게 된다.

'모호와 흥분': 마르크스주의와 마르크스 이후의 국가

레닌과 그람시

국가에 관한 레닌의 저술은 『프랑스 내전』의 마르크스에게서 강한 계통을 추적할 수 있다. 꼴레띠(Lucio Colletti)가 "정치이론에 대한 레닌의 가장 큰 공헌"(1972: 224)으로 주목한 『국가와 혁명』(*The State and Revolution* [1917] 1968)에서, 레닌은 혁명 전략을 위해 '파리 코뮌'에 관한 마르크스의 저작에 나타난 암시를 끌어낸다. 그는 국가는 "계급 '지배'의 기관, 한 계급이 다른 계급을 '억압'하는 기관"이라고 주장한다. 국가는 단순히 그리고 명백하게 부르주아의 억압적 기구이므로, 사회주의 전환의 대의를 진전시키는 데 사용될 수 없다. 더욱이 강압적인 제도이기 때문에 힘으로 대항해야만 한다. 따라서 "억압받는 계급의 해방은 폭력적인 혁명 없이는 물론이고 국가 권력 기구의 파괴 없이도 불가능하다"([1917] 1968: 266, 강조는 원문). 꼴레띠는 다시 다음과 같이 관찰한다.

> 『국가와 혁명』의 기본 주제는, 그 자체가 잊을 수 없게 기억에 새겨져서 그 저술을 떠올리면 바로 떠오르는 것은 파괴적이고 '폭력적

인' 행위로서의 혁명이라는 주제다 … 혁명의 근본적 요점은, 혁명이 지나칠 수 없는 '파괴'는 … 대중과 분리되고 '대립되는' 권력으로서의 부르주아 국가의 파괴와 새로운 형태의 권력에 의한 그것의 대체다 (Colletti 1972: 219-220, 강조는 원문).

레닌이 국가를 근본적으로 강압적인 기구로서 협소하게 정의한 것은 국가의 억압적인 힘이 프롤레타리아트의 집합적 사회계층에 대항하여 행사되는 상황에서 폭력적 행동으로 맞서는 혁명에 대한 그의 비전에 반영되어 있다. 그 결과는 역사적으로 볼 때 너무나 명백하다. 감사하게도, 그들은 이제 어느 정도 돌이켜 보는 이점을 가지고 판단하게 된다. 이와는 대조적으로, 그람시의 더 포괄적인 국가에 대한 정의는 그를 다소 다른 방향에서 생각하게 이끈다.

그람시의 독특함과 지속적인 중요성은 인간의 주관성을 마르크스주의 역사철학 내에서 동태적인 행위자로서 통합하려는 그의 시도에 있다 (Femia 1981: 1). 그러므로 그의 연구는 마르크스의 죽음 이후 마르크스주의 전통을 특징짓게 된 경제주의와 미숙한 환원주의와의 분명한 단절을 의미한다. 그가 제기하고 현대 마르크스주의 이론가들이 계속해서 씨름하는 핵심 질문은 자본의 내재적 모순에도 불구하고 무엇이 자본을 재생산하고 시간이 지나도 지배력을 다시 강화하는 능력을 부여하는가다. 이에 대한 답을 찾으려는 그의 탐구는 새로운 개념을 정의하도록, 또는 더 정확하게 말하면, 낡은 개념을 재정의하도록 이끈다. '헤게모니'에 대한 개념 그리고 국가에 대한 마르크스주의의 정의를 확장하여 이 개념에 지배계급이 지배하는 사람들로부터 합의적 종속을 성공적으로 유지하는 모든 제도 및 실천을 포함한다 (Gramsci 1971: 244, 262). 그람시의 이론적 도구상자의 핵심은 헤게모니 개념이다. 이것으로 그는 지배계급이 패권을 유지하기 위해서 자신들의 도덕적, 정치적, 문화적 가치를 사회적 규범으로 제시하는 데 성공함으로써 이데올로기적으로 생성된 '상식'을 구성한다는 것을 보여주었다. 그런데 밀리반드가 관찰한 것처럼, 헤게모니는 시민사회 내에 지배계급의 가치를 단순히 주입하는 것에만 관한 것은 아니다. 더욱더,

> 그것은 또한 종속계급이 사회질서에 대해 어떻게 생각하든지, 그리고 그들이 아무리 사회질서로부터 소외될지라도 그에 대한 대안이 없다고 종속계급을 설득할 수 있는 지배계급의 능력을 의미하는 것으로 받아들여야만 한다. 헤게모니는 동의에 의한 게 아니라 체념에 의한 것이다 (Miliband 1994: 11).

그렇다면 그람시에게는 계급의식에 대한 장애물은 레닌이 예상한 것보다 훨씬 더 크고, 그람시 시대 이후로 그 문제는 훨씬 더 커졌다고 주장할 수도 있다. 축구경기가 TV에 중계되는 동안, 혁명은 무기한 연기될 가능성이 크다. 그람시의 전기 작가 피오리(Gioseppe Fiori)는 이렇게 말한다.

> (자본주의)체제의 진정한 힘은 지배계급의 폭력이나 국가의 강제력에 있는 게 아니라 지배자에게 속하는 '세계관'에 대한 피지배자의 수용에 있다. 지배계급의 철학은 '상식'으로 등장해 복잡한 통속화의 전체 조직을 통과한다. 즉 대중의 철학으로서 그들이 살고있는 사회의 도덕, 관습, 제도화된 행동을 받아들이게 되는 것이다 (Fiori 1970: 238).

그람시의 중심적 공헌은 자본가 계급의 권력이 부르주아의 도구로서 그 아무리 무자비하고 효율적일지라도 국가의 억압적 기구에 있다

기보다는, 종속계급에게 체제 자체의 정통성 또는 저항의 무익함을 확신하도록 그들의 인식에 영향을 주고 형성하는 능력에 있다고 주장하는 것이다. 당시 그람시가 무솔리니 감옥 중 한 감방에서 쇠약해져 있었을 것이므로, 추측하건대 국가의 강압적인 무기의 무자비한 효율성을 너무 잘 알고 있었을 것이라는 점을 고려할 때 이러한 통찰력은 더욱 인상적이었다. 그것은 그가 매우 중요한 관찰을 하게 이끌었고 그로 인해 그가 유명해진 것은 당연하다.

> 동양에서는 국가가 전부였고 시민사회는 원시적이고 정제된 아교(gelatinous, 밀착됐다는 의미 – 역자 주) 같았다. 서양에서는 국가와 시민사회 사이에 적절한 관계가 있었는데, 국가가 흔들렸을 때는 시민사회의 견고한 구조가 한 번에 드러났다. 국가는 외부 도랑에 불과했으며 그 뒤에 강력한 요새와 토루가 서 있었다 (Gramsci 1971: 238).

사회주의 전략을 위한 이것의 의미는 매우 중요하며 그람시는 이를 지적하는 데 지체하지 않았다. 시민사회가 '원시적이고 밀착한' 동방(러시아)에서는 국가에 대한 '정면 공격'인 '기동전(war of manoeuvre)'이 실제로 적절하지만, 서양에서는 이러한 전략이 실패할 운명이었다. 그 자신의 사회에서와 같은 사회에서는 부르주아의 힘은 그들이 동원할 수 있는 강압적 자원에 있지 않고, 시민사회 내에서 부르주아의 지배를 정당화하여 수동적 묵인을 확보하는 능력에 있기 때문이다. 따라서 프롤레타리아트가 국가에 도전하기 위해서는 먼저 시민사회 내에서 '마음과 정신을 위한 전투'인 '진지전(war of position)'을 성공적으로 수행해야 한다. 카노이는 다음과 같이 지적한다. "'의식 자체(consciousness itself)'가 국가와 생산수단을 포위하고 공격하는 데 있어서 프롤레타리아트의 권력의 원천이 된다. 이는 프롤레타리아트 의식의 결여가 부르주아가 지배적 지위에 남아있는 주된 이유인 것과 마찬가지다"(Carnoy 1984: 88). 그람시는 참으로 마르크스주의 역사철학 안에 역동적인 행위자로서 인간의 주관성을 다시 삽입하는 데 성공했다.

▍'밀리반드와 풀란차스 논쟁'에서의 구조주의 대 도구주의

유감스럽기는 하지만, 레닌의 국가에 관한 저작의 역사적 중요성과 그람시 저작의 이론적 전략적 선견지명은 마르크스주의 국가이론에 대한 모든 논의에서 두 저작 모두의 위치를 보장한다면, 유명한 또는 악명 높은 밀리반드-풀란차스(Miliband-Poulantzas) 논쟁에 대해서는 같은 말을 할 수 없다 (Poulantzas 1969, 1976; Miliband 1969, 1970, 1973; Laclau 1975). 그 중요성은 이론적 교환의 질이나 역사적 중요성에 있는 것이 아니라 오히려 그것이 마르크스주의 국가 개념에서 드러내는 문제와 더 많은 당대의 발전을 위한 출발점으로서의 상징적 지위에 있다. 그 논쟁에서 어느 누구도 자신의 뛰어난 이론적 최고 수준을 보이는 주인공이 되지는 못했다. 그러나 그것은 마르크스주의 국가이론가들이 때때로 냉혹한 것처럼 보이는 극단을 잘 나타낸다.

이는 처음에는 공손했지만 점차 성마르게 되는 밀도 높은 이론적 교환의 형태를 취한다. 그 논쟁은 현대 자본주의 사회 내의 권력의 원천과 국가 정책의 내용을 결정하는 데 있어서 지배계급과 국가기구 사이의 관계에 관한 것이다. 현대 국가는 자본주의 사회의 국가인가, 아니면 자본주의 국가인가? 그리고 그것이 어떻든 무슨 차이가 있는가?

풀란차스의 일제 사격의 시작(Poulantzas 1969)은 밀리반드의 선구적인 『자본주의 사회의 국가』(*The State in Capitalist Society* 1969)에 대한 자세한 본문비평의 형식을 취한다. 풀란차스는 (그람시의 연구를 제외하고는) 마르크스주의 국가이론을 형성하려는 체계적인 시도의 부재를 지적하고, 밀리반드가 이러한 이론적 공백을 채우려는 시도와 국가에 대한 부르주아 신화에 대한 그의 굉장히 인상적인 비판에 대해 칭찬한다. 그러나 달콤함 뒤에는 쓴 맛도 따라오는 법이다. 국가의 중립성과 독립성에 대한 지배적인 부르주아 이데올로기를 폭로하려는 과정에서, 밀리반드는 부지불식간에 그의 적대자들의 영역에 빠져든다(1969: 241-242). 그의 의견은 국가에 관한 부르주아 가정의 잔재, 즉 권력은 국가기구 자체에 있는 것이 아니라 국가의 '인사(personnel)'에 있다는 것으로 인해 손상된 채로 남아있다. 따라서 그는 풀란차스가 사회 계급과 국가의 객관적인 구조적 현실로 보는 것을 파악하지 못한다. 그 대신 밀리반드는 자유 의지를 가진 능동적 행위자라는 부르주아 신화를 즐긴다. 따라서 그는 생산관계 내의 객관적인 구조적 위치 대신에 상호주관적 관계라는 측면에서 '계급'에, 그리고 자본주의 제도의 구조, 형태, 기능 대신에 국가 '엘리트'(242)의 인간 간의 동맹, 관계 및 연결망 측면에서 '국가'에 초점을 맞춘다.

이 점이 논쟁의 핵심이다. 그러나 여기에서부터 논쟁은 '도구주의'와 '구조주의' 사이의 다소 거칠고 양극화된 투쟁으로 변질된다. 풀란차스는 밀리반드의 입장에 대한 풍자만화를, 밀리반드는 역시 풀란차스의 입장에 대한 풍자만화로 대응한다. 얄궂게도 토론 자체에서 더 사려 깊은 작업은 볼 수 없었고, 두 주역은 서로에게 조잡한 패러디를 주고받는 일에 빠진다.

'도구주의'는, 우리가 살펴본 바와 같이, 국가를 지배 계급이나 지배 '엘리트'(밀리반드가 사용하는 용어)의 이익을 위해 조작되고 조정되는 중립적인 도구로서 보는 경향이 있다. 그것의 기본 명제는 현대 국가는 부르주아에 의해 지배되는 자본주의 사회에서 부르주아의 이익에 봉사한다는 것이다. 이러한 관점은 '구조'보다 (개인 또는 사회 세력의 의식적인 행동인) '행위자(agency)'의 인과적 우위를 강조한다. 따라서 국가정책을 결정할 때 국가의 인사가 자본주의 기구로서의 국가의 형태와 기능보다는 우위에 있는 것으로 인정한다. 파인골드(Kenneth Finegold)와 스카치폴(Theda Skocpol)은 다음과 같이 언급한다.

> 도구는 그 자체로는 의지가 없으므로 어떤 의식적인 행위자의 의지의 확장 선상에서만 행동할 수 있다. 국가를 자본가 계급의 도구로 이해한다는 것은 국가의 행동이 계급으로서 자본가들의 의식적이고 목적을 가진 노력에서 비롯된다고 말하는 것이다 (Finegold and Skocpol 1995: 176).

그러므로 도구주의는 돔호프(G. William Domhoff)와 초기 밀리반드의 연구에서 표현된 바와 같이 '행위자' 중심 또는 '인사(personnel)' 중심으로 간주될 수 있으며, 국가기구와 지배계급 간의 관계에 대한 단순한 견해를 표현하는 것으로서 전자는 후자의 도구라는 것이다 (표 3.1 참조). 도구주의 명제는 세 가지 질문에 대한 답으로 요약될 수 있다 (Gold et al. 1975a: 32; Barrow 1993: 16 참조).

문: 지배하는 계급의 본질은 무엇입니까?
답: 자본가 계급이 지배하고 생산수단의 소유와 통제에 의해 정의된다.
문: 이 계급을 국가에 연결하는 기제는 무엇입니까?
답: 사회화, 대인 관계 및 연결망. 자본가 계급은 사회의 나머지 부분을 지배하기 위한 도구로 국가를 사용한다.
문: 국가 정책과 지배계급 이익 사이의 구체적 관계는 무엇입니까?
답: 국가 정책은 사회 지배를 유지하는 데 있어서 자본가 계급의 일

반적 이익을 촉진한다.

따라서 도구주의적 국가이론은 자본주의 국가 이론에 반대되는 '자본주의 사회에서의 국가이론'(밀리반드의 책 제목)이다. 만일 자본주의 사회에서 국가가 참으로 자본주의적이라면 그것은 오직 일시적으로만 그럴 뿐이기 때문이다. 국가가 자본주의 사회 및 경제 관계의 재생산에 대한 관여는 어떤 의미에서도 보장되지 않는다. 오히려 이러한 상황은 자본주의 사회 내에서 자본가 '지배 엘리트'의 지배와 국가기구의 구성원들과의 개인적 유대 효과에 의해 발생할 수 있다.

이와는 뚜렷한 대조를 이루는 구조주의적 입장은, 국가 파생론자와 풀란차스의 '논쟁'에 의해 윤곽이 잡힌 것과 같이, 행위자와 그 의도 위에 구조의 인과적 우위를 주장한다. 행위자는 최소한의 영향력을 행사할 수 있는 객관적 구조의 '전달자(또는 träger)'로 이해된다. 이러한 분석 틀 내에서 자본주의 국가는 정치 행위자나 지배계급 구성원의 열망, 동기 및 의도와는 크게 독립적으로 결정되는 형태와 기능을 가진 구조적 체계로 평가된다. 그것이 '자본주의 국가'에 대한 이론이다. 구조주의적 설명은, 그 용어가 암시하듯이, '구조' 또는 '국가 중심적'이다. 그것은 역시 국가기구와 지배계급의 관계에 대한 단순한 견해를 표현한다. 전자는 후자의 장기적인 집단 이익을 위해 행동한다 (표 3.1 참조).

밀리반드와 풀란차스 논쟁은 마르크스주의 이론의 근거를 그다지 진전시키지 못했다. 그러나 구조 중심과 행위자 중심 설명 모두의 한계를 지적하면서 그것은 국가이론의 최근 많은 발전을 위한 출발점을 제공했다. 밀리반드와 풀란차스 논쟁의 유령을 몰아내기 위한 가장 유익한 두 가지 시도에 대해 이제 간단히 살펴보겠다.

표 3.1 구조주의 대 도구주의를 넘어

	인사 중심 (행위자 중심)	국가 중심 (구조 중심)
국가기구와 지배계급 관계의 단순 관점	도구주의 (돔호프, 초기 밀리반드)	구조주의 (초기 풀란차스, 국가파생론자)
국가기구와 지배계급 관계의 변증법적 관점	자본의 관리인으로서의 국가 (후기 밀리반드, 블록)	전략적-관계적 접근방법 (제솝, 후기 풀란차스)

구조주의 대 도구주의를 넘어서: 블록과 제솝

마르크스주의 국가이론의 '최근 수준'을 고려하기 전에, 먼저 밀리반드와 풀란차스가 이론적 교환의 열기 속에서 자신들이 견지한 입장의 방어에서 단호하고 완고하지는 않았음을 주목하는 것이 중요하다. 둘 다 후기 연구에서 구조와 행위자 간의 관계에 대한 보다 복잡한('변증법적') 개념으로 이동하여, 복잡하고 조밀하게 구조화된 국가 기제 내의 정치적 행위자를 전략적 주체로 위치시켰다. 그러므로 밀리반드는 명백한 뉘우침을 표현하면서 "국가를 '도구'로 생각하는 관념은 … 국가의 중대한 재산으로 보여지는 것을, 말하자면 '지배계급'으로부터 그리고 시민사회 전체로부터의 '상대적 자율성(relative autonomy)'을 모호하게 하는 경향이 있다"고 인정한다 (Miliband 1977: 74). 그는 "(국가) 지도자의 성격, 경제적 지배계급이 행사하는 압력, '그리고' 생산양식이 강요하는 구조적 제약"을 고려할 필요성을 강조한다 (73-4; 1994: 17-18 참조). 이러한 관찰은 블록(Fred Block 1987)의 연구에서 더욱 체계적으로 발전된다.

블록의 관심은, '국가 관리자'와 자본가 계급 사이의 분업에도 불구하고, 어떻게 국가가 자본의 장기적 집단 이익에 따라 행동하는 경향이 있는가를 보여주는 것이다. 그는 자본가 계급이 장기적 이익을 위한 주요 개혁을 적극적으로 후원하기보다는 자주 그러한 조치에 가장 소란스럽게 반대한다는 것을 지적하면서 시작한다. 그렇다면, 자본가 계급은 단순히 자신의 장기적인 집단 이익을 위해 행동할 수 없는 것으로 주목해서 보아야 한다. 그러나 동시에,

> 정책 형성에 실질적인 에너지를 쏟는 지배계급의 구성원은 국가 관리자의 관점에서 세상을 바라볼 수밖에 없으므로 그들 계급과는 다른 부정형이 된다. 그들은 정치적으로 관여하지 않는 지배계급의 의견과는 이데올로기적으로 갈라질 가능성이 아주 크다 (1987a: 57).

이것은 블록의 수수께끼에 대한 답의 기초를 제공한다. 사실 국가 관리자는 자본 자체보다 자본의 장기적 집단 이익에 훨씬 더 밀접한 이해관계를 가질 수 있다 (Marsh 1995: 275 참조). 여기에서 블록은 한편으로는 국가 관리자와 다른 한편으로는 자본주의 경제의 성과 사이의 '의존'관계를 지적한다. 카노이가 설명하듯이, 이러한 종속성은 다음과 같은 이유로 존재한다.

> 경제활동은 국가 세입을 창출하며 축적이 계속되지 않는 한 정권에 대한 대중의 지지는 감소할 것이기 때문이다. 국가 관리자는 자본 축적을 촉진해야만 하므로 그들이 알고 있는 일을 기꺼이 한다. 경제활동의 수준이 민간투자 결정에 의해 주로 좌우된다는 것을 고려하면, 이러한 관리자는 전반적인 '기업 신뢰'에 특히 민감하다 (Carnoy 1984: 218).

국가는 자본의 일반이익을 위한 '관리인'이 된다. 블록은 국가 인

사의 의도, 이익 및 전략에 대한 민감성을, 그리고 지배계급으로부터 그들의 상대적 독립성을, 이러한 전략들이 작동되고 실행되는 구조적 맥락에 대한 분석과 함께 단일한 설명으로 조화시키는 데 성공한다. 그의 연구는 국가 기구와 지배계급 사이의 관계에 대한 복잡하고 '변증법적'인 관점을 보여주는데, 이는 도구주의 설명의 의도주의 및 불확실성 그리고 구조주의 형식화의 기능주의 및 결정론 모두에서 벗어난 것이다. 효용 극대화의 합리적인 주체로서 국가 관리자에 대한 과도한 관심에도 불구하고, 그의 연구는 '인사 또는 행위자 중심적(personnel- or agency-centred)'이다 (표 3.1 참조).

   블록의 연구는 많은 도구주의 선조들에 비교하면 괄목할 만한 진전을 나타내지만, 그것은 여전히 궁극적으로는 다소 실망스럽다. 왜냐하면 파인골드와 스카치폴이 지적한 바와 같이(Finegold and Skocpol 1995: 198), 그는 노동계급과 지배계급 모두의 정치적 압력의 대상인 국가 관리자가 주도한 자본주의 개혁이 최종적으로 자본을 위해 '항상' 기능적일 것인지를 증명하는 일에 대해서는 모호하게 남아있기 때문이다 (이러한 모호성에 대한 증거를 보려면, Block 1987: 62와 1987: 66을 비교할 것). 그렇다면, 경제성장을 증진하는 국가 관리자의 독립적인 이익에 대한 블록의 인정하는 태도는 이러한 정확하고 편리한 기능적 적합성을 설명하기에는 사실상 충분하지 않다. 만일 그렇지 않다면, 자본주의 안정에 대한 위협으로 판명될 수 있는 역기능적 결과는 피하고, 한편 체제에 해를 덜 끼치는 (그리고 피하는 게 더 쉽다고 생각할 수도 있는) 역기능적 결과가 발전하도록 허용되는 것이 정확히 얼마나 될까? 어느 쪽이든, 블록은 '이상적인 집단적 자본가'로서의 국가의 관념과 크게 다르지 않은 잔여 기능주의에 의존하는 것처럼 보인다. 그러나 그의 업적을 과소평가해서는 안 된다. 그의 업적은 그가 구체화하려는 특정 기제에 있다기보다 국가 인사의 행동이 대체로 지속적인 자본 축적을 위태롭게 하지 않도록 보장하는 기제를 상술할 필요성에 대한 그의 인식에 분명히 더 많이 있다.

만일 블록의 '자본의 관리인'으로서의 국가 개념이 도구주의 유산의 변증법적 후계자라면, 제솝(Bob Jessop)의 '전략적-관계적 접근방법'은 구조주의 유산에 대한 변증법적 후계자다 (특히, Jessop 1990, 2002, 2007 참조; 논평에 대해서는, Barrow 1993: 153-156; Bonefeld 1993; Hay 1994, 2004; Mahon 1991 참조). 과거나 현재의 다른 어떤 마르크스주의 이론가보다 더 설득력 있게, 제솝은 구조와 행위의 상호 관계에 대한 진정으로 변증법적인 이해를 향해 나아감으로써 구조와 행위의 인위적인 이원론을 초월하는 데 성공한다. 구조와 행위는 논리적으로 서로를 수반한다. 따라서 그 자체가 구조에 대한 분석이 아닌 행동에 대한 분석은 있을 수 없다. 모든 사회적, 정치적 변화는 전략적 상호작용을 통해 발생하는데, 이때 전략들은 그들이 형성되는 전략적 맥락의 구조화된 영역과 충돌하고 그에 영향을 미친다. 그들의 효과는 (의도하지 않거나 예상하지 못했을지라도) 미래 전략이 형성되고 전개되는 맥락을 (부분적일지라도) 변형시킬 것이다.

이러한 형식화는 (자본주의) 국가이론에 매우 중요한 함의를 갖는다. 제솝은 후기 풀란차스를 따라 국가를 계급투쟁이 가로지르는 전략적 장소로서, 그리고 "다수의 경계를 가지며 제도적 고정성이 없고 사전에 정해지지 않은 형식적 또는 실재적인 단일체를 지닌 특수한 제도적 총체"로서 생각한다 (Jessop 1990: 267; Poulantzas 1978). 국가는 동태적이고 부단하게 변화하는 체제(제도적 복합체)다. 한 특정 국가 환경에서 주어진 시간에서의 국가의 특별한 형태는 특정 전략과 행위자를 다른 것에 비해 우선시하는 '과거 전략의 구체화'를 나타낸다. 이와 같이, "국가는 '구조와 전략의 복잡한 변증법' 안에 위치한다"(129, 강조 추가함). 이것은 국가 그리고 그것을 구성하는 제도들은 '전략적으로 선택적'이라는 중요한 관념을 소개한다. 국가의 구조와 운영방식은 "일부 유형의 정치 전략에 다른 것보다 더 개방적"이다 (260). 국가는 그것의 복잡한 조직들이 특정 전략과 (따라서 특정 행위자를) 다른 것들보다 선호하는 불균등한 경기장을 제시한다.

이러한 관점에서 국가(와 국가권력을 사용하는 정부)가 자본의 일반이익을 위해 (그것이 무엇이든 간에) 행동하리라는 보장은 있을 수 없다. 실제로 자본주의 국가의 기능을 자본의 확대재생산으로 간주할 수 있는 한, 역사적 발전의 특정한 단계에 있는 자본주의 국가의 특수한 형태는 항상 이 기능을 문제화하고 결국 타협할 가능성이 있다. (가능하다면, 세계금융위기 이전의 금융 시장에 대한 부적절한 규제에 대해서 생각해 보라) 따라서 국가는 일련의 정치적, 경제적 위기를 통해서 진화하는데, 이는 시민사회와 경제 내에 기존의 국가 개입 방식이 점점 더 역기능적임을 입증하는 것이다. 그러나 그러한 위기의 결과와 그로 인해 야기되는 투쟁은 사전에 예측할 수 없다. 왜냐하면, 만일 우리가 전략적-관계적 접근을 적용하려면, 그것들은 계급(과 다른) 세력들의 균형, 위기 자체의 본질, (그리고 추가한다면) 위기 본질에 대한 대중의 '인식'을 조건으로 하기 때문이다 (Hay 1996b). 요컨대, 이것은 전략적으로 선별적인 맥락과 이러한 맥락에서 동원된 전략에 관한 것이다.

그렇다면, 제숍의 접근방법은, 국가 구조와 그들의 전략적 선택성에 관한 관심에도 불구하고 (표 3.1 참조), 그리고 그것의 구조주의 계보에도 불구하고, 기능주의, 환원주의 및 결정론의 모든 형태를 멀리한다. 전략적-관계적 접근방법은 자본주의체제의 지속적인 재생산이나 그것의 임박한 붕괴에 대해서 어떠한 보장도 하지 않는다. (그런데 현 맥락에서의 전략적 선택성을 고려하면, 후자의 경우일 가능성은 별로 없다) 요컨대, 그것은 사회적 정치적 변화의 우연성과 불확정성에 대한 진술이다 (Jessop 1990: 12-13; 2007). 이 모든 것의 희생자는 '결정적인'(그리고 매우 애매한) 마르크스주의 국가이론이다. 제숍 자신이 지적하듯이, 자본주의 국가에 대한 일반적이거나 완전히 결정적인 이론은 있을 수 없으며, 자본주의 국가의 제도적, 역사적, 전략적 특수성에 대해 오직 이론적으로 지식이 풍부한 설명만이 있을 수 있다 (Jessop 1982: 211-213, 258-259; 1990: 44; 그러나 비교를 위해, 2002, 2007 참조).

우리는 완전한 원을 돌아온 것처럼 보일 것이다. 우리는 우리가 시작한 곳에서 역설과 함께 끝난다. 국가에 대한 마르크스주의 이론은 없고, 있을 수도 없다.

결론

왜 '우리'는 오늘날 국가에 대한 '마르크스주의적' 접근이 필요한가? 세계화됐거나 되고있는 것처럼 보이는 세계에서, 그리고 정치적 사업 계획으로서의 마르크스주의가 소멸한 세계에서, 국가를 이론화하려는 마르크스주의 시도를 고작해야 시대착오적인 것으로 처리하고 순전히 역사적 관심의 대상으로 다루고 싶은 유혹이 들기 때문이다. 국민국가가 쇠퇴하고 있는 지금, 우리가 정말로 국가이론이 필요한가? 그리고 우리가 그렇게 생각한다고 할지라도, 마르크스주의가 후퇴하고 있는 지금 왜 '마르크스주의' 국가이론인가?

첫 번째 이의 제기는 상당히 신속하게 처리할 수 있다. 그렇다. 자본주의 축적의 현재 국면은 자본의 국제적 이동성과 그와 관련된 사회적, 정치적, 환경적 위기가 진정으로 글로벌적인 성격이라는 면에서 모든 이전 단계와 질적으로 다르다. 그러나 다음 중 하나의 결론을 내리는 것은 위험할 것이다. (i) 이러한 현상이 국민국가의 종말을 촉진하도록 위협한다. 또는 (ii) 설사 그렇다 하더라도 우리는 국가이론을 생략할 수 있다. 국가 공동체, 국가 및 정부는 여전히 정치 사회화, 동원, 정체성과 대표성의 주요 초점을 제공하면서, 국민국가는 굳건히 여기에 머물 것이기 때문이다. 주장하건대, 세계금융위기 이후 대중영합주의적 민족주의의 등장은 이러한 논점을 단지 강화할 뿐이다.

더욱이, 그러는 동안, 글로벌 생태위기를 다루기 위해 필요한 일치된 국가 간의 대응은 더욱 편협해진 국가이익과 고려 사항에 의해 방해되고 강탈될 가능성이 있다. 다시 말하지만, 특히 트럼프 당선 이후 현 시대 정치와의 유사점은 거의 강조할 필요도 없다. 마르크스주의자들에게, (민족적 성격을 지닌) 국가의 형태 자체는 진정으로 글로벌 위기에 대한 진정한 글로벌 대응에 대항하는 영향을 줄 수 있다. 다시 말해, 국가의 '민족적' 형태는 그것이 가진 것처럼 보이는 모든 '글로벌' 기능을 문제화할 수 있다. 환경주의는 글로벌 문제에 관심을 가질 수 있지만, 환경론자는 국가이론을 필요로 한다 (제7장 참조). 더욱이, 제솝이 지적한 바와 같이, 자본의 국제화는 이전에 폐쇄된 국가경제의 경계를 (더욱) 침투하기 쉽게 만들었지만, 자본주의 축적의 규제에서 국가적 차이 또는 실제로 국민'국가'의 중요성을 감소시키지는 못했다. 국가의 형태는 변했을 수 있으며, 이전의 많은 기능과 책임이 위로, 아래로, 외부로 이동함으로써 '경향적 공동화'의 대상이 되었을 수 있지만, 국가의 독특한 민족적 특성은 남아 있다 (Jessop 2002,

2007, 2016). 따라서 세계화 과정, 더 정확하게는 세계화 경향을 유지하기 위해 '상호작용'할 수 있는 과정은 자본주의 축적의 동태성에 대한 국가의 지속적인 중심성을 입증할 뿐이다.

이것이 국가이론에 대한 지속적인 필요성을 입증하는 일이라면, 국가에 대한 독특하게 '마르크스주의적인' 접근방법을 정당화하기 위한 것으로 주장하는 것은 완전히 또 다른 문제다. 모든 푸딩의 맛은 먹어 보아야 알 수 있으며, 이 특정 푸딩은 아주 다양한 맛이 있다는 것을 염두에 두어야 한다.[**] 그럼에도 불구하고, (제숍이 형식화한 것과 같이) 정교한 마르크스주의 국가 개념에 대한 두 가지 일반적인 주장이 제시될 수 있다. 하나는 실질적이고, 다른 하나는 분석적 개념이다.

먼저 위의 예로 돌아갈 수 있다. 환경위기는 산업 (그리고 지금은 산업화 이후의) 성장 명령에 기원을 두고 있다. 이것은 '산업 (그리고/또는 탈산업 사회)의 국가'이론이 생태학의 정치경제와 관련이 있음을 시사할 수 있다. 그러나 잠시만 더 생각해 보면, 현대 사회를 특징짓고 따라서 우리가 목격하는 환경 파괴의 원인이 되는 성장 명령이 자본주의 국가에 의해 유지되고 규제되는 '자본주의' 성장 명령이라는 사실이 드러난다. 그러므로 환경주의자들은 단순히 국가이론이 아니라 '자본주의' 국가이론이 필요하다. 이와 같은 이론으로서, 마르크스주의는 분명히 제공할 것이 많다.

두 번째 이유는 좀 더 내밀하고, 국가에 대한 현대 마르크스주의 접근방법의 분석적인 정교함과 관련이 있다. 비록 그 역사의 대부분이 한편에는 구조기능주의와 다른 한편에는 도구주의 사이에서 표면적으

[**] 역자 주) 푸딩이 보기에는 엇비슷한 것 같아도 실제로는 여러 다른 맛이 있다는 뜻으로, 마르크스주의 국가이론을 빗대어 한 말.

로는 고집 센 분쟁으로 특징지어지지만, 최근 몇 년 동안에 마르크스주의 국가이론에서 괄목할만한 분석적 진보가 이뤄져 왔다. 이런 점에서 현대 마르크스주의 국가이론은 마르크스주의자와 비마르크스주의자 모두에게 제공할 것이 많다. 기든스(Anthony Giddens 1984)와 무젤리스(Nicos Mouzelis 1991, 1995) 같은 저자들이 언급한 바와 같이, 구조와 행위자의 이원론은, 그중에서 구조주의-도구주의 전투는 단지 하나의 반영에 불과하지만, 마르크스주의 내부의 문제일 뿐만 아니라 사회과학 및 정치학의 시작부터의 특성이기도 했다. 전략적-관계적 접근방법에서 그 문제는 단순하지만 세련된 방법으로 마침내 초월되었다. 비록 모든 사람이 현대 마르크스주의 이론에 활력을 불어넣은 분석적, 비판적 및 정치적 관심들에 동의하지는 않겠지만, 그것이 제공하는 분석적 통찰력으로부터 이익을 받지 않을 사람은 거의 없다.

제솝의 중심적 성과는 마르크스주의 국가이론이 다음의 어리석은 질문을 넘어서게 했다는 것이다. '현대 국가는 자본주의 국가인가, 아니면 자본주의 사회의 국가인가?' 만일 그의 연구가 마땅히 받아야 할 주목을 받는다면, 여성주의자들은 마르크스주의 이론의 오류와 일탈을 복제하는 다음과 같은 질문을 자신들에게 할 필요가 없다. '당대의 국가는 본질적으로 가부장적이거나 혹은 단순히 가부장적 사회의 국가인가?' 현대 마르크스주의 이론은 아마도 연구 대상을 변형하는 데 있어 히긴스(Henry Higgins)를 따라갈 기회는 전혀 없다. 그러나 그렇게 할 수 있는 사람들은 그러한 일탈에서 확실히 한두 가지를 배울 수 있다.

그러나 이것은 아마도 너무 부정적인 언급으로 마무리하는 것 같다. 왜냐하면 우리가 배울 수 있는 것은 마르크스주의의 분석적 결점으로부터만이 아니기 때문이다. 우리는 단지 위기가 아니라 인지된 위기의 시대에 살고 있다. 그리고 더 많은 주류 접근방법과 이론은 세계 금융위기가 오는 것을 알았거나, 심지어 지금도 그것에 대해 할 말이 많은 시대에 살고 있다. 이는 마르크스주의에 대해서는 일반적으로 사실이 아니다. 그리고 그것은 더 구체적으로 마르크스주의 국가이론에 대해서는 분명히 사실이 아니다. 마르크스주의 국가이론은 위기가 일어날 것이라는 정확한 형태를 거의 예측하지 못했지만, 그것은 우리가 지금 살고 있고 그에 대한 많은 반응을 우리 스스로 인정하는 세계를 이해하는 데 도움을 줄 수 있는 매우 다양한 개념을 제공한다. 무엇보다도 그것은 오직 국가 그리고 국가 같은 기관만이 제공할 수 있는 자본에 대한 반규제적 성향과 규제적 감시의 필요성 사이의 풍토병적 긴장에 대한 탁월한 이론이다. 논쟁의 여지는 있지만, 적어도 이와 관련해서는, 그것은 우리 시대의 이론이다.

✖ 추가 읽을 거리

Barrow, C.W. (1993). *Critical Theories of the State: Marxist, Neo-Marxist, Post-Marxist*, Madison: University of Wisconsin Press. 현대 마르크스주의와 신마르크스주의의 국가이론에 대해 아마도 여전히 최고로 접할 수 있는 안내 저술.

Gramsci, A. (1971), *Selections from Prison Notebooks*, London: Lawrence & Wishart. 20세기 마르크스주의 국가이론의 발전에서 가장 중요한 단일한 저작이라고 해도 전적으로 타당함.

Jessop, B. (2016), *The State: Past, Present, Future*, Cambridge: Polity. 제솝의 최고의 작품으로서, 전략적-관계적 접근방법과 당대의 자본주의 국가 분석자가 갖춰야 할 통찰력에 대해 비상할 정도로 풍부하면서도 아주 접근하기 쉬운 개설서.

Miliband, R. (1969), *The State in Capitalist Society: An Analysis of the Western System of Power*, London: Weidenfeld & Nicolson. 마르크스주의 이론 내 국가에 대한 '도구주의' 개념에 대해 명백하고 유력하며 주목할 만한 하

게 접근이 가능한 설명과 방어.

Poulantzas, N. (1978), *State, Power, Socialism*, London: New Left Books. 아마도 풀란차스의 가장 훌륭한 연구이고 밀리반드-풀란차스 논쟁에서 그가 옹호하려 했던 입장보다 훨씬 세련된 작품. 그러나 특별하게 밀도 있고 때로는 불가해하다.

4장

공공선택

브래드 R. 테일러(Brad R. Taylor),
윌리암 보스워스(William Bosworth)

서론	129
비효율적 국가	132
정치적 교환의 산물로서의 국가	143
결론	152

서론

공공선택이론은 경제학의 방법과 가정을 정치학의 문제에 적용한다. 경제학의 핵심에는 방법론적 개별주의(individualism)에 대한 집념과 합리적 선택이론에 의한 이론적 분석 틀이 있다. 방법론적 개별주의는 개별 인간이 분석의 기본적 단위가 되어야 한다고 주장한다. 비록 구체적인 기술적 요소들이 있지만(Hargreaves-Heap et al. 1992: ch. 1 참조), 합리적 선택이론의 기본 요소는 두 개의 단순한 가정으로 표현될 수 있다.

(a) 개인은 세상의 가능한 상태를 최대부터 최소까지의 선호를 일관되게 지속적으로 순위를 정할 수 있다.

(b) 개인은 가능한 선택 중에서 세상에서 가장 선호하는 상태를 확보하기 위해 선택을 한다.

이러한 일반적 형태에서 합리적 선택이론은 다우딩(Dowding 2016: 72-79)이 '조직하는 시각'이라고 부르는 일련의 가정과 방법들인데, 이들은 사회과학자들이 사회과정의 특정한 유형에 초점을 맞추도록 요구하지만, 그들 스스로가 구체적인 경험적 예측을 하지 않는다. 넓은 의미에서, 합리적 선택 이론가들은 사람들이 무엇을 원하는지에 대한 내용에 관해 어떤 특별한 가정을 만드는 데 관여하지 않는다. 예를 들면, 그들이 이기적인지 혹은 이타적인지 여부를 따지지 않는다. 그러나 오직 개인은 사리에 맞는 선호 순위를 가지고 있고 이것이 그들이 결정하는 선택의 기초를 형성한다는 것만 가정한다.

'공공선택이론'이라는 용어는 때때로 일반적인 합리적 선택 접근방법을 지칭하기 위해 넓게 사용된다. 자칭 많은 공공선택 이론가와 특히 경제학 훈련을 받은 사람들은 합리성의 더 두터운 개념을 의미하기 위해 이 접근방법을 택한다. 실제로, 존중받는 안내서 『공공선택 III』(*Public Choice III*)의 구절에서 뮐러(Dennis Mueller 2003: 1-2)는 "공공선택의 기본적 행태적 가정은, 경제학에서와 마찬가지로 인간은 이기적이고, 합리적이며, 효용 극대화 추구자다"라고 분명히 쓰고 있다. 이 장에서 우리는 '공공선택이론'을 정치 연구에서 자기 이익의 계산적 추구로서 이 두터운 개념의 합리성을 적용하는 연구 프로그램을 의미하기 위해 사용한다. 다음에 고찰하겠지만, 주로 이기적인 동기에 의해 행동하는 인간성에 대한 이러한 견해는 흔히 정치의 개념을 부패와 비효율로 더럽혀진 침울한 방향으로 이끈다.

그래서 추론되는 것은, 공공선택 이론가들은 현대 민주적 국가의 제도는, 시장과 비교해서, 약하거나 뜻대로 되지 않는 동기를 제공한다고 주장한다. 스미스(Adam Smith 1776)를 추종하면서, 경제학자들은 자유롭고 경쟁적인 시장은, 마치 보이지 않는 손에 의한 것처럼, 개인의 이기주의를 사회적으로 유익한 방향으로 돌리는 경향이 있다고 주장한다. 기업 소유주는 높은 가격을 받고 품질은 절약하기를 원하나, 소비자를 끌기 위해서는 그들은 품질 좋은 상품을 합리적인 가격에 생산할 필요가 있다. 여기에서 경쟁적인 시장은 개별 생산자와 소비자들의 이기주의의 중심점을 향하는 적어도 어떤 방법을 찾도록 동기를 제공한다. 한편, 공공선택 이론가들은 국가 제도는 자기 이익을 공적 이익으로 유사하게 방향을 바꾸려는 노력을 거의 하지 않는다고 주장한다. 사적 부문의 효율성은 부정적 외부 요소, 나쁜 정보 그리고 독점과 같은 시장 실패가 존재할 때 손상된다. 그러나 경제학자들이 전통적으로 국가 개입을 시장 실패를 바로잡을 열쇠로 받아들이는 데 반해, 공공선택 이론가들은 유사한 비효율성이 그러한 개입과 관련하는 결정에서도 똑같이(그보다 더하지는 않더라도) 일어날 것을 암시한다. 시장 실패가 소비자가 이기적이라는 가정으로부터 묘사된 것과 마찬가지로, 공공선택 이론가들은 정부 실패는 투표자, 정치인, 관료들이 유사하게 이기적이라는 가정으로부터 묘사한다.

이 주장에 의하면, 만일 정부가 시장과 관련해 바람직하지 못한 결과를 산출하는 경향이 있다면, 우리는 정부의 규모와 범위를 반드시 줄여야 하고 공무원들이 시장과 같은 동기를 접할 수 있도록 조치를 해야 한다. 공공선택이론은 그러므로 국가를 '공동화(hollowing out)'(Rhodes 1994)하기 위한 신자유주의적 개혁과 신공공관리(New Public Management) (Pierre 2011; Self 1993)로의 이동을 위한 지적 지지를 제공한다. 그것은 논쟁적이지만 부분적으로는 최근 정치적 신뢰와 참여의 쇠퇴에 기인하기도 한다는 것이다 (Hay 2007). 참으로, 많은 사람들이 지금은 공공선택이론이 편협하고 이데올로기적 동기가 있다며 염두에 두지 않는다.

비효율적 국가

부캐넌(James M. Buchanan)은 연구 프로그램으로서의 공공선택이론의 핵심은 '로맨스 없는 정치'라는 세 단어 표어로 요약될 수 있다고 제안한다.

> 공공선택이론은 정부의 활동과 통치하는 사람들의 행태에 관한 일련의 낭만적이고 환상적인 관념들이 정부가 무엇을 할 수 있고 또 할지에 관한 회의론을 구체적으로 표현하는 일련의 관념들로 대체되는 통로가 되어 왔다. 이 관념들은 우리가 스스로를 관찰할 수 있는 정치적 현실과 확실히 더 일치한다 (Buchanan 1984: 11).

부캐넌의 주요 표적은 그가 정부에 대해 '자비로운 전제군주(benevolent despot)' 모형이라고 명명한 것인데, 1960년대까지는 복지 경제 및 공공 재정에서 두드러진 모형이었다 (Buchanan 1975). 응용 경제학자들이 명시적으로 진술하고 옹호하기보다는 일반적으로 암묵적으로 가정한 관점에서 보면, 정부는 잘 계획된 정책 개입을 통해서 시장의 불완전성을 바로 잡을 수 있는 복지 극대화의 사회 기획자로서 존재한다. 실제로는, 정부가 현실적으로 더 잘할 수 있는지 여부를 고려하지 않고 이상적인 상황과는 동떨어진 정책 처방을 제공하는 경제학자가 여기에 포함됐다. 경제학자들은 국가를 경시함으로써 암묵적으로 국가는 일반 복지를 위한 결점 없는 극대화자라고 가정했다. 이기주의의 타락한 영향을 고려하지 않고 우리는 자선을 베푼다고 생각한다. 즉, 국가 능력과 정보의 제약을 고려하지 않고 우리는 전능과 전지를 가정한다.

후생 경제학자들은 규제되지 않는 시장이 특정 조건이 충족되면 효율적인 결과를 생성한다는 것을 이론적으로 제시했다. 만일 우리가 충분한 정보를 가진 소비자와 파급 효과가 없는 적절하게 경쟁적인 시장을 가지고 있다면, 시장은 대개 '파레토 효율성(Pareto efficient)'[**]의 결과를 산출할 것이다. 즉, 누군가를 더 나쁘게 만들지 않고도 어떤 사람을 더 낫게 만들 수 있는 대안적 자원 분배는 없다. 효율적인 시장 결과는 공정성 또는 평등성 측면에서 문제가 될 수 있으나 그것들이 협소한 복지 조건에 의해 명확하게 개선될 수는 없다. 누군가에게 도움이 되는 어떤 변화는 다른 누군가를 해칠 것이다 (Dowding and Taylor 2020: 17-26). 다른 사람에게 해를 끼치지 않고 적어도 한 사람에게 이익이 되는 대안이 있을 때, 그것을 받아들이지 않는 것은 사회적으로 비효율적일 것이 명백해 보인다. 두 사람이 상품과 서비스를 교환하기 원할 때, 그 교환이 어느 누구에게도 해를 끼치지 않는다면, 그 교환 가능성을 부정하는 것은 비효율적일 것이다.

그러나 자유로운 시장이 이러한 의미에서 항상 효율적인 것은 아니다. 한 제지 공장에서 오염된 폐수를 강으로 흘려보내서 강에서 수영하는 지역 주민들에게 해를 끼친다고 가정해보라. 이것은 제품의 생산

[**] 역자 주) 이탈리아의 경제학자 파레토(Bilfred Pareto)가 제시한 원칙으로서 파레토 최적(Pareto optimality)이라고도 하며, 다른 사람에게 손해가 가지 않고는 어떤 사람에게 이득이 되는 변화가 불가능할정도로 배분된 상태를 의미한다.

또는 소비로 인해 발생하는 바람직하지 않은 영향이 제3자(즉, 구매자도 판매자도 아닌)의 동의 없이 가해진 '외부 비용(external cost)'이다. 이러한 외부자들은 종이 한 장의 제품 생산 및 판매 여부에 대해 어떠한 발언권도 없지만, 그것에 의해 영향을 받는다. 만일 이들 외부자들에게 주는 영향이 구매자와 판매자가 오염을 중지하는 비용보다 크다면, 우리는 파레토 차선(Pareto sub-optimal)의 시장 실패, 즉 일련의 규칙 변경 그리고/또는 보상금을 통해서 이론적으로 개선될 수 있는 상황을 의미한다. 따라서 규제되지 않은 시장 결과는 원칙적으로 조율이 잘된 정부 개입을 통해서 원칙적으로 개선될 수 있다 (Dowding and Taylor 2020: 26-41).

부캐넌은 후생 경제학이 순진하게도 시장의 불완전성에 대한 식별을 토대로 이를 바로잡기 위해 정부가 개입해야 한다는 규범적 판단을 무비판적으로 도출하는 것을 비판했다. 정부를 대표해서 결정을 내리는 사람이 기꺼이 그리고 능히 공익을 추구할 수 있는지에 대한 보장은 없다. 그러므로 시장 실패의 단순한 존재만으로 정부 개입을 정당화하기에는 충분하지 않다. 시장 실패 이외에도, 우리는 정부 실패 가능성에 대해 우려할 필요가 있다 (Keech and Munger 2015; Le Grand 1991; Tullock, Seldon and Brady 2002). 만일 우리가 경제학자들이 일반적으로 하는 것처럼 사람들이 시장에서 물건을 사거나 팔 때 주의 깊게 이기적이고 계산적이라고 생각한다면, 이러한 가정은 역시 정치적 행태에도 확장되어야 한다. 그들이 투표소에 들어가거나 정부 부서에서 일자리를 얻을 때 우리가 그 반대일 것이라고 믿을 수밖에 없는 주장이 없는 한 정치 행위도 마찬가지다 (Brennan and Buchanan 2000: 56-57).

아래에서 우리는 공공선택 문헌에서 두드러진 두 가지 형태의 정부 실패에 대해 윤곽을 그린다. 특수 이익 정치와 관료적 비효율성에 대해서다.

특수 이익 정치

정치학에서의 다원주의적 전통(제1장 참조)은 국가의 행태를 형성하는 데 있어서 이익집단의 중요성을 강조한다. 공공선택 이론가들은 이익집단에 유사하게 관심을 가져왔으나, 방법론적 개별주의에 대한 관여는 공공선택 이론가들을 납세자 또는 광산업과 같은 집단을 사회적 상호 작용의 기본적 대상으로 취급하는 것을 방지해 왔다. 공공선택 이론가들에 따르면, 집단은 개인의 집합체이며 엄밀히 말하면 오직 개인만이 행동을 취할 수 있을 뿐이다. 따라서 우리는 어떤 이익이 가장 잘 대표될 수 있는지 생각하기 위해 집합적 집단 목표에 공헌할 수 있는 개별 집단 구성원의 동기를 고려해야 한다. 이것이 집단의 상대적 힘을 고려하기 위해 공공선택이론을 사용하는 올슨(Mancur Olson 1965)의 『집단행동 논리』(*Logic of Collective Action*)의 기본 원리다 (Hindmoor and Taylor 2015: ch. 6 참조).

모든 집단은 집단적 목표를 추구하는 데 있어서 '무임승차'의 도전에 직면한다. 포틀럭(pot-luck, 각자 요리를 준비해서 접시에 들고 오는 식사 모임 – 역자 주) 만찬을 위한 집합재를 산출하려는 집단의 구성원이 20명이라고 가정하자. 만찬이 성공하려면, 모든 또는 대부분의 참가자가 시간과 돈을 써서 양질의 음식 접시를 만들 필요가 있다. 그 집단의 각 구성원은 자신이 기여할 음식의 모든 비용(시간과 식자재 비용)을 지불할 책임이 있는데, 이때 그들 각자는 자신의 기여한 혜택의 20분의 1만을 향유할 뿐이다. 만일 모든 사람이 완전하고 공평하게 기여한다면 각 사람이 다른 사람의 기여로부터 20분의 1을 누리므로 이것은 별문제가 아니다. 단, 집단 구성원이 그들 자신의 기여에 관계없이 식사를 할 수 있게 허용하는 경우는 동기 문제가 발생한다. 만일 한 손님이 (합리적이고 이기적인 방식으로 생각하여) 시간과 돈으로 50달러 비용이 드는 요리를 만들려 하는데, 그러나 만찬 파티에서 모두 100달러 어치의 즐거움을 더한다고 생각하면, 그녀는 요리를 만들기 위해 50달러 전액을 지불해야 하지만, 본인은 각 손님으로부터 100달러 혜택의 20분의 1 즉, 5달러 어치만 누리게 될 것이다. 그렇다면 50달러가 5달러보다는 크므로 그 손님은 그 요리를 만드는 것이 비합리적이라고 생각하게 될 것이다. 따라서 그녀는 빈손으로 가든지 아니면 방문할 수 있는 최소한의 기여(아마도 맥아비스킷 한 봉지 정도)를 들고 나타남으로써 다른 사람의 기여에 무임승차를 할 동기를 갖게 된다. 만일 다른 사람 모두가 만찬에 대한 기여를 많이 한다면, 그 무임승차 손님은 무료로 잘 먹게 된다. 그런데 똑같은 동기가 다른 모든 집단 구성원에게 적용되고 모두 이기적으로 행동해서 만찬 파티에 참여하면, 그들은 빈 테이블을 보게 되거나 맥아비스킷 스무 봉지를 발견하게 될 것이다.

　이런 친구들끼리의 집단이라면 집단행동 문제를 이겨낼 수 있겠지만, 많은 집단은 그렇지 못할 것이다. 집합재는 개인들이 무임승차할 수 있을 때는 흔히 과소하게 제공될 것이다. 우리의 의도에 대한 올슨의 주요 발견은 (대규모 집단에서 약하게) 널리 분산된 이익은 (소규모 집단에 의해 강하게) 집중된 이익보다 동원될 가능성이 적다는 것이다. 소집단에서는 각 구성원이 집단 결과에 더 많은 영향을 미치고 그들 자신의 노력에서 더 큰 몫을 획득하게 되므로 무임승차하려는 유혹을 덜 받는다. 그러나 모든 대규모 집단이 똑같이 만들어지는 것은 아니다. 일부 집단의 경우 많은 수의 구성원을 가지고 있지만 한 명 또는 더 많은 구성원이 그 결과에 대해 불균형적으로 큰 몫을 차지하고 있을 수도 있다. 여기에서 비록 대부분의 구성원이 무임승차하더라도, 가장 영향을 많이 받는 구성원은 집단 목표에 더 많은 공헌을 할 것이다.

이익집단은 혜택의 크기와 집중도가 다르기 때문에 올슨의 이론은 일부 이익집단이 다른 집단보다 구성원을 더 잘 동원하고 정부에 더 영향을 줄 수 있다고 예측한다. 이러한 예는 '자원초과이익세(RSPT: Resources Super Profits Tax)' 제안에 대한 호주 광산 업계의 반응이다. 2010년 5월 러드(Kevin Rudd) 수상은 정상적인 자본 수익률을 초과하는 이익에 대해 40%의 세금을 부과할 계획을 발표했다. 당시 호주는 오랜 광물 가격 호황을 겪고 있었기 때문에, 이것은 상당한 세수를 제공했을 것이고 높은 자원 가격의 혜택을 호주 국민에게 더 공정하게 분배할 것에 대한 요구가 있었다. 3대 광산업체와 호주 광물협의회는 신속한 대응을 했는데, 이들은 RSPT가 실업, 투자의 해외 이동 그리고 높은 전기 가격을 초래할 것이라고 주장하며 광범위한 광고 활동을 전개했다 (McKnight and Hobbs 2013). 이러한 주장의 진실 여부와 관계없이 광산업은 많은 호주인들에게 RSPT가 나쁜 정책이라는 것을 설득할 수 있었다. 2010년 6월, 러드가 노동당 대표직을 내려놓고 부수상이었던 길라드(Julia Gillard)에게 수상직을 넘기자 정부는 빠르게 입장을 철회했고, 길라드는 즉시 광산업계와 협상하여 한층 완화된 제안으로 합의했다 (Bell and Hindmoor 2014).

길딩 등(Gilding et al. 2013)이 주장하는 바와 같이, RSPT에 대한 광산업의 강력한 대응은 올슨의 이론과 일치한다. 당시 호주에는 1,000개가 약간 넘는 광산 회사가 있었다. 이들 대부분은 수익이 거의 없는 탐사와 시굴에 주력하는 작은 회사다. BHP 빌리톤(BHP Billiton), 리오 틴토(Rio Tinto) 그리고 엑스트라타(Xstrata)의 세 회사는 규모와 수익 측면에서 다른 회사를 왜소하게 만들 정도다 (Gilding et al. 2013: 504–505). 이들 각각 기업들은 세금을 피하는 데 매우 큰 이익이 있었고 집단 대응에 기여할 강력한 동기가 있었고, 이들은 그들의 기여가 일을 성사시키는 데 주요 영향을 미칠 거라는 것을 알았다 (Gilding et al. 2013, 505–506). 반면에 세금으로부터 혜택을 받게 될 대중의 각 구성원은 그 결과에서 작은 몫만 가지고 있으므로 이러한 이익에 의한 동원 가능성은 훨씬 적다.

여기서 중요한 점은 실제로 좋은 정책이 기업의 힘에 의해서 전복됐다는 것이 아니다. 오히려 요점은 대기업이 집단적 목표에 기여하려는 동기가 강했기 때문에 광산 산업이 정책에 결정적이고 신속하게 영향을 미칠 수 있었다는 것이다. 이것은 민주주의 국가에서의 정치적 평등에 관한 명백한 우려를 제기하나 (Gilens and Page 2014; Page and Gilens 2020), 공공선택 이론가들에게는 많은 정책 결정이 비효율적일 수 있음을 의미한다. 만일 소규모 집중된 집단이 대규모 분산된 집단보다 자원을 더 잘 동원할 수 있다면, 일반 대중에 대한 정책 결과의 비용이 특권 산업에 대한 혜택을 흔히 초과할 것이다.

툴록(Gordon Tullock 1967)은 이익집단의 영향력으로 인한 비효율성은 이보다 훨씬 크다고 주장한다. 기업은 정부정책에 영향을 미치려고 많은 노력을 기울이는데, 이는 자원을 제품 품질 향상과 같은 사회적으로 생산적인 사용으로부터 정부 특혜로 창출된 초과 이윤을 포획하기 위해 사회적으로 비생산적인 쪽으로 전용하려는 것이다. 그들이 선호하는 정책을 위해 정부에 로비하는 산업 조직은, 예를 들어, 사무실 공간, 장비 및 노동력을 쏟아 부을 것이다. 비록 이것은 관련된 기업에게는 가치 있는 투자일 수 있지만, 이때 획득한 이익은 그 정책에 의해 부정적으로 영향을 받은 사람들을 희생시키면서 얻었을 가능성이 높고, 사회적 관점에서 보면 이것은 낭비다. 만일 정부 특혜를 위해 경쟁하는 다수의 기업들이 있다면, 심지어 예상되는 특권의 전체 가치가 그것을 포획하려는 기업에 의해 낭비될 가능성도 있을 수 있다. 이것이 바로 '지대 추구(rent-seeking)'로 알려지게 됐고 (Krueger 1974), 수많은 이론적, 경험적인 연구 문헌을 낳았다 (Hindmoor and Taylor 2015: 167-178; Mueller 2003: ch. 15 참조).

따라서 이익집단의 영향력은 비효율적인 정책과 낭비적인 로비 노력으로 이어져 엄밀한 경제적 의미에서 정부 실패를 초래할 수 있다. 두 경우 모두 일부는 더 좋아지면서 아무도 더 나빠지지 않는 대안적 상황이 원리적으로는 존재할 수 있다. (예를 들면, 보호받는 산업이 소비자로부터 현금 뇌물을 받는 대가로 보호를 포기하는 것이다) 보다 넓은 의미에서 보면, 이익집단의 영향력은 합리적 이기심이 민주적 평등과 같은 정치적 가치를 훼손할 수 있음을 보여준다. 따라서 많은 공공선택 이론가들은 많은 특정 규제가 실제로는 특별한 이익을 풍요롭게 하는 것을 목표로 하고, 득보다 실이 더 많은 게 아닌가 하는 우려를 한다 (예를 들면, Simmons 2011: chs. 9, 10). 특별 이익이 선의로 광범위하게 지지되는 정책의 과정을 왜곡시키는 것도 가능하다. 예를 들어, 기후변화는 거대한 시장 실패를 대표하는 것으로 의미 있는 정부개입을 원칙적으로 정당화하는 합의가 폭 넓게 증가하고 있다 (제7장 참조). 기후변화에 대처하는 방법은 다양하지만, 문제를 다루는 데 덜 효과적이더라도 우리는 강력한 이익을 우선시하는 정책을 예상할 수 있다 (Helm 2010). 심지어 우리가 시장 실패를 명확하게 식별할지라도, 정부 조치가 그 문제를 효율적으로 해결할 것이라는 보장은 할 수 없다. 공공선택 이론가들은 여기서의 치료는 종종 질병보다 더 나쁠 것이라고 주장한다.

관료적 비효율성

공공 관료제에서 정부부처의 수장은 선출된 정치인의 대리인이며 효율적이고 효과적으로 정부정책을 수행하도록 임무가 주어졌다 (Dowding and Taylor 2020: ch. 5). 공공선택 이론가들은 공공 관료는 시장 훈련이나 감독을 위한 효과적인 기제가 결여돼 있어 이 영역에서의 이기적 행태가 비효율성과 과도한 통치를 초래하는 경향이 있다 (Niskanen 1971; Tullock 1965; Tullock, Seldon and Brady 2002: ch. 5).

모든 조직의 관리자는 그들이 대표하도록 의도된 목표보다 자신의 목표를 추구하려는 동기를 가지고 있다. 기업에서 CEO들은 주주의 이익을 대변할 임무를 가지고 있다. 주주들은 CEO가 이윤 증대를 위해 가능한 모든 일을 하는 것을 선호할 것이다. 예를 들어, 열심히 일하고 가능한 한 비용을 절감하여 이익을 얻기를 원한다. CEO는 때때로 주주의 목표와는 상충되는 일련의 다른 목표를 가지고 있다. 그들은 일하기보다 골프를 치며 시간 보내기를 선호하며 이것이 중요한 네트워킹 기회라고 주장할 수 있다. 그들은 자신의 업무를 수월하게 하려고 생산성 향상 측면에서는 비용이 정당화될 수 없음에도 불구하고 개인적 조력자를 고용하는 것을 선호할 수 있다. 경제학 언어로는 이를 '주인-대리인' 관계('principal-agent' relationship)라고 알려져 있다. 주인(주주)는 그들의 대표자로서 일하도록 대리인(CEO)을 고용하지만, 대리인의 이익이 주인의 선호도와 완전하게 일치하지 않으므로 주인은 대리인이 임무를 충실히 수행하도록 감시하고 동기 부여를 해야 한다 (Hindmoor and Taylor 2015: 179). 비록 기업의 주인-대리인 관계에서 일부 느슨한 정도는 남아 있을 가능성이 있지만, 주주는 수익성의 객관적인 기준을 검토하고 동기 계약 등의 제공을 통해서

CEO의 성과를 감시할 수 있다. 대부분의 기업은 일정 수준의 경쟁에 직면하기 때문에 주주는 관리자를 평가하는 척도로서 비교 성과를 사용할 수 있다 (Laffont and Martimort 2009).

시장 환경에서는 얼마나 많은 상품이나 서비스가 소비자에게 판매되고 각 상품에 지불한 가격에 대해서 분명하게 나타난다. 그래서 우리는 시장에서 상품을 판매하는 민간 기업의 생산 '산출량'을 객관적으로 측정할 수 있다. 관료제의 경우는 일반적으로 그렇지 않다. 국방의 예를 고려해보자. 우리는 개념적으로 국방의 공익을 생산하는 국방부 또는 국방성을 고려할 수 있다. 국방 생산 과정에서 투입은 군인과 전투기가 포함되지만, 군대의 산출은 궁극적으로 외국의 공격으로부터 보호하거나 권력의 투사로서 나타나는 군사 능력이다. 이것은 개인이 구매하거나 소비하지 않는 집합재이므로 생산된 산출의 수준을 특정하기 어렵다. 그러면 정부부처의 산출은 생산된 산출의 양이나 가치보다는 오히려 전형적으로 '활동'의 수준 즉, 생산 과정에 대한 투입에 따라 판단된다 (Mueller 2003: 362-363).

그러므로 관료는 일반적으로 산출과 예산을 협상해야 하는 선출된 대표자들보다 그들 활동의 최소 비용에 관해 전형적으로 더 나은 정보를 가지고 있다. 정부부처는 국방, 보건, 교육 등 특정 서비스를 제공하기 위해 만들어졌기 때문에, 그들의 각 분야에 대한 독점권을 효과적으로 가지고 있다. 니스카넨(William Niskanen 1971)은 이것이 관료의 수장으로 하여금 정부에게 '가져가거나 놔두거나'하는 식의 제안할 수 있는 능력을 갖게 하는데, CEO보다 자기 자신을 이익을 추구하는 데 훨씬 더 느슨함을 제공한다고 주장했다. 시장 경쟁으로부터 차단된 그들은 부서 산출의 품질이나 가격 대비 가치에 의해서가 아니라 급여, 업무상 특전, 권력 및 명성 등 개인적으로 이익이 되는 다양한 요인에 의해 동기부여가 된다 (Niskanen 1971: 38). 니스카넨은 이것들이 부서의 전체 예산과 절대적으로 관련되어 있으므로 최고위 관료는 예산을 극대화하려는 동기가 있으며, 이는 부풀려진 관료제도와 상당한 정부 낭비를 초래한다고 주장했다.

툴록(Tullock 1965)은 관료제도를 정보와 지시가 반드시 흘러야 하는 위계질서적 피라미드로 개념화한다. 정부부처의 수장과 같이 피라미드의 정상 근처에 있는 사람들은 적절한 정보를 수집해서 이를 위계 상층으로 전달하는 부하 직원들에게 의존한다. 고위 관료는 정확한 정보가 있어야 옳은 결정을 할 수 있다. 그러나 부하 직원은 자신의 이익을 따를 것이고, 그들의 상사를 화나게 하거나 나쁜 징후를 보이는 정보를 전달하기를 꺼릴 수 있다. 행정 계층에는 다수의 연결이 있으므로 상황은 어린이들의 '전화' 게임과 유사할 수 있고, 또는 잉글랜드 공화국(Commonwealth English)[**]에서 더 논쟁적인 것으로 알려진 '중국인의 속삭임'과도 비슷할 것이다. 행정 위계질서의 각 수준에서 정보의 미묘한 조작은 증폭되고 현장 현실이 심하게 왜곡된 그림이 최상위 계층에 남겨진다 (Tullock 1965: ch. 14). 체르노빌 원전 사고에 대한 소련의 대응은 이러한 동태의 극단적인 예다. 소비에트 위계질서 내 개별 정책결정자들은 그들 상급자에게 위험과 피해를 축소하거나 그렇지 않으면 정보를 왜곡해서 보고할 동기를 가졌다. 이러한 상황은 고위 정책결정자에게 빈약한 정보를 제공했고, 부적절한 비상 대응을 가져왔다 (Geist 2015; Hoffmann 1986).

[**] 역자 주) 왕정이 폐지됐던 1649~1690년 기간에 존재. 전화 게임과 중국인의 속삭임은 한 사람이 다음 사람에게 메시지를 연속해서 전달해 처음과 마지막 메시지를 비교하는 어린이 게임이다.

정치적 교환의 산물로서의 국가

국가에 대한 가장 중심적이고 영원한 질문은 국가의 정당화이다. 정치이론의 주류는 국가는 그것에 의해 구속받을 사람들 사이의 암묵적 또는 가상적 합의에 의해 정당화된 광범위한 계약론적 아이디어를 기반으로 한다 (Darwell 2002). 사람들이 다양한 상황에서 국가에 의해 구속받을 것에 동의할 것인지 또는 해야만 하는지에 대한 질문에 대해서는 경제학의 가정과 도구를 사용하여 유용하게 분석할 수 있다 (예를 들면, Hardin 1991; Kavka 1983). 그런데, 국가에 대한 가장 영향력 있는 공공선택의 정당성 설명은 부캐넌으로부터 나온다 (특히, Brennan and Buchanan 2000; Buchanan 2000; Buchanan and Tullock 1999 참조).

부캐넌은 국가는 피치자의 만장일치 동의를 기반으로 어떤 식으로든 정당화되어야 한다는 개별주의적 자유주의적 전제에서 출발하며, 정치를 본질적으로 자발적인 교환의 복잡한 형태로 본다. 합리적인 개인이 상호 이익을 위해 상품과 서비스를 거래하는 것과 마찬가지로, 합리적인 개인들은 다른 모든 사람으로부터 비슷한 약속을 교환하는 조건으로 그들의 자유를 제한하는 규칙에 구속되는 것에 동의할 것이다.

홉스(Hobbes 1651)와 같이, 부캐넌(Buchanan 2000: 31-36; Brennan and Buchanan 2000: 5-8)은 국가 없이 사는 합리적인 사람들이 만장일치로 국가를 만드는 데 동의할지 여부를 묻는다. 홉스는 국가가 없는 삶은 "불쾌하고 잔인하며 결핍되어 있다"는 잘 알려진 가정을 제시했다. 왜냐하면 외적 권위가 없으면, 개인들이 자신의 곡물을 경작하는 것과 같은 생산적인 활동에 종사하지 않고 오히려 다른 사람을 도둑질해서 자신의 부를 축적하려는 행동을 방지할 어떤 방책도 없기 때문이다. 만일 이웃이 농작물 재배에 힘쓰면 당신의 합리적인 반응은 당신 자신의 땅을 경작하고 자신의 씨앗을 심는 것보다 그들이 잠든 사이에 그들을 살해하고 그들의 노동을 자신의 것인양 주장할 수도 있을 것이다. 이것을 알면 당신의 이웃이 농작물을 재배하는 대신 당신으로부터의 보호에 힘쓸 것이고 심지어 당신이 잠자는 동안 선제적으로 살인을 할 수도 있다. 외부 강제자가 평화를 지킬 수 없다면, 홉스는 가치 있는 어떤 것도 생산되지 않을 것이며 우리 모두가 어느 순간에 살해당할 수 있다고 주장한다 (제10장 참조). 홉스적 무정부 상태는 어떤 누구에게도 좋을 수 없다.

홉스적 무정부 상태는 게임이론을 사용하여 모델을 만들 수 있는데, 이는 전략적 상호의존 상황에서 합리적인 선택을 검토할 수 있게 해주는 경제학적 도구다. 우리는 한 사회적 상황에의 각 참여자, 또는 '게임'의 '선수')로서 특정 사건의 가능한 상황에 대한 선호도 순위로 결정할 수 있으며, 각 참여자는 자신의 행동뿐 아니라 타인의 행동에 따라서 달라지는 '대가(payoff)'를 얻게 된다.

홉스적 자연 상태가 어떻게 이런 방식으로 모델을 만들 수 있는지 보여주기 위해, 우리는 몇 가지 단순화된 가정을 한다 (Brennan and Buchanan 2000: 5–8). 먼저, 두 명의 참가자만 있다고 가정한다. 각 참가자는 두 쌍의 선택을 할 수 있는데, 하나는 자신과 자신의 가족이 식량을 생산하기 위해 일하는 것('생산')과 다른 하나는 다른 참가자로부터 훔치는 것('약탈')이다. 우리는 또한 각 참가자가 자신의 물질적 복지를 극대화하려 하고 정의 또는 타인의 복지에 대한 관심 없이 무자비하게 이 목표를 추구할 것이라고 가정한다. 이것은 물론 자연 상태에서 작용할 모든 사회적 동학을 완전히 포착하지는 않지만, 홉스와 부캐넌이 가정한 국가 없는 세상에서 각 참가자의 물질적 동기를 볼 수 있는 렌즈를 제공한다.

도표 4.1은 이것을 정상적 게임 형태로 나타내는데, 여기서 결정은 한 번만 이루어지며 각 참가자는 동시에 선택한다. 각 참가자의 선택에 따라 둘 다 다음의 네 개의 작은 방 중 하나의 방으로 결말 짓는다. 각 참가자는 생산 또는 약탈 둘 중의 하나를 선택한다. 한 참가자(이 경우 윌)가 상단 또는 하단의 행으로 끝낼지를, 다른 참가자(이 경우 브래드)는 좌측 또는 우측의 열에서 끝낼지를 결정한다. 네 개의 작은 방은 윌과 브래드가 만든 선택의 가능한 모든 조합을 나타낸다. 예를 들어, 윌이 상단 행인 생산을 선택하고, 브래드가 우측 열인 약탈(오른쪽 열)을 선택한다면, 우리는 상단 우측 방으로 결정된다. 윌은 생산적인 일에 종사하고, 브래드는 윌이 자는 동안 죽이고 모든 것을 훔친다. 엄격히 물질적 차원에서 보면, 이것은 브래드에게는 매우 좋은 결과고 윌에게는 매우 나쁜 결과다. 이것은 작은 방에 있는 대가(또는 선호 순위)를 나타낸다. 우측 상단 방은 브래드에게 최선의 선호지만, 윌에게는 네 번째인 최악의 선호 결과다.

다른 결과에 대한 대가는 각 작은 방에 표시되고, 생산에 종사하는 다른 사람에게서 훔칠 수 있다면 각 사람은 물질적으로 더 나아질 것이라는 부캐넌의 가정을 반영한다. 브래드는 우측 상단을 가장 선호하고 윌은 좌측 하단을 가장 선호할 것이다. 그러나 모든 사람이 서로에

	브래드는 생산을 선택한다	브래드는 약탈을 선택한다
윌은 생산을 선택한다	브래드와 윌의 제2 선호	브래드 제1, 윌의 제4 선호
윌은 약탈을 선택한다	브래드 제4, 윌의 제1선호	브래드와 윌의 제3 선호

도표 4.1 자연 상태

게서 훔치려 할 때 아무것도 생산되지 않고 모든 사람이 빈곤해진다. 우측 하단의 작은 방은 둘 다 생산적으로 일한 후 살해되는 두 번째로 최악의 결과다. 둘 다 평화롭게 생산하는 것을 선택하는 좌측 상단의 결과가 둘 모두에게 두 번째로 좋은 결과다. 각자는 유일한 포식자가 되는 것을 우선하지만, 평화로운 공존이 서로의 망하거나 소극적인 희생자가 되는 것보다는 선호할 만하다.

게임이론은 우리로 하여금 이러한 선호도 우선순위를 결정하도록 하고, 두 참가자가 모두가 자신의 이익을 추구하는 경우 무슨 결과가 나올지를 물을 수 있게 한다. 도표 4.1에 나타나 있는 보상들은 '죄수의 딜레마(prisoner's dilemma)'로 알려진 많이 연구된 게임 형식에 적합한데, 이는 각 참가자의 유력한 전략을 찾아냄으로써 문제를 해결할 수 있게 한다. 따라서 각 참가자의 선호도 우선 순위를 수용하고 이들의 선호에 대한 합리적 극대화를 가정한다면, 우리는 특정 결과를 예측할 수 있다.

월이 직면한 선택을 생각해 보라. 그는 브래드가 생산 또는 약탈을 선택할지를 모르지만 그의 최선의 반응이 둘 중에 어떤 경우일지는 스스로에게 물어볼 수 있다. 만일 브래드가 생산(좌측 열)을 선택하면, 월은 그 또한 생산을 선택해서 두 번째 선호(상단 좌측)를 확보하거나, 또는 약탈을 선택해서 그의 첫 번째 선호(하단 좌측)를 확보할 수 있다라는 논리적 생각을 할 것이다. 이 경우 그의 최선의 대응은 높은 순위의 결과를 확보하는 약탈을 선택하는 것이다. 다른 한편으로 브래드가 약탈을 선택하면(우측 열), 월은 생산을 선택해서 잠든 사이에 살해당하거나(월의 최악의 결과, 우측 상단) 또는 약탈을 선택해 결국 갈등(최악 다음 결과, 우측 하단)으로 치달을 수 있다. 브래드가 약탈을 선택한다고 가정하면, 그러면 월도 약탈을 선택해서 자신을 위해 최악의 결과를 피해야 할 것이다. 브래드가 무엇을 선택하든 월의 최선의 반응은 약탈을 선택하는 것이다. 게임이론의 어법으로는 이것이 그의 '유력한 전략'이고 그가 합리적이라면 그는 항상 이 선택을 할 것이다. 여기서 보상은 대칭적이므로 브래드를 위해서도 역시 약탈이 유력한 전략이다. 만일 두 참가자 모두 그들의 유력한 전략을 선택한다면, 게임이론은 그들이 그렇게 할 수밖에 없다고 말하지만, 우리는 우측 하단 작은 방에 종착한다. 바로 홉스가 말하는 '만인의 만인에 대한 투쟁(war of all against all)'이다.

이 결과에 대해 주목해야 할 핵심 사항은 월과 브래드 모두 그 상황에서는 매우 불행하리라는 점이다. 상대방에 의해 착취를 당하는 최악의 결과를 맞이하는 것보다는 낫지만, 둘 다 생산을 선택하는 좌측 상단 작은 방보다 균형적인 결과가 더 나쁘다고 생각한다. 우측 하단에서 좌측 상단으로 이동하는 것은 월과 브래드 모두에 이익이고 아무도 손상되지 않으므로 파레토 개선(Pareto improvement, 누구에게도 손해를 주지않으면서 최소한 한 사람 이상에게 이득을 주는 상태 - 역자주) 상황이 될 것이다. 그들이 어떻게든 좌측 상단 작은 방에 귀착할 수 있도록 조율할 수 있다면, 둘 다 약탈보다는 생산을 선택하도록 동의함으로써 그들 모두는 이익을 얻을 것이다. 불행하게도, 이 상황에서 이기주의의 논리는 이러한 합의를 강제할 어떤 방법이 부재함으로 합의가 불가능하다는 것을 의미한다.

홉스와 마찬가지로 부캐넌에게 국가는 본질적으로 무기를 내려놓고 약탈보다는 생산에 참여하기로 하는 합의를 강제하는 한 방법이다. 따라서 정치적 결사체의 창설은 자발적인 교환의 형태로 생각될 수 있다. 모든 합리적인 사람들은 자연 상태에서 강제적 규칙에 구속되는 데 합의하므로, 그러한 규칙은 (가상적인) 만장일치 동의에 의한 자유로운 기초 위에 설립됐다는 점에서 정당화된다.

홉스는 질서를 집행할 수 있는 어떤 국가든 무정부 상태보다 선호되므로 절대적인 정부권력을 승인한다. 한편, 부캐넌은 국가권력은 헌법 규정에 의해 제한될 수 있다고 주장한다. 최초 위치에 있는 사람들은 사실 무정부보다는 제한되지 않은 국가를 선호할 수 있지만, 더 나은 선택은 일반 복지의 추구와 시민권을 존중하도록 강제된 제한된 형태의 국가일 것이다. 전제적 지배자는 개인 권리를 위배할 정도의 대단히 큰 권력을 가지고 있는 것은 분명하지만, 부캐넌은 민주적 정부에서도 역시 약탈은 지속된다고 주장한다. 정부는 여러 방법으로 약탈을 용이하게 할 수 있다. 앞의 절에서 본 것처럼, 집중되고 잘 조직화된 이익집단은 정책결정자로부터 마음대로 사회에 해를 끼치는 특혜를 추구할 수 있다 (Olson 1965; Tullock 1989). 다수는 소수로부터 자원을 추출하거나 (Buchanan and Tullock 1999), 자신들만의 도덕성에 따라 행동하도록 강요할 수 있다 (Buchanan 2000: 5-9).

매디슨(James Madison)과 미국 공화국의 다른 창시자들은 그들이 단일한 전제군주처럼 정부 통제를 장악하는 것을 우려한 것같이 파벌이 국가 기관을 이용해 약탈할 위험에 대해서도 우려했다. 제퍼슨(Thomas Jefferson)에게 보낸 편지에서 그는 "사적 권리의 침해는 선거인의 뜻에 반하는 정부의 행동으로부터가 아니라 정부가 선거인의 주요 구성원의 단순한 도구가 되어 행동하는 것으로부터 일어나는 일을 주로 우려해야 한다"고 아주 분명하게 말한다 (Madison 1788).

한 행위자가 다른 행위자를 지배하기보다 정의의 희생하에 질서를 창출하는 정부는 이 견해에 따르면 사적 폭력을 대체하기 위해 정치적 수단을 사용하는 경쟁 파벌로 특징지어진다. 매디슨이 『연방주의자 51』(Federalist 51)에서 지적하듯이, "더 강한 파벌이 쉽게 약자를 통합하고 억압할 수 있는 정부는 무정부 상태로 자연 상태에서와 같은 지배한다고 진정으로 말할 수 있을 것이다." 통제되지 않는 정부는 만인의 만인에 대한 전쟁의 물리적 폭력의 많은 부분을 제거할 수 있지만, 근본적인 약탈과 갈등은 제거하지 못한다. 어떻게든 서로의 권리를 존중하는 데 동의할 수 있어서 각자가 더 나은 경우에 있을지라도, 각자는 지배 연합의 부분으로서 한 합의를 지키지 않을 동기를 여전히 가지고 있다 (Gwartney and Wagner 1988: 18).

홉스적 무정부 상태와 마찬가지로, 이것은 다른 사람의 약탈에 대한 보호와 약탈로 인한 비생산적인 지출로 이어진다. 툴록(Tullock 1967)의 주장은, 앞의 절에서 설명한 것처럼, 정부의 특혜를 위한 경쟁은 실제 수혜자에게 발생하는 가치의 적어도 일부를 낭비하는 경향이 있다는 점을 강조한다. 특혜를 베풀도록 국가를 설득할 수 있는 기업에게 주어지는 잠재적 이득은 큰데, 적어도 이 중의 일부는 사회적으로 비생산적인 로비 활동 노력에 의해서 제거된다. 결국, 대중 일반에게 로비하는 데 드는 비용보다 잘 연결된 기업에 대한 특혜가 더 많다. 따라서 정부의 영향력을 자주 획득하는 사람들은 심지어 이러한 기회들을 그들과 다른 사람들에게 거부했던 정부라 할지라도 선호할 수 있다.

권력을 유지할 것으로 기대할 수 있는 안정적이고 동질적인 집단이 없는 상황에서 부캐넌은, 마치 자연 상태에 있는 사람들이 약탈이 아닌 생산에 참여하기로 하는 구속력 있는 합의를 선호하는 것처럼, 합리적인 행위자들은 국가의 권력을 통해서 타인의 권리를 침해하지 않는다는 구속력 있는 합의를 선호할 거라고 제안한다. 이 관점에서 보면 홉스적 무정부 상태와 억제되지 않은 정부의 주요 차이점은, 변호사와 로비 활동가가 칼과 창을 대체한다는 것이다 (Wagner and Gwartney 1988: 36). 이것은 정부의 권력을 제한하는 그 이상의 정치적 협상을 위한 추진력을 제공한다. 헌법 규칙에 동의함으로써, 개인들은 다른 모든 사람들로부터 유사한 약속에 대한 대가로 다른 사람의 권리를 위반할 권리를 포기하는 데에 동의한다. 홉스가 무정부보다는 리바이어던을 주장한 것과 같은 분석으로(위의 도표 4.1 참조), 부캐넌은 게임이론의 측면에서 무제한 정부보다 제한된 정부를 주장한다. 다시 말하지만, 이 논리의 정당성은 합리적인 행위자들이 이러한 결정을 해야하는 상황에 직면한다면 같은 결정을 만장일치로 동의하리라는 가정에 기반한다.

어떤 집단적 선택을 할 때, 갈등하는 이익은 불화를 일으킬 것이다. 모든 특정한 정치적 결정은 다른 사람의 희생으로 일부 사람들에게 이익을 주므로, 탈헌법정치는 본래부터 적대적이다. 이 갈등을 완화하려면 정치의 규칙은 일상 정치와 분리해 결정돼야 한다. 카드 게임의 규칙에 대한 만장일치가 카드가 다뤄지기 전에 이뤄져야 가능한 것같이, 헌법적 선택은 실용적인 정치보다 더 높은 수준의 추상화에서 이뤄져야 한다. 헌법 규칙은 오래 지속되며 다양한 특정 상황과 정책 분야에서 적용된다. 부캐넌은 개인은 일반적으로 어느 헌법 규칙이 다른 사람보다 그들에게 불공정한 이점을 줄지 예측할 수 없다고 주장한다. 이것은 사람들로 하여금 헌법 수준의 선택에서 자신의 좁은 이익에 집중하기보다 일반이익을 증진하도록 유도할 것이다 (Buchanan and Tullock 1999: 78-79).

공정한 이기심으로 인해 개인은 다수결 민주주의의 권력에 관한 제약을 찬성하기 마련이다. 모든 사람은 일부 쟁점에 대해서는 때때로 다수에 속하고 다른 문제에 대해서는 소수에 속한다. 모든 것을 고려하면, 사람들은 상호 이익이 되는 방식으로 국가권력을 제한하는 데 동의할 것이고, 부캐넌에게 정당화되는 국가는 재산권을 집행하고 공공재를 생산하지만 그 외에는 거의 역할을 하지 않는 공명정대한 최소한의 국가다 (Buchanan 2000).

제한된 정부의 정당성에 대한 이 사례는 강제를 위한 정당화로서 만장일치 동의에 대한 개인주의적 가정에 근거하고 있다. 부캐넌의 분석이 의거하고 있는 파레토 효율의 개념을 사용하여 우리는 한 상황에서 다른 상황으로의 이동이 만일 다른 사람에게 해를 끼치지 않고 최소한 한 사람에게 이익이 되는 경우 이를 개선이라고 말할 수 있다. 그것은 이 이상은 우리에게 알려주지 않는다. 특히, 그것은 우리가 하나의 파레토 효율적인 상황이 다른 상황보다 선호된다고 말할 수 있는 상황이 아니다. 부캐넌의 주장은 이러한 의미에서 무정부 상태보다 최소한의 국가가 더 선호된다는 주장이지, 최소 국가로부터 더 확장된 국가로의 이동이 같은 방법으로 정당화될 수 있는 것이 아니라는 것이다. 이것은 아마도 어떤 사람들은 예상대로 이익을 얻고 다른 사람들이 예상대로 피해를 입는 상황을 가정하므로 하나의 파레토 개선이라고 할 수 없을 것이다. 그러나 우리는 이것이 무엇을 의미하는지 정확히 해석하려면 주의를 기울일 필요가 있다. 최소 국가에서 확장된 국가로의 이동은 전자가 후자보다 선호된다는 것을 전혀 의미하지 않는다는 데서 파레토에 근거하여 정당화되지 않는다. 그것은 단순히 두 국가가 파레토 지배(Pareto dominance, 소수가 다수를 지배한다는 파레토 법칙 – 역자 주)의 측면에서 서로 비교될 수 없다는 것을 의미한다 (Dowding and Taylor 2020: ch. 2). 최소 국가가 더 확장된 국가보다 정당화된다고 주장하는 것은 더 많은 규범적 정당화를 요구할 것이다.

부캐넌과 다른 공공선택 이론가들은 예를 들어 오늘날 미국과 영국에서 나타난 국가보다는 더 작고 더 단단히 제약된 국가를 선호하는 경향이 있다. 그러나 이 주장은, 제2절에서 다룬 것 같은 정부 실패에 대한 주장들을 고전적 자유주의에 대한 철학적 헌신 및 시장의 이점을 강조하는 경제적 주장들과 결합한 것으로서, 이 절에서 논의된 본래의 논리를 넘어선다 (Buchanan 2005).

결론

위에 제시된 국가의 그림은 자연발생적 질서에 대한 연구로서 경제학의 보다 일반적인 관점을 반영한다. 국가는 시장과 마찬가지로 그 자신의 선호도를 가진 단일한 행위자가 아니라 오히려 사회적 상호작용이 벌어지는 영역이다. 국가의 집합적 행태에 대해 생각하려면, 우리는 정치적 행위자들의 동기와 기회부터 시작할 필요가 있다 (Schelling 1978). 경제학에서 이 접근방법은 하이예크(Friedrich Hayek)와 관련이 있지만, 스미스(Adam Smith), 흄(David Hume) 그리고 퍼거슨(Adam Ferguson)과 같은 스코틀랜드 계몽사상가로 거슬러 올라간다 (C. Smith 2006 참조). 이러한 관점에서 국가는 시장 및 기타 사회 제도와 같이 "인간 행동의 결과지만, 어떠한 인간 설계에 의해 실행된 것이 아니다" (Ferguson 1782: pt 3, sect. 2, para. 7). 국가가 궁극적으로 도달하는 결정은 어느 개인에 의해 의식적으로 선택된 것이 아니다.

비록 공공선택 이론가들이 결코 한결같이 자유시장을 지지하고 팽창적인 정부에 반대하는 것은 아니지만 (Dowding and Hindmoor 1997 참조), 가장 일반적인 견해는 시장 제도가 의사 결정 권력을 분산시킴으로써 사회적으로 유익한 방향으로 이기심을 전달한다는 것이다. 공공선택이론은 중앙집권화된 정부의 결점을 강조하는 경향이 있으며 엄격하게 제한된 국가를 선호한다 (예를 들면, Tullock, Seldon and Brady 2002; Simmons 2011).

공공선택이론은 자유지상주의와 보수주의 사상에 크게 영향을 주었으며 (Ashford and Davies 2012: 214-216; Boettke and Piano 2019), 그리고 1980년대와 1990년대 많은 국가에서 광범위한 신자유주의 개혁과 신공공관리(New Public Management) 출현에 지적 기둥 중의 하나로 역할을 했다 (Pierre 2011; Self 1993; Hay 2007: ch. 3). 제2절에서 본 것처럼, 공공선택 이론가들은 중앙집권화된 국가와 관료제도는 비효율적이고, 규제적인 결정은 일반적 복지보다는 잘 연결된 기업의 이익에 흔히 도움이 될 것이라고 결론을 내린다. 이것은 사유화와 탈규제를 통해서 정부의 규모와 범위를 축소하고, 정책 결정 권력을 독립 기관에 이양하며, 하위정부에 책임을 위임하고, 그리고 공공 서비스에 대한 시장과 같은 동기 제도를 도입하려는 사람들에게 지적 공격 수단을 제공했다. 대처의 국가 영역의 되돌림(roll back) 요구와 정부를 해결이라기보다는 문제로 보는 레이건의 견해는 지적 정당화와 정책적 구체성 둘 다 제공한 공공선택이론에서 편리한 동맹을 찾았다. 니스카넨은, 제2절에서 언급한 관료제에 관한 연구를 한 영향력 있는 공공선택 이론가로 레이건의 경제자문협의회(Council of Economic Advisors)의 구성원이었고 레이거노믹스를 구성한 공공부문과 경제 개혁을 설계하는 데 중요하고 적극적인 역할을 수행했다 (Niskanen 1988).

일부에서는 이러한 신자유주의 개혁이 국가를 "공동화했다(hollowed out)"고 주장했다 (Rhodes 1994). 이 견해에 따르면, 국가는 통치 능력의 일부를 잃었다. 국가의 사회적, 경제적 방향을 조종할 능력이 사유화와 더불어 하위 수준의 정부와 독립 기관으로의 권력 이양으로 줄어들었다. 비록 공공 부문 거버넌스의 상당 부분이 남아 있음에도 불구하고,

중앙집권화된 국가의 역할이 쇠퇴함으로써 분산되었다 (Bevir 2002).

부분적으로 공공선택이론에 기반을 둔 신자유주의 사상은 많은 국가에서 정책에 영향을 미치고 국가의 야망을 제한하는 데 확실히 성공했지만, 공공선택이론이 국가의 공동화에 공헌했다고 말할 때는 우리가 의미하는 게 무엇인지를 정확히 상술하도록 조심해야 한다. 여기서 우리는 한편으로는 정부의 규모와 범위를 그리고 다른 한편으로는 국가 능력을 구별해야 한다. '국가 능력'이라 함은 국가가 규칙을 제정하고 효과적으로 집행할 수 있는 역량을 의미한다. 이것은 무엇보다도 국가에게 가용한 정책 도구와 행정 기구의 힘에 따라 달라진다 (Bell and Hindmoor 2009: 59-66; Johnson and Koyama 2017; Skocpol 1985). 비록 시장 및 연결망과 같은 대안적 거버넌스 기제가 더 우세해졌지만, 이것이 국가 능력을 반드시 감소시킨 것은 아니다. 국가는 그 뜻대로 할 수 있는 보다 다양한 거버넌스 도구를 가지고 있으며, 다른 행위자 및 조직과 함께 자주 동반자로서 협력하여 정책을 만들어야 하지만, 사회에서 여전히 지배적인 지위를 유지하고 있다 (Bell and Hindmoor 2009: ch. 8). 실제로 이러한 신자유주의적 개혁의 많은 부분이 추가적인 거버넌스 도구를 제공하여 사실상 국가의 능력을 증가시켰다고 주장할 수 있다. 예를 들면, 독립적인 중앙은행은 인플레이션을 보다 효과적으로 통제함으로써 공공 부문의 효율성을 훌륭하게 향상시켜 왔다 (Bell and Hindmoor 2009: 23-27). 공공선택이론은 국가의 탈중심화에 공헌해 온 것이지, 국가의 능력에 있어서 전반적인 쇠퇴에 기여해 온 것은 아니다.

보다 일반적인 차원에서, 공공선택이론은 정치인과 관료는 공익을 위해서가 아니라 오직 자기 자신을 위해서 일한다는 대중의 공통된 견해에 정통성을 강화하고 추가했다. 어떤 의미에서 이렇게 정치 행위자의 동기에 대한 회의주의가 증가한 것은 정치에 대한 비판적 참여의 합리적인 형태로 해석할 수 있다. 민주주의는 비판적인 시민을 필요로 하며, 최악의 상황을 가정하는 것은 최악의 시나리오에 대비한 우리의 주의를 환기시키는 점에서 가치가 있다 (Brennan and Buchanan 1983; Gershtenson and Plane 2015). 반면에 헤이(Hay 2007)는 이기주의 가정은 지나치게 냉소적이며 정치에 대한 실망과 민주 시민의 위험한 이탈을 초래할 수 있다고 주장한다. 시민들이 정치에서 철수하면, 회의주의가 증가하여 더 큰 책임성을 초래하지는 않을 것이다.

공공선택이론의 방법이 반드시 신자유주의적 결론으로 이어지는 것은 아니며 실제로 중도좌파적 분석과 심지어 마르크스주의 분석의 근거로 삼는 데 사용될 수 있다는 점은 지적할 만한 가치가 있지만 (Dowding and Hindmoor 1997; Elster 1985), 주류 공공선택이론은 국가에 대한 회의적인 가정에 기초하고 있으며, 따라서 반국가적이고 친시장적인 결론을 내리는 경향이 있다라고 말하는 게 옳을 것이다. 이것은 공공정책의 우경화와 정치인의 동기에 대한 냉소주의 증가에 기여했다.

공공선택이론은 단순히 하나의 분석적 연막으로서 신자유주의에 대한 이데올로기적 동기에 의한 행위를 정당화하기 위한 것인가 아니면 기업에 이익을 주는 정책을 위해 이익 동기에 의한 관여를 정당화하기 위해 사용되는 것인가? 우리는 그렇지 않다고 생각한다. 공공선택이론은 제도적 및 정책결정 내에서 인수분해 되어야만 하는 중앙집권화된 정부의 진정한 결점을 밝혀왔다. 관료제도는 종종 정보와 동기 문제로 인해 어려움을 겪는데, 공공선택이론은 이들을 이해하고 이 문제들을 해결하도록 도울 수 있는 유사 시장(quasi-market)과 같은 기제를 고려하도록 우리를 돕는다. 이러한 방법으로 공공선택이론은 국가를 관찰할 수 있는 유용한 회의적 렌즈를 제공한다.

물론 이것만이 국가를 관찰할 수 있는 유일한 유용한 렌즈는 아니다. 공공선택이론에 전적으로 기초한 개혁 의제는 제도주의(제5장 참조) 또는 탈구조주의(제8장 참조)의 배제와 관련된 것으로 이들 없이는 필연적으로 불완전할 것이다. 공공선택이론의 가정 및 방법은 우리의 관심을 특정 종류의 사회적 과정에 초점을 맞춘다. 이 과정은 계산적인 이기주의에 의해 움직인다. 그러나 아이디어와 권력관계의 규범적 중요성에 의해 행해지는 인과적 역할과 같은 다른 요인들을 무시하는 경향이 있다. 이기주의는 정치 세계에서 진정한 힘이지만 유일한 것은 아니다. 정치 현상은 과중하게 결정된다. 많은 요인들이 동시에 작용하므로 어떠한 단일 접근방법도, 특정 모델은 더욱, 결과를 완전히 예측하거나 세상의 모든 복잡성을 설명할 수 없다.

❋ 추가 읽을 거리

Brennan, G. and J.M. Buchanan (1985), *The Reason of Rules: Constitutional Political Economy*, Cambridge: Cambridge University Press. Available at https://www.econlib.org/library/Buchanan/buchCv10.html

Green, D.P. and I. Shapiro (1994), *Pathologies of Rational Choice Theory: A Critique of Applications in Political Science*, Cambridge: Cambridge University Press.

Hindmoor, A. and B. Taylor (2015), *Rational Choice*, 2nd edn, London: Palgrave Macmillan.

Mueller, D.C. (2003), *Public Choice III*, Cambridge: Cambridge University Press.

Olson, M. (1993), "Dictatorship, democracy and development," *American Political Science Review*, 87, 567–576.

Ostrom, E. and V. Ostrom (2004), "The quest for meaning in public choice," *American Journal of Economics and Sociology*, 63(1), 105–147.

Shepsle, K.A. (2010), *Analyzing Politics: Rationality, Behavior and Institutions*, 2nd edn, New York: W.W. Norton.

5장
제도주의

비비안 A. 슈미트(Vivien A. Schmidt)

서론	157
'구제도주의'에서 '신제도주의'로	159
합리적 선택 제도주의(RCI)	160
역사적 제도주의(HI)	166
사회학적 제도주의	170
담론적 제도주의	175
결론	185

서론

이른바 '신제도주의(new institutionalism)'는 국가이론의 만신전(萬神殿, pantheon)에 전혀 새롭게 추가된 신상이 아니며, 이 책에서 고찰하는 다른 시각과 마찬가지로 국가에 대한 이론에만 '국한된' 이론도 아니다. 이 책의 서론에서 설명한 것처럼, 신제도주의의 기원은 당시 지배적인 행위자 중심의 행태주의 접근방법에 대해 비판적인 일군의 이론가들에 의해 주류 정치학에 '국가를 되돌려 놓으려는' 시도에서 시작됐다 (예를 들어, Evans et al. 1985 참조). 이러한 학자들은 정치를 제도적으로 맥락화할 필요가 있다고 주장했다. 다시 말해, 정치적 기회의 조건이 상당 부분 제도적으로 설정된다는 것이다. 그 자체로, 국가를 설명하는 다양한 신제도주의 접근방법들이 국가의 본질과 범위에 관한 가정을 포함하고 있지만, 신제도주의는 국가에 관한 실체적 이론이라기보다는 국가를 어떻게 연구할 것인가에 관한 방법론적 이론에 가깝다. 그렇게 말하기는 했지만, 또 항상 그렇게 명명되지도 않지만, 국가는 여전히 신제도주의 연구의 중심에 있다.

제도주의는, 아마도 별로 놀랄 게 없이, 정치적 사건이 일어나고 그들이 초래하는 결과와 효과에 대한 제도적 맥락을 강조한다는 특징이 있다. 초기 행태주의와 합리적 선택의 정통 학설과는 대조적으로, 제도주의는 정치 행위가 일어나는 제도적 환경, 과거부터 현재까지 물려받은 역사적 유산의 중요성 그리고 행위자들이 속해 있는 제도적 맥락에 대한 그들의 전략적 정향의 다양성의 범주에 의해서 형성되는 정치 행위의 범위를 강조한다 (Hay 2002: 14-15). 그럼으로써, 각각은 국가에 대한 제도주의의 독특한 견해를 제공한다.

1990년대 중반 이후 정치와 사회에 대한 설명에 '제도를 되돌려 놓으려는' '신제도주의'가 정치학에서 점증적으로 신용을 얻어왔다. 그런데 정치학자들이 신제도주의로 무엇을 의미하는지는 그들이 정치학에 대해 선호하는 방법론적 접근방법과 그것의 특정한 인식론적 및 존재론적 전제에 따라 다르다. 이것은 차례로 국가 연구에 중요한 함의를 갖는다. 신제도주의에는 합리적 선택, 역사적 그리고 사회학적 제도주의라는 주요 세 가지와 더 새로운 네 번째 '신제도주의'인 담론적 제도주의가 있다. 각각은 인간 행위자와 제도의 본질에 관해 매우 다른 철학적 전제와 함께 다른 설명 대상과 논리를 가지고 있다. 이것은 국가에 대한 매우 다른 접근방법을 이루고, 각각 국가에 대한 분석과 관련하여 장점과 단점이 있다.

합리적 선택 제도주의(RCI: rational choice institutionalism)는 국가 자체를 '계산 논리'에 따라 자신의 이익을 추구하는 합리적인 행위자로 묘사하거나 자신의 선호를 따르는 합리적 행위자가 속한 동기 구조로 묘사한다. 역사적 제도주의(HI: historical institutionalism)는 그 대신 국가와 그 구성 요소들의 기원과 발전에 집중하면서, 이에 대해 '경로의존(path-dependence)의 논리'에서 의도적인 선택의 (종종 의도하지 않은) 결과와 역사적으로 독특한 초기 조건을 통해 설명한다. 사회학적 제도주의(sociological institutionalism)는 국가를 문화적으로 특정한 규칙과 규범을 따르는 '적절성의 논리(logic of appropriateness)'에 의해서 행동하는 정치적 행위자와 함께 사회적으로 구성되고 문화적으로 형성된 것으로 본다. 끝으로, 가장 최근에 등장한 '신'제도주의인 '담론적' 제도주의('discursive' institutionalism)는 국가를 아이디어와 담론의 관점에서 고려하는데, 이때 행위자는 '소통의 논리'에 따라 제도적 맥락에서 정치적 행위를 설명, 심의 그리고/또는 정당화하기 위해 아이디어와 담론을 사용한다.

'구제도주의'에서 '신제도주의'로

'신제도주의'는 1970년대 말과 1980년대 초에 국가 제도를 정치적 행위에 대한 설명으로 되돌리려는 광범위한 학자들의 희망으로 시작했다. 그것은 행태주의에 대항하는 것보다 '구제도주의'를 거부하는 데는 덜 초점이 맞춰졌다. 구제도주의는 정부의 공식적인 제도를 연구하고 정치적, 행정적, 법적 장치의 관점에서 국가를 정의했으며, 신제도주의는 이를 배경 지식으로 취급했다. 행태주의 자체는 이제 외부뿐만 아니라 내부로부터도 공격을 받고 있었는데, 왜냐하면 그것은 일관된 이론 체계로의 지식 축적 없이 과잉 정량화와 과소 이론화에 의해 중

대한 문제에 직면한 것으로 인식되었기 때문이다 (예를 들면, Wahlke 1979; Ostrom 1982 참조).

'신제도주의'는 제도적 분석의 부재에 대한 반응으로, 정치적 행동을 방법론적 개인주의적 부분으로 축소하기보다는 혼합적 또는 제도적 행위자를 통한 집단행동을 집단적으로 고려하려는 반응이었다. 새롭게 부상한, 서로 전혀 다른 종류의 제도주의들을 통합하는 이론적 핵심은 관찰 가능한 행동이 정치적 분석의 기본적 자료라는 명제를 거부하고, 그 대신에 행동은 그러한 행동이 발생하는 '제도'를 참조하지 않고는 이해할 수 없다고 주장한 것이었다 (Immergut 1998: 6-8).

그러나 신제도주의자들은 제도의 중요성을 강조하고 행태주의에 대한 거부에 있어서는 단합했지만, 다른 여러 차원에 따라 분리됐다. 여기에는 무엇보다도 정부 및 비정부 정치 행위자가 상호 작용하는 통치 구조의 모든 범위로서 이해되는 국가와 정치적 행동의 논리를 정의하는 방법이 포함된다. 그러나 신제도주의자들은 또한 정치 행위에 대해 보편주의로부터 특수주의적 일반화로, 실증주의에서 구성주의로, 정태적 설명에서 보다 동태적인 설명에 이르기까지 범주의 연속 선상에 따라 나누어져 왔다. 우리는 여기서 이 네 가지 제도주의가 처음에 정의된 방법 그리고 그들이 인식한 문제를 해결하기 위해 노력한 방법과 함께 시작한다.

합리적 선택 제도주의(RCI)

정치학에서의 합리적 선택 제도주의는 합리적 선택 분석가에 의해 (제4장 참조), 특히 미국 의회 행태에 관심이 있는 사람들이 직면한 문제들에 뿌리를 두고 있다. 기존의 합리적 선택이 개인의 선호도와 쟁점의 다양성으로부터 초래된 불확실성으로 인한 의회 의사결정의 불안정성을 예측 분석했는데(예를 들면, Riker 1980), 그것은 어떻게 예상치 못한 결과의 안정성을 설명할 수 있었을까? 그 답은 국가의 제도에서, 특히 협상에 드는 거래 비용을 낮추려는 의회에서의 절차 규칙으로, 해결할 수 없어 보이는 집단행동 문제를 해결하는 데서 발견된다 (Shepsle 1986).

요컨대, 합리적 선택 제도주의자들은 제도적 맥락을 참고하지 않고는 합리적 행동의 보편적 이론으로 설명할 수 없는 결과를 설명하는 방법으로서 국가를 다시 도입했다. 그러나 그들은 국가를 의미하는 맥락 자체에 대해 묻기보다는 일반적으로 제도를 주어진 것으로 받아들이고 그러한 제도 내에서 합리적 행동의 본질에 대해 질문했다. 이와 같이 제도는 합리적 행위자가 수행하는 '게임의 규칙'을 설정하는 형식적 구조 또는 게임을 수행하는 행위자의 덜 구조화된 유형과 실행을 나타낸다 (Shepsle 2008). 어느 경우든 이들 합리적인 행위자들은 이러한 제도 내에서 전략적 계산을 통해 최대화를 추구하는 고정된 선호를 가진 것으로 관찰된다. 그리고 이러한 제도가 조정을 통해 보완적인 행동을 촉진하지 못하는 경우, 합리적인 행위자는 개별 행위자의 선택이 차선책으로만 인도될 수 있는 '죄수의 딜레마'와 '공유지의 비극'과 같은 집단행동 문제에 직면하게 될 것이다 (Elster and Hylland 1986; Ostrom 1990).

미국정치에서 합리적 선택 제도주의 분석은 주인-대리인이론에서 어떻게 '주인'은, 예를 들면 의회, 집행부, 또는 정당은, 그들이 권력을 위임하는 '대리인', 예를 들면 관료, 규제 기관 또는 법원 등으로부터 추종을 획득하거나 통제권을 유지하는가를 발견한다 (예를 들면,

McCubbins and Sullivan 1987; 제4장 참조). 비교정치에서 합리적 선택 제도주의자들은 유럽연합 제도 행위자(Pollack 1997; Moravcsik 1998), 의제 설정자로서의 유럽의회(Tsebelis 2002), 유럽의 집단적 의사결정 함정 (Scharpf 1999) 간의 대표 파견을 고려하는 한편, 국제관계에서는 국제기구 (Martin 2000) 또는 민주적 전환에 대한 게임이론 접근방법을 사용한다 (Przeworski 1991).

합리적 선택 제도주의는 주어진 제도적 환경 내에서 합리적 행위자의 행태 이면에 있는 이익과 동기를 식별하는 데 가장 효과적이다. 설명하는 데 있어 이러한 접근방법의 연역적 특성은 행위자가 주어진 제도적 동기 구조 내에서 일반적으로 어떤 행동을 할 것인가에 대한 이유의 범주를 포착할 뿐만 아니라 미래 지향적인 예측이 거의 제공되지 않더라도 가능한 결과를 예측하는 데 엄청난 도움이 된다는 것을 의미한다. 그것은 또한 일반 이론임을 고려할 때 예상치 못한 이상 현상이나 행동을 나타내는 데 효과적이다. 그러나 이익 추구 행동에서 크게 벗어나면 대부분의 경우 이러한 이상 현상을 설명할 수 없고, 따라서 사회학적, 역사적 또는 담론적 제도적 용어로 더 잘 설명될 수 있다 (Scharpf 1997). 더욱이 보편주의적 일반화를 추진하는 경우, 과도한 일반화 문제가 많이 발생한다.

합리적 선택 제도주의의 연역적 특성은, 합리성에 관한 보편적인 주장에서 출발하는 이론적 일반성과 함께, 주어진 특정 맥락이나 실제 정치적 사건의 특정 환경 내에서 개인의 행동 이유를 설명하는 게 불가능하지는 않더라도 어렵게 만들 것이다 (Green and Shapiro 1994). 합리적인 선택 설명은 추상화의 높은 수준에서 작동하기 때문에 개인을 개인으로서 고려하지 않는 합리성에 대한 매우 '얇은' 정의를 제공한다. 더욱이 그것은 인간의 동기에 대해 다소 단순한 이해를 하고 있기 때문에, 인간 행동에 대한 이유의 교묘함을 포착하지 못한다 (Mansbridge 1990 참조).

합리적 선택 제도주의 접근방법은 제도의 기원을 주로 그 효과 측면에서 설명하는 경향이 있기 때문에 종종 매우 기능주의적이다. 합리적 행위자는 자신에게 영향을 미치는 제도의 효과를 인식할 뿐만 아니라 제도를 만들고 통제할 수 있다고 가정하기 때문에 매우 임의주의적이다. 이러한 임의주의는 합리적 행위자가 그들이 구속되어 있어야 하는 제도 밖에서 행동할 수 있다고 가정할 뿐만 아니라 제도 창설을 권력의 비대칭성에 의해 영향을 받기보다는 준계약 과정으로 보기 때문에도 나온다 (Hall and Taylor 1996: 952; Bates 1987 참조).

이에 더하여 합리적 선택 제도주의 설명은 정적(static)이다 (Green and Shapiro 1994; Blyth 1997 참조). 왜냐하면 그것은 고정된 선호를 가정하고 균형 조건에 초점을 맞추기 때문에, 왜 제도가 시간이 지남에 따라 변하는지를 순전히 기능주의적인 용어 이외에는 다른 방식으로 설명하는 데 어려움이 있다. 변화를 '내재화'하려는 최근의 시도는 정치적 연합과 공식 선거제도에 더 많은 관심을 기울이는 것과 관련이 있는데, 이들은 그들의 생성 및 정책 초점에 대한 동기 구조로 작용한다 (예를 들면, Iversen and Soskice 2006). 이 접근방법의 문제점은 그것이 고도로 결정론적이라는 것인데, 제도는 정치를 결정하는 것으로 묘사되고 이는 다시 정치적 결과를 결정한다. 그리고 그것은 제도나 정책이 시간이 지남에 따라 변할 수 있는 이유는 말할 것도 없고 제도의 기원이나 제도를 만든 정치 연합의 기원을 여전히 설명할 수 없다.

더욱이, 인간 동기의 이기적 본성에 대한 합리적 선택 제도주의자들의 강조는, 특히 그것이 경제적 이기주의라고 가정되는 경우, 가치에 치우치고 경제적으로 결정론적인 것으로 보일 수 있다. 이 규범적 가정은 정치적 행위를 오직 도구적 합리성에 의해서만 동기 부여되는 것으로 단정하는 데 있으며, 그렇게 함으로써 확립된 제도 내의 공리주의적 계산을 정의에 대한 보편적 중재자로 만들 위험이 있다 (예를 들면, Elster and Hylland 1986: 22; 비판에 대해서는, Immergut 1998: 14 참조). 더욱이 합리적 선택 제도주의자들은 합리적 행위자가 제도적 규칙이나 제도적 권력 행사에 대한 공정의 관점에서 자신의 효용을 극대화하기 위해 제도적 규칙에 의문을 제기할 수 있다는 사실에도 불구하고, 그들은 일반적으로 그렇게 하지 않는다 (Immergut 1998: 13 참조). 그들은 효율성 측면에서는 질문조차 하지 않는다 (예를 들면, North 1990)! 그 대신, 모우(Terry Moe)가 불평하듯이, 그들은 제도를 "좋은 것으로, 궁극적으로 제도를 설명하는 것은 제도의 미덕이다. 그들은 사람들을 보다 나은 상태로 만들기 때문에 존재하고 그들이 활동하는 형태를 취한다"고 보는 경향이 있다 (2003: 3; Thelen 2004에서 인용). 주목할 만한 예외는 세금 징수와 관련하여 '약탈' 국가에 대한 레비(Margaret Levi)의 마르크스적 합리주의 분석 (1989)이다. 그러나 대부분의 경우, 제도는 그리고 제도와 함께 국가는 합리적인 행위자의 효용 극대화를 위해 더 큰 안정성을 창출하는 좋은 것으로 간주된다.

따라서 합리적 선택 제도주의는 지나친 결정론과 그 정반대, 지나친 보편주의와 현상유지를 구상화하려는 경향과 함께 과도한 임의주의 등 다양한 문제를 안고 있다. 합리적 선택 제도주의자들은 오랫동안 이러한 문제들의 많은 부분을 떨쳐 버려왔다. 이러한 문제들은 이 접근방법을 완벽하게 하려는 내부의 동료 여행자에게서 제기되었거나, 외부에서 대안적 접근방법을 지지하는 비평가에 의해 제기되었다. 셉슬(Kenneth Shepsle 2008: 33-35)이 합리적 선택 제도주의의 '한계'에 대한 논의에서 결론을 내렸듯이, 소위 한계가 새로운 발전을 위한 길을 깔아 놓았으므로 그 자체가 '해방적'이다. 여기에는 이 접근방법의 협착을 완화시킨 제한된 합리성(bounded rationality), 그것의 인지적, 심리적 한계에 초점을 맞춘 행동 경제학, 경제적 교환의 정치적 비용을 중심으로 한 거래비용 경제학, 그리고 역사적 맥락에서 설정된 분석 모델을 사용한 분석적 화술(analytic narratives) 등이 포함된다. 이 모든 것이 여전히 합리적 선택의 전제에 매우 깊이 빠져 있으며, 다른 제도주의와의 관여를 향한 움직임은 거의 없다는 점에 주목하는 것이 유익하다.

그럼에도 불구하고 일부 합리적 선택 제도주의자들은 가장 다루기 힘든 문제를 해결하기 위해 다른 신제도주의, 특히 역사적 제도주의와의 적응을 모색해왔다 (예를 들면, Katznelson and Weingast 2005). 예를 들어, 변화를 내생화하기 위해 그리프와 레이틴(Avner Greif and David Laitin 2004)은 제도의 목적을 재정의함으로써 게임이론 분석에 역사적 제도주의적 통찰을 구축하고자 했다. 즉, 제도의 목적을 '자체 집행(self-enforcing)'에서 자체 강화(self-reinforcing) 또는 자체 손상(self-undermining) 제도로, 그리고 제도의 효과를 단기적으로는 자기 집행의 믿음으로 행동하는 행위자를 위해 외생적이고 고정된 의미를 지닌 '모수적(parametric)'으로, 그러나 장기적으로는 내생적이고 가변적인 의미를 지닌 단지 '준모수적(quasi-parametric)'인 것으로 재정의하여 게임이론 분석으로 전환한다. 이때 개인들은 관련된 신념을 재생산하지 않는 방식으로 행동하도록 유도된다. 여기서 문제는 우리가 시작할 때부터 여전히 제도 선택의 비합리성을 갖도록 남겨졌다는 것이다. 그것은 지금 더 좋든 더 나쁘든 시간 경과에 따른 변화의 결정론적 궤적 그리고 주어진 시점에서 소위 '합리적'이라는 행위자의 제한된 합리성이다. 요컨대 합리적 선택 제도주의의 기본 가정은 역사적 제도주의와 양립할 수 없다는 것을 다음에서 보게될 것이다.

역사적 제도주의(HI)

역사적 제도주의는 논쟁의 여지는 있지만 구제도주의만큼이나 정치체계 접근방법인 구조기능주의와 마르크스적 접근방법의 영향을 가장 많이 받은 제도주의이다. 구제도주의자들로부터 국가와 공식적인 정부 제도에 대한 지속적인 관심을 이어 받았고, 구조기능주의자들로부터는 기능이 아닌 구조를 강조하게 되었으며, 그리고 마르크스주의자들로부터는 권력에 초점을 맞추어 국가를 '더 이상 경쟁하는 이익들 사이의 중립적인 중개인이 아니라 집단 갈등의 성격과 결과를 구조화할 수 있는 제도의 복합체'로 보는 영향을 받았다 (Hall and Taylor 1996: 938; 제3장 참조). 따라서 역사적 제도주의는 합리적 선택 제도주의와는 달리 국가와 그 제도적 발전에 대해 가장 명료하게 초점을 맞추는데, 국가는 그 내부의 행동만큼 문제가 있는 것으로 파악한다.

역사적 제도주의는 1970년대 후반부터 스카치폴(Theda Skocpol 1979)과 카젠스타인(Peter Katzenstein 1978)과 같은 비교정치 학자들, 크래스너(Stephen Krasner 1980)와 같은 국제관계학자들, 그리고 스코우로넥(Stephen Skowronek 1982)과 같은 미국정치 학자들의 연구로부터 시작되었는데, 이들 모두가 "국가를 제자리 돌리기"의 의도를 가졌다 (Evans et al. 1985). 이 학자들은 국가가 어떻게 행동을 구조화하고 국가 능력 및 정책 자산이 어떻게 결과를 구성하는가의 중요성 때문에 정치적 행위가 개인의 행동 하나만으로 또는 심지어 집단행동으로도 축소될 수 없다고 주장했다. 그들의 연구는 그 이후 더

자의식적으로 역사적 제도주의 연구체계를 위한 기초를 형성했는데, 그들은 국가를 제도적 구성 요소 부분으로 분류하는 경향을 보였다 (Blyth and Vargwese 1999 참조). 이 중에서 홀(Peter Hall 1986)은 영국과 프랑스의 정치경제적 발전의 서로 다른 여정을 그들의 사회경제적 조직에 함축된 구조적 제약의 결과로 설명했다. 카젠스타인(Katzenstein 1985)은 강한 복지국가와 결합된 소국가의 경제적 개방성은 역사적으로 발전된 조합주의적 제도 구조로 설명될 수 있음을 보여주었다. 피어슨(Paul Pierson 1994)은 과거의 복지국가 정책이 미래 정책을 위한 조건을 어떻게 설정했는지를 미국과 영국을 비교해 보여주었다.

제도는 역사적 제도주의자에게는 합리주의적 동기 구조가 아니라 행동과 결과를 구조화하는 규칙과 같은 특성을 가진 일련의 정규화된 실행으로 이해된다 (Hall and Thelen 2009 참조). 더욱이 제도는 역사적 제도주의자의 주요 관심사이며, 시간에 따라 제도적 구조 및 과정의 기원과 발전에 초점을 맞추고 있다. 역사적 제도주의자들은 제도의 운영 및 발전과 관련된 권력의 비대칭성뿐만 아니라 그러한 역사적 발전으로부터 유래한 경로의존성과 의도하지 않은 결과도 강조한다 (Hall and Taylor 1996: 938; Steinmo et al. 1992; Thelen 1999). 경로의존성은 엄격한 합리적 선택이라는 의미에서의 합리성은 오직 제도가 행위자의 선택의 의도된 결과인 경우에만 존재한다고 확신한다. 그러나 의도적 행동의 의도하지 않은 결과와 중간 개입 사건의 불예측성을 고려할 때, 엄격한 의미의 합리성은 거의 존재할 수 없다. 따라서 역사적 제도주의자들의 제도적 구조는 합리적 선택 제도주의자들에게서 나타나는 것처럼 효율적이지 않다.

더욱이 이익은 보편적으로 정의되기보다는 상황에 따라 달라진다

(Zysman 1994; Thelen 1999). 합리적 선택 제도주의와 비교하면, 역사적 제도주의는 일반화에서 덜 보편적이고 이론 형성에 있어서 더 '중범위적'인 경향이 있다. 즉, 역사적 제도주의는 공간 그리고/또는 시간에 있어서 통합된 제한된 수의 국가에서의 변화나, 또는 한 시기나 전 시기 동안에 한 범주의 국가에서 일어나거나 영향을 주는 특정한 종류의 현상에 초점을 맞춘다 (Thelen 1999). 그러나 그 일반화에 있어서 더 특별하긴 하지만, '새로운' 역사적 제도주의는 합리적 선택 제도주의자들이 때때로 비난하는 '단순한 이야기하기' 수준에 머무르는 경우가 거의 없다. 눈에 띄게 부재한 것은 구제도주의의 보다 전통적인 역사적 접근방법의 특징인 '위인'이나 '위대한 순간들'에 관한 초점이다. 사실, 대부분의 설명에서 널리 퍼진 거시적 역사적 접근방법은 사건을 일어나게 자극한 개인의 행동이나 이익은 말할 것도 없고, 연구를 구성하는 사건보다도 훨씬 더 구조와 과정을 강조하는 경향이 있다. 여기서도 마찬가지로 개별 행위자는 없다. 더욱이 합리주의자들이 말하는 '미시적 기초 논리'는 일반적으로 이러한 거시적 역사적 연구에서 빠져 있다. 대신 경로의존성의 논리를 따른다. 따라서 역사적 제도주의는 경제적으로 결정론적이기보다는, 연속성과 경로의존성에 전적으로 초점을 맞추는 역사적으로 결정론적이거나 심지어 기계론적으로 생각될 수 있다. '구성적(configurative)' 순간(예를 들면, Gourevitch 1986; Collier and Collier 1991)이나 또는 '중단된 균형(punctuated equilibrium)' (Krasner 1988)을 살펴보는 '결정적 분기점(critical junctures)' 문헌은 이 문제에 대한 하나의 교정이다. 그러나 그것은 변화를 촉발하는 위기를 초래하는 원인을 설명하는 데는 여전히 어려움이 있다. 더욱이 그것은 변화가 폭발적으로만 발생하고 그 사이에는 정체 상태가 있으며, 점진적인 변화나 인간 행위자에 대한 설명을 할 수

없다고 추정한다 (Thelen and Conran 2016).

역사적 제도주의자들은 경로의존성에 대한 초기 의존이 초래한 난국에서 벗어날 방법을 모색했고, 이후 점진적인 제도적 전환에 대한 연구로 방향을 돌렸다. 텔렌과 스트릭(Thelen 2004; Streeck and Thelen 2005)은 역사적 제도주의에 대한 중요한 수정에서, 제도적 진화는 별일 없으면 안정적일 제도적 틀 위에 새로운 요소들이 '겹겹이 쌓이는 것' 같은 특정한 변화의 기제로 설명될 수 있다고 주장한다. 제도의 '전환'은 새로운 목표의 채택을 통하거나 새로운 집단의 편입, 또는 심지어 제도적 규칙의 개정에 대한 고의적인 무시로 인한 '표류' 등에 의해서 이뤄진다. 하지만 여기에서도 변화가 요소의 누적, 전환 또는 표류를 통해 어떻게 유발되는지는 다른 분석적 접근방법의 요소를 추가하지 않고는 불분명한 상태로 남는다. 더욱이 텔렌과 마호니(Thelen and Mahoney 2010)는 정치경제적 전환에서 행위자의 능동적 역할에 따라, (예를 들어 폭도나 기생충 등으로) 분류할 때 기관을 행위자의 정의에 포함시키지만, 그들이 어떻게 다른 사람들을 동원하고 설득했는지를 포함해서 어떻게 변화의 주체가 되는지를 거의 설명하지 못한다.

구조를 강조하는 역사적 제도주의자들의 주된 문제는 인간의 행위를 어떻게 설명하는가다. 이를 위해 역사적 제도주의자들은 수도 홀과 테일러(Peter Hall and Rosemary Taylor 1996: 940-941)가 '미적분학' 또는 '문화' 접근방법이라고 명명한 것을 추가한 분석에 대부분 의존한다. 미적분학 접근법은 인간 행태에 대한 유물론적 해석을 통해 역사적 제도주의자들을 합리적 선택 제도주의자들에 더 가깝게 만들지만, 여전히 행위자의 이익을 형성하는 역사적 구조에 우선권이 있다. '문화' 접근방법은 역사적 제도주의자들을 사회학적 제도주의자들에 더 가깝게 만들지만, 여기서 역사적 구조는 행위자들의 이익과 세계관에 의미를 부여하기 위해 규범에 추가된다.

역사적 제도주의가 행위자에 대한 접근방법에서 대체로 유물론적인 당대의 역사적 제도주의와 함께 합리적 미적분학과 결합한 예는 많다. 비교정치경제학 연구에서 가장 주목할 만한 것은 자본주의의 다양성 접근방법인데 (Hall and Soskice 2001), 이는 자본주의를 자유 시장경제(예: 영국)와 조정된 시장경제(예: 독일)로 나누는 이원적 분리에 대한 역사적 제도주의 분석에 기업 중심 조정의 합리주의적 분석을 포함시켰다. 피어슨(Pierson 2004)은 정치적 분석에서 시간의 차원에 대한 연구를 하면서 합리적 선택 제도주의에 시간적 차원을 제공하는 역사적 제도주의를 사용함으로써 두 가지를 결합했다.

이와 대조적으로, 역사적 제도주의와 '문화' 접근방법 또는 사회학적 제도주의로 알려지게 된 것과의 결합은 훨씬 적다. 그리고 이들 중 대부분은 사회학자에 의해 이루어졌다 (예를 들면, Campbell 2004). 그러나 시간이 지남에 따라 역사적 제도주의자들은 점점 더 사회학적 제도주의에 참여하여 역사적 제도주의적 접근방법에 사회적 행위자와 함께 규범과 문화를 추가했다 (예를 들면, Hall and Lamont 2013). 아래에서 살펴보겠지만, 많은 역사적 제도주의자들이 아이디어에 초점을 두었기 때문에 더 이상 역사적 제도주의의 주류 정의에 맞지 않고, 따라서 우리는 담론적 제도주의라는 항목 아래에서 논의한다.

사회학적 제도주의

사회학적 제도주의는 역사적 제도주의와 거의 비슷하게 1970년대 후반에 주로 사회학의 하위 분야인 조직이론에서 시작됐다. 사회학적 제도주의자들 역시 행태주의 및 체계 접근방법뿐만 아니라 합리적 선택 분석 포함하는 이전의 방법론적 접근방법을 거부했다. 특히 조직의 합리성과 효율성에 관한 베버적 가정에 대항하여, 사회학적 제도주의자들은 문화적으로 특유한 실행으로부터 나오는 조직 생활의 형식과 절차로 전환했다. 사회학적 제도주의자의 제도는 인간 행동을 인도하는 규범, 인지적 구조 및 의미체계뿐만 아니라 조직 환경을 통해 확산된 문화적 각본(scripts)과 도식(schema)을 실용적인 목적보다는 상징적이고 의식적인 목적을 제공하는 것으로 투사된다. 그렇다면 여기에서도 합리적 선택 제도주의와 거의 마찬가지로 국가는 행위가 일어나는 의심할 여지 없는 당연한 환경이지만, 사회학적 제도주의자의 국가는 합리적 행위보다 문화적 관습이 의미를 부여하므로 합리주의자의 국가와는 매우 다르게 보인다.

사회학적 제도주의자에게 합리성은 사회적으로 구성되고 문화적으로 역사적으로 임의적이다 (제8장 참조). 그것은 기본 선호도와 정체성을 확립하고, '적절성의 논리'에 따라 목적적이고 목표 지향적 행동이 수용 가능한 것으로 여겨지는 맥락을 설정함으로써 상상력의 한계를 결정하는 문화적 제도로 정의된다 (Meyer and Rowan 1977; DiMaggio and Powell 1991; March and Olsen 1989 참조; 또한, Hall and Taylor 1996: 947-948; Campbell and Pederson 2001: 7-8; Campbell 2004의 논의도 참조). 따라서 사회학적 제도주의는 제도에 우선하는, 영향을 받을 수는 있지만 규정되지는 않은 개인들에 의한 '이익 논리'를 따르는 것으로 인간 행태를 보는 합리주의자들의 견해와는 직접적인 모순이 된다.

정치학자에게 특히 중요한 사회학적 제도주의자의 분석에는 도빈 (Frank Dobbin 1994)의 19세기 철도 정책에 대한 연구가 포함된다.

이 연구에서 상당히 유사한 정책이 미국에서는 국가 조치로 '숨겨'졌지만 프랑스에서는 국가 조치로 '공개'됐다. 플릭스타인(Neil Fligstein 1990)은 경제환경뿐만 아니라 기업 리더의 인식 시각의 변화로 인한 기업 통제의 전환에 대해 설명한다. 그리고 소이살(Yasemin Soysal 1994)의 유럽과 미국의 이민정책 대조는 시민권의 다른 모델에 기반한 이민자 흡수를 위한 독특한 '편입체제'의 중요성을 보였다. 정치학 자체에서 독창적 연구는 마치와 올슨(James March and Johan Olsen 1989)에 의해 이뤄졌다. 그들은 역사적 구조뿐만 아니라 문화적 구조도 중요하다고 주장했고, 따라서 그들은 사회학적 제도주의자들만큼 역사적 제도주의자들에 의해서도 같은 분야의 연구로 여겨졌다. 그 후 많은 정치학자들이 사회학적 제도주의(Finnemore 1996a 참조)로 옮겨갔고, 특히 국제관계에서 그들은 스스로를 '구성주의자(constructivists)'라고 불렀다. 가장 주목할만한 것은 카젠스타인(Katzenstein 1996)이 편집한 책으로 국가 정체성으로부터 이익이 어떻게 발전되는가를, 주어진 정체성을 위한 적절한 행동에 대한 집단적 기대로 작용하는 규범, 그리고 국방 및 안보 문제에 대한 국가적 인식을 구조화하는 국가 정체성과 함께 초점을 맞춘다. 그러나 대부분의 사회학적 제도주의자들은 구조와 사회적 규범이 행동의 주요 동인으로서 의미를 찾는 데 그들의 관심을 집중시켰지만, 일부는 최근에 일상적 정치를 중심으로 '실천 전환'을 택했다 (Adler-Nissen 2016; Saurugger 2010). 예를 들어, 맥나마라(Kathleen McNamara 2015)는 유럽연합을 정치적 권위로 만드는 문화적, 사회적 과정을 탐구함으로써 유럽연합 내의 정체성 형성에 집중했다. 이 연구는 '유럽인 구성'에 초점을 맞춘 상징, 실행 및 기술을 통해 유럽인의 생생한 경험을 변화시키는 과정을 포함한다.

사회학적 제도주의는 행동의 틀을 만들고, 정체성을 형성하며, 이익에 영향을 미치고, 그리고 문제 인식과 문제 해결 고안에 영향을 주는 공유된 이해와 규범의 윤곽을 그리는 데 가장 효과적이다. 그것은 규범, 정체성 및 문화가 이익을 구성하고 따라서 문화에 내재되어 있기 때문에 '내생적'이라는 가정하에, 이익을 '외생적'인 것으로 보고 문화, 규범 및 정체성을 이익에 앞선 것이기보다는 뒤따르는 부수 현상으로 보는 합리적 선택 제도주의를 반대함으로써 직접적으로 부정한다 (Ruggie 1998; Wendt 1987 참조).

그러나 결과적으로 그것은 너무 일반적이라기보다는 너무 구체적이며, 그것이 제공하는 '문화적 지식'은 주로 합리적 선택 보편화에 대한 예비로서 유용하다라는 비난을 받기도 한다. 그런데 사회학적 제도주의의 대상이 합리적인 선택 설명에 포함될 때 종종 사회학적 제도주의의 본질은 사라진다. 이들 규범, 규칙, 이유는 문화적으로 독특하거나 변칙적이므로 일반적으로 예상되는 이익 동기에 맞지 않기 때문이다. 그러한 설명은 연역적이 아니라 귀납적으로 이루어지기 때문에, 그들이 규범에 부합하든 그렇지 않든 간에 합리적 선택 제도주의가 할 수 없는 방식으로 개인 행동의 이유에 대한 통찰력을 제공할 수 있다. 더욱이 그러한 설명은 개인 행동의 이유를 맥락적으로 설명하기 때문에 사회학적 제도주의는 역사적 제도적 설명에 의해 구성된 사건을 더 잘 설명할 수 있다. 그리고 사회학적 제도적 설명은 제도의 생성과 발전에서 해석과 정통성의 집합적 과정이 수행하는 역할을 강조하기 때문에, 합리적 선택 제도주의가 할 수 없는 제도의 비효율성을 설명할 수 있다 (Meyer and Rowan 1977; 토론에 대해서는, Hall and Taylor 1996: 953 참조).

그러나 사회학적 제도주의는 합리성에 대한 보편주의적 주장을 하지 않고 일반적으로 교차문화보다는 문화 내부 설명에 초점을 맞추기 때문에, 사회학적 제도주의가 교차국가적 일반화를 할 수 있는지에 대한 의문을 갖게 하는 암묵적인 상대주의의 위험이 있다. 사실 여기에서도 역사적 제도주의가 구체적인 국가의 제도적 구조와 과정에 대해서 했던 것과 같은 방법으로 문화적 규범과 정체성의 유사성과 차이점을 불러일으킴으로써 일반화가 가능하다. 그러나 그 설명의 결과는 합리적 선택 제도주의는 말할 것도 없고 역사적 제도주의의 설명보다 더 낮은 수준의 일반성과 덜 간결한 '더 두꺼운 묘사'를 수반한다.

끝으로, 사회학적 제도주의는 경제적으로나 역사적으로 결정론적으로 보이기보다는 문화적으로 결정론적으로 보일 수 있다. 문화적 일상과 의례를 강조함으로써 문화적 규범에서 벗어나는 개인의 행동, 즉 규칙 추종에 반대되는 규칙 창조의 행동을 배제한다. 더욱이, 거시적 유형에 관한 강조는 그것을 '행위자 없는 행동'(Hall and Taylor 1996: 954) 또는 더 나쁘게는 '행위자 없는 구조'처럼 보이게 만들 수 있다 (이러한 비판에 대해서는, Checkel의 1998: 335 참조). 그리고 합리적인 선택 접근방법과 마찬가지로 너무 정태적이거나 균형에 초점을 맞출 수 있고 시간 경과에 따른 변화를 설명할 수 없다. 그러나 역사적 시각을 추가해서, 그것은 역시 규범이 어떻게 제도화되는가를 보여줄 수 있다. 전후 일본과 독일에서 경찰과 군대의 사례와 같이(Katzenstein 1996b), 어떻게 국가 정체성은 변화할 수 있고 그들과 함께 이익을 끌어낼 수 있는지, 독일과 일본의 반군사주의 사례(Berger 1998)와 같이, 또는 빈약한 유럽 정체성이 어떻게 발전할 수 있는지 (McNamara 2015)를 보여줄 수 있다.

담론적 제도주의

담론적 제도주의는 네 번째이자 최신의 '신제도주의'에 사용하는 용어다 (Schmidt 2002, 2008, 2010; Campbell and Pederson 2001 참조). 그것은 광범위한 접근 방식에 대한 하나의 포괄적 개념(Schmidt 2010)으로 볼 수 있다. 이들은 '관념적 전환(ideational turn, Blyth 1997)' 또는 '관념적 구성주의(ideational constructivism, Hay 2006)'라는 아이디어에 초점을 맞추는 것으로부터 담론에까지 포함된다. 담론은 담론 분석에서와 같이 아이디어의 표현 또는 구현뿐만 아니라(예를 들면, Foucault 2000, Bourdieu 1990 또는 Laclau and Mouffe 1985; 제8장 참조), 아이디어가 정책 영역에서 생성되는 상호작용 과정도 포함한다. 이러한 과정은 담론적 정책 공동체와 기업가에 의하거나(예를 들면, Haas 1992; Sabatier and Jenkins 1993), 정치 지도자, 사회운동, 그리고 공중에 의해 정책 영역에서 소통되고 숙의되며 그리고/또는 논쟁이 되기도 한다 (예를 들면, Habermas 1989; Mutz, Sniderman and Brody 1996). 더 최근에는 여성주의 제도주의가 때로는 역사적 제도주의와 결합되기도 하지만 독특하게 관념적이고 담론적인 연구사업으로 등장했다 (Mackay, Kenny and Chappell 2010; Kulawick 2009).

이 접근방법은 이전의 세 가지 신제도주의가 제도에 대해 흔히 매우 정태적인 견해를 가진 것을 고려할 때, 변화를 설명할 수 없는 자신들의 무력함뿐만 아니라 실제 행위자의 아이디어와 담론을 다루기를 꺼려하는 것처럼 보이는 것에 대한 학자들의 우려에서 성장했다. 다른 접근방법과의 문제는 실제 사건의 결과로서, 특히 베를린 장벽 붕괴 이후 공산주의 국가가 무너지면서 세 가지 접근방법 모두의 정태적 전제가 허구라는 게(Blyth 2003 참조) 처음으로 자각되었고, 신자유주의의 합리주의적 전제는 민주적 전환과 함께 문제에 직면했다(Campbell and Pederson 2001: 7-8; Campbell 2004). 그 이후 국가가 직면해 온 반복되는 위기는 특히 2008년 금융위기와 함께 시작해, 2010년 유로존 위기, 반복되는 이주 위기, 기후 위기 그리고 코로나19 대유행, 자유민주주의와 국가에 대한 대중영합주의의 도전에 덧씌워져, 이 모든 것이 제도가 이론적으로 논의된 것보다 훨씬 덜 안정적이고, 아이디어와 담론은 전통적인 신제도주의자들이 인정한 것보다 훨씬 더 중요하다는 인식에 기여한다.

아이디어와 담론의 역할로의 전환은 또한 세 가지 신제도주의 모두에 몰두한 학자들을 위한 자연스러운 다음 단계였고, 국가 내부와 국가에 대한 변화를 설명하는 데 관심이 있었다. 그렇게 함에 있어서 대부분은 자신이 선호하는 접근방법에 제도적 맥락을 추가했다. 그러나 일부에게는 아이디어로 전환하는 것이 그들 자신의 제도주의적 접근방법의 초기 구성에 머무르는 것을 의미한 반면, 다른 사람들은 그것을 넘어 담론적 제도주의로 이동했고, 그리고 아이디어의 실질적인 내용과 또는 정책 및 정치 영역에서의 담론적 상호작용에서 담론을 통해 그들이 어떻게 소통되는지에 대해 주요 관심을 두었다.

모든 이러한 학자들에게 제도적 맥락은 무엇보다도 (맥락화된) '소통의 논리'를 따르는 담론의 상호작용 과정을 통해 실질적인 아이디어를 전달하는 지각 있는 행위자들에 의해 의미가 주어진 구조, 구성 및 소통을 뜻한다. 결과적으로, 담론적 제도주의자들은 모두 제도를 제약으로 보는 그 이전의 신제도주의자들의 주요 관점에 의문을 제기한다. 그것이 합리주의적 동기 구조이든, 역사적 경로의존성이든, 또는 문화적 틀이든 관계없이, 그리고 이러한 제도에 의해 대체로 결정되는 행위자에 대해서 이들이 이익에 따라 움직이는 합리적 행위자이든, 경로의존적 규칙에 의해 형성된 조합적 행위자이든, 또는 문화적 규범에 의해 틀이 잡힌 사회적 행위자이든지 간에 문제를 삼는다. 담론적 제도주의자들은 대신 지각 있는 행위자의 아이디어와 담론 중심의 이익의 (재)구성, 역사적 경로의 (재)형성, 또는 문화의 (재)구축을 통해 변화(및 연속성)의 동태성에 관해 주의를 집중한다 (제8장 참조).

신제도주의 시각에서의 아이디어

담론적 제도주의자들이 고려하는 아이디어와 담론은 다른 수준의 일반성에서 다른 형태와 유형으로 나타날 수 있다. 다양한 형태의 아이디어와 담론에는 이야기(narratives), 틀(frames), 이야기하기(story-telling), 논쟁적 실행과 담론적 투쟁이 포함된다 (예를 들면, Roe 1994; Hajer 2003; Fischer and Forester 1993; Stone 1988). 그 유형에는 이익 기반 논리(예를 들면, Jobert 1989, Hall 1993; Schmidt 2002: ch. 5) 측면에서 정당화되는 인지적 아이디어와 적합성의 가치 기반 논리를 통해 정당화된 규범적 아이디어(예를 들면, March and Olsen 1989; Schmidt 2000)가 포함된다. 다양한 수준의 일반성은 정책 아이디어의 가장 직접적인 수준(예를 들면, Kingdon 1984)에서부터 계획적인 아이디어 또는 '패러다임'의 중간 수준(예를 들면, Berman 1988; Jobert 1989; Hall 1993)까지 그리고 더 깊은 수준의 철학적 아이디어, 즉 이데올로기(Freeden 2003), 헤게모니 담론(Gramsci 1971) 및 공공철학(Campbell 2004)으로까지 이른다.

오직 소수의 RCI 학자만이 제도적 변화를 설명하기 위해 아이디어로 전환했다 (예를 들면, Goldstein and Keohane 1993). 그러나 그들은 아이디어를 결코 심각하게 받아들이지 않았다. 왜냐하면 아이디어를 통한 설명은 '객관적' 또는 '물질적' 이익에 관한 설명이 불충분할 때만 유용한 것으로 간주되기 때문이다. 이 점에서 아이디어는 '도로 지도', '초점', 또는 심지어 노스(Douglas North 1990)의 연구에 따른 '공유된 정신 양식'으로 보여질 수 있다. RCI 학자들의 문제는 그들이 '객관적' 이익을 신념과 욕구와 같은 이익에 대한 '주관적' 아이디어로부터 인위적으로 분리하는 것을 계속 유지할 수 없다는 것이다. 이들은 선호의 '고정된' 본질 그리고 합리주의자들의 얇은 합리성 모델의 기초가 되는 기존 선호의 기능로서의 결과 관념을 훼손할 것이라고 위협했다(Blyth 2003 참조). 그러나 RCI가 어떻게 이익이 재개념화되는지 또는 새로운 연합이 형성되는지를 설명할 수 없으므로, 아이디어를 진지하게 받아들이지 않고서는 변화를 설명하기가 매우 어렵다. 이것은 대부분의 합리적 선택 제도주의자들이 왜 아이디어 추구를 재빨리 포기했는지를 설명하는 데 도움이 된다. 때로는 아이디어를 이미 존재하는 신념이나 선호하는 것으로 인정하는 것 이외에는 조사하지는 않는다.

그러나 보다 최근에는 합리적 선택 제도주의적 영감의 바로 그 원천인 경제학자들이 아이디어의 중요성을 강조하게 되었다는 것에 주목하는 게 중요하다. 예를 들어, 노스(North 2010)는 인간이 어떻게 정치경제체제의 '현실'을 알 수 없음에도 불구하고 "그 '현실'의 본질에 관한 정교한 믿음을 구성하여 경제적, 정치적 성과를 결정하는 제도의 정교한 구조"를 구축하는가에 대한 설명을 할 수 있도록 경제학을 수정해야 한다고 제안했다. 베커트(Jens Beckert 2011)는 더 나아가 '가상성'이라는 개념을 사용하여 시장 행위자는 경제적으로 합리적인 대신에 일어날 수 있는 일에 대한 '상상된 미래'를 정성들여 만들고 그러한 '정신적 표현'을 기반으로 활동을 조직한다고 제시했다. 이와 유사하게, 맥켄지(Donald MacKenzie 2006)는 금융 행위자가 '카메라가 아닌 엔진'과 같이 시장을 단순히 반영하는 것이 아니라 재형성하는 역할을 하는 바로 그 도구와 분석 연장에 그들의 가정을 깊이 새겨 둔다는 것을 보여준다. 그러나 자신의 모형에서 합리적 행위자 이론을 계속 사용하는 경제학자들조차도 그들의 모형이 작동을 멈춘 이유를 최소한으로 설명할 수 있게 하는 '비합리적 과잉'과 '동물 정신'을 포함하는 행태경제학을 발견했다 (Akerlof and Shiller 2009). 정치학에서도 점점 더 많은 수의 합리주의 전통 학자들이 그 한계를 조사하는 쪽으로 방향 전환을 했는데, 드럭맨(James Druckman 2004)은 '틀짜기 효과(framing effects)', 즉 맥락의 의미는 중요하다고 주장했다.

아이디어를 진지하게 생각하는 합리적 선택 전통에서 상대적으로 소수인 정치학자들에게는 주관적 이익이 이익에 관한 아이디어로서 객관적 이익을 대체했다. 예를 들어, 국제정치경제에서 올(Woll 2008)은 국제 서비스무역에서 기업이 그들 스스로를 국가 챔피언으로서 글로벌 경쟁자를 보기 시작하면서 어떤 효용(이익)을 최대화해야 하는지, 그것을 어떻게 극대화할 것인지(전략), 그리고 그들의 정체성 변화를 무슨 목표(목적)로 설명할 것인지에 관한 기업의 아이디어 변화를 보여준다. 더욱이 비교정치경제에서 로쓰스타인(Rothstein 2005)은 스웨덴의 단체 교섭체제와 같은 제도가 동기의 중립적 구조로 취급되어서는 안 되고, 오히려 아이디어 또는 '집단적 기억'의 전달자로서 취급되어야 함을 보여준다. 이들은 교섭단체를 신뢰 또는 불신의 대상으로 만들고 그들 성과의 변화에 따라서 그들을 변화시키는 행위자의 아이디어와 담론이 시간이 지남에 따라 변경될 수 있다는 거다.

역사적 제도주의 전통에서는 아이디어로의 전환이 더욱 확산해 왔다. 여기서의 문제는 전통적 역사적 제도주의자와 담론적 역사적 제도주의자를 어떻게 구분하느냐다. 역사적 제도주의자들은 제도를 어떤 아이디어를 수용할 수 있는가를 결정하는 아이디어의 구성 요소로서 계속 보는 반면, 담론적 제도주의자들은 아이디어가 제도에 의해 형성되더라도 아이디어가 제도를 구성하는 것으로 보기 때문에 역사적 제도주의 전통 내의 담론적 제도주의자로 부르는 게 더 나은 사람들을 일컫는다. 문제는 이 둘 사이를 가르는 지점이 실제로 어디에 있는가다. 충분히 흥미로울 정도로, 역사적 제도주의라고 이름을 붙인 책(Steinmo et al. 1992)에서도 아이디어에 초점을 맞춘 몇 개의 장들, 즉 홀(Peter Hall), 킹(Desmond King), 그리고 와이어(Margaret Weir)의 장은 역사적 제도주의를 넘어섰다. 이 저자들은 역시 후속 연구에서 HI를 넘어섰다 (예를 들면, Hall 1993; King 1999; Weir 2006).

비록 그 구분은 인정하건대 희미하지만, 사실 역사적 제도주의 전통 내에서 아이디어에 초점을 맞춘 많은 연구가 담론적 제도주의에 속하기도 한다. 이를 정의하는 것은 변화에 대한 설명으로서 아이디어에 초점을 두는 것인데, 흔히 이러한 아이디어는 예측 가능한 '합리주의적' 이익에 적합하지 않고, 구조적 요인에 의해 불충분하게 결정되며, 그리고/또는 역사적 경로와는 구분되어 나타난다 (이에 대한 논의는, Blyth 2003 참조). 초기 사례로는 버만(Sheri Berman 1998)의 독일 사회민주당의 실패와 스웨덴 사회민주당의 성공에 대한 역사적 대조가 있다. 나치즘 이전 독일 사회민주당의 항복 대부분은 그들이 오랫동안 견지해 온 마르크스주의 사상을 넘어서 생각할 수 없었기 때문이었고 스웨덴 사회민주당의 성공은 아무런 사상적 유산이 없었고 사회주의를 재창조할 수 있었기 때문이었다는 것이다. 블리스(Mark Blyth 2002)는 경제위기의 순간에 기본적인 경제적 아이디어의 역할에 대한 분석을 했다. 스웨덴과 미국에서 먼저 1930년대 위기에는 자유주의를 '끼워 넣고', 다음 1970년대 초 위기에는 자유주의를 '분리'했다. 그리고 영국, 프랑스, 독일의 정치경제에 대한 나 자신의 분석(Schmidt 2002)은 세 국가의 경제적 실제의 진화에 대한 역사적 제도주의적 조사로 시작해서 뒤이어 경제적 적응의 정치에서 변화하는 아이디어와 담론에 대한 담론적 제도주의적 논의를 한다.

더 최근에는 점진적인 제도적 변화를 '내부적 원인에서' 찾고 행위자를 복귀시키는 데 관심이 있는 전통적 역사적 제도주의자들이 점점 더 많이 아이디어로 전환해왔다. 예를 들어, 합리주의적 접근방법이 역사적 제도주의로부터 얻을 수 있는 것이 무엇인지에 대한 논의 끝에, 홀(Hall 2010)은 사회학적 제도주의와 담론적 제도주의의 많은 것들을 포함하면서 도구적이고 규범적인 신념, 정체성, 구성 효과, 정체성과 관련된 '토론', 그리고 '변화를 뒷받침하는 연합 형성 과정에 부수적이 아닌 본질적인' '아이디어의 정치'를 강조했다 (Hall 2010: 212). 비슷한 맥락에서, 그리고 더 최근에 카포치아(Giovanni Capoccia 2016)가 제도의 전환을 설명하기 위해 제도의 의미를 둘러싼 정치적 투쟁에서 관념적 요인을 강조했다.

사회학적 제도주의 전통 내에 있는 대부분의 관념적 접근방법은 대조적으로 구성주의적 목적에 더 가깝고 대부분 국제관계에서 발견된다. 이러한 접근 방법에서 아이디어는 규범, 화술, 담론 그리고 준거의 틀을 구성하는데, 이들은 이익에 대한 행위자의 이해를 (재)구성하고 국가의 제도 내에서 행동을 재조정한다. 여기서 초점은 담론의 규범적 측면, 즉 적절성의 논리 안에서 새로운 아이디어가 어떻게 그리고 왜 국가적 가치와 '공명'하는지, 그리고 어떻게 가치를 '재평가'할 수 있는지이다 (March and Olsen 1989; Rein and Schön 1991; Schmidt 2000).

사회학적 제도주의 전통에서는 아이디어가 항상 규범, 인지 틀 및 의미체계로서 접근방법의 기초에 있었기 때문에 아이디어 자체로의 이동에 대해 말할 수 없다. 그러나 여기에도 하나의 가르는 지점이 있다. 한 측면에는 아이디어를 보다 정태적인 관념적 구조로 보는 학자들이 있는데, 이 구조는 문화에 의해 구성되는 규범과 정체성으로서, 따라서 이전의 정의에 의해서 대체로 사회학적 제도주의자로 남아 있다. 여기에는 카젠스타인과 그 동료들 (Katzenstein 1996) 같은 '구성주의자'가 포함되는데, 이들은 주로 사회학적 제도주의에 머물러 있다. 왜냐하면 그들은 "관념적 사회적 사실의 '집단적 설명' 수준에서 관념적 인과관계의 문제에 끼어들고, 그리고 나서 행태에 이러한 설명이 미치는 영향을 추적하기" 때문이다 (Ruggie 1998: 884-845). 다른 측면에는 담론적 제도주의의 제목에 더 명확하게 적합한 구성주의자들이 있다. 그 이유는 그들이 아이디어를 보다 역동적인 것으로, 즉 행위자가 세계를 개념화하는 방법을 확립하게 할 뿐만 아니라 재개념화할 수 있게 하는 규범, 틀 및 이야기로서, 변화를 촉진하는 자원으로서의 역할을 제시하기 때문이다 (예를 들면, Wend 1987: 359-360). 처음으로 이것을 경험적으로 더 동태적인 차원에서 탐구한 학자로는 개발도상국에 대한 국제규범의 확산을 조사한 피네모어(Martha Finnemore 1996b)와 서로 다른 유럽 국가들이 유럽통합에 관한 국가 정체성과 아이디어를 연속적으로 구성하고 재구성한 방법들을 고찰한 리쎄(Thomas Risse 2001)가 있다. 국가의 민주주의에 대한 유럽통합의 차별적 영향에 대한 나의 연구(Schmidt 2006)는 유사하게 시간 경과에 따른 국가 정체성의 재건에 초점을 맞추고 있다. 국가 설계에 대한 역사적 제도주의의 관심은 프랑스와 영국 같은 단순한 정체가 독일과 이탈리아 같은 매우 복합적인 정체보다 고도로 복합적인 EU에 적응하는 데 더 큰 어려움을 겪은 이유를 설명하는 데 도움이 되지만, 이들 국가의 EU에 대한 다른 반응을 담론적 제도주의 분석 없이는 설명할 수 없다. 이 담론적 분석은 유럽통합에 대한 대중의 수용을 촉진(또는 거부)하는 데 있어서 설득력 있는 담론뿐만 아니라 아이디어를 정당화하는 역할에 대해서 논한다.

상호작용의 담론적 과정

방금 논의한 대부분의 담론적 제도주의자들은, 역사적 또는 사회학적 제도주의적 전통이든 아니면 둘 사이에 걸쳐 있든 간에, 주로 아이디어를 다루는 경향이 있으며, 다양한 행위자에 의해 생성되고 수용되고 정당화된 아이디어를 논의함으로써 담론의 상호작용 과정을 암묵적으로 남겨둔다. 그러나 일부 학자들은 아이디어의 생성, 수용 및 정당화의 상호작용 과정을 공식화하고 그들이 어떻게 구성되는지를 명확히 하기 위해 더 나아간다. 그들은 담론을 새로운 규칙, 가치 및 실행을 가져오는 일련의 아이디어로 볼 뿐만 아니라 그러한 아이디어를 생산하고 정당화하기 위해 기업가적 기질을 가진 행위자가 사용하는 자원으로 보는 경향이 있다. 그들의 접근방법은 정책 행위자 간의 '조정' 담론에 초점을 맞춘 접근과 정치 행위자와 대중 간의 '소통' 담론에 더 관심이 있는 것으로 나누어 진다 (Schmidt 2002: ch. 5; 2006; 2008; 2010 참조).

조정 영역에서 담론적 제도주의자들은 집단적 행동과 정체성을 위해 기반을 형성하는 아이디어를 생성하는 정책 구성의 중심에 있는 개인과 집단을 주로 강조하는 경향이 있다. 이 학자들 중 일부는 국제무대의 '인식적 공동체'에서 아이디어의 공통된 집단으로 연합된 느슨하게 연결된 개인에 초점을 맞춘다 (Haas 1992). 다른 이들은 지역화된 정책 맥락에서 '옹호 연합'(Sabatier and Jenkins-Smith 1993) 또는 국제정치에서 활동가들의 '옹호 연결망'를 통해(Keck and Sikkink 1998) 그러한 아이디어를 행동으로 옮기려는 시도에 의해 연합된 더 밀접하게 연결된 개인을 목표로 삼는다. 그러나 다른 사람들은 개인을 선택하는데, 그들은 '기업가'(Fligstein and Mara-Drita 1996; Finnemore and Sikkink 1998) 또는 '중재자'(Jobert 1992; Muller 1995)로서 국내 또는 국제무대에서의 특정 정책 영역에서 담론적 공동체와 연합의 아이디어를 이끌어내고 표출한다.

의사소통 영역에서 담론적 제도주의자들은 정치적 영역에서 대중 설득의 대규모 과정에서 아이디어의 사용을 강조한다. 이 학자들 중 일부는 선거 정치와 대중 여론에 초점을 맞추는데(Mutz, Sniderman, and Brody 1996), 정치인들이 정책 엘리트에 의해 개발된 아이디어를 투표와 선거를 통해 평가를 받는 정치 강령으로 해석하는 것에 대해서다. 다른 사람들은 국가적 차원의 정치적 이해를 구성하는 '소통 행위'(Habermas 1996)에 더 관심이 있고, 또 다른 이들은 정부의 진행 중인 정책 주도에 대해 정보를 가진 대중의 '정책 포럼'에서 보다 구체적인 심의에 관해 초점을 둔다 (Rein and Schön 1991). 이러한 소통 담론은 하향식으로 보여질 수 있는데, 엘리트가 대중 여론을 형성하거나 공공정책을 정당화하고, 엘리트들은 정책과 정치 행위자들 중에서도 상층부에서 국가적 또는 글로벌 전문가 포럼에서 토론하기 때문이다 (Seabrooke and Wigan 2016). 아래에는 심의 민주주의 또는 일상적인 행위자나 일상적 실행을 통해 아이디어를 표현하는 데 관여하는 일상적인 행위자가 있거나 또는 사회운동가가 국내 및 국제토론에 영향을 미치려고 시도하는 상향식이 있다 (Finnemore and Sikkink 1998). 이에 대한 한 예는 '고래 구하기(Save the Whale)' 운동 담론의 성공에 대한 엡스타인(Charlotte Epstein 2008)의 설명이다. 이 운동은 고래에 대한 아이디어를 불쾌하고 위험한 피조물(모비 딕과 같이)에서 보호하고 심지어 애정을 쏟을 가치가 있는 멸종 위기 종(모비인형)으로 바꾸게 하는 데 상대적으로 짧은 기간에 대단히 효과적이었다.

끝으로, 보다 최근에 학자들은 시간 경과에 따른 역사적 발전을 고려하는 조정 및 소통 담론을 결합하려는 경향이 있다. 특히 좋은 예는 킹과 스미스(King and Smith 2014)가 미국 인종 정책에서 결정적인 관념적 발전에 대해 분석한 것이다. 그들은 변화가 일련의 아이디어를 둘러싼 정책 행위자의 새로운 연합을 형성하는 데 성공한 조정 담론으로부터만이 아니라 그러한 아이디어를 선거에서 승리하는 대중에 대한 설득력 있는 소통 담론으로 해석한 정치 지도자들로부터도 가능했다는 것이다. 또 다른 하나는 위드미어(Wesley Widmaier 2016)의 것으로, 그는 권위와 대중의 신뢰를 획득한 '수사적' 정치 지도자에 의해 경제 정책 질서의 '수사적 구성'으로부터 경제를 어떻게 통치할 것인가에 대한 경제적 아이디어의 변화를 추적한다. (주로 경제학자인) 기술 관료 엘리트가 기술적 미세 조정에 관여함으로써 또 다른 수사적 지도자가 추진한 또 다른 경제 질서로 대체되어 경제 정책 질서의 위기에 직면할 수 있었던 것을 그 질서의 지적 전환을 통해 면했다는 것이다.

결론

국가에 대한 연구는 우리가 본 것처럼 신제도주의의 종류에 따라 매우 다르다. 합리적 행태, 역사적 구조, 규범 및 문화, 아이디어 및 담론 등 각각은 다른 설명 대상을 가지고 있다. 설명 논리도 각각 이익, 경로의존성, 적합성 또는 의사 소통으로 다르다. 연속성 또는 변화에 대해서도 고정된 선호를 통한 연속성, 경로의존성, 문화적 규범 또는 아이디어와 담론적 상호작용을 통한 변화 등 다르게 강조하고 있다 (표 5.1 참조). 그 결과, 국가에 대한 매우 다양한 종류의 제도주의적 연구가 있으며, 그 중 다수는 국가 자체에 거의 초점을 맞추지 않고 오히려 국가 내의 다양한 종류의 행동에 초점을 맞춘다.

남아 있는 질문 중 대답해야 할 중요한 질문이 하나있다. 이 네 가지 신제도주의가 함께 어울릴 수 있는가? 하나의 쟁점에 대한 경험적 연구에 여러 접근방법을 혼합할 수 있는가? 대부분의 이론 중심의 신제도주의자들은 부정적으로 대답할 것이다. 왜냐하면 그들의 목적은 어떻게 그들의 특정한 접근방법이 정치를 설명하는 가장 좋은 방법인지를 보여주는 것이기 때문이다. 보다 문제 지향적인 학자들은 항상

표 5.1 네 종류의 신제도주의

	합리적 선택 제도주의	역사적 제도주의	사회학적 제도주의	담론적 제도주의
설명 대상	합리적 행태	역사적 구조	규범과 문화	아이디어와 담론
설명 논리	이익	경로의존성	적합성	소통
변화 설명 능력	정태적: 고정된 선호를 통한 연속성 강조	정태적: 경로의존성을 통한 연속성 강조	정태적: 문화적 규범을 통한 연속성 강조	동태적: 아이디어와 담론적 상호작용을 통한 변화와 연속성 강조
예	주인-대리인 이론, 게임 이론	자본주의의 다양성을 추적하는 역사적 제도주의 과정	구성주의, 규범, 문화적 분석	아이디어, 담론, 구성주의, 이야기, 구성 틀, 옹호 연합, 인식론적 공동체

연구 대상을 설명하는 데 가장 적절해 보이는 접근방법을 사용하면서 접근방법을 혼합해 사용한다. 다양한 접근방법을 어떻게 적합시키는가에 대한 질문에 이론적 답변을 하기 위해서는, 신제도주의자들은 우선 그들 스스로 경쟁적 접근방법과의 관계를 개념적 영역을 둘러 싼 전투에서의 방법론적 전쟁으로 보는 것을 멈출 필요가 있다. 그들은 평화를 선언하고 그들의 국경을 따라 상호 호환성이 있는 영역을 탐색하기 시작하는 것이 더 나을 것이다. 이렇게 함으로써, 경험적 연구에 가장 큰 이점을 제공하면서 4개의 신제도주의 모두가 이론적으로 확실히 발전하게 될 것이다.

추가 읽을 거리

Blyth, M., O. Helgadottir and W. Kring (2016), "Ideas and Historical Institutionalism," in O. Fioretos, T.G. Falleti and A. Sheingate (eds), *The Oxford Handbook of Historical Institutionalism*, 142-164, Oxford: Oxford University Press.

Carstensen, M. and V.A. Schmidt (2016), "Power through, over and in ideas: Conceptualizing ideational power in discursive institutionalism," *Journal of European Public Policy*, 23(3), 318-337.

Hall, P. and R. Taylor (1996), "Political science and the three new institutionalisms," *Political Studies*, 44(5), 952-973. 세 가지 '신제도주의'를 가장 먼저 명확히 구별한 가장 알기 쉬운 설명을 제공.

March, J.G. and J.P. Olsen (1989), *Rediscovering Institutions: The Organizational Basis of Politics*, New York: Free Press. 사회학적 제도주의를 정치학에 소개한 선구적 연구.

Pierson, P. (2004), *Politics in Time: History, Institutions, and Social Analysis*, Princeton, NJ: Princeton University Press. 합리적 선택과 역사적 제도주의를 함께 모은 책.

Schmidt, V.A. (2008), "Discursive institutionalism: The explanatory power of ideas and discourse," *Annual Review of Political Science*, 11, 303-326.

Somit, A. and J. Tanenhaus (1982), *The Development of American Political Sci-*

ence from Burgess to Behavioralism, New York: Irvington. 구제도주의와 체계분석 및 행태주의 접근방법에 의한 그 대체의 역사에 대한 통찰력 있는 연구.

Thelen, K. (1999), "Historical Institutionalism in Comparative Politics," in *The Annual Review of Political Science*, Palo Alto, CA: Annual Reviews. 역사적 제도주의에 대한 결정적 연구.

6장

여성주의

요한나 칸톨라(Johanna Kantola)

서론	189
중립적이고 온화한 국가	193
가부장적 자본주의 국가	195
탈식민 국가	201
탈구조주의 국가	203
신물질주의와 국가	204
국가에 대한 여성주의 정치분석	206
결론	208

서론

국가는 다양한 사회에서 성(gender)과 성별 관계를 근본적으로 형성한다. 국가는 성별로 중립적이지 않고, 다른 사람들을 성별, 인종, 민족 또는 계급 배경이 없는 것처럼 대우하지 않으며, 성평등하지도 않다. 모두를 위한 평등한 기회와 결과를 보장하기 위한 적절한 정책, 제도 및 과정을 갖추고 있지 않다. 법률과 정책을 통해 국가는 실제로 사회의 양성평등을 촉진하거나 방해할 수 있다. 여성주의 시각에서 보면, 국가는 모순적이다. 예를 들면, 복지국가는 (일부) 여성들에게 직업과 서비스를 제공하여 평등을 향상시켰지만, 동시에 성별화된 노동시장을 굳힘으로써 여성들이 공공 부문 일자리와 낮은 임금 수준에 갇혀 있게 됐다. 민주주의의 다양한 모형과 수준은 여성과 소수자에게 정치적 의사결정자, 시민 및 시민사회 행위자로서 발언권을 주거나 또는 그들을 의사결정에서 제외하기도 한다.

이러한 모순은 왜 국가에 관한 여성주의 이론이 가부장적으로 보이며 따라서 여성주의 정치를 넘어서는 국가에 대한 깊은 불안에 의해 오랫동안 지배되었는지를 설명한다. 이러한 불편함은 여성주의자들이 국가에 대한 이론을 가지고 있지 않으며(MacKinnon 1989) 국가를 이론화하는 것은 여성주의의 관심사가 아니라는 주장에서 정점에 이르렀다 (Allen 1990). 탈구조주의 여성주의자들과 그 너머에까지 큰 영향을 준 버틀러(Judith Butler 1997) 역시, 그녀의 성이론(gender theory)은 그녀의 다른 반본질주의적 사고와 모순되는 강력한 반국가주의적 방법으로 국가를 개념화했다 (Lloyd 2007). 이러한 경향에도 불구하고, 국가에 관한 다양한 여성주의적 시각이 존재한다. 그 '목록'에는 국가에 관한 자유주의, 급진주의, 마르크스주의/사회주의, 북유럽(Nordic), 탈구조적 여성주의 시각, 그리고 가장 최근에는 신유물론과 탈식민주의적 여성주의 관점을 포함한다 (예를 들면, Chappell 2013; Kantola 2006, 2016 참조). 대안으로, 우리는 최근의 책을 통해 국가에 관한 분석적 시각이 성에 대한 개념화에 따라 어떻게 변화하는지를 식별한다. 우리는 다섯 가지 시각으로 구별한다. 여성, 성별, 성별의 해체, 교차성, 탈해체(postdeconstruction)로 구분한다 (Kantola and Lombardo 2017).

국가에 관한 다양한 여성주의 시각은 몇 가지 주요 문제를 지속적으로 다루었다. 전통적으로 국가와 관련한 주요 여성주의 질문에는 역설과 이분법, 즉 공적과 사적, 국가의 안팎 그리고 국가와 여성주의 정치 및 투쟁의 관계에 대한 분석이 포함되었다 (Banaszak, Beckwith and Rucht 2003; Banaszak 2010). 비록 국가에 관한 다른 시각이 계속 공존하지만, 여성주의 논쟁에서 몇 가지 일반적인 경향을 찾을 수 있다 (Kantola 2016 참조). 여성주의 논쟁은 첫째, 여성과 남성, 국가와 민족에 관한 '본질주의적' 개념으로부터 떠나 있다. 성, 인종, 민족성, 성차별(sexism), 인종차별에 대한 이론을 제시하는 흑인 여성주의자 (hooks 1984; Hill Collins 1991)는 교차성 관념(Crenshaw 1991)의 인기와 함께 더욱 주류가 되었는데, 이것은 성이 인종 및 민족성, 성별(sexuality), 장애, 계급 및 기타 불평등 범주와 어떻게 교차하는지를 강조한다.

둘째, 국가가 실질적으로 본질적인 대상이 되는 대신에 여성주의 이론은 국가가 담론, 실천 또는 물질적 회로를 통해서 지속적으로 '재생산'되어야 하는 방법을 탐구하는 경향이 있다 (제8장 참조). 여성주의 학자들은 이러한 구성 뒤에 있는 권력 관계, 즉 그들이 의존하고 재생산하는 여성성과 남성성, 그리고 차별화된 성별 영향을 탐구한다. 국가 과정, 정책, 제도, 담론, 실행 및 규범은 성적이며 성별화되고 성별 질서를 구성하는 것으로 보여진다. 국가는 역시 국가와 민족을 재생산하기 위해 이성애(heterosexuality)와 관련한 규범을 사용한다는 점에서 인종화되고 성별화된다. 여성주의 학자들은 국가와 민족이 어떻게 '우리'와 '그들,' 즉 타자 사이에 새로운 경계를 긋는지 설명하기 위해 동성민족주의(homonationalism)와 동성보호주의(homoprotectionism)라는 용어를 만들어냈다 (Puar 2007). 이러한 접근방법에서 국가이익은 그들이 대표하고 표출하는 바로 그 과정에서 구성된다 (Kantola 2007).

셋째, 국가 및 관련 개념은 이제 보편적이라기보다는 '상황에 따라' 매우 특수한 것으로 이론화된다. 상황 특수적인 국가는 여성주의 논쟁에서 남용적, 여성 친화적, 개발적, 연약한, 강압적, 탈근대, 중앙 또는 탈식민적이라고 불리며, 이는 국가와 국가 제도 사이와 내부의 차이점을 모두 반영한다 (Bumiller 2008; Prügl 2010; Kantola and Dahl 2005). 여성주의 이론에서 '감정적 전환'은 국가와 민족을 하나로 묶는 감정의 역할을 가리킨다 (Ahmed 2004). 마지막으로 '변화하는 정치적, 사회적 맥락'은 국가에 관한 여성주의 논쟁에 반영된다. 처음에 '세계화'로 논의된 것이 이제는 세계 각지에서 다양한 형태를 취하는 신자유주의로 구체화되었다. 신자유주의적 통치성은 시장 주도의 진실과 계산이 정치 영역에 침투하는 것을 반영한다 (Ong 2007: 4). 현재 여성주의 연구를 가로지르는 주제는 신자유주의와 국가에서의 그 실현, 그리고 그들과의 여성주의 관여에 대한 다양한 영향인데, 이는 우리가 '시장 여성주의(market feminism)'를 향한 움직임에 대해 이야기할 수 있을 정도다 (Kantola and Squires 2012). 여성주의 학자들은 특히 신자유주의가 종종 보수주의, 과격우파 대중영합주의 또는 동성민족주의와 같은 다른 이데올로기와 결합되는 방식과 그리고 그것이 낳은 결과를 탐구한다 (Brown 2018; Elomäki and Kantola 2018).

이 장은 다음의 중요한 질문에 초점을 두면서 국가에 대한 여성주의 이론을 논의한다. 국가란 무엇인가? 어떻게 성별화되고, 인종화되고, 계급화되고, 성적화되는(sexualized)가? 국가는 무엇을 하며 어떤 영향을 미치는가? 국가는 평등을 증진하고 불평등을 영속시키는 데 무슨 역할을 하는가? 이 장은 중립적이고 온화한 국가에 대한 여성주의적 개념화에 초점을 맞추는 것에서 시작하여, 다음은 국가를 자본주의적이고 가부장적, 탈식민적, 탈구조적, 그리고 마지막으로 신유물론적 관점에서 논의한다. 이 장은 과격우파 대중영합주의 영향으로 인한 도전을 포함하여 국가에 관한 여성주의의 경험적 연구에 대한 성찰로 끝난다.

중립적이고 온화한 국가

일부 여성주의 학자들에게 국가는 진보적인 성평등 입법을 달성하기 위해 표적이 되고 로비 대상이 될 수 있는 중립적 제도로 묘사된다. 국가는 잠재적으로 여성 친화적인 입법 및 정책을 담당하는 제도다. 예를 들어, 자유주의적 여성주의의 고전인 프리단(Betty Friedan)의 『여성의 신비』 (*The Feminine Mystique* 1962)에서 여성을 위한 기회의 평등은 동일 임금 및 노동 시간에 관한 법률을 변경하고 직장 내 차별을 불법화함으로써 달성된다고 주장한다. (의회, 정부, 관료제와 같은) 정치 제도와 관련된 여성의 국가에의 접근은 중요한 정치적 문제이자 목표가 된다.

자유주의 여성주의자들은 국가 제도가 남성에 의해 지배되고 정책은 남성적 이익을 반영한다는 것을 인정하면서도, 국가는 남성 이익집단으로부터 '다시 포획'되어야 한다고 주장한다 (Kantola 2006 참조). 다시 말해서, 국가는 그 제도를 통제하는 이익집단의 반영이며, 이는 정치학의 다원주의 국가이론과 유사한 개념이다. 자유주의 여성주의자들이 제시하는 국가 개념은 일반적으로 핵심 개념을 자유주의 여성주의가 전유한다는 징후다. 그들은 기존 아이디어를 여성의 사례에 맞게 적용한다 (예를 들어 권력에 관해서는, Lloyd 2013: 113). 국가에 더 많은 여성이 있을수록 더 많은 여성 정책이 수반될 것이라는 가정은 여성의 실질적인 대표성에 대한 논쟁에서 도전을 받았다. 여성의 산술적 대표성의 증가 사이의 연관성이 자동으로 여성주의 정책으로 해석되지 않는다는 것이 밝혀졌기 때문이다 (Celis et al. 2008). 자유주의 국가에 대한 온화한 개념은 다음과 같이 주장하는 오킨(Susan Moller Okin 1989)의 연구에도 영향을 미치는데, 그녀는 정의에 대한 자유주의 모델은 온화한 국가의 영역에서 가족의 영역으로 확장되어야 한다고 주장하며, 가족에서의 불평등 재생산에서 국가의 간접적인 역할을 비판한다. 오킨에게 이러한 문제에 대한 해결책은 자유주의 국가 내의 공공 정책과 가족법의 개혁에 있다. 온건한 자유주의 국가에 대한 주장은 여성주의와 다문화주의에 관한 최근 논쟁에서 표면화됐다. 오킨(1999)은 다문화 집단의 권리가 여성에게 해를 끼칠 때 자유주의 국가가 이에 경계를 설정해야 한다고 주장한다.

국가에 대한 유사한 온화한 개념은 다른 여성주의 전통, 즉 여성 친화적인 복지국가에 대한 북유럽의 이론화에서 찾을 수 있다. 헤르네스(Helga Maria Hernes 1987)는 북유럽 국가를 잠재적으로 여성 친화적인 사회로 정의했으며, 이는 여성의 정치적, 사회적 권한 부여가 국가를 통해서 그리고 국가 사회정책의 지원으로 일어났음을 의미한다. 사회민주적 시민권 전통이 사회 변화의 도구로서 국가를 낙관적으로 수용한 결과다. 헤르네스에게 북유럽 여성들은 국가에 의존하는 자신들의 문화에 따라 행동했으며, 심지어 그들이 대안적 제도를 세우려는 경우에도 그러했다. 북유럽의 여성 친화적 복지국가에 대한 연구는 여성이 양성평등의 제도화를 통해 정치적 주체로서의 권한을 갖게 된다고 주장한다. 이것은 양성 관계를 유지하고 변화시키는 데 있어 여성의 공헌과 역할에 주목하게 했다 (Siim 1988). 여성 친화적 복지국가에 대한 초기 논쟁은 개별 남자에 대한 여성의 사적 의존이 여성 친화적인 복지국가에서 국가에 대한 공적 의존으로 전환됐다고 주장하는 그 모순을 강조했다 (Dahlerup 1987). 공공부문의 확대는, 비록 여성에게 이익이 되더라도, 남성이 지배하는 기득권층에 의해 계획되고 실행된다. 따라서 여성은 정책의 대상이었다. 이러한 경향은 여성의 삶이 남성보다 국가 정책에 더 의존적으로 결정되며 북유럽 복지국가는 권력 및 위계질서의 성별화된 체제에 기반한다는 관찰에 의해 악화됐다.

여성친화적 복지국가는 이후 북유럽 국가의 여성주의 학자들로부터 더욱 거센 비판을 받게 되었다. 첫째, 여성친화적 복지국가는 오직 일부 여성과 남성, 예를 들면 백인과 중산층에게만 혜택을 주고 인종과 민족, 성별과 계급에 기반한 불평등 위에 구성되는 것으로 나타났다. 강력한 담론으로서, '여성 친화적인 복지국가'는 모두에게 평등이 달성되었다는 인상을 만들어냄으로써 이러한 불평등을 숨길 수도 있다 (Kantola 2006; Martinsson et al. 2017). 둘째, 북유럽 복지국가는 2008년 금융 및 경제위기 동안과 그 이후에 강화된 신자유주의화 및 경제화 과정에 의해 영향을 강하게 받았다. 이러한 국가들은 정책결정 규범 및 과정의 측면에서 더욱 신자유주의화되었으며 그 효과는 성별화되고 인종화되었는데, 이 쟁점은 많은 국가와 관련된 문제이므로 이 장의 마지막 부분에서 더 자세히 논의한다 (Elomäki and Koskinen Sandberg 2020). 셋째, 북유럽 복지국가는 고도로 조합주의적이어서 많은 양성평등 쟁점이 특히 노동시장과 관련된 경우 의회 정치의 손이 닿지 않는 노동시장 조직들 사이의 복잡한 협상을 통해 계속해서 결정돼왔다 (Elomäki et al. 2021; Elomäki et al. 2022; Saari et al. 2021). 북유럽 국가들이 성평등 성취와 관련해서는 비교적 좋은 성과를 계속 거두고 있지만, 대체로 여성주의 대역을 맡아 온 조합주의는 많은 경우 성평등에도 해를 끼쳤다.

가부장적 자본주의 국가

국가를 가부장적이고 자본주의적이라고 이론화하는 것은 여성주의 논쟁에서 중요한 위치를 차지했다. 국가에 대한 이러한 비판은 매킨논

(Catharine MacKinnon)의 급진 여성주의에서 마르크스주의 및 사회주의 여성주의와 버틀러에 이르기까지 매우 다양한 이론적 전통에서 나온다. 국가는 여성주의 운동 목적, 예를 들어 성폭력과 관련하는 등의 목적에 적절한 신자유주의 또는 자본주의와 같은 이데올로기 또는 거버넌스 양식과 함께 작동하여 이론화된다 (Bumiller 2008).

급진 여성주의자들은 성 불평등의 영속화에 있어 국가의 역할을 분석할 것을 요구하는 국가의 가부장적 성격을 강조한다. 국가는 고립되고 중립적이며 협소한 제도가 아니라 국가와 그로부터 방사되는 정책에 여성의 관여를 형성하는 더 넓은 성별 사회구조에 내재되어 있다 (Eisenstein 1986: 181). 밀레트(Kate Millett)와 함께 가부장제의 개념은 새로운 의미를 얻었다 (Millett 1970). 그녀의 『성정치』(*Sexual Politics*)이전까지 가부장제는 아버지의 통치나 가장의 통치를 의미했다. 밀레트는 가부장제가 실제로는 남성의 지배에 관한 것, 즉 남성 우월주의이며 억압의 가장 근본적인 형태라고 주장했다. 가부장제 개념은 여성에 대한 억압이 우연적이거나 단편적인 것이 아니라, 오히려 다양한 형태의 억압이 서로 연결되어 있고 상호 지탱해 준다는 통찰력을 포착했다. 이 여성주의 분석의 급진적 성격은 국가는 우발적일 뿐만 아니라 근본적으로 가부장적이라는 주장에서 비롯되었다. 더욱이 가부장제는 글로벌하고 보편적이었다. 국가가 취한 특정 형태는 모두 가부장적 국가였기 때문에 특별히 중요하지 않았다.

맥킨논(MacKinnon 1987, 1989)은 국가에 관한 급진적 여성주의 입장을 분명히 표명했다. 그녀는 다음과 같이 주장했다.

국가는 여성주의적 의미에서 남성이다. 법은 남자가 여자를 보고 대하는 방식으로 여자를 보고 대한다. 자유주의 국가는 정당성 있는 규범, 형식, 사회와의 관계 그리고 실질적인 정책을 통해서 성으로서의 남자의 이익을 위해 사회 질서를 강압적이고 권위적으로 구성한다 (1989: 161-162).

여성주의자들은 국가권력을 남성 권력으로부터 분리하는 게 불가능하므로 국가가 여성을 해방시키는 것을 기대할 수 없었다. 맥킨논은 특히 그녀의 비판을 자유주의 국가에 향했으며 그것의 법과 정책을 비판한다. 그녀에 의하면, 강간, 낙태, 음란물에 관한 법률이 공식적으로 존재하지만, 그것들이 완전하게 집행되지는 않았다. 동시에 국가는 그들의 억압을 더하는 성별 관계에 여성을 일치시키려고 강제했다. 페이트만(Carole Pateman 1988)에게 가부장제의 기원은 남성에게 여성에 대한 정치적 권리와 신체에 대한 접근을 부여한 사회적-성적 계약에 있다. 여성을 국가제도에 통합하는 데만 전념하는 초점은 지배적인 가부장적 담론과 규범에 도전하기보다는 오히려 영속시키는 상황을 만들어 냈다.

자유주의 여성주의자가 국가를 정치적 제도인 것으로 이해하는 반면, 급진적인 여성주의자는 국가와 사회라는 더 넓은 구조로 초점을 확장한다. 급진 여성주의 연구는 정치의 공식적 및 비공식적 실제의 가부장적 본질을 보여주고 이를 가족, 성별, 친밀한 관계, 폭력과 같은 '개인적'인 것과 연결함으로써, 정치와 정치적인 것으로 연구되는 범위를 크게 확장한다. 가부장제의 개념은 여성주의 전략과 정치적 목표를 제공한다. 남성 지배의 전체 구조는 여성 해방을 달성하려면 해체해야만 한다 (Acker 1989: 235). 국가보다는 시민사회가 여성이 가부장제에 도전하기 위해서 힘을 집중해야 하는 영역이다. 의식 고양을 통해서, 무엇이 진정으로 여성적인가를 재발견하고 여성 자신의 목소리로 말하기 위해 투쟁할 때 비로소 가능해진다.

급진적 여성주의자들에게 국가가 가부장적이었다면, 마르크스주의 여성주의자들에게 국가는 본질적으로 자본주의적이었다 (McIntosh 1978: 259). 국가는 제도일 뿐만 아니라 사회관계의 한 형태이기도 했다. 여성의 종속은 가족 내에서 노동력의 재생산을 통해 자본주의를 유지하는 역할을 했다. 여성은 일에서 억압받고 일로부터 배제당했으며 마르크스주의 여성주의자들은 가족의 이데올로기가 비난받아야 한다고 주장했다. 마르크스주의 여성주의자들은 복지국가를 비판하면서 국가가 복지국가 정책을 통해 주로 가족 이데올로기를 재생산하고 유지하도록 돕는다고 주장했다. 급진 여성주의와는 대조적으로, 마르크스주의 여성주의자들은 여성은 자본주의에 대항하는 투쟁에서 여성으로서가 아니라 노동자로서 중요하다고 주장했고 (McIntosh 1978), 여성의 범주는 재생산 조건으로 고용되었다 (Sargent 1981: xxi).

사회주의 여성주의자들은 마르크스주의와 급진 여성주의 통찰을 결합하려고 시도했다. 급진 여성주의자들로부터 사회주의 여성주의자들은 가부장제라는 억압체제에 대한 이해를 이어받고, 마르크스주의 여성주의자들로부터 모든 노동자들의 상황을 규정하는 계급 억압의 중요성을 도출했다. 이 두 가지 접근방법은 자본주의와 가부장제라는 '이중체제'에 대한 분석에서 결합됐다. 아이젠스타인(Zillah Eisenstein)에게, 자본주의적 가부장제 개념은 '자본주의적 계급구조와 위계적 성적 구조 사이의 상호 강화하는 변증법적 관계'를 포착했다 (1979: 17). 바레트(Michèle Barrett)는 이어서 국가가 여성 억압을 조장하는 여러 가지 방법을 확인했다. 여성은 보호법에 따라 특정 종류의 직업으로부터 배제됐다. 국가는 음란물법을 통해 성별이 표현되는 방식을 통제했으며, 국가의 주택 정책은 비핵가족의 필요에 외면했다 (1980: 231-

237). 사회주의 여성주의 논쟁은 두 체제의 상대적 자율성을 중심으로 전개되었다. 일부 이론가들은 가부장제가 자본주의보다 인과적 우선순위를 갖는다고 주장했고 다른 이론가들은 자본주의가 더 자율적이라고 주장했다. 아이젠스타인(Eisenstein 1979: 196)에 따르면 자본가 계급은 국가나 정부를 직접 통치하지 않고 대신 헤게모니를 행사했다. 국가의 신비로운 역할의 상당 부분은 남성의 이익과 부르주아 이익을 일치하게 보이도록 하는 데 있었다.

 과격주의, 마르크스주의, 사회주의 여성주의자들이 특히 여성, 남성, 그리고 성에 대해 가졌던 많은 아이디어는 양성이론이 진전함에 따라 도전과 비판을 받아왔다. 이러한 비판에서 가장 영향력 있는 부분 중 하나는 정치 이론가이자 철학자인 버틀러(Judith Butler)의 『성 고난』(*Gender Trouble* 1990)으로부터 제기됐는데, 그 연구에서 어떻게 '성별(sex)'과 '성(gender)' 모두가 이성 간의 권력 관계의 결과인가를 보였다. 흥미롭게도 국가와 관련하여 버틀러의 연구(Butler 1997)는 정치의 합법화에 비판적이고 민주화가 시민사회를 통해 가장 잘 작동한다는 믿음에 기반한 반국가적 설명을 입증한다. 『성난 연설』(*Excitable Speech*)에서 버틀러는 혐오 표현을 범죄화하길 원하는 여성주의자를 비판하고, 대신 다른 형태의 정지가 더 효과석이라고 주장한다. "비사법적 형태의 반대, 법원이 결정한 범위를 초과하는 맥락에서 발언을 재상연하고 재의미화하는 방법"이 더 효과적이다 (Butler 1997: 23). 버틀러는 국가권력의 자의적 성격에 대해 의심을 품고 있으며, 그녀에게는 혐오 표현의 규제는 국가가 그 권력을 확장할 수 있는 수단의 한 예다 (Lloyd 2007: 127). 로이드(Moya Lloyd)가 버틀러에 대한 해석에서 설명했듯이, 혐오 표현과 같은 구성은 국가가 '자신의 인종적, 성적 담론을 확장'할 수 있는 법적 기제가 되며, 이는 다시 포용 및 배제를 초래한다 (Lloyd 2007: 129). 이러한 형태의 국가 규제는 시민사회에서 새로운 의미를 추구할 기회를 박탈한다. 요컨대, 버틀러의 입장은 국가 담론의 생산성을 강조하고 법이 악용되고 반진보적으로 사용될 수 있는 방법을 축소할 것을 요구한다 (Lloyd 2007: 129).

비평가들은 버틀러가 법적 보호는 필연적으로 반동적이라고 가정하며 따라서 국가가 진보적 평등 정치를 증진할 수 있는 방법을 기각시킨다고 암시했다 (Lloyd 2007; Passavant and Dean 2001). 버틀러의 국가 개념도 역시 모순적이다. 때로는 매우 협소한 사법 제도이고, 때로는 광범위한 일련의 상충하는 제도, 실행 및 담론이다. 후기 연구에서 버틀러는 국가에 대한 한정된 정의를 제공하고 국가는 "법으로 환원될 수 없으며," 국가는 이익이 항상 일치하지 않는 복수의 제도로 구성되고 결과적으로 정치적 저항을 위한 복합적 장소로 존재한다고 제안한다 (Butler 2002: 27; Lloyd 2007: 131 참조). 그러나 로이드는 버틀러의 국가에 대한 회의론은 여전히 남아 있다고 암시한다. 로이드는 버틀러의 국가에 대한 설명에는 실제로 근본적인 역설이 있다고 주장한다. 그녀는 "혐오 발언과 음란물이 과격하게 이야기될 수 있지만, 발언할 가능성을 부인하거나 또는 오히려 반진보적 방향에서만 이야기될 수 있음을 허용"한다고 암시한다 (Lloyd 2007: 132). 버틀러의 국가 개념화를 둘러싼 논쟁은 국가에 관해 글을 쓰는 여성주의 학자들이 직면한 모순의 긴 그림자를 예증해준다.

탈식민 국가

국가에 관한 여성주의 이론화는 위에서 논의한 국가에 대한 개념화와 같이 구체적인 서구 맥락에서 비롯된 것으로서 항상 명백하지만은 않다. 국가가 이론화되는 다양한 맥락과 이론과 실제의 연계의 중요성을 강조하는 국가에 관한 여성주의 연구의 강한 집단이 있다. 발전론 학자들도 비서구 국가에서 국가의 근본적으로 다른 의미를 지적한다 (Afshar 1996; Alvarez 1990; Dore and Molyneux 2000; Rai and Lievesley 1996; Visvanathan et al. 1997). 서구의 논쟁과 마찬가지로, 이 문헌들은 여성의 공적 및 사적 삶의 다양한 영역에서의 권력 행사 그리고 이러한 침해에 대한 여성의 저항에 대해서 국가 제도의 과정을 평가하는 데 관심이 있다 (Rai and Lievesley 1996: 1). 그러나 중요한 차이점이 있다.

주요 쟁점 측면에서 탈식민주의, 민족주의, 경제 근대화, 그리고 국가 역량이 중요한 것으로 등장하는 반면, 서구 여성주의자들은 흔히 이러한 문제를 당연시하고 대신 어떻게 국가에 관여하는 것이 최선인가에 초점을 맞춘다 (Chappell 2000: 246). 예를 들어, 인도네시아에서 식민지 국가는 빅토리아 시대 유럽사회의 특징인 여성의 모성과 가정성을 강조했다 (Wieringa 2002: 47). 탈식민화 과정에서 여성들은 처음에는 식민주의자들과의 투쟁에 참여하도록 촉구받았지만 나중에는 그들의 권리가 잊혀지거나 외면되어 국가에서의 여성의 역할에 대해 더욱 보수적인 구성으로 이어졌다 (Wieringa 2002: 47). 아프리카에서 여성 운동을 탐구할 때를 예로 들면, 가부장제가 국가의 (신)가산제와 혼합되는 방법들이 중심이 된다 (Tripp 2001; Njagi 2013). 신가산제 국가에서 "권위에 대한 주장은 법을 초월하는 충성심과 의존의 개인적인 관계에 기반한다"(Tripp 2001: 106). 그리고 가부장제와 결합되면 국가에서 여성의 지위와 기회를 악화시킬 수 있다 (Njagi 2013). 그러므로 여성의 자율성에 대한 문제는 서구 국가의 문제와 다른 의미를 얻는다. 예를 들어, 우간다 여성 운동은 국가의 성공에 결정적인 역할을 해왔으므로 국가로부터 더 큰 자율성을 요구할 수 있었다 (Tripp 2001: 105). 다시 말하지만, 이러한 실제 현상은 국가마다 크게 다르며 맥락에 따라 연구해야 할 필요가 있다.

탈식민 국가에서 식민지 과거와 반식민 투쟁은 다양한 방식으로 존재하며 그러한 국가의 이데올로기, 거버넌스 및 제도적 구조를 형성한다 (Parashar 2018: 162). 많은 사람들에게 국민국가는 자치의 이상화된 형태, 반식민 민족주의가 나타날 수 있는 구조로 제시된다 (Parashar et al. 2018: 8). 낸디(Ashis Nandy 2003)와 같은 비평가들에게 '국가'는 예를 들어 개발정책을 통해 근대화를 향해 사회를 통제하고 문명화하기 때문에 '백인의 짐'을 공유한다. 특히 탈식민 국가의 경우, 반식민주의 투쟁이 식민주의적 가해에 대한 해결책으로서 주권 국가라는 관념을 목표로 하는 반면, "이러한 탈식민 국가 중 다수가 심각한 인권 침해의 가해자가 되었다는 사실은 첨예한 역설이다. 특히 여성과 소수 인종에 대한 폭력은 거의 숨겨지거나 침묵되어지고 보도되거나 기록되지도 않고 또 인정되지도 않는다"(Parashar et al. 2018: 1). 아프리카, 아시아 및 중동에서의 정치 및 무력 분쟁은 약하고 존재하지 않는 국가 구조에 의해 촉발되고 촉진됨으로써, 주권 국가를 통한 인권, 여성의 권리 및 평등을 달성하는 것은 머나먼 목표처럼 보인다.

탈구조주의 국가

탈구조주의 여성주의자들은 국가의 내적 통합성을 해체하고 일련의 다양한 제도로서 차별화된 국가를 이론화하려고 노력했다. 프링글과 왓슨(Rosemary Pringle and Sophie Watson)은 국가의 통합성에 도전했고 국가는 일관성이 결여된 일련의 경기장으로 구성되어 있다고 주장했다 (1990, 1992). 프뤼글(Elisabeth Prügl)은 탈근대 국가를 "권위가 여러 수준의 정부에 의해 공유되는 분권화된 국가"로 정의했다 (2010: 448). 탈구조주의 분석에서 국가는 차별화된 제도, 실행, 기관 및 담론의 집합이며 정치와 국가는 넓은 의미로 개념화된다 (제8장 참조). 국가는 담론적 과정으로 묘사되는데, 예를 들어 국가의 통일성과 정체성이 담론적으로 재생산됨을 의미한다 (예를 들면, Kantola 2007; Kantola, Norocel and Repo 2011 참조).

국가가 본래부터 가부장적이지는 않지만, 결과가 열려있는 정치 과정에서 역사적으로 가부장적으로 구성되었다. 따라서 가부장적 국가는 가부장적 본질의 발현이 아니라 가부장제가 구성되고 경쟁하는 일련의 권력 관계와 정치 과정의 반향을 일으키는 중심으로 볼 수 있다 (Connell 1987). 특정 담론과 역사는 국가의 경계, 정체성 및 기관을 구성한다 (Kantola 2006, 2007). 남성성은 "국가라는 지배 영역에 걸쳐서 순환하는 권력의 다양한 양식"을 이해하기 위한 중심이다 (Brown 1995: 177).

브라운(Wendy Brown)의 탈구조주의 접근방법은 국가의 성별 질서의 구성적 특성, 그 질서에 내재된 모순, 국가의 과정이 매우 다른 장소에서 발생하는 방식에 주의를 기울인다 (Brown 1995: 167). 프뤼글(Prügl 2010)은 비록 브라운의 연구에서 영감을 받았지만, 그녀가 여성주의 투쟁과 이것들이 국가 기반 법률 및 정책에서 제도화된 방식에 대해 충분한 관심을 기울이지 않는다고 비판한다. 많은 다른 탈구조적 여성주의자들은 국가와의 관계에서 여성에게 권한을 부여하기 위한 가장 효과적인 전략이 무엇인가를 질문해왔다. 다시 말해, 여성주의의 목표는 성에 대한 국가의 영향뿐만 아니라 여성주의 투쟁을 통해 국가가 이용되고 변화될 수 있는 방법을 이해하려는 것이다 (Kantola 2006). 그러한 분석은 국가와 성별 간의 복잡하고 다차원적이며 차별화된 관계를 고려할 수 있도록 허용한다. 그들은 국가가 여성주의자에게 부정적인 자원일 뿐만 아니라 긍정적인 자원이 될 수 있음을 인정하므로, 국가의 '안'과 '밖' 사이의 이분법을 해체하려고 한다. 다양한 담론과 권력 관계의 틀 내에서 성의 다양성과 여성 경험의 차이가 전면에 대두된다 (Kantola and Dahl 2005).

신물질주의와 국가

'갱신된 유물론적 여성주의'는 국가와 그 효과를 단순히 담론만으로는 이해할 수 없음을 시사한다. 그 대신 이러한 접근방법은 국가가 물질적 현상과 과정에 내재되어 있음을 강조한다 (Coole and Frost 2010: 2-3). 새롭게 등장한 물질적 여성주의는 사회적 구성주의를 수용하지만 물질적 영역을 문화와 담론으로 환원할 수 없는 것으로 개념화한다 (Coole and Frost 2010: 27; 여성주의 신유물론에 관한 논쟁에 대해서는, Ahmed 2008 참조). 국가와 관련해서는, 이것은 "거버넌스와 통치성을 통해서 일상생활을 통제하는 촉수가 점점 더 깊숙이 파고드는 관료국가에 대한 베버의 비판이론적 통찰과 권력의 사소한 부분이 어떻게 구체화된 주관성을 발전시키고 실질적으로 관리하는지를 설명하는 푸코 계통의 양상"을 혼합하는 것을 의미한다 (Coole and Frost 2010: 27). 유물론에 대한 새로운 학문적 관심을 설명할 때, 쿨(Diana Coole)과 프로스트(Samantha Frost)는 자연과학과 생명정치 및 생명윤리 쟁점의 발전뿐만 아니라 글로벌 정치경제와 신자유주의와 같은 구조적 조건을 이해할 것을 강조한다 (Coole and Frost 2010: 6-7).

국가를 이론화하는 관점에서 보면, 중요해지는 것은 현대 국가의 생명정치적 관심이다. 국민의 생명, 건강, 죽음을 관리하는 국가의 역할, 즉 "출산율, 결혼 및 장례 의식, 전염병, 식품 위생 및 국민의 건강" 관리 등은 중요하다 (Coole and Frost 2010: 23). 국가는 다양한 생명의 가치에 대한 결정을 내려야 하기 때문에 생물학적 생명 과정에 관한 겉보기에는 기술적인 문제가 정치 질서에 포함된다 (Coole and Frost 2010: 23). 이런 식으로 국가는 삶의 기회와 실존적 기회를 형성하고, 제약하고, 구성하는 데 권력을 발휘한다. 이러한 권력의 행사는 "담론적이고 물질적인 형태가 불가분의 관계에 있지만 환원될 수 없으며 물질적 구조는 동시에 과도하고 훼손되는" 복잡한 순회 과정에서 발생한다 (Coole and Frost 2010: 27). 경제적 요인과 자본주의가 중심이 되면서 자본주의체제는 협소하게 경제적인 방법으로 이해되지 않고, 오히려 "상호 연결된 현상과 과정의 다수를 포함하는 탈전체화된 전체"로서 이해된다 (Coole and Frost 2010: 29). 이러한 견해는 우리가 통치성, 생명정치, 사회질서를 유지하는 담론의 역할에 대한 푸코의 분석을 진지하게 받아들이고, 자본 축적 조건을 유지하는 국가의 역할을 분석에 편입시키도록 권장한다 (Coole and Frost 2010: 30).

국가에 대한 여성주의 정치분석

국가에 대한 여성주의 정치분석은 국가가 계속 성별화되는 다양한 방법을 강력하게 보여준다. 비교 국가 여성주의 문헌은 여성 운동이 국가의 한 부서인 여성 정책 기관에 관여하는 방법을 연구하고 국가의 전반적인 성 정책을 위한 이러한 관여의 성공과 실패에 영향을 미치는 요인을 평가해왔다 (McBride Stetson and Mazur 1995; McBride and Mazur 2010 참조). 바나착(Lee Ann Banaszak 2010)은 조직과 관료제도의 측면에서 국가를 개념화하고 성 활동가에게 유리한 위치와 여성주의 투쟁을 위한 이들 위치 변화의 영향을 탐구한다. 국가에 대한 교차 분석은 LGBT 활동가가 국가 관계를 어떻게 변화시켰고 국가가 전 세계 여성과 남성 동성애 사회(lesbian and gay communities)를 위한 기회를 어떻게 구조화했는지 탐구했다 (Ayoub and Paternotte 2014). 유럽에서 중요한 변화는 정치적 교차성에 대한 국가의 참여였는데, 이것은 성별과 인종으로부터 다양한 불평등 범주에까지 국가 정책을 확장했다. 예를 들어, 성적 취향, 연령, 장애, 종교 및 신념에 이르기까지 논쟁적인 정치과정이 포함됐는데, 여성주의 학자들은 이를 '교차성을 제도화한 것'이라고 불렀다 (Kantola 2010; Krizsán, Skjeie and Squires 2012). 여성주의 신제도주의자들은 국가를 규범과 규칙과 같은 공식 및 비공식 제도를 모두 포함하는 다양한 개별 제도로서 연구한다 (Chappell 2013: 607; Chappell 2002). 연구의 본체는 제도적 유산, 경로의존성 그리고 변화 가능성의 중요성에 주목한다 (Chappell 2013: 608).

국가에 대한 두 가지 글로벌 발전이 여성주의 관점에서 특히 집중적으로 분석되었는데, 신자유주의와 과격우파 대중영합주의의 부상이다.

첫째, 신자유주의는 성과 평등 정책 및 여성주의자의 국가 참여 기회를 근본적으로 형성해왔기 때문에 성별화된 국가에 대한 여성주의 분석의 중요한 주제가 되었다. 신자유주의는 공공 서비스의 시장화, 비용과 위험을 국가로부터 개인과 가족으로 이전, 개인이 책임을 지게 하는 고용 및 사회정책, 그리고 민간부문 관리 실행을 공공 부문으로 확장하는 거버넌스 개혁을 의미했다 (Elomäki and Kantola 2018). 그 효과는 성별화되었다. 신자유주의 담론과 정책은 여성과 남성 모두를 합리적인 경제 행위자로 묘사하고 여성을 노동 시장으로 몰아가는 한편, 복지국가를 해체하고 재사유화하며 정책은 돌봄을 비공식화하고 여성의 무급 또는 저임금 노동에 의존하고 이를 강화하여 여성들 간의 계급 기반 및 인종적 불평등을 증가시킨다 (Bakker 2003; Brown 2015).

여성주의자들은 국가가 신자유주의 이데올로기와 거버넌스 양식의 영향으로 인해 '경쟁국가' 또는 '전략 국가'가 될 때 새로운 도전에 직면한다. 실제적인 수준에서, 국가 기반 기관의 낮은 수준의 자금 지원은 국가의 성평등 설계를 해체하고, 역시 여성 단체의 자금 지원을 줄이는 결과를 초래했다 (Kantola and Lombardo 2017). 신자유주의는 또한 통치 활동을 기술적 해결이 필요한 비정치적이고 비이데올로기적인 문제로 재구성함으로써 정부와 지식 사이의 새로운 관계로서 개념화되었다 (Ong 2007: 3). 경제 거버넌스의 탈민주화 변화는 민주적 토론과 시민사회 참여를 좁혔다. 국가에서의 이러한 변화는 또한 국가 기반 여성주의 전략과 실행을 이전의 '국가 여성주의'에서 '시장 여성주의'(Kantola and Squires 2012) 또는 거버넌스 여성주의(Prügl 2011)로 전환하고 있다. 이에 따라 여성주의 지식은 신자유주의 국가에 대한 서비스로 전유되고 전환된다.

과격우파 대중영합주의(제14장 참조) 역시 국가와 관련한 여성주의 정치를 변화시키고 있다. 과격우파 대중영합주의자들은 여러 유럽 국가에서 권력을 장악하는 중요한 선거에서 승리를 거두었는데, 특히 헝가리와 폴란드에서 성평등에 대해 가장 눈에 띄게 변화했다. 그들이 야당인 국가에서는, 성평등과 LGBTQI(Lesbian, Gay, Bisexual, Transgender, Queer & Intersex – 역자 주) 권리에 반대하는 방식이 성평등에 대한 논쟁에 영향을 미쳐 그들의 정당성을 약화시키고 있다 (Verloo 2018; Kantola and Lombardo 2019 and 2021; Kuhar and Paternotte 2017). 양성평등에 대한 새로운 반대 형태는 과격우파 대중영합주의가 성평등의 증진을 해로운 엘리트 이데올로기로서 규정하는 '성 이데올로기' 개념을 구성하는 것을 포함하는데, 이들은 유럽연합이 회원국에게 성평등을 강요하려 한다고 주장했다 (Kantola and Lombardo 2019). 이러한 수사적 영향 외에도 헝가리에서 오르반(Viktor Orbán)의 피데츠(Fidesz) 정권은 국가의 민주적 원칙을 전환시켜 미디어, 시민사회 및 법원의 독립성을 축소했다. 여성주의 활동가들은 다른 사람들과 마찬가지로 국가의 새로운 비자유주의적 정치에 참여해야 하는 상황에 직면하고 있다 (Krizsán and Roggeband 2018). 다른 맥락에서도, 신자유주의 긴축 정치, 보수적 가치로의 전환, 민족주의가 혼합된 효과는 여성주의의 국가 참여에 대한 전통적 방법에 도전하고 있다 (Elomäki and Kantola 2018).

결론

국가는 현대사회에서 성별화, 인종화, 성적 위계질서를 유지하고 도전하는 데 핵심적인 역할을 계속하고 있다. 여성주의 연구는 국가를 성, 인종, 계급 및 성별 관계가 중심 위치를 차지하는 강력한 구조로서 이론화한다. 여성주의는 "어디에 여성이 있습니까?"라는 질문(Enloe 1989)에 대한 답으로 전통적으로 여성을 국가 밖의 사적 영역에 묶어 뒀던 공적-사적 구분의 권력을 드러냈다. 동시에 이 연구는 국가에서 여성의 적극적인 역할을 보여줬다. 여성 대신에 성을 연구하는 여성주의 이론의 근본적인 변화는 국가에 대한 여성주의 연구 역시 전환시켰다. 이론적으로는 여성성과 남성성, 사회에서의 더 넓은 권력 관계, 그리고 국가의 구조적이고 제도화된 위계질서에 초점을 맞출 필요가 있었다. 성과 국가 간의 권력 관계는 더 이상 하향식이거나 상향식인 것으로서가 아니라 공동 구성적이고 복잡한 것으로 이론화가 됐다. 성별화된 국가를 형성하는 관계는 역시 전통적인 국가의 경계를 넘어 초국가적, 국제적, 그리고 지역적 수준과 영역까지 확장된다. 후일 버틀러(Butler 1990)의 성별 수행성에 관한 영향력 있는 연구는 국가에 관한 여성주의 이론에도 영향을 미쳤다. 성과 국가는 이제 존재로서보다는 행위라는 측면에서 이론화되었는데, 그들은 그들을 유지하기 위해 주체에 의한 지속적이고 반복적인 행동이 필요하다. 국가는 성, 인종과 민족, 성별 관계와 계급이 중심적인 역할을 하는 과정에서 담론적으로 생산된다. 여성주의 이론화에서 신유물론적 전환은 이러한 과정들이 단지 담론적일 뿐만 아니라 물질적이고 신체적이며, 정서와 감정은 그들 사이의 유대를 강화하고 변화를 더 어렵게 만든다는 것을 암시한다. 신자유주의와 과격우파 대중영합주의로부터의 현 시대의 도전은 사회 정의를 위한 변화의 의미를 이해하는 이론과 시각의 적용을 요구한다.

✖ 추가 읽을 거리

Allen, J. (1990), "Does Feminism Need a Theory of 'The State'?," in S. Watson (ed.), 21–37, *Playing the State*, London: Verso.
Chappell, L. (2013), "State and Governance," in G. Waylen, K. Celis, J. Kantola and L. Weldon (eds), *The Oxford Handbook on Gender and Politics*, 603–626, New York: Oxford University Press.
Hernes, H.M. (1987), *Welfare State and Woman Power*, Oslo: Norwegian University Press.
Kantola, J. (2006), *Feminists Theorize the State*, New York and London: Palgrave Macmillan.
MacKinnon, C. (1989), *Towards a Feminist Theory of the State*, London: Harvard University Press.
Prügl, E. (2010), "Feminism and the postmodern state: Gender mainstreaming in European rural development," *Signs*, 35(2), 447–475.

7장

녹색이론

애니카 크론셀(Annica Kronsell),
로저 힐딩손(Roger Hildingsson)

서론	211
녹색국가란 무엇인가?	214
복지국가의 녹색화?	219
녹색국가를 위한 주요 도전	224
결론	239

서론

생태학적으로 지속 가능한 목표를 향해 인간 사회를 통치하는 국가의 역할에 관한 학술 문헌에는 생태학적 근대화에 대한 자유주의적 환경주의 설명으로부터 보다 급진적이고 탈자유주의적 생태주의와 생태적 민주주의에 이르기까지 다양한 접근방법이 있다. 환경 변화와 현재의 생태적, 기후 및 지속 가능성 위기와 관련한 여러 문제에 대응하는 데 있어 국가의 역할이 무엇인지, 그리고 국가를 녹색화하는 방법을 어떻게 다룰 것인지의 문제를 제기하면서, 녹색정치 사상과 녹색사회운동 학자들은 국가에 대해 양면적인 관계를 가지고 있다. 한편으로, 국가는 환경 변화를 일으키고 환경 파괴를 초래하는 활동을 촉진하는 지배구조를 재생산한다는 의미에서 문제가 있는 것으로 본다. 다른 한편으로, 녹색당은 환경 변화에 대한 대응을 통치하는 데 있어서 더 낫고 강력한 국가 개입을 요구해 왔다.

일부 녹색정치 사상가들은 국가가 인류가 목격하고 있는 기온 상승, 극한 기후, 홍수 및 가뭄의 빈도 증가(IPCC 2014, 2018)에서부터 물, 땅, 숲과 같은 천연자원의 지속적인 남용, 전례 없는 생물 다양성의 고갈(IPBES 2019; UNEP 2012) 그리고 인수공통 질병의 확산(Gibb et al. 2020)과 같은 복잡성과 규모의 문제를 처리할 수 있는 역량이 결여된 것으로 본다. 많은 학자들은 국가가 특히 자본주의 경제체제(제3장 참조)에 깊이 뿌리박혀 있고 처음부터 그러한 문제를 일으킨 생산과정에 의존하고 있으므로, 사회적 행동을 동원하는 국가의 능력이나 그러한 어려운 과제를 수행하는 데 요구되는 자원 동원에 대해 매우 회의적이다. 베리(Barry 2012)는 글로벌 북반구의 산업화된 국가에 있어서 경제적 성장에 대한 규범의 중심성에 대해 언급하는데, 그것은 세계화, 자원 착취 및 임금 차별을 통해 부를 창출해 온 지속 불가능한 경제체제를 초래했다는 것이다 (Harvey 2010 참조). 이러한 경제적 불가피성은 생태학적 관점에서 볼 때 매우 문제가 많으며(Eckersley 2004), 환경 및 지속가능성 문제에 대한 국가의 관여에 대해 완강한 반대를 견지하고 있다. 따라서 환경 거버넌스와 관련된 일부 문헌에서는 이러한 문제들을 처리할 국가의 역량에 대해서 믿음을 보이지 않는다.

특히 기후변화 문제에 대해 학자들은 국가에 대한 믿음을 두기보다는 경제의 가능한 전환에 주목하는 반면(Paterson 2007; Newell and Paterson 2010; Klein 2014), 다른 사람들은 비국가 행위자와 초국적 거버넌스 협정에 더 큰 희망을 갖는다 (Bulkeley et al. 2014; Hoffman 2011; Stripple and Bulkeley 2013). 이들은 중요한 거버넌스 기능을 수행하고 국가가 실패할 때 수행 및 정통성 결함을 보상한다

(Biermann and Pattberg 2012; Bäckstrand et al. 2010). 그러나 다른 사람들은 유엔 개혁을 요구하거나(Biermann 2014), 강력한 유럽연합 정체와 리더십을 요청하는(Biedenkopf and Dupont 2013; Wurzel and Connelly 2011) 한편, 심지어 다른 사람들은 도시 지역의 기후변화를 진전시키는 데 있어 도시와 지방자치단체의 중요성을 강조한다 (Bulkeley et al. 2010). 이러한 문헌은 국가를 회피하거나 심지어 무시하지만, 여전히 기능하는 국가로서(Lövbrand and Linnér 2015 참조), 또는 대안으로서 대리인이 없는 후기 현대 자본주의에 확고하게 자리 잡은 국가를 암시적으로 가정한다 (Blühdorn and Deflorian 2019 참조).

분명히, 국가가 환경 파괴를 초래하는 활동을 장려하고 환경 변화를 일으키는 지배 구조를 재생산한다는 측면에서 얼마나 문제가 있는지를 인식하는 것은 타당하다. 그러나 국가가 환경 변화에 대응할 때, 국가는 상당한 능력과 함께 다른 조직이 거의 보유하지 못하는 종류의 정통성을 부여받은 가장 중요하고 강력한 정치 조직의 하나로서 이를 수행한다 (Bäckstrand and Kronsell 2015). 이러한 통찰력은 환경 관리 및 보호에 대한 자유 복지국가뿐만 아니라 전 세계 많은 국가에서 점점 더 국가 책임의 핵심 영역이 되고 있음이 경험적 관찰을 통해 뒷받침된다 (Death 2016; Lim and Duit 2018; Sommerer and Lim 2016). 국가는 현재 환경 문제에 대한 집단적 대응을 조율하는 데 필요한 권력과 권위를 가진 유일한 실체인 것으로 보인다 (Johnstone and Newell 2018; Hale and Roger 2014 참조).

국가에 초점을 맞춘다는 것은 국가 제도, 행정부, 정책결정 원칙의 집합체인 정체에 초점을 맞춘다는 것을 의미한다. 이 장에서 우리는 녹색국가 문헌의 계보를 살펴보고, 인간 사회, 경제, 정치를 녹색화하는 데 있어 국가의 역할에 대한 다양한 견해를 논의한다. 우리는 지금까지 등장한 학문적 연구와 관련해 녹색국가의 의미를 논의하는 것으로 시작한다. 그런 다음 녹색(더 녹색화하는)국가의 합리성이 환경 거버넌스의 발전을 통해 현대 국가의 영역 내에서 진화하여 시간이 지남에 따라 국가가 생태학적 우려에 더욱 반응하도록 만드는 경험을 탐사한다. 특히, 녹색국가에 관한 비교연구는 선진 복지국가가 경제 관계에 개입하고 사회적 이익 간의 타협을 협상할 수 있는 더 강한 제도적 능력과 정통성을 갖고 있음을 시사한다. 그런 다음 녹색국가에 대한 세 가지 특별한 도전들을 탐구한다. 국가와 경제와의 관계, 어떻게 전환적인 변화가 발생할 수 있는지, 그리고 녹색국가에서 민주주의가 어떻게 개념화되는지에 대해서 살펴본다. 이 세 가지 영역 모두 국가와 인류 사회를 녹색화하기 위한 노력에서 환경 정치와 거버넌스의 보다 진보적인 형태를 발전시키기 위해 추가적인 탐구와 연구가 필요하다.

녹색국가란 무엇인가?

이 분야의 학자들은 환경변화에 대한 국가의 대응 현상을 설명하기 위해 다양한 표현을 사용해 왔다. 이에는 '녹색국가'(Dryzek et al. 2003; Eckersley 2004; Christoff 2005; Huh et al. 2018), '생태학적 국가'(Lundqvist 2001), '환경국가'(Mol and Spaargaren 2002; Meadowcroft 2012; Duit et al. 2016), '생태국가'(Duit 2014), '생태사회국가'(Koch and Fritz 2014)가 포함된다. 상호 교환 가능한 용어로 자주 사용되지만, 이러한 개념들은 다른 전통에서 유래됐다. 한 가지 전통은 녹색정치 이론에서 나온다. 이는 생물중심적이고 환경시민적 가치를 추구하는 녹색국가로부터 시장지향적이고 약한 생태학적 근대화에 의존하는 신자유주의적 환경국가에 이르기까지의 유형을 포함하는 녹색국가의 규범적 특징을 규정하고 있다 (Christoff 2005: 42-43; Hysing 2015). 이런 맥락에서 녹색국가는 국가 목표로서 생태적 지속가능성과 생물 중심적 가치와 사회적, 경제적, 정치적 전환을 위한 기초를 갖춘 규범적 이상이다.

또 다른 전통은 경험 지향적이며 비교환경정치에서 발견되는데, 이는 규제 및 제도적 성과 측면에서 생태학적 압력에 대한 국가들의 반응을 분석하는 것이다 (Duit 2014). 1960년대 이후 등장한 환경정책은 국가가 점차적으로 물과 공기의 오염을 제한하고, 지속 가능한 개발 목표를 채택하고, 최근에는 화석 에너지체계와 경제의 전환을 통해 사회를 조종하는 등의 책임을 맡음으로써 국가 활동의 핵심 영역이 되었다. 이러한 발전은 "문명화된 국가가 해야 할 일의 근본적인 부분으로 공식적으로 인정되는" 정도에 따라 환경 관리를 "국가 활동의 필수 구성 요소"로 확립했다 (Meadowcroft 2012: 67). 오늘날 대부분의 국가는 환경보호, 감시 및 교육에 공공 지출을 투자하고 비록 제도화 수준이 고르지 않음에도 불구하고 환경 보호를 위한 상당한 행정적, 제도적, 규제적, 입법적, 재분배 능력을 개발해 왔다 (Mol 2016). 물론 한편으로 소비와 생산의 많은 영역에서 지속 불가능한 관행을 계속하고 있기도 하다. 정치적 녹색 활동가와 녹색당은 이를 감시하고 환경 변화에 대한 대응을 관리하는 데 있어 더 낫고 강력한 국가의 관여를 요구한다. 시간이 지남에 따라 진화하고 나타나는 경험적 현상으로 접근하는 녹색국가는 일반적으로 환경 국가로서의 지위에 관해 측정하는 대규모 연구에서 다른 국가의 성과와 관련하여 연구되는 경우가 많다. 예를 들어, 국가의 특정 기관(예: 환경부), 정책(예: 환경세 및 지출) 또는 환경 성과(예: 생태발자국) 등과 관련해서 비교 측정한다 (예를 들면, Duit 2016; Koch and Fritz 2015; Povitkina 2018 참조) .

비록 국가들이 여전히 녹색국가의 규범적 이상과는 거리가 멀지만, 많은 국가들은 점점 더 진보적인 태도로 환경 변화에 대응하고 있다. 녹색국가에 대한 규범적인 것과 경험적 접근방법의 결합은 실제 업적과 성과에 대한 반사실적 이상을 비판적으로 평가하는 동시에 이러한 성과를 상세히 나타내고 비교할 수 있기 때문에 가장 유용하다. 그러므로 현대 국가는 흔히 번거롭고 완벽한 방식과는 거리가 멀지만 녹색국가 또는 환경국가로서 부상하고 있다.

구체적으로 말하면, 신흥 녹색국가는 환경 관리 및 적절한 사회-환경 상호작용을 전담하는 중요한 일련의 제도 및 실행이 마련되어 있다. 일반적으로 여기에는 환경부서 및 기관, 기본 환경법, 공기, 물, 토지 그리고 폐기물 관리 규칙 및 규정, 관련 규제 기관, 기제 및 정책 도구, 전용 예산, 환경 자금 및 세금 조항, 과학 자문 기관, 협의회 및 연구 조직 등이 포함된다. 따라서 녹색국가는 정부 환경 활동의 독특한 영역과 연관되어 있는데, 한편으로는 환경 문제와 이에 관해 정부가 무슨 일을 해야 하는지는 지속적인 논쟁과 장기간의 정치적 투쟁의 쟁점을 구성한다. 이러한 정의를 고수하면, 기존 국가에 대한 경험적 분석이 가능하지만, 아주 최소한의 정의도 뒷받침할 수 있다. 이에 따라 환경 입법과 행정을 갖춘 산업화한 세계에서 대부분의 국가(와 많은 개발도상국가)는 환경 규제와 제도가 지속가능성 목표를 달성하기 위한 강력한 환경 성과와 일치하지 않더라도 녹색국가로서 자격을 인정한다.

그러므로 녹색 학문의 규범적 공헌은 녹색국가를 비판적으로 평가하는 자기발견적 방법(heuristic)으로서 유용하고 중요한 개선책이다. 예를 들면, 크리스토프(Peter Christoff 2005)가 그랬던 것처럼 강한 유형에서 약한 유형의 녹색국가까지 각각 특정한 특성을 가진 연속선상에서 녹색국가를 평가했다. 그는 녹색국가는 높은 수준의 국가 능력과 개입, 생태시민권, 생물중심 가치에 대한 강한 헌신, 인간복지와 생태 보호를 보여준다고 주장했다. 그의 정의에 따르면, 현존하는 어떤 국가도 녹색국가라는 호칭을 붙일만한 가치가 없다. 환경적으로 선구적인 복지국가(예를 들어 스웨덴과 네덜란드)는 생태학적 가치의 제도화가 약하고, 생태시민권과 국가 개입을 위한 환경 능력에 대해서는 온건한 가치를 갖고 있지만, 타당한 녹색국가는 아니다 (Tobin 2015 참조). (미국과 호주같은) 환경 신자유주의 국가는 강한 시장 지향성, 약한 생태학적 근대화, 사회 및 환경 복지 보호에 대한 낮은 예산 투입에 의해 정의된다. 이러한 유형론은 국가의 '친환경성' 정도를 경험적으로 평가하기 위하여 비교정치 연구에 사용될 때 가치가 있다. 실제 세계의 사례로 거의 해석되지는 않지만, 유형론은 국가가 녹색국가 지위를 갖추기 위한 이상을 실현하는 데 필요한 요소가 무엇인지에 관해서 더 깊이 생각하도록 유도한다. 따라서 유형론은 그 자체로도 국가가 어떻게 녹색국가로 등장하고 있는지 또는 생태 민주주의의 핵심 기능을 제도화하는지를 평가하는 것에 대비하는 반사실적 이상으로 작용할 수 있다.

경험적으로 스칸디나비아 국가를 연구하려는 경향이 많이 있는데, 이는 아마도 녹색국가의 이상과 가장 가깝게 닮았기 때문일 것이다 (예를 들면, Hildingsson and Khan 2015; Hysing 2015; Teräväinen-Litardo 2015; Tobin 2015 참조). 안데르센과 리페링크(Andersen and Liefferink 1997)는 경험적 근거를 바탕으로 북유럽 국가들을 환경 선구자이자 리더로 옹호했다. 백스트랜드와 크론셀(Bäckstrand and Kronsell 2015: 4)은 북유럽 복지국가가 비전형적이지만, 환경 거버넌스에 대한 그들의 경험이 유의미하며 녹색국가 지위로의 과정을 평가하기 위한 시험대를 제공한다고 주장한다. 국제기후협상에서 환경 리더십을 탐구해온 학자들은 유럽연합, 미국 및 중국이 다른 사람들에게 리더 국가로 인식되지만(Karlsson et al. 2011), 리더가 되는 것이 녹색국가의 지위를 보장하지는 않는다고 주장한다. 유럽연합 회원국들의 기후 야망은 매우 다양하지만, 유럽연합은 기후 정치에서 리더십을 발휘해올 수 있었다 (Wurzel and Connelly 2011). 최근 유럽연합이 파리협정뿐만 아니라 폰 데어 라이엔 위원회(von der Leyen Commission)가 옹호하는 유럽 녹색협상(European Green Deal)을 중심으로 적극적인 리더십을 발휘한다. 기후 리더로서 노르웨이와 독일에 관한 에커슬리의 연구(Eckersley 2016)는 녹색국가의 관점에서 리더십 개념을 개발하고 녹색 리더 국가가 기후 보호를 촉진하는 데 있어서 국가 및 국제사회에 어떻게 봉사하는지에 중점을 둔다. 이들 국가는 국내적으로는 녹색 성장 및 생태학적 근대화 전략을 국가 정체성 개념과 연결해 사용함으로써 기후 문제를 정당화하고, 이러한 개념과 규범으로부터 자연스럽게 흘러나오는 국제적 참여를 통해서 글로벌 의무 이행을 위한 합리성을 동시에 제공함으로써 이를 수행한다.

끝으로, 녹색국가 연구의 경험적 범위와 관련해 경험적으로 조사된 것은 선진 산업 민주주의 국가(Huh et al. 2018)와 복지국가가 지배적으로 많다. 그러나 최근 몇 년 동안 우리는 OECD 국가를 넘어 권위주의적, 탈식민적, 발전적 맥락에서도 녹색국가체제의 발전을 연구하는 문헌들이 새롭게 등장하는 것을 목격한다. 섬머러와 림(Sommerer and Lim 2016)은 환경정책 개발과 관련하여 서구와 일부 비서구 국가 사이의 격차가 줄어들고 있음을 보여준다. 데스(Death 2016)는 이전 연구를 비판하면서 아프리카의 녹색국가 관행이 어떻게 크게 무시되왔는지, 그리고 아프리카 국가의 환경 야망이 자연보존에 대한 식민지 관행을 반영했음을 보여준다. 찬드라셰커란 등의 학자들(Chandrashekeran et al. 2017)은 남아프리카공화국의 환경 행동 발달 과정을 평가하는 데 있어서 녹색국가 시각의 유용성을 증명하는데, 집행력이 약하고 예산 지원이 부족했지만 녹색국가의 일부 능력을 보였다고 분석했다. 중국은 옵헐(Ophuls 1973)의 노선을 따라 환경 파시스트 녹색국가로서 잠재적으로 등장할 수 있는 권위주의 환경국가의 전형이다. 그러나 로(Lo 2015)가 보여주는 바와 같이, 중국은 국가 수준에서 권위주의 녹색국가임이 확인되지만, 지방 수준에서는 특정 상황에서 시민의 요구에 반응하면서 환경 정책을 시행하는 자유주의 국가와 유사하다 (Kostka and Zhang 2018). 자원 추출 관행에서 국가의 공모 역할은 수마트라(Pramydia et al. 2018)와 콜롬비아(Sankey 2018)에서 예시된 것처럼 지속 가능성과 환경 노력을 훼손하는 개발 국가의 주요 특징이다.

복지국가의 녹색화?

국가는 이전에도 커다란 사회적 전환을 겪었고, 환경 변화에 대응하여 요구되는 전환은 지난 세기 초 급속한 산업화, 자유민주주의 또는 시장경제의 국민국가체제의 출현 등과 비견되는 규모일 가능성이 크다. 한때 복지국가가 사회적 비용의 도전과 구체화에 대한 정치적, 사회적 대응으로 발전했을 때(Polanyi 1944), 국가는 시장 고유의 무정부적이고 혼란을 일으키는 경향에 반격할 수 있는 충분한 영향력을 가진 유일한 행위자였다. 녹색국가의 등장은 시장의 환경 비용의 구체화 문제에 대한 유사한 대응으로 볼 수 있다. 기후변화, 생물 다양성 고갈, 종의 멸종, 인류 건강에 영향을 미치는 인수공통감염 바이러스 확산

등, 여러 관련된 문제들이 한꺼번에 밀려오는 당대에서는 더욱 그러하다. 예를 들어, 코로나19 팬데믹에 대해 많은 국가들이 취한 포괄적인 대응은 선진 복지국가들이 그러한 문제에 대응하여 신속한 이행을 할 수 있는 강력한 능력을 보유하고 있다는 것을 암시한다.

녹색국가이론에서 메도우크로프트(James Meadowcroft 2005)는 복지국가의 기원과 환경국가의 출현 사이의 유사점을 처음으로 제시했는데, 두 국가 유형은 시장 실패와 자발적 행동의 결여에 대한 반응으로 새로운 사회적, 정치적 영역에서 국가 권위를 확장했다는 공통점을 갖고 있다. 복지국가는 역사적으로 시장의 부정적인 구체적인 현실과 그로 인해 발생하는 사회적 인적 비용을 다루어 왔으며, 이에 대응하여 제도, 과정, 정책을 마련해 행동할 수 있는 능력을 발전시켜왔다. 비슷한 맥락에서, 복지국가에 확립된 권위와 능력은 국가 제도가 환경적으로 구체화된 문제를 교정하고 환경 공공재 공급을 확보하기 위해 경제 관계에 개입할 수 있도록 가능하게 만들었다. 시간이 지남에 따라 환경 정책과 거버넌스에서의 진화는 환경 관리 및 규제의 점진적인 제도화를 이끌었는데, 이는 사실상 신흥 녹색국가의 발전에 기여했다(Meadowcroft 2012). 비교 녹색국가 연구 분야의 등장은 아시아 및 남미의 일부 개발도상국(Sommerer and Lim 2016)을 포함해 국가의 능력과 제도의 이러한 녹색화를 확인한다 (Duit 2014; Lim and Duit 2018; Huh et al. 2018 참조). 흥미롭게도 그들은 또한 복지국가 제도와 환경 정책 개발 사이의 시너지 효과에 대한 메도우크래프트의 명제를 뒷받침한다. 예를 들면, 림과 뒤트(Lim and Duit 2018: 233)는 "환경국가가 복지국가 위에 추가적인 층위로서 등장했다"는 것과 "복지국가는 환경문제에 관한 국가 행동의 요구를 규제적 대응으로 전환하는 데 중추적인 역할을 한다"는 것을 보여준다.

룬드크비스트(Lennart Lundqvist 2001)도 이러한 잠재력을 복지국가에서 본다. 그의 논문 "우단 장갑 속의 녹색 주먹"(A Green Fist in a Velvet Glove)에서 그는 녹색국가의 규범적 기준은 자원 관리와 포괄적인 생태적 계획을 전개하는 녹색 주먹의 여러 수준에서의 의사 결정에 있어 상당히 강한 정도의 권위를 가진 국가라고 기술한다. 그러나 이는 반드시 지역에서 세계에 이르기까지 다양한 민주적 환경에서 생태학적 문제에 관한 과학적 전문성과 지식에 대한 광범위한 심의를 통해 강한 민주주의 국가, 즉 우단 장갑과 반드시 연결되어야 한다. 룬드크비스트에게, 경제성장과 생태학적 관심은 갈등적이거나 상호배타적이지 않다. 오히려 그는 생태학적 평가가 경제적 평가만큼 중요해졌을 때 녹색화가 성공적인 것으로 간주하며(Lundqvist 2001: 469), 또한 복지국가가 다양한 이익을 더욱 포용하게 될 필요성을 언급한다.

폴라니(Polanyi 1944)로 돌아가면, 그의 관심은 최초의 탈상품화로 향했는데, 그것이 공공 당국에 의해 제공되고 세금에 의해 지불되는 사회적 혜택을 갖춘 복지국가를 창출했다. 국가의 녹색 전환(Scoones et al. 2015)은 "탈상품화된 생산을 향한 움직임, 즉 노동 시간과 상품 구매의 감소, (시민 경제와 가계 경제를 포함한) 공동 생산 개발, 그리고 예방적 사회 행태 육성"과 같은 두 번째 단계를 일으키는 것이다 (Gough and Meadowcroft 2011: 501). 구프(Gough 2017)는 인간 결핍이론과 사회적 생태학적 지속 가능성을 위한 '도넛 모형'을 활용하여 기후변화의 사회적 차원에 초점을 맞춰 이를 더욱 발전시켰다 (Raworth 2012).

크론셀과 스텐소타(Kronsell and Stensöta 2015) 역시 복지국가는 돌봄에 관심이 있는 국가를 의미하므로 그들의 잠재적 능력이 있기에 지속가능성의 도전을 다루는 데 더 적합할 수 있다고 주장한다. 복지국가에서는 인간의 필요에 대한 배려가 강조되는데 예를 들어 약자, 취약자, 젊은이를 돌보아주듯이 환경, 지구, 미래 세대를 위한 일반적인 돌봄으로 확장될 잠재성을 가지고 있다. 코로나19 세계 대유행은 복지 기능과 경제의 유지에 있어 돌봄 부문의 결정적 역할이 더욱 강조됐다. 이것의 최종 한계는 아직 알 수 없지만, 돌봄 개념은 구프와 메도우크로프트(Gough and Meadowcroft 2011)가 추구하는 탈상품화 과정의 한 부분으로서 공동 생산을 개발하고 예방 행동을 육성하기 위하여 녹색국가를 위한 유용한 규범적 기반으로 육성될 수 있다 (Kronsell and Stensöta 2015). 돌봄의 관념은 모든 사람이 경험하는 핵심적 인간의 원칙이며, 비인간적 대상과 미래 세대에게도 확장될 수 있다. 또한, 아래에서 보겠지만, 다른 근거로 복지국가의 능력에 비판적인 베일리(Bailey 2015: 805)는 강력한 복지국가의 특징은 '공동체 의식과 공익'을 불러일으키면서 "시민들이 각자 서로와 지구와 관계하는 방법"을 수정하는 것이라고 생각한다. 더욱이 그는 "기후변화에 대한 효과적인 대응을 뒷받침하는" 가치가 역시 "공공 복지주의를 뒷받침하는 핵심 가치를 증진한다"고 제안한다 (Bailey 2015: 806).

복지국가가 녹색화할 전망에 대해 여러 비판들이 있는데, 이는 복지국가가 녹색국가로 등장하는 것에 반대하는 여러 특징이 있기 때문이다. 첫째, 복지국가의 경제성장 의존성(Bailey 2015)과 국가에 지워진 경제적 의무의 중요성(Eckersley 2004; Hildingsson et al. 2019)은 환경 변화에 대응하는 과업을 특별히 도전적으로 만든다. 역사적으로 복지국가는 성장하는 경제를 보완하는 것으로 여겨져 왔지만, 녹색국가에서는 소비와 생산 유형이 생태학적 한계 또는 '행성 경계' 내에서 유지되어야 하므로 제약 없는 경제성장과 물질적 처리량은 불가능하다 (Steffen et al. 2015). 이러한 긴장은 선진 복지국가이자 개척적인 환경적 성과로 인해 리더이자 선구자로 불릴 정도였던 스웨덴의 사례에서 예시될 수 있다. 지역, 국가, 국제 수준에서 진보적인 환경 및 기후 정책 개발에 적극적으로 참여하고, 발전 및 난방의 탈탄소화에 성공한 스웨덴은 동시에 소비 기반 배출의 확산과 생태 발자국의 증가로 자원 고갈의 길을 계속 걷고 있다 (Hildingsson and Khan 2015; Tobin 2015).

둘째, 복지국가와 녹색국가를 위해 동원될 수 있는 지지자들은 다른데, 복지국가를 위해서는 노동계급과 노동조합, 녹색국가를 위해서는 환경운동과 녹색당이다. 의사결정은 일반적으로 전략적 협상을 통해 이루어지며, 이는 기껏해야 사후 대응적이거나 예방적인 경향이 있으며(Eckersley 2004: 85-104), 환경적 이해관계와 장기적인 관심 사항은 오직 약하게 대표된다 (Kronsell et al. 2019). 게다가 정책 과정은 생태학적 위험을 오직 제한된 정도로만 고려하는 행정적 합리성에 따라 인도되는 경향이 있다 (Kronsell and Bäckstrand 2010). 복지국가의 범위는 주로 국가 지향적인 반면, 녹색국가는 환경 문제가 흔히 국경을 초월하는 성격을 갖고 발생하기 때문에 국제적 참여를 촉진함으로써 글로벌하고 다자적인 환경에서 다른 국가와 집단적으로 행동한다 (Meadowcroft 2005:12). 더욱이 뢰브란드와 린너(Lövbrand and Linnér 2015)는 자유주의 또는 사회 복지국가의 특별한 역사적 경험과 관련된 중요한 점을 제기하는데, 그들이 강조한 것들이 학문을 위한 규범이 되었다. 우리가 대부분의 연구에서 배운 내용은 선진 복지국가를 넘어서는 적용하기 어렵고 중요하다고 밝혀진 특징은 다른 유형의 국가에는 제한적 관련성만을 가질 수 있다. 이는 연구 결과의 일반화 가능성에 의문을 제기하는 동시에, 녹색국가 이론을 개발하여 이질적인 국가의 범주, 예를 들면, 식민주의 유산, 권위주의 통치 및 사회와 국가 투쟁으로 어려움을 겪고 있는 국가를 포함하고, 반영하고, 전달할 필요가 있음을 지적한다.

녹색국가를 위한 주요 도전

녹색국가와 경제적 불가피성

경제발전의 기능과 전망은 녹색국가의 지위에 관한 논쟁의 핵심으로 남아 있으며, 많은 사람들은 현대 국가의 핵심 규범은 경제성장과 자본 축적을 증진하는 것이고 이는 녹색국가의 발전에 주요 장애물이라고 제시한다. 현대 국가를 위한 경제적 불가피성의 중심성은 지배 구조와 물질적 인적 자원의 과잉 착취를 재생산하는 지속 불가능한 경제체제에 현대 국가를 얽매이게 했다 (Barry 2012; Barry and Eckersley 2005: 260-263). 환경변화의 문제와 관련해서 보면, 결정적인 쟁점은 현재 경제체제가 지속가능성의 목표를 달성하기 위해 조정될 수 있는가다. 예를 들어, 생태학적 근대화를 통해서인지 또는 탈성장 조처에 의해 안정적인 국가 경제를 향해 재구성되고 전환되어야 하는지 여부다.

생태학적 근대화 옹호론자들은 환경 문제를 해결하기 위한 시장의 능력에 대해 낙관적이며 녹색국가를 환경 목표를 달성하기 위해 시장에 생산적으로 개입할 수 있는 의미있는 행위자로 본다. 생태학적 근대화는 경제가 시간이 지남에 따라 진화해 점점 더 효율적이고 자원 집약도가 낮아지면서 결국 서로 분리하는(decoupling) 방향으로 이어져, 즉 환경 피해를 줄이면서 경제가 계속 성장할 수 있다는 관점에 기반을 두고 있다 (개요에 대해서는, Mol et al. 2009 참조). 이러한 시각에서,

경제성장은 배출량을 줄이고 환경을 보호하는 것과 밀접하게 연관되어 있다. 기술 변화는 근본적이며 환경 정책과 규정은 혁신의 동인으로 간주되고, 이를 통해 생태학적으로 양호한 성과가 생산에 통합되어 에너지와 자원의 효율성 그리고 동시에 저렴한 비용이 발생한다 (Porter and van der Linde 1995; Jänicke 2012). 생태학적 근대화는 경제적 생태학적 관심을 조화시키는 상생(win-win) 담론에 적합하며, 이에 따르면 오염 방지는 생태적 성과와 경제적 효율성 측면에서 성과를 낸다 (Hajer 1995). 이렇게 생태학적 근대화의 약한 개념에서는(Christoff 1996), 국가 개입을 통한 환경 보호는 시장경제와 조화를 이룰 수 있으며 생태적 가치를 반영하도록 국가를 재구성하고 개혁하는 데 기여할 수 있다. '녹색경제' 및 '녹색성장'과 같은 개념은 경제성장과 환경 보호를 조화시키려는 노력을 나타낸다 (더 많은 예에 대해서는, Bina 2013; Fiorino 2017 참조). 생태학적 근대화는 공공정책 분야와 공공 담론에서 여전히 지배적인 규범으로 남아 있다. 따라서 국가는 기업 활동에 너무 많은 개입을 하지 않으면서도 시장 행위자에게 동기 부여를 하고 시장의 외부 효과(환경파괴 - 역자 주)를 교정하면서 환경 변화에 대해 행동을 취하고 규제를 할 거라고 가정한다.

녹색국가 학문(예를 들면, Barry and Eckersley 2005; Eckersley 2004; Meadowcroft 2012)은 생태학적 가치가 우선적으로 다뤄져야 하는데, 생태학적인 것과 경제적 가치가 병렬적으로 작동하도록 추정하는 방식 때문에 생태학적 근대화에 대한 믿음이 적다. 그들은 자유 시장을 조종하는 효율성, 이익 및 성장의 가치에 대해서는 거의 열정이 없으며 시장 기제의 필요성을 인정하면서도 녹색국가를 위한 기술 혁신의 역할에 관해서는 더욱 불가지론적이다 (Christoff 2005; Spaargaren and Mol 2010 참조). 그런데 흔히 마르크스주의 영향을 받은 다른 학자들은(제3장 참조) 국가가 자본주의 경제에 필수적인 생산 및 소비 유형을 기후 및 환경 보호와 조화시킬 수 있다는 전망에 대해 매우 회의적이다 (예를 들면, Koch 2011; Koch 2020 참조). 이에 대한 예들은 비교 연구(예를 들면, Koch and Fritz 2015; Fritz and Koch 2016)에서 찾을 수 있다. 이 연구는 환경문제 압력과 선진 수준의 녹색 규제의 공존은 선진 사회민주주의 복지국가에서 명백히 나타나고 있지만, 예를 들어 생태 발자국과 관련해서 환경성과를 개선하지 못했다고 결론짓는다. 그들은 국가가 기후변화와 환경관리 분야에 점점 더 많은 규제와 개입을 하게 될때 승자와 패자 간의 갈등을 예측한다. 그들은 또한 경제성장과 환경적 성과 사이의 완전한 분리는 달성하기 불가능한 것으로 보기 때문에 성장과 생태적 온전함 사이의 상생을 반대하면서 생태학적 근대화 이론에 도전한다 (Jackson 2009; Victor 2008). 그들은 녹색국가 이론가들이 자본주의 문제를 너무 가볍게 여긴다고 비난한다. 대신에, 그들은 환경 운동의 탈성장 부문에서 발견되는 정상 상태의 경제를 향한 전환 요구(Daly 1977)를 지지한다 (Latouche 2010; D'Alisa et al. 2015; D'Alisa and Kallis 2020; Büchs and Koch 2017 참조).

　민주적 복지국가는 녹색국가의 이상에 적합할 가능성이 가장 높은 후보로 주장되고 있고, 또 지속적인 경제성장이 가능하고 바람직하다는 아이디어에 의존하고 있다. 복지국가에 대한 탈성장 시나리오의 의미에 대해, 베일리(Daniel Bailey 2015: 802)는 수수께끼 같은 중요한 난제를 다음과 같이 지적한다. "성장의 종말은 좌파의 환경적 공감과 국가를 진보적인 정치와 복지 제공의 도구로 보는 좌파의 뿌리 깊은 경향 사이의 거대한 긴장의 순간을 유발한다." 성장에 의존하고 과세대상이 되는 경제활동이 감소하면, 이는 과세 기반이 줄어들고 국가는 가장 강력한 도구이자 시장 효과를 완화할 수 있는 잠재력을 잃을 위험이 있음을 의미한다. 환경변화의 영향을 완화할 수 있기 위해, 국가는 분배 및 재분배를 할 수 있는 자원에 의존할 가능성이 높다. 베일리(Bailey 2015)는 환경 보호와 경제성장 사이의 갈등적이고 문제가 있는 내재적 관계를 심각하게 다루기를 일반적으로 꺼린다고 시사한다. 비슷한 우려가 최근 하우스크노스트와 헤몬드(David Hausknost and Marit Hammond)가 편집한 녹색국가의 '유리천장(glass ceiling)'에 관한 특별호에서 다루어졌다 (2020). 하우스크노스트는(Hausknost 2020)는 지속 가능성 전환에 대한 구조적 장벽을 (여성주의 연구에 적용된) 보이지 않는 유리 천장으로 상상하면서, 다른 저자들과 함께(예를 들면, Blühdorn 2020; Machin 2020; Hammond 2020 참조), 현대 국가는 제도적 구조인 국가 불가피성의 내재적 성격, 그리고 특히 자유민주국가에서 정당성의 불가피성으로 인해 생태학적 위기를 충분한 정도로 다루지 못하고 지속 가능성을 향한 체제 전환을 시도하지도 못한다고 주장한다.

그러나 베일리(Bailey 2015, 2020)에 대한 반박에서 에커슬리(Eckersley 2018: 4)는 이러한 관점이 과도하게 결정적인 것으로 간주하고, 녹색국가가 등장할 때 그리고 만일 그 경우에 "항상 진행 중이거나 퇴행 중인 일일 것"이라고 제안하며, 다음과 같이 덧붙여 주장한다.

> 성장의 긍정적인 함축적 의미를 이용할 수 없는 이유는 없지만, 형용사가 다르면 의미도 달라지기 때문이다. 그러면 이는 경제 관리자로서 정부에게 정당한 권리를 제공할 수도 있다. 정부는 좋은, 건전한, 바람직한 성장을 조율하고 나쁜, 불건전한, 해로운 성장은 조율하지 않을 수 있다. 요컨대, 좋은 것은 키우고 나쁜 것은 키우지 마라 (Eckersley 2018: 5).

이것은 환경 공공재의 생산 및 공급에 기여하는 경제 활동 및 산업 실행의 성장을 장려하는 동시에 오염, 유해하고 위험한 산업 및 기업의 관행에 대한 점진적인 제거를 감독하는 녹색국가의 경제 전략을 의미한다. 후자는 공급과 수요의 완전히 새로운 유형을 장려함으로써 녹색성장을 넘어서는 것을 의미한다 (Craig 2019). 이들은 도전적인 실행이 될 수 있지만, 예를 들어 거버넌스체제의 반영적 역량에 의존하고 장려함으로써 신흥 녹색국가의 능력과 실행을 기반으로 구축할 수 있다 (Eckersley 2018).

요컨대, 경제적 불가피성은 녹색국가의 맥락에서 여전히 논쟁의 여지가 많은 문제로 남아 있으며, 민주적 복지국가의 성장 의존적 정당화 의무와 관련된 것을 포함하여 녹색국가의 성장 가능성에 대해 많은 대조적인 시각이 표출되었다. 이러한 도전에 대한 반응은 체계적 변화의 필요성 쪽으로 기울어져 있지만, 생태적 근대화를 통해 자본주의 사회 질서에서 요구되는 변혁을 달성하는 것이 가능한지, 아니면 반성장이나 탈성장을 기반으로 한 체제적 변화를 요구하는지, 또는 경제성장, 기술 변화 및 환경 보호, 기후 및 지속 가능성 목표가 체제 변화에 대한 성찰적 접근방법을 통해 녹색국가 발전과 양립할 수 있는지는 불안정하다. 분명한 것은 전환적 변화가 필요하다는 점인데, 녹색국가가 어떻게 이러한 변화를 다루거나 선동할 수 있을까?

녹색국가, 변화와 변이

환경변화에 대한 당대의 과제에는 전환적인 대응이 요구된다는 것이 광범위하게 주목을 받고 있다 (Scoones et al. 2015; Linnér and Wibeck 2019). 그러나 이상형을 강조하는 녹색국가 이론은 정적인 개념이며

한 국가 유형에서 다른 유형으로의 변화를 위한 잠재성에 관한 관심은 제한되어 왔다. 따라서 환경 정치학자들은 다른 분야에서 영감을 구해왔는데, 정책이론(예를 들면, Levin et al. 2011), 국제관계(IR: international relations)이론(예를 들면, Bernstein and Hoffmann 2019), 정치경제(예를 들면, Paterson 2016, Johnstone and Newell 2018) 그리고 지속가능성 이행연구(예를 들면, Bäckstrand and Kronsell 2015 참조) 등이며, 그 중 후자는 다양한 분야에서 폭넓은 관심을 받았다.

지속가능성 이행연구의 학제간 분야에서는 체제 변화라는 주제를 다루고 사회체제와 국가 제도가 기후 및 지속가능성 목표를 수용하기 위해 어떻게 전환될 수 있는지에 대한 이해를 제공한다 (예를 들면, Bäckstrand and Kronsell 2015 참조). 지속가능성 이행연구(Geels 2010; Grin et al. 2011; Markard et al. 2012)는 한편으로는 현상 유지를 지지하는 강력한 국가 및 정권 행위자와 같은 하위 국가 행위자와, 다른 한편으로는 새로운 아이디어와 실행을 대표하는 변화 행위자 또는 적소(適所) 행위자(niche actors) 사이의 변화에 대한 동태성을 다룬다 (Schot and Geels 2008). 이행연구는 경제체제 자체에 의문을 제기하지 않으면서 사회기술적 변화를 강조하는 기술혁신 연구에서 시작됐다. 그러나 이미 로트만 등(Rotmans et al. 2001)에 의해서 강조된 바와 같이, 이행 학자들은 전환을 변화의 진화적 과정, 즉 혁신적인 실행, 제도적 변화 및 행위자의 새로운 구성을 통해서 중복된 것에서 새로운 체제로의 사회기술적 전환 과정으로 본다. 따라서 그것은 체제적 변화의 가능성을 환대한다. 최소한 이행이론은 기술혁신과 사회기술적 체제 변화가, 비록 경제성장의 역할에 대한 질문을 회피하지만(예를 들면, van den Bergh 2011 참조), 어떻게 환경 공공재 공급에 있어 지속가능성을 증진할 수 있는지 개념화하는 데 있어서 녹색국가 이론에 중요한 추가적 요소를 제공한다.

지속가능성 이행 학자들은 시간이 지남에 따라 변화와 체제적 전환을 위한 조건을 연구하고 지속가능성을 향한 전환을 위한 거버넌스에 관심을 갖는다. 전환에 관한 그들의 견해는 특히 흥미롭다. 이는 다층적 시각에 따른 구조적 수준, 즉 정권, 적소 및 풍경 간의 상호작용에서 일어난다고 한다 (Grin et al. 2011; Geels 2010). 정권과 적소는 전환의 맥락을 제공하는 풍경에 내재되어 있다. 이것은 사회와 문화를 질서화하는 규범, 신념, 지배적 담론의 제도화된 구성으로 구조화된 환경에서 이행이 항상 발생한다는 것을 의미한다. 정권 행위자의 구성틀(framing), 쟁점 및 담론뿐만 아니라 중요성과 정당성은 주어지는 것이다 (Geels 2010; Smith et al. 2010). 예를 들어, 스미스와 커른 (Smith And Kern 2009)은 풍경 개념을 국가이론에 접목시켜 풍경이 이행을 위한 경로의존성 및 제도적 조건과 같이 정체에 영향을 미치는 구조적 요인으로 이해되어야 한다고 제안한다. 녹색국가 이론을 위한 중요한 교훈은 전환은 적소, 정권, 풍경의 수준에서 행위, 제도 및 규범 간의 동태적인 관계에서 일어나고, 변화는 적소의 실행에서 나타날 수 있다는 것이다.

정권은 "조직적 권력을 행사하는 행위자들(의 연결망)"으로 구성된다 (Avelino and Rotmans 2009: 560). 즉, 정권은 자원의 분배 및 제도와 권력구조에 연계된 사회질서를 확립하거나 법령화할 권력을 갖는다. 정부 권력은 특혜와 자원을 분배하는 관행을 통해 행사되지만, 사회질서(풍경)의 규범적 권력을 고수하고 적용하는 것과 같은 더 정교한 방법으로도 행사된다. 관련된 정권은 생산, 혁신 및 시장 해결로부터 어떤 행위자가 혜택을 받는지에 대한 연구에서 찾을 수 있다

(Meadowcroft 2009; Smith and Kern 2009; Smith and Stirling 2010; Voss and Bornemann 2011). 특히 관련 투자 및 제도가 있는 '오래된' 사회기술체제는 전환의 장애물로 간주되며, 이러한 현직 정권은 변화에 저항하기 위해 다양한 권력 전략을 동원하는 정책결정자와 기업 행위자의 동맹으로 구성된다 (Geels 2014). 이행 연구는 이러한 정권이, 예를 들면 운송 및 에너지체계와 같이 적소로부터 생성된 혁신을 통해 어떻게 우회하고 변화될 수 있는지에 중점을 둔다. 따라서 변화는 이러한 적소, 즉 변화를 격려하는 새로운 아이디어가 번성하는 곳의 영향으로 인해 현 정권이 약화됨으로써 일어난다. 많은 사람들은 적소는 정권의 외부에 존재하고 독립적이라고 주장하는 반면(Schot and Geels 2008), 다른 사람들은 현 정권 내에서도 적소가 발전할 수 있음을 입증했다 (Hildingsson et al. 2019).

적소 행위자는 현재 체제에 도전하고 전환시키려는 욕구와 전문성, 지식, 행동 동기를 가진 사람이다 (Loorbach and Rotmans 2010). 적소는 관련 행위자가 만나서 논의하고 잠재적으로 전환으로 이어지는 혁신을 창출할 수 있는 참여 무대를 만들어 격려할 수 있다 (Kemp et al. 2007; Loorbach 2010). 관련된 아이디어는 광범위한 사회 행위자가 의사소통, 민주화 및 심의 과정에 참여할 수 있도록 허용하는 포괄적인 정책 과정의 필요성을 강조하는 환경 정치학에서 찾을 수 있다 (Baber and Bartlett 2005; Dryzek 2005). 또는 지속가능한 목표를 달성하고 규정 준수 및 집행을 보장하는 데 필요한 종류의 이행을 위한 정통성을 보호하는 방법으로서 찾을 수 있다 (Bäckstrand et al. 2010; Dobson and Bell 2006). 그러나 이행 연구에서 적소는 조직화될 수 있으며 설계할 수 있고 또 해야 하는 변화 과정의 부분으로 간주되는 경우가 많다. 이행 이론이 다학제적 방향으로 발전함에 따라 적소 개념은 지역 사회운동과 도시에서 실험 형태를 포함하기 위해 관대하게 사용되었다.

녹색국가 이론에 대한 이행 연구의 공헌은 두 가지다. 첫째, 정체(즉, 현 정권)와 혁신적인 실천과 행위자(즉, 적소) 사이의 관계에 대한 이행 연구의 주목은 그러한 상호작용이 보다 친환경적인 국가로의 이행에 어떻게 기여할 수 있는가를 이해하는 데 도움이 될 수 있다. 둘째, 이행 연구는 국가를 사회기술적 체계에 따라 세분화하고, 국가 정체를 중첩되는 정권들로 구성된 다양한 실체로 본다. 이들은 흔히 에너지, 운송, 주택 또는 보존과 같은 부문의 정책결정자와 경제 행위자 간의 동맹으로 구성되며, 그 중 일부는 변화에 저항하는 현직자 역할을 하는 한편, 다른 일부는 기존 정권을 전환시키는 데 더 개방적이다. 이에 따라 국가를 녹색화하는 이행은 복지국가의 전반적인 개혁보다는 부문별 방식으로 이루어질 것으로 예상할 수 있다.

이행 연구에도 한계가 있는데, 그 중 하나는 거버넌스에 대한 접근 방법이다. 연구들이 점점 더 정교해지고 있음에도 불구하고 종종 단순한 관리 시각에서 벗어나, 정치적 동태성과 정부 및 국가 제도의 역할을 거의 탐구하지 않은 채 남겨둔다 (Frantzeskaki et al. 2012; Fuenfschilling and Truffer 2014; Johnstone and Newell 2018; Meadowcroft 2011 참조). 경험적 초점은 에너지 부문에 압도적으로 맞춰져 있으며, 이행 연구는 혁신과 사회기술적 변화를 위한 지배적인 시장 및 규제 장치에 대한 가정과 함께 흔히 연구한다. 새로운 사회기술적 경로에 대한 해체 또는 재정렬 과정(Geels and Schot 2007)은 생태학적 발자국을 늘리거나 자원을 고갈시키지 않고 경제 재생, 효율성 증가, 경쟁력 강화는 물론 환경 성과 향상에 기여하는 것으로 간주된다. 그러나 앞의 절에서 보았듯이, 비판적인 녹색 학자들은 생태학적 근대화에 따른 가정에 대해 강력히 반대하며 환경 문제가 자본주의 경제구조로 특징지어진 체제 내에서 해결될 수 있다는 것에 대해 심각한 의구심을 갖는다.

녹색국가와 민주주의

녹색국가는 "민주주의가 처음부터 근대 환경운동의 부분이었기" 때문에 지속가능성과 환경 거버넌스가 민주정치에서 집행될 수 있는 방법을 개발한다 (Fischer 2018: 257). 생태 민주주의에 관한 광범위한 문헌이 있는데, 우리는 여기서 국가와 관련된 문헌만을 논의한다. 녹색국가는 국가 제도 내에서 민주정치를 장려하는 동시에 녹색 공공영역도 보호한다. 이를 통해 국가는 정통성을 획득할 수 있으며, 더 나은 지속가능한 사회로의 이행을 촉진하고 이끌 수 있는 고유한 능력을 갖는다 (Melo-Escrihuela 2015).

민주주의의 중요한 요소는 평등한 대표성, 발언권과 정의 측면에서 다양한 구성원의 필요와 욕구를 포괄할 수 있는 잠재력이다. 자유민주주의에서는 대표성이 공동 이익보다 개인적 단기 이익에게 우선권을 준다. 그러므로 녹색 가치와 공동 환경재는 의제에 포함될 가능성이 적다. 대조적으로, 생태 민주주의는 정치 공동체에 대한 더 넓은 관념과 장기적인 관점을 지지한다. 그것은 "위험을 발생시키는 결정을 내리는 데 있어서 참여하거나 대표할 수 있는 기회가 문자 그대로 사회계급, 지리적 위치, 국적, 세대 또는 종(species)에 관계없이 잠재적으로 영향을 받을 수 있는 모든 이들에게 확장되어야 하는 것"을 요구한다 (Eckersley 2004: 112). 따라서 녹색 민주주의는 인간의 측면에서만이 아니라, 다른 종과 생태계의 보전을 포함하는 보다 많은 방법으로 대표성을 제정하고 참여하는 방법을 찾아야 하고, 미래 세대의 권리를 위할 뿐만 아니라 단기 목표와 즉각적인 이익보다는 장기적인 목표에 대한 수용을 모색할 필요가 있다.

현대 민주주의 정치에서 비인간을 대표하는 방법은 거의 없다.[1] 그러나 환경 쟁점을 자신들의 과제로 삼고 있는 녹색당과 기타 의회의원들이 이러한 관심을 대표하는 것으로 간주되어 왔다. 예를 들어, 영국, 뉴질랜드, 스웨덴에서 볼 수 있듯이, 기후법을 통해서 환경운동과 전문 당국의 과학적 조언에 법적 지위를 부여함으로써 장기 목표가 보장될 수 있다. 비록 민주주의 국가에서는 녹색 투표와 가치를 지닌 녹색정치 유권자가 생산과 소비 유형을 생태학적으로 지속 가능한 방향으로 전환하는 데 필요한 정치적 자본을 제공할 수 있지만(Tobin 2017 참조), 인간이 아닌 종, 지구의 다른 것들 또는 자연체계에 대한 우려를 포괄해야 할 필요성, 그리고 이들의 포함이 민주적 과정, 제도 또는 정책을 발전시키는 거버넌스 측면에서 어떻게 보장될 수 있는지와 관련하여 특별한 어려움이 있다 (Eckersley 2019: 17; Bäckstrand et al. 2010). 대의정치는 생태적 가치를 포함하는 데 충분하지 않기 때문에 국가가 민주적 실천을 보장할 수 있는 잠재력에 대한 확실한 회의주의가 구딘(Goodin 1992: 168)에 의해 이미 표명됐다. "민주주의를 옹호하는 것은 절차를 옹호하는 것이고, 환경주의를 옹호하는 것은 실질적인 결과를 옹호하는 것이다. 전자의 절차가 후자의 결과를 가져온다는 것을 어떻게 보장할 수 있는가?"

참으로 환경운동은 국가가 생태 민주주의를 육성할 것이라는 전망

---

1) 전 세계의 강과 자연에 법인격을 부여하는 것은 국가 내에서 후견 임무에 대한 독특한 제도적 장치를 설정한다는 점에서 그러한 하나의 특징일 수 있다.

과 관련해 상반되는 감정을 병존해서 가져 왔다. 한편에는, 환경운동이 시민사회의 참여를 장려하는 국가가 실제로 녹색 시민사회를 흡수하고 수용하여 지속 불가능한 국가의 관행에 독립적으로 도전할 수 있는 능력을 타협할 수도 있다는 근거 있는 두려움이 있어 왔다. 그러나 국가, 대중, 시민 간의 관계는 경험적으로 다양하며, 흔히 국가 유형에 따라 다르다. 일부 복지국가에서는 시민사회 관계가 공식화되고 환경 대중은 공식 또는 비공식 과정을 통해 제도화된다 (이러한 증명에 대해서는, Dryzek et al. 2003; Kronsell et al. 2019). 한편, 미국과 같은 자유민주주의 국가에서는 국가에 대한 신뢰와 정통성이 결여되어 있다는 견해를 수용하는 공개 담론과 함께 환경 대중은 자주 국가에 반대하는 입장에 놓인다 (Bomberg 2015). 트럼프 대통령 재임 동안 미국의 양극화가 심화되고 반환경적 대중영합주의의 부상으로 인해 민주주의는 '지속 불가능한 정치'(이에 대한 반향은, Blühdorn 2020)와 적대적 형태의 민주주의(Machin 2020)를 위한 도구로 전락했다.

녹색이론에서는 심의(deliberation)가 생태 거버넌스에 대한 보다 광범위한 이익을 고려하는 생산적인 방법으로 제안되어 왔다 (Hammond 2020; Lövbrand and Khan 2010 참조). 현재 그리고 미래에도 정체로부터 소외된 비인간적 종, 전체 생태계를 대표하려면 사고와 청취에 있어서 높은 수준의 성찰, 상상력, 개방성을 요구한다 (Eckersley 2004: 111-138; Dobson 2010). 위의 구딘의 질문에 대한 응답으로 생태 민주주의에 대한 그러한 심의적 설계는 환경 정치와 거버넌스의 수단과 목적 두 가지 모두에 대한 성찰의 문화를 조성할 수 있으며, 이를 통해 환경 성과를 강화하고 생태학적으로 온건한 결과를 창출할 수 있는 잠재력을 보유한다. 이러한 시각에서는, 선의의 녹색이론은 생태적 해방과 성찰의 심의 과정에서 가치의 녹색이론과 조화를 이룬다.

환경주의 학자와 실천가들에게 심의민주주의의 매력은 그것이 자유민주주의에서 이기적인 행위자로 여겨지는 사람들 사이의 단기적인 전략적 협상에서 멀리 벗어나 장기적이고 미래지향적인 관점에서 가치와 공통의 문제에 중심을 둔 성찰적 숙의로 이동한다는 것이다. 개방적이고 제한되지 않으며 존중하고 정보에 입각한 대화를 통해서 심의는 의사소통과 성찰을 민주주의의 중심에 두고(Dryzek 2010: 3), 의사결정을 단순한 선호도의 집합 과정보다는 선호 전환의 과정으로 바꾼다. 헤몬드(Hammond 2020)가 주장하는 것처럼 지속가능성은 의미 형성에 관한 것이며 심의는 사람들의 근본적인 규범과 전망을 재정향할 수 있다. 심의는 또한 성찰과 학습을 장려함으로써 생태 시민권을 촉진한다. 시민들이 생태학적으로 책임 있는 시민으로 행동한다는 것이 무엇을 의미하는지 배울 수 있다는 점에서 교육적 잠재력이 있다 (Melo-Escrihuela 2015).

심의민주주의 이론은 의사소통과 심의 과정에 보다 광범위한 사회적 행위자가 참여할 수 있도록 허용하는 포괄적인 정책 과정의 필요성을 강조한다 (Baber and Bartlett 2005; Dryzek 2005). 전문가 및 정부 대표와 함께 다양한 이해관계자와 시민의 폭넓은 참여는 지속가능성 목표를 달성하고 순응과 수행을 확보하는 데 필요한 일종의 이행을 위한 정통성을 보장하는 방법일 수 있다 (Dobson and Bell 2006). 환경 결정과 정책은 흔히 과학 지식에 의존한다. 대표적인 예는 기후변화에 대한 이해와 IPCC(Intergovernmental Panel on Climate Change, 기후변화에 대한 정부 간 패널)에 있는 과학계 간의 관계다. 참여 과정에서 시민 참여와 과학 전문가의 관계를 둘러싼 투쟁(Fisher 2018: 261–262; Schlosberg et al. 2019)은 전문가가 시민보다 국가에 더 가까이 접근할 수 있으므로 전문가가 유리하다. 헤몬드(Hammond 2020:

185)는 깊은 성찰의 필요성에 대해 말하지만, 기술 관료와 과학적 환경에서 이를 창출하는 데 어려움이 있음에도 주목하고, 포괄적인 공개 토론이 '더 완전한' 정보와 대안이 제시되는 공간을 제공할 수 있다고 제안한다.

생태적 민주주의를 위해 선호되는 모형으로서 심의가 널리 행해지는 것에 대한 비판도 있는데, 이는 민주주의를 투쟁주의 개념 중 하나로 보는 무페(Mouffe 2005)의 견해와 일치한다. 즉 서로 다른 이익, 대안 및 집단 간의 투쟁의 민주 정치는 정치의 고유한 부분인 보이지 않는 중요한 차이를 소외시키고 형성함으로써 심의민주주의 시도를 통해 영구적인 갈등이나 투쟁주의가 어떻게 덮어지는 경향이 있는지를 인정한다. 이것은 반대 목소리를 위한 정당한 경로가 없을 때 적대적인 관계로 이어질 위험이 있다 (Machin 2020: 163). 국가 내 민주적 참여를 위한 이러한 통로는 의견과 견해의 차이가 항상 존재한다는 사실을 고려해야 한다. 따라서 생태 민주주의와 관련된 교차 범주를 중요하게 인정하고, 특정 정책 주도나 해결에 의한 승자와 패자의 가능성에 주목함은 물론 그룹 간 동맹을 위한 개방도 해야 할 것이다 (Kaijser and Kronsell 2013). 메친(Machin 2020: 165)이 강조하듯이 투쟁적인 불협화음을 조장하기 위해 환경 징지를 활성화할 수 있다. 이러한 노력은 적대적인 싸움을 피하고 정치적 적대자의 존재를 인정함으로써 녹색 공공영역을 국가를 통해 조직될 수 있는 민주주의를 위한 생성력으로 전환한다.

심의 모형은 반드시 국가 제도 내부에 설계되는 것은 아니고 종종 외부에 설계된다. 국가 내에서 설계하면 심의적 성격이 약화되는 경우가 많다 (Bäckstrand et al. 2010 참조). 그런데 시민과 시민사회의 참여는 녹색국가를 향한 전환에 있어서 중요한 차원이다. 기후 및 환경 거버넌스 주도가 국가 수준에 집중되지 않고 국가 하위 수준인 지역 주도 및 시민사회와 관련하여 형성되므로 생태 시민권 육성은 녹색국가의 기본적 구성 요소 중 하나다.

생태 민주주의가 훼손되거나 존재하지 않는 경우에 에커슬리는 "일상생활의 물질적 실행을 통해 환경 쟁점과 대중 간의 공명"을 구축할 필요가 있다고 제안한다 (Eckersley 2019: 17). 이는 화이트(White 2019)가 상향식 시각으로부터 '과격한 설계'로 제시한 것과 유사하다. 이러한 해석의 생태 민주주의는 환경 운동이 국가와 그 관행을 향한 일종의 적대감으로 표현된 한계 상황에서 어떻게 더 푸른 미래를 구상했는지의 쟁점을 다루어 왔는데, 이는 흔히 국가 제도와 관행으로부터 생산적인 관여에 대한 믿음이 거의 없는 시민사회와 생태 시민에 반대하여 설정된다. 화이트(White 2019)의 민주주의에 대한 과격한 설계는 이러한 틀에서 완전히 벗어난다. 그것은 불안한 온난화 행성에서 생존 가능한 미래를 건설하는 데에 우리가 잃어버린 안정된 자연으로의 복귀에 대한 어떤 정착자의 식민지 신화가 관련될 수 없다는 비판적 실용주의에 자리 잡고 있다. 오히려, 우리는 우리가 차지하고 있는 기후 적응형 사회 생태학적 세계를 지속적이고 영구히 만들고 재창조한다는 것을 인정하게 될 것이다 (White 2019: 13). 에커슬리(Eckersley 2019: 8)는 지속가능성은 최종 상태가 아니라 환경변화에 적응하는 지속적인 과정이라고 주장하며 이에 대해 계속 추적한다. 민주주의의 생산적 형태는 '반복, 실험, 표준화, 실패 그리고 다시 시작하는 전략'을 요구하지만 (White 2019: 14), 이 접근방법은 역시 더 생태학적으로 반응하는 '집단적, 구체화된, 예시적 방식의 물질적 실천'의 창조에서 일상생활에 민주주의를 연결한다 (Eckersley 2019: 10). 이러한 과정은 매우 복잡할 수 있지만 민주적이어야 하며, 지역 수준에서 정보에 밝은 대중과 전문가의 대표가 포함되고, 동시에 물질 흐름을 중심으로 대안적 지속가능한 정치를 상상하고 법제화한다 (Schlosberg and Craven 2019). 이러한 과정은, 예를 들어, 지역 노력에 참여하는 등의 이행 과정을 촉진할 수 있는 강하지만 유연한 국가 기관의 지원을 통해 이뤄질 수 있다. 미래의 생태 민주주의에 대한 이러한 대안적 관점은 다양한 이익의 포용을 확대하고 생태적 대응의 문화를 육성하기 위해 필요할 것이며 더욱 녹색화된 국가가 번영할 수 있도록 함께 일할 수 있어야 할 것이다.

결론

녹색 정치학자와 사상가들 사이에서 국가와의 관계는 상반된 입장이 병존해 왔는데, 시간이 지남에 따라 환경변화에 대한 투쟁과 대응은 녹색국가 제도의 실질적 발전에 공헌해 왔다. 이것은 국가가 생태학적으로 지속가능한 목적을 향한 정책 및 거버넌스 경로를 가능하게 하는 권위, 능력 및 조정 기제를 보유하고 있기 때문에 환경 및 기후 정치에 있어서 진보적 행동의 장으로서 중요하다는 것을 지적한다. 잠재적으로, 이는 국가를 녹색화하기 위한 전략이 국가 기관의 제도적 역량에 의존하여 더욱 지속 가능한 미래를 구축할 수 있다는 일부 희망을 제공한다. 녹색국가에 관한 문헌에 대한 우리의 개관에서, 우리는 복지국가가 이 거대한 임무에 관여하기에 매우 적합해 보인다는 사실을 발견한다. 비록 녹색국가에 대한 대부분의 연구는 지금까지 자유민주주의 국가에 초점을 맞춰왔고 최근에서야 권위주의, 탈식민지 및 개발 녹색국가에 대한 새로운 연구가 등장했다. 녹색국가의 규범적 이상은 환경 관리 및 거버넌스를 새롭게 시작하는 국가의 실천이 지속가능성 특성에 의해 평가될 수 있고 최소와 최대 국가는 녹색의 척도로 분류될 수 있다는 중요한 비평과 교정을 제공한다.

국가를 녹색화하기 위한 주요 과제는 후기 근대 국가의 경제적 불가피성과 인구의 복지와 행복을 유지하기 위한 세입 창출을 위해 성장에 의존해야 하는 중심성이다. 국가가 이러한 도전을 받아들이고 경제와 생태학적 문제 사이의 긴장을 해결할 방법을 찾지 않는 한 사회의 녹색 전환을 달성할 수 없을 것으로 보인다. 이를 위해서는 분명하게 다양한 이익에 대응하고, 특히 필요한 기술적, 경제적, 사회적 변화를 창출할 수 있는 다양한 행위자들을 포함함으로써 변화와 전환에 개방적인 국가가 요구된다. 녹색 전환이 반드시 필요하며 국가가 글로벌 지속가능성과 지구 보호를 위한 이행에 있어서 새로운 상상력, 가능성 및 비전을 제공할 수 있다는 것은 의심할 여지가 없다. 그러나 국가가 스스로 또는 하향식 정치 방식으로는 이 임무를 달성하기 어렵다. 국가를 녹색화하려는 노력이 성공하려면 국가의 합리성과 시민과의 관계를 재설계하고 재구성해야 한다. 생태학적으로 민주적인 국가를 격려하려는 노력은 이것이 다양한 이익과 잠재적으로 영향을 받을 사람들에게 의미 있는 대표성을 제공하고 비인간 자연과 미래 세대의 이익을 고려하는 수단을 제공한다면 고전적인 환경주의와 일치하여 나타날 수 있다. 그러나 이것은 심의 또는 급진적 민주적 설계 및 기타 실험적 형태의 거버넌스와 같은 새로운 절차에 대한 탐구가 필요할 것이다. 지금 이곳에서는 그리고 현재와 미래를 위해 많은 사람들의 이익을 위한 지역화된 물질적 실행을 중심으로 변화, 상상력 및 참여가 일어나고 있다.

추가 읽을 거리

Bäckstrand, K. and A. Kronsell (2015), *Rethinking the Green State: Environmental Governance towards Climate and Sustainability Transitions*, London: Routledge.

Barry, J. and R. Eckersley (2005), *The State and the Global Ecological Crisis*, Cambridge, MA: MIT Press.

Death, C. (2016), *The Green State in Africa*, New Haven, CT: Yale University Press.

Dryzek, J., D. Downies, C. Hunold, D. Schlosberg and H. Hernes (2003), *Green States and Social Movements: Environmentalism in the United States, United Kingdom, Germany and Norway*, Oxford: Oxford University Press.

Duit, A., P.H. Feindt and J. Meadowcroft (2016), "Greening Leviathan: The rise of the environmental state?" *Environmental Politics*, 25(1): 1–23.

Eckersley, R. (2004), *The Green State: Rethinking Democracy and Sovereignty*, Cambridge, MA: MIT Press.

Lundqvist, L.J. (2001), "A green fist in a velvet glove: The ecological state and sustainable development," *Environmental Values*, 10(4), 455–472.

Mol, A.P.J. and G. Spaargaren (2002), "Ecological Modernization and the Environmental State," in A. Mol and F. Buttel (eds), *The Environmental State under Pressure: Research in Social Problems and Public Policy*, 33–52, Bingley: Emerald Publishing.

8장

탈구조주의

서론	242
탈구조주의와 이성	243
탈구조주의와 해석주의	248
표출	253
주권	257
통치성	263
결론	269

엘런 핀레이슨(Alan Finlayson),
제임스 마틴(James Martin)

서론

이 장은 국가 이론과 분석에 대한 '탈구조주의' 접근방법을 탐구하고 평가한다. 이들의 핵심은 정치(또는 '정치적인 것')는 단순히 '비정치적'으로 인식되는 힘의 '결과'라기보다는 사건과 현상의 '원인'이라고 주장한다. 따라서 탈구조주의자들은 국가를 정확한 '사물'이 아니라 활동으로서, 즉 실천으로서 실제로 정치를 생산하고 정치의 산물인 실천의 '총체'로서 생각한다. 이들에 대한 연구는 특히 국가와 국가 실행을 정의하고 명명하는 개념, 정체성, 이데올로기에 관해, 이들이 어떻게 재형성(또는 '재표출')되었는지, 그리고 특정 경향(또는 '논리')에 초점을 둔다 (Glynos and Howarth 2007 참조).

이를 완전히 설명하기 위해 우리는 먼저 탈구조주의를 전후 맥락

속에서, 그것이 국가에 접근하는 독특한 방법을 얼마간 설명하는 동시에, 이를 정치적 합리성의 이론 및 역사에 관한 철학적, 사회학적 논쟁과 연결하고 그것이 어떻게 중첩되는지를 보여주며, 또한 다른 '해석적' 접근방법에서도 출발한다. 그런 다음 우리는 다양한 탈구조주의 정치이론과 정치 및 국가에 대한 분석을 소개한다. 즉, 라클라우(Ernesto Laclau)와 무페(Chantal Mouffe)가 전개한 담론이론과 그들의 '표출' 개념, 국제관계에 대한 비판적 이론과 '주권'에 대한 탈구조주의 개념, 그리고 푸코(Michel Foucault)의 '통치성' 개념 순으로 살펴본다. 그 과정에서, 우리는 이러한 개념과 방법이 어떻게 국가의 정치에 관한 비판적 연구를 자극했는가를 보여준다.

탈구조주의와 이성

정치에 대한 탈구조주의 접근방법의 가장 중요한 명제 중 일부는 다음과 같이 단순하게 언급된다. 합리성은 역사를 갖고 있으며 어떤 역사적 순간에도 특정 형태의 합리성이 지배적이지만 논쟁의 여지가 있고, 이것이 정치의 근본이다. 이 역사를 연구하기 위한 우리의 이론과 방법 또한 그것의 일부이고 그것은 우리의 방법론에 영향을 미칠 것이 틀림없다. 이러한 주장을 더 자세히 설명해 보자.

『순수 이성 비판』(Critique of Pure Reason)에서 칸트(Immanuel Kant)는 자신의 시대, 즉 유럽 계몽주의 시대를 '판단력이 무르익은 시대'로 묘사한다. 그는 '우리 시대'는 종교, 법, 군주제를 포함한 "모든 것이 감수해야 하는 진정한 비판의 시대"라고 말한다. 만약 그러한 기관들이 비판에 복종하지 않는다면, 그들은 "오직 자유로운 공개 평가를 잘 견딜 수 있었던 것에 대해서만 이성이 부여하는 진실한 존중을 요구할 수 없다"(A, xi). 다시 말해서, 공공기관은 스스로 정당성을 입증해야 한다. 현재, 즉 '근대성'의 뚜렷한 특징은 제도가 스스로를 정당화함에 있어서 전통에 관한 주장이나 미신에 대한 교조적 호소에 의존할 수 없다는 것이다. 그들은 인간의 합리성의 기준에 어떻게 부합하는지를 보여야만 한다. 칸트의 비전은 정치사에 있어서 급진적이고 변혁적인 순간의 일부였다. 그것은 정치적 권위가 모든 개인을 유기적이고 엄격하게 구조화된 전체에 포섭하는 대신에, 각자가 그들의 이성의 힘을 행사하고 그들 뒤에 있는 제도와 원칙을 비판적으로 조사할 수 있도록 보장해야 한다는 견해를 공유했다. 그렇게 함으로써 그들은 "영원하고 불변하는 법칙"과 조화를 이루는 합리적 국가를 확립할 수 있다 (A, xii).

흔한 오해와는 달리, 탈구조주의 이론가들은 계몽주의의 비판적 충동을 거부하지 않는다. 그들은 국가의 역사를 포함하여 역사가 단순히 계몽주의의 탄생과 함께 끝나지 않았다는 것을 지적한다. 이성은 역사를 가지고 있다. 한 가지 아이디어의 발전은 다른 아이디어의 발전을 가능하게 하고, 다음에는 번갈아 그 아이디어를 가능하게 한 것을 대체한다. 그것은 또한 사회적 역사를 가지고 있다. 기술, 사회 조직 및 정치 제도의 광범위한 변화와 함께 시간이 지남에 따라 이성의 형태, 적용 및 수용이 변화한다. 이를 염두에 두고, 탈구조주의자들은 이성을 매우 진지하게 받아들인다. 너무 심각해서 그들은 처음에는 역설적으로 보이는 어떤 것을 제안한다. 즉, 비판은 그 자체가 비판을 받아야 하고 이성은 합리성의 시험을 받는다 (그리고 이것이 정치의 모든 것의 일부라는 것이다).

탈구조주의자들에게 이것이 의미하는 바는 우리가 이성과 그 '법칙'

의 조건과 맥락을 물을 수 있고 또 물어야 한다는 것이다. 이성과 추론에는 과거가 있으며, 이는 현재를 설명하는 데 도움이 된다. 그들에게는 역시 아직 결정되지 않고 보장되지도 않으며, 정치적 경쟁 거리가 되는 미래가 있다. 역사는 생각이 오직 일방통행만 하는 불가피한 전진이 아니다. 대안적 합리성이 공존하고, 때로는 서로를 무시하며 때로는 갈등하고, 흔히 서로를 인정할 수 없거나 이해하지 못하는 경우도 많다. 이성의 역사에서 일은 부드럽지 않고 불연속적이다. 일부 추론은 잊혀지고 휴면하며 다시 활성화될 수 있다. 예상치 못한 발전이 있고 일부 합리성은 전진하기보다는 측면으로 퍼진다. 지배할 수 있는 원칙과 이성이 그렇게 되는 이유는 전투가 반드시 합리적인 방법으로 수행되거나 그들이 등장하는 근거에 따라 조직되지 않았기 때문이다. 이 모든 것은 정치 연구의 시각에서 볼 때, 이성, 진실, 그리고 그들이 정당화하는 국가는 무시하기에는 비합리적이고 진실하지 않은 정치 역사를 가지고 있다는 것을 단순히 말하는 것이다.

칸트에게 추론은 따라야 할 보편적 원칙을 식별하는 것을 포함했는데, 그것은 특정 사례와는 별개로, 그들을 교차하여 적용하는 어떤 것을 의미했다. 계몽된 국가가 처음으로 시민에게 권리를 부여했을 때, 그들은 그러한 권리가 모든 사람에게 속한다고 선언함으로써 그렇게 했다. 왜냐하면 모두가 합리성을 나누어 가질 능력이 있었기 때문이다. 그러나 물론 '모두'가 전부를 의미하지는 않았다. 무산자, 노동계급, 여성, 노예, 소수 민족, 종교적 소수자, 식민지화된 사람들은 '모두'의 일부가 아니었다. 추론할 수 있는 능력은 모든 곳에서 동등하게 발전하는 것으로 생각되지 않았다. 근대 유럽과 세계의 정치사는 시민권과 기타 권리를 누릴 자격이 있으며 국가가 그들을 정당화해야 하는 추론 능력이 있다고 생각되는 사람들의 수를 증가하고 그 종류를 확장하려는 노력의 역사다. 이에 반대하려는 시도 역시 (현재 진행 중인) 역사이기도 하다.

현대 정치 이데올로기는 이 역사에 대해 다양한 이야기를 들려준다. 자유주의는 이를 계몽주의에 항상 내재되어 있었고 현재는 '세계인권선언(Universal Declaration of Human Rights)'에 구체화되어 있는 것으로서 진보적인 현실화로 생각한다. 보수주의자들은 대조적으로 이를 쇠퇴의 역사, 즉 평등 또는 정체성에 관한 '유행에 따른' 요구에 의한 이성의 타락으로 제시한다. 사회주의자들은 자유주의가 자신의 생활 방식, 존재 및 사고 방식이 유일한 '보편적' 방법이라고 상상하는 것에 대해 비판하며, 그것은 자유주의가 계급 착취에 뿌리를 두고 있다는 사실을 인정할 수 없다는 믿음을 유지하기 위한 거라고 지적한다. 여성주의자들은 초기 계몽주의 사상가들에 의한 여성 배제는 실수가 아니라 그것을 정의하는 특징 중 하나였다고 주장한다. 그리고 생태학적 사고를 지닌 비평가들은 우리의 추론 방법이 자연 세계에 대한 특정한(궁극적으로는 비합리적인) 태도에 기반하고 있으며, 이러한 태도는 극복되어야 한다고 제안했다. 이 모든 비판자들에게, 이성은 너무 자주 '도구적'인 것으로 생각되어 왔는데, 이때의 도구는 무엇이 우리의 목적이어야 하는지를 생각하는 방법보다는 협소한 방법으로 목적을 달성하기 위한 수단으로서다 (Adorno and Horkheimer [1944] 1973; Held 1980 참조).

탈구조주의로서는, 합리성에 대한 정치적 투쟁의 역사, 즉 비판과 반비판의 역사는, 적어도 그것이 여전히 일어나고 있는 일이므로, 우리가 연구해야만 하는 것이다. 합리성에 대한 지배적인 개념을 유지하고 국가가 이를 구현한다는 증명을 하기가 어렵다는 것이 현대 정치를 정의하는 특징이다. 글로벌 노동분업의 엄청난 복잡성으로 인해 (금융, 물류, 관리, 교육, 농업 또는 의학 분야별로) 자체적인 합리화의 형태를 산출하는 경향이 있는 매우 전문화된 활동이 성행한다. 사물과 활동을 판매용 물건으로 전환하는 상품화는 인정된 도덕성과 정당화 과정을 뒤집어 놓고, 가격이 다른 종류의 가치 평가를 제거하는 시장 관계로 전통적인 관계를 대체했다. 한때 상대적으로 폐쇄되었던 공동체들은(미국 농촌에서 아프가니스탄 도시까지) 이제 서로 연결되어 있으며 정착된 생활 방식을 방해하는 국제적인 정치, 문화, 경제 세력에 노출되어 있다. 정보와 아이디어를 생산하고 전달하는 수단의 계속 증가하는 속도, 양 및 단편화는 시간과 공간에 대한 우리의 개념에 영향을 미쳤다 (Giddens 1991; Beck, Giddens and Lash 1994). 우리가 사는 장소와 어떻게 관련되거나 동일시되는지 그리고 이미지, 소리, 밈(meme) 파편으로 가득 찬 우리의 정신적 환경은 불과 100년 전의 문자 문화와는 근본적으로 다르며(McLuhan 1964 참조) 겨우 한 세대 전의 것과도 달라져 가고 있다. 이러한 맥락에서, 결정을 내리거나 정당화할 때 정치적 계급이나 문화가 사용하는 매우 다양한 합리성이 전면에 나타나며 정치적 분쟁의 초점이 되었다.

  탈구조주의는 이성은 역사를 갖고 있으며, 이는 정치 분석과 결과적으로 국가와 그 운영에 대한 비판적 이해를 위해 중요한 연구라고 제안한다. 이성에 대한 지적 또는 이데올로기적 비판이 어떻게 진행되는지, 그리고 지배적인 합리성이 조직되고, 경쟁하고, 옹호되는 방법을 인지하게 된다면, 우리는 정치의 근본적 차원을 연구하고 있는 것이다. 우리는 또한 중요한 형태의 사회적 비판에 참여하고 있는 것이다. 추론의 지배적인 형태는 반대되는 형태를 비합리적이고 따라서 이성의 '법정'에서 일하기에 부적합한 것으로 취급함으로써 흔히 유지되고 정당화된다. 이러한 배제는 모순과 사회적 갈등으로 이어지며, 이는 그들 자신의 논리를 따르고 사건을 서로 다른 방향으로 몰아간다. 이것을 무시하거나 경시하는 정치이론이나 정치학은 현실을 무시하거나 실질적인 정치 갈등으로 위치를 택하는 것이다.

탈구조주의와 해석주의

탈구조주의는 정치 행동과 사건의 문화적 맥락을 형성하는 아이디어나 정신의 역사를 강조하는 국가 연구에 대한 유일한 접근방법은 아니다. 정치학의 다양한 '해석학적' 또는 '해석적' 접근방법은 개인의 '선호'를 주어진 것으로, 즉 정치체계로의 '투입'으로서 산출을 결정하는 것으로 간주하는 사람들과 동의하지 않는다. 우리에게 있어서 그러한 선호는 우리가 이해하기를 원하는 지적, 심의적, 문화적, 이념적 과정의 결과다.

해석적 방법은 인간이 의식적이고, 성찰적이며, 반사적인 창조물이라는 사실에서 시작한다. 우리는 몸과 마음을 통해 본능적으로 반응하는 다양한 자극뿐만 아니라 의미 있는 것으로 세상을 경험한다. 사물과 경험은 이름을 가지고 있으며 그들에게 가치를 부여하는 범주에 속한다. 어느 사물과 어떤 범주는 함께 속하고 어느 것은 반드시 떨어져 있어야 하는지에 관한 규칙이 있다. 이름, 범주 및 규칙은 중요하지 않으며 우리 마음 '속에'만 존재한다. 그것은 연설, 글쓰기, 공연, 시각적 표현과 같은 매우 물질적인 형태를 취한다. 그것들은 (명령, 요구, 모욕과 같은) 행동으로서, (책, 기[banners], 예술 작품 등과 같이) 저장, 순환, 의사소통하는 사물로서 세상에 존재한다. 그러나 이러한 의사소통은 오직 가장 넓은 의미에서 '언어', 즉 기호와 소리, 단어 및 기타 표현의 의미 있는 배열을 위한 규칙의 '체계'를 사용하기 때문에 가능하다. 문화(사회, 정당, 아마도 직업 등)에 참여한다는 것은 해당 언어의 규칙을 아는 것이고, 다른 사람들과 그것을 사용하는 데 공유할 뿐만 아니라 성공적으로 의사소통하려면 그것에 복종해야 한다. 이러한 체계를 연구함으로써, 해석주의자들은 특정 집단이 사용하는 이성의 양식에 대한 통찰력을 얻고 그들이 그렇게 행동한 이유 또는 적어도 그들이 하고 있다고 생각한 것을 설명할 수 있기를 희망한다 (Bevir and Blakely 2018 참조).

의미로서의 이익은 정치학 및 거버넌스 연구에서 더욱더 일반화되었다. 정부 관료나 정책을 협상하는 정치인의 사회적 상호작용을 이해하려면 우리는 사용하는 언어, 언어 간의 관계 및 합리성에 영향을 미치는 방식을 이해해야 하기 때문이다 (Bevir et al. 2004; Bevir and Rhodes 2015). 예를 들어, '신'제도주의의 일부 형태는 제도화된 '형판'을 공급하는 아이디어를 포함하여 제도를 형성하는 비공식적 규범, 가치 및 상징적 형태를 고찰한다 (제5장; Lowndes 1996: 182; 2002 참조). 비버와 로즈(Bevir and Rhodes 2003, 2010)는 정치 행위자(와 정치학자)가 거버넌스를 이해할 때 사용하는 '화술(narratives)'을 강조하며, 행동은 동기를 부여하는 신념과 가치를 파악함으로써만 이해될 수 있다고 주장한다. 이는 전통을 확립하는 '이어받은 신념과 관행'을 조사하는 것을 의미한다. 탈구조주의 또한 행위자의 행동 속에서 이어져 내려온 의미의 틀을 조사한다. 그러나 그것은 독특한 방식으로 그렇게 한다.

탈구조주의자들의 주요 주장은 정치 제도, 문화, 집단을 뒷받침하는 사고나 언어의 규칙이 고정되거나 단일하지는 않다는 것이다 (Derrida 1978 참조). 탈구조주의자들이 그렇게 불리는 이유는 어떠한 체계나 의미 구조도 결코 완벽하거나 폐쇄적일 수 없다고 주장하기 때문이다. 그것은 말해질 수 있는 모든 것들을 사전에 설명할 수는 없다. 단어는 항상 새로운 방식으로 조합될 수 있으며 체계 외부의 것들, 예를 들어 다른 언어, 새로운 표현 기술, 예측할 수 없는 사건 등이 항상 체계에 영향을 주기 때문이다. 인간의 행동은 체스 게임과 다르다. 체스의 규칙과 말들은 그 말에 의미나 가치를 부여하고 그것이 무엇이고 무엇을 할 수 없는지를 구체적으로 지정하는 체계를 구성한다. 이는 (아무거나 바로 할 수 없도록) 선수를 제약하지만, 선수가 선택한 것으로부터 가능성을 만들어 내기도 한다. 추산에 따르면 체스 게임의 가장 적은 경우의 수는 10의 120제곱만큼 높을 수 있다. 문화, 언어, 의미체계를 이런 방법으로 생각하도록 마음이 끌린다. 탈구조주의가 지적하는 점은 사람들이 단순히 체스를 '잘못' 두는 경우가 많다는 것이다. 그들은 규칙을 어기거나 오해하고 있다. 그들은 '자살 체스'를 하며 지기 위해 노력한다. 그들은 그 말들을 체커(draughts)에 사용하거나 다른 판의 게임에서 잃어버린 말을 보충하기 위해 사용한다. 그러한 활동은 완전히 무작위적이거나 불법적인 것은 아니다. 그것은 현존하는 규칙에서 나오며 때로는 규칙 위반으로 시작하는 게 허용되어 작은 방식으로 체계를 변경하고 아마도 시간이 지나면 분리 부정사(부사를 사용해 의미를 변화 시킴 – 역자 주)를 사용하거나 하원에서 수상의 질문(PMQs: Prime Minister's Questions)[**] '전통'을 사용하는 것과 같은 새로운 규칙이 될 수 있다.

    탈구조주의의 경우, 우리는 불안정하고 내부로부터의 수정이 가능

[**] 역자 주) 영국 하원에서 매주 수요일 12시에 벌어지는 행사로 시민은 무료지만 방청권이 있어야 입장할 수 있다.

하며 때로는 외부로부터 변화를 강요받는 의미의 체계에 살고 있다. 그러한 변화는 종종 저항을 받는다. 일부는 부정사에 대한 규칙을 유지하거나 PMQs를 집행 권력에 동화시키려고 노력할 것이다. 이러한 논쟁은 문화사의 원동력이자 완전히 정치적이다. 흔히 국가의 지원을 받는 사회 질서는 사람들을 (아마도 그들이 하는 일의 종류, 성별, 출신 국가와 관련되도록) 특정 장소에 할당하는데, 이러한 장소에 다른 가치와 다양한 종류의 조정 공간을 부여한다. 그러나 때로는 할당된 장소에서 떨어져 나오거나 적극적으로 반발하는 사람들도 있다. 권력을 가진 자들은 폭력으로 체제를 지키려고 할 것이다. 때로는 그 체제가 승리할 수도 있고, 또는 아마도 극적으로 적응하거나 변화할 수도 있다. 핵심은 해석주의는 의미가 어떻게 작동하는지를 알기 원하는데, 탈구조주의는 어떻게 의미가 작동하지 않는지를 알기 원한다는 것이다.

 더욱이 탈구조주의는 정치적 행위에 참여하는 개인이나 행위자의 정체성을 생각하는 방법에서 뚜렷이 구별된다. 정치분석에서 우리는 흔히 한 정체에 명확한 정체성을 가진 개인이나 집단, 즉 노동자 계급, 투자자, 기독교인 등이 있다는 근거로 진행하는데, 이는 일련의 이상적이거나 물질적인 이익과 연결되어 결과적으로 더 나은 급여, 더 높은 수익, 전도할 권리 등과 같은 특정한 요구를 낳는다. 탈구조주의자들이 지적하는 것은 이 모든 것이 동시에 될 수 있는 사람들이 많다는 것이다. 예를 들면, 노동계급 기독교 투자자들이다. 어떤 범주가 적용되는지가 '명백하다'는 가정에서 시작하는 정치분석은 어떻게 사람들이 자신의 정체성과 이익을 다른 사람의 것보다 중요한 것으로 여기게 되는지를 놓치고 있다. 탈구조주의자들은 우리가 우리의 정체성과 이익을 어떻게 보는지는 예측할 수 없는 과정의 결과, 즉 우리가 행동하는 의미체계를 조직하기 위한 권력 투쟁의 결과라고 주장한다. 개인은 더 넓게 정치화된 의미체계 내에서 자신의 위치를 통해 정체성을 달성한다. 많은 행위자와 제도는 정치적 주장을 자연스럽게 하고 정당화하는 사회체제를 조직하는 역할을 하며, '게임의 규칙'과 우리가 '자연스럽게' 그리고 '정상적으로' 행동하는 방법을 불가피하고 부동적인 것처럼 만든다. 이들은 배제와 포괄의 선을 긋는 '담론' 또는 '담론적 구조'이며, 무엇이 정당한 '게임 내 행동'인지 아닌지를, 또는 중요한 정체성을 결정하고, "'내부자'와 '외부자' 사이에 정치적 경계를 그으면서 … 특정 선택을 배제하고 관계를 구조화한다"(Howarth, Norval and Stavrakakis 2000: 4; Howarth 2013 참조).

이러한 관점에서 우리가 '국가'를 볼 때 우리가 보는 것은 공격할 수 없는 합리적이고 법적 권위를 주장하며, 정체성과 이익을 부여하고, 사물을 범주로 조직하며, 사물 사이의 경계를 설정하고 그 경계를 관리하는 등의 복잡하고 다양한 담론이다. 국가 안에서 행동하기 위해서는, 이러한 담론 안에서 생각하고 행동해야 한다. 예를 들어, 국가 관료제도는 국내외 정책이 무엇인지, 건강과 복지가 무엇인지, 무엇이 합법적인 제안이고 무엇이 아닌지, 누가 무엇을, 언제, 어디서 말할 수 있는지와 관련하여 수많은 전문적 규정과 전제를 바탕으로 구축된 영역이다 (Cooper 2019 참조). 어떤 의미에서 국가 행위자는 암묵적이지만 검토되지 않은 사회 이론에 기초하여 행동한다. 탈구조주의자들은 구조, 수행 규칙, 이를 뒷받침하는 '이론'의 제도화를 인식하기 위해 이러한 담론을 조사한다. 그러나 우리는 검증되거나 왜곡될 수 있는 명제의 고정된 구조를 밝히기 위해 이 일을 하는 것이 아니라, 무엇이 그리고 어떻게 제외되었는지를 확인하고, 새롭게 생각할 수 있는 어떤 것을 만들기 위해 노력한다. 그것이 바로 '비판'이다. '담론'은 개방된 체계이며 항상 새로운 가능성을 생산한다. 다양한 종류의 '당국'은 좁고 안정적인 한계 내에서 언어, 의미 및 정체성을 통제하려고 할 수 있지만, 의미는 항상 그러한 통제를 초월한다. 사회 전체나 심지어 정부 영역 내에서도 단 하나의 담론 구조가 있는 것이 아니라, 모순되거나 충돌할 수 있는 다수의 중첩되는 '언어 게임'(Wittgenstein 1958)과 다수의 합리성이 있다. 개방성과 폐쇄성 사이의 긴장은 정치적 투쟁의 핵심이며 탈구조주의자들이 국가 현상을 연구하는 것도 바로 그런 시각에서 비롯된다.

표출

라클라우와 무페(Laclau and Mouffe 1985)와 관련된 '담론이론'은 탈구조주의적 통찰력을 정치이론과 국가와 정부 분석에 적용하려는 중요한 시도를 나타낸다. 라클라우와 무페는 사회를 중첩되고 상호 제한하고 수정하는 담론적 실행의 복잡한 총체로 생각한다. 이들은 결코 고정된 중심으로부터 조직되지 않는다고 주장한다. 실제로 라클라우와 무페는 사회는 그러한 중심의 '부재'를 전제로 한다고 주장한다. 그들은 역설적으로 사회는 '불가능'하다고 선언한다. 그들이 의미하는 바는 결코 완성되고 끝난 실체가 아니고, 그것이 경제든, 인간 본성이든, 혹은 생물학이든 단일한 통제 원칙(1985: 111)에 준거해 설명할 수 없다는 것이다. 오직 '사회적인 것'만이 존재한다. 사회를 위한 닻, 즉 논쟁의 여지가 없는 준거점을 제공하려는 시도로 구성된 지속적인 창조 과정은 다양한 요소를 함께 합쳐 묶어서 그들이 무엇인지, 어떻게 관련되는지를 구체화하려고 한다. 따라서 정치분석은 '사회적인 것'의 요소들이 어떻게 표출되(고 연합하며 재연합하)는지, 사회적 정체성과 이익이 어떻게 형성되는지, 그리고 국가가 이 모든 것을 관리하거나 단속하는 데 어떻게 관여하는지를 탐구함으로써 '사회적인 것'을 조사할 수 있다. 더욱이, 그것은 정치가 행해지는 방법에 도전하고 근본적으로 전환시킬 수 있는 기회를 명확히 하기 위한 견해를 가지고 이를 수행할 수 있다.

예를 들어, 미국이나 영국과 같은 선진국과 선진 경제에서는 자본주의적 생산과 교환이 자유주의적 개별주의와 대의제 민주주의와 함께 '표출'되는 것을 발견한다. 이것은 (생산양식, 개인적 이데올로기, 정치체제와 같은) 별개의 현상들이 단순히 우연하게 정렬된 것이 아니다. '표출'이론은 이러한 현상들이 혼합되면, 그들 자체가 수정된다고 말한다. 자본주의, 개별주의, 대의민주주의에는 변하지 않는 '본질'이 없다. 그들의 표출은 반대 논리를 결합한 새로운 형태, 혹은 '제도(regime)'를 창조한다. 이는 자본주의적 자유민주주의 국가다 (Mouffe 2000 참조). 그렇다면 우리가 정치적인 '것들 그 자체'라고 생각하는 것뿐만 아니라 그들 사이의 관계도 연구하는 것이 중요하다. 예를 들면, 자본주의 생산은 인종적 민족주의와 함께 표출될 수 있고 그리고 파시즘 같은 권위주의적 개인숭배에 중심을 둔 정치 구조와도 결합될 수 있다. 라클라우와 무페의 담론 분석은 정확히 그러한 표출이 적대와 갈등의 조건으로부터 독특한 형태를 생성하는 방식에 관심이 있다. 그 분석은 (경제학, 개인, 정치체제와 같은) 사회적 요소들이 자연스럽게 혹은 필연적으로 주어진 형태로 된 것이 아니라 특정한 방법으로 결합함으로써 사회를 정의하기 위한 정치적 실천과 투쟁의 '응축' 결과로 본다.

라클라우와 무페는 그람시의 용어 '헤게모니'를 사용하여 요소와 정체성을 고정하고 연관시키는 이러한 과정을 정의하고, 주어진 구조 내에서 가능성의 범위를 유지하면서도 제한하기 위해 사회적 실행에 지배적인 의미를 강제한다 (Gramsci 1971; Martin 2019 참조). 그러나 중요한 것은 담론 분석이 통일성을 창출하려는 시도에서 무엇이 제외된 건가를 강조한다는 것이다. 다시 말하지만, 강조점은 사물 간의 관계에 있다. '국가'와 같은 것을 이해하려면 그 내부에서 무슨 일이 일어나고 있는 것뿐만 아니라 그 외부에서도 무슨 일이 일어나고 있는지를 알아야 한다. 일부 운동은 더 큰 정치적 연합을 형성하기 위해 서로 소통하려고 노력한다. 예를 들어. 여성주의는 사회주의, 자유주의, 보수주의와 함께 표출될 수 있지만, 각각의 경우 각 이데올로기의 성격이 달라진다. 라클라우는 헤게모니는 항상 주관적 정체성의 범위가 일종의 보편적 범주에 의해 결합된 것처럼 서로 관련되어 가는 과정이라고 주장했다 (Laclau 1996 참조). 예를 들어, 부시(George W. Bush) 대통령이 '테러와의 전쟁'을 선포하면서, '악의 축(axis of evil)'을 기반으로 정책을 형성했고, '당신은 우리 편이 아니면 반대하는' '의지의 연합'을 구성하려고 했다. 그것에 의해 국가 동맹은 구체적이고 배타적인 일련의 정체성과 관계의 관점에서 구성되었다. 한편에는 자유와 민주주의를 옹호하는 '친구들'이 있었고, 이들은 차이점에도 불구하고 이러한 '보편적' 범주로 통합됐다. 다른 한편에는 독재와 악의 범주와 관련된 '적들'이 있다. 각 편에서, 담론적인 '등가 관계'는 모두가 동등하게 공유하는 보편적인 요소의 덕목에 의해 통일성을 가져온다. 이 담론은 제한적이지만 특정 방법으로 국가 간 분야를 명령하고 그 극명한 질서로부터 특정 정치적 행태가 필요한 것처럼 해야 하는 정치적 논리를 구성한다.

그러므로 국가는 분리된 대상이나 통일된 현상이 아니다. 토핑(Torfing 1991)에게, 국가는 법, 주권, 전문성에 대한 주장, 정보 및 지식, 의사소통 유형과 더불어 제도, 부서, 관료제, 정통성의 의례적 관습, 강제와 통제의 조직 등 담론적으로 형성된 합리성의 복잡한 총체로 생각되어야 한다. 정치분석에서는 이들이 어떻게 혼합되고 재혼합되는지 살펴보고, 서로에게 어떤 영향을 미치는지 질문할 수 있다. 이를 통해 우리는 다양한 국가에서 '중앙'이 조직되고, 상상되고, 심지어 '환상화'되는 방법을 설명할 수 있다.

예를 들면, 일부 국가에서는 법률, 정부 그리고 군대의 체제가 국민의 이익을 표현해야 하는 '국민'과 함께 직접적으로 표출될 수도 있다. 이는 우리가 흔히 '전체주의'라고 부르는 조직으로, 통합된 국민이 없고 정부에 직접 연결되지 않는 독립적인 개인만 있는 자유민주주의 제도와는 대조된다. 파시스트 정당 그리고 더욱더 대중영합주의 운동은 난민이나 이민자와 같은 '수용할 수 없는' 다른 사람들에 반대하는 국민을 정의함으로써 정부와 함께하는 국민의 아이디어를 표출하는 것을 목표로 한다. 다른 국가들은 신과 함께하는 표출을 통해 자신들의 통합을 상상하며, '국민'은 종교적인 측면으로 이해되어 법이든 군대든 다른 일련의 관계로 이어질 수 있다. 예를 들면, 이란이슬람공화국에서는 국가는 신성 주권 원칙에 따라 조직된다. 사회, 법률, 정치, 군사는 이 하나의 포괄적인 원칙의 표시 아래 표출된다. 그러나 모든 경우에 국가는 진화하고 잠재적으로 예측할 수 없는 성격을 가진다. 국가의 정책, 부처, 관료와 인사는 항상 갈등의 가능성과 분열의 위협에 직면해 있다.

그렇다면, 국가는 결코 단일한 '제도'나 심지어 남김없이 결합된 다수의 '제도'가 아니라, 오히려 '전통'과 '습관'에서 유래하지만 역시 모든 새로운 행동에서 그들이 다시 그려지고 재표출되는 실천, 행동 및 반응에 대한 상대적으로 개방된 경기장이다. 헤게모니 이론에 따르면, 국가는 그러한 표출적인 실천의 일차적 장소이자 결과이다. 국가는 통치하려는 기관과 사회에 대한 피할 수 없는 다수를 '헤게모니화'하여 통합하려는 지속적인 전략의 장소다.

따라서 라클라우와 무페의 혁신을 따르는 담론-이론적 접근방법의 초점은 '국가'를 하나의 통일체로 생각하기보다는 다양한 맥락에서 헤게모니를 위한 투쟁과 전략을 형성하는 적대와 담론적 어휘에 맞춰져 왔다 (Howarth, Norval and Stavrakakis 2000; Bastow and Martin 2003; Howarth and Torfing 2005 참조). 그리고 이들이 어떻게 특정 국가 또는 국가 자체에 대한 도전을 형성하는지, 또 국가와 정부는 이러한 비판과 경쟁을 어떻게 봉쇄하거나 저항하려고 노력하는가에 대해서도 초점을 둔다. 이러한 이론가들은 또한 흔히 '급진적 민주주의'(그리고 최근에는 '좌파 대중영합주의')로서, '정치적인 것'의 확장을 촉진하는 비판적, 평등주의적 연합 구축을 옹호한다. 그들은 정치 참여자의 다양성을 증가시킬 것을 주장하고, 민주주의를 국가 중심 기술 관료적 개혁의 엘리트 주도적 실천으로 제한하기보다는 오히려 '논쟁적' 갈등을 위한 잠재력을 수용한다 (Mouffe 2013, 2018; Tonder and Thomassen 2014 참조).

주권

라클라우와 무페의 접근방법은 특정 분야에서 발견되는 헤게모니 활동 유형에 초점을 맞추고 국민국가를 헤게모니 투쟁의 지형으로 가정하는 경향이 있다 (Nash 2002 참조). 그러나 국가는 다른 국가와 관련하여 존재하기도 한다. 국가 지위에서의 다수 합리성에 대한 탈구조주의 접근방법이 국제 수준의 정치에 관해 우리에게 어떤 것을 말해

줄 수 있는가?

헤게모니의 개념(제3장 참조)은 국가가 '국가체제'에서 다른 국가를 지배하는 방법을 설명하는 데 사용되어 온 국제관계 연구에서 오랫동안 중요한 의미를 가져왔다. 이러한 이론에서는 국가는 어느 정도 주어진 것으로 고려된다. 국가는 전략적 계산을 위한 자신의 이익과 능력을 갖춘 기업 행위자라는 것이다. 단일하고 통합된 '행위자'로서의 아이디어와 그 보완적 이론은, 즉 본질적으로 무정부적인 '국제 경기장'에서 권력을 위해 경쟁하는 다수의 행위자에 대한 아이디어는 국제관계에 대한 많은 '비판적' 이론에 의해 의문이 제기돼 왔다 (Edkins 1999 참조). 이들은 주권 국가 지위에 대한 아이디어 자체에 도전하며 (제9장 참조), 그 한계를 드러내고 그들이 가정하는 추론을 조사한다.

예를 들어, 현실주의와 신현실주의 문헌에 대한 비판에서 애슐리 (Richard Ashley 1988)는 국가 주권 담론에는 국제 무정부 상태의 개념이 '요구'된다고 주장한다. 국내 내부에 대한 권위를 가진 주권 국가는 국제정치 이론의 기본 요소로 간주된다. 국가 '외부'의 세계는 다양한 세력이 경쟁하거나 협력하는 규제되지 않은 무질서한 공간으로서 상상된다. 그렇다면, 무정부 상태는 그것이 정의된 것에 대항하는 주권의 '다른 것'이다. 이는 국제무대에서 "질서는 어떻게 가능한가," "질서는 어떻게 유지될 수 있는가," "정책은 어떻게 조정될 수 있는가"라고 끊임없이 물으며 합리성을 위한 기초를 다진다. 합리적이고 이기적인 '국가 행위자'는 그들이 맞서야 하는 모호하고 조정되지 않은 환경에 직면한다. 이에 상응하는 '세력균형'이론과 그 유지가 국가정책의 기초가 된다. 그러나 국가 자체는 "이미 존재하고 있는 합리적인 존재로서, 국제역사의 의미를 지닌 자급자족의 원천인 주권적 정체성"이기 때문에 의심의 여지가 없다 (1988: 231). 그러나 애슐리는 계속해서 주권과 무정부 상태 사이의 이러한 엄격한 이분법은 그것이 묘사한다고 주장하는 바로 그 환경을 조성한다고 말한다 (1988: 243). 그 불안정한 환경 속에서 주권 국가에 대한 가정을 훼손하는 모호한 관행은 격하되고 무시된다. 국가와 경쟁하는 비정부 행위자와 기관 심지어 국가 관료 자체의 다른 부서까지도 모두 국가가 단일한 행위자라는 관념을 복잡하게 만들고 심지어 국가에 반대할 수도 있다. 국가는 초국적 기업, 정치 운동 그리고 NGO들과 함께 공존하며, 이들 모두는 국가 경계를 초월하고 방해한다. 한편, 인구의 이주와 난민은 시민에 대한 국가의 책임을 문제화한다 (Innes 2015). 이 모든 것들은 단일 주권의 경계 너머에 있으며 국내 '내부'와 국제적 '외부'의 구별을 통해 구분되는 경계가 있는 국가라는 개념 자체에 의문을 제기한다 (Walker 1993 참조). 그 결과, 국제관계는 세계정치의 복잡다단한 다양성에 포함된 가능성에 대한 조사보다는 합리성의 가정에서 파생되는 갈등과 질서에 관한 가정에 의해 지배된다.

그래서 탈구조주의 비평가들은 국제관계에 '구성주의' 접근방법을 택한다. 즉, 그들은 예를 들어 국가 정체성, 영토 보전 및 국경 관리에 대한 다른 국가의 상호 인식을 통해 주권 또는 내부와 외부 구별의 개념과 실천이 어떻게 만들어지는지에 관심이 있다 (Vaughan-Williams 2012). 그리고 자본주의 시장에서 무역과 관련한 가정(Biersteker and Weber 1996 참조)에 대해서도 같은 방식으로 접근한다, 국가적 순수성이나 경제적 성공에 대한 주장을 통해 자신의 권위를 표출하는 데 있어서, 국가는 그 주장의 편파성과 우연성을 폭로하는 노력에 의한, 흔히 자체 개입의 결과로서 저항에 계속 직면한다. 탈구조주의자들은 그것의 '정치적' 성격을 강조하면서, 이 과정에서 권력과 배제의 역할에 주목한다 (Edkins 1999; Aradau 2010). 개방된 국제환경에서 주권적 실체로서의 국가라는 개념은 배제의 실행을 통해 '내부'와 '외부'를 구별하는 진행 중인 과정에 의존하는 신화에 불과하다. 배제는 국가가 그 내부와 그를 통해서 행동하는 것으로 간주되는 바로 그 환경을 조성한다.

그러나 그렇다고 해서 국가와 '국가의' 이익을 정의하는 것이 '단순한' 소설을 창안하는 일이라는 점을 의미하지는 않는다. 일반적으로 이는 신체와 정체성에 대한 매우 물질적인 형태의 폭력을 수반한다. 탈구조주의 사상가들은 주체와 정체성이 다른 정체성, 경계, 그리고 '위협'과 관련하여 구성되는 국제환경의 '안보화'에 주목한다. 예를 들어, 캠벨(David Campbell 1992)은 외교정책은 한 국가의 주어진 이익과 정체성에 대한 어느 정도의 성공적인 표현으로서가 아니라, 국가 행동의 범위와 규정에 대항하는 적과 위험의 구성을 꿰뚫고 국가의 정체성과 이익을 확립하려는 진행 중인 시도의 부분으로 이해되어야 한다고 주장한다. 캠벨이 말한 바와 같이, "성공을 위한 국가안보 계획의 무능력이 국가의 지속적인 성공과 추구하는 정체성에 대한 보증자다"(1992: 11-12). 테러주의, 이주민과 탈출 난민과 관련해 강화된 안보화와 감시 기술의 확장은 고립된 상황에 대한 단순한 합리적인 반응이 아니라 국가를 위협하는 무질서를 재정의함으로써 국가 권력을 다시 주장하는 포괄적인 전략으로 생각될 수 있다 (Hansen 2017 참조). 주권은 근본적인 수준에서 다른 사람들을 통제함으로써만이 나타낼 수 있는 자율성에 대한 주장이다. 특히 다른 주체의 신체에 폭력을 가하거나, 아감벤(Giorgio Agamben)이 '벌거벗은 생명'이라고 부르는 것과 같은 위협을 함으로써 추구된다 (Agamben 1998 참조).

예를 들어, 주권국가의 국경이 정확히 어디에 있는지 물어볼 수도 있다. 국가는 (대사관에서 그리고 다른 기관과의 협력 형태를 통해서 또는 다른 영토에 대한 개입을 통해서) 해외 활동을 하므로 국가 권력은 결코 획정된 영토와 완전히 일치하지 않는다. 국가와 비국가를 둘러싸고 분리하는 다양한 국경은 결코 단순히 경험적일 뿐 아니라 영토적 공간을 훨씬 넘어서 주권을 투사하는 법적, 정치적 추론에 묶여 있다 (Vaughan-Williams 2009; 제11장 참조). '지정학' 연구에서, 투아타일(Gearóid ó Tuathail 1996)과 애그뉴(John Agnew and Corbridge 1995; Agnew and ó Tuathail 1992) 같은 학자는 국제공간이 담론적 표현을 통해 의미 있고 실질적 통제가 가능하게 되는 방법을 조사한다. 이들은 지도, 대중의 '상식', 지적 추론 유형과 같은 다양한 형태로 구현되며, 이는 다른 것보다 특정 종류의 행동에 유리한 국제질서의 비전에 기여한다. 예를 들어, 냉전은 세계의 공간을 광범위하게 동질적이고 적대적인 진영으로 나누어 이분법적 분할을 구상하려는 노력을 수반함으로써, 같은 '편'에 있다고 추정되는 국가 간의 실제 차이를 모호하게 만들었다. '동 대 서'라는 공간적 담론은 일부 정체성과 다른 국가의 목적과 기능에 대한 선택적 이해를 정당화했다. 그것은 미국을 서구 문명의 '방어자'로 상상하는 것을 가능하게 만들었고, (마치 중동이나 동남아시아가 단지 냉전의 극장인 것처럼) 이분법적 논리가 최우선으로 세계 어디에서나 일어나는 사건을 해석했다.

그러나 최근에는 냉전의 종식과 '신자유주의' 형태의 세계화가 심화하면서 '지정학적 상상'에서 나왔던 국가의 표현과 논리적 근거가 바뀌었다 (제11장 참조). 국제협력과 분열의 구조를 변화시켰을 뿐만 아니라 그에 따라 국가의 조직 원리도 변하기 시작했는데, 이는 시장화가 증가하면서 사회적 결속과 안보를 유지하기 위한 능력이 감소함에 따라 흔히 상당히 모순적인 방식으로 변했다. 국경은 더 이상 정태적인 영토 윤곽선이 아니라 인식된 위협이 전통적인 경계 내외에서 작동하는 것으로 보이기 때문에 국가 내부에서도 이동 가능한 경계가 됐다. 특히 이민과 테러주의에 대한 새로운 불안으로 인해 영토 '내의' 개인을 감시하고 통제하는, 예를 들면 벽을 세우거나 감시 기술을 활용하는 등의 국내 기술에 대한 관심이 극적으로 높아졌다 (Brown 2010 참조). 또한, 국가는 용의자를 거르고, 구금 또는 격퇴하기 위해 미국의 관타나모 해군 기지 사용과 같은 '해외' 국경체제의 사용을 증가시켰는데, 이는 일반적으로 국내 및 국제 관할권의 정규적인 제한에서 '예외'로 분류되는 법적으로 모호한 구역에 그들을 위치시킨다 (Agamben 2005 참조). 잠재적인 위험에 사로잡혀, 안보 위협을 예방하고 국민과 거리를 두기 위해 새로운 기관과 기술이 전개된 것이다. 하지만 종종 개인의 시민적 자유에 대한 심각한 영향을 함의하기도 한다 (Vaughan-Williams 2009). 이러한 새로운 국경체제에서 주권적 권력과 권위는 내부/외부, 합법/불법, 공적/사적으로 고려되는 사항을 중대하게 재구성했으며, 흔히 민주적 대표자의 효과적인 비판적 감독 없이 이루어졌다.

국제적 국가 주권에 대한 탈구조주의 분석은 질서의 원칙이자 보증인으로서의 국가의 안정성은 가정된 것일 뿐 그 저변에는 자의적이고 변화하는 경계를 드러낸다. 신자유주의 주권의 합리성은 본질적인 통합성이 일반적으로 전제되고 따라서 '민중(demos)'에 의한 논쟁과 경쟁의 여지가 없는 틀 내에 복잡한 결정과 판단을 배치한다 (Brown 2015 참조). '그것'이 정치적 결정을 내리는 바로 그 순간에 국가 자체가 탈정치화된다.

통치성

우리는 탈구조주의자들이 국가를 구성하는 경쟁적 합리성을 풀어 꺼냄으로써 어떻게 국가를 '개방'하기를 원하는지 살펴보았다. 국가를 사회생활의 중심으로 불러일으키는 담론을 고찰하면서, 그들은 국가가 마치 단일한 행위자인 것처럼 행동하는 유일한 정치권력이라는 아이디어를 분산시켰다. 국가 또는 주권이 정치적 분석의 중심에 있어야 한다는 관념은 문제가 되고 탐구의 대상과 방법 자체를 불안정하게 만든다. 이제 푸코(Michel Foucault)의 연구를 살펴볼 차례다.

푸코는 주권 개념에 대해 통렬히 비판함으로써 정치이론과 분석에 논쟁적으로 도전했다. 그는 "정치이론은 주권자의 인격에 대한 집착을 결코 멈추지 않았다"고 암시했다 (Foucault 1980: 121). 그것은 권력의 유일한 위치와 근원, 그리고 권력이 어떻게 합법적으로 행사되고 억제되며 지휘될 수 있는가에 대한 이차적 질문에 관심이 있다. 더 나아가 주권은 일반적으로 무엇을 할 수 있는지를 금지하는 법률로 표현되는 한계 설정을 통해 권력을 표출한다. 푸코가 반박한 것은 고전적 자유주의자와 마르크스주의자 모두가 공유하는 바로 이 주장이었다, 푸코는 현대 권력을 구성하는 독특한 전략과 실천을 조사하기 위해 주권에 대한 아이디어를 문제화하여 논쟁했다 (Foucault 1980, 1991 참조). 국가를 합리적인 주체로 확대하여 해석함으로써 국가만이 권력을 행사하는 것으로 축소하는 것은 거버넌스의 '규율' 및 '정상화' 기술을 관리하기 위해 사회 전반에 걸쳐 일하는 국가와 비국가 기관 간의 조직적 연속성을 모호하게 한다. 푸코는 "주권의 문제를 중심으로 세워지지 않았고, 역시 법과 금지의 문제를 중심으로 하지도 않은 정치철학"을 추구했고, "우리는 왕의 머리를 자를 필요가 있다. 아직 정치이론에서 해야 할 일이다"고 선언했다 (Foucault 1980: 121).

　이러한 시각에서, 우리의 분석 대상은 단순히 '국가'인 데에서 벗어나, 정부뿐만 아니라 사회생활의 양상을 통치할 수 있게 만드는 통제 기제와 지식 형태를 생산하는 다양한 범위의 기관, 장치 및 실행이 된다. 중요한 것은 푸코가 권력을 '억압적'일 뿐만 아니라 '생산적'이라고도 생각했다는 점이다. 그것은 금지할 뿐만 아니라, 흔히 기꺼이 그리고 특정한 방식으로 일을 하게 만든다. 이러한 권력은 사회 전반에 분산되어 있고 국가 내의 사람들에게뿐만 아니라 국가 개입 대상인 사람들에게도 영향을 미친다. 권력은 정부가 의지하는 권위, 지식 그리고 (의학, 학술 지식, 경제 등의) 전문 분야의 총체를 통해 작동하기 때문이다.

　역사 연구에서 푸코는 통제, 감시, 규율의 현대적 기술의 출현을 추적했고, 이러한 기술이 18세기 감옥, 학교, 공장, 병원 등 수많은 제도적 환경에서 어떻게 적용되었는지 보여주었다. 이러한 관행들은 인간 행태에 관한 새로운 유형의 지식을 가능하게 했고, 대상을 감시하고 관찰하는 절차에 대한 성문화를 만들어 대상을 인터뷰하고, 정보를 수집하며, 결과를 문서화하고 표로 작성했다. 그 지식은 행동을 형성하고 유용하고 순종적이며 절제하는 새로운 종류의 사람을 만들어내는 기술을 가능하게 했다. 이러한 유형의 사회적 통제는 폭력보다 더 교묘하게 점점 일반화되어, 인간의 신체가 분류, 문제화, 규율 및 정상화되는 지식의 대상으로서 '권력의 미시물리학'을 형성했다 (Foucault 1977: 24-31).

　푸코는 나중에 그가 '생명 권력'이라고 불렸던 것의 사용에 주목했다. 주권에 대한 고전 이론에서 주권의 기본 권력은 삶과 죽음에 대한 권력이다. 주권자는 누가 살 것인지, 누가 죽을 것인지 결정할 권력을 행사한다. 자유주의 정치이론과 분석은 바로 그 권력의 행사를 감독하고, 제한하고, 억제하고 궁극적으로 죽일 권리를 규제하는 것과 관련이 있었다. 그러나 푸코는 현대에 있어서 정부 권력은 개인뿐만 아니라 '민족'이나 '대중' 그리고 '국민' 전체에게도 관련되며 (인구의 규모, 건강, 환경과 같은) 국민의 조건을 정책의 대상으로 삼는다고 주장한다. 권력은 더 이상 죽음에만 관련하지 않고, 삶 자체의 조건과 과정을 관리한다. 예를 들어, 사망 대비 출생 비율에 관한 연구는 인구 관리 정책에 도움이 된다. 인구통계학, 전염병학, 보험통계조사는 살아 있는 인구에 대한 개입을 가능하게 하는 지식과 정보를 생산한다. 공중위생은 정부의 관심사가 되었으며, 그 관리는 권력의 집중화와 관련 지식 및 응용 합리성의 개발이 포함된다. 질병은 단순히 개인적인 문제가 아닌 사회적인 문제가 되며, 특히 노령과 질환의 경우 사회적 해결책이 필요하다. 이러한 질병에는 국가가 보장하는 보험 또는 연금과 같은 합리적으로 조직된 체계가 요구된다. 또 환경에 대한 합리적 의도를 가진 체계적인 개입이 있다. 도시 환경을 관리하기 위해 하수체계나 대기질을 정책 목표로 삼는 것과 함께 관개, 배수 및 수로 전환 등의 개입을 한다. 이는 단순히 억압하거나 규율만이 아닌 사회 또는 사회적 행동에 대한 국가의 관계를 창출한다. 그것은 권리 측면에서도 쉽게 설명되지 않는다. 그것은 인구와 그 활동을 관리하는 것과 관련해 광범위한 개입을 정당화하고 가능하게 만든다. 인구 규모가 정책의 대상일 때, (중국의 '한 자녀'정책의 경우와 같이) 유성생식 자체에 대한 개입은 필수가 된다 (Thompson 2012 참조).

 이러한 활동은 주권 권력의 단일한 중심지에서 가능하거나 지시되지 않는다. 푸코에게는 그것은 많은 기관, 제도 및 행위자가 계속 새로운 기술을 개발하고 조사와 개입이 필요한 새로운 영역을 식별하는 사회의 일반적이고 영구적인 비상사태의 선언과도 같다. 푸코는 다음과 같이 말했다.

> 안보 기제는 삶의 상태를 최적화할 수 있도록 생명체의 개체수가 타고난 무작위 요소 주변에 설치해야 한다. 전반적인 기제를 사용하고 전반적인 균형 상태를 달성하는 방식으로 행동함으로써 종으로서의 인간의 생명과 생물학적 과정을 통제하고 그들이 규율화가 아닌 규칙화가 되도록 보장해야 한다 (2003: 246-247).

이러한 권력은 그것을 '사용하는' 어떤 그 이전의 행위자 탓으로 돌릴 수 없다. 그 행위자는 문제가 된 관행과 지식의 결과이기도 하기 때문이다 (Foucault 1977: 27-28). 이해와 분석을 위해서는 구체적인 개입을 가능하게 하는 합리성, 그 역사적 출현, 그들이 일으키는 반응 그리고 그들의 재구성에 대한 조사를 요구한다.

따라서 '통치성'에 관한 푸코의 저술은 특정 기관의 규율적 실행이 아니라 현대 자유 사회에서 형식적으로는 자유롭지만 여전히 사회 정책의 대상인 국민의 행태를 형성하고 지도하는 전체 인구를 관리하기 위한 기술과 관련이 있다 (Foucault 1991; Dean 2009, 2013 참조). 개인의 행위는 그 자체가 정책의 대상은 아니고 오히려 '행위에 대한 운영'이다. 즉, 자유의 행사를 형성하는 방법이다 (Joyce 2003 참조). 자유주의는 단순한 이데올로기 또는 정치철학 그 이상이다. 그것은 또한 '정부의 합리성'에 대한 것이기도 하다. "정부의 본질과 실천에 관한 사고체계 … 그 활동의 어떤 형태를 실행자와 그 활동의 대상자들 모두에게 생각할 수 있고 실행할 수 있게 만드는 능력이다"(Gordon 1991: 3). 정부의 합리성은 해결해야 할 문제 또는 수정해야 할 실패로서 정부 목표를 구성하며, '기술'의 활용을 정당화하는 '프로그램' 및

'기획'의 공식화를 요구한다. 이러한 예에는 재정적 조치, 법적 통제, 교섭 절차, 범죄화 정책, 식단에 영향을 미치는 노력, 운동 등이 있다.

이러한 통치성에 대한 연구는 국가가 어떻게 정부 운영이 수행되는 여러 환경 중의 하나인가를 증명한다. 국가는 자본주의를 유지하거나 대중을 대표하는 것과 같이 하나의 거대한 기능만을 수행하지 않는다. 오히려 합리성에 '일시적인 제도적 지속성'을 부여한다. 국가는 혹은 더 구체적으로 국가를 형성하는 담론은, 로즈와 밀러가 말했듯이, "통치 방식을 개념화하고 표현하기 위한 역사적으로 다양한 언어 장치"다 (Rose and Miller 1992: 177). 따라서 탈구조주의는 국가 실행의 복잡하고 환원 불가능하게 다원적인 성격을 강조하며, 국가가 어떻게 국민을 범주화하고 형성하는 지식을 활용하여 침투성 있는 다양한 소당국들(mini-authorities)이 될 수 있는지를 보여준다. 이러한 복잡성에 대해 주의를 기울이는 것은 국가에 대한 적절한 설명에 있어서 중요했다. 마르크스주의자와 여성주의자 모두 정치권력에 대한 순전히 억압적인 개념에서 벗어나기 위해 푸코의 아이디어를 활용해 왔다 (Poulantzas 1978; Jessop 1990; Pringle and Watson 1992 참조).

국가를 그 내부에서, 또 초월할 수도 있게, 작동하는 합리성에 대한 연구로 대체하는 것은 정치적 분석과 연구를 위한 대담한 움직임으로, 그 영역을 확장하고 범위를 심화시킨다. 여기서 좋은 예는 바치(Carol Bacchi)가 개발한 정책 분석 접근방법이다. 그녀는 정책 개입에 대해서 "문제는 무엇으로 표현되는가"라고 묻는다. "우리가 어떤 것을 하고 싶다고 말하는 것은 우리가 변화할 필요가 있다고 생각하는 것이고 따라서 우리가 어떻게 그 '문제'를 구성하는가를 지적하는 것"이라고 주장한다. 그녀는 계속해서 우리는 어떤 정책이든 살펴보고 "역방향으로 작업하여 어떻게 그것이 '문제'를 일으켰는지 추론할 수 있다"고 제안한다 … "문제가 제기된 내부에서 권한을 탐색하는 것은, 즉 그것의 문제화를 연구하는 것이다"(Bacchi 2012: 4). 이는 약물 및 알코올 사용과 같은 모든 종류의 정책 영역에 적용될 수 있다 (Bacchi 2015, 2018). 그러한 분석의 목적의 하나는 국가가 문제가 없다고 여기는 것, 국가가 침묵하는 것들, 그리고 그렇게 함으로써 다르게 생각할 가능성을 만회하려는 것을 보여주려는 것이다 (Bacchi 2009; Bacchi and Goodwin 2016 참조). 보완적인 정책 연구는 어떻게 용어, 개념 그리고 정책 담론의 전반적인 수사법이 불안정하고 변화하는 상황에서 정책 형성과 이행을 가능하게 하는 동맹을 구성하는 데 도움을 주는지에 초점을 맞췄다 (Fischer and Gottweis 2012; Turnbull 2013).

국가와 정치에 대한 통치성 분석이 정부 정책의 지배적인 합리성으로서 신자유주의의 등장에 대한 반응으로 근년에 확산됐다 (Foster, Kerr and Byrne 2014; Teo and Wynne-Hughes 2020 참조). 그러나 '국가' 혹은 '정부'를 통합된 제도로서 호소하는 경우가 여전히 사회적, 정치적 세력에 의해 자주 발생한다는 것을 기억하는 것이 중요하다. 국가의 침해할 수 없는 상징적 통합성은 국경 안팎의 '적'에 대항하여 조직화된 힘의 사용을 정당화하기 위해 여전히 호소되고 있다 (Poulantzas 1978: 76-86 참조). 전시나 '사회적 비상사태'와 같은 중요한 순간에, 국가는 독특한 억압 기능을 정당화하고 국가의 다양한 요소를 상대적으로 일관된 계획을 중심으로 표출하는 목적의 통합성을 가진 특정 집단에 의해 부여된다. 그러한 경우, 국가는 누가 살 수 있고 누가 죽을지를 결정하기 위해 '억압적인' 주권을 행사한다. 그러므로 우리는 푸코의 분석을 '헤게모니' 연구 및 국제공간에서의 정체성 형성과 그럴듯하게 결합할 수 있다.

결론

탈구조주의에 대한 단일한 설명이 없는 것과 마찬가지로, 탈구조주의가 지지하는 특정한 정치적 정향도 없다. 탈구조주의자들은 세계와 '정치적인 것' 그 자체에 대해, 특정한 비판적 태도를 취한다. 즉 좁은 의미에서의 정치가 수행되고 협상, 교섭, 대화와 같이 정치에만 배타적 초점을 맞춤으로써 너무 흔히 숨겨져 있는 권력과 배제의 형태를 통해 구성되는 더 넓은 패러다임적인 맥락에 대해서 비판한다. 그들에게 국가는 이러한 의미에서 이해되는 정치적인 것을 향하여 다소 모호하게 위치한다. 그것은 그럼에도 불구하고 동시에 정치적인 것의 한계를 협소화함으로써 기능하는 정치의 장이다.

예를 들어, 우리는 지정학의 대표성 분석뿐만 아니라 헤게모니에 대한 논쟁에서도 이를 확인했다. 국가는 전략적으로 정치의 범위를 정하고 이를 '정치적 게임'의 성격을 미리 결정하는 추론 형식에 종속시킴으로써만이 더 넓은 환경에 대한 관리를 확보할 수 있음을 암시한다. 그러므로 국가는 정치의 장소인 동시에 탈정치화의 원천이기도 하다. 그것이 사회, 경제 정책을 통해서든, 국제환경 내에서의 행동을 통해서든, 국가는 자신이 행동하는 분야를 정의함으로써 통치하고, 상황을 정의하는 대안적인 방법을 배제함으로써 그들의 환경을 통치할 수 있게 만든다. 우리는 이러한 역설적인 탈정치화는 단순히 불확실한 세상에서 우리가 참아내야 하는 악덕이 아니라고 암시한다. 이는 세상에 질서를 강제하려는 모든 노력의 근절할 수 없는 조건이며, 따라서 바로 정치 그 자체의 조건이다.

추가 읽을 거리

Dean, M.M. (2013), *The Signature of Power: Sovereignty, Governmentality and Biopolitics*, London: SAGE.

Edkins, J. (1999), *Poststructuralism and International Relations: Bringing the Political Back In*, Boulder, CO: Lynne Rienner.

Finlayson, A. and J. Valentine (eds) (2002), *Politics and Poststructuralism*, Edinburgh: Edinburgh University Press.

Howarth, D.R. (2000), *Discourse*, Milton Keynes: Open University Press.

Howarth, D.R., A. Norval and Y. Stavrakakis (eds) (2000), *Discourse Theory and Political Analysis: Identities, Hegemonies and Social Change*, Manchester: Manchester University Press.

Rose, N. (1999), *Powers of Freedom*, Cambridge: Cambridge University Press.

Walker, R.J.B. (1993), *Inside/Outside: International Relations as Political Theory*, Cambridge: Cambridge University Press.

제2부

국가 쟁점

9장 국가와 주권 · 273

10장 국가와 안보 · 299

11장 국가와 영토 · 322

12장 국가와 자본 · 348

13장 국가와 민족주의 · 378

14장 국가와
　　　대중영합주의 · 405

9장

국가와 주권

크리스 브라운(Chris Brown)

서론	273
'지배권력'으로서의 주권	275
주권과 유엔	283
책임으로서의 주권	288
결론: '통제권 회수'	294

서론

우리가 정치 연구에서 사용하는 개념들이 '본질적으로 논쟁적인' 것으로 지정하는 일이 흔한 일이 되었지만, 오히려 이 용어는 주권 관념의 변화무쌍한 성격을 과소평가한다. 시간이 지남에 따라 단어의 의미가 변했을 뿐만 아니라, 각 시대마다 그 관념에 대한 논쟁이 있었고 현재도 그렇다. 국제관계 학자들은 1648년 평화 이후 그 관념에 부여된 의미를 설명하기 위해 '베스트팔렌 주권(Westphalian sovereignty)'이라는 표현을 사용하고 있다. 그러나 소위 베스트팔렌 질서(Teschke 2009)의 허구적 성격을 제쳐두더라도, 17세기 중반에 주권의 의미는 21세기 초만큼이나 뜨겁게 논쟁을 불러일으켰다. 이 시기에 등장한 '주권자(sovereigns)'는 보통 개인이지만 때로는 집단으로서, 내부적으로 동등한 사람이 없고 외부적으로는 우월한 사람이 없다는 사실을 확립했지만, 그것을 넘어서는 주권의 성격에 대해 심각한 논쟁이 벌어졌다. 홉스(Thomas Hobbes)는 주권자를 중세 명목론자들의 신과 동일시하면서 주권자가 법을 만들었다고 주장했고, 푸펜도르프(Samuel von Pufendorf)와 로크(John Locke)는 자연법(Law of Nature)이 주권자와 그의(또는 그녀, 그러나 대개는 그의) 신민을 지배한다고 주장했다. 두 세기가 지나면서 '인민주권(popular sovereignty)'이라는 개념이, 서서히 흔히 인식되는 것보다 더 느리게, 군주의 주권을 대체하게 되었다. 그러나 이것이 어떻게 일어났는지, 그리고 개인 주권의 권력이 집합체인 전 국민에게 그대로 이전됐는지와 만약 그렇다면 어떻게 그렇게 됐는지는 논쟁의 여지가 있는 문제다. 연방체제나 실제로 주권자의 행동이 실정법으로 제한되는 모든 체제에서 주권 관념의 역할에 대해서도 마찬가지다. 20세기 중반 유엔(UN: United Nations) 창설은 이 상황을 명확히 해명하지 못했다. 한편으로 유엔 헌장은 국가 주권에 대해, (전쟁을 할 수 있는 권한이 원칙적으로 제거된 주권이지만) 강력한 교의를 명시하고 있다. 반면에 인권에 대한 아이디어의 증진은 그와 같은 교의에 대해 잠재적으로 파괴적이어서 국가가 자신의 정부체제를 결정할 능력에 이론적 한계를 둔다. 20세기 후반에, 이러한 모순은 일부 국가가 주권에 대한 새로운 개념인 '책임으로서의 주권(sovereignty as responsibility)'을 승인하고 이 새로운 개념을 뒷받침하는 국제기구를 개발함에 따라 확대되고 집중화됐다. 한편, 다른 국가는 자신들이 믿는 주권의 전통적인 의미를 계속해서 고수한다. 그리고 이 시대는 '공동'주권('pooling' of sovereignty)의 사례로 가득 차 있다. 그것은 유엔의 일부 기능적 기관에 대해서는 상대적으로 논란이 없지만, 유럽연합이 약속한 통합의 심화에 관해서는 뜨겁게 논쟁이 벌어진다.

종합하면, 주권과 국가 사이의 관계를 이해하는 것은 단순한 작업이 아니며, 여기서 고려해야 할 많은 자료가 있다. 부분적으로 이것은 근대 초기에 이해되기 시작한 용어로서 '국가'는 이미 주권이라는 아이디어를 수반하고 있었기 때문이다. 그것은 정확히 국가가 그 이전에 존재했던 정치적 실체와는 구별될 수 있는 주권자로서 이해됐기 때문이다. 이러한 얽힘 때문에, 오늘날 우리가 어디에 있는지 이해하기 위하여 주권 관념의 기원을 탐구할 필요가 있으며, 마찬가지로 지난 몇 세기에 걸쳐 주권의 진화를, 그리고 특히 주권이 국가뿐만 아니라 민족과도 얽히게 된 과정을 이해할 필요가 있다. 따라서 이 장의 첫 번째 부분은 17세기부터 20세기 초까지 주권에 대한 경쟁적 아이디어의 출현에 초점을 맞춘다. 이 장의 두 번째 부분에서는 오늘 현재의 주권에 대한 다양한 경쟁 관념을 조사하고, 마지막으로 강력한 주권 교리의 재출현을 당대의 대중영합주의를 정의하는 특징으로서 탐구할 것이다.

'지배권력'으로서의 주권

주권국가가 '긴' 16세기 말(1492~1648년)에 유럽에서 출현했다는 것은 일반적인 관찰이며, 그리고 일단 일반적인 것은 기본적으로 정확하다. 이 긴 세기 동안 유럽의 종교적 통합은 여러 조각으로 분열되어 대륙 대부분의 지역에서 대규모 내부 분쟁으로 이어졌다. 르네상스 학습은 그리스인, 특히 로마인의 정치적 사상을 그 이전 어느 때보다 더 많은 청중에게 소개했다. 군사 기술의 변화, 화약 사용 증가, 값비싼 전문 보병의 개발로 인해 더 이상 새 장비를 구입할 수 없는 소규모 정치 단위의 균형이 기울어졌다. 그리고 아메리카 대륙 정복으로 인한 경제적 변화, 또 세기 후반의 재앙적인 기후변화 등 이 모든 요인들이 1500년의 유럽과 극적으로 다른 1650년의 유럽을 탄생시켰다. '제국', 영토 정체, 도시, 대학, 교회와 그 종교 질서에 기반을 둔 교차하는 정치적 충성으로 특징지어진 지역적이고 보편적인 정치질서는 모두 1650년까지 영토적 주권국가에게 새로운 유럽의 주요 정치 행위자로서의 자리를 내주었다 (Nexon 2009; Parker 2013; Tilly 1975; 제11장 참조). 주권국가는 그 권리를 주장하는 개인에 의해 통치되는 한 '주권'이었는데, 공화국이라고 주장하는 소수의 의미 있는 정체는 이러한 일반화를 거의 훼손하지 않았다. 베니스의 총독, 네덜란드의 총독, 영국 연방의 수호자(Protector in Commonwealth England)는 용어의 완전한 의미에서 주권자는 아니었을지 모르지만 그들의 존재는 개인 통치가 규범이라는 일반적인 명제를 뒷받침한다.

이들 새로운 주권자들은 중세의 전임자들과 달랐다. 후자는 일반적으로 자신의 영역 내에 심각한 경쟁자들, 즉 쉽게 강제되지 않는 대영주, 왕실 헌장을 갖춘 자랑스러운 도시, 수도원 및 독립 권력을 행사하는 주교와, 신성로마제국이 모호한 전체 관할권을 주장하는 반면 대외적으로는 보편 교회가 영적인 문제에 대한 관할권을 주장하리라는 사실을 받아들여야 했다. 정치적 실체들은 프랑스, 아라곤, 부르고뉴 등과 같은 영토적 이름을 소유했을 수 있지만, 그들의 지배자는 이러한 영토에 대한 효과적인 통제권을 확립할 수 없었고 또 그렇게 할 권리도 없다고 믿었다. 그러나 이제 새로운 주권자들은 내부적 평등이나 외부적 우월을 인정하지 않았다 (Hinsley 1966). 심지어 가톨릭 국가에서도 보편적 교회는 길들여져 더 이상 지배자로서의 행동을 취할 수 없었으며, 이는 물론 루터교와 칼빈주의 국가에서도 마찬가지였다. 대영주들은 어떤 상황에서는 여전히 상당한 정치적 중요성을 갖고 있었지만, 점차 군주에게 저항할 수 있는 능력을 상실했다. 프랑스의 루이 14세는 귀족들에게 베르사유에 있는 자신의 새 궁정에 거주하도록 요구함으로써 그 요점을 보였다. 공인된 도시는 그들의 권력을 궁극적으로 들어오는 모든 사람에게 성문을 닫을 수 있는 능력에 의존했었는데, 그들의 성벽이 더 이상 새로운 대포를 사용하는 지배자로부터 그들을 보호할 수 없다는 것을 발견했다.

주권자들은 자신들이 통치할 신성한 권리를 선언했고 많은 경우 이를 실제로 믿었지만, 적어도 일부 신민은 왕권에 대한 좀 더 그럴듯한 정당화를 원했다. 홉스, 푸펜도르프, 그리고 로크는 주권이 자연법 아이디어와 조화될 수 있는 방법, 즉 우발적이지 않은 옳고 그름에 대한 개념이 있다는 관념에 대해서 각자 다른 설명을 제시했다. 그렇지만 홉스는 주권자의 권력에 대한 설명에서 주권자에게 법을 결정할 수 있는 거의 자유로운 권리를 주었다 (Skinner 2008). 자연법 아이디어는 중세 시대로 거슬러 올라갈 수 있으며 17세기 사상가들이 이 용어를 어떻게 이해했는지에 대한 높은 수준의 현대 학문이 많이 있다 (Tuck 1979). 그러나 실제로 이 시기에 주권이 무엇을 의미했는지 알아내는 게 최선의 방법이 아닐 수도 있다. 대신에, '지배권력'으로서의 주권이라는 관념이 오히려 주요 쟁점에 대한 더 좋은 방법을 제공한다.

'지배권력(dominium)'은 부동산에 대한 로마법 용어이며 크라토크빌(Fredrich는 Kratochwil)은 17세기 주권 관념의 배경을 형성한 이 관념의 르네상스의 재발견이라고 말하는 좋은 사례를 제시한다 (Kratochwil 1995). 크라토크빌은 왕자가 외부 및 내부 행위자들과의 관계망에 얽혀 있는 것에 따른 중세의 지배권 관념이 그들의 주권이 '지배권력'의 관점에서 이해되는 세계로 대체된 방법을 추적한다. 지배자들은 자신의 영역을 소유하고 있는 것으로 자신들을 생각하게 되었고, 자신의 재산을 자신이 원하는 대로 처분할 수 있는 것처럼 그들의 국가를 처분할 수 있었던 것으로 생각했다. 이러한 입장은 불간섭에 대한 강력한 규범을 지지한다. 지배자가 다른 지배자의 평화와 안전에 위협을 가하는 방식으로 자국민을 대하지 않는 한, 그들은 이 규범의 보호를 받을 자격이 있는 것으로 생각하게 됐다.

이러한 절대주의 주권 교리는 흔히 1648년 베스트팔렌 합의에서 승인된 것으로 생각되며, 그 후 법을 주권자의 명령으로 이해하는 영향을 받은 19세기 국제실정법에 확실하게 반영된다. 흥미롭게도 이는 1945년 유엔 헌장에도 부분적으로 명시돼 있다. 이 헌장은 주권국가의 전통적인 권력 중 하나인 전쟁을 수행할 권리를 제거하려고 의도되었지만, 실제로는 국가가 자신의 영토에서 주권을 갖고 있다는 교리를 매우 확고하게 다시 말하고 있다. 제2조 7항은 "이 헌장의 어떤 조항도 본질적으로 어떤 국가의 국내 관할권 내에 있는 문제에 유엔이 개입할 수 있는 권한을 부여하지 않으며, 회원국이 그러한 문제를 현 헌장에 따른 해결을 제출하도록 요구하지도 않는다. 그러나 이 원칙은 제7장에 따른 집행 조치의 적용을 저해해서는 안 된다." 제7장은 평화에 대한 위협과 관련된 조치에 관한 것으로서 국가는 자신의 행동이 다른 주권자에게 영향을 미치는 경우를 제외하고는 자국 영토 내에서 주권을 갖는다는 그 기본 아이디어는 유지된다.

그런데 헌장에 서명한 지 몇 년이 지나지 않아 '국내 관할권' 조항이 위협을 받았다. 새로 독립한 인도정부는 당시 남아프리카공화국에 수립된 아파르트헤이트 체제가 제7장에 따라 '국제평화와 안보에 대한 위협'을 구성하므로 제2조 7항을 무효로 한다고 주장했다. 제2조 7항의 이러한 재해석은 유엔에서 국내 문제가 제기되는 표준 방법이 되었으며, 수십 년 동안 수많은 개입을 정당화하는 데 사용됐다 (Wheeler

2000). 이는 훨씬 확장된 현대 국제인권체제와 유엔 헌장 사이의 법적 연결고리가 되었다. 현재의 맥락에서 흥미로운 것은 주권에 대한 절대주의적 설명에 대한 이러한 도전이 실제로 국가체제의 역사에서 반복적으로 발견될 수 있다는 것이다. 이는 국가체제가 진정한 국제체제로서 인식될 수 있는 어떤 것으로 합체되던 바로 그 시점부터 시작됐다.

크래스너(Stephen Krasner)는 이 체제를 만들어낸 것으로 추정되는 베스트팔렌조약이 실제로 여러 상황에서 개입을 승인했으며 주로 종교적 소수자를 보호하는 것과 관련이 있다고 지적했다. 그는 불개입의 원칙이 자주 확인되기는 했지만 또 자주 위반되기도 했으며, 이것이 "조직화된 위선으로서의 주권"이라고 주장한다 (Krasner 1999; Teschke 2009 참조). 크래스너는 실제로 이러한 특징화를 이루기 위해 '개입'을 매우 광범위하게 정의한다. 예를 들면, 자유롭게 체결된 조약에 의해 확립된 주권에 대한 제한을 포함함으로써 사학자 심스(Brendan Simms)와 트림(David Trim)과 함께 정리한 중요한 논문집에서 이를 구체적으로 '인도주의적' 개입은 해당 기간 내내 그 체제의 특징이었다는 것을 입증한다 (Simms and Trim 2011). 이러한 개입은 때로 '국제평화와 안보에 대한 위협'이라는 주장으로 정당화되기도 했지만, 때로는 개입 대상이 된 지배자가 품위 있는 행동 기준을 위반했다는 단순한 이유로 정당화되기도 했다. 주권이 항상 절대적인 용어로 이해되었다는 아이디어는 검열을 통과하지 못한다. 국가는 주권자의 재산일 수 있지만, 그 재산을 어떻게 정당성 있게 처리할 수 있는지는 항상 논쟁의 여지가 있는 것으로 고려됐다.

어떻든 베스트팔렌 이후 250년이 지나면서 주권은 실제 주권자인 개인과는 반대되는 국가나 국민에게 부여된 것으로서 점차 이해되기 시작했다. 과거 주권 자체는 '지배권' 관념이 요구됐지만 이제는 새로운 견해에서 이해되기 시작했다 (Bourke and Skinner 2016: Tuck 2016: Grimm 2015). 국가를 개인이나 가족의 재산이 아닌 국민의 재산으로 이해하려면, 핵심 질문은 주권이 어떻게 획득되거나 정당화되는가로부터 국민이 그들 스스로를 어떻게 실제로 통치하는가로 전환된다. 17세기에는 주권의 본질이 그 시대의 주요 정치 이론가들의 연구의 초점이었던 반면, 19세기에는 주권이 더 이상 최전선과 중심이 아니며 정부에 대한 연구로 대체되었다. 이러한 일반화에는 두 가지 중요한 예외가 있다. 첫째, 새로운 유럽 제국에서는 국민 주권이 명시적으로 거부되고 종주권에 대한 복잡한 개념이 외국인의 직접 통치와 공존한다. 여기서 영국의 경우 왕-황제는 제국의 주권적 재산 소유자인 한편, 국내에서는 국민이 의회에서의 대표를 통해 주권을 가진다 (왕실 주권의 가공성, 즉 '의회에서의 왕'의 주권은 다른 곳에서보다는 오래 지속되고 있다). 비유럽 국민과 국가의 주권은 유럽인이 정한 '문명 표준'을 충족할 수 없는 한 일반적으로 인정되지 않는다. 둘째, 연방체제에서 주권은 어디에 주재하는지, 즉 단위에 속하는지 또는 전체에 속하는지가 분명하지 않기 때문에 여전히 중요하다. '이 연합된 주들'이 '미합중국'이 되기 전에 미국에서의 내전은 엄청나게 파괴적이었고 연방 중앙의 우월성을 인정받았다. 그때에도 '의회에서의 왕'과 동등한 위치를 인정하는 것은 여전히 문제가 되었다.

이러한 복잡한 문제는 부분적으로 '법적 지위'로서의 주권과 '정치적 개념'으로서의 주권 사이의 차이에 대한 혼동에서 비롯된다. 한편으로는, 국가가 주권적이라고 말하는 것은 세계에서 그 국가의 법적 지위에 관해 판단을 내리기 위한 것이다. 즉, 그것은 법적 우위를 인정하지 않는다는 것인데, 예를 들어 식민지나 종주국체제의 일부가 아니라는 것이다. 다른 한편으로는, 국가가 주권적이라고 말하는 것은 일반적으로 그 국가가 특정한 종류의 능력, 즉 특정한 방법으로 행동하고 특정한 임무를 수행할 수 있는 능력을 보유하고 있다는 것을 의미한다. 주권의 이 두 가지 의미 사이의 한 가지 근본적인 차이점은 첫째는 국가가 법적으로 주권이 있든 없든 간에 자격 제한이 없다는 것이다. 한편 둘째는 분명히 정도의 문제를 포함한다. 즉, 임무 자체는 모두 기본 아이디어를 잃지 않으면서 더하거나 감할 수 있으며, 그들이 수행되는 방식은 다소 효과적일 수 있다. 한편으로, 우리는 국가가 소유하거나 소유하지 않는 '상태'로서의 주권을 가지고 있다. 다른 한편으로, 우리는 더 커지거나 작아질 수 있는 '권력과 능력의 묶음'으로서의 주권을 가지고 있다. 그런데 이러한 구별의 중요성은 우연히 2016년 6월 브렉시트 국민투표에서 의도치 않게 드러났다. 영국이 유럽연합을 탈퇴하기를 바라는 사람들은 "통제권을 되찾는다"는 아이디어를 중시했는데, 이들은 영국의 권력과 능력을 높이는 것을 의미했다. 브렉시트 반대자들은 유럽연합을 탈퇴하면 영국이 더 이상 유럽연합 회원국 자격에 따른 규칙에 더 이상 공식적으로 구속되지 않는다는 점에서 영국의 지위가 바뀔 수 있는데, 영국이 행사할 수 있는 실제 권한은 증가하지 않거나 심지어 감소할 수도 있다고 주장했다. 이에 대한 자세한 내용은 아래에서 논한다.

어떻든, 이러한 구별은 '베스트팔렌체제' 초기에는 큰 의미가 없었는데, 왜냐하면 국가가 행사하는 권한은 범위와 영역이 제한되어 있었기 때문이다. 세금 징수와 '화해', 즉 법과 질서의 확립은 국가의 주요 국내 활동이었고, 전쟁과 제국주의는 주요 대외 활동이었다. 여기서는 차등적 능력이 가장 두드러졌지만 이것이 무정부 상태의 아이디어를 훼손한 것은 아니었다. 실제로 왈츠(Kenneth Waltz)가 주장한 것처럼 무정부 상태의 핵심 특징은 무정부적 체제의 단위가 서로 다른 능력으로 같은 기능을 수행하려고 한다는 것이다 (Waltz 1979). 그러나 주권국가의 기능 중에는 특정 종류의 사회적 목표를 달성하고, 경제의 성공적인 규제가, 실제 관리가 아니라도, 포함된다는 사실이 일단 인정되면 상황은 상당히 극적으로 변한다. 이러한 권한을 효과적으로 행사하는 것은 어떤 상황에서는 외부 협력과 어느 정도의 '공동주권' 없이는 불가능할 수도 있다는 것이 분명하기 때문이다. 따라서 아주 간단한 예를 들자면, 국가가 갖는 '권력' 중 하나는 우편 서비스를 개설할 수 있는 권한이다. 그러나 이러한 서비스는 국가 경계를 넘어 편지를 보내고 받을 수 없다면 그 가치가 제한될 것이다. 이를 효과적으로 조정하기 위해 국가는 국제기구에 특정 권한을 포기해야 했다. 이 첫 사례는 1874년 만국우편연합(Universal Postal Union)이었다. 이로써 국가가 '주권' 기관으로서 소유한 권력 꾸러미는 동시에 감소되고 강화된다. 국가는 이제 효과적인 우편 시스템을 구축할 수 있는 능력을 갖게 됐으나, 우편체제를 규제할 수 있는 능력의 일부를 포기함으로써 이 능력을 사게 된다. 역설적으로, 진정한 주권을 가지려면 자신의 주권의 일부를 포기해야만 할 수도 있다.

같은 주장을 또 다른 방법으로 하자면, 국가와 사회 및 경제 간의 '일치성'이 베스트팔렌체제가 시작된 이래로 바뀌었다는 것이다. 처음에는 사회 정책이 미미했고 경제 활동은 대부분 농업, 지역 및 소규모였다. 그러나 제조업과 공장체제의 도래와 함께 효율성 향상과 규모의 경제를 더 넓은 시장을 위한 생산을 통해 달성할 수 있다는 인식이 높아지면서 경제 활동의 영역과 범위가 확대되었고, 이에 따라 사회정책을 위한 가능성도 확대됐다. 첫 번째 결과는 여기서 국가의 최적 상태의 크기가 한 단계 더 커졌다는 것이다. 영국과 프랑스는 교역을 위해 지역 장애를 제거함으로써 '단일 시장'을 창설했고, 독일은 관세동맹으로부터 단일 국가로 전환했다. 그러나 새로운 사회의 요구는 이러한 단계를 넘어 점차적으로 1860년대부터 규제적 국제기구가 설립됐다. 1865년의 국제전신연합, 1875년 국제도량형국, 그리고 1901년 국제노동사무소 등의 설립이다 (Murphy 1994, 2008). 20세기에는 국제연맹과 유엔체제가 기능적 협력의 제도화를 가속화했고, IMF, 세계은행, WTO와 같은 제도는 국가 활동의 더욱 광범위한 분야를 규제하려고 시도했다. 이러한 새로운 제도의 각각은 주권적 권력의 행사에서 생겨났지만, 각 경우 주권의 축소를 구성하기도 했다. 여기서 우리는 주권을 공동으로 사용하는 정도에 따라 효과적으로 행사될 수 있는 권력을 가지고 있다는 것을 의미한다. 이것이 이 장의 후반부의 주요 주제다.

주권과 유엔

유엔 헌장은 두 가지 이유로 현대 주권 개념을 이해하는 데 중요하다. 첫째, 주권을 주장할 자격이 있는 국가와 나머지 국가 간의 구별을 제거했기 때문이다. 둘째, 향후 75년 동안 주권에 관한 중심적 모순으로 밝혀질 내용을 문서로 제시했기 때문이다. 실제로 유엔 헌장은 다른 쟁점을 만들어서 하나의 쟁점을 해결했다.

19세기에 유럽의 국가체제와 그와 함께 주권 개념이 세계적 규모로 지배하게 됐다. 비유럽의 정치체제는 유럽 제국에 통합되어 주권적 지위를 상실했거나, 소수의 중요한 행위자인 중국, 일본, 오스만제국, 태국의 경우 어느 정도 독립성을 유지했지만, 유럽인의 전반적인 감독을 받았다. 이러한 유럽인 감독에 대한 기초는 모든 국가가 유럽인들이 달성했다고 가정하는 '문명 표준'에 도달해야 한다는 것이었다. 이들 국가는 이 시험에 실패했으며, 따라서 그들의 법률이 유럽인에게 적용되지 않고 유럽인이 질서로 묘사한 대로 그들의 집을 지을 수 있을 때까지 그들의 상급자에 의해 감독된다는 것을 인정해야 했다 (Gong 1984; Bull and Watson [1984] 2018 참조). 당연히 이렇게 열등한 지위는 깊은 분노를 불러일으켰고 관련된 국가들은 이를 떠나기 위해 최선을 다했다. '문명 표준'에 관해 특히 부정한 것은 그 내용 즉 법치주의 확립과 효과적인 정부와 같은 문제가 아니라, 유럽 강대국이 정의한 이러한 표준을 충족해야 주권적 지위를 누릴 자격이 있다는 명제였다. 한편, 다른 사람들은 자신의 합당성을 증명해야만 했다. 20세기 전반기의 사건들은 이러한 입장의 허위성을 드러냈다. 그러한 폭로가 필요했다면, 두 차례의 세계대전 후에 홀로코스트(Holocaust)와 굴락(Gulag)은 유럽의 우월성에 대한 주장을 거의 유지할 수 없게 만들었다.

문명 표준과 관련된 협정체제(외국 거류민에 대한 특권 조항 – 역자 주)는 1945년에 사라졌고 유엔 헌장은 새로운 상황을 규정했다. 이때부터 유엔 회원국인 모든 국가는 동등한 권리를 갖게 된다. 단, 유엔 안전보장이사회의 5개 상임 이사국은 다른 국가보다 더 평등하다. 이들 국가의 전쟁 수행 권한은 유엔 헌장에 의해 제한되지만, 위에서 언급한 바와 같이 유엔 헌장은 다른 측면에서 주권에 대한 매우 강력한 교리를 공포한다. 유엔 창립 회원국 대부분은 실제로 유럽인이거나 주로 유럽계였지만, 자결 규범에 대한 헌장의 지지와 제국주의적 피로는 곧 다음 20년에 걸쳐 옛 제국이 어느 정도 사라지게 됐다는 것을 의미했고, 거의 150개의 새로운 유엔 회원국이 원래의 50개 서명국과 같은 주권적 권리를 주장할 수 있었다.

이러한 새로운 주권적 지위에 대한 주창자 중 일부에 관한 의구심은 남아 있었다. 영국학파의 국제관계 이론가인 잭슨(Robert Jackson)은 이러한 새로운 국가 중 일부를 '유사국가(quasi-states)'라고 불렀다 (Jackson 1990). 그의 요점은 과거에 주권국가라는 주장에는 긍정적인 의미와 부정적인 의미가 있다는 것이다. 그것은 스스로를 효과적으로 통치할 수 있다는 긍정적인 측면의 주장과 외부의 간섭 없이 그렇게 할 수 있어야 한다는 부정적인 측면의 주장이었다. 많은 새로운 국가는 이러한 부정적인 주장을 했지만 이를 의미 있게 하는 데 필요한 긍정적인 역량이 부족했다. 실제로 많은 새로운 국가들은 스스로 통치할 수 있다는 주장을 실현하기 위해서는 외부 지원이 필요했다. 그것이 어떻든, 새로운 국가들은 유엔에서 주권적 지위를 주장할 수 있었다. 국제법은 정치적 현실이 어떠하든 간에 '유사국가'라는 범주를 인정하지 않는다.

따라서 1945년에는 비서구 국가가 '문명의 표준'에 따라 판단된다는 아이디어가 공식적으로 끝났다. 그러나 하나의 차별적 규약이 폐기됨과 동시에 공식적으로 비차별적인 새로운 규약이 발표됐다. 유엔 헌장 전문에는 유엔의 인민은 "기본적 인권, 인간의 존엄성과 가치, 남자와 여자 및 크고 작은 나라의 평등권에 대한 신념을 재확인한다"고 명시하고 있다. '재확인'이라는 용어의 사용은 이것이 항상 존재해 온 약속임을 의미하고, 부쳐(David Bouchor)가 '권리 인정 이론'을 지지한다고 주장했지만, 그러나 실제로는 논쟁의 여지가 있는 주장이다 (Boucher 2011). 과거 주권국가는 남성과 여성의 평등한 권리를 분명히 믿지 않았으며, 실정법 체계에 기초한 구체적이고 제한된 권리와는 달리 '인권'이라는 용어 자체가 혁신적이다.

유엔 헌장 그 자체는 인권의 관념에 생명을 거의 제공하지 않았지만, 1948년 유엔 총회는 세계인권선언문(UDHR: Universal Declaration of Human Rights)을 채택했고, 매우 실질적인 법적체제가 만들어지는 기초가 됐다. 이는 1966년의 두 가지 주요 규약인 '시민권과 정치 권리에 관한 규약' 그리고 '경제, 사회 및 문화적 권리에 관한 규약'과 특별하고 다양한 추가적인 국제 및 지역 조약 및 선언으로 이어졌다. 예를 들면, 권위 있는 『브라운리의 인권문서』(*Brownlie's Documents on Human Rights 2010*)는 현재 1,296쪽에 달하는데, 1948년 '대량학살 범죄의 예방 및 처벌에 관한 협약(대량학살 협약),' 1966년 '모든 형태의 인종 차별 철폐에 관한 협약,' 1979년 '여성에 대한 모든 형태의 차별 철폐에 관한 협약(CEDAW),' 1984년 '고문 및 기타 잔인하고 비인도적이거나 굴욕적인 대우 또는 처벌 방지 협약,' 1989년 '아동 권리에 관한 협약,' 그리고 2007년 '원주민 권리 선언' 등을 포함하여 가장 중요한 몇 가지를 언급할 수 있다. 이러한 모든 법적 문서가 권위 있고 의무적인 것으로 존중된다면, 정부 형태와 사회 및 경제정책을 결정할 수 있는 국가의 주권 능력은 분명히 심각하게 제한될 것이다.

실제에 있어서, 국가는 이러한 법적 문서를 기껏해야 열망하는 정도의 것으로 간주해 왔다. 모인(Samuel Moyn)이 기록한 바와 같이, 세계인권선언이 서명된 후 30년 동안 인권은 매우 뒷전으로 밀려났다(Moyn 2012). 냉전은 인권에 관한 모든 심각한 정치에 찬물을 끼얹었고, 자결을 위한 추진이, (물론 그 자체도 부분적으로는 인권에 기반을 두고 있지만) 유엔의 의제를 지배했다. 더욱이, 세계인권선언과 이후의 법적 제도는 개인의 권리를 규정했지만, 국가 간 협약의 형태를 취했으며 국가가 인권의 전달자가 될 것으로 기대되었다. 1970년대가 되어서야 인권은 국가를 '통하기'보다는 '반대해야 할' 대상으로 여겨졌다. 앰네스티(Amnesty)와 훗날 휴먼라이츠워치(Human Rights Watch)의 기반이 된 헬싱키워치(Helsinki Watch)와 같은 인권 NGO의 중요성이 커지고 1977년 카터(Jimmy Carter) 대통령이 미국정책의 목표로 인권을 명료하게 신봉하면서 담론의 성격이 의미 있게 변화했다.

　이러한 변화의 결과로 국가와 주권 개념 사이에 다소 혼란스러운 관계가 형성됐다. 한편으로, 우리가 살펴본 바와 같이, 유엔 헌장은 소위 베스트팔렌체제 이전에 나온 그 어떤 것보다 실제로 더 강한 국가 주권에 대한 매우 강력한 원칙을 국제법으로 공식화했으며, 모든 국가에 적용되며 적어도 유엔 회원국에는 적용된다. 그러나 반면에 이러한 법적 지위가 훼손되는 여러 가지 방법이 있었다. 첫째, 1945년 이후 등장한 새로운 국가 중 일부, 실제로 다수는 이름뿐인 주권을 갖고 있었고, 이전에는 그 지위에 필요하다고 생각되었던 자치 능력이 부족했다. 둘째, 제2차 세계대전의 파괴로부터 회복된 다양한 자본주의 경제들이 위에서 확인된 실질적인 문제를 해결하기 위하여 주권을 공동으로 확보하려는 압력이 더욱 강력해졌다. 이들 경제의 공식적인 통합은 서유럽으로 한정 됐지만, 무역과 금융 분야의 글로벌 시장이 성장하고 생산은 범위가 점차 글로벌하게 되면서 모든 산업자본주의 국가는 주권적 행동을 위한 능력을 제한하는 방식으로 협력하게 되었다. 그리고 셋째, 표면에 드러나지는 않지만, 인권체제는 국가 주권을 사용하려는 모든 시도에 잠재적인 위협을 가했다. 유엔이 보장하는 것으로 보이는 요구된 기준을 충족하지 못하는 삶의 방식을 보호하기 위해 주권이 제한되는데, 명백히 이러한 위협은 대부분의 경우 실제적인 것이 아니라 잠재적이었다. 그럼에도 불구하고 국제표준과 다른 행태로 행진하는 사람들에게는 그것이 실제적인 것으로 인식됐다.

책임으로서의 주권

위에서 확인된 모순은 1950년대부터 계속 존재했지만, 냉전기간 동안 해결되지 않았으며 대부분 논의되지도 않았다. '유사국가'에 의해 제시된 이론적 문제는 냉전의 주요 경기자들이 그 문제들에 관심을 끌면서 글로벌 남반구의 여론을 나쁘게 하려는 의지가 없었기 때문에 은폐되었다. 서구 자본주의 경제의 실질적인 통합이 주목되고 논의되었지만, 반공 연대의 이익을 위해 무시되었다. 마찬가지로, 인도주의적 개입의 교리를 개발함으로써 인권 관념을 강화할 가능성은 일부 새로운 권리 기반 NGO와 일부 국제이론가들에 의해 제기되기는 했지만, 냉전 시대에는 일방의 개입이 상대방의 대항 개입을 어느 정도 확실하게 하는 상황에서는 운용될 수 없었다 (Wheeler 2000).

  이 모든 것은 냉전이 끝난 후 바뀌었다. 선진 세계의 문제를 잠시 제쳐두고 인권 보호의 동학은 극적으로 변했다. 한편으로, 이제 대항 개입의 가능성은 고려 사항이 아니게 되었고, 인도주의적 위기는 국제사회, 더 정확하게 말하면 유일하게 남아 있는 초강대국인 미국과 그 동맹국들에게 진정한 도전이 되었다. 당시에는 행동할 수 있는 능력을 가진 유일한 국가들이 이들뿐이었다. 다른 한편으로, 냉전의 종식은 실제로 글로벌 남반구의 일부 지역, 가장 명백히 아프리카의 뿔(Horn of Africa) 지역에서 인도주의적 위기를 일으켰다. 냉전 동안 에티오피아와 소말리아는 각각 소련과 미국의 보호국으로서, 홍해와 뿔 지역의 중요한 수로에 관한 세력균형을 보전하고 정부가 권력을 유지하게 했다. 이들은 어떤 면에서든 민주적이지는 않지만, 적어도 최소한의 법과 질서의 기초를 제공했다. 초강대국들이 (많은 무기를 남기고) 철수하자 특히 소말리아에서는 혼란이 뒤따랐다. 그 뒤를 이은 것은

1990년대 개입의 실질적인 문제와 지적 혼란에 대한 표준을 세웠다. 미국과 유엔의 개입은 소말리아의 주권을 존중하지 못했을 뿐만 아니라 원래 의도했던 인권 개선도 제공하지 못했다.

여기서 이 이야기를 할 공간은 없지만 기본 요점은 이 위기에서, 유고슬라비아 계승 전쟁으로 발생한 위기와 같이, 그리고 가장 비극적인 르완다 집단 학살의 사례와 같이, 1945년 수립된 주권 정권은 전후 같은 해결의 부분으로 창설된 인권체제와 분명히 어긋나 있었다는 것이다. 혼란에 빠진 국가의 주권을 존중하는 것은 보편적 인권에 대한 모든 관념을 극단의 위험에 빠뜨리는 것이지만, 인권을 증진하기 위해 행동하는 것은 바로 그 정권의 주권을 침해하는 것이다. 이 주권은 오직 최근에야 독립을 달성했던 글로벌 남반구 국가들에게는 특별한 가치가 있다 (Coady et al. 2018; Weiss 2016; Teson and van der Vossen 2017).

이러한 상황에 대한 1990년대의 특징적인 대응은 실용적이었지만, 특별히 성공적이지는 않았다. 그러나 더 체계적이고 원칙적인 사고가 진행되고 있었고, 1990년대 말에는 이러한 사고가 결실을 맺었다. 새로운 접근방법의 기본적 논점은 일부 국제변호사(예를 들면, Thomas Franck 1992), (주로 북유럽)정부 및 일부 유엔 관리(특히 뎅[Francis Deng 1996]과 아난[Kofi Annan])가 추진했고, 이제 전통적인 불간섭 규범보다 인권과 민주정부에 특권을 부여하는 국제정통성의 새로운 표준이 있다고 주장하는 것이었다. 아난은 1999년 9월 16일자 『이코노미스트』(*The Economist*)의 기사에서 그 주장을 잘 요약했다.

> 가장 기본적인 의미에서의 국가 주권은 특히 세계화와 국제협력의 힘에 의해 적지 않게 재정의되고 있다. 국가는 이제 국민을 위해 봉

사하는 도구로 널리 이해되고 있으며, 그 반대는 아니다. 동시에 개인의 주권은, 즉 유엔 헌장과 후속 국제조약에 간직된 각 개인의 기본적 자유는, 개인의 권리에 대한 의식이 새롭게 확산되면서 강화되었다 (Annan 1999).

이것은 흥미로운 개념적 움직임이었다. 사실상, 주권의 관념은 국가의 재산이 아니라 개인의 재산으로 재정의되고 있었으며, 이번에는 관련된 개인이 지배자가 아니라 피지배자였다.

1990년대의 한 가지 중요한 특징은 주요 서구 국가들이 발칸 반도의 위기를 인명 피해 면에서 훨씬 더 파괴적이었던 중앙아프리카와 콩고에서의 위기보다 더 중요하게 여겼다는 사실이다. 이것이 바로 '책임으로서의 주권' 관념이 아프리카에서 상당한 지지를 얻은 이유다. 이 관념이 자유주의 제국주의의 산물이라는 흔히 듣는 주장을 고려할 때 염두에 둘 가치가 있는 논점이다. 어떻든, 이 새로운 접근방법에 대응하여 캐나다정부는 아난이 제기한 특정 질문에 답하기 위해 2000년에 '국제개입과 국가주권 위원회(ICISS: International Commission on Intervention and State Sovereignty)'의 설립을 후원했다. "만일 인도적 개입이 주권에 대한 용납할 수 없는 공격이라면, 르완다, 스레브레니차 등에서, 우리 공동의 인간성의 모든 계율에 영향을 미치는 총체적이고 조직적인 인권 침해에 대해 우리는 어떻게 대응해야 할까요?"(아난의 질문 - 역자 주) ICISS는 전 호주 외무장관 에반스(Gareth Evans)와 알제리인이자 유엔 외교관 사눈(Mohamed Sahnoun)이 공동 의장을 맡았고, 다른 위원으로는 캐나다 철학자 이그나티에프(Michael Ignatieff), 미국 하원의원 해밀턴(Lee Hamilton), 남아프리카 노동조합 지도자이자 2018년 이후 대통령이 된 라마포사(Cyril Ramaphosa), 러시아 인권 활동가 루킨(Vladimir Lukin), 인도 및 유엔 공무원이자 학자인 타쿠르(Ramesh Thakur)가 맡았다.

2001년 12월에 발표된 그들의 보고서는 강조점을 인도주의적 개입을 수행할 권리에서 보호할 책임(responsibility to protect, 때로는 RtP 또는 R2P)의 아이디어로 전환하려고 시도한다 (ICISS 2001). 보고서에서 보호 책임은 처음에는 국가 자체에 있는 것으로 간주한다. 즉, 주권은 국민을 보호할 책임이라는 측면에서 정당화된다. 그러나 국가가 대규모 잔학 행위나 인도주의적 재난을 종식시키기 위해 행동할 의지가 없거나 할 수 없을 때, 또는 국가가 실제로 대규모 잔학 행위를 자행하고 있을 때는 불간섭 원칙을 국제적 보호의 책임에 양보해야 한다. 국제사회의 책임은 세 가지다. 우선 대량학살을 방지하기 위해 그 권한 내 모든 것을 다한다. 그런 일이 일어나면 그에 대응하고, 분쟁 후 문제의 사회를 재건한다. 극단적인 경우, 즉 전통적인 정의 전쟁의 기준에 속하는 정당한 원인, 최후의 수단, 비례성 원칙에 따른 사례는 또 다른 정의 전쟁 기준인 '올바른 권위'에 의해 승인된 대로 군사적으로 행동하는 것이 국제사회의 의무일 수 있다. 적어도 첫 번째 그 권위는 유엔 안전보장이사회로 생각된다. 안전보장이사회는 군사개입 요구에 대한 대응을 관리하기 위한 지침을 수립해야 하고, 상임이사국인 5개국은 이러한 기준이 충족될 경우 거부권을 행사하지 않는 데 동의해야 한다. 안전보장이사회에서 합의가 이루어지지 않는 상황에서, 명확한 사례가 있다면, 유엔 총회와 지역기구가 정당성의 원천으로 언급된다.

ICISS 보고서의 시기는 불운했다. 2001년 12월은 9·11 테러 공격 3개월 후였고, 그에 따른 글로벌 테러와의 전쟁이 개입에 관한 규칙 개혁에 대한 갈망을 변화시켰다. 유엔 안전보장이사회는 2001년에 상대적으로 단일화되었지만, 개입이라는 더 넓은 문제보다는 테러주의를 처벌하는 데 중점을 두었다. 그럼에도 불구하고 이 보고서는 2005

년 9월 유엔 60주년 기념 세계 정상회담의 상황에서 다시 중요성을 갖게 됐다. 세계 정상회담을 준비하기 위해 2004년에 설립된 유엔 사무총장의 위협, 도전 및 변화에 관한 고위급 위원회에는 에반스가 포함됐다. ICISS 보고서의 많은 내용을 받아들였으며, 이는 다시 세계 정상회담의 최종 보고서에 채택됐다. 이러한 맥락에서 후자의 가장 중요한 부분은 다음과 같다.

> 국제사회는 유엔을 통해 대량 학살, 전쟁 범죄, 인종 청소 및 반인륜 범죄로부터 주민을 보호하기 위해 헌장 제6장과 제8장에 따라 적절한 외교, 인도주의 및 기타 평화적 수단을 사용할 책임이 있다. 이러한 맥락에서, 우리는 안전보장이사회를 통해 제7장을 포함한 헌장에 따라 사례별로 그리고 적절한 관련 지역 기구와 협력하여, 평화적 수단이 부적절하다고 인정되고 국가 당국이 집단 학살, 전쟁 범죄, 인종 청소 및 반인도적 범죄로부터 주민을 보호하는 데 명백히 실패하는 경우에는 시의적절하고 단호한 방법으로 집단적 행동을 취할 준비가 되어 있다 (§ 139).

이러한 공식화는 ICISS 보고서의 세부 사항, 특히 거부권 억제에 대한 보고서의 제안을 많이 삭제하기 때문에 'R2P Lite'라고도 한다. 이런 형태의 말들은 합의를 이루었지만, 새로운 법적 의무가 만들어지지는 않는다는 근거다. 그럼에도, 그 결과는 보호할 책임에 대한 아이디어가 유엔체제에서 '주류'가 됐다는 것이다. 정상회담 결과 문서는 2008년 R2P 특별 고문 임명으로 이어졌고, 가장 중요한 것은 보호할 책임 이행에 관한 사무총장의 2009년 보고서다. 실제로 R2P 언어는 유엔이 대규모 잔학 행위를 처리할 때 선택하는 언어가 됐다. 하지만 국가 담론에서는 이 언어를 제한된 정도로만 취급했다.

원칙적으로 R2P 교리에 대한 몇 가지 비판이 제기됐다. 보호가 국가의 기능으로서 지나치게 강조되며, 정치와 이익이 분리될 수 있는 것으로 취급된다는 주장을 할 수 있다 (Brown 2013). 예를 들면, 오포드(Anne Orford)는 만일 유엔 안전보장이사회가 실제로 ICISS 보고서가 의도한 대로 행동할 수 있게 된다면, 그것은 유엔 헌장 작성자들이 상상했던 것보다 훨씬 더 강력한 권력을 가진 비민주적이고 관료적인 '세계정부'를 구성할 것이라고 주장했다 (Orford 2011). 실제로 유엔 안전보장이사회는 단결된 경우가 거의 없으며, 이러한 이유로 보호할 책임 관념과 관련해 더 심각한 문제는 원칙보다 오히려 실제인 것이다.

ICISS 보고서의 목표 중 하나는 R2P를 인도주의적 개입과 구별하여, 전자를 후자의 제국주의적 의미와 분리하는 것이었다 (Evans 2009; Bellamy 2009). 사실 두 관념은 실제로 매우 다르다. 인도주의적 개입은 불간섭이라는 주권 규범이 일반적으로 타당하지만, 때로는 극단적인 상황에서 무시될 수 있다는 아이디어에 기초하는 반면, 보호할 책임은 불개입 규범의 타당성을 부정하고 이를 주권에 대한 새로운 이해로 대체한다 (Brown 2018). 이것은 잠재적으로 급진적인 변화다. 이 장의 목적의 하나는 주권의 의미는 항상 논쟁적이었고, 국가의 절대적인 자율성, 즉 가장 순수한 형태의 지배권으로서의 주권을 강조하는 개념에 대한 설명이 널리 받아들여진 적이 없다는 사실을 보여주는 것이다. 그러나 주권에 대한 이러한 새로운 이해가 일반적으로 수용된다면 과거와는 과격한 단절이 될 것이다. 사실 그것이 일반적으로 받아들여진다는 증거는 거의 없다. 보호할 책임은 인도주의적 개입과 전혀 다르다는 점에 대해서 국가를 설득하려는 시도는, 특히 글로벌 남반구 국가들에게는, 성공하지 못했다. 많은 국가는 주권과 불개입의 규범에 대한 전통적인 이해에 관한 원칙적인 서약을 유지하며 이러한 분야의 국제법 변화를 원하지 않는다. 그리고 다른 국가들은 제안된 새로운 규범이 자신들의 이익에 반하여 사용될 가능성이 있다고 믿기 때문에 이를 의심하고 있다.

R2P의 정치와 유엔 및 기타 기구의 실행에 있어서 주권의 새로운 의미는 새로운 규범을 장려하기를 희망하는 사람들에게 고무적이지 않았다. R2P 언어는 실제로 아프리카의 일부 분쟁에서 어느 정도 성공적으로 사용되었지만, 다른 곳에서는 기록이 좋지 않았다. 2011년 리비아 개입은 처음에는 R2P의 성공으로 여겨졌으나, 개입자들에게 민간인 보호로부터 카다피 정권 전복으로까지 부당하게 권한이 확대된 것은 불법으로 널리 간주됐고, 카다피(Muammar Gaddafi) 몰락 후 국가 건설에 실패함으로써 리비아를 파국적인 상태로 남겼다 (*Ethics & International Affairs* 2011; Hehir and Murray 2013). 부분적으로 이러한 실패에 대한 반응으로, 유엔은 시리아 분쟁이나 현재 예멘에서 거의 똑같이 피해를 주고 있는 전쟁을 종식하기 위한 R2P 개념을 효과적으로 적용할 수 없었다 (Bellamy 2014). 요컨대, 보호책임 관념은 주권과 인권 보호를 존중하려는 집단을 공명정대하게 하려는 참으로 혁신적인 시도이지만, 현재로서 성공이라고 말할 수는 없다.

결론: '통제권 회수'

주권과 인권의 규범 사이의 모순은, 글로벌 남반구뿐만 아니라 국내 질서에서 인권 보호를 약속하는 선진 자본주의 국가들의 세계에서도, 모든 국가에 대해 명백한 의미를 내포하고 있는데, 이 모순은 경제 성장을 촉진하고 세계 시장을 확장하기 위해 주권을 공동 출자해야 할 필요성보다 잠재적 중요성이 덜하다는 것이다. 선진 자본주의 세계가 단결할 수 있는 확고한 실천적 이유를 제공한 냉전의 종식과 함께, 자본주의 내부 관계의 긴장이 고조될 것으로 예상했을 수도 있지만, 실제로 그러한 긴장은 실현되지 않았다. 2008년 세계금융위기 이후에도 서구 선진국의 정치계급들은 이러한 높은 수준의 협력이 필요한 상황을 해결하지도, 실제로 인정하지도 않은 채 그들 관계를 유지해왔다. 유럽연합의 정치 엘리트는 미국의 정치 엘리트보다 상황을 아마도 더 잘 이해했는데, 이는 미국의 규모가 주권 독립이라는 환상을 유지하기가 더 쉬웠기 때문이다. 2008년 위기가 발생한 후에 많은 논평가들은 금융 시장에 대한 보다 효과적인 어떤 종류의 국제적 통제를 위한 조치가 취해져야 한다고 생각했지만, 실제로 그러한 조치는 실현되지 않았다. 대신 우리는 10년간의 긴축과 지속적으로 느리게 진행되는 위기를 목격했다 (Tooze 2018).

그러나 만일 선진 산업 세계의 정치계급이 그들이 다른 곳에서 해왔던 것처럼, 즉 세계경제의 원활한 운영에 초점을 맞추어서, 주권 관념과의 접촉을 잃었다면, 공동주권에 덜 무관심한 다른 정치세력이었을 것이다. 지난 20년, 특히 지난 10년 동안 좌파와 우파 양쪽의 대중영합주의가 부상했다 (제14장 참조). 2008년 이후 유로존의 가혹한 요구로 인해 최고 수준의 청년 실업률과 전반적인 빈곤이 발생하면서 2015년에는 좌파 대중영합주의 급진좌파연합의 시리자(Syriza)정부가 탄생했고, 비슷한 세력들은 2018년 이탈리아에서 좌파와 우파 대중영합주의 연합을 탄생시켰다. 유럽 전체에서 이제 대략 1/5에서 1/4의 투표가 대중영합주의 정당에 가는데, 프랑스에서는 더 높은 비율로, 독일과 스칸디나비아에서는 더 낮게 득표한다. 미국에서는 실제로 대중영합주의자들이 기성 정당 중 하나를 장악했는데, 특히 2018년 중간선거 이후 공화당은 이제 트럼프당이 되었고, '트럼프 절대 반대(Never Trump)' 공화당원들은 항복하거나 탈당했다. 대서양 양쪽에서 대중영합주의는 부분적으로 이민에 대한 반대에 의해 주도되었으며, 특히 유럽에서는 최근 몇 년간 아프리카, 중동, 아프가니스탄에서 유입된 난민과 이민자들의 물결에 대한 반대가 있었다. 여전히 주권 상실에 대한 폭넓은 우려가 어떤 측면에서는 원인 제공자로서의 이민보다 더 중요하다. 영국에서 유럽연합을 탈퇴하려는 성공적인 캠페인은 여기서 길을 보여주었다. 이민은 분명히 '탈퇴' 투표자들의 주요 관심사였지만, 가장 설득력 있는 슬로건은 모든 대중영합주의 운동에 도움이 될 수 있는 '통제권을 되찾아라'였다 (Eatwell and Goodwin 2018).

위에서 언급한 바와 같이, 유럽연합 탈퇴 운동가들은 주권의 본질에 대해 명확한 이해를 하고 있지 않았다. '통제권 회수'는 표면적으로 주권을 국가가 행사할 수 있는 권한과 능력의 측면에서 이해하는 것인데, 유럽연합을 탈퇴하여 영국의 지위를 바꾸는 게 실제로 영국 국가의 능력을 증가시킬 것인지는 결코 명확하지 않다. 자신의 국경을 통제할 수 있는 능력이 이민 문제에 대한 우려를 고려하면 매우 중요하고 그에 대한 증가를 의미하지만, 만일 다른 영역에서의 영향력을 포기하여 이를 획득하는 경우 '통제권 회수' 측면에서 전체적인 균형이 부정적일 수 있다. 공식적으로 독립된 영국이지만 이전보다 국민 생활에 대한 통제력이 줄어든 상태로 남을 수 있다.

그러나 많은 브렉시트 지지자들에게 이 모든 것은 부차적인 일임이 분명하고, 그들은 국가의 형식적 독립에 큰 비중을 두고 있으며, 이러한 상징적인 일에 크게 관심이 없으나 현대 정치의 관리적 양상에 정확히 초점을 맞추는 정치 엘리트들보다는 그 독립이 갖는 세부적인 의미에 별로 관심이 없다. 지위로서의 주권은 더 이상 그러한 엘리트들에게 큰 의미가 없다. 그러나 많은 수의 일반 사람들에게는 그 용어가 무엇을 의미하는지에 대해 막연한 생각만 갖고 있다 할지라도 여전히 의미가 있다 (Goodhart 2017). 영국 여권의 색상과 같은 상징적 문제는 주권을 위한 지위 소유자 및 애국심과 관련된 가치로서 작용하는데, 엘리트에게는 굳하트(David Goodhart)의 '어디에서나'와 같이 거의 의미가 없는 가치이나, 세계화의 혜택이 지나갔다고 대체로 당연하게 느끼는 사회의 비엘리트 구성원에게는 그의 '어딘가'에서는 여전히 대단히 중요하다.

자신의 생활 환경에 대한 통제권을 되찾는 것이 현재 상황에서는 실제로 불가능할 수도 있지만, 그렇게 하려는 열망의 강도는 부인할 수 없다. 내가 제안하는 바는, 이것이 오늘날 주권 관념의 진정한 의미이다. 정치 이론가에게 주권은 난제이며, 너무 많은 의미를 가지고 있고, 과거를 너무 복잡하게 만들어서 현재를 이해하는 데 별로 유용하지 않은 개념이다. 선진 자본주의 세계의 정치계급에게 그것은 사업을 수행하는 방법과 무관하거나 중요하지 않고, 행동의 자유를 방해하는 적극적인 위협이다. 그러나 서구의 일반 사람들, 그리고 실제로 남반구의 사람들에게 주권은 비록 막연하게 이해되더라도, 대체로 상징적일지라도 여전히 중심적인 중요성을 지닌 개념이다.

❋ 추가 읽을 거리

Bourke, R. and Q. Skinner (2016), *Popular Sovereignty in Historical Perspective*, Cambridge: Cambridge University Press.
Eatwell, R. and M. Goodwin (2018), *National Populism: The Revolt against Liberal Democracy*, London: Pelican Books.

Goodhart, D. (2017), *The Road to Somewhere: The Populist Revolt and the Future of Politics*, London: Hurst & Co.
Tuck, R. (2016), *The Sleeping Sovereign*, Cambridge: Cambridge University Press.

10장
국가와 안보

피너 빌긴(Pinar Bilgin)

▮ 서론	299
▮ 안보에서의 국가	301
▮ 안보로서의 국가?	307
▮ 국가와 안보관계의 '얽히고설킨 역사'	315
▮ 결론	320

서론

1990년대 비판적 접근방법이 안보 연구에 침투하고 있던 시기에, 워커(R.B.J. Walker 1997)는 안보에 대한 우리의 생각은 그때까지만 해도 근대 국가와 다른 국가와의 관계에 관한 것이었고, 안보에 관한 재고는 국가에 대한 재고도 포함해야 한다는 것을 상기시키는 중요한 경고를 발표했다. 국가에 관해 생각하는 것은, (그 이상은 말할 것도 없이) 당시 안보 연구에서 끌어낼 수 있는 유산이 그리 많지 않았다. 실제로, 그때까지 국가와 안보 관계에 관한 학술적 설명은 베버(Max Weber), 만(Michael Mann) 또는 틸리(Charles Tilly)에 대한 피상적인 참조를 넘어서는 경우가 거의 없었다. 국가를 보호하는 것이 안보 연구의 중심 관심사였다는 것을 고려하면, 국가 지위를 이해하는 데 그렇게 부주의한 정도는 역설적인 것으로 생각된다.

    그 후로 비판적 접근방법은 먼 길을 걸어왔는데, 국가와 안보의 관계를 탐구하는 방법은 "자유주의, 마르크스주의, 현실주의, 구성주의, 탈근대 여성주의 혹은 국가를 해석하는 데 무슨 접근방법을 채택하는가에 따라서" 다르게 이해될 수 있다 (Booth 2007: 188). 현실주의자에게 국가는 분석의 기본 단위이자 정치적 충성심과 학문적 관심의 집중 장소이다 (계약론적 이해에 따르면, 아래 참조). 여성주의자에게 국가와 안보 관계와 그들이 형성하는 실행에 대한 이해는 사회에서 가장 취약한 사람들이 경험하는 지속적인 불안감을 가져왔다 (Peterson 1992b). 이는 국가가 여성에 대한 폭력을 허용하는 헤게모니적 남성성을 영속시키는 여러 구조 중 하나이기 때문이다 (Ling 2002; Shepherd 2007). 마르크스주의 시각에서 안보는 20세기와 그 이후를 내내 미국이 '국내에서는 사회보장을 통해, 국제적으로는 국가안보를 통해' '질서 구축'의 체제로서 기능해 왔다 (Neocleous 2008: 8). 탈구조주의자에게 안보는 '생명, 경제, 국가가 동시적으로 존재하는 정치적 기술'이다 (Burke 2008: 11). 따라서 탈구조주의는 안보와 국가 사이의 관계를 (방어와 같은) 기능적으로뿐만 아니라 생산적인 용어로도 이해한다. 즉, "이 관점에서 국가는 단일한 권위적 실체로서 행동하면서, 안보의 이름으로 폭력을 수행하고 역시 국가의 역할도 이행한다"고 셰퍼드와 웰즈는 기록한다 (Laura Shepherd and Jutta Weldes 2008: 535; 제8장 참조). 마지막으로 탈식민주의적 관점에서 볼 때, 물질적 부가 지구의 한 지역에서 다른 지역으로 이전됐을 뿐만 아니라 식민지 개척자와 피식민자 모두의 국가 제도를 구성해 온 식민지 확보 실천 자체도 역할을 했다. 이 주장은 "국가 형성의 일부로서 식민화 과정 자체를 다루지 않고는"(Bhambra 2018: 200) 식민지화된 국가나 식민지화하는 국가 또는 그들의 불안정을 이해할 수 없다는 것이다 (Barkawi and Laffey 2006).

다음은 국가와 안보 사이의 복잡한 관계를 세 부분으로 나누어 설명한다. 제1절에서는 '안보에서의 국가'라는 제목으로 세계정치 연구에서 국가와 안보 관계가 어떻게 이해되어왔는지를 살펴본다. 제2절 '안보로서의 국가?'에서는 실제 국가가 '보호자'로서의 국가라는 널리 알려진 가정에 항상 부합하는 것이 아니라는 방식을 고려한다. 제3절에서는 국가와 안보관계의 '얽히고 설킨 역사'에 대한 연구의 필요성을 강조한다.

안보에서의 국가

친숙하고 (명백히 유럽 중심적인) 이야기(제3절 참조)에서 안보와 국가에 관한 사고는 17세기에 같이 탄생했다. 영국내전 상황에서 글을 쓴 홉스(Thomas Hobbes)(Koselleck 2000)는 국가와 안보관계에 대한 계약론적 접근방법의 초기 표출을 제시한 것으로 인정된다 (자세한 논의는 제2절 참조). 크라우스와 윌리암스(Keith Krause and Michael Williams 1997: 40)를 인용하면,

> 홉스와 가장 일반적으로, 다소 잘못되었더라도, 동일시되는 개념에서 자율적이고 합리적인 행위자로서의 개인 주체는 다른 유사한 행위자로 가득 찬 환경에 직면하게 된다. 이러한 다른 사람들이 불안의 근원이다 … 이러한 출발점에서부터 국가라는 권위가 없으면 안전은 있을 수 없다.[1]

---

[1] 홉스의 '자연 상태' 개념에 대한 탈식민주의적 해석은, Beier 2002; Mamdani 2020 참조.

비판적 접근방법은 국가와 안보 관계에 대한 이러한 이해의 두 가지 한계를 강조했다. (1) (사회적 상호작용 이전에 고정된 존재로서의) 국가에 대한 자연화된 관념, (2) 특히 안보 제공자(안보 대리인)로서 국가의 능력 그리고/또는 의지가 면밀히 조사되는 시기에 안보의 주요 대상으로 국가를 유지해야 할 필요성을 강조하고 있다.[2]

첫 번째 한계는 국가가 사회적 상호작용 이전에 구성된다고 가정하여 안보가 국가를 보호하는 것과 동일시되면서, 국가를 진행 중인 작업으로 고려하지 못한다는 것이다. 국가는 성별, 인종, 계급 기반 이익과 정체성을 (재)형성하고 동시에 그들의 방어에 자원을 동원하는 정치적 행위자를 포함하고 있다. 이처럼 안보 사고를 '정치 이론의 가장 기본적인 질문(Walker 1997: 63)'과 분리함으로써 국가 지위에 대한 우리의 이해가 빈약해졌다. 국가와 그들의 불안전이 그 자체로 자연적으로 되면, 남는 것은 '국가를 위한 안보의 획득에 관심을 집중하는 것' 외에는 거의 아무것도 없다 (Shepherd and Weldes 2008: 530).

국가를 자연화한 연구에 대한 중요한 예외는 캠벨(David Campbell)의 1992년 저서 『안보 쓰기』(*Writing Security*)다. 여기서 저자는 소련에 대항하는 미국의 방어 정책이 미국의 국내외 이익을 거들어준 특정한 '미국의 정치적 정체성'을 구성하고 유지하는 데 도움을 준 방법을 분석한다. 이러한 이해는 관습적으로 미국의 정체성을 '용광로'로 설명하여 세계의 다른 지역을 이해하는 데 거의 관련성이 없는 반면, 캠벨의 연구는 미국의 맥락을 넘어서는 관련성에 대한 통찰력을 제공한다. 저자는 다음과 같이 기술한다.

---

[2] 이른바 '국가 실패'가 진공 상태에서는 일어나지 않는다는 점은 제3절에서 다룬다.

모든 국가는 상상의 정치 공동체를 형성하기 위해 정렬할 필요가 있는 영토성과 정체성의 여러 축과 같은 다양한 영역과 이러한 정렬이 그 이전의 안정적인 정체성에 대한 (구성하기보다 오히려) 반응이기를 원하는 요구 사이에 내포된 긴장으로 특징지어진다 (Campbell 1992: 11).

다르게 말하면, 미국에서 확보되고 있는 것은 정책들이 미국을 방어 차원에서 공식화된 것으로 구성되고 유지된다는 것이다. 캠벨의 분석이 암시하는 바는 "정체성의 성과적 본질이 결코 완전히 드러날 수 없으므로, 정체성에 대한 요구와 이를 구성하는 실천 사이의 긴장이 결코 완전히 해결될 수 없는 한," 모든 국가는 진행 중인 작업이라는 것이다 (Campbell 1992: 11).

그럼에도 불구하고, 안보연구에서 국가 지위에 대해 그토록 무관심한 태도를 유지하는 것이 어떻게 가능했는가? 틀림없이 이것은 우리가 인정하지 않고 의심할 여지도 없이 국가 지위에 관한 현실주의적 가정을 수용했기 때문이었다. 그 가정은 국가는 이미 계약상 의무를 완수하고 '내부' 안보를 제공하고 있으며, 그들은 주로 '외부'에 맞서 시민들을 방어하는 데 바쁘다는 것이다. 제2절에서는 전 세계의 국가 실행과 대비되는 두 가지 가정을 고찰할 것이다. 이에 앞서, 비판자들이 '안보에서의 국가'를 이해하는 데 있어서 한계로 강조한 두 번째 쟁점을 생각해 본다.

두 번째 한계는 국가를 (안보 대리인으로서의) 보호자'이자' (안보의 대상으로) 보호가 필요한 존재로 강조하는 것과 관련이 있다. 한편으로 안보를 국가 방어와 동일시하는 것은 미국의 냉전적 긴급 상황이라는 측면에서 이해될 수 있다. 실제로 안보연구는 주로 미국에서 냉전의 공포와 정책적 동기에 반응하여 형성되었다. 이러한 초기에는 세계정치 연구의 복잡성을 좀 더 간결하게 정리하려는 시도에서 국가를 주요 분석 단위로 다루었다. 비국가 행위자를 다루는 복잡한 작업은 안보 연구에 대한 '과학적' 접근방법이 요구하는 것으로 추정되는 깔끔하고 정연한 분석을 산출하지 못했을 것이기 때문에 부분적으로는 국가에 관한 초점이 필요한 거로 간주됐다. 또한, 냉전적 우려의 명백한 긴급성으로 인해 학자들이 비국가 행위자(의 모든 다양성)에 대한 연구가 요구하는 복잡한 종류의 분석을 수행하기가 어려웠기 때문이다 (Tickner 1997). 정치적 편의나 학문적 규율의 긴급성을 이유로 채택된 가정들이 '현실'로 오인되면서, 우리는 세계정치의 복잡성에 대한 시야를 상실하기 시작했다. 엔로우(Cynthia Enloe 1996: 189)의 기억에 남을 만한 말에 따르면, 세계정치에서 국가에 대한 연구는 "너무 흔히 슈퍼맨 연재 만화처럼 보게 되는데, 그것은 아마도 폴락(Jackson Pollock, 슈퍼맨 배역 – 역자 주)을 닮았을 것이 분명하다"는 것이다.

그러나 다른 한편으로, 우리는 국가중심 분석이 의도치 않게 어떻게 국가주의의 보루가 되었는지를 평가하지 못했다. 우리의 분석이 덜 복잡할수록 세상은 우리에게 덜 복잡해 보였고, 국가중심 분석틀에 배타적으로 의존하기가 더 쉬워졌다. 결과적으로, 국가의 '내부'는 안보의 영역이고, 국가는 '외부'에서 발생하는 위협으로부터 우리의 충성심과 보호를 받을 자격이 있다는 가정을 고수하는 것이 덜 천진난만한 것처럼 보였다. 왜그런지 자세히 설명하겠다.

안보연구에서 국가중심주의는 분석적으로 국가주의와 구별되는 것으로 생각된다. 국가중심주의는 '폐쇄체제'를 창안함으로써 자연과학을 좇아서 세계정치 연구의 모형을 만든 학자들의 방법론적 합의로 본다 (즉, 국가를 초점을 맞춰야 할 행위자로 인정함으로써 국가를 하나의 단위로 가정하고 안보의 군사적 차원에 관해 초점을 둔다). 다음으로 국가주의는 '주권 국가의 수준에서 모든 충성심과 의사결정 권력의 집중'을 포함하는 규범적 성향으로 간주된다 (Booth 1998: 52). 그 자체로 이해하면, 국가중심주의와 국가주의 사이의 분석적 구별은 간단해 보인다. 이론적으로는 국가주의를 피하고 국가중심 연구 분석틀을 활용하는 것이 가능하다 (예를 들면, Buzan, Waever et al. 1998 참조). 그러나 이러한 구별을 실제로 유지하기는 어려운 것으로 입증됐다. 수년에 걸쳐 안보 연구에 대한 국가중심 접근방법은 안보의 다른 참고 대상과 대리인을 덜 눈에 띄게 함으로써 국가주의를 강화해 왔다. 여기서는 두 가지 쟁점을 강조한다.

첫째, 만일 안보연구가 국가를 시민의 주요 (유일하지는 않더라도) 보호자로 묘사하는 것이 지배적이라면, 이것은 군사적이든 비군사적이든 안보의 대리인 역할을 하는 다른 사람이 없기 때문이 아니다. 안보연구에서, 일부 비국가 행위자가 국가의 폭력 독점에 대한 위협이 됨에도 불구하고, 그 실제 사례들이 보이지 않았기 때문에 시민 보호자로서의 비국가 행위자의 역할이 간과되었다. 최근 몇 년 동안 안보 대리인으로서 비국가 행위자가 수행한 역할은 '글로벌 안보집합체'를 연구하는 학자들로부터 더 나은 인정을 받았다. '집합체'라는 관념은 '국가로의 후퇴 또는 복귀'라는 이분법을 넘어 새로운 행위자의 출현 그리고/또는 권한 부여에 관해 생각할 수 있게 해주는데, 안보 분야를 글로벌 및 지역의 다른 범위, 공적 및 사적 안보 대리인, 그리고 규범성은 안보 거버넌스의 새로운 제도, 실행 및 형태를 생성하기 위해 상호작용하고 협력하며 경쟁하는 환경적 측면에서 접근한다 (Abrahamsen and Williams 2009: 3).

둘째, 안보의 특정한 양상을 제공하기 위한 최적의 행위자로서 국가의 지배적 위치는 안보에 대한 국가중심(국가주의는 말할 것도 없고)적 접근방법의 채택을 보장하지 않는다. 부스(Ken Booth 1991: 320)의 주택 비유를 활용하면, "보호받는 사람의 안녕과 보호소의 상태 사이에는 분명히 관계가 있지만, 누구의 안전이 우선인지에 대한 의문이 있을 수 있는가?" "안보를 위해 행동하는 것은 국가이므로 우리 분석에서 국가의 안보가 우선시되어야 한다"는 주장은 행위자와 대상의 혼동을 나타낸다 (Bilgin 2002). 수년에 걸쳐 안보 연구에서 행위자와 대상의 이러한 융합은 개별 학자들이 그러한 규범적 입장을 채택하는 데 거리를 두려고 노력했음에도 불구하고 국가주의를 재확립했다. 확실히, 국가는 언제 안전한가라는 질문에 답할 수 있도록 도움을 주는 척도는 없다. 냉전 동안 반핵 시위운동의 주제였던 이 질문은 허리케인 카트리나 때, 세계 강대국이 자국민을 보호하지 못한 국가안보를 이유로 아프가니스탄과 이라크에서 전쟁을 벌였을 때, 부스의 주택 비유의 예를 제공하며, 다시 한번 제기되었다 (자세한 논의는 제2절 참조).

이는 안보영역에서 국가가 수행하는 역할의 중요성을 부정하는 게 아니다. 국가는 결정적인 역할과 함께 중요한 행위자로 남아 있다. 오히려 이미 비국가 행위자들이 수행하고 있는 중요한 역할을 우리가 인식하지 못해 결국 국가 기관에 과도한 인정을 하게 되었다는 주장이다. 이러한 의미에서 안보에 대한 국가중심적 접근방법은 단순히 국가 중심성을 특징으로 하는 분야를 반영하는 것이 아니라 국가주의를 구성하는 데에도 도움이 된다. 수년에 걸쳐 분석자들이 내린 분석적 선택(즉, 국가에 초점을 맞추는 선택)은 바로 같은 국가가 보호 의무를 완수하지 못했음에도 불구하고 (행위자 및 대상자로서 국가에 우선권을 부여하는) 규범적 함의를 가져왔다.

요약하자면, 안보 연구에서 국가에 대한 우리의 이해는 두 가지 한계로 인해 어려움을 겪었다. 1) 사회적 상호작용 이전에 존재한 자연화된 국가 관념, 2) 안보의 대상자인 국가를 보호해야 할 필요성에 대한 강조다. 구성주의와 국제정치사회학적 접근방법의 출현은 첫 번째 한계를 상당 부분 개선했다. 그러나 두 번째 한계는 세계화 상황이든 테러와의 세계전쟁 때문이든 국가가 보호 의무를 이행할 능력 그리고/또는 의지가 있는지 의문시됨으로써 지속해 왔다. 이것이 우리가 제2절에서 살펴볼 내용이다.

안보로서의 국가?

국가가 국가의 의무를 이미 이행하고 '내부' 안보를 제공한다는 가정은 국가안보 관계에 대한 계약론적 이해에서 비롯된다 (Krause 1998). 국가는 시민에게 안전을 제공하는 덕목에 의해서 우리의 충성과 보호를 받을 자격이 있는 것으로 이해된다. 그러나 이것은 우리가 가정하는 것이다! 안보에 대한 여성주의 학자들이 오랫동안 주장해 왔고 테러와의 세계전쟁이 더욱 폭로하면서, 국가의 실제 행태는 종종 그러한 가정이 거짓임을 드러낸다 (Enloe 1990, 2010; Tickner 1995).

우선, 일부 국가는 '외부인'은 물론이고 시민들에게도 안전을 제공하는 직무를 하지 않는 것 같다. 사례로는 부스(Booth 1991: 313)가 "교과서에 나오는 국가 사회보다 오히려 마피아 구역과도 유사한" '보호 협박(protection rackets)'이라고 언급한 것을 포함한다. 여기에서 부스는 모든 국가가 같다고 가정하는 것의 위험성에 대해서만 아니라 일부 국가가 구조적 또는 직접적인 폭력의 형태로 불안전의 중요한 근원을 구성한다는 사실에 대해서도 상기시킨다.[3] 따라서 위에 인용된 글에서 중요한 용어는 '국가적'을 (즉 국민국가의 부재) 의미하는 것이 아니라 '사회'(즉 약한 국가-사회관계)를 의미한다.[4] 대개 그러한 국가에서 놓치고 있는 것은 사회에 대하여, (배타적이지는 않지만 대체로) 개방성을 결여하고 있다는 것이다. 이는 자원이 풍부한 국가가 국가-사회 역학의 특수성으로 인해 시민의 관심에 반응하지 못하는 '지대추구자' 경제(Beblawi and Luciani 1987)이기 때문이다. 요점은 그러한 국가가 정권 안보를 강화하기 위해 주요 국내 및 국제행위자들과의 연합 구축을 통해 자원을 유통함으로써, 앞서 언급한 안보 제공에 관한 가정을 뒤집는다. (냉전, 자원 그리고/또는 시장을 둘러싼 강대국 경쟁, 테러와의 세계전쟁 등의) 국제적 맥락이 일부 국가의 역량 구축에 항상 도움이 되지 않았으며 때로는 노골적으로 억제되었다는 사실이, 그로보구이(Siba Grovogui 2002)가 강조한 바와 같이, 흔히 주목되지 않는 요인이다.

시민에게 안보를 제공하는 국가의 사례에도 이것은 대량살상무기(WMD: weapons of mass destruction)를 통해 전멸 위협을 받는 대상 국가의 시민처럼 안보가 취약한 '외부인'을 희생하여 일어나는 경우가 자주 있다. 핵 억지의 논리는 '해외' 다른 사람들을 전멸로 위협함으로써 '국내' 안보를 추구하는 불가피성에 기초한다 (Cohn 1987). 냉전 시대에 '공동안보'와 '비공격적 방어' 지지자들은 핵 억지를 통해 산출되는 '평화'의 불안정성을 강조하고, 다른 국가에게 대항하지 말고 그들과 함께 추구하는 안보를 요구했다. 그런데 탈냉전 시대에, 1970년

---

3) 구조적 폭력과 직접적인 폭력에 대해서는, Galtung (1969) 참조.
4) 마다니(Mahmood Mamdani 2020)에 따르면, 소위 '국가 실패'의 지속은 '국가'라는 용어로 정의된 특정 형태의 국가 지위가 널리 퍼져 있다는 것과 '국가'와 국가를 구성하는 정치 공동체를 혼동하지 않고, '국가'를 건설하고 확보한다는 명목으로 폭력이 일어나는 것을 이해하기 위해 탈식민화가 필요하다는 측면에서 이해될 수 있다.

이전에 핵무기를 획득한 핵보유국들은 다른 국가들, 즉 확산국가를 문제로 묘사하는 경향이 있었고, 그들이 비확산 조약의 조항을 준수하는 여부에 개의치 않고, 핵 억지를 통해 유지되는 안보가 사람들을 불안하게 하는 방법을 눈에 보이지 않게 만들었다 (Biswas 2014).[5] 더욱이, 국가가 핵 억지력을 사용함에 따라 불안전해지는 것은 '외부인'뿐만이 아니다. 원자력 보유국의 '내부인'이 경험하는 불안전에는 핵무기 시설에서 일하거나 핵실험장 근처에 사는 사람들(Gusterson 2004), 그리고 냉전 방사선 연구의 인간 피험자(Lee 1995)가 포함된다.

물론, 시민권의 논리 자체는 '외부인'을 희생하여 시민에게 안전을 제공하는 데 기초하고 있다. 따라서 힌데스(Barry Hindess 2000: 1489-1490)는 '시민권을 나머지 세계에 대한 음모'라고 규정했다. 그렇긴 하지만, '외부인'에 대한 차별적 조치는 수년 동안 다양해졌는데, 9·11사태로 인해 이민자들이 많은 사람들에 의해 국가안보에 대한 위협으로 인식하게 된 후 더욱 극심해졌다. 이에 대한 반응은 국가주의적이고 군국주의적인 관행을 동원하는 것이었다 (Doty 1998, Bilgin 2016c).

(국가가 시민에게 제공하는 안보의 덕목을 통해 국가를 방어해야 한다는) 첫 번째 가정에 대한 만만찮은 도전은 '국가안보'라는 이름으로 시민들을 불안하게 할 수 있는 방법을 폭로한 학자와 활동가들로부터 나왔다. 특히 여성주의 학자와 활동가들은 국가가 모든 시민에게 보호를 제공한다는 가정에 이의를 제기했다 (제6장 참조). 그들은 여성이 경험한 불안전을 강조함으로써 그렇게 했다. 예를 들어, 개발도상국의 '기지 여성'은 군사 기지 운영을 유지하는 데 도움을 주었음에도 불구

---

[5] WMD에 관한 현재 사고의 '핵 동양주의'에 대해서는, Gusterson (1999) 참조.

하고 불안전해졌다고 엔로우(Cynthia Enloe 1990)는 썼다. 군사 기지가 더 많은 대중에게 불안의 원인이 될 수 있다는 것은 1980년대 초 영국의 핵탄두 순항 미사일 배치에 항의하기 위해 그린햄 공동여성평화캠프를 설립한 여성들이 강조한 쟁점이었다. 활동가들은 핵 오염뿐만 아니라 서유럽이 잠재적인 핵전쟁의 무대가 되는 것에 대해서도 우려하고 있었다 (Sylvester 1994). 콘(Carol Cohn 1987)은 전략가들이 상상할 수 없는 일을 더 쉽게 실행하도록 하면서 인간의 불안감과 고통을 과소평가하는 성별화된 안보 연설을 통해 핵 시설이 어떻게 함께 유지되었는지 강조했다. 종합적으로, 여성주의 학자들과 활동가들은 안보 이론가들과 기타 실무자들이 국가가 자국민에게 초래한 불안전을 모두 '국가안보'라는 이름으로 간과했다는 점을 강조했다 (제6장 참조).

'국가안보'를 실천하는 동안 시민들이 어떻게 불안전해질 수 있는지에 대한 현재의 사례는 2005년 8월부터 허리케인 카트리나 구호 활동이 강대국으로서 기대에 미치지 못한 경우로, 지방과 연방 행위자가 구호 제공을 위해 투쟁하는 동안 수천 명이 집 없이 지내야 했다. 피어케(Karin Fierke 2007: 200)의 말을 인용하면,

> 구호 활동을 시작하는 데만 5일 이상이 소요된 것뿐만이 아니다. 또는 그 지연은 주로 백인 중산층이 굶주리고 생명의 위험에 처했었다면 정부가 더 신속하게 행동을 했을지 여부에 관한 심각한 의문이 제기했다. 뉴올리언스의 이미지는 매일매일을 기반으로, 그리고 한 세기가 넘도록 그들이 탈출할 수 없고 또 아무도 그들을 구출하지 않는 절박한 상황에 갇히고 좌초된 미국 사회의 한 계층을 드러냈다.

어떠한 단일 세력도 그러한 '자연재해'에 대응할 수 없을 것이며, 이번 사례가 안보 제공자로서 미국에 관해 결코 초라하게 반영하지 않을 거

라고 생각되지 않도록, 세 가지 문제를 강조할 가치가 있다.

첫째, 허리케인 카트리나는 미국이 세계의 다른 지역, 즉 아프가니스탄과 이라크에서 두 개의 전쟁에 깊이 관여하고 있던 시기에 발생했다. 그때쯤이면 이라크전쟁의 원인은 이미 설득력이 떨어지는 것으로 드러났는데, 이는 미국이 이라크에서 활동적인 대량살상무기 프로그램을 찾지 못했을 뿐만 아니라 전쟁을 정당화하기 위해 사용된 정보보고서의 빈약한 성격에 관한 폭로 때문이었다. 미국은 '국가안보'라는 이름으로 두 차례의 해외 전쟁에 개입하면서 국내 시민의 기본적인 안보 요구를 충족시키지 못한 것은 홉스식 계약론적 가정을 뒤집어 놓은 것이다.

둘째, 위험 연구에 대한 성찰적 접근방법이 폭로했듯이 소위 '자연재해'는 자연적인 것이 아니라 인간의 결정과 행동의 결과라는 점에서 인간이 만든 것이다 (Beck 1992). 이 특정 사례의 경우, 인간의 행동에는 관례적으로 구호 활동을 담당하는 기관인 연방비상관리청(FEMA: Federal Emergency Management Administration)의 축소가 포함됐다. 화학무기나 핵무기의 잠재적인 사용으로 인한 영향을 다루기 위해 냉전시대에 설립된 FEMA는 1990년대에 내각 지위를 부여받았으며 더 광범위한 비상 관리 임무를 맡았다. 2000년 직후 FEMA는 내각 지위뿐 아니라 자금 지원도 상실했다. 9·11사태 이후에는 국토안전부 산하에 포함됐다. 허리케인 카트리나 당시 FEMA에는 경험이 부족한 지도자가 있었고 테러와의 세계전쟁의 일환으로 국토안보부에 많은 자원을 잃었다. 국가방위군은 이라크와 아프가니스탄으로 떠났기 때문에 필요한 장비를 가지고 신속하게 돌아올 수 없었다.

셋째, 구호 활동이 뉴올리언스에 도착했을 때, 그 구호 활동은 '군국화'되었고, 때로는 인종차별적인 얼굴을 하고있는 것으로 나타났다.

한가지 이유는, 우선 카트리나 이후 동원된 자원이 무엇이든 간에 민간 비상사태가 아닌 핵, 화학 또는 테러 공격에 맞서 싸우는 데 더 적합한 것으로 판명됐다 (Zunes 2005). 하나 더 덧붙인다면,

> 컨벤션 센터에서 흑인 대중을 수동적으로 내려다보던 백인 무장 남자는 장갑차나 쾌속정을 탄 백인 무장 남성이 되었고, 이들은 절박한 사람들에게 음식을 주고 위로하고 대피시키거나 이미 죽은 사람을 매장하는 것보다 흑인 남성 약탈자를 저지하는 데 더 중점을 두었다. 군사화되고 남성적인 통제 이미지가 음식, 도움과 보호를 구걸하는 여성들의 울음과 절박한 목소리를 대체했다 (Fierke 2007: 200-201)

허리케인 카트리나 동안 미국 시민들이 경험한 불안감은 이 특정한 맥락에서 독특하게 나타나는 경우이지만, 국내 보호의 군사화는 어떤 지리나 시간에만 국한되지 않는다는 점을 강조할 가치가 있다 (Enloe 1983). 탈냉전 기간에는 세계 여러 지역의 국내 안보 제공이 군대의 장비와 경험이 모두 경찰에 이전되면서 군사화되었다 (Hönke and Müller 2016; Coyne and Hall 2018 참조). 따라서 피어케(Fierke 2007: 201)는 카트리나가 "군사화가 인간의 필요보다 우선시되는 세계적 경험을 드러냈다"고 결론을 지었다.

국가가 이미 계약상의 의무를 이행하고 '내부' 안보를 제공한다는 현실주의적 가정은 여기까지다. 국가 지위에 관한 또 다른 현실주의적 가정은 국가가 주로 국가 경계 '외부'로부터의 위협에 대항해 방어하는 데 초점을 맞춘다는 것이다. 당연한 결과로서 국가는 내부 위협에 맞서 싸우는 데 노력을 집중하는데, 때로는 그렇게 함으로써 자국민을 표적으로 삼는다는 점에서 '규범'을 벗어난 국가는 소위 '실패' 또는 '약

한'(Bilgin and Morton 2002) 국가일 뿐이다. 그런데 '내부' 위협으로 분주한 국가는 '실패'하거나 '약한' 국가만이 아니다. 9·11 공격과 테러와의 세계전쟁 개시 이후, 다수 국가들이 미국 국토안보부와 같은 부서를 신설하여 '내부' 및 '외부' 안보 기관을 한 지붕 아래 통합했다. 더욱이 유럽연합이 추구해온 대외지향 정책은 테러와의 세계전쟁보다 더 오랜 역사를 갖고 있다. 이러한 관행을 통해 유럽연합은 점점 더 '국내에서' '외부' 위협으로부터 방어하기 시작했으며, 동시에 유럽연합 행위자들은 이웃 국가들과 협력하여 국경을 넘어서는 '내부' 우려 사항을 해결하려고 노력했다. 이것이 바로 비고(Didier Bigo 2001)가 유럽연합에 의한 '내부와 외부안보의 통합'이라고 말한 것이다. 요점을 되풀이하면, '내부' 위협에 맞서 싸우는 데 노력을 집중하는 국가는 '실패' 또는 '약한' 국가일 뿐만이 아니라, 더욱이 '내부'에 대한 그러한 초점은 테러와의 세계전쟁에서 예외적인 게 아니라 냉전 기간과 그 이후 전 세계의 국가 관행에서 관찰됐다.

실제로 미국에 관한 캠벨의 연구가 보여주었듯이(위 참조), 냉전 동안 미국은 내부 위협에 아주 여념이 없었다. 또한, 제2차 세계대전 전후에 미국 안보정책이 국내 및 국제이익에 모두 충족되도록 수행된 방법을 폭로한 네오클레우스(Mark Neocleous 2006)의 연구를 고려해보자. 네오클레우스의 연구는 미국 정책결정자들이 국내에서는 '사회보장', 해외에서는 '국가안보' 관념을 활용해 특정한 '사회 질서'를 산출했던 이 기간에 물질적 역동성과 이익이 작용했음을 지적한다. 저자는 루즈벨트(Franklin D. Roosevelt) 대통령의 뉴딜 정책부터 트루먼(Harry Truman) 독트린까지 그러했다고 주장했다.

그 15년 동안 '경제안보' 개념은 '사회보장'이라는 명목하에 개인,

계급, 기업을 새로운 형태의 자본주의 질서를 중심으로 재정향하기 위한 주요 이념적 수사 어구로부터 '국가안보'라는 명목하에 반공주의 양식으로 세계를 형성하기 위한 미국의 시도에 있어서 주요 요소로까지 이동했다 (Neocleous 2006: 380).

이렇게 이해하면, 미국의 국가안보 정책은 단순히 '우리의 생활 방식'을 방어하기 위해 고안된 것뿐만이 아니라, 글로벌정치경제적 관계를 통해 유지되는 특정한 생활 방식을 구성하기도 했다.

끝으로, '내부' 시민에게 초래된 불안감을 설명하고 정당화하기 위해 '외부' 위협의 긴급성을 지적하는 국가 관행이 새로운 것이 아니다. 1950년대 이집트 대통령 나세르(Gamal Nasser)와 같은 아랍혁명 공화국의 지도자들은 시민들에게 '아랍세계'가 안전하게 지켜질 때까지 인내하고 희생을 감수할 것을 당부했다. 그 순간은 결코 오지 않았지만, 시민들은 '국가안보'라는 이름으로 계속 희생됐다. 메르니시(Fatima Mernissi 1992)는 그 과정에서 여성들이 불균형적으로 고통을 겪었다고 주장했는데, 이는 그러한 주장이 애국적이지 아닌 것으로 비추어질 거라는 두려움 때문에 성별에 따른 불안전을 표명하는 데 용기를 잃었다. 최근 1991년과 2003년 이라크전쟁에서도 같은 정부는 시민들의 불안전을 해결하는 데 실패했다는 것을 설명하기 위해 '국가안보'에 대한 위협을 계속해서 지적했다.

테러와의 세계전쟁의 일환으로, 여러 다른 사람들 가운데 특히 미국과 영국 시민은 9·11 이후 감시 관행의 일환으로서 자신의 권리와 자유가 (종종 자신도 모르는 사이에) 침해당하고 있음을 알게 됐다 (Bauman et al. 2014). 여기서 쟁점은 국가와 시민의 요구를 '균형' 잡으려는 것이 아니다. 비고와 그의 공동 저자들(Bigo et al. 2010: 210)은 '균형'은 실제로 오해를 일으키는 은유라고 주장했다. "균형은 … 두 개의 가치만 평가되고 있으며 이 두 가치는 동일한 척도로 측정할 수 있고, 동일한 계산 대상이라고 추정한다." 그러나 '균형' 은유는 마치 위협이 정책결정자의 현상 인식과 해석과는 별개로 나타나는 것처럼 정기적으로 호출되며, '외부' 불안이 해결된 후에만 국가가 시민들에게 희생을 감당하라는 요구를 중단할 수 있다고 가정한다. 반대로 (그리고 진행 중인 작업으로서 국가에 대한 위의 논의를 기반으로) 국가나 그들이 직면하는 위협은 사회적 상호작용 이전에 존재한 것이 아니다. 정치 행위자는 성별, 인종, 계급 기반 이익과 정체성을 (재)형성하고 동시에 자신을 방어하기 위해 자원을 동원한다 (Weldes 1999).

실제로 다양한 시민들은 성별, 인종, 계층 그리고/또는 지리적 위치에 따라 서로 다르게 불안전을 경험해 왔다. 이것은 겉보기에 '중립적'인 감시 기술도 인종에 초점을 맞춰 인종차별적인 결과를 낳기 때문이다. '인종차별화 감시'라는 개념 자체는 "감시 법규가 인종에 따라 영역과 경계를 구체화하고 그 결과가 흔히 차별적 대우로 이어지는 순간"을 의미한다 (Browne 2012: 72). 적절한 사례는 북미와 서유럽의 2세대 및 3세대 이민자 그리고/또는 소수민족인데, 시민권으로는 '내부자'임에도 불구하고 문화적 정체성으로 인해 자신이 '외부'임을 알게 된 경우다 (Balibar 2005).

국가와 안보관계의 '얽히고설킨 역사'

세계화와 이른바 국가 '후퇴'에 관한 탈냉전 논의와 9·11 이후 테러와의 세계전쟁과 이른바 국가로의 '복귀' 논쟁 속에서 국가와 안보가 역사적으로 상호 구성적인 관계를 유지해온 방법에 대한 판단을 잃기 쉽다. 제3절에서는 세계정치에서 국가와 안보 관계의 '연결되고 얽힌 역사'에 초점을 맞추고 있다. 이 이야기에서 국가와 안보 관계의 역사는 17세기에 시작된 게 아니고(제1절 참조) 물질적 부뿐만 아니라 사상과 관행까지도 세계의 한 지역에서 또 다른 사람에게 이동했던 식민지 시대까지 확장된다 (Mamdani 2020). 식민지를 확보하고 유지하는 바로 그 관행은 식민자와 피식민자 모두의 국가 제도를 구성해 왔다 (Barkawi 2005). 국가와 안보 관계의 '얽히고설키는 역사'에 대한 통찰력이 없는 상황에서(Said 1993), 소위 '제1'세계와 '제3'세계에 대한 우리의 이해가 손상됐다.[6)]

'제3세계'부터 시작하면, '제3세계의 안보'에 관한 학문은 이들 국가의 불안전이 진공 상태에서 (즉 나머지 세계와는 관계없이 자발적으로 발전한 것처럼) 접근해 왔다 (그러나, Grovogui 2002 참조). 결과적으로 이러한 연구는 그들이 이해하려고 했던 바로 그 현상에 대해 더 깊은 통찰력을 얻을 수가 없었다. 자세히 설명하면, 한편으로 '제3세계의 안보'에 관한 학문은 이들 국가가 발전뿐만 아니라 국가 능력의 구축을 통해 안보를 추구하는 것으로 이해함으로써 아직도 진행 중인 작업으로 이들 국가를 접근했다 (Al-Mashat 1985, Thomas 1987, Ayoob 1995). 한편 이러한 평가는 차이가 없는 구별로서 이해된다. 이것은 '제3세계'의 국가를 하나의 변이, '표준'에서 벗어난 일탈로 간주했기 때문이다. 따라서 좁(Brian Job 1992)이 내부 도전에는 직면하지만 외부 방어가 (항상) 필요하지 않은(주권 원칙을 보호하는 유엔 덕분에, 제9장 참조) 국가의 '불안전 딜레마'에 대해 썼을 때, 저자는 안보 연구에

---

6) '제1세계'와 '제3세계'라는 용어는 냉전의 유물이다. 여기서는 냉전 시기와 관련된 논의이기 때문에 사용한다. 이 용어의 기원과 역사에 대해서는, Pletsch 1981 참조.

서 국가 지위에 대한 저개발된 이해를 성찰하지 못했다 (제1절 참조). 따라서 '제3세계 안보' 학자들은 국가 능력과 안보 사이의 관계에 명시적으로 초점을 두었음에도 불구하고 암묵적으로 '정상' 국가가 무엇이고 무엇을 하는지에 관한 표준점을 계속해서 사용했다. 요점은 '제3세계 안보' 학자들이 다른 사람들처럼 '국가'를 일괄해서 다루지는 않았지만, 여전히 '정상'으로 택한 것과 '변이'로 취급되는 것 사이의 구성적 관계를 고려하지 못했다는 것이다. 이것은 전 세계 국가와 안보 관계의 '연결되고 얽힌 역사'를 반영하지 못했기 때문이다 (Grovogui 2002; Bilgin and Morton 2002). 실제로, '제3세계 안보' 학자들이 개발도상국 국가들이 '정상'이 될 수 있도록 시간과 공간이 필요하다고 주장했다는 바로 그 사실(예를 들면, Ayoob 1995, Ayoob 1998)은 다른 분야에서의 국가 지위에 관한 논의에서 그들이 부주의했음을 드러냈다 (Shilliam 2021).

안보연구에서 무엇이 간과된 건가를 이해하려면, 핼퍼린(Sandra Halperin 1997)의 주장인 ('제3세계의 안보' 학자들이 열망하는) '정상' 국가가 서유럽의 '표준'이 된 것은 일반적으로 추정한 것보다는 훨씬 뒤에 이뤄졌다는 사실을 고려해 보라. 핼퍼린(Halperin 2017: 33)은 "민족 아이디어가 공포되었을 때, 그것이 적용된 국가는 민족 문화 상상과 국민국가 이념을 갖춘 민족적 통합국가 형태보다 지난 5,000년 동안의 도시국가 정체와 훨씬 더 가깝게 유사했다"고 기록했다. 핼퍼린에 따르면 변혁기는 세계대전이 '유럽 전역의 계급 권력 균형에 결정적인 변화'를 가져온 20세기 전반이었다. 핼퍼린은 '제3세계'에서는 많은 사람들이 '사회혁명적 전환'을 경험하지 않고 탈식민화를 겪었기 때문에 유사한 이행이 일어나지 않았다고 지적했다 (Halperin 2013: 173–188). 더욱이, 제2차 세계대전 이후 '제3세계'에서는 잠재적으로 그러한 전환을 일으킬 수 있는 사회경제적 변화를 차단하려는 노력이 목격됐다. 그러한 변화(또는 변화 부재)의 행위자는 국제적일 뿐만 아니라 지역 '엘리트와 지배 집단'이었다 (Mitchell 2002b; Halperin 2013 참조). 핼퍼린의 주장이 암시하는 바는 안보 획득의 성공과 실패를 측정하는 척도가 된 '정상' 국가가 '표준'이라기보다는 신화에 더 가깝다는 것이다 (Milliken and Krause 2002 참조). 신화에 따르면, 이는 '제1세계'에서 유럽연합 또는 NATO로 정의되는 안보 공동체의 출현하고 다른 곳에서는 유사한 안보 공동체가 부재하다는 사실이 우리의 이해를 형성했다는 점에서 무해한 것이 아니다 (Adler and Barnett 1998; Barkawi and Laffey 2001 참조). 이를 자세히 설명해 보겠다.

냉전이 끝난 직후 글에서, 부잔(Barry Buzan 1991a)은 "국제안보가 가능한가"라는 질문에 다음과 같이 답했다. 부잔은 서유럽에서 안보공동체를 창설한 것은 '성숙한 국가'인데, 세계의 다른 지역에는 이들이 부재하기 때문에 국제안보를 달성할 기회는 제한돼 있을 거라고 주장했다. 이것은 '내부'에서 문제를 겪고 있는 덜 '성숙한' 국가는 다른 국가와 안보 협력을 유지할 수 있는 가능성이 적기 때문이라고 부잔은 주장했다. 이 주장을 명확히 함으로써 부잔은 국가 지위에 대한 적절한 관심을 기울이지 않고 국제안보를 조사한 분석에 대한 중요한 개선책을 발표했다. 즉, 부잔(Buzan 1991b)이 국가 '내부'에 위협의 부재 측면에서 '성숙'을 정의하는 한, 그는 잘못된 방법을 통해 '정상' 국가 지위에 대한 정의를 내린 것이다.

요점은 제1세계 안보 공동체의 '연결되고 얽힌 역사'에 대한 통찰이 없다면, '제3세계'에서의 그것의 복제 가능성에 초점을 맞춘 연구는 여전히 부족할 수밖에 없다는 것이다. 그러므로 상기 안보 공동체를 형성하는 데 있어서 "자유주의와 다른 사회 과정 사이의 다중 관계에 주의할" 필요가 있다 (Barkawi and Laffey 1999: 423). 메르니시(Fatima Mernissi, 1996)는 '자유주의' 행위자들이 안정을 유지하고 합리적인 가격에 석유 흐름을 보장하기 위한 수단으로서 중동 전역에서 정치적 이슬람의 부상에 기여한 방법을 연구할 필요성이 있다는 주장을 더욱 설득력 있게 표현했다. 그녀의 주장은 중동에서 정치적 이슬람이 만연한 현재 상태는 세계의 다른 부분을 '궁전 근본주의'에 종속시키면서 세계 한 지역을 안전하게 유지하는 데 도움이 되는 그 관계를 조사함으로써 이해할 필요가 있다는 것이다 (Mernissi 1996; 또한 Mitchell 2002a 참조).

요약하자면, '제1'세계와 '제3'세계에서 국가와 안보관계의 '얽히고설키는 역사'를 연구하는 것은 학도로서 이러한 연결을 만드는 우리에 관한 게 아니라. 자이드(Edward Said 1975, 1993)의 '대위법적 읽기(contrapuntal reading)' 방법(Bilgin 2016a)을 채택해 이미 존재하는 연결을 밝혀내는 것에 관한 것이다. 여러 학자들이 이미 '제3세계의 거울'(Halperin 1997)에 반영된 유럽의 발전사나 '글로벌 변혁'으로서 19세기의 역사를 재고함으로써 인류의 '얽히고설킨 역사' 연구의 중요성을 다자원석으로 실명해왔다 (Buzan and Lawson 2015; Bilgin 2016b 참조). 다른 학자들은 전쟁(Barkawi 2005; Barkawi and Laffey 2006)과 테러주의(Barnard-Wills and Moore 2010)를 포함해 "우리의 현대 국제관계를 식민주의가 핵심 역할을 한 문화적 조우의 역사적 산물로서 이해하는 것"(Biswas 2007: 117)을 향한 탈식민지 및 세계인의 목소리를 대위법적으로 읽기 위해(Duvall and Varadarajan 2007) 자이드를 명시적으로 인용해 왔다. 전 세계의 국가와 안보 관계에 대한 우리의 통찰력은 과거를 다음의 1) 국가 중심의 렌즈, 2) 사용되는 국가 관념의 특수성을 인식하지 못하는 경우, 3) 전 세계 수많은 행위자들 사이의 상호 구성의 관계를 간과하는 관점에서 보지 '않고' 오직 '대위법적 지식'에 의함으로써 번성할 수 있다.

결론

1980년대 후반, 홀리데이(Fred Halliday 1987)는 세계정치 연구에 국가로 '복귀'하기 위해 잘 알려진 요구를 했다. 얼마 지나지 않아, 피터슨(Spike Peterson 1992a: 3)은 국가가 '복귀'했다고 선언하면서 다음 세 가지 요소를 강조했다.

> 지적 재정향(학제간 연구에 대한 더 많은 관심, 행태주의에 대한 환멸, 비판적, 제도적, 해석적 접근방법의 확장), 경험적 전환(탈식민지 국가의 수와 '유형'의 증가 그리고 거시경제 관리에서 국가의 역할 증가), 그리고 정치적 현실(미국의 헤게모니 쇠퇴, 체제적 위기에 직면한 강력한 조정 메커니즘 모색, 국가와 시민사회의 경계 간의 모호한 구별).

그 이후로 안보연구는, 국가 지위 및 국가 이외의 안보 대상이 직면하는 성별화된 그리고/또는 인종차별적 구조적 불안전, 보호를 추구하는 국가와 불안전 사이의 상호 구성적 관계, 그리고 '국가의 후퇴 또는 국가로의 복귀'라는 이분법의 관점에서 이해할 수 없고 '글로벌 안보집합체'의 일부로 연구할 필요가 있는 비정부 기관과 비국가 행위자들을 탐구하면서, 많은 발전을 해왔다 (Abrahamsen and Williams 2009).

✼ 추가 읽을 거리

Abrahamsen, R. and M.C. Williams (2009), "Security beyond the state: Global security assemblages in international politics," *International Political Sociology*, 3(1), 1−17.

Bilgin, P. (2020), "Security," in A. Tickner and K. Smith (eds), *International Relations from the Global South: Worlds of Difference*, London: Routledge.

Booth, K. (2007), *Theory of World Security*, Cambridge: Cambridge University Press.

Jabri, V. (2006), "War, security and the liberal state," *Security Dialogue*, 37(1), 47−64.

11장

국가와 영토

- 서론　　　　　　322
- '계산 공간'으로서의
  영토　　　　　　326
- 연결망으로서의 영토 333
- 결론　　　　　　345

리스 존스(Rhys Jones)

서론

여러 학문적 시각에서 글을 쓰는 다양한 학자들은 조직으로서의 국가의 독특한 특징 중 하나는 한정된 영토를 통치하는 방법이라고 논쟁해 왔다. 예를 들어, 베버(Max Weber)는 국가란 "정해진 영토 내에서 물리적 힘의 합법적인 사용의 독점을 (성공적으로) 요구하는 인간 공동체"라고 주장했다 (Weber in Gerth and Mills 1970: 78). 기든스(Giddens 1981) 역시 국가를 '경계에 둘러싸인 권력 컨테이너'로 묘사한다. 참으로 일부에게는 '국가의 자율적 권력'의 중심에 있는 것이 영토라는 아이디어다 (Mann 1984). 사실상 일부 학자들에게 영토적 통제 형태와의 연관성을 고려하지 않고서는 국가를 상상하는 게 불가능하다 (Gottmann 1973). 이 주장의 핵심은 확립된 교회나 동호회 등의 다양한 조직은 특정 집단의 사람들을 통치하는 데 도움이 되는 방법으로서 영토라는 아이디어를 사용하려고 한다는 것이다 (Sack 1986). 그러나 만(Mann 1984)과 같은 학자들에 의하면, 특정 영토를 통치하려고 노력하고 그렇게 함으로써 더 효과적인 방법으로 인구를 통치할 수 있는 것은 오직 국가뿐이다. 이런 관점에서 볼 때, 국가의 영토는 국가의 주권이나 효과적인 통치 능력을 위해서 기본적인 전제조건으로 생각된다. 그리고 국가 주권과 국가 영토 사이의 이러한 연관성 때문에 세계화 과정과 관련된 기능적, 영토적 구조 조정이 그토록 중요하다. 많은 학자들은 경제적, 정치적, 문화적 세계화와 관련된 과정은, (여러 수준의 거버넌스 형태에 대한 강조의 증가와 함께) 국가의 영토와 나아가 주권의 토대를 점증적으로 침식하고 있다고 주장해 왔다 (예를 들면, Brenner et al. 2003; Sassen 2006). 세계화에 대한 소위 '후원자적' 설명은 '지리의 종말(O'Brien 1992)'과 "전통적인 국민국가가 글로벌경제에서 부자연스럽고 심지어 불가능한 사업 단위가 되는" 정치적 현실을 긍정적으로 가정한 것이다 (Ohmae 1996a: 5). 국가 주권의 본질적인 영토적 특성과 그것이 직면한 잠재적인 도전에 대해 지적한 그들의 연구는 다소 잘못된 것으로 나타났다.

이는 단순히 학술적인 문제만이 아니다. 이 장을 쓰는 시점에, 트럼프(Donald Trump)의 '미국을 다시 위대하게' 하려는 시도 및 브렉시트와 관련하여 미국과 영국이 그들의 주권을 거듭 주장해야 할 필요성에 관한 정치적 논쟁이 대서양 양안에서 격렬해졌다. 두 사례 모두에서 분명한 것은 영토와 국경에 관한 논쟁의 중요성이다. 미국에서는 트럼프 대통령에 의해 불법이민을 중단시킬 필요성에 관심을 집중해 왔으며, 국경을 따라 장벽이나 울타리를 세우는 것이 이 목표를 달성하는 핵심 수단으로 선전됐다. 마찬가지로, 국경은 브렉시트 과정에서 중요한 불화의 원인이 되었으며, 북아일랜드의 영국과 유럽연합 간 육로 국경에 대한 브렉시트의 영향에 관해 구체적인 우려가 제기됐다. 이와 관련해 확인된 하나의 주요 쟁점은 독립한 영국의 잠재적인 침해로부터 유럽연합의 관세동맹과 단일 시장을 보호해야 할 필요가 있다는 것이다. 가까운 장래에 두 개의 서로 다른 경제가 형성되면서, 두 경제 사이의 관계를 관리하기 위한 일종의 하부구조를 구축해야 할 필요성에 관심이 집중되었다. 코로나19 대유행도 비슷하게 영토 경계를 넘어 사람들의 흐름을, 궁극적으로는 바이러스의 이동을, 관리할 수 있는 국가의 능력에 관한 일련의 논쟁과 관련돼 있다. 이런 점에서 코로나19는 국가 경계를 재강화하고 잠재적으로 더 활발한 형태의 민족주의에 기여하는 것으로 볼 수 있다.

이상의 논의는 국가의 영토와 국경은 학문적으로나 보다 정책 관련 맥락에서나 중요한 쟁점이다. 그런데 국가의 권력을 강화하는 데 있어 영토가 수행하는 정확한 역할은 무엇인가? 국가가 영토를 통치할 수 있게 하는 기제와 과정은 무엇인가? 사람과 다양한 종류의 '사물'이 어떻게 이러한 과정에 등록이 되는가? 요컨대, 국가에 대한 영토의 개념적, 경험적 중요성을 어떻게 이해해야 하는가? 현재 미국과 영국에서 벌어지고 있는 정치적 논쟁에 대한 논의와 코로나19와 관련해 제기된 긴급한 우려 사항은 우리가 이 문제에 접근할 수 있는 특정한 방법을 제시한다고 믿는다. 이러한 다양한 종류의 접근방법이 이 장의 나머지 절을 구성한다.

무엇보다도 국가 영토는, 엘든(Elden 2010: 799; 2005 참조)이 주장한 것처럼, '정치적 기술'로 이해되어야 한다. 이는 "토지를 측정하고 지형을 제어하는 기술로 구성된다." 그러므로 영토에 대한 이해는 규정되고 획정된 공간 내에서 무슨 일이 일어나고 있는지를 알기 위한 측정을 위해 다양한 기제들을 강조할 필요가 있다. 또한, 이러한 측정을 통해 정의된 영역 내에서 일어나는 과정들에 대해 국가 관료에 의한 통제를 어느 정도 허용하는지에 대한 방법에 초점을 두어야 한다. 분명히 그러한 우려는 브렉시트를 둘러싼 논쟁의 핵심이다. 영국이 관세동맹과 단일시장을 탈퇴하자는 제안이 진행됨에 따라 유럽연합의 나머지 지역과는 달리 영국에는 새로운 형태의 측정 및 통제가 존재할 것이며, 따라서 북아일랜드 국경의 한쪽에서 일어나는 일이 국경 다른 쪽에 일어나는 것과 달리 무엇을 측정하고 통제해야 할 분명한 필요성이 생길 것이다.

둘째, 현재 미국과 영국의 국경 논쟁과 코로나19와 관련하여 일어난 논쟁에 대한 간략한 논의는 국가 영토의 실천적이고 구체화된 정서적 특성을 보여준다 (Merriman and Jones 2017). 최근 미국과 영국 모두에서 국가 영토와 사람들의 상호작용의 중요성에 관한 최근 논쟁이 분명히 인정되고 있다. 예를 들어, 멕시코와 미국의 국경을 넘는 사람들 때문에 일부 지역에서는 벽이나 울타리를 세워 달라는 요청을 하게 됐다. 이는 개인들이 신체적인 의미에서 국경을 넘기가 어려워지게 된다는 것이다. 한편, 아일랜드 공화국과 북아일랜드 간의 잠재적으로 재구성된 국경과 함께 유사한 구체적인 개입은 최악의 경우 개인들이 매일 국경 검문을 협상해야 하는 등으로 북쪽에서 정치적 폭력이 다시 일어날 것이라는 망령이 살아나기도 한다. 그리고 코로나19는 국가 경계를 넘어서 그리고 국가 영토 내에서 사람들의 흐름을 국가가 알아야 할 필요성을 보여주었다. 구체적인 경험은 국가 영토를 이해하는 데 결정적으로 중요하다.

셋째, 현재의 논쟁은 국가 영토의 물질적, 하부구조적 측면을 나타낸다 (Bouzarovski et al. 2015). 예를 들면, 미국과 멕시코 사이의 경계를 보다 효과적으로 획정하기 위해 매우 전통적인 하부구조인 벽과 울타리에 관한 트럼프의 의존에 대해 상당한 논쟁이 있었다. 한때 익숙했던 검문소와 경계 망루의 국경 인프라의 재출현은 또한 아일랜드 공화국과 북아일랜드 사이의 단단한 가로막이 다시 등장할 가능성을 둘러싼 정치적이고 대중적인 논쟁의 부분으로 등장했다. 디지털 하부구조의 성공 여부는 코로나19 위기에 대한 국가의 대응, 특히 시민의 일상 행동을 감시하려는 국가의 노력과 관련해 크게 두드러지게 나타났다. 결과적으로 국가 영토가 재생산되는 보다 물질적이고 하부구조적인 맥락을 이해할 필요가 있다.

이러한 세 주제가 이 장의 나머지 부분을 구성한다. 제2절에서는 사람, 장소, 과정 및 사물에 대한 보다 효과적인 거버넌스를 가능하게 하는 정치 기술로서의 영토의 중요성에 대해 논한다. 다음 절에서 이 주제를 토대로, 국가 영토의 실제적, 물질적, 정서적 측면을 조사하기 위해 연결망(networked) 영토라는 개념을 사용한다. 간략한 결론이 그 뒤를 잇는다.

'계산 공간'으로서의 영토

최근에 영토와 영토성에 대한 개념적, 역사적 이해를 고심하는 시도가 지속적으로 이뤄져 왔다. 영토가 거의 동물과 인간 행태의 '자연적'이고 비역사적인 특징으로 인식되는 용어에 대한 생물학적 이해를 피하면서, 엘든(Elden 2010)과 페인터(Painter 2010)와 같은 학자는 그 개념적 토대를 풀어헤치려고 시도해왔다. 영토는 이러한 용어로 볼 때 정부의 중요한 기술이 된다. 즉 생각하는 방법과 행동하는 방법 모두를 포괄하는 것이 된다. 참으로, 토지와 그 안에서 발생하는 모든 것을 보다 효과적이고 보다 상세한 방법으로 측정함으로써만 그 공간이 영토의 지위를 차지할 수 있고, 따라서 사람과 그 안에서 일어나는 과정을 통제하는 데 사용될 수 있다. 더욱이, 영토가 '정치적 기술'이자 계산 공간이 되는 것은 측정과 통제라는 이 한 쌍의 맥락에서다 (Elden 2010: 799).

영토적 측정 및 통제 그리고 계산 공간 창설의 가장 명백한 사례 중 일부는 국가의 인구조사와 관련해 일어난다. 한나(Hannah 1999)는 19세기 후반 미국 인구조사의 발전에 대해 논의하면서, 인구의 분포와 특성을 측정하기 위한 계산의 공간을 논한다. 한나는 어떻게 미국 인구조사가 인구를 더 명확하게 '보는 것'이(Scott 1998) 신흥 미국 국가의 능력에 필수적인 요소인지, 그리고 이를 통해 인구를 보다 효과적으로 통치할 수 있는지를 설명한다. 더욱이, 이 활동을 촉진한 것은 미국 연방국가를 영토적 단위로 세분화한 것이다. 정확하게 규정된 구역 공표를 통해 지리적 분석 틀을 창조함으로써 영토를 중복 없이 완전하게 계획할 수 있었다 (Hannah 1999).

측정과 통제에 기초한 정치 기술로서 영토의 역할을 보여주는, 아마도 덜 분명한 다른 예가 있다. 오그본(Ogborn 1998)은 17세기 동안 잉글랜드와 웨일즈에서 소비세가 수행한 중요한 역할을 탐구했다. 주류에 대한 소비세는 잉글랜드 국가가 국민, 자원, 토지로부터 세입을 징수할 수 있도록 하는 핵심 방법이었지만, 이 모든 과정은 측정 및 통제를 위한 효과적이고 영토적인 수단을 만드는 데 달려 있었다. 일련의 새로운 실천과 기술이 이 과정을 촉진하고 그것의 효율성과 일관성을 보장하기 위해 개발되었다. 한 수준에서 이것은 맥주가 어디서 어떻게 양조되는지 조사하기 위해 일군의 관리를 고용하는 것을 의미했다. 관리들은 맥주가 생산되고 판매되는 방법에 일관성을 보장하기 위해 전국을 여행했다. 측정 및 통제도 완전히 다른 규모로 이루어졌으며, 배럴(barrels)과 캐스크(casks)의 내부 입체를 이해하고 측정하려는 지속적인 시도가 이뤄졌다. 오그본(Ogborn 1998)에 따르면, 배럴의 내부 '지리'를 '도표로 나타냄'으로써, 잉글랜드 국가는 가능한 한 많은 수입을 올릴 수 있었고, 가능한 한 일관되고 공정한 방식으로 그렇게 할 수 있었으며, 따라서 이 모든 과정을 시민들에게 정당화할 수 있었다.

위의 두 가지 역사적 사례는 종이 기반 인구조사 결과와 관련하든, 소비세 담당관이 잉글랜드와 웨일즈 전역에 걸쳐 양조장을 실제로 방문하는 상황에서든, 측정 및 통제의 낮은 기술과 실체적 형태의 중요성을 나타낸다. 우리는 측정 및 통제의 형태가 훨씬 더 자동화되고 첨단 기술이 적용되는 세계에 들어섰다. 예를 들어, 대단히 많은 연구가 국가 영토 안팎으로 사람들의 흐름을 측정하고 통제하는 방법으로서 생체인식의 중요성에 관해 이루어졌다. 예를 들면, 아무레(Amoore 2006)는 소위 '테러와의 전쟁' 맥락에서 이동성을 관리하는 데 있어서, 방문객 및 이민자 신분 표시 기술(VISIT) 프로그램을 통해 미국 등지에서 생체인식의 역할에 주목했다. 망막 안구 스캐닝과 지문 채취를 통해 특정 유형의 이동성과 특정 유형의 사람은 미국 영토에 허용되고 입국할 수 있게 되지만 다른 유형은 제외된다. 더욱이, 이주민과 방문자에 관한 자료가 수집 및 유통되고, 알고리즘 처리 대상이 되며, 다양한 정부 기관에 저장되므로 이러한 기술의 사용에는 고유한 자동화가 있다.

위의 논의에서 주는 인상은 국가 영토가 완벽하게 건설되고 완벽하게 정치 기술을 실천한다는 것이다. 그러나 다른 시각에서 글을 쓴 많은 학자들은 국가 영토는 실제로 많은 결점과 사각지대로 특징지어진다는 점을 강조해 왔다. 스코트(Scott 1998)는 자신의 영토를 형성하고 그 안에서 일어나는 모든 일을 더 '명료하게' 만들려고 노력하는 국가에 대해 글을 쓰면서, 그러한 시도가 어떻게 실패할 것인지를 설명하는 데 상당한 시간을 소비한다. 영토를 계산 공간으로 만들려는 국가 시도의 근본적인 부분인 추상화 및 단순화 과정은 해당 영토 내의 삶의 많은 복잡성을 계산할 수 없거나 '레이더에서 벗어나는' 상황으로 이어진다. 다른 맥락에서 페인터(Painter 2010: 1090; 2006 참조)는 국가에 대한 인류학적 이해를 바탕으로 국가 영토를 '연결망화된 사회 기술적 실행의 결과'로 간주한다. 그리고 더 나아가 이러한 사회기술적 실행은 본래부터 논쟁의 여지가 있고 불완전하다는 것을 받아들여야 한다. 페인터는 경제적인 의미에서 국가 영토를 계산할 수 있도록 만들기 위해 총부가가치(Gross Value Added)라는 경제적 척도의 예를 인용하지만, 특히 이 척도가 영토 내 지역 규모에서 경제적 성과를 측정하는 데 사용될 때 불완전하다는 것을 이내 빠르게 결론을 내린다.

물론 이러한 말에 우리가 놀라서는 안 된다. 우리 모두는 국가에 대한 불완전한 비전과 국가 영토와 관련하여 존재하는 균열을 알고 있다. 측정하고 통제하기 위해 영토를 사용하려는 국가의 시도에 사각지대가 있다. 이미 논의된 사례 중 하나로 돌아가면, 19세기 미국 인구조사의 개발 및 개선에 참여한 사람들은 인구에 관한 정확한 자료를 수집하는 것과 관련한 몇 가지 실질적인 어려움을 한탄했다. 미국 인구조사국장인 워커(Francis A. Walker)는 이러한 노력의 최전선에 있었으며, 특히 정보 수집 및 대조의 기반이 될 수 있는 미국 내 하위 구역의 영토 체계를 만들려는 노력에 관여했다 (Hannah 1999). 워커는 이미 미국을 일련의 더 작은 영토 단위로 세분한 참조 격자 형판을 인구조사의 계산 구역의 기초로 사용했다. 그러나 그렇게 하는 데에는 그 자체로 어려움이 있었다. 미국의 특정 지역에서는 열거 구역이 너무 커서 카운티 크기와 동일했다. 인구가 더 많은 다른 지역에서는 열거 구역에 2만 명 이상이 포함될 수 있었다. 이 두 경우 모두 자료 수집이 어려울 수 있으며 수집되는 자료의 정확성에 대한 우려가 제기된다. 그리고 영토적 형태의 정치 기술로서 인구 조사의 한계를 보여주는 더 극단적인 예도 있다. 예를 들면, 한나(Hannah 2009)는 1980년대 서독에서 일어난 인구조사 거부 운동을 조사했는데, 이 운동을 인구에 대한 정보를 수집해서 그 영토를 더 효과적으로 통치하려는 국가 시도에 대한 사악한 측면에 이의를 제기하려는 노력으로 간주했다. 역시 예를 들면, 거의 40만 명의 사람들이 자신의 종교를 '제다이(스타워즈 영화로부터)'로 스스로 구별한 경우와 같이, 국가가 인구 및 영토를 완전히 읽을 수 없는 무능력의 사례로서 궁극적으로 얼마나 더 많은 진부한 논쟁 행위가 필요한지 생각할 수 있다 (htttp://news.bbc.co.uk/1/hi/uk/2757067.stm, 2019년 4월 11일 접속).

만일 인구조사에 대한 그러한 진술이 사실이라면, 그것은 정치 기술의 다른 영토 형태에도 똑같이 관련된다. 소비세와 관련된 오그본(Ogborn 1998) 연구의 중요한 부분은 맥주 생산을 측정하고 통제하는 국가의 능력과 관련하여 17세기 동안에 존재했던 많은 사각지대를 조명한다는 것이다. 맥주와 기타 형태의 주류가 불법 증류기에서 생산되는 사례가 많이 있으며, 소비세 관리관이 맥주를 측정하기 전에 배럴에서 흡입관으로 맥주를 빨아들이는 예들이 있고, "와이트섬에서는 캐스크를 평가하기 전에 인근 선박에 감추기도 했다"(ibid.: 302). 더 복잡한 문제들이 국가 경계를 넘어 맥주와 기타 형태의 주류를 밀수입하는 상황에서 발생했다 (Donnan and Wilson 1999; Mountz et al. 2012).

위의 논쟁 사례는 영토의 정치적 기술이라는 이상이 다른 사람들에 의해 도전받고 훼손될 수 있는 방법을 보여주지만, 국가 자체가 때때로 다음 중 하나에 해당한다는 점도 주목할 가치가 있다. 1) 영토적 권위의 한계를 인정한다. 또는 2) 그것을 전복시키려고 노력한다. 전자의 흥미로운 사례 중 일부는 여러 국가에서 채택한 섬에 대한 정책이다. 많은 경우, 섬은 국가 영토에서 가장 멀리 떨어져 있고 접근하기 어려운 부분을 나타내므로 이를 정치체제에 완전히 통합하기 위해서는 특별한 조치가 필요하다. 영국에서 가장 고립된 세 섬의 공동체인 셰틀랜드(Shetland), 오크니(Orkney), 웨스턴제도(Western Isles)를 예로 들면, 이들을 지원하기 위해 제작된 문서는 섬 생활과 관련된 몇 가지 도전들을, 특히 지리적 위치에서 일어나는 가장 주목할 만한 문제를 명시적으로 기술한다 (Scotland Office 2015: 3). 더욱이, 이 문서는 영국정부가 '섬 보호' 원칙, 또는 다른 말로, "가능한 경우 정책과 법률이 섬의 상황을 고려하도록 보장하겠다"는 약속을 역시 신호한다 (ibid.). 나는 그러한 진술의 중요성은 국가가 영토의 더 먼 지역에 대한 권위를 때때로 미약하게 요구한다는 것을 보인다는 데에 있다라고 주장한다. 국가는 자신의 영토가 정치적 계산의 기본적인 형태이며 토지와 사람을 일관된 방법으로 측정하고 통제할 수 있는 영역이라고 주장하지만, 어떤 경우에는 그 현실은 더 모호하다.

국가는 또한 자신의 정치적 이득을 위해 자신의 영토 통제를 파괴하려고 시도할 수도 있다. 최근 가장 악명 높은 사례로는 특정 국가 영토 외부에 위치한 구금 및 인도 시설이 있다. 그 예로는 관타나모만과 많은 미국 동맹국 영토 주변에 산재해 있는 CIA '비밀장소(black sites)'가 있다. 그레고리(Gregory 2006)와 같은 저자가 지적한 것처럼, 그러한 장소의 중요성은 그곳이 국가의 주권 영토 외부에 있으므로 국가의 법률체계와 관련된 측정 및 통제 형태로부터 도피할 수 있다는 것이다. 특별한 (범인)인도 행위는 모든 국가의 관할권을 넘어서 존재하는 개인과 실행을 창출한다. 그러나 물론, 그러한 '예외 공간'(ibid.)의 특이한 성격은 국가가 행사하는 공식적 측정 및 통제 형식을 넘어서는 것이다. 이것은 국가 영토와 측정 및 통제 관행 사이에 일반적으로 존재하는 밀접한 관계를 단순히 강조할 뿐이다.

국가 영토 관념에 대한 이러한 개념적 도전 외에도 더 많은 경험적 도전이 지난 50여 년 동안 나타났다. 다양한 경향의 사회과학자들은 다차원의 거버넌스의 출현, 즉 수직적으로는 다양한 거버넌스 규모 사이에서 그리고 수평적으로는 다양한 비정부 행위자에 걸쳐 정치권력과 영토의 재구성을 연구해 왔다 (Bache et al. 2016; Hooghe and Marks 2003). 이러한 과정의 부분으로서, 국가는 영토 통제를 통해 주권을 행사하려는 하나의 제도에 불과하게 된다. 영토성은 다수준 형태의 거버넌스를 통해 분열되고 중첩되는 특성을 갖게 된다. 예를 들어, 유럽연합 국가들의 영토는 복수 형태로 존재한다. 특정 상황에서는 유럽연합의 법률이 적용되고, 다른 경우에는 개별 국가의 법률이 적용된다. 그리고 물론 하위국가 지역으로의 권력 분산이나 이양은 문제를 더욱 복잡하게 만들었다 (예를 들면, Bulmer et al. 2002). 다수준 거버넌스와 권력 이양 과정은 법적 또는 헌법적 맥락에서 국가 영토성에만 영향을 미친 것은 아니다. 이는 또한 다중적이고 중복되는 형태의 영토적 정체성의 출현과도 관련되어 있다. 키팅(Keating 1998)은 다수준 거버넌스와 관련된 영토적 구조 조정과 유럽에서 새로운 종류의 영토적 정체성의 (재)출현 사이의 관계를 조사했다. 이 주제는 맥이웬(McEwen)과 세트라(Cetrà)도 이 책에서 탐구한 주제다. 다시 한번, 그러한 경향은 정체성과 이념의 측면에서 국가의 영토성에 근본적인 도전을 제기한다.

연결망으로서의 영토

위의 논의는 국가 영토가 어떻게 우발적이고 경쟁적인 '지리적 성취'를 나타내는지를 강조하면서 시작한다 (Parr and Philo 2000 참조). 국가 영토는 동질적이고 '평탄한' 공간이 아니라 분열되고 불균형적이며 불완전하다. 국가 영토에 대한 이러한 이해를 더욱 발전시키는 유용한 방법은 연결망화되고 관계적인 사고방식(networked and relational ways of thinking)과 관련하여 존재한다.

연결망화되고 관계적인 사고방식에 대한 기존의 접근방법은 사회적, 공간적 삶에 대한 보다 영토적인 이해와는 반대 위치에 처한 경향이 있다. 논의의 여지가 있지만, 멧세이(Massey 1994)의 장소의 연결망화된 이해에 관한 연구와 카스텔(Castells 1996)의 흐름의 공간에 연계된 연결망 사회에 대한 논의에서 시작해, 학자들은 공간과 장소에 대한 제한된 이해의 중요성에 의문을 제기했으며, 대신 장소를 개방적이고 동태적이며 관계적 실체로서 접근하는 것을 선호해 왔다. 사람, 아이디어 그리고 물질의 흐름을 통해 전 세계 다른 장소와 연결된다 (Allen 2003; Amin 2004). 따라서 연결망화된 사고방식은 탈영토화 담론과 연결되거나, 달리 말해, 더욱더 세계화되는 세계에서 영토와 한정된 공간은 더 이상 중요하지 않다는 인식과 연결되는 경향이 있다 (Elden 2005 참조). 오브라이언(O'Brien 1992)의 말에 의하면, 우리는 '지리의 종말'을 목격하고 있거나, 사실상 국가 영토 및 관련 경계가 중요하지 않은 시대의 출현을 목격하고 있는 것으로 추측된다.

이러한 주장에 대한 한 가지 명백한 응답은 최근 몇 년간 세계 여러 지역에서 민족주의와 대중영합주의 정치의 성장을 지적하는 것이다 (Mudde 2007). 영토와 국경의 소멸 주장에 대해 논쟁을 제기할 수 있는 명확한 경험적 근거가 있지만, 사회적, 공간적 삶에 대한 영토적 이해와 관계적 연결망적 이해 사이의 대화를 발전시키는 게 아마도 더 흥미로울 것이다. 이 분야에서 중요한 연구는 연결망화되고 관계적인 방법으로 영토에 관해 생각하려는 시도가 점점 더 증가하고 있다. 예를 들어, 페인터(Painter 2010: 1090)는 "공간성에 대한 연결망 이론을 반박하거나 위조하기는커녕, 현재의 영토 부활은 그 자체로 관계적 연결망의 산물로 볼 수 있다"고 옹호해 왔다. 이는 단순히 영토에 대한 보다 전통적인 이해를 위해 연결망에 꼬리표를 붙이는 경우가 아니다. 오히려 우리가 영토로 이해하는 것에 대한 근본적인 재고를 요구한다. 페인터(2010:1094)에 의하면,

> 이러한 관점에서 볼 때 영토는 필연적으로 침투성이 있고, 역사적이며, 변하기 쉽고, 균일하지 않으며, 사멸하기 쉽다. 그것은 실패하기 쉽고 긴장과 모순이 침투된 힘들게 진행중인 작업이다. 영토는 결코 완전할 수 없지만, 항상 생성된다. 그것은 국가가 완수할 수 없는 약속이기도 하다.

그러므로 국가 영토를 관계적이고 연결망화된 방식으로 생각하는 것에는 심각한 함의가 있다. 그렇게 하는 것은 국가 영토가 '지리적 성취(Philo and Parr 2000 참조)'라는 사실을 강조하는 데 도움이 되지만, 그들이 정태적이거나 성공이 보장된 것이 아니라는 것이 중요하다. 그들은 사실상 국가의 열망이며, 때로는 실현되기도 하고 때로는 실현되지 않기도 한다. 그리고 결정적으로, 이는 '하부구조 권력'이 부족한 남반부 국가 영토의 특징만이 아니다 (Mann 1984). 모든 국가는 정도의 차이는 있지만, 측정, 계산 및 통제의 한 형태로 그들의 영토를 의미 있고 실제로 활용하기 위해 투쟁한다.

관계적이고 연결망화된 방법으로 국가 영토에 대해 사고하는 것은 국가와 사람과 공간에 대한 통제에 관심이 있는 모든 사회과학자에게 일련의 새로운 개념적 전망을 열어준다. 이 절의 나머지 단락에서 세 가지 다른 문제를 논의하며, 여기서 국가 영토에 대한 관계적 및 연결망화된 이해를 통해 알게 된 학문적 탐구의 일부 주요 영역을 강조한다.

국가 영토 실행하기

관계적이고 연결망화된 용어로 국가 영토에 관해 사고하는 주요 의미 중 하나는 영토를 강화하고 경쟁하는 데 있어 개인과 집단으로서의 사람의 역할을 고려해야 한다는 것이다. 이 장의 일부 논의는 이미 이러한 쟁점의 중요성을 암시했다. 미국 인구조사국장인 워커의 이름은 이미 언급했다. 그는 19세기 후반 미국에서 인구조사의 영토 행정에 질서를 가져오는 데 핵심적인 역할을 했다 (Hannah 1999). 비슷한 맥락에서, 17세기 후반 잉글랜드와 웨일즈의 소비세 개발에 관한 오그본(Ogborn 1998)의 연구는 양조 관행에 관한 정보 수집을 체계화하는 데 있어서 데이브넌트(Charles Davenant)의 역할에 주목한다. 예를 들어, 배럴과 캐스크의 내부 부피를 계산하기 위해 새로운 종류의 정치적 산술을 개발한 사람이 바로 그였다. 그는 또한 맥주 생산을 감시하기 위해 잉글랜드와 웨일즈 전역을 광범위하게 여행했다. 이러한 방법으로, 우리는 조직적 발전과 관련하여 생각하든, 특정 영토적 맥락에서 생각하든 관계없이, 국가 형성이 어떻게 다양한 행위자의 작용 결과로서 이루어지는가를 목격한다. 그들의 동기와 조직으로서의 국가와의 상호작용은 다양할 수 있지만, 그들은 모두 국가를 조직적이고 영토적인 실체로 재생산하는 데 관여하고 있다 (Ballvé 2012).

두 가지 대조되는 예는 국가 영토를 이해하고 이를 '실제'로 만드는 데 있어 개인의 역할을 평가하는 데 도움이 될 수 있다. 즉, 사회적, 공간적 삶의 다양한 양상에 효과적인 영향력을 행사하는 사람으로 만드는 것이다. 첫 번째 예는 19세기에 나온 것으로 당시 영국에서 국가 영토 통제를 위한 새로운 활동 영역을 열려고 하는 시도와 관련이 있다. 맥도나(MacDonagh 1958: 53)와 같은 학자는 '행정부의 기능과 구조가 19세기에 걸쳐서 뿌리 깊게 바뀌었고' 정부의 범위와 성격의 성장은 다양한 종류의 활동에 대한 측정, 계산 및 감시의 증가에 의해 뒷받침됐다고 주장했다 (예를 들면, Driver 1989: 272). 이 과정의 핵심적 측면은 입법 과정을 '출현'시키는 데 있어 국가 대리인이 수행한 역할이었다 (MacDonagh 1958: 59). 이 과정에서 가장 중요한 인물 중 일부는 소위 정부 조사관이었다. 실제로, 이 시기의 영국 국가에 영향을 미친 근본적인 변화에 있어서 조사관의 중요성은 19세기가 '조사관의 시대'로 묘사될 정도였다 (Burn 1964: 17). 역사가들은 이 시기 동안 새로운 국가의 조직, 법률 및 정책을 형성하는 데 있어 정부 조사관이 수행한 중요한 역할을 기록해 왔지만, 그들이 국가의 영토 형태 발전에 미친 공헌도 똑같이 큰 공헌으로 인정할 필요가 있다.

개인들의 주요 집단 중 하나는 공장 생산 검사를 담당하는 사람들이었다. 공장 생산의 사회적 조건은 19세기 초반 많은 기간 동안 주요 논쟁거리였으며, 많은 경우 사회경제적 활동의 다른 영역에 대한 후속 입법 및 검사의 선례를 제공했다. 더욱이 "1833년 공장법은 영국에서 생산된 검사 권한에 대한 가장 자세하고 광범위한 설명을 포함하고 있다"고 주장되어 왔다 (Bartrip 1982: 612). 그리고 그 자체로, 새로운 종류의 국가 영토를 산출하는 데 있어 정부 조사관의 역할에 대해 매우 귀중한 통찰력을 제공한다. 공장법을 절차적이고 조직적인 방법으로 이행했을 뿐만 아니라, 공장법에 따라 임명된 4명의 조사관 역시 공장법의 영토 형태에 많은 공헌을 했다. 이 점에서 가장 문제가 된 곳은 수많은 공장이 있는 잉글랜드 북부지역이었다. 법이 공포된 직후의 기간 동안 리카드(Robert Rickards) 경위는 요크셔, 랭커셔, 체셔, 더비셔 북서부, 스태퍼드셔 북부, 웨일즈 북부 카운티인 캐나폰셔(Caernarfonshire), 덴빅셔(Denbighshire), 플린트셔 그리고 앵글시를 포함하는 크고 고도로 산업화된 지역을 담당했다. 그의 지역은 넓은 지역을 차지하고 약 2,700개의 공장에 25만 명 이상의 근로자를 고용하고 있었기 때문에 그의 책임은 이행이 거의 불가능했다. 리카드가 이 지역 내에서 검사 업무를 조정하는 일로 과로해 말 그대로 쓰러졌고 그 후 그가 그의 자리에서 사임한 것은 놀라운 일이 아니다 (Jones 2008: 130). 조사관들이 1837년에 자신들의 구역의 영토 경계를 스스로 재조정하기로 결정하고, 잉글랜드 북부 조사관의 일부 책임을 다른 조사관에게 이양하기로 한 것은 의미가 있다. 당시 조사관들에 의하면, 새로운 영토 조정이 잘 작동하여 그들이 자신의 책임을 보다 효과적으로 수행할 수 있게 되었다고 한다 (Thomas 1948: 99-100에서 인용). 우리는 여기서 조사관들이 행정 경험의 결과로 잉글랜드와 웨일즈에서 공장 검사라는 새로운 국가 영토를 적극적으로 만들어낸 분명한 사례를 목격한다.

거의 200년을 뛰어넘어 이민 증가에 맞서 영국이 국경을 감시하려는 시도를 목격해보라. 이민의 역할 증가는 많은 정치적, 공개적 논쟁의 근원이 되어 왔지만, 그것은 또한 이주민과 실천적 특성에 대한 지속적인 학문적 탐구로 이어졌다. 이 분야에서 더욱 흥미로운 연구 중 일부는 말 그대로, 보다 비유적인 의미에서 국경 치안을 담당하는 개인들의 기관을 조사한 것이다. 예를 들면, 길(Gill 2009, 2010)의 연구는 영국 국경을 재생하는 데 있어 망명 부문 정책결정자가 수행하는 역할을 조사했다. 그 기관은 다양한 범주의 개인들을 보여주었는데, 영국 국가에 직접 고용된 사람, 영국 국가에 용역을 제공하는 민간 기업에서 일하는 사람, 망명 신청자의 권리 옹호자 역할을 추구하는 NGO에 고용된 사람 등은 국가는 경계 및 영토와 함께 안정적인 조직적, 공간적 실체가 아니라는 사실을 보여준다. 그대신, 다양한 개인들이 적극적이고 다양한 방법으로 영토와 국경을 계속적으로 생산하고 의문을 제기한다. 이렇게 볼 때, 국가 영토는 단일하거나 동질적인 것이 아니라 오히려 끊임없이 변화하고 진화하고 있다. 페인터(Painter 2010: 1094)가 말했듯이, 그것들은 '결코 완전하지 않고 항상 생성되는' 것이다.

영토, 하부구조 그리고 실체성

관계적이고 연결망형 방법에 있어서 국가 영토에 관한 사고의 두 번째 개념적 결과는 국가 영토에 어느 정도의 영속성과 내구성을 부여하는 데 있어 하부구조와 물질적 대상의 역할을 고려할 필요가 있다는 것이다. 국가 영토의 하부구조 및 물질적 측면을 다루는 연구는 행위자연결망이론(ANT: actor-network theory) 그리고/또는 집합(assemblage)이론(DeLanda 2016)의 통찰력을 통해 암묵적으로 또는 더 명시적으로 정보를 얻었다. ANT는 로(Law 1992)가 '관계적 유물론'으로 묘사한 바 있는, 즉 다양한 개인과 대단히 많은 사물들로 구성된 연결망을 기반으로 사회적, 공간적 삶의 다양한 측면이 생성되는 방법의 중요성을 강조한다. 이러한 접근방법을 옹호하는 사람들에게는, 물질적 사물이나 비인간 행위자를 이러한 연결망에 통합하는 것인데(Latour 2005), 이들이 사회적, 공간적 구성체가 시간과 공간에 걸쳐 '확장'

될 수 있도록 하는 것이다 (Murdoch 1997: 327). 이러한 연구는 집합 관념에 대한 학문적 참여의 결과로 최근에 추가적인 자극을 받았다 (Deleuze and Guattari 1987; DeLanda 2016). 집합의 개념은 '공동체와 조직, 도시와 국가'를 구성하는 사람과 사물의 연결망을 해독하는 데 사용될 수 있는 '유물론적 사회 존재론'으로 가정돼 왔다 (DeLanda 2016: 3). 우리는 또한 다양한 종류의 물체에 존재하는 '힘'을 깨달을 필요가 있다. 인류학과 고고학 분야의 연구를 바탕으로 많은 학자들은 물체와 물질의 생명력을 진지하게 받아들여야 한다고 주장한다. 물체를 단순히 다른 곳에도 존재하는 이전에 존재하는 의미를 단순히 반영하는 항목으로 보기보다는, 미한(Meehan et al. 2013: 3)은 "그들이 스스로 생성하는 존재론적 힘을 가지고 있음을 … 환기해야 한다"고 주장했다. 즉, '물체가 종종 힘의 상자이거나 반영'으로서 우리를 '문자나, 상징적 영역'을 넘어서게 할 수 있는 어떤 것으로서의 실체성에 초점을 맞춰보아야 한다. 그 대신에, 우리는 물체가 힘을 생성하고 그 자체로 주체성을 유지하는 사물로 생각해야 한다 (ibid.: 8; Merriman and Jones 2017: 602).

이러한 사고방식은 국가 영토에 대한 우리의 이해에 있어 무슨 함의를 갖는가? 국가 영토는 물질, 물체, 사물의 기반 위에 광범위한 방법으로 구성된 연결망으로 이해될 수 있다는 것은 분명하다 (Barry 2013). 국가 영토에 의미나 '존재론적 힘'을 가져오는 보다 명백한 물질적 하부구조의 일부는 국가 경계에 존재한다. 벽, 울타리, 철조망 등과 같은 국가 경계의 다양한 물리적 경계 설정은 문자 그대로 국가의 영토가 어느 정도 영속성과 안정성을 갖고 있다는 관념을 얼마나 환상적이든 간에 강화한다. 이민 처리 과정 및 구류 시설 역시 물리적, 물론 구체화된 의미에서 국가 경계의 존재를 표시하는 데 중요한 역할을 했다.

예를 들어, 엔젤섬과 엘리스섬은 과거 각각 미국 서부 및 동부 경계의 중요성을 강화하는 데 도움이 됐다 (Hoskins and Maddern 2011). 오늘날 미국에는 수십만 명을 관리하는 구금시설이 있는데, 이 이주민 구류체제는 350개의 시설로 이뤄졌고 연간 17억 달러 이상의 비용을 들여 운영된다 (Mountz et al. 2012). 그리고 물론 국경을 넘는 사람들의 흐름을 감시하고 제한하기 위해 최근 몇 년 동안 추가적인 기술과 물질적 하부구조가 개발되었는데, 새로운 생체 인식 기반 시설의 개발이 가장 주목할만한 예다 (Amoore 2006).

그러나 물질적 하부구조가 추가적인, 보다 광범위한 방법으로 국가 영토에 침투하고 재생산된다는 점은 높이 평가할 만한 가치가 있다. 윌리암스와 스미스는(Williams and Smith 1983)는 거의 40년 전에 민족 및 국가 건설 과정에서 다양한 하부구조, 즉 철도, 도로 연결망 및 건강 서비스와 교육체계와 관련된 기타 공공 서비스의 역할을 조사할 필요성을 강조했다. 다른 사람들은 그들의 뒤를 이어 다양한 경험적 맥락에서 물질적 하부구조를 연구했다. 예를 들면, 어셔(Usher 2018)는 새로운 종류의 배수체계 기술이 싱가포르의 국가 조직 및 영토 재구성 과정에 미치는 영향을 조사했다. 비슷한 연구는 특히 20세기 동안 지속된 '근대화' 기간에 스페인의 수력 정치와 국가 전환을 연결하는 하부구조에 초점을 맞춰 왔다 (Swyngedouw 2015). 철도 연결망은 국가 영토의 물질적, 하부구조적 특성에 대한 경험적 조사의 또 다른 원천이었다. 예를 들어, 마티-헤네버그(Martí-Henneberg 2017: 160)는 19세기 중반 이후 민족 및 국가 건설의 통로로서 철도의 중요성을 강조한다. 이 과정의 영토적 측면이 가장 중요했다. 그는 "철도 연결망이 유럽 국가들을 상호 연결하고 개별 국가 영토를 통합하는 데 도움을 주었으며 이것은 또한 엄청난 정치적 영향을 미쳤다"

고 주장한다. 철도 여행의 중요성이 많은 경우 도로망과 항공 여행으로 대체된 오늘날에도 철도는 여전히 국가 영토에 물질적, 하부구조적 기반을 제공하는 데 중요한 역할을 하고 있다. 따라서 철도 운송체계는 '사람을 이동하는 것' 그 이상이다. 철도는 중요한 상징적 힘을 지닌 정치적, 영토적 사업을 대표한다 (Siemiatycki 2005: 23).

물론, 디지털 소통과 가상 생활의 시대에 하부구조의 물질적, 상징적 중요성에 대한 이야기는 진부하고 구식으로 보일 수 있다. 결국, 점점 더 온라인에서 생활하는 삶을 단단히 묶는 하부구조가 국가 영토와 단절될 수도 있다고 가정할 수 있다. 그럼에도 불구하고 일부 연구는 숨겨지고 종종 의문의 여지가 없는 방법으로 국가 영토와 국가의 사회 공간적 의식의 형태를 지키는 데 있어서 이러한 디지털 하부구조의 지속적인 중요성을 조사하기 시작했다 (Billig 1995 참조). 이 분야의 연구에서는 우리의 일상적 존재를 점점 더 뒷받침하는 디지털 또는 '부호화된 하부구조'(Kitchin and Dodge 2011: 6; Thrift and French 2002 참조)가 국가 영토를 재생할 수 있는 잠재력을 가지고 있는 정도를 조사했다. 이러한 디지털 하부구조의 예로는 디지털 지도, 웹사이트 및 기타 디지털 인터페이스의 자동화된 주소 정보가 포함된다. 예를 들어, 웨일즈 언어위원장을 대표하여 수행된 최근 연구사업에서 디지털 지도와 자동화된 주소 자료가 아마도 무심코 그럼에도 거의 불가피하게 영어 형식의 지명과 주소에 특혜를 부여한다는 사실이 나타났다 (Griffiths et al. 2015). 웨일즈어 형식의 지명과 주소는 무시되거나 손상됐다. 더욱이, 디지털 자료의 자동화된 재생산이 자주 벌어진다는 점을 고려하면(Thrift and French 2002), 오류와 누락이 일단 디지털 또는 부호화된 하부구조에 들어가면 수정하거나 제거하기가 믿지 못할 정도로 어렵다는 것이 실제로 인식되고 있다. 이 전 과정은 영국의 위임 영토인 웨일즈어와 웨일즈가 아닌 영어와, 함축적으로 영국 국가의 영토에 대한 특권을 부여하는 것으로 귀결된다. 이러한 의미에서 디지털 하부구조는 물질적 하부구조와 국가 영토 사이의 시대에 걸친 오래된 연결을 강조할 수 있는 잠재력을 가지고 있다.

정서적 국가 영토

위의 두 절에서 나는 인간 행위자를 물질적 하부구조로부터 분리한 죄를 범했다. 둘 다 그 자체로 국가 영토를 재생산하는 데 중요한 역할을 하지만, 둘 사이의 중요한 상호작용을 조사할 필요가 분명히 있다. 결국, ANT는 다양한 종류의 연결망 재생산에서 인간 행위자와 비인간 행위자 사이의 상호작용을 강조한다 (Latour 2005). 비슷한 관심이 집합이론에 활기를 불어 넣는다 (DeLanda 2016). 인간과 물체 사이의 연결을 더 자세히 조사할 수 있는 한 방법은 감정에 관한 작업을 통해서다.

감정과 정서에 관한 최근 연구는 마음 속으로 개인 간의 잠재 의식적이고 구체화된 상호작용, 그들이 거주하는 환경, 그들의 삶에서 관계하는 물질적 사물들에 관심을 가져왔다 (Thrift 2000). 개인의 구체적인 실천은 이런 의미에서 분리되어 고려될 수 없다. 신체는 항상 "신체를 넘어 확장되며 그것을 구성하는 일련의 관계에 뒤얽혀 있다" (Anderson 2014: 9). 이 연구의 또 다른 중요한 통찰력은 개인과 공간, 하부구조 및 사물 간의 정서적 관계가 다양한 종류의 권력 관계를 유지한다는 것이다. 공간은 정치적 목적을 위해 조작될 수 있다. 많은 권위주의 정권 내에서 국가나 정당에 대한 충성심을 불러일으키기 위해 공공 공간을 자주 사용하는 경우가 그러하다 (Thrift 2004). 그리고 물론, 권력의 정서적 형태에 대한 민감도가 높아지면 새로운 형태의 정치적 참여와 논쟁이 벌어질 수 있다. 예를 들어, 아민과 쓰리프트(Amin and Thrift 2013: 156)는 정치는 "처음부터 끝까지 감정으로 가득 찬 시도"라고 주장했다.

이러한 사고방식이 국토에 미치는 함의는 무엇인가? 확실히, 현대 역사의 대부분 동안 국민국가는 담론적이고 보다 영토적인 맥락에서 자신의 정치적 과제를 진전시키는 방법으로 정서를 사용하려고 시도했다 (Deleuze and Guattari 1987: 101-102). 예를 들어, 기념일이나 축제일에 국민국가 구성원들의 공동 관행은 구체적이고 정서적인 방법으로 국가 영토를 구획하는 데 도움을 줄 수 있다 (Edensor 2002: 69-70). 예를 들어, 전쟁 기념물과 관련된 추모 행위, 특히 국가 통합을 공개적으로 보여주는 정서적 특성을 생각해 볼 수 있다 (Heffernan 1995). 스티븐스(Closs Stephens 2016: 181)는 민족주의의 이러한 구체화된, 정서적, 물질적 측면을 국가적 분위기와 유사한 것으로 묘사했다. 이는 '특정 대상과 신체 주위에 응결해 집합체의 부분으로서 울려 퍼지는' 것이다. 그녀는 2012년 런던 올림픽의 사례를 통해 특정 장소가 사물, 신체, 감정관계의 생성자로 전환됨으로써 이러한 국가 분위기의 중요성을 조명하는 데 사용한다. 특히 올림픽 경기장은 행복, 자긍심, 연대감과 같은 긍정적인 감정을 유발하는 중요한 중심점이 됐다. 따라서 매우 실제적인 의미에서 국가는, 그리고 우리가 주장하는 국가 영토는 "일련의 사회적 실행을 … 통해 구체화된다" (Kingsbury 2008: 53).

그러나 특정 집단은 이러한 정서적 하부구조와 얽혀 있고 모호한 관계를 가지고 있음이 분명하다. 메리만과 존스(Merriman and Jones 2017)의 최근 연구는 웨일즈의 두 가지 다른 도로 기반 시설, 즉 북부와 남부 웨일즈를 연결하는 A470 간선도로와 남부 웨일즈와 남서부 잉글랜드를 연결하는 시번교(Severn Bridge)와 관련된 정서적 특성에 중점을 두었다. A470은 1972년 새로운 간선도로로 지정된 이래로 북부와 남부 웨일즈 간의 연결을 구현하고 많은 여행자에게 흥분과 지루함을 포함한 일련의 감정적 반응을 심어주는 데 중요한 역할을 해왔다. 따라서 이는 개인의 웨일즈 소속감 및 웨일즈 정체성에 대한 의미에 영향을 미치는 선형적 하부구조가 됐다. 그것은 사실상 웨일즈 국민을 위한 '정서적, 관계적 접착제를 제공하는 길'이다 (ibid.: 611). 반면에 시번교는 웨일즈와 잉글랜드의 국경을 정의하는 기반 시설로서 양가적인 정서적 역할을 더 많이 수행해 왔다. 그것이 처음 제안되었을 때 많은 웨일즈 민족주의자들은 웨일즈를 잉글랜드와 더 긴밀하게 연결하고 결과적으로 부정적인 문화적, 언어적, 정치적 결과를 초래할 거라고 생각했다. 오늘날 그 그림은 더 복잡하다. 일부 웨일즈 사람들에게는 잉글랜드에서 웨일즈로 다리를 건너는 것이 그들이 '집으로 온다'는 사실을 즐기고 축하할 기회를 제공한다. 반대 방향으로의 여행은 다른 감정을, 특히 자신의 영토와 국가를 떠나는 것과 관련된 상실감과 혼란을 불러일으킨다 (Merriman and Jones 2017).

웨일즈의 또 다른 사례는 민족주의 하부구조의 정서적 측면을 더욱 극명하게 조명한다 (Jones and Merriman 2012). 나는 1960년대 중반부터 1980년대 중반까지 진행된 웨일즈의 이중 언어 도로 표지판을 지지하는 캠페인에 주목한다. 1960년대와 1970년대에 많은 영국 정치인들은 운동가들을 파괴자로 묘사했는데, 이들이 단일 언어로 된 영어 도로 표지판을 훼손하거나 파괴하는 경향 때문이었다. 이러한 비난에 대한 운동가들의 반응은 상당하다. 그들은 훼손된 표지판보다는 영어 도로 표지판 자체가 진짜 눈에 거슬리며 그 자체로 문화적 기물 파손 행위라고 주장했다.

> 우리의 도로 표지판이 심미적 요구를 충족한다면, 그것들은 역시 웨일즈의 기준을 완전히 파괴하는 것이기도 하다. 웨일즈 사람의 눈에는 그들은 추악하고 참을 수 없을 정도로 추하다. 그리고 모든 사람에게 이를 납득시킬 … 유일한 방법은 다른 기준, 피상적인 미학의 기준을 위반하는 것이다. 즉, 영어 도로 표지판을 칠하고 모든 사람이 볼 수 있도록 너저분하고 읽기 어렵게 남겨 두는 것이다 (이완[Iwan]은 Jones and Merriman 2009에서 인용).

웨일즈 민족주의 운동의 구성원들은 이러한 단일 언어 도로 표지판과 완전히 다른 일련의 정서적 관계(Jones and Merriman 2009)를 소유했다. 이러한 도로 표지판을 웨일즈 자신의 영토에서 웨일즈어 사용자를 배제하는 데 이용하는 대상으로 간주했다 (제13장의 McEwen and Cetrà 참조). 그러므로 도로 표지판을 훼손하는 것은 새롭게 등장하는 웨일즈 민족 영토 내에 위치한 영어 하부구조와 관련된 언어적, 문화적 오염을 전면에 내세우기 위한 필요악이었다. 더욱이, 이러한 기호에 대한 폭력적인 파괴는 분노, 좌절과 언어적, 민족적 불의에 대한 의식과 같은 새로운 일련의 정서적 관계가 발생할 수 있게 했다.

결론

이 장의 목표는 개념적, 경험적 맥락에서 국가 영토에 접근하는 다양한 방법을 조사하는 것이었다. 영토는 국가에게 근본적으로 중요한 정치 기술로서, 국가가 국경 내에서 발생하는 사회적, 공간적 삶의 모든 측면을 측정하고 통제할 수 있게 해준다. 인구조사와 소비세의 예는 그러한 주장의 중요성을 조명한다. 영토를 더 작은 공간 단위로 세분화하고 이를 모든 종류의 정보 수집 및 분석을 위한 기초로 사용하는 것은 국가 관료가 보다 효과적으로 통치할 수 있는 핵심 기제가 된다. 그러나 물론 가장 중앙집권적이고 정교한 국가에서도 토지와 사람에 대한 영토 통제는 항상 잠정적이고 불완전한 '지리적 성취'다. 사람들은 이러한 영토적 통제 형태에 대해 이의를 제기하고 있으며, 국가 스스로도 이 분야의 한계를 알고 있다. 마찬가지로, 위임 과정과 거버넌스의 다수준 형태의 존재는 단일하고 문제가 없어 보이는 국가 영토에 대한 관념을 더욱 손상시키는 역할을 한다. 이렇게 보면, 영토는 단지 많은 '국가 효과' 중의 하나, 다시 말해 국가에 안정성과 일관성에 대한 환상을 주는 일련의 담론과 실천일 뿐이다 (Mitchell 1991).

영토에 대한 이러한 보다 잠정적인 견해를 강조하는 한 가지 중요한 방법은 국가 영토를 관계적이고 연결망화된 실체로 보는 새로운 문헌을 사용하는 것이다. 이러한 방법으로 국가 영토에 관해 생각하는 것은 국가 영토의 실제적이고 물질적이며 정서적인 측면을 전면에 내세우는 데 도움이 된다. 이러한 방식으로 국가 행위자와 '일반' 국민은 일상적인 행동을 통해 국가를 재생산하기도 하고 경쟁하기도 한다. 물질적 하부구조는 국가 영토에 어느 정도 영속성을 가져오지만, 또한 국가의 고르지 못한 성격을 강조하기도 한다. 어떤 곳은 연결되어 있고 다른 곳은 연결되어 있지 않다. 그리고 마지막으로, 감정에 초점을 맞추면 하부구조가 개인과 집단에 미치는 다채로운 영향을 보여준다. 종합해보면, 이러한 작업은 국가 영토가 이질적인 실체라는 관념을 강화한다. 측정 및 통제를 가능하게 하는 능력과 다양한 행위자에 의해 부여되는 의미는 매우 다양하다.

물론 그러한 관점은 괄목할 만한 정치적 함의가 있다. 국가의 영토가 분열되고 잠정적이라면, 그 국가는 더 나아가 비슷한 내부적 불일치로 가득 차 있다. '전지'전능한 조직(Scott 1998) 그리고 측정과 통제를 위한 완벽한 영토적 기제를 보유하는 조직이기보다는, 국가 그리고 국가 영토는 "실패하기 쉽고 긴장과 모순이 스며든 진행 중인 힘든 과업"이다 (Painter 2010: 1094). 국가 영토 내에 존재하는 '사각지대'는 국가에 경쟁하려는 사람들에게 필연적으로 새로운 가능성을 열어주며, 보다 명시적인 지리적 시각에서 볼 때, 이러한 저항을 수행할 수 있도록 잠재적으로 새로운 위치를 열어준다.

추가 읽을 거리

Amoore, L. (2006), "Biometric borders: Governing mobilities in the war on terror," *Political Geography*, 25(3), 336-351.
Balivé, T. (2012), "Everyday state formation: Territory, decentralization, and the Narco Landgrab in Colombia," *Environment and Planning D: Society and Space*, 30(4), 603-622.
Elden, S. (2010), "Land, terrain, territory," *Progress in Human Geography*, 34(6), 799-817.
Jones, R. (2008), *People/States/Territories: The Political Geographies of British State Transformation*, Oxford: Blackwell.
Mann, M. (1984), "The autonomous power of the state: Its origins, mechanisms and results," *European Journal of Sociology*, 25(5), 185-213.
Painter, J. (2010). "Rethinking territory," *Antipode*, 42, 1090-1117.

12장

국가와 자본

- 서론　　　　　　　　348
- 기업 권력에 관한
  이론적 논쟁　　　　 349
- 민주정치에서 기업의
  역할에 관한 초점
  감소　　　　　　　　356
- 기업의 권력에 대한
  경험적 분석　　　　 358
- 결론　　　　　　　　376

데이비드 마쉬(David Marsh)

서론

자본과 국가의 관계 또는 기업과 정부의 관계는 민주주의의 작동에 관심이 있는 사람들에게 항상 관심 주제가 되어왔다. 이 첫 번째 문장 자체는 그 관계에 대한 두 가지 지배적인 견해를 반영하며 학문적 연구는 이를 드러낸다. 마르크스주의는 역사적으로 자본과 국가의 관계에 초점을 맞췄고 국가가 자본의 이익을 위해 일한다고 보았다. 여기서 국가 내부나 자본 내부의 분열에 대해 상대적으로 거의 관심이 없었다. 이와 대조적으로, 다원주의는 이러한 분열을 강조하면서, 정부 내의 서로 다른 부서 간, 서로 다른 기업 부문 간의 갈등으로 인해 체제의 다원성이 증가했고 기업이 기껏해야 일부 정책 영역 내에서 영향력을 제한하도록 보장했다고 주장했다. 여기서 내가 기업과 정부의 관계를 논하는 이유는 내가 다원주의 주장을 확신하기 때문이 아니라, 첫째로 이것이 현재 가장 일반적으로 사용되는 용어이고, 둘째로 요즘 마르크스주의자조차 자본 또는 국가를 미분화된 제도와 과정으로서 보지 않기 때문이다.

국가와 자본은 내가 세 개의 절에서 다루는 대 주제다. 첫째, 그 관계에 대한 두 가지 주요 이론인 마르크스주의와 다원주의의 발전을 간략하게 검토하면서 둘 사이에 일부 수렴이 있었다고 주장한다. 마르크스주의는 계급과 경제 관계가 사회적 분열과 국가 행동을 형성하는 유일한 기반이 아니라는 점을 인정한다. 한편, 다원주의는 기업이 특별히 중요한 역할을 할 수 있음을 인정하지만, 그 역할은 정부에 대한 다른 제약으로 인해 여전히 상당히 제한되어 있다는 것이다. 둘째, 20세기 말과 21세기 초에 민주정치 내에서 기업의 역할에 관한 초점이 의미 있게 감소했다는 점을 간략하게 강조한다. 이러한 초점은 세계금융위기(GFC: Global Financial Crisis) 이후 다시 등장했다. 마지막으로, 기업의 권력에 관한 경험적 증거를 조사하고 다양한 주장 사이에 존재하는 논쟁을 보여주면서 우리가 위험에 처한 민주주의에서 기업의 권력을 과소평가하고 있다는 결론을 내린다.

기업 권력에 관한 이론적 논쟁

여기에서 마르크스주의 국가이론의 변화를 간략하게 조사하는데, 이 문제는 제3장에서 헤이(Colin Hay)가 더 자세히 다뤘다. 계속해서 제1장에서 스미스(Martin J. Smith)가 다룬 다원주의적 입장이 이 문제에 관해 지배적인 입장이므로 더 자세히 탐구한다. 끝으로, 권력 논쟁의 맥락에서 헤이가 정확하게 강조한 구조·행위자 문제를 간략하게 고찰한다.

기업 권력에 관한 마르크스주의 견해

마르크스주의 입장에 대한 헤이의 철저한 검토를 고려하여, 여기서는 단지 몇 가지 요점을 보강한다. 시간이 지나면서 대부분의 마르크스주의 학문은 전통적인 마르크스주의에서의 결정론, 구조주의, 본질주의에 대한 강조를 완화했다. 달리 말하면, 마르크스주의는 조사 대상인 세계의 성격, 특히 자본주의체제 내에서뿐만 아니라 성별 관계, 환경 등의 변화와 전통적 마르크스주의에 대한 내외부로부터의 비판, 모두의 결과로서 변화했다. 결과적으로 대부분의 마르크스주의 국가이론가들은 국가가 미분화된 전체가 아니며, 흔히 경쟁하는 자본의 단편들이 있고, 국가는 필연적으로 또는 항상 자본의 이익을 위해 행동하지 않으며, 그리고 계급이 자본주의 사회 내에서 사회적 분열의 유일하거나 항상 가장 중요한 기반이 아니라는 것을 받아들인다.

이 모든 것은 마르크스주의자들이 자본주의 사회에서 기업의 힘이 전능하다는 견해, 또는 심지어 다원주의자들이 말하는 대항 세력에 직면할 때 기업이 항상 승리한다는 견해에 더 이상 집착하지 않는다는 것을 의미한다. 아마도 가장 공평한 말은 마르크스주의자들은 기업이, 아마도 자본-기업의 단편-부문을 분리한 다른 경우에도, 현대 자본주의에서 지배적인 정치적 세력이라고 믿는다는 것이다. 동시에 제솝(Jessop 1982)이나 헤이와 같은 학자의 암시는 기업이 어느 정도까지 지배적인지는 대부분 경험적인 문제라는 것이다.

다원주의와 기업의 권력

여기서 가장 먼저 강조할 점은 다시 학문적 술어가 중요하다는 것이다. 다원주의자들은 권력이 아니라 영향력에 대해 말한다. 그들은 권력을 강압과 연관되어 있다고 생각하며, 내가 강조하는 것처럼 이는 분명한 방법론적 함의가 있다.

스미스가 제1장에서 보여주듯이, 고전적 다원주의는 벤틀리(Bentley 1908), 이후 트루먼(Truman 1951) 그리고 심지어 대부분의 달(Dahl 1961)까지 관련되는데, 이들은 권력이 분산되고 집중되지 않았으며, 정부는 어떤 특정한 이익을 촉진하지 않았고, 그리고 그 결과는 특정 이익보다는 오히려 일반 이익을 제공하는 느리게 진화하는 정책이었다고 주장했다. 따라서 다원주의의 초점은 이익집단과 정부에 대한 그들의 역할에 맞춰졌다. 그들은 대표의 통로이자 국가 권력에 대한 견제로서 역할을 했다.

린드블롬(Lindblom 1977)은 기업이 자본주의 민주주의 국가에서 특권적인 지위를 누렸다고 주장하면서 그러한 견해를 깨뜨렸다. 그는 이 특권에는 두 가지 주요 이유가 있다고 주장했다. 첫째, 기업이 경제에 대한 주요 결정을 통제하므로 정부의 재선 기회에 매우 분명하게 영향을 미치고, 그럼으로써 중요한 구조적 권력을 누리고 있다. 그리고 둘째, 기업은 의지를 조작할 수 있는 자원과 접촉을 보유하고 있어 그들이 생각하는 것을 시민의 아이디어로 형성한다. 구식 표현으로, "제너럴 모터스에 좋은 것이 미국을 위해서도 좋다"고 생각하게 만든다. 또 한편으로는, 정부는 기업에 필요한 핵심 자원, 특히 정통성, 권위를 가지고 있다. 정부는 보조금을 제공할 수 있고 기업에 혜택을 주는 비용이 드는 하부구조에 투자할 능력도 있다. 린드블롬은 각자 상대방이 필요로 하는 자원이 있기 때문에 기업, 경제정책, 노동정책, 조세 등에 가장 큰 영향을 미치는 것들을 포함하는 민주주의 정치의 핵심('거대한 쟁점')은 정부와 기업 간 협상을 중심으로 돌아간다.

그러나 린드블롬에게 다원주의는 넓은 의미로 유지된다. 왜냐하면 기업의 권력 대부분이 정부에 의한 협상으로 주어지기 때문이다. 동시에 다른 집단은 다른 분야에서, (예를 들면 건강정책 분야의 의사들같이) 결정적인 심지어 거부권을 행사하는 권력을 가질 수도 있다. 결정적으로, 린드블롬과 그 뒤를 이은 다원주의자들에게는 정부는 항상 재선과 유권자의 견해에 대해 걱정해야 하므로 기업에 너무 많은 명백한 양보를 안 할 것으로 생각됐다.

린드블롬은 동료 다원주의자들로부터 심한 비판을 받았고, 이에 대해 나는 기업의 역할을 구체적으로 다루고 있고 제1장의 스미스의 검토에는 포함되지 않은 보다 최신 자료에 시간을 할애한다. 특히 보젤(Vogel 1989)은 민주주의에서 기업의 권력을 과소 평가하는 다원주의의 보다 전통적인 관점을 옹호하면서, 현대 다원주의의 핵심에 있는 세 가지 요점을 주장했다. 기업은 많은 이익들 중의 하나일 뿐이고, 그것은 역시 결정적으로 분리된 것이기도 하며, 그 권력은 변동한다는 것이다. 보다 최근에 보젤(Vogel 2005: 16-17)은 기업의 영향력을 제한하는 시민의 역할에 초점을 다시 맞췄으며, 특히 그가 보기에는 기업의 사회적 책임(CSR: Corporate Social Responsibility)에 대한 관심의 중요성이 증가함으로써 대중의 요구에 기업이 반응하도록 강요할 수 있다고 주장했다. 린드블롬에 대한 많은 비판과 마찬가지로, 이것은 의지를 조작할 수 있는 기업의 능력에 관한 그의 초점을 피한 것이다.

더 넓은 의미에서 린드블롬의 연구는 너무 구조주의적이라는 비판을 받아 왔는데, 이는 컬페퍼(Culpepper 2010)와 벨(Bell 2011)이 강하게 전개한 관점이다. 컬페퍼(Culpepper 2010)는 기업이 구조적 권력을 갖고는 있지만, 시간이 지남에 따라 그리고 정책 부문에 따라 달라진다고 주장한다. 특히 그의 견해에 따르면 이러한 권력은 미디어와 여론의 역할에 의해 매개된다. 이러한 맥락에서 컬페퍼는 '다른 정치적 쟁점과 관련해 일반 유권자에게 중요성'에 따라 그 쟁점의 중요도가 높은 것과 낮은 것을 구별한다 (Culpepper 2010: 4). 그에게 기업 문제는 중요도가 낮은 쟁점인데, 이는 로비와 영향력을 통해 정치적 의제에서 제외됐으며, 의회 의원과 기자의 기업 전문 지식이 제한되어 있기 때문이다. 바로 이 '조용한 정치' 영역에서 기업이 가장 큰 영향력을 발휘한다. 더 시끄럽고 높게 두드러지는 '일자리와 임금 보호' 쟁점은(Culpepper 2010: 5) 언론에 보도되고 선거 기간에 전면에 등장하지만, 기업이 권력을 행사하는 곳은 조용한 경기장이다. 컬페퍼는 또한 보겔과 다른 학자들을 따라 기업은 일반적으로 분할되어 있다고 주장하며 실제로 중요한 쟁점에 대해서만 단합한다고 제안한다. 여기서 컬페퍼의 요점은 이러한 쟁점들이 역시 공익이 가장 크게 걸려있는 문제이기도 한데, 그러므로 기업 권력은 세간의 이목에 의해 감소한다는 것이다.

나의 관점에서 컬페퍼의, 그리고 실제로 보겔의 주장의 핵심 문제는 기관에 너무 많은 강조를 하는 것으로 귀결되고, 이것은 기업 권력에 관한 관심의 최근 부활을 주도한 주요 학자 중 한 명인 벨에게도 같은 책임을 묻는다. 벨은 기업의 구조적 권력이 자동으로 이익을 얻게 된다는 린드블롬의 견해에 특별한 문제를 제기한다. 그 대신, 그는 지도자-행위자의 아이디어와 시각을 강조하는데, 이것들은 그들이 활동하는 더 넓은 정치적, 경제적 맥락 내에서 형성되고, 그런 후 그들이 내리는 결정을 형성한다는 것이다 (Bell, 2012: 663). 결과적으로, 벨은 당대의 정치학 문헌(Blyth 2003)의 대부분과 일치하게 아이디어의 역할에 특전을 부여면서, "어떻게 행위자(정치인)가 아이디어를 개발하고 사용하는가"가 그들의 의사 결정을 이끄는 요인이며, 이것이 기업 권력 문헌에서 부적절하게 고려된 요인이라고 주장한다 (Bell, 2012: 661; 제5장 참조). 본질적으로 그는 기업과 기업 지도자들이 의지를 조작한다는 린드블롬과 실제로 컬페퍼의 주장(Culpepper 2015; Culpepper and Reinke 2014: 427)을 뒤집고, 오히려 정책 결과를 형성하는 것은 아이디어라고 제안한다 (Bell 2012: 662). 벨과 힌드무어(Bell and Hindmoor 2014c: 470)는 호주 광업세(Australian Mining Tax)에 대한 사례 연구를 통해 이러한 주장을 추구했다. 그들의 연구는 내가 다른 곳에서 비판한 바 있다 (Marsh et al. 2014).

여기서 전체적인 요점은 마르크스주의와 마찬가지로 민주주의에서 기업의 역할에 대한 다원주의적 입장이 중요하게 바뀌었다는 것이다. 기업의 특권적 지위에 대한 린드블롬의 주장은, 비록 우리가 살펴본 바와 같이 다원주의 자체 내에서 심한 비판을 받아왔지만, 괄목할 만한 영향력을 발휘했다. 그럼에도 불구하고, 기업의 권력은 민주주의에 대한 잠재적인 제약으로서 특별한 주의를 필요로 한다는 점은 인정된다. 그러나 문제는 대부분 경험적인 문제고 헤이가 마르크스주의에 대해 강조했듯이 구조-행위자 문제를 중심 무대에 배치하는 문제라는 것에는 모두가 동의한다.

구조-행위자 문제와 기업 권력에 관한 입장과 관련된 권력논쟁의 얼굴

여기서 별개이지만 서로 관련된 두 가지 쟁점을 검토한다. 첫째, 사회과학에서 영원한 문제인 구조-행위자 문제, 그리고 둘째, 기업의 권력을 어떻게 평가/측정하는지에 대한 문제로, 이는 즉각적으로 '권력의 얼굴' 주장을 제기한다.

나는 전에 구조-행위자 문제(Marsh 2018)에 대한 논쟁이 구조와 대리인 사이의 이원론을 넘어섰다는 점을 강조하는 글을 쓴 적이 있다. 나는 그 관계를 이원론(dualism)이 아닌 이중성(duality)으로 보는 세 가지 변증법적 접근 방식을 확인한다. 기든스(Giddens 1979)의 구조화 이론, 아처(Archer 2003)의 형태발생 접근방법, 그리고 제솝(Jessop 1982)의 전략적 관계적 접근방법이다. 이곳은 그러한 입장을 논의하는 곳이 아니다. 대신에 나는 단지 마르크스주의와 다원주의 입장 중 가장 좋은 것이 변증법적 접근방법, 즉 제솝과 헤이의 경우 전략적 관계적 접근 방법이나 벨에 대한 아처의 접근방법을 채택한다고 주장할 뿐이다.

사실 여기서 주요 쟁점은 이론적이거나 개념적인 문제가 아니다. 오히려 그것은 방법론적이며, 이는 우리를 '권력의 얼굴' 논쟁으로 이끈다. 이 논쟁은 권력의 세 가지 얼굴을 식별한 루크스(Lukes 1974)의 연구에서 시작되었다. 첫 번째 얼굴은 의사 결정과 관련되므로 초점은 각 정책 쟁점에서 어떤 이익(집단)이 '승리'하는지에 있다. 두 번째 얼굴은 의제설정과 관련되어 있어 집단이 문제를 의제에서 제외하고 보다 직접적으로 정책을 형성함으로써 권력을 행사할 수 있다. 세 번째 얼굴은 선호 형성과 관련되어 있으므로 집단은 정책이 만들어지는 광범위한 가치체계, 이데올로기에 영향을 미칠 수 있다.

여기서는 세 가지 요점이 중요하다. 첫째, 이 얼굴들이 '중첩'되어 있으므로 각각이 이익에 대한 권력의 측면을, 이 경우에는 기업을 반영한다고 주장한다. 둘째, 마르크스주의는 항상 제3의 얼굴의 역할을 강조하면서도 다른 두 얼굴을 무시하지 않았다. 예를 들면, 헤이가 제3장에서 보여준 것처럼, 이 두 가지는 자본주의 국가에 대한 밀리반드

(Miliband 1965)의 분석의 주요 초점이었다. 비록 린드블롬의 의지의 조작에 관한 초점이 부분적 예외이긴 하지만, 대조적으로 다원주의는 일반적으로 세 번째 얼굴을 무시했다. 셋째, 이와 관련하여 이것은 서로 다른 입장이 기업의 권력을 평가하려고 할 때 상당한 정도로 서로 다른 '증거'를 고찰한다는 것을 의미한다. 그 결과, 그들은 서로 범위를 넘는 이야기를 할 위험에 처해 있다.

민주정치에서 기업의 역할에 관한 초점 감소

나는 거의 50년 전에 처음으로 기업의 권력에 관해 글을 썼고 그 이후 그것은 마르크스주의자(제3장 참조), 엘리트주의자(제2장 참조), 다원주의자(제1장 참조)를 막론하고 민주주의 작동에 대한 모든 분석가들 관심의 핵심 주제였다. 내가 여기서 말하고 싶은 단순하고 간략한 요점은 이러한 초점이 새천년을 걸친 수십 년 동안 훨씬 덜 두드러졌다는 것이다 (몇 가지 주목할 만한 예외는 특히, Vogel 2003 참조). 이러한 맥락에서 컬페퍼는 이 관심은 케인즈주의의 종말과 신자유주의의 부상에 따라 정치학에서 단계적으로 사라졌다고 주장한다 (Culpepper 2015: 392). 신자유주의는 시장의 규제 완화에 초점을 맞추고 정부의 역할을 경시하며 "시장은 좋고 국가는 나쁘다"라는 진언(mantra, '眞言' – 역자 주)을 내세운다. 이러한 견해는 영국의 대처(Margaret Thatcher)와 미국의 레이건(Ronald Reagan)의 정책에 반영되었으며, 두 정부 모두 기업에 대한 세금을 삭감하고 정부 개입을 제한하며 환경, 안전 및 노동 규제에 관한 법률을 완화했다.

여기서 나의 주장은 간단하다. 첫째, 신자유주의가 1980년 이후 자유민주주의 국가에서 지배적인 가치체계, 이념이 되었다. 비록 서로 다른 체제 사이에 분명한 차이가 있었지만, 대안 정책은 있었다 해도 거의 고려되지 않았다 (Culpepper and Reinke 2014: 429 참조). 둘째, 넓은 의미에서 신자유주의는 기업의 이익을 반영했다. 셋째, 이것은 작동중인 권력의 세 번째 얼굴을 명확히 반영한다.

2008년 세계금융위기(GFC)는 특히 미국과 영국에서 기업의 역할에 대해 새로운 관심을 불러일으켰고, 많은 학자들이 그 역할에 대한 해석에 의문을 제기하게 이끌었다. 간단히 말해서, 2008년 GFC는 대부분 대형 은행들이 위험한 재무 결정을 내림으로써 막대한 부채가 축적되었기 때문에 발생했다. 이후 정부는, 많은 관찰자들의 견해에 따르면, 은행이 "망하기에는 너무 컸"으며, 정부가 그들의 생존과 경제 안정성을 위해 은행에 의존했기 때문에 많은 대형 은행과 기관을 구제했다.

선진국들은 이러한 은행과 기관을 지원하기 위해 막대한 경제적 자원을 지출했다. 이에 대해 경제협력개발기구(OECD: Organisation for Economic Cooperation and Development 2009)는 이들 은행과 금융기관을 엄격하게 규제해야 한다고 권고했다. 그들을 제한하고 감독하기 위한 법률이 도입되면서 단일 규제 기관의 산하로 통합되었다. 그럼에도 불구하고, 많은 정부는 이러한 재정적 결정이 원이이 된 피해를 복구하기 위해 투쟁했다. 이는 이후 미국과 서방 세계 전역에 도입된 긴축 개혁으로 인한 고통과 충격에서 분명해졌다.

따라서 GFC는 기업의 역할에 대한 관심을 다시 불러일으켰지만, 정부의 반응은 국가가 기업에 맞서고 있다는 것을 거의 시사하지 않았다. 이 문제는 벨과 힌드무어(Bell and Hindmoor 2014), 컬페퍼와 레인케(Culpepper and Reinke 2014) 그리고 요할, 모란, 윌리엄스 (Johal, Moran and Williams 2014)의 연구를 고려하는 다음 절에서 다시 다루겠다.

기업의 권력에 대한 경험적 분석

기업의 권력을 평가하는 일은 이미 논의한 방법론적 문제 때문에 대부분 어렵다. 다원주의자들은 권력의 첫 번째, 그리고 어느 정도는 두 번째 측면에 초점을 맞추는 반면, 마르크스주의자들과 다원주의에 대한 다른 비판자들은 두 번째, 특히 세 번째 측면에 더 중점을 둔다. 여기서 나는 이러한 논쟁을 인정하고 이용 가능한 지면의 한계를 인식하면서 다양한 '증거'를 간략하게 고찰하겠다. 그러나 현대 정치에서 기업이 더욱 강력해지고 있다는 데에 대한 합의가 나타나고 있다고 말하는 것이 타당해 보인다.

나는 먼저 구조-행위자에 대한 논의를 바탕으로 지난 수십 년 동안 기업에서, 정부에서, 그리고 정부와 기업 간의 관계에서 일어난 구조적 변화를 검토함으로써 시작한다. 이것은 정부와 기업이 상호작용하는 구조적 맥락을 제공한다. 그런 다음, 다양한 방법론적 접근방법을 적용한 연구를 사용해 기업이 정부 정책에 영향을 미치는 정도와 방법에 대한 증거를 제시한다. 여기에서는 GFC에 관한 보겔, 컬페퍼, 에드워즈 및 사스 그리고 벨 및 힌드무어, 컬페퍼 및 레인케, 그리고 요할 등의 연구를 차례로 살펴본다.

비탐: 기업과 정부의 변화하는 구조

비탐(Beetham 2011)은 기업의 권력은 그 어느 때보다 강력하다고 매우 설득력 있게 주장한다. 중요한 것은 그가 인용하는 증거가 구조주의 입장에 크게 의존하고 있는데, 그 효력이 있다. 비탐(Beetham 2011)은 영국의 현재 국가와 관련하여 기업의 권력을 의미 있게 증가시킨 네 가지 변화를 지적하는데, 그 주장은 폭넓은 반향을 불러일으켰다.

- 시장 근본주의의 승리(Beetham 2011: 5-6). 신자유주의의 부상은 대기업의 입지를 강화하는 동시에 국가의 입지를 약화시킨다. "시장은 좋고 국가는 나쁘다"라는 일반적으로 널리 퍼진 진언과도 같은 상황이다. 이 주장은 권력의 두 번째, 세 번째 측면에 관한 것이며, 린드블롬이 의지의 조작에 초점을 맞추고 있는 것과 일부를 공유한다.
- 세계화와 금융화. 세계화의 범위, 본질, 결과에 대해서는 논쟁의 여지가 있지만(예를 들면, Hirst et al. 2009; Hay 2006 참조), 특히 금융 자본의 이동성이 개별 국가의 규제를 더 문제가 많은 것으로 만들고 자본 파업의 위험을 더 믿어지게 하는 점에는 의심의 여지가 없다 (Beetham 2011: 6-7). 비탐은 이 요점을 밝히지 않지만, 대규모 정보통신 및 소셜미디어 기업은 금융 부문과 유사한 방식으로 국가 통제를 특히 과세를 피한다.
- 조세 회피 계획(Beetham 2011: 7-9). 대기업이 상대적으로 세금을 적게 내기 때문에 정부 수입이 크게 줄어든다. 다국적 기업은 저세율 국가에서 이윤을 선언하고, 국가에 정책적 양보를 하거나 특정 국가에 위치하는 조건으로 기반 시설 지원을 제공하도록 압력을 가한다.
- 정부 전문성 및 조직 역량 저하. 비탐(Beetham 2011: 9-10)은 세입 감소는 능력의 감소로 이어졌고, 상담용역 사용이 증가하면서 기업 부문이 그 격차를 메우고 있다고 주장한다. 대기업은 정책

분야에 미국과 같은 부유한 국가보다 더 많은 전문가가 있다는 충분한 증거가 있다 (Sass 출판 예정).

비탐(Beetham 2011: 10-20)은 계속해서 기업 부문이 정부에 영향을 미치는 방법에 초점을 맞추고 그것이 최근 어떻게 발전했는지 강조하지만, 다원주의자가 요구할 만한 유형의 영향력에 대한 자세한 예를 제공하지 않는다. '기업 세계를 지속적으로 재편'하기 위해 적극적으로 사용되는 금융 부문의 자금 통제(Beetham 2011: 11), 기업 부문이 정당, 싱크 탱크, 로비 활동에 재정 지원을 함으로써 비공식적 영향력을 사는 방식, 그리고 장관과 공무원이 정부를 떠날 때 기업 직장으로 이동하고 기업 부문의 사람들이 정부 직책, 자문위원회 및 부서 이사회에 임명되면서 회전문 인사가 크게 증가한 것 등이 그 예다. 그는 더 나아가 부수적으로, 기업의 입장과 주장에 도전하는 대항 세력인, 유일하지는 않지만 주목할 만한 노조의 입장이 약화하고 있다고 주장한다. 게다가 그는 은행과 기타 금융기관이 특히 GFC 원인에 크게 연루되어 있다는 점을 고려할 때 예상됐을 수 있는 기업의 위치를 약화하기보다는, 공공 지출을 삭감하는 국가들의 거의 보편적인 대응을 고려하면, GFC는 오히려 국가를 약화시켰다고 주장한다.

보겔과 컬페퍼: 기업의 변동하는 권력

'변동하는 운세'는 보겔(Vogel 1989)의 용어고, 컬페퍼(Culpepper 2010)의 연구는 기업은 보겔이 암시하는 것보다 훨씬 더 강력하다고 확실히 제안하지만, 둘 다 쟁점이 정치 무대에 분명히 등장하면 기업은 상당한 제약을 받게 된다고 본다.

보겔은 아마도 기업의 권력에 관한 다원주의 입장을 옹호하는 당대의 정치학자 중 가장 많이 인용된 사람일 것이다. 그는 미국기업의 정치권력은 변동하지만(미국 복지정책과 관련한 비슷한 견해는, J.S. Hacker and Pierson 2002 참조), 기업의 경제 권력이 위협받을 때, 특히 높은 수준의 경제성장 기간에 경제에서 그들의 위치가 거의 당연한 것으로 여겨질 때, 가장 크다고 주장한다. 이러한 주장을 입증하기 위해, 그는 1960년대와 1970년대의 정부와 기업관계를 비교한다.

보다 구체적으로, 보겔은 1960년대에 환경 및 소비자운동의 발전은 시에라 클럽(Sierra Club)과 지구의 벗(Friends of the Earth)과 같은 집단에 의해 대표됐는데, 네이더(Ralph Nader)를 주요 지도자로하여, 이들은 미국 의회에 영향력을 매우 성공적으로 행사해 여러 법안을 통과시켰다. 그 법안은 고속도로안전법, 국가환경정책법, 유독물질관리법, 산업안전보건법, 대기청정법 그리고 일련의 수자원법 등이다. 실제로 보겔(Vogel 2003: 90)은 다음과 같이 강조한다. "얄궂게도, 산업계가 정치적으로 가장 취약했던 시기, 적어도 사회 규제 및 조세 정책 분야에서는 공화당의 닉슨(Richard Nixon) 대통령 임기와 일치한다."

계속해서 보겔은 1973년 석유금수조치로 인해 경기침체 기간으로 이어졌고 워싱턴에서 기업의 영향력은 실제로 증가했다고 주장하다 이것은 주로 기업들이 정치행동위원회를 설립하고 다수의 로비스트를 고용함으로써 그들의 도구적 범위를 확대하여 의회에서 더 큰 영향력을 갖게 됨으로써 카터와 레이건하에서 환경 및 자동차 안전 법안을 완화했기 때문이다. 보겔은 1980년대에 기업계의 영향력이 증대했다는 것을 인정하면서도, 여전히 기업계는 "매우 분열되고 단편화되어 있을 가능성이 높으며" 그리고 "정부와 기업 간의 적대적 관계"가 계속될 것이라고 주장한다 (Vogel 2003: 299). 게다가 보겔은 미디어 영향력과 연결된 이익집단 동원이 여전히 기업 권력을 직접적으로 제한하는 사회운동의 활력소로 남아 있다고 주장한다.

기업의 권력에 관한 컬페퍼의 견해는 더 낙관적이다. 그의 경험적 연구는 독일, 프랑스, 네덜란드, 일본 4개국에서 기업의 역할을 조사하고, 쟁점의 정치적 중요성이 기업의 영향력 정도에 어떻게 영향을 주었는지에 초점을 맞췄다. 그는 비록 '해당 기업이 운영되는 사회정치적, 문화적, 경제적 맥락'은 다르지만(Culpepper 2010: 4), 다른 체제에 있는 대기업의 모든 관리자들은 목표를 달성하는 데 필요한 권력을 소유하고 있다고 강조했다 (Culpepper 2010: 4). 이 입장은 에드워즈(Edwards 2020)가 찬성할 것이다.

컬페퍼에게는 이들 관리자가 장관과 공무원이 정책에 관해 기업 임원보다 훨씬 아는 것이 적고 시민들은 지식 또는 관심이 거의 없는 정치의 '조용한' 분야에서 대부분 활동했기 때문에 권력을 행사했다. 그러나 컬페퍼는 중요도가 낮은 쟁점이 두 가지 상황에서 정치적으로 중요도가 높은 쟁점이 될 수 있다고 주장한다. 정치적 물의를 일으키거나, '정치적 기업가들의 동원 노력'의 결과로 그렇게 될 수 있다 (Culpepper 2010: 6).

컬페퍼는 한 쟁점의 정치적 중요성을 결정하는 데는 미디어가 중심적인 역할을 한다고 강조한다. "여당과 반대자들은 정치적 쟁점이 미디어에서 토론되고 국민이 지켜보고 있다는 사실을 알면 여론의 지시에 대응할 강력한 선거 동인을 갖게 된다"(Culpepper 2010: xv). 그는 정치적 물의가 '지루하고 기술적'인 기업 지배구조 문제보다 이해하기 덜 복잡하므로 쟁점의 정치적 중요성을 높이는 데 더 효과적이라고 주장한다 (Culpepper 2010: 147). 예를 들어, "1억 6,500만 달러의 개인 연간 보상 종합계획을 파악하는 것이 적대적 인수합병 규칙의 의미를 이해하는 것보다 훨씬 쉽다"(Culpepper 2010: 147).

컬페퍼와 보젤의 차이점은 후자는 그러한 사회운동을 기업 권력에 대한 지속적인 제약으로 보는 한편, 컬페퍼는 정치가 조용한 정치의 영역에서 벗어날 때만 이를 제약으로 간주한다는 것이다.

에드워즈: 증대하는 기업의 도구적 권력

비탐(Beetham 2011)은 기업의 구조적, 관념적, 도구적 권력을 강조하면서 반다원주의적 입장을 강력히 옹호하지만, 기업의 영향력에 대한 자세한 사례는 고찰하지 않는다. 이와 대조적으로 에드워즈(Edwards 2020)는 2008년부터 2018년까지 7가지 주요 쟁점에 대해 호주 최대 기업과 정부 간의 갈등에 대한 보다 상세한 조사를 제공하면서 러드-길라드(Rudd-Gillard)의 노동당 정부와 아보트-턴불(Abbott-Turnbull)의 연립정부를 다룬다. 에드워즈는 대기업은 공급자, 배급자 및 소비자를 짜내기 위해 그들의 막대한 규모를 이용한다고 강조한다. 그러므로 그녀는 "이러한 각 사례 연구에서 기업은 공급망에서 이익이 있는 위치를 결정하는 법률을 놓고 정부와 싸우고 있었다"(xi)고 주장한다. 그러나 그녀는 또한 "다양한 맥락, 대항 세력의 복잡한 소용돌이, 경쟁 형태의 권력, 무작위 돌발 사건, 모든 결정에 대한 다수의 손길은 그 복잡성 면에서 무서울 정도다"(xxiii-xxiv)라고 주장한다.

에드워즈는 비탐의 여러 주장, 특히 거대 기업이 부상함으로써 정치적 로비에 대한 보다 전문적인 접근 방식과 함께 진행되었으며(Halpin and Warhurst 2016), 지난 40년간의 경제성장의 혜택이 불균형적으로 극단적으로 부유한 사람들에게로 갔다는 것을 수용할 것이다. 그러나 그녀는 역시 적어도 달(Robert Dahl) 이후로 현대 다원주의자들이 기업은 비평가들이 인식하는 것보다 훨씬 더 다양하고 분열되어 있다고 주장해 온 것을 인정한다. 기업의 이해관계는 흔히 한 쟁점의 양쪽에 존재하므로 기업 이익 간의 경쟁은 그들 중 어느 쪽이든 권력을 크게 감소시킨다.

에드워즈는 주로 정책결정 접근방법을 사용하여 기업 권력의 범위와 그 역할의 구조적, 관념적, 도구적 측면의 상대적 중요성을 평가한다 (Culpepper and Reinke 2014: 5-6 참조, 하지만 그들의 결론은 다르다). 그녀의 결론은 분명하다.

> 우리가 살펴본 5개 부문 중 3개 부문에서 우리의 민주주의는 거대 기업을 억제하고 공익을 수호할 수 없었다 … 대부분은, 광부, 은행, 미디어 재벌, 코울과 울워쓰(Coles and Woolworths, 호주 최대 슈퍼마켓) 모두 이들을 억제하려는 시도를 우회했다 (Edwards 2020: 197).

기업의 권력을 설명하는 요인으로 전환할 때 에드워즈는 구조적 지위의 역할을 축소한다.

> 우리는 거대 기업이 몇 사례에서 구조적 권력을 요구하는 시도를 보았지만, 그 주장은 면밀한 조사에서 입증되지 않았다. 경제정책 공동체는 기업의 선호 사항을 실행하는 것이 더 넓은 공동체에 도움이 된다는 주장을 압도적으로 거부했다 (Edwards 2020: 198).

그녀는 또한 신자유주의 아이디어의 역할을 경시했다.

> 이 7개 사례 연구 중 6개에서 호주의 신자유주의 기관은 기업 선호를 지지하지 않았다. 그들은 일반적으로 기업을 통제하고 더 많은 경쟁 압력에 노출시키는 것을 옹호했다. 신자유주의 아이디어가 결정적인 요인은 아니었다 (Edwards 2020: 199).

대조적으로, 그녀는 기업이 향유하는 도구적 권력의 역할을, 그리고 특히 호주정부, 노동당과 연합 모두가 이에 맞서기를 꺼린다는 점을 강조한다.

> 정치인들은 국가이익에 부합하는 것으로 정당화하기 어려운 정책 결과를 입법화하고 있다. 그들은 자신들의 정치적 이익이 그것에 달려 있다고 믿기 때문에 그렇게 하는 것이다 … 거대 기업은 동료들의 연성권력 연결망(soft-power network), 즉 기부, 한계 의석 운동, 공공 미디어 운동을 통해 정치인들이 그들에게 신세를 지고 있다고 느낄 만큼 많은 영향력을 갖고 있다 (Edwards 2020:199).

에드워즈는 노동당이 기업에 조금 더 적극적으로 맞설 의향이 있다는 점에서 정당 간의 제한적인 차이를 확인했는데, 행위자가 차이를 만들 수 있다는 것도 인정한다. 그러나 그녀의 메시지는 분명하다. 기업, 혹은 오히려 대기업이 호주 정치를 대부분 지배하고 있다는 것이다. 왜냐하면, 정부는 그들에게 맞서지 않을 것이기 때문이다. 게다가 그녀는 기업의 영향력 대부분이 정치의 '조용한' 영역에서 발생한다는 컬페퍼의 주장을 직접적으로 생각하지는 않지만, 그녀가 고려하는 모든 쟁점이 격렬한 정치 무대에서 전개된다는 것을 고려할 때 그녀의 증거는 그것과 모순이 된다.

내 견해는 에드워즈의 주장이 설득력이 있으며, 내가 유일하게 유보하는 것은 기본적으로 의사결정 접근방법인 그녀의 방법론은 구조적 권력과 의지의 조작에 관한 주장을 정당하게 평가하지 못한다는 것이다. 실제로 그녀의 결론은 다음과 같은 질문을 즉각적으로 시사한다. 정부는 왜 재선 기회가 기업을 제 위치에 유지하는 데 달려 있다고 생각하는가? 이 질문에 대한 대답은 확실히 우리가 권력의 두 번째와 세 번째 측면을 고려하도록 만들 것이다.

논쟁에 대한 이러한 기여는 오로지 경험적이지 않은 많은 질문을 제기한다. 무슨 요인이 어떤 쟁점을 정치적 의제에서 제외하거나 혹은 최우선 순위에 놓는 것에 영향을 미치는가? 이익집단 동원은 정책 결과를 형성하는 데 어떤 역할을 하는가? 언론은 정치적 의견 형성에 어떤 역할을 하는가? 전반적으로 가장 근본적인 질문은 기업과 정부 사이에 지속적이고 대체로 안정적인 '교환관계'가 있다는 린드블롬의 견해에 관한 것이다. 비탐과 에드워즈는 아니라고 대답할 것이다. 왜냐하면 기업은 정부에 대해 더 많은 그리고 증가하는 권력을 갖고 있기 때문이다. 보겔은 그렇다고 답할 것이다. 왜냐하면 기업권력은 시간이 지남에 따라 그리고 쟁점에 따라 변동하고, 다른 행위자와 정부의 선거 관심에 의해 제약을 받기 때문이다. 한편 컬페퍼는 기업의 권력은 변동하지만, 정치의 '조용한' 영역에서는 특권적인 접근과 중요한 영향력을 갖는다고 말할 것이다. 여기서도 흥미로운 점은 GFC의 여파로 컬페퍼(Culpepper 2010: 198)가 다음과 같이 주장한 것이다. "많은 지표는 우리가 정치적 현상 유지에 대한 과격한 재협상 기간에 살고 있으며 조직화된 기업이 약화된 협상 위치에 처해 있음을 시사한다." 이것은 비탐, 에드워즈 또는 요할, 모란과 윌리엄스(Johal, Moran and Williams 2014)의 지지를 받지 못할 견해다.

사스: 몬산토가 보통 이긴다

사스(Sass 2020)는 1970년대부터 몬산토(Monsanto)와 미국정부 사이의 관계를 조사하기 위해 몬산토의 회사 보고서 및 기업 통신에 대해 상세히 분석하고, 이와 함께 회사 운영위원회에서 가장 활동적인 구성원들과의 인터뷰를 사용한다. 그는 몬산토가 1970년대와 1980년대 초에 공무 풍조을 바꾸어 놓을 정도로 훨씬 더 예방적이 되었다고 주장한다 (Sass 2020: 136). 이 자료를 사용하여 사스(Sass 2020: 136)는 다음과 같이 주장한다.

> 분명해진 것은 거대한 정치적 야망을 품은 기업의 이미지다. 그 자신을 대량 화학 기업에서 생명공학 기업으로 변신하기 위해 몬산토의 운영자들은 먼저 제도적 환경을 전환해야 한다는 것을 알고 있었고 실제로 그렇게 했다.

몬산토는 1983년에 유전자 변형 작물 개발에 대한 안전 및 생태학적 규제를 안내하는 원칙에 관해 OECD 내에서 논의하면서 미국 규제 상황을 바꾸려는 노력을 시작했다. 이러한 맥락에서 사스는 다음과 같이 주장한다 (Sass 2020: 140). "운영 2년차까지 몬산토 운영위원회는 OECD의 정책 형성 과정에 대한 영향력과 관련하여 일련의 승리를 거두었다. 1984년 중반까지 운영위원회는 환경보호국에서부터 백악관에까지 작업했다" (Sass 2020: 146). 이러한 접근과 영향력의 결과로 영국 및 독일과 달리 미국에서는 "농업 생명공학의 안전성에 의심의 여지가 있었다"는 것을 사스(Sass 2020: 152)는 보여준다.

몬산토의 목표는 예방하는 것이었다.

> 생명공학이 강력한 여론을 불러일으킬 수 있는 쟁점이 되는 이유는 자의적인 규제 결정을 수반할 수 있기 때문이다. 그렇다면 운영위원회의 여론 활동의 목적은 바로 생명공학을 둘러싼 대중의 언어를 재구성하는 것이었다 (Sass 2020: 154).

즉, 목표는 선호도를 형성하고, 의제를 통제하며, 컬페퍼가 말하는 정치의 '조용한' 영역에서 쟁점을 유지하는 것이었다.

사스(Sass 2020: 155)는 몬산토가 홍보활동(PR) 분야에서 매우 활동적이었다는 것을 보여준다. 유전자 변형 작물에 강력하게 반대하지 않는 외부 행위자를 그들의 입장에 가깝게 끌어들이는 동시에 반대자를 고립시키려고 시도했다. 동시에 "운영위원회는 영향력 있는 정치인과 정부 관료들의 의견을 형성하려고 노력했다"(Sass 2020: 162). 아마도 가장 중요한 것은 몬산토가 생명공학에 대한 시민들의 태도를 알아보기 위해 매우 광범위한 설문조사를 실시하고 수많은 신문 기사를 게재하는 동시에 TV 및 라디오 광고도 게재했다는 것이다. 목표는 선도적인 생명공학 기업으로 그 자신을 투사하는 것이었다. 후속 조사에서는 생명공학 실험에 대한 지지와 몬산토에 대한 긍정적인 시각이 더욱 높아진 것으로 나타났다. 이러한 맥락에서 사스(Sass 2020: 167)는 이 계획의 책임자인 바톤(Gary Barton)의 말을 인용하여 몬산토가 "여론의 바늘을 움직일" 수 있다는 것을 발견했다고 주장했다.

그렇다면 몬산토는 의사결정자들에게 접근할 수 있는 특권을 갖고 있었고 의지를 조작할 수 있었지만, 그들이 영향력을 행사할 수 있었을까? 사스의 결론은 다음과 같다.

> 놀랍게도 이 경영진 집단은 모든 목표를 달성했다. 그들은 미국에서 채택된 연방 규정의 초안을 작성했고, 이는 말할 필요도 없이 몬산토의 전략적 요구와 완전히 일치하는 규정이었다. 국무부의 도움으로 몬산토는 OECD가 전 세계적으로 장려하는 생명공학에 대한 규제 지침을 마련했다. 몬산토는 학교를 위한 전국적인 교육 활동을 만들고, 대중적 사용을 위한 기록물들을 제작하고, 정책에 영향을 미칠 가능성이 있는 집단은 물론 저항을 보인 개인 및 지역 사회와 집중적으로 끌어들여 생명공학에 대한 미국 여론을 형성했다.

벨과 힌드무어, 컬페퍼와 레인케, 요할, 모란, 윌리암스: GFC와 그 여파

경험적 증거에 대한 마지막 절에서는 벨과 힌드무어(Bell and Hindmoor 2014a,b,c,d; Hindmoor and McGeechan 2013), 컬페퍼와 레인케(Culpepper and Reinke 2014), 요할, 모란과 윌리암스(Johal, Moran and Williams 2014)[1])의 GFC에 대한 정부의 대응에 관한 연구에 중점을 둔다. 상황 설정에 있어서, 벨과 힌드무어는 정부가 역량의 큰 불평등으로 인해 금융 중심과 협상할 때 큰 문제에 직면한다고 주장한다. 그들은 "시와 월스트리트는 모두 역사적으로 규제 중재의 경기에서 규제자보다 한 발 앞서왔다"(2014a: 356)고 주장한다. 전반적으로, 그들의 주장은 본질적으로 국가 당국은 '금융을 길들일 행정적 또는 규제적 능력'을 갖추지 못할 거라는 것이다 (2014a: 357). 이 주장은 더 일반적으로 기업에 대한 비탐과 에드워즈의 주장을 공명한다.

벨과 힌드무어, 힌드무어와 맥기챤(McGeechan, J)은 둘 다 구조-대리인 문제에 대해 변증법적 접근방법을 채택한다. 그들은 구조가 독립적인 인과적 힘(Marsh 2018 참조)을 가질 수 있다는 견해를 부인하고 제한된 합리성 모델을 사용하기 때문에, 나의 견해로는, 구조의 중요성을 경시하고 아이디어와 대리인의 역할을 강조한다.

힌드무어와 맥기챤(Hindmoor and McGeechan 2013: 842-846)은 은행 부문에 초점을 맞춰 시간이 지남에 따라 미국은행의 로비 활동(대리인)이 어떻게 입법 및 규제 변화를 가져왔고, 이는 은행이 "망하기에는 너무 크다"는 생각을 널리 퍼뜨리게 되었음을 보여준다. 여

---

[1] 나는 공동저자와 함께 이 연구를 더 자세히 다루었다 (Marsh, Akram and Birkett 2015).

기서 힌드무어와 맥기찬의 요점은 노력하지 않고도 원하는 것을 얻을 수 있는 은행의 '체제적인 행운'은 위에서 살펴본 몬산토 사례와는 매우 다른 그림이지만, 그 이전의 로비 활동에서 유래했다는 것이다.

GFC를 다루면서 벨과 힌드무어(Bell and Hindmoor 2014b)는 다음과 같이 주장한다.

> 그러한 파괴적인 영향을 미칠 제도적, 구조적 압력이 주로 위기 이전에 미국과 영국의 중심부 금융 시장에서 은행가와 이를 지지하는 국가 엘리트에 의해 만들어졌다는 것은 얄궂다. 그 주요 변화는 위기 이전 수십 년 동안 핵심 경제에서 일어난 광범위한 '금융화' 과정과 은행 혁명의 일부였다. 이 기간에는 은행가가 우주의 주인으로 널리 인식됐다. 그러나 위기가 촉발되자 은행가들은 예상치 못한 세력에 빠르게 압도당했고 그들이 창출하는 데 도움을 준 시장의 노예에 가깝다는 것이 드러났다.

벨과 힌드무어는 에드워즈와 마찬가지로 구조적, 관념적, 도구적 측면을 식별하고 논의한다. 그러나 기업의 도구적 힘을 강조하는 에드워즈와는 대조적으로, 그들은 세 가지 관계를 상호작용하고 흔히 누적되는 것으로 본다. 벨과 힌드무어(Bell and Hindmoor 2014b: 16)의 경우 아이디어는 구조적 권력의 효과를 증가시키거나 감소시키는 방식으로 중재한다. 그들은 처음에는 시장의 효율성에 관한 지배적인 생각이 은행가들에게 이익을 주었다고 주장하지만, 그 후에는 "체계의 안전성에 관한 행위자들의 생각 때문에 위기 이전에 체계적 위험이 커지는 것을 보지 못했다. 지배적인 아이디어와 가정은 행위자가 직면하는 구조적 역학의 진정한 본질을 은폐했다." 여기서 아이디어는 행위자를 촉진하거나 제한할 수 있는 자원으로 간주되고, 구조에는 제한된 역할이 부여된다.

린드블롬과 마찬가지로, 벨과 힌드무어(Bell and Hindmoor 2014b: 16)는 기업의 구조적 권력은 경제 내에서 기업의 위치와 그 위치가 정부의 행동을 어떻게 제약하는지에서 획득된다고 본다. 이에 비해 그들에게 도구적 권력은 "기업의 핵심 기능과 무관하며, 기업이 정치에 영향을 미치는 다양한 수단, 즉 선거운동을 위한 기부, 정책결정자에 대한 특권적 접근, 그리고 기업 이익을 옹호하는 로비스트 및 조직들"로부터 파생된다.

컬페퍼와 레인케(Culpepper and Reinke 2014: 5-6)의 경우 구조적, 도구적 권력 모두는 자동적이거나 전략적일 수 있다. 이러한 입장을 발전시키면서 그들은 비록 직접적이지는 않지만 구조는 권력을 행사할 수 없으며 오직 행위자만이 할 수 있다고 주장한 와드(Ward 1987)에게 문제를 제기하고 있다. 그리고 벨과 힌드무어처럼 행위자는 자동적으로 행동하지 않고, 그들의 선호(이익)와 그들이 직면한 의사결정체계를 염두에 두고 전략적으로 행동한다고 주장하는 사람에게도 문제를 제기한다. 대신, 컬페퍼와 레인케는 구조와 행위자는 둘 다 역할을 하는 것으로 보고, 도구적 행위는 그것이 변증법적 관점을 지향하는 어떤 방식으로 일어나는 구조적 맥락에 의해 형성된다고 주장한다.

컬페퍼와 레인케는 기업의 구조적 위치와 개인 및 집단 모두의 기업 대리인의 도구적 행동 사이의 관계는 어떤 의미에서 상호작용적이라고 제안한다. 이는 GFC 기간 동안 미국과 영국에서 은행에 대한 정부 구제금융에 대한 비교 사례 연구에서 충분히 입증된 논점이다 (Culpepper and Reinke 2014: 6-7).

미국과 영국 모두에서 정부는 "부문 전반에 걸쳐 개입했으며, 유동성, 부채 보증 및 자본 확충을 제공했다"(Culpepper and Reinke

2014: 8). 그러나 그들은 영국에서는 결과가 은행을 위해 더 좋았고 정부에게는 더 나빴으며, 미국에서는 반대 현상이 일어났다는 것을 보여준다. 컬페퍼와 레인케(Culpepper and Reinke 2014: 9-10)는 이러한 결과에 대한 가장 중요한 이유는 구조적이라고 제안한다. 미국 은행 사업의 대부분은 미국 규제 기관의 관할권 내에 있었다. 예를 들어, 웰스 파고(Wells Fargo) 사업의 75%가 미국에서 나온 반면, 영국 HSBC의 경우는 그렇지 않았는데, HSBC가 영국에서 산출한 수익의 비율은 오직 20%에 불과했다 (Culpepper and Reinke 2014: 12-13). 영국에서는 바클레이(Barclays)가 국내 시장에 크게 의존하는 반면 카타르와 아부다비에서 자금을 빌릴 수 있었다. 이러한 맥락에서 HSBC는 영국정부의 자본 확충 계획에 참여하는 것을 거부했고 바클레이는 빠르게 그들의 선례를 따랐다. 대조적으로, 미국 규제 당국은 웰스 파고와 제이피 모건(JP Morgan)이 '거절할 수 없는 제안'을 만들었다 (Culpepper and Reinke 2014: 14). 컬페퍼와 레인케(Culpepper and Reinke 2014: 15)는 "HSBC의 조치는 의도적이었는데, 그것은 로비 접근의 결과가 아니라 시장에서의 구조적 위치의 산물이었다"고 결론을 내린다. 여기서 흥미로운 것은 벨과 힌드무어는 은행 위기에 관한 그들의 논문에서 영국과 미국 은행 부문 간의 '구조적 차이'를 지적하지 않음으로써 정책 결과에 미치는 영향을 평가하지 않았다는 것이다.

요할, 모란 및 윌리암스는 위에서 논의한 루크스(Lukes 1975)의 권력의 얼굴 주장에 대한 흥미로운 해석을 바탕으로 다른 접근방법을 택한다. 그들은 권력의 네 번째 얼굴, 푸코의 연구에서 유래된 모세관(capillary) 권력을 추가한다. 이 네 번째 얼굴은 "의식적으로 지배 또는 행위자와 같은 언어를 생략한다 … 이는 규율이 외부에서 부과되는 것이 아니라 학습되고 자발적으로 따르는 속박의 산물이 되도록 보장하는 방법으로 가치의 내면화를 수반한다"(Johal et al. 2014: 402).

그들은 영국에서 도시 권력의 발전을 조사하면서, 민주주의가 확립되기 전에는 도시 권력이 의제 설정에 기반했는데 1918년 이후에는 "헌법적, 규제적, 그리고 경제 정책 요소를 융합한 헤게모니적 화술의 창작"에 의존했다고 주장한다 (Johal et al. 2014: 409). 그러나 그들은 문화적 변화, 규제 실패, 경제 정책 변화가 이러한 헤게모니적 화술을 약화시켰다고 주장한다. 장기 시장 호황 기간 동안의 대응에는 통치성 과정이 포함되었다.

> 이 사업 계획은 정책결정자, 금융 엘리트 및 국민이 행동을 실행하고 시장에 민감한 일련의 규범적 제약을 내면화하도록 함으로써 시장과 그 운영을 매우 명백하게 만드는 것이었다 (ibid.).

요할, 모란 및 윌리암스의 핵심 논점은 이것은 행위자가 인식하지 못한 과정이었다는 것이다. 또한, 금융 부문 측에서는 행위자가 거의 참여하지 않은 과정이기도 했다.

요할, 모란 및 윌리암스(Johal, Moran and Williams 2014: 410-414)는 이러한 모세관 권력의 6가지 요소를 식별한다. 국유화된 산업 및 사회 주택의 민영화와 같은 것으로 국민을 금융 시장의 위험과 보상에 노출시킨 구조적 변화, 증대된 위험과 불확실성으로부터 국민을 '보호'하기 위한 새로운 금융 상품의 개발, 특히 금리 설정과 관련한 거버넌스 양식으로서의 시장의 역할 증가, "위험 관리에 있어서 우월한 시장 정보에 대한 찬양"(Johal et al. 2014: 411), 시장의 우월성에 관한 메시지를 전파하는 권위 있는 인물로서의 '경제 분석가'의 출현, 그리고 "금융 부문이 대안적인 경제 역학을 창출한 데에 따른 런던의 탈규제는 영국이 탈산업 서비스 경제를 구축하는 데 비교 우위를 갖게 됐다"고 강조하는 화술의 발전(Johal et al. 2014: 412)이 6개의 모세관 권력 요소다.

그러나 요할, 모란 및 윌리암스(Johal, Moran and Williams 2014: 413)는 "지배와 편재(ubiquity)는 권력의 안정성이나 지속가능성과 일치하는 것"이라고 강조하면서 실패한 사업이라고 주장한다. 적절한 규범이 국민에 의해 내면화되지 않았을 때와 금융 시장의 작동에 대해 널리 받아들여진 안일한 설명이 2007~2008년의 대붕괴와 같은 사건으로 인해 논란이 되었을 때는 통치성이 미치는 범위가 그 성장을 초월했기 때문에 그것은 실패했다 (Johal, Moran and Williams 2014: 409).

더 자세히 설명하면, 그들은 실패가 여러 가지 요인으로 인해 초래됐다고 주장한다. 첫째, 그들은 "사건이 정당화하고 있는 화술의 용어를 거짓으로 인증할 때 그 화술은 문제에 봉착한다"고 주장하면서 GFC를 강조한다 (2014: 414). 이것은 구조와 관념적 영역의 관계에 대한 쟁점을 직접적으로 제기한다. 이 문제를 보는 한 가지 방법은 세계화의 '현실'과 이에 관한 화술 사이의 관계를 논의할 때 '공명'이라는 개념을 불러일으키는 것이라고 마쉬(Marsh 2010)는 주장한다. 여기서는 금융시장이 어떻게 작동하는지에 대한 어떤 관념도 가능하지만, 그것이 어떻게 작동하는지에 대한 현실은 그 화술의 효율성과 수명을 제한할 것이라는 주장이 있을 것이다.

요할, 모란 및 윌리암스(Johal, Moran and Williams 2014: 415)는 또한 GFC가 중요한 구조적 및 정책적 결과를 가져왔으며, 특히 은행을 공적 소유로 전환하여 통치성 사업을 약화시켰다고 강조한다. 예를 들어, 기부금 저당 및 개인연금의 불완전 판매와 관련된 일련의 스캔들로 인해 상황은 더욱 악화되었다. 요할, 모란, 그리고 윌리암스(Johal, Moran and Williams 2014: 416)의 경우, 한 가지 결과는 은행에 대한 반감이 높아지면서 '의심하는 고객의 유권자'였다. 국민의 광범위한 금융문맹과 함께 이것은 모세관 권력의 성공에 결정적인 '자신의 정부'가 없음을 의미했다.

시간이 지남에 따라 런던시의 권력 변화에 대한 분석에 비추어 요할, 모란 및 윌리암스는 권력 논쟁의 측면에 대한 흥미로운 견해를 전개한다. 그들은 시가 다른 시기에 다른 형태의 권력을 사용했다고 주장한다. 20세기 대부분 동안 그것은 헤게모니적 권력을 사용했지만, 문화 변화, 규제 실패 그리고 경제정책 변화로 인해 모세관 권력에 의존하게 되었다. 이것은 실패한 계획이었기 때문에 은행 부문에 대한 정책이 더욱 논쟁의 여지가 있는 기간에 그들은 점점 더 첫 번째 얼굴을 사용해야 했다 (Johal et al. 2014: 416). 따라서 보겔이 제안한 것처럼 변동하는 것은 금융 부문의 권력이 아니라, 변화하는 권력을 행사하기 위해 사용하는 수단이다.

요할, 모란 및 윌리암스는 행위자의 견해와 행동이 자신도 모르는 사이에 형성될 수 있는 모세관 권력의 중요성을 강조한다. 그러나 그들은 또한 이러한 권력이 자동적이지 않다는 것과 관련된 계획이 반드시 성공적인 것은 아니라는 것을 보여준다. 아마도 덜 성공적인 것은 행위자를 다루는 것인데, 이는 푸코의 영향을 받은 연구에 대한 공통적인 비판이다 (제8장 참조). 그들은 위기 이후 기간에 행위자의 역할을 간략하게 논의하기는 하지만, 통치성 확립의 실패를 행위자가 없는 과정 또는 계획으로 본다.

결론

이 간략한 조사에서 나는 먼저 현대 자본주의에서 기업의 권력에 대한 마르크스주의와 다원주의 사상의 발전을 검토한 후, 새천년에 걸친 20년 동안 기업의 권력에 있어서 관심이 쇠퇴한 이유를 간략하게 검토했다. 그러나 나의 주요 관심사는 이 쟁점에 관한 보다 최근의 경험적 자료를 조사하는 것이었다. 부분적으로는 문제를 평가하기 위해 다양한 방법론을 사용하기 때문에 논쟁의 여지가 있는 영역이지만 분명한 패턴이 있다.

내 주장은 확실히 기업이 항상 승리한다거나, 다양한 정책에 대한 다양한 회사, 금융기관의 권력 사이에 큰 차이가 없다는 것이 아니다. 나도 한 수준에서 특정 기업과 금융기관의 권력에 대한 문제는 경험적인 문제라는 점을 인정한다. 그러나 에드워즈, 사스 그리고 요할, 모란 및 윌리암스와 같은 학자들의 연구는 명확한 패턴이 있음을 시사한다. 기업은 분명히 현대 자본주의에서 강력한 이익이다. 비록 여기에 비교 자료가 제시되지는 않았지만, 가장 강력한 이익이라고 제안하고 싶다. 덧붙여, 나의 견해로는 비탐이 설득력 있게 보여주듯이, 부분적으로는 기업의 위치가 강화된 구조적, 관념적 변화 때문에 지난 기간 동안 그 권력은 증대해 왔다.

여기서 또 다른 결론이 중요해 보인다. 에드워즈는 현대 호주 정책 결정에서 기업이 매우 강력하다는 강한 사례를 제시했지만, 나는 기업의 영향력을 설명하는 것이 대부분 도구적 권력이라는 결론을 확신하지 못한다. 오히려 내 생각에는 세 가지 형태의 권력, 만일 모세관 권력을 고려하면 네 가지 형태가 중첩되어 있다고 생각된다. 따라서 위에서 에드워즈에게 제기한 질문에 대한 나의 대답은 기업은 권력의 두 번째 및 세 번째 얼굴의 작동에 따른 맥락 내에서 운영되기 때문에 정부가 대부분 기업에 맞서지 못한다는 것이다.

추가 읽을 거리

Bell, S. and A. Hindmoor (2014), "The ideational shaping of state power and capacity: Winning battles but losing the war over bank reform in the US and UK," *Government and Opposition*, 49(3), 342–368.

Culpepper, P.D. (2010), *Quiet Politics and Business Power*, Cambridge: Cambridge University Press.

Culpepper, P. and R. Reinke (2014), "Structural power and bank bailouts in the United Kingdom and the United States," *Politics and Society*, 42(4), 1–28.

Lindblom, C. (1977), *Politics and Markets*, New York: Basic Books.

Vogel, D. (1989), *Fluctuating Fortunes: The Political Power of Business in America*, New York: Basic Books.

13장 국가와 민족주의

- 서론　378
- 민족주의와 국가에 대한 이론적 시각　381
- 민족주의의 다양성: 포용과 배제　385
- 국가 및 하위국가 민족주의　391
- 국가 해체? 민족주의와 독립　400
- 결론　402

니콜라 맥이웬(Nicola McEwen),
다니엘 세트라(Daniel Cetrà)

서론

제2부에서 앞의 장들은 국가 지위에 대한 다양한 측면을 고찰했다. 각 장은 글로벌 금융 상호 의존과 초국가적 거버넌스의 압력에도 불구하고 정치 조직에 대한 국가의 중요성을 재확인한다. 국가는 역시 정치학 연구의 주요 분석 단위로 남아 있다. 비교정치학 분야는 국가를 교차한 정치 현상을 비교, 대조하는 연구가 지배적인 한편, 국제관계 분야는 국제사회에서 국가 간 상호작용에 초점을 맞춘다.

국가에 대한 논의에 함축된 것은 국민국가라는 개념이다. 근대에는 국가의 경계가 흔히 민족의 경계로 제시되는 경우가 많다. 이것은 우연이 아니다. 국가 지위는 공식적인 제도, 법, 기능과 연합된 반면, 민족 지위는 연대와 상호 귀속이라는 감정적 유대를 부추긴다. 민족 지위라는 공유된 의식은 통치체제로서 국가의 정통성을 강화하는 역할을 한다. 민족 지위와 '국민'의 집단적 정체성은 국가의 시민들 사이의 위험과 자원의 공유를 정당화하고 국제사회에서 국가의 행동을 방어하기 위해 호소된다.

민족 지위는 민주주의 국가에서 정통성을 유지하는 데 특히 중요하다. 민주적 거버넌스는 '민중'(인민)으로서 집단적으로 도달하는 결정과 그들의 이름으로 선출된 대표가 내린 결정이 받아들여질 것을 보장할 수 있도록 시민들 사이에 충분히 공유된 정체성을 요구한다. 민주주의 국가의 시민은 국가의 기능과 방어를 보장하기 위해 필요한 공헌을 할 준비가 되어 있어야 한다. 예를 들면, 일부 시민의 소득과 자원을 다른 시민에게 재분배하는 조세체계를 지지하거나 국가의 권위와 영토를 수호하기 위해 생명 손실이나 사랑하는 사람을 희생하는 위험을 무릅쓰는 것이다. 테일러(Charles Taylor)는 "근대 민주주의 국가는 통상적으로 불려져 왔던 건강한 정도의 애국심, 즉 정체에 대한 강한 일체감과 정체를 위해 자신을 바치려는 의지가 필요하다"고 말했다. 근대 국가의 맥락에서, "민족주의는 가장 쉽게 이용할 수 있는 애국심의 원동력이 되어 왔다"(Taylor 1996: 201-202).

그러나 정치학도들은 '국가'가 응집된 단위라고 가정하는 것을 경계해야 한다. 많은 국가는 국가의 경계와 민족의 경계가 일치하지 않을 수도 있을 정도로 내부 영토적 다양성이 특징이다. 이러한 경우에 흔히 민족주의 정치가 가장 현저하게 나타난다.

이 장에서는 민족주의를 정치적 교리이자 정치의 한 형태로 이해한다. 교리로서 민족은 자결권을 가지고 있다고 주장한다. 이 교리는 유엔 규약에서 '인민'은 "자신의 정치적 지위를 자유롭게 결정하고 경제적, 사회적, 문화적 발전을 자유롭게 추구"할 권리로 표현된다 (UN

1976: Part 1, Article 1). 이것은 적어도 학자들 사이에서는 건전한 조직 원칙이라기보다는 '국가 형성의 이상적 요소'(Danspeckgruber 2002: 2)로 오랫동안 인정해 왔다. 더욱이 이 교리는 다음과 같은 질문을 제기한다. 누가 '인민'이고 누가 '자신'인가, 즉 누가 자신의 정치적 지위를 자유롭게 결정할 권리가 허용되는가? 그 질문에 대한 대답은 정치적이다. 민족주의는 또한 정치적 행위의 한 형태다. 그것은 민족 지위에 대한 화술을 개발하고 국가 정체성을 육성하며 민족에 대한 애착을 강화하기 위한 정교한 민족 건설 주도에서 나타날 수 있다. 또는 영토 요구를 강화하거나 국민의 이름으로 목표를 추구하려는 의도된 정치적 동원에서 분명히 나타날 수도 있다.

이 장에서는 민족주의와 국가의 관계에 관해 강조한다. 국가는 민족주의의 대리인이 되어 전국적으로 민족 지위의 결속을 강화할 수 있다. 두 개 이상의 민족을 포함하는 국가는 때때로 소수 민족을 소외시키거나 심지어 탄압하기 위해 민족주의적 행동에 참여한다. 반대로, 그들의 다국적 성격은 시민과 더 넓은 세계에 국가를 대표하는 상징, 화술, 관습 및 법률을 통해 인정되고 기념될 수 있다. 국가는 또한 자신의 이름으로 활동하는 민족의 지위와 권력을 증대시킬 목적으로 국가 내 소수 민족 또는 '하위 국가' 민족으로부터의 민족주의자들의 대상이기도 하다. 여기에는 권력 이양이나 연방주의를 도입하도록 국가가 통치되는 방법을 변화시키려는 노력이 포함될 수 있다. 보다 급진적인 하위 국가의 민족주의자들은 한 국가를 이탈하거나 다른 국가를 설립(또는 가입)하는 것을 목표로 한다.

이 장에서는 이러한 민족주의의 다양한 표출을 탐구할 것이다. 먼저 민족주의와 국가에 대한 다양한 학문적 시각을 고려할 것이다. 그런 다음 국가 자체와 국가 내 민족의 민족주의를 탐구한다. 마지막 절에서는 유럽에서 가장 두드러진 사례 중 하나인 영국-스코틀랜드, 스페인-카탈루냐의 국가 및 하위 국가의 민족주의를 조사할 것이다.

민족주의와 국가에 대한 이론적 시각

민족주의 연구는 원시주의, 근대주의, 인종상징주의라는 세 가지 주요 접근법이 지배해 왔다. 국가의 역할은 이들 각각에서 다양한 정도로 특징을 짓는다.

원시주의(Primordialism)는 국가가 자연스럽고 모든 시기 동안 존재해 왔다는 견해를 기술하는 포괄적인 용어다. 이러한 접근방법은 국가의 역할에 거의 주의하지 않는다. 그 대신, 그것은 시간을 넘어서도 지속하는 것으로 시사되는 조상, 친족 관계, 인종성의 공통된 유대를 강조한다 (van den Berghe 1994: 98-99; Geertz 1994: 30-31). 국가가 자연적인 실재물이 아니라는 것을 인정하면서 국가의 고대성을 강조하는 학자들은 때때로 영속주의자로 분류된다 (Hastings 1997: 3-4; 또한 Smith 2002: 12-14 참조). 원시주의는 많은 민족주의자들의 견해를 반영할 수 있지만, 민족주의 연구에서는 매우 주변적인 입장이 되었다.

압도적으로 지배적인 접근방법은 근대주의(modernism)다. 국가는 민족주의에 대한 근대주의 설명의 중심적 특징이다. 민족을 자연적 실재물로 보기보다는 근대국가의 출현과 연결된 근대적 현상으로 본다. 근대주의자에게 민족은 민족주의에 의해 구성된 역사적으로 자리 잡은 실체이며, 민족주의는 근대 세계의 사회적, 정치적, 경제적 전환 요구의 산물이다. 민족주의에 대한 근대주의의 관점은 정치 공동체의 공유된 관습과 화술의 산출에 중심으로서 의사소통 연결망과 언어 표준화의 중요성을 지적한다 (Deutsch 1966; Anderson 2006). 앤더슨(Benedict Anderson)은 표준화된 언어의 확산이 자본주의와 인쇄술과 결합하여 우리가 민족을 '상상'할 수 있게 하는 조건을 만들었다고 잘 알려진 주장을 했다. 앤더슨에 따르면, 자본주의는 토착어를 모아 시장을 통해 배포했고, 이는 언어적 특수성과 민족 문화 사이의 연관성을 만들어냈다. 교환과 의사소통이 통합된 분야가 라틴어 아래와 구어(spoken languages) 위에 나타났고, 이것이 민족적으로 상상된 공동체의 '배아'였다 (Anderson 2006: 37-46).

근대주의 전통에서 가장 영향력 있는 공헌 중의 하나는 겔너(Ernest Gellner 1983)에 의해서다. 그는 국가가 언어적, 문화적 동질성을 달성하고 유지하기 위해 민족 건설에 종사했다고 주장했다. 이는 결국 인구의 영토적, 정치적 통합을 뒷받침했다. 겔너에 따르면, 근대 산업사회는 노동 시장에서 높은 수준의 사회적, 지리적 이동성을 요구했기 때문에 문화적 동질성이 필요했다. 겔너가 이해한 민족주의는 정치적 원칙으로서 정치적 및 민족적 단위가 일치해야 하고(ibid.: 5), '민속 문화'를 고급 민족 문화로 변형시켜 사회에 부과하는 것이다. 일부 언어는 국가의 '국어'로 발전했지만 다른 언어는 그렇지 않았다. 이것은 국어의 지위로 승격된 언어는 근대성과 진보와 연관되는 반면, 다른 언어는 흔히 시대착오적이고 후진적인 것으로 고려되는 규범적인 결과를 가져온다 (May 2001). 겔너에 의하면, 이러한 문화적 동질화 과정의 원동력은 사람들이 한 직업 지위와 위치에서 다른 곳으로 의사소통하고 이동할 수 있도록 하는 포괄적인 훈련과 표준화된 공유 언어 및 문화를 제공하는 국가 교육체계였다. 따라서 겔너의 연구에서, 민족주의는 민족의 공유된 아이디어를 생성하고 유지하면서 본격적인 문화적 동화를 통해 정치적 통합을 추구하는 통합 과정이다.

민족주의에 대한 근대주의적 해석을 채택한 다른 학자들은 국가와 이를 둘러싼 정치에 관해 훨씬 더 강조했다. 민족주의 아이디어의 확산을 지원하는 데 있어 표준화된 문화, 진보된 의사소통, 인쇄 자본주의의 중요성을 인정하면서도, 브루일리(John Breuilly)에게 이것은 민족주의를 '설명하지' 못한다. 대신에 그는 민족주의 출현의 핵심은 민족주의가 출현하는 맥락을 설정하고 민족주의자들이 경쟁에서의 상품을 나타내는 근대 국가의 발전이라고 지적했다. "문화, 이데올로기, 정체성, 계급 또는 근대화에 초점을 맞추는 것은 민족주의가 그 모든 어느 것보다도 정치에 관한 것이고 정치는 권력에 관한 것이라는 근본적인 논점을 무시하는 것이다. 권력은 근대 세계에서 주로 국가 통제에 관한 것이다"(Breuilly 1993: 1-2). 만(Michael Mann 1993)은 또한 민족주의가 국가의 출현과 밀접하게 관련되어 있다고 보고 세 가지 독특한 단계를 구별했다. 첫 번째는 군국주의 단계로서 18세기 전쟁이 국가를 국민 삶의 핵심 행위자로 만들었다. 국가 세금은 재원을 늘리고 군인을 징집했으며 인구는 국가 목표를 중심으로 동원됐다. 두 번째 산업 단계에서는, 19세기 중반부터 제1차 세계대전까지 인민주권 관념이 확립됐고 국가 기능이 점차 확대됐다 (제9장 참조). 이로 인해 국가의 능력이 사회생활에 침투하고 국가가 통치를 주장하는 영토 전체에 걸쳐 그것의 결정을 이행할 수 있도록 향상되었다. 세 번째, 근대주의 단계에서는 인민주권이 새로 민주화된 국민국가에 확고히 구현됐고, 권위주의 정권은 민족주의를 국가 권력을 확장하는 공격적인 방법으로 사용했다.

근대주의자들은 자주 도구주의, 즉 대중의 지지와 정치적 정당성을 창출하기 위해 정치 엘리트가 문화적 요인과 민족적 정체성을 전략적으로 사용하는 것을 강조한다 (Brass 1994: 87–88). 홉스봄과 레인저(Eric Hobsbawm and Terence Ranger 1986)는 민족주의를 '전통의 발명,' 즉 민족적 관습과 신념이 정치적 목적을 위해 구성되고 동원되는 것이라고 말했다. 그들은 엘리트들이 노래, 언어, 전통의 수정과 창조를 통해 역사적 연속성의 의미를 형성한다고 제안했다. 예를 들어, 홉스봄은 오늘날 벨기에에서 가르치는 플랑드르어는 표준화와 대중 교육의 산물이고, 플랑드르의 어머니와 할머니가 자녀에게 말했던 언어와는 매우 다르다는 것을 발견했다. 이렇듯, 그것은 단지 은유적으로만 말하는 것이지 문자 그대로의 '모국어'는 아니다. 홉스봄은 또한 공적 행사의 창안을 강조했다. 프랑스에서는 혁명의 유산을 국가의 화려함과 권력이 혼합된 표현으로 전환하기 위해 1880년에 혁명기념일(Bastille Day)이 제정됐다 (Hobsbawm 1994: 76–78).

민족주의 연구에 대한 세 번째 접근방법인 민족상징주의(ethnosymbolism)는 근대주의에 대한 비판으로 등장했는데, 국가의 도구로서의 민족주의에는 초점을 덜 맞춘다. 발명된 전통에 대한 아이디어와는 대조적으로, 민족상징주의는 근대 국가가 흔히 선재한 집단적 문화적 정체성, 또는 '인종'에 기반을 두고 있음을 강조한다. 스미스(Anthony D. Smith 1986, 1998)는 이 접근방법의 주요 옹호자며, 다른 사람들도 그의 뒤를 따랐다 (Armstrong 1982; Hutchinson 1994; Grosby 2005 참조). 인종상징주의자들은 민족 정체성의 주요 구성 요소로서 신화, 상징, 기억, 가치, 전통의 관련성을 강조해 왔다. 그들은 근대성이 가져온 전환을 인정하면서도, 근대국가가 민족의 전통이 창안된 백지상태의 국가를 만들지는 않았다고 주장한다. 오히려 그들은 '전통' 사회와 '근대' 사회 사이에 상당한 연속성이 있으므로 학자들은 '장기 지속' 접근방법을 채택하여 동시대 국가와 전근대 인종 공동체의 '내용'

사이의 차이점과 유사점을 탐구해야 한다고 주장했다.

원시주의자, 근대주의자, 인종상징주의자 사이의 논쟁은 기본적으로 민족과 민족주의의 기원에 관한 것이다. 민족주의 학자들이 민족주의의 논쟁에서 어느 위치에 있든, 오늘날 세계에서 민족주의의 중요성에 대해서는 보다 많은 합의가 있다. 민족주의는 정치적 정통성의 궁극적인 원천인 '국민'을 확립하고, 정치질서의 기본적 조직 원칙인 민족 주권으로 남아 있다.

민족주의의 다양성: 포용과 배제

민족주의가 다른 '더 진한' 이데올로기와 결합하면, 배제와 억압의 무기가 될 수 있고, 또는 해방, 권한 부여, 포용의 원천이 될 수도 있다. 그것의 포괄성 또는 배타성은 민족의 이름으로, 국가를 방어하거나 국가의 행동에 반대하여 정치적 목적을 추구하는 사람들이 그것을 어떻게 사용하는지에 따라 달라진다. 따라서 민족주의에는 본래부터 자유주의적이거나 반자유주의적인 것은 없다.

세계의 다양한 민족주의를 어떻게 이해할 수 있을까? 일반적인 분석적 구별은 '시민'으로 간주되는 민족주의와 '인종'으로 특징짓는 민족주의 사이에 있다. 콘(Hans Kohn 1944)은 시민과 인종으로 구별을 하는 가장 영향력 있는 표현을 개발했다. 비록 그는 이러한 차이를 유럽에서의 민족주의 형태를 '서부'와 '동부'라는 말로 표현했지만, 그 구별은 유럽을 넘어서는 의미를 가지며 보편적인 분석 범주가 됐다. 시민, '서구식' 민족주의는 주로 영토적이고 공통 시민권에 뿌리를 두고 있으며, 자유주의적, 임의주의적, 보편주의적, 그리고 포용적인 것으로 특징지어진다. 시민민족주의(civic nationalism)는 누가 '국민'을 구성하는가의 결정은 출생지에 관계없이 그 국가에서 사는 민족에 귀속되는가에 기초한다. 이와 대조적으로, 인종적, '동구식' 민족주의는 공통의 인종성과 흔히 공통의 조상을 공유하는 민족 구성원에 달려 있다. 인종적 민족주의(ethnic nationalism)는 일반적으로 반자유주의적, 귀속적, 특정주의적, 그리고 배타적인 것으로 특징지어진다. 인종적 민족에 합류하려면, 반드시 그 민족에서 태어나야 한다.

다양한 민족주의 학자들은 시민-민족 구분을 활용해 왔으며 때로는 이를 약간 다른 방법으로 해석해 왔다 (Smith 1986: 134-152; 1991: 13-16; Greenfeld 1992: 10-11; Ignatieff 1993: 3-6). 예를 들어, 브루베이커(Rogers Brubaker 1992: 3)는 민족 지위에 대한 프랑스 시민의 이해를 국가 중심적이고 동화주의적인 것으로, 그리고 독일인의 민족 지위에 대한 이해를 국민 중심적이고 차별주의적인 것으로 잘 알려진 구별을 했다. 프랑스 전통에서 민족에 대한 지배적인 개념은 정치적이며, 국가의 제도적, 영토적 틀과 밀접하게 연결되어 있다. 독일에서는 민족 아이디어가 국가보다 먼저 발전하고 문화적, 언어적 측면에 기반을 두고 있으므로 정치 이전의 것으로 간주된다. 그 결과 프랑스 시민권은 '토지법(ius soli)'에 기초한 영토적 공동체로 정의하게 됐고, 독일에서는 시민권이 '혈통법(ius sanguinis)'에 기초하여 혈통공동체에 기초하여 형성하게 됐다. 이 두 사례는 시민-인종을 자유주의-반자유주의와 동일시하는 데 따른 문제임을 부각한다. 독일은 분명 반자유주의적 민족주의 시대를 보냈지만, 전후 독일은 자유주의와 민족 지위의 인종적 개념과 결합했다. 반대로, 시민 민족도 배타적일 수 있다. 프랑스에서는 '공화국'의 가치에 대한 충성심과 모든 프랑스 시민의 평등이 소수 인종에게는 덜 관용적이고 인종적, 종교적 또는 언어적 다양성에 대해 덜 수용하는 것처럼 보일 수 있다.

시민-인종 이분법은 민족주의에 관한 연구를 크게 형성했지만, 그것은 역시 설득력 있는 비판에 직면해 왔다. 민족주의 학자와 자유주의 이론가들은 시민적 형태의 민족주의도 문화적 차원을 갖고 있다고 설득력 있게 주장해 왔다. 민족주의는 그들이 보호하고 장려하려는 특정 문화와 역사에서 진화한 것이다 (Brown 1999: 297-300; Kymlicka 1999). 야크(Bernard Yack)는 시민 민족은 선택과 동의와 같은 정치적 개념에 기초할 뿐만 아니라 문화적 요소와 정치 이전 정체성과의 연관성도 포함한다는 점을 강조하기 위해 '시민 민족의 신화'를 확인했다. 그는 대다수의 사람들은 자신이 선택하지 않은 민족적, 문화적 전통에서 태어나고 상속을 받는다는 것을 강조했다 (Yack 2012: 23-43). 이것은 사람들이 민족보다는 자유 민주주의 가치에 애착을 느낀다고 제안하는 '헌법적 애국주의'(Habermas 1992)와 같은 관념에 의문을 제기한다. 헌법에 초점을 맞춘 애국심을 위한 대상은 보편적 원칙에 대한 충성으로만 단결된 개인들의 무작위적 연합이 아니라, 오히려 자신들의 고유한 문화적, 역사적 특징을 물려받은 특정한 민족 공동체다.

아마도 시민-인종 구분보다 더 유용한 것은 민족주의를 자유주의 형태부터 반자유주의 형태까지 포괄하는 것으로 이해하는 것이다. 주요 쟁점은 민족주의가 보여주는 개방성과 관용의 정도다. 모든 국가는 한 민족을 다른 민족과 분리하는 경계로 정의된다. 실제로 우리는 흔히 '타자'와 관련하여 '우리' 민족을 정의하고 이해한다 (Jenkins 1996). 자유 민족주의자들은 개인에 대한 민족 집단의 중요성을 인식하지만 결정적으로 민족주의 정책의 반자유주의적이고 배타적인 잠재력을 가라앉히기 위해 일련의 제약을 만든다 (Kymlicka 1995; Miller 1995; Moore 2001; Tamir 1993, 2019). 킴리카(Will Kymlicka)는 자유주의 국가에서는 개인 구성원이 탈퇴할 수 있고 비구성원은 가입할 수 있으며, 공공 영역에서 다양성과 반대 의견이 허용되며, 소수는 자신의 정체성을 표현하고 소중히 여길 수 있다고 주장했다 (Kymlicka 2001: 39-41). 이를 위해서는 민족 공동체에 대한 '얇고' 포괄적인 정의가 요구된다. 자유주의적 관점에서 볼 때 민족의 구성원이 특정 인종이나 민족에 국한되어서는 안 되며, 일반 공공 기관에 참여하거나 언어를 배우는 등 허가 조건이 상대적으로 접근 가능해야 한다.

참으로 언어는 민족 계획의 포용과 배제를 논의하는 데 적절한 측면이다. 많은 민족주의는 언어적 독특성에 특별한 관심을 쏟으며, 자신의 언어를 '국민'과 '타인'을 구분하는 민족 정체성 표식으로 제시하고 이를 공통의 정체성 의미를 양성하는 도구로 사용한다. 여기서 흥미로운 점은 국가 지도자들이 언어를 포용의 도구로 또는 배제의 도구로 사용할 수도 있다는 점이다. 언어 정책은 지배 집단이 자신의 민족의 언어를 국가 전체로 승격시키고 소수 언어 사용자를 소외시키기 위해 사용될 수 있다. 반대로, 언어적 동질성을 요구하지 않는 공통 언어는 시민 공동체, 정치적 평등 및 대중 참여를 육성하는 데 중요한 요소가 될 수 있으며, 배제가 아닌 통합을 위한 기제로 사용될 수 있다 (Cetrà, 2019). 언어를 배우는 것은 까다롭지만 상대적으로 얇은 허가 기준이므로 신가입자가 국가 공동체에 참여할 수 있도록 허용하는 자유주의적 민족주의 설명에 부합할 수 있다.

민족 계획의 포용과 배제에 대한 논의에서는 성별의 중요성도 고려해야 한다 (제6장 참조). 민족주의의 주류 이론은 흔히 성차별적이며 일부 학자들이 제안한 것은 민족주의와 남성성 사이의 밀접한 연관성을 간과하고 있다 (Nagel 1998). 민족주의 이데올로기의 신념과 실천은 명예, 의무, 용기와 같은 남성 문화적 주제를 강조하고 공감한다.

남성 지식인은 민족 건설에 관련된 행위자였으며 여성의 적극적인 참여는 거의 허용되지 않았다. 그러나 민족과 민족적 투쟁에 대한 서사는 남성과 여성이 동일하게 경험하고 민족을 정의하는 데 동일한 역할을 하는 것처럼 이야기되는 경우가 많다 (Enloe 2014).

여성에게 단일하고 문제가 없는 범주는 없다는 점을 강조하면서 유발-데이비스(Nira Yuval-Davis)는 여성이 민족 계획에 참여하는 다섯 가지 주요 방법을 확인했다 (1997). 첫째, 민족주의는 흔히 여성을 민족의 생물학적 재생산자로서 민족 이익을 위해 자녀를 갖거나 갖지 말도록 압력을 받는 것으로 정의한다. 둘째, 여성은 민족 집단 경계의 재생산자로 특징지어지며, 많은 민족 계획에서 특정 문화 규칙을 통해, 예를 들면 복장, 행동, 종교의 유형과 관련해서 사람들을 구성원과 비구성원으로 분류하는 상징적인 국경 수비대 역할을 한다. 셋째, 여성은 생물학적으로뿐만 아니라 문화적으로 민족을 재생산하고, 새로운 세대를 사회화하며 그들에게 민족적 가치와 문화를 심어주는 '민족의 어머니'로 구성되는 경우가 흔하다. 넷째, 민족 지위는 민족의 존엄성과 순수성을 상징하는 여성형인 '모국'으로 특징지어지는 경우가 많다. 프랑스의 마리안느부터 영국의 브리타니아, 미국의 자유의 여신상, 더 일반적으로 어머니 러시아와 어머니 인도에 이르기까지 민족은 모국으로 성별화되어 여성과 민족 모두를 위해 양육자와 보호자로서의 이상화된 특성을 구성한다. 마지막으로, 유발-데이비스는 민족주의 투쟁에서 관찰되는 '성적 노동 분업'을 비판했는데, 여성은 '자유 투사'보다는 부상자와 사망자를 돌보는 역할을 더 자주 맡는다는 점이다. 실제로 여성을 국가 명예의 상징으로 구성하는 것은 민족 또는 인종 집단 간에 폭력이 일어날 때 여성을 성범죄에 가장 취약하게 만든다 (Alison 2009). 최근 전쟁 무기로 사용된 잔혹한 성폭력 일부 사례는 보스니아

전쟁(1992~1995년)과 르완다 대량학살(1994년)의 인종 갈등에서 볼 수 있다. 강간은 '민족의 어머니'를 표적으로 하여 적에게 굴욕과 파괴를 가하는 것이며, 적 집단의 번식과 혈통의 순결, 나아가 적의 생존을 생물학적으로 공격하는 것이다 (Hamel, 2016).

민족주의는 다른 시대와 다른 장소에 따라 좀 더 자유주의적이거나 반동적인 형태를 채택할 수 있는데, 민족주의가 현대 세계에 만연한 세력이라는 것에는 의심의 여지가 없다. 그러나 민족주의는 기껏해야 '엷은' 이데올로기일 뿐이다. 야크(Bernard Yack)가 지적했듯이, "민족주의 원칙은 우리에게 국가의 권위를 행사하는 도구에 대해 어떤 곡을 연주할지가 아니라 누가 최종 결정권을 가져야 할지를 말해준다. 이것이 바로 민족주의가 자유주의와 보수주의로부터 파시즘과 심지어 사회주의까지 다른 이데올로기와 쉽게 결합하는 한 이유다"(2012: 129).

이것이 민족주의가 때때로 또 다른 '엷은 중심' 이데올로기인 대중영합주의와 혼동되는 이유를 설명하는 데 도움이 된다. 그러나 이 둘은 개념적으로 구별된다. 제14장에서 논의된 것처럼 대중영합주의는 근대국가의 정치가 동질적이고 적대적인 두 집단, 즉 '국민'과 '엘리트' 사이의 갈등을 중심으로 구축된다는 점을 강조한다. 머드(Mudde 2004: 546)는 "대중영합주의 사람들은 민족주의자들의 민족과 마찬가지로 '상상된 공동체'"라고 암시한다. '국민' 주위에 경계를 긋는 과정에서 대중영합주의와 민족주의 화술은 누가 속하고 누가 속하지 않는지를 식별하는 '타자화' 과정에 종사한다. 그러나 대중영합주의의 경우 핵심적인 차이는 내부-외부보다는, 억압받는 '국민'과 부패하고 강력한 엘리트와 구별하는 위-아래다. 따라서 대중영합주의자들은 '보통 사람들', 즉 '거리의 남자'를 대변한다고 주장하며 이기적인 '기득권층'을 비난한다 (De Cleen 2017). 이와 대조적으로 민족주의는 공유된 역사, 공유된 목적 그리고 상호 귀속감과 함께 과거에서 미래까지 확장되는 시민의 민족 공동체를 구별한다. 대중영합주의와 민족주의는 때때로 함께 나타난다. 예를 들어, 과격우파 대중영합주의는 기득권층뿐 아니라 외부인(보통 이민자나 망명 신청자)을 표적으로 삼는 '원주민 보호주의(nativist)' 이데올로기에 의존하는 경우가 많다 (Mudde 2007: 19). 그러나 이것은 다른 많은 민족주의 중에서 오직 한 표현일 뿐이다. 민족주의는 훨씬 더 광범위한 현상으로 때로는 포함되기도 하고 때로는 제외되기도 하며, 이에 반대하는 사람들뿐만 아니라 정치 엘리트에게도 도구가 될 수 있다.

국가 및 하위국가 민족주의

민족주의는 흔히 스코틀랜드, 카탈루냐, 쿠르드족의 독립운동과 같은 '뜨거운' 시위와 연관될 때 가장 눈에 띄게 나타난다. 영국독립당(UKIP: United Kingdom Independence Party) 또는 국민전선의 우익, 반유럽연합, 반다문화 정치, 또는 구유고슬라비아의 해체에 수반된 것과 같은 인종 갈등도 포함된다. 그러나 통치체제로서 국가의 정통성을 유지하는 데 민족주의가 중심이 된다는 점을 상기하면서, 눈에 띄지 않는 형태의 민족주의 역시 우리의 관심을 끌 만한 가치가 있다. 빌리그(Michael Billig 1995)는 일상생활에서 우리를 둘러싸고 있는 민족 지위를 정교하게 일상적으로 상기시키는 것들에 관심을 끌기 위해 '평범한 민족주의'라는 영향력 있는 개념을 만들었다. 국가의 인물이 새겨진 동전, 지폐, 우표로부터 공공건물 위에 휘날리는 깃발까지, 민족적 '우리'를 연상시키는 정치인과 언론인, 또는 '우리의' 고국 안에 '우리'를 위치하는 일기예보에 이르기까지 이러한 알림은 우리 삶에 깊숙이 통합되어 있으며 우리에게 너무 친숙해서 우리는 그것들을 의식적으로 기억하지 않는다 (ibid.: 106-109, 119). 평범한 민족주의는 모든 형태의 민족주의와 관련이 있다. 강력하고 확고한 '민족국가'에서는 민족주의 상징이 너무나 널리 퍼져 있어 통상적인 배경에 위장되어 있다. 민족 지위의 물리적 상징 외에도, 칼훈(Calhoun 1997: 4-5)은 민족주의를 영토와 인구의 경계(제11장 참조), 주권에 대한 가정 또는 열망을 강화하는 담론의 한 형태(제10장 참조)로서, 그리고 대중의 지지를 정의로운 정부의 요건으로 보는 '상승하는' 정통성의 관념으로서 논의했다.

　민족은 국가 정통성의 중심에 있다. 공유된 국가 정체성은 국가의 기능에 필요한 집단적 이해, 헌신, 공헌 및 희생을 지지하고 통치체제로서 국가의 정당성을 지원한다. 그러나 세계에는 국가보다 더 많은 민족들, 즉 자신을 '민족적' 공동체라고 규정하는 영토와 공동체가 국가보다 더 많다. 민족의 경계와 국가의 경계 사이의 불일치가 민족주의 정치의 근저에 있다.

국가 민족주의

국가 민족주의는 국가를 '국민국가'로 보는 견해를 유지하는 것을 목표로 한다. 모든 국가는 국가와 국가 활동의 정통성을 지지하기 위해 국가의 경계를 구축하고 강화하는 민족주의 정치에 관여한다 (Gagnon et al. 2011; 제11장 참조). 국가 민족주의는 '국가 엘리트와 제도에 의한 민족의 지속적인 재생산과 증진'에 함축돼 있다 (Cetrà and Brown Swan 2020: 3). 종종 이것은 '민족' 개념을 구성하고 재생산하기 위해 담론, 정책, 제도 및 문화적 관행을 교묘하게 사용하는 평범한 민족주의의 형태를 취한다. 국가 전체의 행위자들은 또한 국가 내 소수 민족의 영토적 도전을 관리하고 대응하기 위해 긍정적이고 부정적인 방법으로 국가의 제도적 장치에 쉽게 접근할 수 있다.

둘 이상의 민족을 포함하는 국가는 다소 다원적인 방법으로 그들이 무엇을, 누구를 대표하는지 계획할 수 있다. 다수 집단은 그들의 상징, 이야기, 관습, 법률 또는 정책을 국가 전체로 승격시켜 국가를 지배하려고 할 수 있다. 예를 들면, 인도에서 인도인민당(BJP: Bharatiya Janata Party)이 2014년, 특히 2019년 선거에서 승리하면서 인도정부가 시민권을 재정의하고 대다수의 힌두 민족주의 관점을 반영하기 위해 국가를 재구상하도록 용기를 얻었다. 반대로, 국가는 때때로 다수 집단이 여전히 지배적일지라도 문화적 다양성 그리고/또는 법, 화술, 관습 또는 정책에서 다민족 성격을 명시적으로 인정할 수 있다. 예를 들면, 프랑코(Francisco Franco) 정권하에서 거의 40년 동안 단일주의적 독재를 치른 후 1978년에 도입된 스페인 헌법은 언어의 다양성을 기념하고 '민족과 지역'에 자치권을 부여하는 동시에 '스페인 국가의 불가분의 통일'을 명시했다. 모랄레스(Evo Morales) 행정부(2005~2019년)하에서 볼리비아는 '재건국'됐고 다민족 국가를 선언했으며, 원주민 집단들의 역사, 가치, 실행의 목록을 활용하되, 국가 권위와 통합을 정당화하는 것을 목표로 하는 국가 통제의 과정에서 민족 계획을 개발했다.

하위국가 민족주의

국가의 민족 지위에 관한 주장은 그 국가 내에서 자신들이 고유한 자결권을 가진 독특한 민족에 속한다고 생각하는 영토 기반 공동체의 구성원에 의해 흔히 도전을 받는다. 하위국가 민족주의 운동은 모든 형태의 민족주의와 연관되어 있다. 그들은 어느 정도 자유주의적일 수도 있고, 새로운 참가자에게 개방적일 수도 있으며, 구성원이 공통 조상이라는 신화에 뿌리를 두고 있다고 생각할 수도 있다. 그들은 앞서 언급한 보스니아와 르완다의 사례처럼 폭력적이고 유혈적일 수도 있고, 스코틀랜드나 카탈루냐처럼 평화롭고 민주적일 수도 있으며, 그 사이에 다양한 색조가 있을 수 있다. 민족주의 지도자들이 자유주의적이거나 반자유주의적인 형태의 민족주의를 따르는 것으로 확인될 수 있는 경우에도, 그 운동 자체에는 누가 민족에 속하고 민족 지위의 경계가 어디인지에 관해 더 다양한 견해가 포함될 수 있다.

모든 형태의 민족주의가 있는 것과 마찬가지로, 하위국가 민족주의는 좌우 연속선에 걸쳐 다른 이데올로기와 쉽게 결합할 수 있는 엷은 이데올로기다. 예를 들어, 스코틀랜드 민족주의는 종종 영토 기반의 사회 민주주의 목적과 연관돼 있다. 대조적으로, 남 티롤(South Tyrol)과 플랑드르의 하위국가 민족주의는 사회적으로나 경제적으로 더 보수적인 경향이 있다. 하위국가 민족주의 운동과 정당에 공통적인 거는 그들의 민족 이익을 수호하고 자결권을 증진하는 '핵심 사업'이다 (Brancati 2006; Hepburn 2009). 자기결정권의 권리에 대한 인정이 독립된 국가 지위를 의미할 필요는 없다. 민족의 이름으로 자결권을 행사하고 정치적 요구를 하는 모든 정당과 운동이 국가로부터 분리되어 새로운 독립 국가를 창설하려는 것은 아니다. 실제로 정치적 독립의 추구는 하위국가 민족주의 정당들 사이에서 소수의 스포츠로 남아 있다. 오히려, 자결 교리는 그것이 무엇이든 간에 헌법적인 미래를 결정할 민족의 권리에 관한 것이다 (Keating 2001: 28).

하위국가 민족주의 운동과 정당이 열망하는 자치의 다양한 수준을 보여주는 문헌에는 여러 가지 유형이 있다. 루돌프(J. Rudolph)와 톰슨(R. Thompson)은 영토 기반 수요를 네 범주로 분류했다. (i) 하위국가 민족 공동체를 향한 호의적인 문화 또는 경제 정책을 의미하는 '산출 수요', (ii) 권력 중심에서 민족의 영향력과 '목소리'를 높일 수 있도록 국가 제도(정부, 의회 그리고/또는 관료) 내에서 대표성의 향상, (iii) 기존 국가의 헌법 구조 변화, 예를 들면 분권화 또는 연방화 도입을 통해 또는 국가 내 정치적 자율성과 자치를 향상하기 위한 것, 그리고 (iv) 민족이 기존 국가에서 탈퇴하거나 해산하여 자신의 새로운 국가를 설립할 수 있는 정치적 독립성이다 (Rudolph and Thompson 1985: 293-294). 다른 학자들은 하위국가 민족주의 운동과 정당의 영토적 요구를 구별하기 위해 문화적, 자율주의, 연방주의로부터 분리주의 또는 '독립주의' 목적에 이르기까지 유사한 분류를 사용해 왔다 (Sorens 2008; Lluch 2014).

이러한 유형론이 공통되는 것은 온건한 요구에서 더 급진적인 요구로의 진전의 관념이다. 하위국가 민족주의자들은 이러한 목표 중 일부 또는 전부를 동시에 추구할 수도 있다. 다른 사람들은 좀 더 온건한 영토적 야망에 만족할 수도 있다. 한 목표에서 다음 목표로 나아가는 진전이 반드시 필요한 것은 아니다. 흔히 분리주의 또는 탈퇴주의와 동의어로 사용되는 독립은 "민족 발전의 절정, 민족주의 표현의 정점으로서, 국제무대에서 자신의 국가를 수립하거나 보호하려는 민족의 집단적 욕망을 반영하는 것, 즉 다른 모든 국가와 지위가 평등 또는 우월한 것"으로 간주해 왔다 (Hale 2008: 3). 그러나 친독립운동은 '완전한 주권'을 추구하는 사람들과 주권을 초국가적으로 공유하고 공동으로 사용하는 데 가치를 두는 사람들 사이에 다양할 수도 있다. 많은 유럽 하위국가 민족주의자들에게는 주권이 국가 간에 공동 사용되고 공유되는 정치적 독립과 정치적 상호의존 사이에는 모순이 없다 (제9장 참조). 맥이웬과 스완(Brown Swan)은 이러한 운동의 목표를 '내재된 독립'으로 특징지었는데, 이는 유럽통합 계획에서뿐만 아니라 탈퇴를 원하는 국가와의 제도적 협력에 대한 비전과 '동반자' 관리에 포함됐다 (McEwen and Brown Swan).

하위국가 민족주의자들은 또한 집단적 정체성과 독특한 이익을 가진 민족을 대표한다는 주장을 강화하기 위해 보다 평범한 민족건설에 관여한다. 하위국가 민족주의자들은 국가의 기구나 자원에 접근할 수 없을지라도, 담론적 도구와 상징을 사용하여 그들이 대표한다고 주장하는 사람들 사이에 공유된 민족 지위에 대한 의식을 생성 및 강화하고, 민족의 이름으로 만들어진 요구를 보강하고 정당화한다. 연방 구조를 가진 국가와 권력 이양 또는 다른 형태의 다수준 정부를 갖춘 국가는 하위국가 민족주의자들이 정부에 들어갈 수 있는 더 큰 기회를 제공하여 그들이 공공 기관에 접근하고 이를 사용하거나 민족주의 목표를 지원하는 정책 목표를 추구할 수 있도록 한다.

하위국가 민족주의에 대한 국가의 대응

하위국가 민족주의의 요구에 직면했을 때, 국가 차원의 행위자들은 이를 무시하거나 수용하거나 억압하려고 시도할 수 있다 (Rudolph and Thompson 1985; Guibernau 1999: 35-39). 요구 사항을 완전히 무시하는 것은 정치적으로 위험할 수 있으며, 특히 하위국가 민족주의에 대한 대중의 강력한 지지가 있다는 증거가 있을 때는 더욱 그렇다. 요구를 억압하기 위해 법과 질서의 힘을 사용하는 것도 역효과를 낳을 수 있다. 비록 분리에 대한 지지가 단기적으로는 줄어들더라도, 강압과 억압은 국민국가에 대한 애착을 유지하는 데 필요한 대중의 동의를 유지하기 어려울 것이다. 더욱이, 루돌프와 톰슨(Rudolph and Thompson 1985: 296)이 지적했듯이, 하위국가 민족주의적 요구에 대한 탄압은 단계적으로 확대되는 경향이 있으며, 그 대가로 폭력의 위험도 증가한다.

대부분의 민주주의 국가는 영토 요구를 '관리'하거나 수용하는 전략을 채택함으로써 하위국가 민족주의적 도전에 대응한다 (Keating 1988). 영토 관리에는 네 가지 주요 접근방법이 있다. 첫째, 국가는 국가의 중앙화된 구조 내에서 갈등을 억제하기 위해 엘리트 조정에 관여할 수 있다. 여기에는 국가의 전국 정당 내에서 하위국가 민족주의 엘리트를 흡수하거나, 의회나 정부 관료와 같은 전국적 기관 내에서 대표성을 증진하는 것이 포함될 수 있다.

둘째, 국가 기관은 흔히 하위국가 민족주의와 관련된 사회 경제적 불만을 예방하거나 해결하는 데 사용될 수 있다. '국민'은 자신의 사회적, 경제적 안녕을 보장하는 국민국가에 대한 소속감과 애착을 느끼는 경향이 더 클 수 있다. 도이치(Karl Deutsch)는 다음과 같이 언급하면서 국가 이익과 계급 정치 사이의 관계를 인정했다.

> 만일 그들(노동자들)이 공장과 빈민가뿐만 아니라 학교, 공원, 병원, 더 나은 주택을 찾는다면, 그들이 국가에 정치적, 경제적 '이해'를 갖고 있고 안전과 위신을 누리는 곳에서는, 자국민, 민속 관행과 생활 수준, 교육과 전통과의 유대가 실제로 강력할 것이다 (Deutsch 1966: 99)

당시 도이치의 우려는 국제사회주의의 위협에 대한 국가의 대응이었지만, 그 관찰은 정통성과 통합성에 대한 내부 위협에 직면한 국가에서도 마찬가지로 타당하다 (McEwen, 2006). 시민의 경제적, 사회적 안전을 보장하는 것이 시민을 기존 국가와 결속시키는 유대를 강화하는 데 도움이 된다면, 경제적 혼란, 재정 긴축 또는 복지 축소는 이러한 유대를 약화하고 대안적 헌법적 미래에 대한 하위국가 민족주의 정당의 주장을 강화할 수 있다 (Béland and Lecours 2008).

셋째, 소수민족에게 상징적 인정을 해주거나 영토와 문화적 다양성을 찬양하는 일은 소수민족이 국가에서 편안함을 느끼는 데 도움을 줄 수 있다. 예를 들어, 캐나다에서 주로 프랑스어를 사용하는 퀘벡주의 민족주의적 도전에 연방 정치 엘리트들이 대응하려고 노력한 방법 중의 하나는 캐나다를 불어권과 영어권이 함께 소속감을 공유할 수 있는 이중 언어 국가로 장려하는 것이었다 (Taylor 1993; McRoberts 1997). 그러나 '민족적' 독특성에 대한 상징적 인정은 정치적으로 어려운 것으로 입증되었다. 영국은 둘 이상의 민족으로 구성된 것을 인정하는 이중 국가 정체성(스코틀랜드와 영국, 아일랜드와 영국 등)이 번성할 수 있도록 허용하고 있다는 점에서 전 세계 많은 국가와 비교할 때 특이한 상태로 남아 있다. 1980년대와 1990년대에 캐나다에서 민족적 지위나 심지어 별개의 사회로서 퀘벡의 지위를 인정하는 것을 꺼리면서 캐나다의 연속적인 헌법 개혁 시도는 좌절되었다. 불가분의 스페인 민족과 함께 스페인의 '역사적 민족들'에 대한 헌법적 인정의 모호성은 스페인이 하나 또는 그 이상의 민족을 포함하는지에 관한 논쟁이 해결되지 않았음을 반영한다. 주권이 스페인 국민 전체에게 속한다는 견해와 스페인 민족 이외의 다른 민족에 대한 암묵적인 인정의 결여는 카탈루냐와 바스크 지방의 하위국가 민족주의 요구에 대한 국가의 저항을 형성해왔다.

넷째, 하위국가 민족주의를 수용하는 것은 연방 또는 분권화된 정치 제도에서 소수민족에게 정치적 권위를 부여하기 위해 헌법을 변경하는 것을 포함할 수 있다 (Rudolph and Thompson 1985: 297; Keating 1988: 66). 다수준 정부에는 다양한 종류가 있다. 연방체제에서 주권은 연방 수준과 연방 단위 사이에 나누어진다. 분권화된 체제에서 주권은 중앙 의회에 있으며 권력은 국가 전체의 일부 또는 전 영토에 위임된다. 어느 쪽이든, 이러한 헌법 구조는 영토의 다양성을 국가의 통합과 균형을 맞추는 수단을 나타낸다. 물론 분권화나 연방주의가 하위국가 민족주의의 도전을 억제하기보다는 오히려 강화할 수 있는 위험이 있다. 그것은 너무 적은 양을 제공하여 새로운 불만을 초래하거나, 하위국가 민족 지위에 대한 새로운 상징을 만드는 제도를 창설함으로써 하부국가 민족주의자들이 그들의 목적을 추구하기 위한 새로운 제도적 기회를 제공할 수 있다. 민족주의적 요구에 대한 반응으로서의 정치적 분권화는 국가가 하나 이상의 민족과 하나 이상의 '민중'으로 구성되어 있다는 아이디어를 제도적으로 인정한 것이다 (Burgess and Gagnon 2010: 16; Requejo 2005: 11). 이러한 다민족적 민주주의는 국가 전체와 하위국가 행위자의 선호 사이에 폭넓은 적합성이 있는 한 효과적으로 기능할 수 있다. 그러나 그들은 영토 기반 분할을 영속화함으로써 영토적 이탈이 증가하는 조건을 만들 수도 있다. 에릭과 앤더슨은 이러한 효과를 '연방주의의 역설'이라고 기술하면서 그 특징이 분리를 예방하는 동시에 분리를 유도할 수 있다는 점을 지적했다 (Erk and Anderson 2009).

국가 해체? 민족주의와 독립

하위국가 민족주의자들의 가장 급진적인 요구, 국가에서 탈퇴하고 새로운 독립 국가를 창설하려는 것은 거의 항상 저항을 받는다. 국가 영토의 일부 상실은 승계 국가를 통치하는 정통성을 훼손하는 경제적, 정치적 영향을 미칠 수 있으며, 국제사회에서 국가의 명성과 권위를 약화할 위험이 있다. 권위주의 국가에서 분리주의 도전은 폭력적인 탄압이나 전쟁으로 이어질 수 있다. 그러나 심지어 민주주의 국가라도 대조적인 방식으로 그러한 요구에 직면할 수 있다. 영국과 스페인의 최근 경험이 이를 설명하고 있다.

다시 한 번, 영국은 다른 나라와 비교할 때 이례적이다. 북아일랜드의 경우, 성금요일 협정(Good Friday Agreement)은 북아일랜드가 아일랜드의 나머지 지역과 재통합되어야 한다는 요구에 대한 충분한 증거가 있는 경우 국경 여론조사를 위한 조항과 함께 헌법상의 미래에 관한 결정을 국민의 손에 명시적으로 맡겼다. 스코틀랜드의 경우, 영국정부는 스코틀랜드 의회에 임시 권력 이양에 동의해 의회가 투표 규칙을 정하는 데 필요한 법안을 통과시킬 수 있도록 함으로써 2014년 독립 국민투표를 촉진했다. 영국정부는 또한 투표자의 과반이 "스코틀랜드는 독립 국가가 되어야 하는가?"라는 질문에 찬성 투표를 선택하면 스코틀랜드의 독립을 협상하겠다고 약속했다 (Keating and McEwen, 2017). 이것은 정치적 계산이자 협상을 통한 합의였다. 전 세계적으로 헌법상 탈퇴 권리를 보장하는 국가는 거의 없다. 영국은 그중 하나가 아니다.[1] 그러나 영국헌법은 탈퇴에 대한 어떠한 장애를

---

1) 조건부 탈퇴 권리를 인정하는 국가로는 에티오피아, 캐나다, 몰도바, 세인트키츠네비스, 리히텐슈타인, 덴마크(그린란드에 대해) 등이 있다.

제시하지 않는다. 오히려 당시 수상이었던 캐머런(David Cameron)은 스코틀랜드인들이 자결권을 가진 민족을 대표한다는 것을 인정하기로 선택했고, 2011년 선거에서 승리하면 독립투표를 실행하겠다는 당의 선언문을 이행하겠다는 스코틀랜드 민족당의 요구를 인정했다. 독립 주장이 국민투표에서 패배할 것이라는 총리의 확신이 그의 대응에 기여했을 가능성이 있다. 독립에 대한 더 높은 수준의 지지와 함께 변화된 정치적 상황은 그의 후임자들이 유사한 국민투표 요구에 저항한 이유를 설명할 수 있다.

그럼에도 불구하고 2014년 스코틀랜드 독립 국민투표를 촉진하는 데 있어서 영국의 역할은 연방을 옹호하는 동시에 카탈루냐 민족주의에 대한 스페인정부의 대응과 뚜렷한 대조를 이룬다. 한때 비분리주의적 민족주의의 교과서 사례였던 카탈루냐는 최근에 독립을 위한 전례 없는 사회적, 정치적 동원을 경험했다. 부분적으로는 이러한 민족주의의 더 급진적인 표현이 스페인의 경제위기와 카탈루냐 자치법의 미온적 개혁에 대한 거부로 인해 출현했다. 이것은 사회 경제적 및 헌법적 형태의 수용 실패로 인해 분리주의자들의 요구가 상승 확대된 것이다. 카탈루냐의 미래 '결정권' 증진을 중심 목표로 하는 친독립 정당의 선출은 궁극적으로 2017년 일방적인 국민투표와 이에 따른 카탈루냐정부의 독립 선언으로 이어졌다 (Cetrà and Harvey, 2019). 헌법재판소는 이 투표가 위헌이라고 선언했고, 이를 방지하기 위해 스페인정부는 투표자에 대한 경찰 고발과 투표함 철거 등의 개입을 시작했다. 얼마 지나지 않아 카탈루냐 자치정부는 7개월간 정지됐다. 전 카탈루냐정부 부통령, 전 의회 의장 등 독립운동 지도자 12명이 선동 및 공금 유용 혐의로 유죄 판결을 받고 9년에서 13년 사이의 징역형을 선고받았다. 다른 지도자들은 벨기에, 스위스, 스코틀랜드로 망명했다.

결론

민족주의는 민족이 자결권을 가지고 있음을 확립하는 정치적 교리인 동시에 정치 행위자가 민족 공동체를 육성하고 동원하며 그들의 이름으로 주장을 형성하는 정치 형태이다. 민족주의는 상호 귀속감을 공유하는 것으로 추정되는 '국민'을 식별하고 그들이 자신의 정치적 미래를 결정할 권리를 가져야 한다고 말한다. 그것은 그 자체로는 '얇은' 이데올로기인데, 극좌에서 극우까지 그리고 그 사이에 있는 모든 이념적 주장과 결합할 수 있다. 세계의 매우 다양한 민족주의를 구별하는 유용한 방법은 그들을 자유주의(내부 반대에 관용하고 외부인에게 개방)에서 반자유주의(예를 들어 동일한 민족성을 공유하는 것이 '구성원 자격에 필수적'인 곳)까지의 연속 선상에 배치하는 것이다. 이는 많은 문헌을 지배해왔던 전통적인 시민-인종 구분을 뛰어넘는 것이다.

국가는 민족주의를 형성하는 데 중심이다. 근대주의 학자들은 근대국가의 발전이 민족주의가 출현하고 민족주의 아이디어가 확산하는 상황을 어떻게 설정했는지를 설명해왔다. 국가는 정치 단위(국가)와 민족 단위(국민)를 일치시키기 위해 문화 표준화와 국가 건설에 종사했다. 그러나 세계에는 국가보다 더 많은 민족이 있다. 즉, 자결에 대한 정당한 주장을 가진 독특한 민족을 대표한다고 생각하는 국가 내 및 국가 간에 훨씬 더 많은 공동체가 있다. 바로 민족과 국가 사이의 불일치가 민족주의 갈등과 경쟁의 뿌리다. 하위국가 민족주의의 도전에 대응하기 위해 국가는 민족 경계를 강화하고 국가의 정통성을 강화하기 위해 계속해서 민족에 대한 애착을 조성한다. 그들은 흔히 담론, 의식, 제도, 문화적 관습을 교묘하게 사용하여 '평범한' 방법으로 그렇게 한다.

한 국가에 둘 이상의 민족이 존재한다고 해서 반드시 민족주의 갈등이 발생하는 것은 아니다. 시민으로서 우리는 일반적으로 다수의 정체성을 갖고 있으며, 일부는 다양한 규모의 영토적 공동체에 대한 소속감과 연결되어 있다. 그러나 다민족 국가는 때로 민족의 경계가 어디인지, 누가 '국민'을 대변하는지를 놓고 국가와 하위국가 민족주의자 간에 경쟁을 불러일으킬 수 있다. 하위국가의 국경이 하위국가의 정치 제도와 일치하는 다수준 정부의 상황에서, 경쟁적 민족주의는 정부 간의 관계에 침투하여 자원, 정책 역량 및 민족 지위의서술에 대한 분쟁으로 이어질 수 있다. 경쟁하는 민족주의 주장은 정부와 정당 경쟁에 영토적 역동성을 도입하며, 이것이 대중 동원에 의해 뒷받침될 때 일반적으로 중앙정부 행위자의 정책이나 제도적 반응을 촉발한다. 그러한 민족주의적 분쟁은 좀처럼 해결되지 않으며, 민족주의 정당과 운동에 대한 대중의 지지와 힘에 따라 밀물과 썰물을 겪는다.

지금까지 선진 자유민주주의가 영토의 일부가 이탈해 붕괴된 사례는 없다. 이것은 국가가 그러한 도전을 관리하는 데 사용할 수 있는 다양한 기제를 반영하는데, 그것은 기존 국가 내에서 민족을 수용하는 방법뿐만 아니라 탈퇴의 과정이 불러올 상대적 위험과 불확실성에 관한 판단도 포함한다. 그러나 적어도 일부 국가에는 평화롭고 민주적인 독립에 이르는 잠재적인 길이 있다. 민주주의 국가에서도 탈퇴를 인정하는 것은 그것이 수반할 정치적, 경제적, 평판적 위험을 고려할 때 최후의 수단이다. 그러나 현대 세계의 국가들이 직면한 민족주의적 도전의 지속적인 힘은, 영국과 스페인과 같은 민주주의 국가를 포함하여, 그것이 조만간에 당면해야 할 전망일 수 있음을 시사한다.

추가 읽을 거리

Anderson, B. (1995), *Imagined Communities*, London: Verso.
Billig, M. (1995), *Banal Nationalism*, SAGE Publications.
Hutchinson, J. and A. Smith (eds) (1995), *Nationalism*, Oxford: Oxford University Press.
Lecours, A. (2021), *Nationalism, Secessionism, and Autonomy*, Oxford: Oxford University Press.
Tamir, Y. (2020), *Why Nationalism*, Princeton, NJ: Princeton University Press.
Yuval-Davis, N. (1997), *Gender and Nation*, London: SAGE.

14장

국가와 대중영합주의

미코 퀴스마(Mikko Kuisma)

▮ 서론	405
▮ 대중영합주의 정의하기	407
▮ 대중영합주의란 무엇인가?	409
▮ 대중영합주의와 국민	412
▮ 대중영합주의가 아닌 것	413
▮ 대중영합주의와 근대국가	417
▮ 반자유주의적, 그러면 민주적인가?	421
▮ 변화하는 수요 – 권력을 잡은 대중영합주의	424
▮ 대중영합주의의 물결	426
▮ 결론	428

서론

2010년대 학계와 대중적 논쟁은 대중영합주의(populism)가 지배했다. 2017년에는 케임브리지 사전의 올해의 단어로 선정되었다 (Mudde 2017). 전 세계에 걸쳐 대중영합주의와 관련된 정당과 정치인이 선거에서 성공하면서 확실히 이에 기여했다. 2015년 트럼프(Donald Trump)가 미국의 제45대 대통령으로 선출되고, 1년도 채 지나지 않아 영국의 유럽연합(EU: European Union) 회원국 국민투표로 사람들은 대중영합주의에 대해 확실히 더 많은 이야기를 하게 됐다. 그것은 역시 글로벌 호소력도 있음을 입증했다. 2014년 인도 수상 모디(Narendra Modi)의 선출, 2018년 브라질 대통령 보우소나루(Jair Bolsonaro), 튀르키예 에르도안(Recep Tayyip Erdoğan) 대통령의 권력 장악의 증대 등은 대중영합주의가 글로벌 현상으로서 성공한 사례로 논의됐다.

정치적 개념으로서 대중영합주의의 인기는 그것의 모호한 정의와 관련이 있을 수 있다. 대중영합주의와 극우정치 분야의 선도적 학자인 머드(Cas Mudde)는 대중영합주의가 그토록 대중적인 유행어가 된 이유의 부분은 대중영합주의가 흔히 너무 빈약하게 정의되고 모호하게 사용되기 때문이라고 주장한다 (2017). 이 장에서 나는 먼저 대중영합주의를 정의하고 학술문헌에서 대중영합주의에 대한 다양한 접근방법을 논의할 것이다. 나는 여기서 대중영합주의를 '엷은 이데올로기'(Mudde 2007; Stanley 2008)를 기반으로 하는 대중영합주의의 정의를 옹호하는 동시에 담론이자 정치적 유형으로서 대중영합주의에 대해서도 논의할 것이다. 이 책의 전체적인 초점에서도 더 중요하게, 별로 충분히 조사되지 않는 쟁점인 국가에 대한 대중영합주의의 관계에 대해서도 논의할 것이다. 대중영합주의가 국가의 정치와 행정에 암묵적으로 얽혀 있기는 하지만, 그 강조는, 적어도 공개 담론에서는, 그것의 사회정치적, 경제적 기원과 효과에 관한 경우가 많다. 실제로 대중영합주의 정당과 운동은 정치에 반체제적 접근방법을 대표하는 것으로 고려되고, 자유민주주의 국가의 가치와도 반대되는 가치를 특징으로 한다. 국가는 주로 장기적인 안정과 자신의 재생산에 관심이 있는 반면, 대중영합주의는 국가를 통제하는 현 정권과 엘리트가 원인이거나 해결할 수 없었던 문제를 구별하는 데 더 중점을 두고 있다. 대중영합주의는 그런 의미에서 정치적 변화를 옹호하는 운동이다. 그러나 대중영합주의는 무정부주의나 공산주의와 같이 체제의 혁명적 변혁을 옹호하는 운동과는 달리 법과 질서를 옹호하는 경향이 있다. 그런 의미에서, 그것은 반드시 국가 자체에 대한 반대가 아니라, 국가의 특정한 형태나 국가의 특정한 정치에 대한 직접적인 반대이다. 권력이 국민에게 돌아오면 정치가 좋아질 것이라는 가정이다.

   이 장은 세 단계로 진행된다. 첫째, 대중영합주의를 정의하는데, 무엇이 대중영합주의이고 무엇이 아닌지를 정의하겠다. 둘째, 대중영합주의가 어느 정도까지 민주주의와 국가에 대한 도전인지 또는 심지어 위협으로 간주될 수 있는지를 묻는다. 나는 여기서 대중영합주의는 국가 자체에 대한 직접적인 도전이 아니라 오히려 현재 확립된 민주주의에 대한 이해, 특히 자유민주주의 변형에 대한 직접적인 도전으로 이해될 수 있다고 주장한다. 그것은 국가 구조를 완전히 전복하거나 변형시키는 것보다 국가에 대한 접근과 소유권에 관한 것이다. 이러한 의미에서 그것은 비민주적이라기보다는 반자유주의에 가깝다. 그것의 민주주의에 대한 이해는 현재의 주류인 온건 중도좌파 및 중도우파의 정치적 정의와는 다르다. 그 자체로 그것은 현재의 자유주의 질서에 대한 도전을 의미한다. 셋째, 대중영합주의와 국가에 관한 토론을 대중영합주의의 역사적 발전에 근거해 21세기 대중영합주의 정치의 변화하는 요구를 논의할 것이다.

대중영합주의 정의하기

논의 중인 개념이 근본적으로 논쟁의 여지가 있는 개념이라고 말하면서 개념적 논의를 시작하는 것은 거의 상투적인 표현이다. 그러나 이 경우에는 사실이다. 대중영합주의는 '다양한 맥락에서 당황할 정도로 다양한 현상을 지칭하는'(Canovan 1981: 3) '머리가 많은 괴물'(Canovan 2004)이다. 정의에 관한 합의에 도달하기 위해 수십 년에 걸쳐 많은 시도가 있었다. 1967년 초 런던정경대학에서 대중영합주의를 정의하기 위해 40명이 넘는 주요 정치이론가와 정치학자들이 모인 회의가 열렸다. 회의 후 2년 만에 생산적인 공헌이 편집된 책의 형태로 출판됐지만(Ionescu and Gellner 1969), 행사 동안 참가자들은 대중영합주의에 대한 단 하나의 정의에도 동의할 수 없었다 (Ionescu 1968). 오랜 개념적 논쟁은 해당 분야 내의 학문적 논쟁뿐만 아니라 대중영합주의 자체의 본질을 반영한다. 라클라우(Ernesto Laclau)가 잘 알려진 주장을 했듯이, 대중영합주의를 연구하는 것은 흔히 순환 논의의 연습이다 (1977). 많은 사람들에게 출발점은 대중영합주의와 같은 것이 있다는 가정이다. 그런 다음 이를 정의하고, 그 사례를 확인하고 연구한 후, 대중영합주의의 정의는 연구된 구체적인 사례에 맞게 세련되게 다듬어진다. 이 과정은 대중영합주의가 어떻게 학도들을 '속이고' 있는지를 반영한다. 대중영합주의 정치의 세부 사항을 확대하면 할수록 덜 명확하게 보게 된다.

특히 더 면밀한 조사에서 보면, 파악하기 어려운 개념에 대한 라클라우의 아이디어는 대중영합주의를 하나의 개념으로 정의하는 것에 좀 더 회의적인 접근방법을 뒷받침하게 될 것이다. 실제로 일부 평론가들은 이 용어가 이제 남용되고 오용되어 분석적 가치를 상실하고 의미가 없어질 정도가 되었다고 주장한다 (Moffitt and Tormey 2014). 그러나 일부 학술 평론가들은 이 용어에 관해 신중한 태도를 보이면서, 이 용어는 인기가 높아져 전 세계적으로 대중적인 담론으로 자리를 잡았다고 한다. 실제로 머드는 우리 시대가 '대중영합적 시대정신(populist Zeitgeist)'으로 특징지어진다는 유명한 주장을 했다 (Mudde 2004). 머드의 논문이 출판된 이래 대중영합적 정치의 매력은 오히려 더욱 강해졌다. 그러나 당대의 편재성에도 불구하고 대중영합주의는 새로운 개념이 아니다. 그것은 현대 민주주의만큼이나 오래됐다. 그렇기 때문에 대중영합주의가 무엇인지 그리고 무엇이 아닌지 논의하는 것부터 시작하는 것이 유용하다.

대중영합주의란 무엇인가?

문헌에서 대중영합주의는 여러 가지 방법으로 정의돼왔다. 머드와 칼트와써(Mudde and Kaltwasser 2017)는 대중영합주의에 대한 다섯 가지 접근방법을 언급하는데 모두 서로 다른 시각에서 개념에 접근한다. 첫째, 대중 대리인 접근방법은 대중영합주의를 사람을 동원하는 긍정적인 힘으로 이해하며 이는 민주주의의 공동체주의적 모형 개발의 일부다. 이 접근방법은 특히 19세기 미국에서 대중영합주의의 첫 번째 물결을 설명하기 위해 미국의 역사가들에 의해 사용됐다. 둘째, 라클라우식(Laclauan) 접근방법은 대중영합주의를 정치의 본질로서뿐만 아니라 해방의 힘으로도 이해한다 (Laclau 2007). 이러한 접근방법은 본질적으로 자유민주주의와 담론을 통해 표현되고 재생산되는 근본적인 권력 관계에 대한 비판이며, 이에 대한 급진적 민주주의가 해결책이다 (Laclau and Mouffe 2014; Mouffe 2018). 셋째, 사회경제적 접근방법은 1980년대와 1990년대 남미 대중영합주의 연구에서 특히 인기가 있었는데, 남미 국가들의 경제적 부패와 잘못된 관리에 초점을 맞춘다. 넷째, 대중영합주의는 지도자들이 전개한 구체적인 정치전략으로서 자신의 지지자들과 직접적인 관계를 만들기 위한 것으로 이해돼왔다. 여기에는 흔히 대의제 민주주의의 실패에 대한 근본적인 비판이 있으며, 더 직접적인 형태의 민주주의가 해결책으로 여겨진다. 트럼프가 이에 대한 좋은 예가 될 수 있다. 머드와 칼트와써가 언급한 다섯 번째 접근방법은 대중영합주의를 정치적 유행(style)으로 접근하는 것이다. 특정 의사소통 유행에 덧붙여, 이 접근방법은 이것에 대한 특별한 미적 표현도 강조한다. 이에 대한 예를 들면 터무니없는 행동이나 '상표 의류'로 자신에게 주의를 끌게 하는 것 등이 있지만, 그들이 '보통 사람들'과 함께한다는 것을 강조하는 방법으로서의 유행을 사용하는 것도 포함한다.

> 모랄레스(Evo Morales)는 결코 일반 양복을 입지 않으며, 대신 심지어 세계 지도자들의 회의에서도 전통적인 볼리비아 촘파나 스웨터를 입는다. 차베스(Hugo Chávez)는 운동복을 입고 베네수엘라 전통 노래를 하고 춤을 추었으며 TV 쇼에서 '국민'의 전화를 받았다. 한편, 탁신(Thaksin Shinawatra)은 양복과 넥타이 복장과 기술관료 스타일을 단추를 매지 않은 셔츠로 바꾸고, 리얼리티 TV 쇼에서 텐트에서 잠을 자고, 라디오에서 자신의 성생활에 관해 이야기하여 '국민'에 대한 그의 일상적인 자격을 증명했다 (Moffitt 2016, 143).

예거와 왈그레이브는 대중영합주의의 실행적 측면에 집중하고 이를 "국민을 지칭하는 정치 행위자의 정치적 의사소통 스타일로" 정의한다 (Jagers and Walgrave 2007: 322). 대중영합주의에서 메시지가 전달되는 방법이 적어도 메시지 자체만큼 중요하기 때문에 이는 중요한 차이점이다.

그러나 대중영합주의에 대한 이러한 정의와 다양한 접근방법은 대중영합주의를 정치적 현상으로 이해하려는 기존 학문적 시도를 요약하지만, 실제로 대중영합주의의 내용과 무엇이, 만일 있다면, 대중영합주의자들을 통합하는 것인지에 관해서는 거의 언급하지 않는다. 대중영합주의에 대한 소위 관념적 접근방법은 근본적으로 대중영합주의의 내용과 그 의미 자체에 더 가까워지려는 시도다. 1967년 회의에서도 대중영합주의는 하나의 이데올로기로 볼 수 있다는 것에 동의가 됐다. 그러나 그것은 다른 이데올로기와는 다르다. 그것은 "이데올로기의 많은 속성을 갖고 있지만 전부는 아니다" (Taggart 2000: 1). 대중영합주의 그 자체로는 엷은 이데올로기로 정의될 수 있다는 주장이 제기됐다 (Mudde 2004: 543; Stanley 2008). 자유주의나 사회주의와 같은 '진한 이데올로기'와 달리 대중영합주의와 같이 엷은 이데올로기는 "제한된 형태를 가지며, 이는 필연적으로 다른 이데올로기에 부착되거나 때로는 심지어 동화되기도 한다" (Mudde and Kaltwasser 2017: 6). 이것은 대중영합주의만으로는 세계에 대한 특정한 해석을 나타내기는 하지만, 정치 생활이 어떻게 조직되어야 하는지에 대한 명확하고 일관된 설명을 제시할 수 없다는 것을 의미한다. 이러한 답을 찾으려면, 그 자체를 다른 많은 이데올로기와 정치적 세계관으로 연결해야 한다.

대중영합주의에 대한 이러한 접근방법은 두 개의 핵심 가정을 기반으로 한다. 첫째, 대중영합주의자들은 우리 사회가 순수한 사람들과 부패한 엘리트라는 두 개의 동질적이고 적대적인 집단으로 구성되어 있다고 가정한다. 둘째, 그들은 정치가 '국민의 의지(volonté générale, the will of the people)'에 기초해야 한다고 주장한다 (Mudde 2004). 이러한 핵심 특성 외에도 대중영합주의는 다른 여러 이데올로기와도 결합할 수 있다 (Stanley 2008). 이것은 어떻게 좌파와 우파, 민족주의자와 유럽회의주의 대중영합주의자들 모두가 공존할 수 있는지를 설명한다. 엘리트-국민 구분의 정확한 성격은 다양하지만, 핵심 메시지는 동일하다. 그리고 수단도 흔히 겹치는 경우가 있다. 대중영합주의 과격 우파 정당은 민주주의의 대표성 측면보다는 직접 민주주의 측면을 강조하게 만드는 반엘리트주의-반체제 충동으로 특징지어진다 (Mudde

2007: 65-69). 이것의 한 가지 특징은 이러한 정당과 운동이 흔히 공통의 희생에 호소하는 방법이다. 즉, 대기업 앞에 있는 작은 사람들이나 평행 우주에 사는 엘리트에 의해 지배되는 일반 사람들이 그 희생자다 (Gerbaudo 2014: 72).

대중영합주의와 국민

많은 유권자들의 공감을 불러일으키는 국민의 의지에 대한 상식적인 주장과는 별개로, 국민에 관해 이야기하는 것은 원래 생각한 것처럼 간단하지 않다. 실제로, '국민'을 주권적 단일체, 유일한 완전 통일체로 접근할 수 있다고 제안하는 것은 매우 문제가 많다 (Canovan 2005). 사실 우리는 국민을 집단적으로 단일한 의미로 생각하는 때도 있고, 때로는 그들을 개인의 다수로 보기도 한다. 우리가 이야기하고 있는 국민에 대한 정의가 무엇인지 확인하기 위해 "얼마나 많은 사람들이 참여하는가"를 물을 수 있다. 윌레(Weale 2018: 30-46)는 이에 대한 훌륭한 예를 제공한다. 미국에서 법정 드라마를 보는 것을 좋아하는 사람이 얼마나 되는지의 질문에 대한 명확한 답은 찾을 수 있다. 그러나 우리는 2015년 법정 드라마 "국민 대 프리츠 바우어"(*The People vs Fritz Bauer*)에 묘사된 것과 같은 법원 사건에 얼마나 많은 미국 시민이 관련되어 있는지 말할 수 없다. 이러한 법원 사건에서는 공공 당국이 국민을 집단으로하여 대신 소송을 제기하기 때문이다. 물론 여기서의 문제는 일부 대중영합주의자들이 주장하는 것처럼 민주주의 제도와 국가 당국이 '국민'을 대표하는 정당성을 상실했다면 우리는 공권력을 바꾸거나 민주주의를 개혁해야 한다는 것이다. 그러나 이 점에서 대중영합주의자들의 도전은 '국민'을 대표한다는 주장에도 불구하고 그들의 견해가 다수의 견해가 아닐 수도 있다는 점이다. 실제로 직접 민주주의를 도입하더라도 '현상 유지'가 여전히 승리할 수 있다.

대중영합주의를 하나의 운동으로 생각한다면, 핵심 메시지 중 하나는 '심장부'로 돌아가자는 아이디어에 있다 (Taggart 2000). 타가트 (Paul Taggart)는 대중영합주의자들이 스스로를 식별하는 '심장부'라는 아이디어가 "그들이 봉사하는 공동체에 대한 이상적인 개념을 나타낸다"고 주장한다. 대중영합주의자들이 '국민'을 그들 정치의 대상으로 구성하는 것은 바로 이러한 상상의 영토에서 비롯된다 (Taggart 2004: 274). 그들의 담론과 정치 스타일에서 심장부의 이미지를 사용함으로써 누가 공동체 구성원이고 누가 아닌지에 대한 명확한 경계가 생성된다. 실제로 '심장부'가 반드시 민족의 아이디어와 완전히 양립할 수 있는 것은 아니다 (제13장 참조). 민족 이미지에 호소하는 것은 '타자'를 배제할 수 있는 직접적인 방법일 수 있다. 예를 들어, 스웨덴의 모든 구성원이 '순수한 스웨덴 국민'에 속해 있다는 의미는 아니다.

대중영합주의가 아닌 것

용어 사용에 있어서 개념적 명확성을 달성하고 '정확하고 독특하며 일관성 있기' 위하여, 루두인(Rooduijn 2019)이 주장한 대로, 무엇이 대중영합주의가 아닌가에 관해서도 생각해 보아야 할 것이다. 현상을 설명하는 유효한 용어나 개념이 이미 있는 경우, 이를 재발명하거나 대신 다른 용어를 잘못 사용할 필요가 없다. 특히 더 넓은 사회 담론에서 대중영합주의가 논의된 한 가지 방법은 그것을 '전투 용어'로 사용하는 것이었다. 오히려 이것은 트럼프 당선과 브렉시트 투표 이후 증가했다. 즉, 많은 정치인과 정치 평론가들은 자신의 적과 그들이 대표하는 정치를 묘사하기 위해 이 용어를 경멸적인 용어로 사용하는 경향이 있다. 물론 이러한 접근 방식은 대중영합주의 내용을 정의하려고 한다면 도움이 되지 않는다. 대중영합주의자들, 특히 그들에게 투표하는 사람들을 '분노', '좌절', '분개'로 고통받는 것으로 묘사하는 것은(Müller 2016: 1) 현상 자체를 이해하는 데 도움이 되지 않는다. 이러한 설명은 아마도 21세기 사회에서 우리가 목격하는 양극화의 일부 징후일 수도 있지만, 대중영합주의의 실제 내용과 그 뒤에 있는 정치적 동기에 관심을 기울이지 않기 때문에 복잡한 정치 현상에 대한 만족스럽지 못한 설명이다. 확실히 분노하고, 좌절하고, 분개하는 것은 어떤 경우에도 특정 정치 운동이나 이데올로기의 독특한 특징이 아니다.

문헌과 사회적 논쟁에서 두 번째로 공통적인 특징은 대중영합주의를 다른 관련 개념 및 용어와 혼동하는 것이다. 그러나 대부분의 경우 이러한 현상을 설명하기 위해 일반적으로 통용되는 전문용어가 존재하므로 이를 대중영합주의라고 부르는 거는 옳지도 않고 필요하지도 않다. 사르토리(Giovanni Sartori)가 우리에게 잘 알려진 말을 상기 시켰듯이, 학자로서 우리는 '개념적 확장'에 대해 주의를 기울여야 한다(Sartori 1970). 개념 확장의 위험은 우리가 "덜 말함으로써 훨씬 덜 정확한 방식으로 그리고 덜 말함으로써 더 많은 것을 다룬다"는 것이다(Sartori 1970: 1035). 그 위험은 우리가 단어를 일관되고 정확하게 사용하지 않으면 그 의미를 잃기 시작한다는 것이다. 더욱이, 특히 비교정치학에서는 개념적 정의가 부정확하고 일관성이 없으면 무엇을 비교하고 있는지 알기가 어렵게 된다.

이에 대한 한 예는 대중영합주의가 종종 민족주의 또는 원주민주의와 어떻게 융합되어왔는지다 (제13장 참조). 스미스(Anthony D. Smith)는 '민족'을 "역사적인 영토나 고향을 점유하고 공통의 신화와 기억을 공유하며, 하나의 대중, 공공 문화, 단일 경제, 그리고 모든 구성원의 공동의 권리와 의무를 행사하는 것으로 이름이 지어진 인구"로 인용한다. 그러나 '민족주의'는 "실제적이거나 잠재적인 '민족'를 구성한다고 일부 구성원이 간주하는 인구를 대신하여 자율성, 통합성, 정체성을 획득하고 유지하기 위한 이념적 운동"이다 (Smith 2000: 3). 대중영합주의에 대한 일부 무심한 논평이 대중영합주의를 민족주의와 혼동하는 것은 이해할 수 있다. 그들은 분명히 서로 관련되어 있으며 많은 대중영합주의자들은 민족주의와 원주민주의의 핵심 교리에 공감한다. 동시에, 이러한 개념 확장은 잘못된 결론으로 이어질 수 있다. 실제로 많은 대중영합주의자가 민족주의자일 수도 있지만, 정의상 모든 민족주의자가 대중영합주의자인 것은 아니다. 현상을 설명하기 위해 개념을 사용하는 것과 마찬가지로, '일을 수행하는' 기존 개념이 있으면 다른 개념을 찾을 필요가 없다.

대중영합주의 논쟁에서 또 다른 개념적 오류는 '극우', '과격우파', '극단우파'와 같은 용어를 대중영합주의에 대한 실제 동의어로 사용하는 것이다. 대중영합주의라는 '엷은 이데올로기'가 다른 이념과 뒤섞이고 겹치는 것은 당연한 일이다. 대중영합주의와 과격우파의 결합은 '대중영합주의적 과격우파'로 알려져 있다 (Mudde 2007). 과격우파의 중심에는 과거 신화에 뿌리를 둔 인종적 민족주의적 신념이 있는 경우가 많으며(Rydgren 2018: 2) 이는 일부 유럽 대중영합주의적 과격우파 정당에서도 확실히 공유하고 있다. 그들은 또 가족의 가치, 법과 질서와 같은 전통적인 주제에 기초한 사회문화적 권위주의를 강조하는 경향도 있다. 그들은 또한 민족 공동체에 대한 외부 위협을 보는 경향이 있다. 이는 주로 문화적이지만 어떤 경우에는 경제적이다. 어쨌든, 경제적 측면에서 일부 대중영합주의적 과격우파 정당은 일반적으로 명확히 우파로 여겨지는 신자유주의 경제적 입장과도 연관되어 있다 (Kitschelt and McGann 1995). 과격우파를 대중영합주의로부터 구분하는 것은 그들의 목표 중 하나가 정치체제의 전체적이고 급진적인 전환이며 흔히 반대되는 견해와 주장을 폐쇄하는 것이다 (Rydgren 2018: 2). 따라서 대중영합주의자 중 일부만이 과격우파에 속한다. 많은 평론가들에 의하면(예를 들면, Golder 2016; Mudde 2007; Pappas and Aslanidis 2016 참조), 그리스의 황금 여명(Golden Dawn)이나 헝가리의 조빅(Jobbik)과 같은 극우 정당이 있는데, 이들은 극우에 속하는 것으로 여겨지지만 대중영합주의자는 아니다.

현재의 정치적 현상 유지를 전환시키려는 아이디어와 관련하여 일부에서는 대중영합주의를 반체제 또는 도전자 정치와 동일시했다 (De Vries and Hobolt 2020). 이와 함께 현재 확립된 주류에 속하지 않고 정부에 참여하지 않은 정당을 고려할 수 있다. 많은 대중영합주의 정당이 '자연스러운 반대 정당'으로 고려되지만, 대중영합주의자가 된다는 것이 반드시 도전자 정당이 되는 것과 겹치는 것은 아니다. 이는 유럽통합과 같은 보다 구체적인 정치 계획과 관련이 있는데, 실제로 일부 대중영합주의 정당도 공개적으로 유럽회의주의적이다. 그러나 전부가 아닌 일부 도전자 정당이 유럽회의주의를 갖고 있는 반면, 모든 대중영합주의 정당이 유럽회의주의를 갖고 있는 것은 아니며 유럽회의주의에는 다양한 정도가 있다. 확립된 주류 정당 중에도 영국 보수당(British Conservative Party)과 같이 유럽회의주의적인 정당이 있다.

대중영합주의와 근대국가

대중영합주의에 관한 많은 문헌은 대중영합주의의 국가와 국가 제도와의 관계보다는 대중영합주의 정당과 그들의 선거 성과에 집중해 왔다. 그러나 대중영합주의의 국가와의 관계는 점점 더 타당한 질문이 되고 있다. 특히 반대 정치의 변두리에서 정부 권력으로 이동하는 대중영합주의 정당의 사례가 점점 더 많아지고 있기 때문에 더욱 그렇다 (Albertazzi and McDonnell 2015). 대중영합주의에 대한 연구는 새로운 정치 운동을 이해하고 그 운동의 선거 성공의 증가에 대한 이해를 하는 것이지만, 또한 전후 유럽과 그 후의 정치를 지배해 온 중도좌파와 중도우파의 기존 주류 정당의 실패에 관한 것이기도 하다. 대중영합주의를 도전으로 간주해야 하는가, 아니면 더 나쁜, 국가에 대한 위협으로 간주해야 하는가? 대중영합주의의 확립된 이론에 의하면, 그들 대부분은 근본적으로 정치의 대상이나 핵심 제도 및 구조에 관한 것이 아니다. 따라서 대중영합주의의 (엷은) 이데올로기 중심에 있는 현재 정치 상황에 대한 비판은 주로 국가 구조나 민주주의 제도에 관한 게 아니라 이러한 제도의 현재 관리인들이 근본적으로 이를 어떻게 남용하고 있는지에 대한 것이다.

대중영합주의 세계관의 중심에는 유토피아적 향수를 배경으로 구축된 일련의 불만이 있다. 이런 의미에서 '황금기 접근방법'은 대중영합주의자들과 그 지지자들에게 호소력이 있다. "우리나라는 이민자가 없었을 때 위대했습니다." "복지국가의 황금시대에는 모든 것이 좋았습니다." 그들은 시계를 거꾸로 돌려 근본적으로 국가를 정당한 소유자에게 돌려주기를 원한다. 동시에 그들은 현재의 국가에 대해 비판적이며, 관료에 대한 불만을 표명하며, 아마도 더 중요한 것은 국가 제도의 중심에 있는 관료에 대한 불만이다. 실제로 대중영합주의, 특히 그것의 민족주의 변형이 적어도 부분적으로 세계화와 유럽화에 대한 반동으로 보인다면, 이 경우 대중영합주의는 국가에 대한 위협이 아니라 국가의 옹호자로 볼 수 있다고 쉽게 주장할 수 있다. 대중영합주의에 따르면 국가는 그것을 정의하는 것으로 보이는 제도보다는 국가가 속한 사람들에 관한 것일 수 있다. 그러나 고전적 국가이론은 항상 제도보다는 권력에 더 관심을 가져왔다. 확실히 이런 의미에서 국가와의 관계에서 대중영합주의는 엘리트주의(제2장 참조)와 마르크스주의(제3장 참조)와 유사한 정신이다. 비록 대중영합주의가 근본적으로 국가에 대한 실존적 위협이 아니라는 기본 전제를 받아들일지라도, 대중영합주의가 어떤 종류의 국가를 달성하고자 하는지에 대한 질문은 남는다. 대중영합주의는 국가 자체에 대한 위협이 아닌 대신에 현대 자유민주주의 국가에 대한 위협으로 생각될 수 있다. 일부 학자는 특히 권위주의적 성향을 통해서 일부 대중영합주의 운동을 비민주적인 것으로 간주할 수 있다고 제안했다 (Weyland 2013). 마찬가지로 일부에서는 대중영합주의가 반자유주의 정치에 기반을 둘 수 있다고 주장해 왔다 (Berezin 2009; Pappas 2019). 그러나 무엇보다도 대중영합주의는 명백하게 비민주적이거나 반자유주의적이거나 또는 둘 다인 것은 아니다. 그리고, 설령 이 둘 중의 하나이더라도 반국가는 아닐 수도 있다.

여기서 중요한 것은 역시 국가를 어떻게 개념화하는가이다. 피어슨(C. Pierson)은 국가를 정의하는 과정을 미국 대법원에서 있었던 음란 사건에 비유한다. 재판 과정에서 판사는 '외설'의 정의에 대해 질문을 받았을 때 "나는 그것을 보면 안다"(Pierson 2011: 4)라고 말했다. 그러나 '대중영합주의'의 개념적 처리와 마찬가지로 '국가'를 정의하는 방법에도 주의가 필요하다. 이 책의 여러 장에서 분명해졌듯이, 용어 자체에 대한 다양한 이해와 개념화의 다양성이 존재한다. 피어슨이 지적했듯이, 뉘앙스와 해석 뒤에는 공통된 주제와 "적어도 여러 평론가들이 근대국가에 대한 실제적 정의를 분리하는 특징적인 아이디어, 제도 및 실행의 '군집'이 있다"(Pierson 2011: 2). 그는 나중에 가장 중요한 9가지 특징을 정의한다. 이들은 폭력 수단의 독점 통제, 영토성, 주권, 합헌성, 비인격적인 힘, 공공 관료, 권위-합법성, 시민권, 그리고 조세다. 많은 대중영합주의자들은 국가의 이러한 핵심 요소 중 대부분 또는 많은 부분에 동의하지 않거나 정치적 목표를 위해 문제가 있을 것으로 거부할 것 같지는 않다. 그러나 다른 많은 이론 및 접근방법과 비교할 때 그들의 입장은 첫째, 국민의 역할을 강조한다. 더 중요한 것은 근대국가의 정치가 순수한 국민과 부패한 엘리트라는 두 적대 집단 사이의 근본적인 갈등을 중심으로 구축되었다는 것이다. 둘째, 특히 많은 대중영합주의자들의 경우, 그들의 접근방법은 많은 마르크스주의자와 자유주의자의 보편주의에 반대되는 자기중심주의적 존재론(Kuisma 2013)에 기반을 두고 있다. 여기에 뒤따르는 것은 국가에 대한 대중영합주의 접근방법인데, 이것은 아마도 국가의 일부 제도에 대해 회의적일 수도 있지만, 무엇보다도 그러한 제도에 대한 접근 및 통제 측면에서 기존 권력 구조에 의문을 제기한다. 우리는 국가를 "한편으로는 단단하게 구획된 지리적 영토에 대한 거버넌스를 책임지는 공권력으로서 행동하겠다는 주장과 다른 한편으로는 자신의 이름으로 통치하겠다고 주장하는 사람들로부터의 분리가 동시에 혼합된 것으로 이해할 수 있다"(Hay and Lister 2006: 5). 이에 대한 대중영합주의 해석은 무엇보다도 국가와 그 제도에 접근할 수 있는 사람, 그리고 국가에 의해 통치되는 사람 사이에 너무 많은 분리가 있다는 점을 강조한다. 예를 들어, 대중영합주의적 민족주의와 과격우파 정당들은 초세계주의자들이 옹호하는 국경 없는 세계에 반응하여 정치 공동체의 경계를 다시 강조하고 회복해야 한다는 강력한 주장을 가질 것이다.

내가 여기서 주장하는 바는, 일부 대중영합주의자들이 정치적 주류의 자유주의 우익을 지배하는 시장의 경제 논리와 진보적 중도좌파를 지배하는 체제의 정치 논리 모두에 반대하여 자신들의 정치를 위치하는 동안은 대중영합주의가 원칙적으로 반국가라고 주장하기는 여전히 어렵다는 점이다. 엷은 중심 이데올로기로서 대중영합주의는 실제로 현재의 국가에서 무엇이 잘못되고 있는지를 관찰하는 일에 관한 것이다. 여기서 순수한 국민에 대항해 부패한 엘리트를 중심점에 놓는다는 아이디어는 주로 국민이 국가에 더 많이 접근할 수 있어야 하며 엘리트가 국가를 정당한 소유자로부터 빼앗았다는 뜻이다. 주인이 자기 집에서 하인이 되었다는 주장이 흔히 제기된다. 이러한 실제 사례는 2021년 1월 미국 의회의사당 폭도들이 "누구의 집인가? 우리 집!"이라고 외친 데에서 볼 수 있다.

다른 주류 국가이론과 대조할 때, 대중영합주의 국가이론은 마니교적이고 일원론적인 세계관을 채택하고 있다는 점에서 엘리트주의(제2장 참조)와 유사한 정신이다. 그러나 엘리트이론이 엘리트를 문명화되고 교육을 받았으며 덕망 있는 존재로, 그리고 국민을 위험하고 부정직하며 저속한 존재로 보는 아이디어에 기초하고 있다면, 대중영합주의에서는 이것이 완전히 뒤바뀐 것이다 (Mudde and Kaltwasser 2017: 7). 권력 투쟁의 중심성은 대중영합주의와 마르크스주의 사이에도 공유되며, 일부 대중영합주의자들, 특히 좌파는 자본주의에 대한 마르크스주의 의심을 공유한다. 그러나 대중영합주의는 마니교적 투쟁에서 자본주의와 사회 계급에게 특권적 지위를 부여하지 않는다. 다원주의(제1장 참조)가 대중영합주의와 최소한으로 공유하는 주류 국가이론 중의 하나임이 분명하다. 다원주의가 다양성을 강점으로 본다면, 대중영합주의자들에게는 다양성이 적대와 갈등의 원천이 된다.

그러나 대중영합주의와 국가의 관계에 대한 문제와 관련하여 정의의 명확성이 다시 절대적으로 중요해진다. 대중영합주의에 대한 관념적 정의를 따른다면, 그것은 국가에 대한 위협을 나타내는 대중영합주의의 문제라기보다는 일련의 정치 제도에 관한 문제다. 구체적으로는 소유권과 접근에 관한 것이다. 이와는 대조적으로, 극우와 극좌는 더 극적인 변화와 전환을 의미한다면, 대중영합주의 그 자체의 핵심은 근본적으로 순수한 국민과 부패한 엘리트 사이의 권력 갈등과 투쟁이다.

반자유주의적, 그러면 민주적인가?

근대국가는 확실히 20세기 후반 이후 유럽에서 자유민주주의 국가와 연합되어 왔다. 유럽 대중영합주의자들이 설정한 정치에서 가장 흔히 반대하는 표적이 되는 것도 바로 이러한 형태의 국가이다. 자유주의를 단지 광범위한 정치적 이데올로기나 일련의 가치와 사상보다는 일련의 제도적 질서와 거버넌스 관행으로 간주하는 경우 특히 그렇다. 그러나 대중영합주의 관점에서 자유주의를, 심지어 그 제도적 표현조차도 평가하는 것은 그리 간단하지 않다. 확실히 많은 대중영합주의자들은 자유주의의 정치적, 문화적 표현 중 일부에 동의하기 어렵겠지만, 동시에 경제적 표현을 옹호하는 것은 전적으로 수용 가능하다고 생각할 수 있다. 여기에는 명백한 모순이 있지만, 다시 '엷은 이념'인 대중영합주의의 원리를 통해 조사하면 그 모순은 사라질 수도 있다.

대중영합주의에게 정치적 자유주의는 특히 역사적 맥락에서 고려한다면 그들이 동의하지 않을 수 없는 요소를 수반한다. 예를 들면, 자유주의 원칙에 기초하여 건설된 주로 서유럽의 민주화에서 19세기의 발전이 "전제 정치와 절대주의, 그리고 왕의 신성권과 같은 특정 교리에 대한 초기 근대적 저항에 동기를 부여했고, 이것이 입헌적이고 제한된 정부로 가는 길을 열었다"고 생각할 수 있다 (Freeden and Stears 2013: 331).

그러나 대중영합주의는 때때로 민주주의와 혼동되기도 한다. 이것은 개념적 확장이나 민주주의 그 자체에 대한 이해의 정확성 부족으로 인한 결과다. 예를 들어, 카노반(M. Canovan)은 민주주의와 마찬가지로 대중영합주의도 인민주권을 증진하기 때문에 이런 일이 일어난다고 주장했다 (Canovan 1996; 1999). 그러나 대중영합주의가 민주주의라라고 말하기보다는 관용의 결여와도 연관되어 있으므로 민주주의의 '병리'로서 접근할 수 있다 (Taggart 2002).

분명히 민주주의는 많은 사람들에게 많은 것을 의미하며 완벽한 민주주의 모델 같은 것은 없다. 실제로 민주주의에서는 대의민주주의와 직접 민주주의 사이에 항상 긴장이 있다 (Dalton, Bürklin and Drummond 2001). 대중영합주의의 주장 중 하나는 대의민주주의가 위기에 처해 있으며 이를 해결하는 한 가지 방법은 직접 민주주의를 도입하는 것이라는 점이다. 예를 들어, 국민투표는 국민의 목소리를 전달하는 한 가지 방법이다.

대중영합주의를 민주주의의 교정세력으로 생각하는 방법이 있다. 비판적 정치이론에 기반을 둔 라클라우(Laclau 2007)와 무페(Mouffe 2018)의 연구에 이어, 대중영합주의는 해방 세력이며 자유민주주의의 문제는 급진 민주주의를 통해 극복될 수 있다는 주장에 기반을 두고 있다. 이를 옹호하는 대중영합주의는 정치적 좌파에서 등장한다. 이는 여전히 다른 형태의 대중영합주의로서 동일한 엷은 이데올로기에 기초를 두고 있으며, 여기서는 '인민'과 '과두제' 사이의 정치적 경계를 건설하기 위한 담론적 전략으로 여겨지고, 그 약속은 민주주의를 회복하고 심화시킬 수 있는 정치를 창출하는 것이다 (Mouffe 2018: 5). 대중영합주의의 우파와 좌파 변종의 주요 차이점은 여기에 있다. 대중영합주의 과격우파는 국민주권을 국가 주권으로 이해하고(제9장 참조), 세계화에 의해 훼손된 것으로 여겨지는 민족 공동체를 위한 사회질서를 회복하는 것를 목표로 한다. 좌파 대중영합주의는 21세기 글로벌 자본주의의 과잉과 관련된 비판을 공유하고 국민주권의 회복을 옹호하지만, 민주주의의 중심에 국민에 대한 포괄적인 개념에 근본적으로 기초한 민주주의를 회복하고 심화시키는 과정에 전념하기를 원한다.

자유민주주의 국가와 현재 이에 대한 접근권을 지배하는 엘리트는 좌파와 우파 대중영합주의를 국가에 대한 도전으로 간주할 수 있지만, 대중영합주의는 그 정반대로 생각될 수도 있다. 이는 과도한 글로벌 금융과 자본주의에 맞서는 국가의 구세주로 고려될 수 있다. 파라다이스 페이퍼(Paradise Papers)나 위키리크스(Wikileaks)와 같은 운동을 통해 폭로된 현재 진행 중인 전 세계 부패 상황을 고려하면, 국가의 적으로서의 대중영합주의의 성격에 의문이 제기된다.

그러나 분명해지는 것은 국가이론의 일부 핵심 요소가 역시 대중영합주의에도 나타난다는 점이다. 실제로 대중영합주의는 국가의 존재에 의문을 제기하거나 이를 근본적인 문제로 보기보다는 국가의 역할과 그에 대한 접근 및 소유권 투쟁에 관한 논쟁에 개입하는 것이다. 그것은 엘리트주의와 마르크스주의 모두에서 친숙한 주제를 재검토하는 동시에 그 자신의 관점에서 문제에 접근한다. 이는 근본적으로 사람과 국가 사이의 관계에 관한 일련의 기본적인 질문을 기반으로 구축되었으며, 파파스(T. S. Pappas)와 같은 저자가 제안한 것처럼, 근본적으로 반자유주의 민주주의로 볼 수 있다 (Pappas 2019).

변화하는 수요 – 권력을 잡은 대중영합주의

대중영합주의의 부상이 분석되고 논의되는 배경은 후기 자본주의와 성숙한 대의민주주의의 근본적인 변화를 직접적으로 지칭하는 변혁에 대한 광의의 아이디어다. 이미 1970년대부터 산업사회에서 후기산업사회로의 이행이 논의되고 있었다 (Bell 1973). 예를 들어, 임금, 고용법, 연금, 복지국가 및 교육 정책과 관련된 확립된 합의 및 관행과 관련하여 20세기 유럽 사회를 정의했던 국가와 시장의 연계 전체가 곧 도전에 직면하게 됐다. 기존의 복지 위험에서 새로운 위험으로의 변화(Taylor-Gooby 2004)는 국가 제도에 대한 거버넌스 및 압력에 대해 상당한 도전을 가져왔다. 그러나 더 중요한 것은 정치 엘리트가 점점 더 유동적이고 정체성과 권위의 경계가 더욱 모호해지는 체제에서 통치하고 기대치를 관리하는 것이 점점 더 어려워짐에 따라 민주주의 제도가 적지 않은 긴장 속에 놓이게 됐다는 것이다. 정치와 사회의 이러한 변화는 메이어(Peter Mair)에 의해 '공허를 지배하는' 과제로 언급됐다 (Mair 2013). 산업화 시대의 정점에서 누렸던 안정 대신에, 정당정치체제조차 동결되고 예측 가능해졌던 것처럼 보였을 때(Lipset and Rokkan 1967), 정치 지도자들은 자신들이 국가 이익에서 통치한다는 것과 유권자들이 그들에게 충성을 유지해야 한다는 것을 설득하는 데 상당한 어려움을 겪고 있다.

이러한 새로운 정치적 도전이 등장한 광범위한 경제적 맥락의 많은 부분은 세계화라는 광범위한 개념 또는 현상으로 분류될 수 있다. 세계화는 사회를 세계화의 승자와 패자라는 두 집단으로 나누었다는 주장이 제기됐다 (Glyn 2007; Kriesi et al. 2008). 예를 들면, 노동의 세계는 지난 20여 년 동안 대단히 큰 변화가 있어 그 변화를 따라가려면 기능과 지식 기반이 요구되는데 산업 부문에 고용됐던 비숙련 및 저기능 근로자들은 그들의 능력 밖의 일이 됐다. 삶의 기회와 결과의 양극화를 반전시키고 나아가 예방하는 것은 21세기 지도자들에게 진정한 도전이다. 더욱이, 세계화와 탈산업화는 유럽 국가와 기타 선진국에 정책 문제를 일으켰고, 이는 결국 이민, 통합, 법과 질서에 대한 사회문화적 우려를 불러일으켰다 (Akkerman, De Lange and Rooduijn 2015: 52-53). 유럽에서는 그 과정이 다른 궤적과 다른 정치적 결과를 가져왔지만, 2000년대 초반에 와서는 "유럽통합의 증가 속도가 인구통계의 변화와 겹쳐져 합법적인 대중영합주의의 새로운 정치 문화에 활력을 넣었다"고 주장한다 (Berezin 2009: 25).

그 변화는 아마도 경제보다는 정치적, 문화적일 가능성이 있지만, 2008년 이후의 경제 및 금융위기는 확실히 유럽회의주의를 불러일으켰고, 이는 결국 유럽 대중영합주의, 특히 좌파 변형의 촉매제 중 하나가 됐다 (Glencross 2014). 실제로 일부에서는 심화하는 유럽통합을 유럽 대중영합주의의 중요한 분기점으로 강조했다 (Berezin 2009). 유럽통합은 "영토적으로 정의된 국민국가의 표준 특권"에 도전하는 "강요된 초국가주의의 사례"였다 (Berezin 2009: 6). 따라서 대중영합주의 운동은 유럽통합에 반대하는 정체성주의적 반발로 고려될 수 있다. 유럽 계획이 유럽을 더욱 개방적이고 자유로우며, 다양하고 다문화적으로 만들었기 때문에 이것은 아마도 약간 직관에 어긋나는 것일 수도 있다. 많은 사람들이 이동의 자유로부터 혜택을 받았고, 게다가 고도로 기능적이고 학문적으로 교육받은 유럽연합 시민만이 혜택을 받은 사람들은 아니라는 것을 덧붙일 수 있다. "사회적, 정치적 통합이 인정되고 문화적 접촉이 증가하는 다문화 유럽에서 우익 대중영합주의는 상습 범인의 위축과 혼란스러운 내부로의 회귀를 나타내고 있다"(Berezin 2009: 11).

대중영합주의의 물결

그러나 대중영합주의는 새로운 현상이 아니며, 또 유럽에만 국한된 현상도 아니라는 것은 지적할 만하다. 대중영합주의는 대의민주주의만큼이나 오래됐다. 대중영합주의는 파도처럼 나타났고, 이러한 파도는 근대 민주주의가 시작된 이후 내용, 시간, 공간 면에서 다양해졌다(Taggart 2000; Pauwels 2013: 13-17). 대중영합주의를 더 넓게 역사적 맥락에 적용하면 현재의 유럽 중심주의적 논쟁에도 불구하고 대중영합주의가 결코 유럽에만 국한된 현상이 아니었음을 알 수 있다. 대중영합주의의 첫 번째 물결은 러시아 나로드니키(Narodniki)와 미국 인민당(US People's Party)이 특히 농업 인구 사이에서 지지를 얻었던 19세기 말까지 거슬러 올라간다. 두 정당은 은행가와 산업가 등 경제 엘리트의 지배에 맞서 싸우기 위해 박탈당한 농민의 이익을 대표했다 (Pauwels 2013: 13-14). 두 번째 물결은 20세기 남미에서 더욱 권위주의적이고 심지어 국가 주도의 대중영합주의 운동의 성장과 관련이 있다. 이에 대한 대표적인 예가 아르헨티나의 페론주의(Peronism)다. 제2의 대중영합주의 물결이 앞 사례들과 뒤 사례들과 구별되는 특징 중 하나는 그 핵심 초점 중 하나가 경제적 부패 퇴치에 있었다는 점이다. 제3의 물결은 프랑스 민족전선, 벨기에 블람 벨랑(Vlaams Belang), 덴마크 인민당과 같은 유럽 대중영합주의 과격우파 정당의 약진에서 흔히 보인다. 이전 물결의 일부 요소는 공유되지만, 대부분 유럽에서인 세 번째 대중영합주의 물결은 처음 두 변형보다 원주민주의 민족주의에 더 초점을 맞추는 경향이 있다. 그러나 세 가지 모두에서 대중영합주의가 공유한 일반적인 특성은 특정한 지방적, 지역적 표현을 동반했다.

우리는 이제 세계 곳곳에서 대중영합주의의 네 번째 물결이 등장하고 있는 것을 목격하고 있을지도 모른다. 그리스의 시리자(Syriza)와 스페인의 포데모스(Podemos)는 가장 최근의 대중영합주의 정치 물결조차 과격우파의 전유물이 아니라는 것을 확실히 시사하는 유럽의 사례다. 비슷하게, 베네수엘라의 차베스(Hugo Chávez)와 볼리비아의 모랄레스(Evo Morales)는 남미의 이러한 경향을 보여주는 예다. 이러한 시각은 영국의 코빈(Jeremy Corbyn) 전 노동당 대표와 미국의 샌더스(Bernie Sanders)의 인기를 관련된 현상을 통해 설명하는 데에도 어느 정도 활용됐다. 대중영합주의 좌파 정당들이 산업의 재국유화를 요구하는 정책적 해결책에 자주 의지하여 행하는 글로벌 자본주의에 대한 비판은 그들 중 일부가 이러한 상황에 어떻게 부합하는지 보여주는 한 예일 뿐이다.

파도 비유는 대중영합주의 정치에 대한 분석에서 시간적, 공간적 의미 모두에서 맥락적 요인의 중요성을 상기시켜 준다. 프랑스와 이탈리아에서 과격우파의 부상을 분석하면서 베레진(Mabel Berezin)은 주요 사건과 전환점의 역할을 강조한다. 그녀는 이탈리아와 프랑스의 대중영합주의 운동을 해당 국가의 파시스트 역사와 연결한다. 다른 한편, 유럽 반대편 구석에 있는 핀란드에서는 대중영합주의 운동이 중앙당의 농업 정치와 사회민주주의 전통에 깊이 뿌리를 둔 사회, 경제 정책에서 일어났다 (Kuisma 2013). 남아프리카에서 말레마(Julius Malema)와 그의 경제자유투사(EFF: Economic Freedom Fighters)가 표현한 새로운 대중영합주의 정치의 상당 부분을 정의하는 전환점은 아파르트헤이트의 종식과 아프리카민족회의(African National Congress)의 헤게모니 지위로의 상승이다 (Hurt and Kuisma 2016). 말레마의 EFF는 정치적 스타일로서의 대중영합주의의 매우 유용한 예이다. 그것은 이데올로기로서 집중하기보다는 "대중영합주의가 이루어지는가"를 강조한다 (Mbete 2020). 그러나 상황이 중요하고 대중영합주의는 다양하기는 하지만, 시간적, 공간적으로 특정한 대중영합주의 운동 사이에는 공통분모가 있다. 일부는 대중영합주의라는 (엷은) 이데올로기에서 발견될 수 있고, 일부는 대중영합적 정치 스타일에서 발견될 수 있지만, 그들의 국가에 대한 접근방법에서도 발견될 수 있다.

결론

여러 면에서 근대국가에 대한 대중영합주의의 도전에 대한 답은 우리가 엘리트와 국가 간 관계의 본질에 어떻게 접근하느냐에 달려 있다. 혹은 다르게 말하면 국가의 역할을 어떻게 이해하느냐의 문제다. 이는 여러 면에서 밀리반드-풀란차스 논쟁의 핵심 질문과 유사하다. 국가가 부패한 엘리트와 순수한 국민 사이의 권력투쟁에 어느 정도 개입하는가? 그것은 중립적인 중재자인가, 혹은 근본적으로 부패한 엘리트의 수단인가? 우리의 대답이 도구주의적이며 이것이 근본적으로 권력투쟁과 국가에 대한 접근에 관한 것이라고 고려한다면, 대중영합주의는 국가의 구조보다는 현상 유지에 더 큰 위협이 되는 매우 구체적인 종류의 도전으로 간주할 수 있는가? 그러나 상황에 대한 우리의 해석이 구조주의적 해석으로 더 기울면 국가에 대한 대중영합주의 도전은 역시 질적으로 달라진다. 그러한 해석에 따르면, 국가는 본래부터 현재의 투쟁에 관여하게 되어 있다. 그러므로 대중영합주의 위협 역시 사실상 다른 것으로 이해한다.

그러나 머드가 주장한 것처럼, 대중영합주의 과격우파는 더 이상 변칙적인 것이 아니다. 그것은 정상적인 병리에서 '병리적 정상'으로 바뀌었다 (Mudde 2007: 296-297). 이것이 주류 견해의 과격화에 관한 것이다. 이것이 또한 대중영합주의가 근대국가에 대한 매우 독특한 도전이 되고 이에 대응하려는 노력을 매우 복잡하게 만드는 것이다. 그것은 단순히 민주주의 제도에 대한 비민주적 도전이 아니고, 그 도전은 더 많거나 더 나은 민주주의로 대응할 수 있다. 그것은 또한 단순히 반자유주의적인 도전이 아니고, 더 많은 자유주의, 다원주의, 관용에 의해서 해결될 수도 있다. 대중영합주의 자체도 근본적으로 정권 교체나 급진적 변혁에 관한 것은 아니지만, 대중영합주의를 정치적 논쟁 목록에 첨부하는 과격우파와 과격좌파 운동을 위한 담론적 도구 상자를 제공할 수는 있다 (Tarrow 2011). '병리적 정상성'으로서 다양한 형태의 대중영합주의는 계속 존속할 수 있으며, 우리의 시각에 따라 이를 기존 정치 구조에 대해 원치 않는 도전으로 간주하거나 정치 활성화 및 민주주의의 과격화를 위한 긍정적인 기회로 간주하기를 계속할 수 있다.

추가 읽을 거리

Canovan, M. (1999), "Trust the people! Populism and the two faces of democracy," *Political Studies*, 47(1), 2−16.
Laclau, E. (2007), *On Populist Reason*, London: Verso.
Moffitt, B. (2020), *Populism*, Cambridge: Polity.
Mudde, C. and C.R. Kaltwasser (2017), *Populism: A Very Short Introduction*, Oxford: Oxford University Press.
Müller, J.-W. (2016), *What Is Populism?* Philadelphia, PA: University of Pennsylvania Press.
Pappas, T.S. (2019), *Populism and Liberal Democracy: A Comparative and Theoretical Analysis*, Oxford: Oxford University Press.

결론

마이클 리스터(Michael Lister),
데이비드 마쉬(David Marsh)

▌ 코로나19 팬데믹과
　국가　　　　　　433
▌ 코로나19 이후의
　국가　　　　　　445
▌ 변화, 그러나 근본적인
　연속성과 함께　452
▌ 인종과 국가　　460

　이 책은 14개 장으로 구성되어 국가에 대한 다양한 이론화에 대해 그리고 여러 정책 영역 내에서 다른 제도 및 이익과 관련해 국가가 수행하는 역할에 대한 개관을 제공한다. 어떤 결론도 이렇게 다양한 장에서 다루는 모든 주장과 입장을 요약할 수 없다. 참으로 이 책의 주요 주장의 하나는 국가에 관해 하나의 정해진 사고 방법은 없다는 것이다. 이 책 초판의 주제를 이어가면서, 국가를 둘러싼 학문은 활기차고 다양하다.
　대신에, 우리는 이 결론에서 주로 코로나19 팬데믹이 국가에 미치는 영향에 초점을 맞추는 것을 목표로 한다. 이 장은 전염병이 시작되는 기간에 작성됐다. 이 글을 쓰는 시점(2021년 여름)에는 백신이 많은 서방 국가에서 그 강도를 감소시킨 것으로 보이지만, 팬데믹은 계속되고 있다. 일부 적절한 경우에, 해당 장의 저자는 팬데믹과 그 이론 또는 국가 쟁점에 대한 팬데믹의 중요성을 명시적으로 언급했다. 이 결론에서 우리는 팬데믹을 명료하고 집중적인 방법으로 언급하고자 한다. 우리는 두 가지 특별한 질문을 조사한다. 첫 번째는 팬데믹이 국가에 관한 사고에 대해 무슨 쟁점을 제기하는가다. 우리는 이 책의 서론과 여러 장에서 논의한 바와 같이 팬데믹이 국가의 중심성과 중요성을 크게 확인시켜 주었다고 주장한다. 동시에, 팬데믹은 불평등, 환경 거버넌스 및 변화와 같은 국가에 대한 여러 가지 주요 문제와 도전에 안도감을 안겨주었다. 우리가 다루는 두 번째 질문은 팬데믹이 국가를 변화시키거나 영향을 미칠 가능성이 있는 방법에 관한 것이다. 여기서 우리는 팬데믹 기간 동안 국가의 미래 형태에 관해 제기된 다양한 주장을 조사한다. 이러한 논쟁은 양극 사이에서 진동하며, 그 하나는 광범위한 연속성이 전염병 이후 국가를 형성할 가능성이 있다고 주장한다. 다른 하나는 급진적인 변화가 (다양한 방식으로) 일어날 가능성이 더 크다는 주장이다. 우리는 현재 추세가 전자의 견해가 전염병 이후 국가의 미래를 대표할 가능성이 더 크다는 것을 암시하는 것 같다고 주장한다. 우리는 서론에서처럼 정치적, 사회적, 경제적 결과를 이해하는 데 있어 연속성을 선택하지만 결정하지는 않는 요소로 국가를 지목한다.

마지막으로, 결론은 2020년 두 번째 주요 글로벌정치 사건인 2020년 5월 조지 플로이드(George Floyd)의 살인에 의해 촉발된 '흑인의 생명은 중요하다(Black Lives Matter)' 시위의 물결에 대한 간략한 생각으로 마무리한다. 이러한 사건에 대해 성찰함으로써 국가이론 내에 인종에 관한 이론화가 상대적으로 결여하고 있음을 지적하고, 따라서 국가이론의 잠재적인 미래 방향임을 강조한다. 이를 해결하기 위한 한 단계로서, 이 결론은 이러한 부재를 해결할 수 있는 연구, 아이디어 및 주제를 지적한다.

코로나19 팬데믹과 국가

팬데믹은 국가에 관해서 생각할 수 있는 유용한 프리즘이다. 코로나19 팬데믹은 여러 면에서 글로벌 사건이면서 동시에 여러 가지 이유로 국가에 의해 깊이 중재되는 사건이다. 그 하나는 국가가 코로나19에 대한 대응을 주도하고 지시해 왔다는 것이다. WHO와 같은 조직은 글로벌 및 국제적 리더십을 제공하려고 노력했지만, 국가는 전염병으로 인해 발생한 문제와 과제를 해결하기 위한 자체적인 방법을 개발했다. 우리는 아래에서 이 점을 다시 다루겠다.

두 번째 이유는 전염병이 지리적으로 서로 다른 일련의 '파도'를 경험했기 때문이다. 이 바이러스는 2019년 말 중국에서 처음 나타난 후 2020년 초 서유럽과 미국 동부지역에 출현했다. 2020년 후반에 이 전염병은 북남미 전역으로 확산된 후 유럽 일부 지역과 2021년 중반에는 인도에서 끔찍한 수준에 도달했다. 물론 뉴질랜드와 어느 정도의 호주와 같은 일부 국가에서는 사례와 사망을 크게 제한했고, 실제로 '파도'를 경험하지 않았거나, 적어도 다른 국가와 같은 규모가 아니라는 점에도 주목해야 한다. 많은 다른 국가들은 어렵게 여러 파도를 경험했으며 아마도 더 많은 파도가 올 수도 있다. 이러한 차이에 대한 정확한 설명은 여기서 우리의 관심사가 아니다. (일부는 바이러스의 새로운 변종 출현과 관련이 있고 다른 일부는 정부의 봉쇄 시도의 결과와 관련이 있다) 그러나 그 차이는 코로나19는 글로벌 대유행 병이지만, 국가마다 다른 시기에 다르게 경험했다는 사실을 지적한다. 결과적으로 팬데믹 기간 동안 특정 국가에 초점이 맞춰졌는데, 처음엔 중국, 다음에는 이탈리아 등이다.

이것은 팬데믹이 왜 국가의 시각에서 경험하게 되었는지 세 번째 이유를 들게 한다. 팬데믹은 대유행 동안 어느 국가가 '최선'으로 하고 어느 국가가 '최악'으로 하고 있는지를 드러내기 위한 일종의 국가 간의 경기 성적표의 출현으로 기록되었다. 블룸버그(*Bloomberg*)와 같은 미디어 조직은 '최고와 최악의 장소'를 지정하는 '코로나 저항 순위(Covid Resilience Rankings)'를 제작했다 (Bloomberg 2021).『파이낸셜 타임스』(*Financial Times*)는 또한 팬데믹이 진행됨에 따라 사람들이 여러 국가의 경험과 성과를 비교하도록 도움을 주는 도표와 자료를 제작했다 (*Financial Times* 2021). 이러한 종류의 성적표는 백만 명당 사망자 수와 같은 자료를 사용하면서 어느 국가가 코로나19의 영향을 가장 많이 받았는지와 적게 받았는지를 평가하고 순위를 매기려고 시도한다.

국가의 (재)복귀?

그러므로 종합해보면, 이러한 요소들은 팬데믹 기간 동안 국가의 중심성을 강조한다. 2005년에 출판된 이 책의 초판에는 모두일 수는 없지만 많은 논쟁과 토론이 오마에(Ohmae 1996b)와 같은 평론가들이 주장한 것처럼 우리가 (국민)국가의 종말을 목격하고 있는지에 관한 것이었다. 그 책은 그러한 주장이 지나치게 과장되었으며, 국가가 여전히 정치적, 경제적, 사회적 역학의 결정적이고 중심적인 부분으로 남아 있다고 결론지었다. 오늘날 국가의 종말에 관해 논쟁을 벌이는 것은 훨씬 더 어려워 보인다. 경험적으로, 팬데믹 이전에도 브렉시트나 트럼프(Donald Trump), 오르반(Viktor Orban), 보우소나루(Jair Bolsonaro) 같은 대중영합주의 지도자들의 선출과 같은 사건들은 국민국가 연구의 부활을 (실제로 그러한 일들이 사라졌었는지 모르지만) 시사한다. 게다가 이론적 측면에서 이 책의 장들은 정치 분석에서 국가의 지속적인 중요성과 활력을 증명한다. 지금까지의 팬데믹 경험은 국가가, 유일하지는 않을지라도, 중심적 정치 실체이고 앞으로도 그렇게 남을 가능성이 크다는 생각을 더욱 뒷받침한다.

위에서 언급한 바와 같이, 국가의 권력을 보여주는 광범위한 계획을 통해서 전염병에 대처하는 책임을 맡은 것은 국가다. 위기와 비상 상황에서는 국가가 중심적 행위자가 됐다. 주정부는 사람들에게 집에 머물도록 명령하고 기업을 폐쇄하며 광범위한 여행 제한을 강제하는 등 다양한 이동 제한을 부과해 왔다. 팬데믹으로 인한 경제적 혼란과 여파에 대응하여 중앙은행은 금리를 인하하고 정부는 막대한 지출을 했다. 영국에서는 '코로나 일자리유지계획(Covid Job Retention Scheme)'을 통해 해고된 근로자 임금의 최대 80%를 지급했다. 미국에서는 사람들을 부양하기 위해 가구에 대한 대출과 직접 지불이 사용되었다. 『이코노미스트』(The Economist 2020)는 이것이 국가 규모에 미치는 전반적인 영향은 2019년 부유한 국가의 GDP 대비 국가 지출 비율이 평균 38%에서 "아마도 40% 이상, 역대 최고 수준으로 높아질 것"이라고 추정한다. 그들은 계속해서 국가 지출 증가의 효과가 오래 지속될 수 있다고 추측하며, 20세기 세계대전들 전후에 일어났던 것과 같은 국가 지출에서의 다른 중요한 증가를 계속하면서, 국가는 그 이전의 더 제한적인 역할과 기능으로 돌아가지 않았다는 것을 지적한다. 그들은 또한 국가가 이번 경기 침체기에 기업과 임금을 지원했다는 것을 고려할 때, 다시 비슷한 역할을 수행할 것으로 기대할 수 있다고 지적한다. "만일 정치인들이 이번 위기 동안 일자리와 소득을 보존할 수 있다면, 많은 사람들은 그들이 다음에도 그렇게 하지 않을 이유를 거의 알지 못할 것이다"(The Economist 2020).

국가는 또한 백신 개발과 분배에 모두에서 중심 역할을 해왔다. 민간 부문의 탐욕이 성공적인 백신 개발의 형성 요인이라는 존슨(Boris Johnson) 수상의 주장에도 불구하고, 한 연구는 아스트라 제네카(Astra Zeneca) 백신 자금의 97%가 공공 기관에서 나온 것으로 시사했다 (*Guardian* 2021). 마찬가지로, 보고서에 따르면 화이자(Pfizer-Biontech) 백신은 독일정부와 나중에는 미국정부 자금의 상당한 지원을 받았다 (Bloomberg 2020).

팬데믹 기간 동안 국가의 중심성은 국제거버넌스와 협력의 실패로 널리 알려진 사실에서 반영된다. 2020년 9월 유엔 사무총장은 "팬데믹은 국제협력에 대한 분명한 시험이며, 우리가 본질적으로 실패한 시험"이라고 주장했다 (UN 2020). 유사하게, 브라운(Gordon Brown) 전 영국 수상은 국제거버넌스 체계의 비효과성을 비난했다.

> 만일 코로나바이러스가 모든 경계를 넘으면, 그것을 극복하기 위해 전쟁이라도 해야 한다. 그러나 자칭 국제경제협력을 위한 세계 최고의 국제포럼이자 그 전쟁 수행의 중심에 있어야 할 G20은 무단 탈영을 했다.

다른 사람들은 "글로벌정책 일관성의 거의 완전 결여"라고 언급했다 (Patrick 2020). WHO(World Health Organization, 세계보건기구)와 유엔과 같은 국제기구는 대체로 비효율적인 가운데, 국가들은 효과적인 협력이 없는 상태에서 자국의 이익을 추구해 왔다. 그 이유는 다양하지만, 트럼프나 보우소나루 같은 대중영합주의적 민족주의 지도자가 주요 직책에 있기 때문이다. 제9장에서 브라운(Chris Brown)이 자세히 설명했듯이, 민족주의, 대중영합주의 지도자들은 공동 권위와 국제협력을 더욱 어렵게 만드는 특별한 주권 개념을 가지고 있다

(Pevehouse 2020 참조). 한편 대중영합주의 지도자들의 영향력과 글로벌 제도에 대한 그들의 적대감도 제14장에서 퀴스마(Mikko Kuisma)의 주제다. 패트릭(Patrick 2020: 50)은 국제제도의 실패에 대한 또 다른 이유는 국가, 대중영합주의자 그리고 다른 사람들이 자신들의 국가 주권을 타협하는 것을 싫어하므로 국제제도가 충분한 권력과 권위를 갖출 수 없기 때문이라고 주장한다.

무작위적인 글로벌 대응의 이유는 모든 국가, 특히 강대국이 글로벌 건강 거버넌스에 대해 느끼는 지속적인 상반된 감정의 병존이다. 모든 정부는 잠재적인 팬데믹을 막기 위해 신속하고 효과적으로 대응할 수 있는 다자체제에 근본적인 관심을 공유하고 있다. 그러나 그들은 자신의 주권의 어떠한 것을 WHO에 위임하여, 그들의 행동의 자유를 제한하도록 허용하거나 전염병 대응을 조정하는 데 필요한 권한과 능력을 부여하는 데 열정적이지는 않다.

그러므로 팬데믹 기간 동안 국가는 중요하고 중심적인 행위자였을 뿐만 아니라, 부분적으로 국가의 중심성과 지속적인 지배력으로 인해 국제협력이 실패했다. 그런데 팬데믹 기간 동안 국가가 중심 행위자였다고 주장하는 것이 국가가 팬데믹으로 인해 강화되었거나 모든 국가가 논의된 역할을 성공적으로 수행했다고 주장하는 것과는 다르다. 전자의 관점에서 볼 때, 맥이웬(McEwen)과 세트라(Cetrà)가 제13장에서 제기한 요점대로, 팬데믹은 국가에 대한 하위 국가의 압력에 노출되거나 강화됐다. 우즈(Eric Taylor Woods et al. 2020)가 지적했듯이 영국과 같은 일부 경우에는 하위국가체가 팬데믹을 이용해 더 큰 자율성과 심지어 독립성을 추구할 수도 있다. 위임된 권력을 부여받은 스코틀랜드, 웨일즈, 북아일랜드는, 전부는 아니지만 일부 지역에서 전염병을 헤쳐나가는 자신들의 길을 좇아갔고, 그렇게 함으로써 위임된 행정부가 받은 언론과 대중으로부터의 더 큰 관심과 함께 민족주의 정당과 지도자들은 스스로를 잠재적으로 실행 가능한 국가적 정부로서 자신들을 묘사할 수 있게 만들었다. 그러나 영국과 같은 특정 국가는 팬데믹으로 인해 약화되어 등장했지만, (이것이 결코 확실한 것은 아니라 해도) 우즈가 지적한 대로 하위 국가체들이 국가가 '되기'를 원하는 것 같은 국가체제 자체에 대한 도전은 아니다.

국가가 팬데믹의 중심에 있으면서 도전을 받는 또 다른 것은 '성공' 그리고/또는 '실패'의 문제에 있다. 위에 언급된 성적표는 특정 국가가 다른 국가보다 전염병을 더 잘 관리한 것으로 보인다는 것을 강조했다. 이것은 여러 장에서 제기된 많은 쟁점으로 연결된다. 코로나19에 대한 대응에서 '실패'한 것으로 보이는 국가의 경우, 국가 실패에 관한 공공선택 논쟁에 대한 제4장의 논의가 적절할 수 있다. 이러한 실패가 특수 이익 정치의 왜곡 효과에 대한 테일러(Brad R. Taylor)와 보스워스(William Bosworth)의 논의와 관련된 방법으로 설명할 수 있는 정도는 하나의 흥미로운 탐구 방법이다. 일단 확인된 것은 영국정부가 팬데믹을 해결하기 위해 많은 핵심 도구, 예를 들면 추적 조사 같은 것을 외부 용역에 의존하려 했던 과정에서, 이미 확립된 국가 전문지식을 무시한 방식은 테일러와 보스워스가 식별한 많은 특징을 보이는 것으로 나타난다.

이 쟁점을 분석하는 또 다른 방법은 국가의 관료적 권능과 능력을 조사하는 것이다. 이것은 신자유주의 거버넌스 개혁을 통해 점진적으로 '공동화(hollowed out)'된 국가는 팬데믹에 성공적으로 대처할 수 있는 다양한 능력이 부족했는데, 그렇게 구조화되지 않은 한국과 같은 국가가 더 좋은 성과를 냈다. 이는 자본과 엘리트의 이해관계가 국가

구조와 우선순위를 왜곡하는 방법에 관해 여러 장에 걸쳐 제기한 문제를, 특히 제12장에서 마쉬(David Marsh)가 적지 않게 지적한다. 그러므로 존스(Lee Jones)와 하메이리(Shahar Hameiri)는 영국에서 적어도 부분적으로는 국가가 주요 공공 행정 역량을 포기했기 때문에, 민간기업은 코로나 관련 계약이라는 뜻밖의 행운에 편승할 수 있었고 비효율적이며 차선책의 결과를 내면서도 책임으로부터 보호될 수 있었다고 지적한다. 그들은 다음과 같이 결론을 내린다.

> 코로나19 팬데믹이 보여주듯이, 신자유주의 국가는 대규모 국제 지향 자본에 대해서는 매우 기능적일 수 있지만, 아주 기본적인 사회 문제를 해결하는 데는 분명히 기능 장애를 겪고 있다. 중요한 것은 이것은 병원균이 아닌 기능이라는 것이다 (Jones and Hameiri 2021: 21).

이 주장을 하면서 존스와 하메이리는 자본과 기업의 권력은 국가와 그 우선순위를 체계적으로 왜곡했다는 이 책에서 제기된 여러 국가 이론가들의 주장을 상기시킨다.

이는 역시 공공 관료제의 효율성과 역량, 그리고 어떤 특정 국가 형태가 이 문제를 더 잘 구제할 수 있는가에 관한 질문으로 향한다. 팬데믹 기간 동안 권위주의 국가가 팬데믹을 (더 잘) 관리하고 대처할 수 있었는지에 대한 논쟁이 일어났으며, 중국과 베트남과 같은 국가의 성과는 서구 자유민주주의 국가보다 더 효과적인 결과를 제공한 사례로 꼽혔다 (Hamid 2020; Kleinfeld 2020 참조). 이러한 논쟁의 정확한 결과와 자유민주주의 국가와 권위주의 국가 모두에 대한 함의는 불분명하다. 더욱이 이 글을 쓰는 동안 베트남은 델타 변종으로 인해 가장 심각한 바이러스 발생을 경험하고 있으며, 이는 전염병이 아직 끝나지 않았으므로 확고한 결론을 유보해야 함을 상기시켜 준다. 또한, 때때로 팬데믹 관리의 특정 측면에서 효과적인 것으로 입증된 국가들이 다른 경우와 관련해서는 덜 효과적이었다. 호주는 바이러스를 효과적으로 억제하는 데 성공했지만, 효율적인 예방접종 프로그램을 제공하는 데는 어려움을 겪은 국가의 사례다. 영국은 거의 반대 사례로서 팬데믹 초기 단계에서 성과가 좋지 않았고 사망률이 세계에서 가장 높은 국가 중 하나였으나, 효과적인 예방접종 프로그램과 대조가 된다. 이렇게 다양한 성과를 국가 관리자와 시민이 어떻게 평가하고 이해하느냐에 따라 국가와 그 형태에 관해 팬데믹이 미치는 장기적인 영향 중의 일부를 형성하는 데는 긴 시간이 걸릴 것이다 (아래 참조).

코로나19와 (불)평등

국가의 성공, 실패에 관한 논쟁과 관련한 한 양상은 성별을 둘러싼 쟁점과 연계되며, 제6장에서 칸톨라(Johanna Kantola)가 제기한 주장과 연결된다. 여성 지도자가 있는 국가 즉, 독일의 메르켈(Angela Merkel), 뉴질랜드의 아데른(Jacinda Ardern), 덴마크의 프레데릭센(Mette Frederiksen), 대만의 차이 잉 원(Tsai Ing-wen, 蔡英文) 및 핀란드의 마린(Sanna Marin) 모두는 지리 및 인구통계와 같은 다른 요인을 통제하더라도 더 나은 코로나19 관련 결과를 경험했다. 이에 대한 일부 근본주의적인 설명은 위험과 리더십에 대한 태도에 고유한 성별 차이를 지적하려고 한다 (Garikipati and Kambhampati 2021 참조). 여성 총리는 소수로 남아 있으며, 국가 전체의 약 10%만이 여성이 이끄는 상황임에도 불구하고 일부 여성 지도자의 명성이 높아지는 것과 대조적으로, 팬데믹은 또한 여성의 광범위한 사회적, 경제적 불평등을 악화시켰다고 주장한다. 남성보다 여성이 실직할 가능성이 더 높고, 봉쇄로 인한 가정 폭력 위험 증가, 돌봄 및 가내 교육 부담 증가, 그리고 의료 서비스 이용의 어려움에 이르기까지, 많은 보고서들은 팬데믹과 이에 대한 국가의 대응이 여성과 성평등에 해로운 조건을 만들고 있는 것을 지적한다 (Fawcett Society 2020; Azcona et al. 2020). 팬데믹이 잠재적으로 다양한 성별 결과를 가져왔다는 견해는 아마도 칸톨라가 제6장에서 설명하는 일부 여성의 성평등을 촉진하는 동시에 더 넓은 성 불평등을 재생산하는 데 기여하는 국가의 능력에 대한 보다 넓은 의미의 여성주의 불안을 반영하는 것이다.

이 책의 여러 장에서는 권력이 엘리트의 손에 집중해 있는 방식을 언급했다. 다원주의에 관한 스미스(Martin Smith)의 장에서는 권력이 지배 집단의 손에 집중되어 있지 않다는 다원주의자들의 주장에도 불구하고 다원주의 이론은 그러한 집중과 자주 일치하는 결과를 설명하기 위해 고심하고 있다고 주장한다. 권력 집중에 대한 그러한 초점은 엘리트이론(Mark Evans, 제2장)과 마르크스주의(Colin Hay, 제3장) 모두의 자연스러운 소관에 속하지만, 엘리트의 탁월함의 성격과 기초는 다르다. 또 이러한 맥락에서 마쉬(David Marsh)는 제12장에서 기업이 국가에 의해 그리고 그 내에서 특권을 받는 방식을 어느 정도 자세히 특징짓는다.

팬데믹의 경험은 국가가 엘리트에게 특권을 부여하고 지배되는 제도라는 관념을 거의 없애지 못한다. 코로나19에 관한 일부 초기 논평에서는 바이러스와 팬데믹의 보편적인 성격을 강조하려고 했다. 일부에서는 그것은 누구에게나 영향을 미칠 수 있고 국경을 존중하지 않는 바이러스라고 주장했다. 트럼프, 보우소나루, 존슨과 같은 유명 인사들이 모두 코로나19에 감염되었다는 사실은 "우리 모두가 함께 이 일을 하고 있다"는 생각을 강화했을 수도 있다. 그러나 이러한 점은 많은 조사를 견디지 못하며, 불평등에 대한 깊은 경험과 표현은 팬데믹의 특징 중 하나다.

바이러스로 인한 사망률에 관한 자료보다 이를 더 명확하게 설명하는 것은 없다. 미국을 강타한 팬데믹의 첫 번째 물결에 대한 연구에 따르면 누가 바이러스로 사망하는지에 있어서 뚜렷한 차이가 있는 것으로 나타났다. 2020년 4월까지 루이지애나에서는 주 인구의 32%에 불과한 아프리카계 미국인임에도 불구하고 사망자의 70%가 흑인이었다. 시카고에서는 흑인 주민이 백인 주민보다 6배나 많은 비율로 사망했다 (*Washington Post* 2020). 이 경향은 전 세계적으로 강화되었다. 영국 통계청은 연령, 자진 보고한 건강 및 장애, 기타 사회인구학적 특성을 통제했을 때 흑인이 코로나19로 인해 사망할 확률이 백인보다 거의 두 배나 높다는 사실을 발견했다. 남아시아에서도 비슷한 격차가 나타났다 (ONS 2020a). 소수 인종의 경우 코로나19로 인한 사망 위험이 증가하는 이러한 경향은 브라질과 같이 덜 부유한 국가에서도 나타났다 (Martins-Filho et al. 2021). 이러한 결과에 대한 설명은 다양한 요인이 교차하므로 복잡하다. 사회 경제적 요인 측면에서, 소수 인종은 일반적으로 더 밀접한 접촉을 수반하고 재택근무나 사회적 거리두기를 어렵게 만드는 덜 안전한 직업에서 일할 가능성이 더 높다. 마찬가지로, 소수 인종은 다세대 가구에 거주할 가능성이 더 크며, 이는 다시 바이러스 전염 가능성을 더 높인다. 더 넓은 의미에서 연구 결과에 따르면, 결핍은 인종 집단 간의 두드러진 격차를 설명하는 데 중요한 요소다 (Razieh et al. 2021).

인종 집단 간 사망률의 격차뿐만 아니라 사회경제적 격차도 존재한다. 통계청은 2020년 초 영국에서 발생한 첫 번째 팬데믹의 경우 연령을 통제할 때 코로나19로 인한 사망자가 가장 부유한 지역보다 가장 가난한 지역에서 두 배나 높았다고 계산했다 (ONS 2020b). 마찬가지로, 미숙련 직업에 종사하는 남성은 전문 직업에 있는 남성보다 사망할 확률이 더 높은 것으로 나타났다 (ONS 2020c). 화이트헤드와 그 외 저자들이(Whitehead et al. 2020) 주목하듯이, "우리가 '모두가 함께'라고 할 수 없으며 사회에서 덜 특권적인 사람들이 피해의 가장 큰 타격을 받고 있다는 것은 분명하다."

일부 연구에서는 영국의 코로나바이러스 일자리 유지 계획과 복지국가 노력과 같은 정부 경제 안정화 패키지를 통해 경제적 불평등이 완화되었을 수 있다고 제안했지만(Aspachs et al. 2020; Brewer 2020; Clark 2020), 팬데믹 동안 많은 국가에서 빈곤이 증가했다. 파롤린과 그 외 저자들은(Parolin et al. 2020) 2020년에 미국의 빈곤율이 15%에서 16.7%로 증가한 것을 확인했다. 영국에서는 2020년 말까지 빈곤율이 22%에서 23%로 증가한 것으로 추정된다 (Legatum Institute 2020). 독일과 같이 영국권을 넘어서는 국가에서도 빈곤의 증가가 주목되었다 (Bertelsmann Foundation 2020). 다른 연구에서는 학교 폐쇄가 가난한 가족에 미치는 차별적인 영향을 지적하며, 이는 교육 수준과 미래 노동 시장 성과에 장기적인 영향을 미칠 것이다 (Blundell et al. 2021). 초기 평가에서는 역시 팬데믹의 결과로 글로벌 빈곤이 상당히 증가했음을 시사한다 (Kharas 2020).

팬데믹의 전체 영향이 명확해지기까지는 시간이 좀 걸릴 것이다. 그러나 국가는 경제적, 정치적 권력의 지속적인 불평등을 지적하면서, 팬데믹의 최악으로부터 모든 시민을 동등하게 보호하기 위해 노력해 왔다는, 건강에 미치는 영향과 더 넓은 측면에서 경제적 영향에 대한 증거가 있다. 팬데믹에서 명백한 불평등에 대한 이와 같은 논의는 빌긴

(Pinar Bilgin)이 제10장에서 제시한 자국민의 안전을 보장하는 국가의 능력에 대한 비판을 여러 면에서 생각나게 한다. 이러한 불평등은 국가 사이에도 명확한데, 예를 들면, 부유한 국가의 백신 접종률은 높은 반면, 덜 부유한 국가의 백신 접종률은 훨씬 낮다. 이 책의 각 장과 그에 따른 국가 분석은 그러한 불평등이 어떻게, 왜 나타나는지 이해하는 데 도움이 되는 다양한 도구를 제공한다.

코로나19와 환경

팬데믹의 초기 물결에서는 비록 팬데믹 영향이 인간의 삶에 끔찍하기는 하지만, 환경 재생의 기회를 제공한다는 낙관론이 컸었다. 2020년 초, 많은 국가와 도시가 봉쇄되면서 대기 질이 향상되고 오염이 낮아졌다는 보고가 나왔고, 일부에서는 2020년에 CO_2 배출량이 7% 감소할 것으로 추정했다 (Le Quéré et al. 2020). 그러나 2020년이 지나면서 그러한 효과는 일시적이라는 것이 분명해졌다. 최근에 기후 과학자들은 배출량이 다시 증가하고 있음을 확인했으며 팬데믹과 봉쇄가 기후변화에 장기적으로 미치는 영향이 상당히 미미할 것이라고 단정했다.

> 단기 및 장기적으로 팬데믹은 많은 사람들이 기대했던 것보다 기후변화를 해결하려는 노력에 덜 영향을 미칠 것이다 … 2030년으로 더 멀리 내다보면 간단한 기후 모형은 글로벌 기온이 코로나19로 인해 0.01C 정도만 낮아질 것이다 (Foster 2021).

따라서 '그 자체로는' 팬데믹과 관련 대응이 더 친환경적인 국가 그리고/또는 사회로의 직접적인 공헌을 할 것 같지 않다. 그러나 재택근무 증가 및 소비 유형의 지역화와 같은 경험을 통해서든, 혹은 단순히 팬데믹으로 사람들이 다른 방식으로 행동하도록 강요당했기 때문이든, 다른 방법으로 일하고, 생활하고, 존재하는 것이 가능하다는 거를 보여줌으로써 팬데믹이 간접적으로 환경 문제에 대한 더 큰 관심을 불러일으킬 가능성은 여전히 남아 있다. 달리 말해서 팬데믹으로 인해 관념적인 변화가 일어날 수 있을까? 여기에서 우리는 슈미트(Vivien Schmidt)가 제5장에서 개괄한 담론적 제도주의 도구를 유용하게 활용할 수 있다. 팬데믹은 많은 녹색 이론가들이 보기를 희망하고 아마도 쟁점을 분석할 방법을 제공할 수 있는 일종의 패러다임 전환을 창출하기 위해 환경 문제를 명확하게 설명할 수 있는 담론적 공간을 만든다고 할 수 있다. 이 쟁점은 제7장에서 크론셀(Annica Kronsell)과 힐딩손(Roger Hildingsson)이 제기한 친환경 국가로의 전환이 어떻게 촉진될 수 있는지에 대한 것이다. 그러한 관념적 변화 과정은 마틴(James Martin)과 핀레이슨(Alan Finlayson)이 제8장에서 설명한 합리성의 시각을 통해 분석되고 이해될 수도 있다. 팬데믹이 기존의 행동 방식과 존재 방식을 불안정하게 만들 것인지, 아니면 지금까지 지배적인 합리성이 스스로를 다시 주장할 것인지는 아직은 불분명하다 (아래 논의 참조). 탈구조주의는 또한 그러한 합리성을 옹호하거나 도전할 수 있는 복잡하고 분산된 방법에 관해 생각하고, 국가를 그러한 투쟁의 현장이자 결과로 보도록 우리를 초대한다.

코로나19 이후의 국가

팬데믹의 영향에 대한 위의 논의 중 많은 부분은 새로운 게 아니라고 주장될 수도 있다. 어떤 의미에서는 팬데믹이 모든 것을 변화시켰지만, 다른 의미에서는 전혀 변하지 않았다. 새로운 바이러스는 전 지구를 휩쓸었고 그 여파로 인간의 삶에 큰 피해를 남기고 엄청난 고통을 안겨주었다. 그러나 팬데믹의 경험은 위에서 언급한 바와 같이 역사적 제도주의자들이 재빠르게 지적했듯이 기존의 사회적, 정치적, 경제적 구조에 의해 크게 중재되었다. 21세기 초에는 국가 내와 전체에 걸쳐 상당한 권력 불균형이 존재했으며, 이는 전 지구적으로 팬데믹이 경험되는 방식을 형성했다.

어떤 이들에게 팬데믹은 위기의 순간을 나타내고, 위기는 기회이자 중요한 변화의 순간이기도 하다 (Hay 1996). 예를 들어, 서머스(Larry Summers)는 "코로나19 위기는 2001년 테러공격과 2008년 금융위기에 이어 21세기 글로벌 시스템에 세 번째로 큰 충격이라고 믿는다. 나는 그것이 단연 가장 중요한 것이라고 생각한다 … 우리는 극적인 사건뿐만 아니라 역사의 요체가 될 수도 있는 사건을 겪고 있다" (Drezner 2020: E19에서 인용). 위에서 언급했듯이 『이코노미스트』는 정치인이 하는 일에 관한 국가 능력과 기대가 팬데믹으로 인해 근본적으로 바뀔 수 있다고 믿는다. 이에 맞서 드레즈너(Daniel W. Drezner)는 팬데믹이 특히 국제관계에서 일부 사람들이 예상하는 것보다 적은 변화를 가져올 거라고 주장한다.

> 먼 과거에 팬데믹은 국제정치를 변화시켰다. 최근에는 전염병의 영향이 더 약해졌다. 나는 코로나19의 여진이 있다해도, 팬데믹의 지속적인 영향은 최소일 수 있다고 주장한다. 권력분배와 이익분배를 살펴보면, 코로나19의 영향은 현상유지를 가볍게 강화해 왔다 (Drezner 2020: E31).

이렇다고 말하기에는 너무 이르다고 주장하고 싶은 유혹이 있다. 이 글을 쓰는 시점에서 팬데믹은 진행 중이며 정확히 언제, 어떻게 끝날지는 불분명하다. 그런데, 물론 코로나19가 미래 국가의 역할에 미칠 영향을 고려하고 미래를 예측하려는 시도에는 어려움이 따르지만, 그러한 잠정성만으로는 충분하지 않을 수 있다. 우리는 먼저 팬데믹의 첫해 동안 주요 사회 이론가인 관찰자들로부터 나온 미래에 대한 논평과 예측에 초점을 맞춰 쟁점을 이야기한다. 이들 중 다수는 위의 서머스처럼 팬데믹을 기존 질서를 훼손할 수 있는 위기로 보고 국가 역할의 근본적인 변화 가능성에 대해 논의했으며, 이는 미국 헤게모니의 추가적인 '붕괴', 유럽연합의 붕괴, 신자유주의 영향력의 급격한 감소, 또는 권위주의로의 광범위한 편향 등으로 다양하게 이어질 것이다. 물론 모든 관찰자들이 그러한 광범위한 혼란을 예측한 것은 아니며, 대신에 위의 드레즈너처럼 중요하지만, 더 제한적인 변화에 초점을 맞추었다. 여기서 위기와 근본적인 변화에 대한 논의가 최근 들어 기존 질서가 어떻게 살아남았는지 또는 앞으로 살아남을지에 더 큰 초점을 둠으로써 뒤로 물러나고 있다는 사실이 흥미롭고, 많은 사람들이 사실이 드러났다고 말할 것이라고 확신한다. 여기서 우리의 의도는 이러한 입장 사이에서 판결을 내리는 것이 아니다. 미래를 예측하는 것은 언제나 어려운 일이다. 오히려 우리가 여기서 간략하게 고려하는 쟁점은 국가-시민사회관계의 미래에 관심이 있는 사람이라면 누구나 고려해야 할 문제라고 제안한다. 이러한 쟁점을 다루면서 이 절은 세 부분으로 나누어진다. 첫째, 위기와 근본적인 변화를 강조한 연구를 검토한다. 둘째, 우리는 미래에 대한 덜 급진적인 해석을 고려한다. 마지막으로 후자가, 즉 덜 급진적인 시나리오가 더 중요하게 여겨지는 이유를 살펴본다.

위기, 전위(dislocation, 轉位) 그리고 근본적인 변화

코로나19를 근본적인 변화로 이어질 위기로 보는 사람들의 연구는 다양하지만, 나얌(Adil Najam 2021)과 동료들이 코로나19가 어떻게 미래에 영향을 미칠지에 대해 99명의 사상가를 대상으로 한 인터뷰에 많은 부분이 잘 반영되어 있다. 그들의 인터뷰는 코로나19가 제기한 근본적인 문제, 즉 대중영합주의적 민족주의의 부상, 초글로벌주의의 '종말', 다자주의의 쇠퇴와 신자유주의의 미래, 그리고 참으로 자유 민주주의 자체에 관해 초점을 맞추었다. 확실히 그들의 전문가 중 누구도 팬데믹 이전보다 어떤 곳에서든 덜 격동적인 정치를 기대하지 않았다. 이 인터뷰 대상자들은 '가능성이 큰' 미래 시나리오를 보는 것에 초점을 맞춘다. 그러나 훨씬 더 강력한 규범적 토대를 갖춘 일련의 급진적인 분석도 있으며 여기서는 바루파키스(Yanis Varoufakis), 그레이(John Gray) 및 지젝(Slavoy Žižek)의 분석을 다룬다. 이 절은 치스널(Michael Chisnall)의 연구와 공헌으로부터 큰 도움을 받았다.

a) 민족주의의 발흥

이것은 분명히 팬데믹 이전에 제기된 주장이며 많은 관심을 받았다 (제13장과 제14장 참조). 이 문헌의 핵심 요소는 자유 무역, 여행 증가, 국제기구의 성장 등을 특징으로 하는 지난 수십 년 동안의 세계주의(cosmopolitianism)가 민족주의에 뿌리를 둔 대중영합주의의 부상으로 점증적으로 도전을 받고 있다는 주장이다. 이러한 관점에서 팬데믹은 여행과 대면 상호작용을 제한하고 특히 백신 생산과 공급 그리고 경제적 자극 일괄 조치와 관련하여 국가적 대응을 촉발함으로써 이러한 추세를 더욱 심화시켰다.

b) 초세계화의 종말

영국의 정치 철학자 그레이는 다른 많은 사람들과 마찬가지로 위기를 낡은 초글로벌 신자유주의적 정상 상태로 돌아갈 수 없는 역사적인 경제적 전환점으로 보지만, 코로나19 이후의 경제 문제에 대한 효과적으로 조율된 대응 아이디어를 '마법적인 생각'으로 일축했다 (Gray 2020). 그레이(Gray 2020)는 다음과 같이 주장한다. "모든 곳의 정부는 바이러스 억제와 경제 붕괴 사이의 좁은 통로에서 투쟁을 하고 있다. 많은 사람이 넘어지고 떨어질 것이다." 그는 자신이 '소규모' 지역주의, 즉 상향식 공동체주의라고 부르는 것의 부상을 거부하는데, 이는 그것이 지구의 거대한 인구와 양립할 수 없기 때문이다. 그러나 동시에 지난 수십 년간의 초세계화는 다시 돌아오지 않을 거라고 단호히 주장한다. 이것은 국제무역 분야의 선도적인 전문가인 로드릭(Dani Rodrik)을 포함하여 많은 사람들이 반향하는 견해이지만, 그는 이것이 코로나 이전의 발전이라고 강조한다 (Najam 2021 참조). 그레이는 또한 영국과 같은 국가가 중국과 같은 '외국'에 의존하는 것은 더 이상 수용할 수 없는 위험이며, 따라서 민족주의적 경향이 일어날 거라고 계속 주장한다.

이러한 맥락에서 그레이는 "사회의 기초로서 오르는 물질적 생활수준을 무엇이 대체할 것인가"라는 질문을 던진다. 강조된 바와 같이, 그는 세계가 안정된 국가, '제로 성장', 여전히 혁신 능력이 있는 지속 가능한 경제 모델을 채택한다는 세계의 생각을 거부한다. 이는 협력적인 '세계적 권위'를 결여하고 있고 제1세계와 개발도상국 사이에 계속되는 '높은 불평등한 생활 수준'에 근거한다.[1] 이러한 맥락에서 그는

---

[1] 2015년 파리기후변화협약에서 선진국과 개발도상국 간의 논쟁에 대해서는, (Saran 2015) 참조.

EU의 붕괴, '초세계화'의 종말, 필수 상품과 서비스를 확보하기 위한 국내 산업의 창출을 예측한다. 분명히 이러한 방향으로의 움직임은 민족주의의 증가와 훨씬 더 많은 시장 규제를 포함하는 거버넌스 유형의 중요한 변화를 의미할 것이다.

c) 신자유주의의 종말

이러한 유의 주장은 나얌의 인터뷰에서 직접적으로 다루어지지는 않았지만, 상당히 일반적이었다. 그러나 이 점은 전 그리스 재무장관이자 경제학자이며 사회이론가인 바루파키스의 연구와 2015년에 등장한 범유럽 DiEM25(n.d.)(Democracy in Europe Movement 2025, 민주주의 유럽운동 2025)에서 강력하게 제기되었다. 바루파키스는, 다른 사람과 같이 2008년 세계금융위기로 인해 해결되지 않고 계속되는 여파를 배경으로 개혁의 필요성에 대한 그의 논의를 시작한다. 핵심 주장은 지난 40년 동안 지배해온 신자유주의가 민주주의를 손상시키고 정치적 권위를 탈정당화했으며, 나아가 정치인에 대한 신뢰도 떨어져 EU가 개혁하거나 붕괴할 정도로 됐다는 것이다. 보다 구체적으로, 바루파키스는 2020년 말에 금융 자본주의가 자본주의 경제에서 분리되고 있으며, 주식 시장은 번영하는 반면 더 넓은 경제는 흔들리고 있다고 주장했다. 더 광범위하게 DiEM25는 유럽이 현재 5가지 위기, 부채, 은행, 빈곤, 낮은 투자 및 이민으로 고통받고 있으며 이 모두가 코로나19로 인해 악화됐다고 주장한다. 그러나 그들은 팬데믹을 보다 급진적이고 진보적인 정책을 촉진할 기회로 보고 근본적인 변화를 주장한다. "유럽연합 제도는 처음에는 산업에 도움을 주기 위해 기획됐지만, 이제는 유럽 시민에게 완전히 투명하고 책임을 질 필요가 있다. 우리의 장기적인 비전은 유럽인들이 유럽연합을 위한 민주 헌법을 작성하는 것이다"(DiEM25 n.d.). 근본적으로, 바루파키스와 그레이 둘 다 경제체제는 2008년 금융위기 이후 미봉책으로 수습되어 "자유주의 자본주의가 붕괴할" 정도로 엉클어졌다고 주장한다.

d) 다른 지정학적 미래

여기서도 관찰자들은 코로나19가 기존 추세, 즉 지난 30년 동안 중국의 지정학적 부상을 격화시킨다고 보고 있다. 이로 인해 앨리슨(Graham Allison 2020)이 중국이 기존 세력인 미국을 대체하겠다는 위협을 "우선적이고 근본적이며 구조적인 투키디데스 경쟁"이라고 부르는 상황으로까지 이어졌다. 그러나 앨리슨은 "중국이 경제적, 기술적 초강대국으로 성공적으로 전환했지만, 누구도 중국이 '연성권력(soft power)' 초강대국이 될 거라고는 예상하지 않았다"고 주장한다. 그는 중국의 위기 외교가 미국보다 훨씬 더 성공적이었으며, 코로나19 발생에 대한 대응에서 팬데믹 초기에 트럼프의 역할을 고려했을 때 중국이 세계의 다른 나라들보다 훨씬 더 효과적이라는 인식이 지속하고 있다고 주장한다. 보다 광범하게 보면, 위험한 공통 위협에 직면하여 국제협력과 조정을 강화하기보다는 코로나19는 아시아, 유럽, 아프리카, 남미 및 중동에서 강대국의 경쟁을 증가시켰다.

e) 자유민주주의의 쇠퇴와 권위주의로의 이동

슬로베니아 철학자 지젝(Žižek 2021)에게는, 오랫동안 지속되어 왔지만 코로나19로 인해 크게 악화된 문제의 혼란스러운 성격때문에 인류는 엄중한 선택을 해야 한다. 그는 '국가 전체가 봉쇄 상태'이고 우리가 '경제적 거대 위기'에 직면해 있다는 점을 고려하면, 점점 더 야만적이고 자멸적인 시장 자본주의를 계속 이어가거나 또는 새로운 형태의 집단 거버넌스를 수용할 수 있다고 제안한다. 지젝(Žižek 2021: s4-s5)은 미래가 "인간의 얼굴을 한 야만성, 즉 무자비한 생존주의적 조치가 후회와 심지어 동정심으로 강제되지만 전문가 의견에 의해 정당화된다"고 우려한다. 그 강조점은 '적자생존'에 있다. 보다 구체적으로 그는 정부가 보건, 복지, 생산 분야를 직접 통제해야 한다고 주장한다. 그의 견해로는 단순히 시장에 맡기거나 일시적인 부양책으로 대응을 할 수는 없다. 이는 부유한 국가에서 공통적으로 나타나는 대응이다. 지젝은 정부에 대한 신뢰를 저해하는 위계 구조에 뿌리를 둔 지배적인 '하향식' 거버넌스 형태에서 벗어나, 보다 참여적인 형태로 전환할 필요성을 강조한다. 팬데믹이 정의상 글로벌하다는 점을 고려할 때, 지젝(Žižek 2021: s5)도 "필수적 자원을 생산하고 분배하기 위해서는 일종의 효과적인 국제협력"이 필요하다고 주장한다. 그러나 그는 자신이 필요하다고 보는 급진적 변화의 '불가능성'을 인정하면서도 "새로운 야만주의 외에는 대안이 없다"고 본다. 따라서 지젝에게 있어서 팬데믹은 경제 조직과 거버넌스를 전환해야 할 필요가 있지만, 그렇게 되지 않을 수도 있다. 분명히 이러한 시각에서는, 멜링(Perry Mehrling 2020)이 덜 다채롭게 표현했지만, "사회는 영구적으로 변화할 것이다 …그리고 현재 이전의 상태로 돌아가는 것은 불가능하다고 생각한다."

변화, 그러나 근본적인 연속성과 함께

물론, 미래를 내다보는 모든 관찰자가 신자유주의의 종식과 거버넌스 유형 및 국가 역할에서의 주요 변화를 포함하는 근본적인 변화를 보는 것은 아니다. 실제로, 많은 초점은 삶이 '정상'으로 돌아가는 데 얼마나 긴 시간이 걸릴지에 맞춰져 왔다. 여기서 초점은 일반적으로는 경제에, 특별히는 GDP 성장, 일자리, 관광 여행 및 무제한 이동에 있다. 기본 가정은 경제가 코로나19 이전 상태로 돌아갈 수 있고, 돌아갈 것이라는 거다. 유일한 의문은 시간이 얼마나 걸릴 것인가다. 그러나 미래가 신자유주의로부터 그리고/또는 권위주의로의 이행을 포함한다고 보지 않는 사람들 사이에서도 많은 학자들은 우리가 알고 있는 삶의 광범위한 양상의 조직, 운영에서 덜 근본적인 변화를 본다. 이 절은 두 개의 하위 부문으로 구분된다. 첫째, 정상으로의 복귀를 강조하는 연구, 논쟁의 두 가지 예를 간략하게 고려한다. 그런 다음 주로 나얌의 인터뷰를 사용하여 변화가 가장 많이 일어날 일부 영역을 강조한다.

정상으로의 복귀

'538(Fivethirtyeight)'은 미국 기반의 온라인 의견 조사 수집업체인데, 무엇보다도 '계량적 거시경제학자들에 대한 정기적인 설문조사'를 수행한다. 2020년 말에 그들이 조사한 경제학자들은 "우리 경제가 팬데믹이 일어나기 전으로 회복되려면 6개월, 또는 그 이상이 걸릴 수 있다"고 믿었다. "그리고 만일 인구 중 더 적은 부분이 면역된다면 … 경제적 정상으로 돌아가는 데는 1년 이상이 걸릴 것이다" (Wolfe and DeVeaux 2020). 이 견해를 지지하기 위해 그들은 실업률이 2020년 4월 대공황 이후 최고 수준에서 꾸준히 하락하는 등 미국경제가 상당한 진전을 이뤘다고 주장했다. 후속 조사에서 경제학자들은 장기 추정치를 통해 이제 2022년 상반기까지 GDP가 팬데믹 이전 수준으로 돌아갈 확률이 67%라고 그들의 예측을 약간 수정했다. 그러나 그들은 회복이 모든 근로자에게 평등하게 영향을 미치지 않으며 흑인과 히스패닉 근로자가 높은 실업률과 경제적 불안의 예봉을 떠안는다는 것을 인정한다.

두 번째, 호주의 예는 영향력 있고 높이 평가되는 영연방 과학 및 산업 연구기구(CSIRO 2020)의 2020년 9월 보고서에서 나왔다. 당연히 과학 및 기술 연구에 대한 투자 증가를 위한 홍보인 이 보고서는 팬데믹 이후 경제 회복에 대한 유사한 주류 이해를 지지한다.

> 오늘날 그 어느 때보다 과학과 기술은 팬데믹으로 인한 경기 침체에서 회복하고 미래 회복력을 구축하는 데 절대 필수적이다. 결정적으로, 혁신에 대한 투자는 시장에 준비된 기술의 상용화를 통한 단기적인 기회와 급성장하는 혁신 및 초기 신산업을 통한 장기적인 일자리 창출 및 성장을 모두 제공할 수 있다. 우리는, 지금 올바른 투자를 한다면 세계적 수준의 과학 전문성, 높은 가치의 인력, 국가적 이점을 바탕으로 구축함으로써 중요한 호주 산업을 가속화할 수 있는 모든 기반을 갖추고 있다 (CSIRO 2020).

지속 가능성과 회복력에 대한 CSIRO의 헌신은 대부분의 연구 결과에서 부인할 수 없고 분명하지만, 보고서의 기본 메시지는 과학과 기술이 경제 성장, 더 지속 가능한 성장으로의 복귀를 보장할 거라는 것이다. 과학과 기술에 대한 투자 증가는 경제질서에 대한 코로나19의 혼란스러운 도전을 완화할 수 있는 약속을 제공한다.

이는 전 세계 보수 정부의 행동의 기반이 되는 가정의 두 가지 예일 뿐이며, 동어반복적으로 '정상으로의 복귀'는 거버넌스가 코로나19 이전 방식으로 계속 행해지고 발전한다는 것을 의미한다. 이것이 지배적인 주류 입장이지만, 우리가 본 바와 같이, 코로나19가 거버넌스의 근본적인 변화의 필요성을 예고하는 거로 이해하는 사람들에 의해 크게 도전을 받는 입장이다. 이 거버넌스는 체제 내의 경제학자들과 대부분 사람들이 생각하려고 하는 것보다 더 큰 실존적 도전에 대응할 수 있어야 한다는 것이다.

기존 체제 내에서의 변화

많은 관찰자들은 경제 및 거버넌스체제의 본질에 대한 광범위한 변화 가능성을 논의하려는 유혹에 저항하고, 대신에 그들의 특정 전문 분야 내에서 발생할 수 있는 변화에 초점을 맞춘다. 물론, 이들 중 일부는 상당한 영향을 미칠 수도 있다. 이 부문 전반에 걸쳐 언급된 전문가와의 인터뷰는 많은 예를 제공한다. 여기서는 그것들을 열거할 공간만 있는데, 이 목록은 전체 목록은 아니며 가능한, 가능할 것 같은 변화의 규모를 지적한다. 우리는 더 의미 있고 중요한 긍정적인 변화를 예측하거나 어떤 경우에는 희망하는 사람들부터 시작한다.

- 과학 저널리스트 가렛(Laurie Garrett 2020)는 팬데믹을 경제 및 사회체제의 불의를 해결할 기회로 보고 있으며, 피케티(Thomas Piketty 2020)는 민족주의와 불평등 증가의 위험성을 강조하지만, "복지국가에서 더 많이 투자하는 것"을 배울 수 있기를 희망한다. 이 두 연구는 앞에서 논의한 더 광범위한 추정상의 변화로 돌아가게 한다.
- 환경운동가 맥키벤(Bill McKibben 2020)과 카카바제(Yolanda Kakabadse 2020)는 팬데믹이 기후 변화에 대한 견해에 긍정적인 영향을 미칠 가능성이 있다고 본다. 따라서 맥키벤은 팬데믹을 시민들이 '위기와 재난은 실제 가능성이지만' 해결하고 피할 수 있다는 점을 깨닫도록 하는 경종으로 간주한다. 이와 비슷하게 카카바제는 코로나19가 "생태계 건강은 인간 건강과 동일하다"는 인

식으로 이어져 환경에 더 많은 관심을 집중하고 건강에 대한 공공 투자의 정당성을 강화할 수 있다고 주장한다.

더 좁은 범위에서 일부 학자는 다른 중요한 변화를 예측하고, 일부는 긍정적인 변화를 예측한다.

- 유라시아 그룹 회장인 브레머(Ian Bremmer 2020)는 팬데믹이 국내 및 국제의료 시스템에 10년 이상의 혼란을 초래할 것이라고 암시했다.
- 타임스 고등교육(Times Higher Education)의 배티(Phil Baty 2020)는 교육의 성격이 변화하고 아마도 지난 수십 년 동안 지배적이었던 기금 창출에 대한 관심이 높아지는 것에서 벗어나 대학이 '심각하고 영원히' 변화할 것이라고 경고한다. .
- 마이안(Atif Mian 2020)은 구조적 글로벌 부채 증가의 해로운 결과를 강조한다.
- 모든 전문가들은 팬데믹 기간 동안 형성된 습관이 지속될 것이라는 점에 동의했으며, 특히 재택근무 및 원격 의료를 하면서 줌(Zoom) 등의 사용을 강조했다.

개관: 설명을 향하여

우리가 강조했듯이 미래를 예측하는 것은 위험한 일이다. 그러나 우리는 여기서 한 가지 관찰로 마무리하고 이를 설명하려고 한다. 팬데믹 시기에 무슨 일이 일어났는지에 대한 우리의 지식은 비록 이러한 발전이 지속하지 않을 수도 있지만, 미래에 대한 계시론적인 관점에서 멀어지는 움직임이 있었다는 것이다. 우리가 보기에, 계시론적 사고의 쇠퇴는 상당 부분 이 장의 앞부분에서 보여주었듯이 세계 경제의 많은 부분이 대부분의 예측보다 더 빨리 회복되었고 부분적으로는 대규모 부양책의 결과로 인해 발생했다 (위에 자세히 설명되어 있음). 정치에 관해서는 그림이 더 혼합돼 있다. 확실히 일부 정부, 특히 일부 지도자들의 인기는 위에서 언급한 것처럼 팬데믹에 의해 제기된 도전을 효과적으로 처리했다는 인식으로 인해 높아졌다. 동시에 다른 리더들은 성공하지 못한 것으로 널리 인식되었으며 이것이 그들의 인기에 영향을 미쳤다. 실제로, 2020년 미국 선거에서 트럼프가 패배한 것은 확실히 팬데믹과 그것의 대처 실패에 큰 탓이 있는 것으로 간주된다. 또한, 일부 국가(호주가 좋은 예)에서는, 팬데믹 위기의 초기 단계를 처리하면서 정부에 대한 신뢰가 높아졌는데, 예방접종 프로그램을 잘못 처리한 결과로 신뢰도가 떨어졌다.

이 모든 것은 서로 다른 나라에서 다르게 진행되는 조수의 간만이 있었다는 것을 의미한다. 따라서 미래 추세를 설명하려는 시도는 결과를 예측하는 것보다 훨씬 더 어려울 수 있다. 우리의 견해로는 이 쟁점을 보는 유용한 방법은 역사적 제도주의(HI) 렌즈를 이용하는 것이다. 미래는 안정과 변화로 특징지어질 가능성이 높다. 그들은 이원론(dualism)이 아니라 이중성(duality)이다. 여기서 경로 의존성의 개념이 중요하다. 많은 비평가들은 경로 의존성을 경로 결정성과 혼동하며, 역사적 제도주의는 변화가 아닌 안정성만을 설명할 수 있다는 오랜 비판이 있어 왔다 (이에 대해서는, Peters, Pierre and King 2005 참조). 이는 우리가 보기엔 큰 실수다. 오히려 경로 의존성에 의해 뒷받침되는 안정성은 변화가 일어나는 맥락이라는 주장이 있다. 그것은 변화를 제한하고 아마도 때로는 촉진하지만 변화를 결정하지는 않는다. 또한, 우리는 제도적, 담론적, 사회 경제적이라는 세 가지 별도의 경로 종속성이 있다고 주장한다 (Marsh, Hall and Fawcett 2014 참조). 그것들은 모두 결정하지 않고 결과에 영향을 미치나, 매우 중요한 것은 이들 사이의 상호 작용이다.

우리는 또한 앞으로 나아가기 전에, 변화의 내생적 원인과 외생적 원인 사이의 하나의 다른 구별을 소개할 필요가 있다. 역사적 제도주의 접근 방법을 활용하는 경우, 모든 변화의 원인은 역사적 제도 구조 외부에서 일어나는 외생적이어야 한다고 주장하는 것이 일반적이다. 우리는 그러한 주장은 역사적 제도를 경로 결정론과 동일시하기 때문에 거부한다. 오히려 우리는 변화의 내생적 원인과 외생적 원인 사이의 관계가 변증법적, 즉 상호작용적이고 반복적이라는 것을 다시 제안한다. 따라서 예를 들면, 외생적 변화는 내생적 제도적 관계를 변화시키고, 이는 다시 내생적 관계를 변화시킬 가능성이 있다. 이러한 변화의 정도는 항상 경험적인 문제이긴 하다.

코로나19는 분명히 모든 정치, 경제체제에 중대한 외생적 충격이다. 그러나 마찬가지로 분명히, 이러한 충격이 다양한 체제에서 진행되는 방식은 각각 개별 체제의 사회적, 경제적, 정치적 특성에 의해 조정된다. 경로 의존성이 강한 체제에서는 변화의 정도가 작을 가능성이 크다. 이러한 맥락에서 우리는 영국과 같은 체제는 세 가지 강력한 경로 의존성을 특징으로 한다고 주장한다.

- 최근에 신공공관리(NPM)의 성장에 영향을 받고, 그리고 위계질서, 시장과 거버넌스의 지배적인 양식으로서의 연결망 간의 공생 관계에 의한 위계질서의 대체로 인해 영향을 받은 강력하고 오래 계속되는 정치 제도를 특징으로 하는 제도적 경로 의존성
- 경제 정책과 거버넌스 양식 모두를 뒷받침하는 신자유주의와 함께 하는 담론적 또는 관념적 경로 의존성

- 뿌리 깊은 구조적 불평등, 사회적, 정치적, 경제적 엘리트 간의 긴밀한 연결 그리고 일관되게 이들 엘리트를 선호하는 정책으로 특징지어지는 사회경제적 경로 의존성

이러한 강력한 경로 의존성의 맥락에서, 코로나19의 변혁적 역할은 많은 사람들이 처음에 주장했던 것보다 덜 급진적일 가능성이 크다. 영국과 다른 곳에서 우리가 일관되게 보아온 것은 팬데믹에 대한 통제력을 높이는 것보다 경제를 우선시한다는 것이다. 대부분의 부유한 국가에서는 실직자를 지원하기 위해 기존 실업 수당의 관대함을 늘리거나 임시 코로나바이러스 관련 프로그램을 도입했다. 이 실업자 집단은 모든 곳에서 실체적으로 증가했다. 정부연구소(Institute for Government 2021)는 영국, 덴마크, 호주, 미국, 캐나다, 프랑스, 독일, 아일랜드, 스웨덴의 9개국 근로자에 대한 지원을 비교했다. 코로나 이전에 이들 국가는 크게 다른 유형의 실업 수당을 제공했다. 영국, 아일랜드, 호주는 실업자를 위해 정액, 자산 조사에 따른 지불을 제공하는 반면, 다른 국가에서는 이전 임금의 일부를 대체하는 것을 목표로 하는 실업 수당을 제공한다. 기본적으로, 전자 국가의 지급액은 후자 국가보다 낮으며 이는 팬데믹 상황에서 근로자에 대한 지원 수준에 반영된다. 특히 영국의 지급액은 미국을 제외한 다른 국가보다 낮은데, 종종 상당히 낮다.

우리가 보기에는, 영국에서의 경제와 낮은 수준의 코로나19의 지원에 관한 초점은 기존의 경로 의존성을 반영한다. 정책은 명확하게 기업의 이익을 지향하고 있으며, 신자유주의의 지배력과 기업에 이익이 되는 것은 국가에도 이익이 된다는 오래 확립된 관점을 반영하고 있다. 따라서 우리는 이 절의 시작 부분에서 저자들이 제안한 급진적 변

화 유형의 가능성이 세 가지 경로 의존성의 역할에 의해 크게 제한된다고 주장한다. 이것이 근본적인 변화가 불가능하다는 것을 의미하는 것은 아니지만, 이러한 변화는 구조화된 불평등으로 특징지어지고 참여적 정치 전통이 매우 제한적인 영국과 같은 사회에서는 현재까지도 신자유주의가 계속해서 지배하기 때문에 제약을 받고 있다.

인종과 국가

이 결론 장을 마무리하기 위해, 우리는 코로나19 팬데믹이 국가를 그리고 국가에 의해 형성될 수 있는 여러 방법에 대한 분석에서 다른 글로벌 충격을 고려하는 것으로 전환한다. 2020년 5월 25일 미니애폴리스 경찰관 쇼빈(Derek Chauvin)이 아프리카계 미국인 조지 플로이드(George Floyd)를 체포하려 하던 중 플로이드의 목을 9분 29초 동안 무릎으로 눌러 그를 사망하게 했다. 살인 장면이 휴대전화에 포착됐고 전 세계에 방송됐다. 쇼빈은 나중에 2급 살인 혐의로 유죄 판결을 받았다. 이 죽음은 경찰의 잔인성과 인종 불평등에 대한 전 세계적인 시위를 촉발시켰다. 살인은 이미 위에서 언급한 바와 같이 소수 인종에게 불균형적으로 영향을 미치는 것으로 확인된 코로나19 팬데믹 기간 동안 발생했다. 이러한 명백한 건강 불평등은 이미 인종과 불평등에 관한 토론과 논쟁을 자극했었다. 조지 플로이드의 살해와 그에 따른 시위는, 때때로 '흑인의 생명은 중요하다' 운동하에서, 인종, 인종 정의와 불평등에 관한 논쟁과 대화를 자극하기 위해 팬데믹의 인종 불평등과 융합되었다. 많은 사람들은 1960년대 민권 운동 이후 볼 수 없었던 최대의 쟁점이 됐다고 주장했다.

그러나 코로나19 팬데믹이 국가에 어떤 영향을 미쳤으며, 국가이론이 현재(그리고 미래) 상황에 대한 우리의 분석에 어떻게 정보를 제공할 수 있는지에 관한 이 장의 처음 논의와는 대조적으로, 표면적으로는 국가이론이 인종에 관한 대화에 거의 공헌이 없는 것처럼 보인다. 인종 문제는 이 책에서 등장하는데, 특히 제6장에서 여성주의 학자들이 성별이 서로 다르고 (불)평등한 다른 축과 상호 작용하는 복잡한 방식을 조사하기 위해 교차 분석을 어떻게 사용해 왔는지에 대한 칸톨라(Johanna Kantola)의 논의에서 적지 않게 나타난다. 그런데 국가에 관한 주류 이론화는 인종에 관해 말할 것이 거의 없다. 골드버그(David Goldberg)는 이러한 침묵이 국가이론과 인종-인종주의에 관한 문헌 '모두에서' 발생한다고 주장한다.

> 지난 20년 동안 인종에 관해 생각하면서 가장 눈에 띄는 회피 중 하나는 국가와 관련해 거의 완전한 이론적 침묵에 관한 것이다. 국가가 인종 차별적 배제의 지역적 조건을 어느 정도 재생산하는 데 연루되는 방법뿐만 아니라 '현대' 국가가 항상 자신을 인종적으로 구성된 것으로 생각하는 방법도 마찬가지다. 근대 국가는 간단히 말해서 인종 국가에 불과하다 … 근대 국가의 역사와 인종적 정의는 밀접하게 연관돼 있다. 따라서 국가 형성에 관한 이론적 문헌이 근대 국가의 인종적 차원에 관해 사실상 침묵하고 있다는 것은 아마도 놀라운 일이다. 그리고 지난 20년 동안의 문화주의적 전환을 고려할 때 인종과 인종주의에 관한 이론적 문헌이 인종 형성과 인종주의적 배제에서 국가의 함의를 어떤 종합적인 방식으로든 대체로 피했다(Goldberg 2001a: 233).

아마도 놀랍게도 약 20년이 지난 지금도 대체로 이런 상황이 유지되고 있다. 정과 권(Jung and Kwon 2013: 928)은 인종과 국가에 관한

'다소 작은 문헌'을 언급한다 (James and Redding 2005 참조). 이 마지막 장을 마무리하기 위해 우리는 이러한 부재를 고려하고 이를 교정할 수 있는 몇 가지 방법을 지적한다.

골드버그(Goldberg 2001a, 2001b) 자신의 연구는 '인종 국가'를 중심으로 이론화를 발전시키려고 노력해 왔다. 흥미롭게도 이 연구에서 그는 헤이가 제3장에서 제안한 것과 정확히 같은 방법으로 마르크스주의 국가이론을 사용하는데, 이는 마르크스주의 국가이론에서 나타난 도구주의-구조주의 논쟁을 완전히 피하는 비마르크스주의 접근방법을 위해 유용할 것이다. 따라서 헤이가 여성주의 학자들에게 국가가 근본적으로 가부장적인지, 아니면 가부장적 사회의 국가인지에 대한 질문을 피하라고 재촉하는데, 우리도 인종과 국가에 관한 학자들에게 그들 스스로 자문할 필요가 없는지라고 덧붙일 수 있다. "당대의 국가가 근본적으로 인종주의 국가인지 혹은 단순히 인종주의 사회에서의 국가인지?" 그리고 골드버그는 마르크스주의 국가이론에 관한 논쟁에서 얻은 통찰을 받아들여, 헤이가 '어처구니 없는' 질문이라고 부른 것을 피하고, 그 논쟁을 제솝의 형식화와 유사한 입장으로 옮긴다. 제솝(Bob Jessop)을 포함한 마르크스주의 전통을 논의한 후 골드버그는 국가를 사회적 투쟁의 장소이자 결과로 보는 관점을 주장한다. "제도적 의미에서 (인종) 국가는 정태적인 게 아니라 경제적, 법적, 문화적 세력(생산력, 사회적 합법성, 문화적 표현력)에 의해 형성하고 형성되는 '정치적 세력'으로 보아야 한다"(Goldberg 2001a: 239, 원문 강조). 이것은 인종 국가를 다수의 이질적인 것으로 보는 견해와 연결된다. 즉, "그것은 인종 국가에 대해 말하는 것이 더 정확하다. 왜냐하면 국가의 형태와 명백한 표현은 복합적이고 중첩적이며, 다양하고 분산되어 있기 때문이다"(ibid.: 236).

'인종' 국가와 '인종주의' 국가를 구별하면서 골드버그는 모든 (근대) 국가는 '인종적'이며, 모든 국가가 인종의 분류와 재생산에서 결정적이고 중심적인 역할을 한다는 입장을 제시하려고 한다. 그러한 과정들이 다른 범주의 인종보다 특정 범주의 인종을 체계적으로 선호하는 정도에 이르면 '인종주의'다. 국가가 (본래부터) '인종주의자'인지 아닌지의 여부에 대한 이러한 개방성과 우발성에도 불구하고, 인종은 근대 국가에 절대 필수 요소이며, 근대 국가는 본래부터 인종적 양상에 물들어 있다고 주장한다. "인종은 근대 국민국가의 출현, 발전 및 전환(개념적으로, 철학적으로, 물질적으로)에 절대 필요한 요소다"(ibid.: 234). 인종과 국가의 이러한 공동 구성은 국가를 성과로 해석함으로써 고조된다. 제솝과 버틀러(Judith Butler)에 따르면, 국가에 기본이나 영속성이 없다면 국가는 성과와 반복을 통해 제도적 힘과 물질성을 획득한다. 마찬가지로 골드버그는 인종을 담론적이고 사회적으로 재생산되는 것으로 본다면, 그 중요성과 세력을 유지하기 위해 재주장과 재표명도 필요하다고 주장한다. 그리고 이 재조명에는 국가를 요구한다. "인종은 국가 없이는 재생산 및 복제할 수 없다"(ibid.: 248).

골드버그는 국가가 다양한 방법으로 인종 재생산에 깊이 관련되어 있다고 주장한다. 국가는 관료적, 행정적으로 인구를 다양한 인종 그룹으로 정의한다 (이 주장은 아마도 영토를 만드는 것은 국가라는 존스[Rhys Jones]의 주장을 반영할 것이다. 제11장 참조). 그들은 서로 다른 인종 집단 간의 관계를 규제한다. 그들은 명시적으로 인종적 측면에서 인구를 지배한다. 그리고 그들은 주로 노동 시장의 개방성을 통해 경제적 참여의 인종적 성격을 구성한다 (ibid.: 242). 이러한 활동과 기타 활동의 효과에 대해 골드버그는 '(공식적) 국가 인종주의'와 '국가 내 인종차별' 사이의 발리바르(Balibar)의 구별을 인용하는데 전자는 인종차별이 국가 계획 사업이 되는 나치 독일과 남아프리카와 같은 국가로 대표된다. 후자(국가 내 인종차별)에 대해, "그 관할권 내에서 단순히 눈을 감음으로써, 이를 방지하거나 이의를 제기하기 위해 아무것도 또는 거의 하지 않음으로써 인종차별적 표현을 허가한다"고 말한다 (ibid.: 244).

이는 골드버그가 제시하고자 하는 또 하나의 핵심 주장, 즉 인종 국가가 공식적인 국가 제도뿐만 아니라 국민에 대한 모세관 권력과 거버넌스를 통해서도 기능하고 권력을 행사한다는 주장과 연결된다. 그람시(Antonio Gramsci)와 푸코(Michel Foucault)를 바탕으로 골드버그는 인종 국가가 자치하는 국민을 창출하려고 노력하여 인종 종속이 국민 자체에 의해 내부에서 부과되는 것보다 외부에서 가정되는 것이 더 적다고 주장한다. 결과적으로 골드버그는 이러한 관점(제8장에서 마틴과 핀레이슨이 지적한 바와 같이)이 국가 경계에 관한 많은 가정을 불안정하게 만든다고 주장한다. 인종주의는 광범위하고 다양한 제도뿐만 아니라 사회적 관행을 통해 기능하여 인종 국가를 "어디서나 그리고 동시에 어디에도 볼 수 없는" 것으로 만든다고 주장된다 (ibid.: 236). 골드버그가 주장하고자 하는 인종국가는 공적-사적, 공식적-비공식적을 가로지르는 모세관 권력 관계를 통해 (재)생산된다. 그러므로 인종과 국가에 대해 생각하는 것은 국가 안팎에서 인종의 경험과 (재)생산을 구성하는 합리성의 일상적이고 탈중심적인 성격에 대한 주의를 요구한다.

골드버그의 연구에 대한 이 짧은 요약은 인종과 국가에 대한 이론의 개요다. 인종 및 국가이론에 대한 학자들의 상대적인 침묵은 골드버그가 국가와 인종 관계의 중심적이고 (공동)구성적 성격을 갖고 있다는 점을 고려할 때 더욱 놀랍다. 인종과 국가의 쟁점는 여러 면에서 마르크스주의자들과 여성주의자들의 문제, (특히 차이가 없지는 않지만) 도구주의-구조주의 문제와 유사하다. 마르크스주의자, 여성주의자, 탈구조주의자 등의 영향을 받은 골드버그의 연구에서는 국가의 결과는 국가 내부와 외부의 사회적 세력의 논쟁과 침전 작용에 달려 있다고 주장한다. 그런데 그는 근대 국가는 근본적으로 인종의 언어로 가득 차 있다고 주장한다. 그러므로 이는 이 책의 광범위한 아이디어와 개념과 동질적인 국가에 대한 관점인 동시에 새로운(그리고 중요한) 영역과 논쟁을 표현한다. 그것은 향후 탐사가 가능한 유력한 영역이다.

국가를 이해하고 개념화하는 것이 정치 분석가의 핵심 과제로 남아 있다는 것이 우리의 주장이다. 이 결론은 두 가지 토론, 논쟁에 초점을 맞췄다. 첫째와 관련해서는, 국가가 어떻게 코로나19 팬데믹을 경험하고 중재했는지, 그리고 팬데믹이 국가에 남긴 유산에 대해 결론은 두 가지 점을 강조했다. 첫째는 팬데믹 기간 동안 국가가 중심 행위자는 아니더라도 중요한 행위자였다는 것이다. 실제로 팬데믹은 국가의 지속적인 의미 심장성과 중요성을 보여주었다. 인구에 대해 상당한 권한을 행사하거나, 백신을 투여하거나, 경제와 생계를 보호하기 위한 개입을 통해 국가는 거대하게 중요한 행위자였다. 여기서 전개된 두 번째 주장은 팬데믹의 예상되는 영향에 대한 초기 예측이 급진적인 변화라는 전망이나 예측으로 기울어지는 가운데, 보다 제한된 변화 혹은 심지어 연속성이 더 가능성 있는 결과라는 점이다. 제도로서의 국가는 경로 의존성을 선택하는 국가다. 이것이 경로 결정성과 같지는 않지만, 자본의 구조적 권력의 장기적인 유산과 같은 것들은 계속해서 중요한 영향력을 행사할 가능성이 크다. 이러한 주장은 국가에 관한 이론화에서 파생된 것이며, 우리는 국가에 대한 사고와 이론화가 현대의 사회적, 정치적, 경제적 과정과 결과를 이해하는 데 필수적인 계획이라고 주장한다. 대조적으로, 인종과 국가에 관한 결론의 마지막 논의는 국가이론이 아직 완전히 탐구하지 못한 영역을 표시한다. 이것은 국가이론이 향후 몇 년 동안 결실 있게 발전시키려고 노력할 수 있는 영역이다.

참고문헌

Abrahamsen, R. and M.C. Williams (2009), 'Security beyond the state: Global security assemblages in international politics', *International Political Sociology*, 3(1), 1–17.
Abrams, P. A. (1988), 'Notes on the difficulty of studying the state', *Journal of Historical Sociology*, 1 (1), 58–89.
Acker, J. (1989), 'The problem with patriarchy', *Sociology*, 23 (2), 235–240.
Adler, E. and M.N. Barnett (1998), *Security Communities*, Cambridge; New York: Cambridge University Press.
Adler-Nissen, R. (2016), 'Towards a practice turn in EU studies: The Everyday of european integration', *Journal of Common Market Studies*, 54 (1), 87–103.
Adorno, T.W. and Horkheimer, M. ([1944] 1973), *Dialectic of Enlightenment*, London: Allen Lane.
Afshar, H. (ed.) (1996), *Women and Politics in the Third World*, London: Routledge.
Agamben, G. (1998), *Homo Sacer: Sovereign Power and Bare Life*, trans. D. Heller-Roazen, Stanford, CA: Stanford University Press.
Agamben, G. (2005), *State of Exception*, trans. K. Attell, London: University of Chicago Press.
Aglietta, M. (1979), *A Theory of Capitalist Regulation*, London: New Left Books.
Agnew, J. and S. Corbridge (1995), *Mastering Space: Hegemony, Territory and International Political Economy*, London: Routledge.
Agnew, J. and G.Ó Tuathail (1992), 'Geopolitics and discourse: Practical geopolitical reasoning in American foreign policy', *Political Geography*, 11, 190–204.
Ahmed, S. (2004), *The Cultural Politics of Emotion*, London: Routledge.
Ahmed, S. (2008), 'Open Forum. Imaginary prohibitions. Some preliminary remarks on the founding gesture of the "new materialism"', *European Journal of Women's Studies* 15 (1), 23–39.
Akerlof, G.A. and R.J. Shiller (2009), *Animal Spirits*, Princeton, NJ: Princeton University Press.
Akkerman, T., S. De Lange and M. Rooduijn (eds) (2015), *Radical Right in Western-Europe: Up to the Mainstream?* London: Routledge.
Albertazzi, D. and D. McDonnell (2015), *Populists in Power*, Routledge Studies

in Extremism and Democracy, Abingdon: Routledge.
Alison, M. (2009), *Women and Political Violence: Female Combatants in Ethno-national Conflict*, London: Routledge.
Allen, J. (2003), *Lost Geographies of Power*, Oxford: Blackwell.
Allen, J. (1990), 'Does Feminism Need a Theory of "The State"?' in S. Watson (ed.), *Playing the State: Australian Feminist Interventions*, 21–37, London: Verso.
Allison, G.T. (2020), 'The world after coronavirus: The future of Thucydides', available online: https://www.youtube.com/watch?v=n8yHZIQj-uI (accessed 17 March 2022).
Al-Mashat, A.M. (1985), *National Security in the Third World*, Boulder, CO: Westview.
Althusser, L. (1969), *For Marx*, London: Allen Lane.
Althusser, L. (1974), *Essays in Self-Criticism*, London: New Left Books.
Altvater, E. (1973), 'Notes on some problems of state interventionalism', *Kapitalistate*, 1, 97–108 and 2, 76–83.
Alvarez, S.E. (1990), *Engendering Democracy in Brazil: Women's Movements in Transition Politics*, Princeton, NJ: Princeton University Press.
Amin, A. (2004), 'Regions unbound: Towards a new politics of place', *Geografiska Annaler*, 86B: 33–44.
Amin, A. and N. Thrift (2013), *Arts of the Political: New Openings for the Left*, Durham, NC: Duke University Press.
Amoore, L. (2006), 'Biometric borders: Governing mobilities in the war on terror', *Political Geography*, 25: 336–351.
Andersen, M. and D. Liefferink (1997), *European Environmental Policy: The Pioneers*, New York: Manchester University Press.
Anderson, B. (2006), *Imagined Communities: Reflections on the Origin and Spread of Nationalism*, London: Verso.
Anderson, B. (2014), *Encountering Affect*, Farnham: Ashgate.
Annan, K. (1999), 'Two Concepts of Sovereignty', *The Economist*, 26 September, available online: www.economist.com/international/1999/09/16/two-concepts-of-sovereignty (accessed 17 March 2022).
Aradau, C. (2010), 'Articulations of Sovereignty', in R.A. Denemark (ed.), *The International Studies Encyclopedia*, Oxford: Blackwell.
Archer, M. (2003), *Structure, Agency and the Internal Conversation*, Cambridge: Cambridge University Press.
Armstrong, J.A. (1982), *Nations before Nationalism*, Chapel Hill: University of North Carolina Press.
Ashford, N. and S. Davies (eds) (2012), *A Dictionary of Conservative and Libertarian Thought*, London: Routledge Revivals.
Ashley, R.K. (1988), 'Untying the sovereign state: A double reading of the anarchy problematique', *Millennium*, 17 (2), 227–262.
Aspachs, O., R. Durante, J. García-Montalvo, A. Graziano, J. Mestres and M. Reynal-Querol (2020), 'Measuring income inequality and the impact of the welfare state during COVID-19: Evidence from bank data', available online:

https://voxeu.org/article/income-inequality-and-welfare-state-during-covid-19 (accessed 17 March 2022).

Avelino, F. and J. Rotmans (2009), 'Power in transition: An interdisciplinary framework to study power in relation to structural change', *European Journal of Social Theory*, 12(4), 543–569.

Avineri, S. (1968), *The Social and Political Thought of Karl Marx*, Cambridge: Cambridge University Press.

Ayoob, M. (1995), *The Third World Security Predicament: State Making, Regional Conflict, and the International System*, Boulder, CO: Lynne Rienner.

Ayoob, M. (1998), 'Subaltern Realism: International Relations Theory Meets the Third World', in S.G. Neuman (ed.), *International Relations Theory and the Third World*, 31–54, London: Macmillan.

Ayoub, P.M. and D. Paternotte (eds) (2014), *LGBT Activism and the Making of Europe: A Rainbow Europe?* Basingstoke: Palgrave.

Azcona, G., A. Bhatt, J. Encarnacion, J. Plazaola-Castaño, P. Seck, S. Staab and L. Turquet (2020), 'From insights to action: Gender equality in the wake of COVID-19', available online: https://www.unwomen.org/en/digital-library/publications/2020/09/gender-equality-in-the-wake-of-covid-19 (accessed 17 March 2022).

Baber, W. and R. Bartlett (2005), *Deliberative Environmental Politics*, Cambridge, MA: MIT Press.

Bacchi, C. (2009), *Analysing Policy: What's the Problem Represented to Be?* London: Pearson.

Bacchi, C. (2012), 'Why study problematisations? Making politics visible', *Open Journal of Political Science*, 2(1), 1–8.

Bacchi, C. (2015), 'Problematizations in alcohol policy: WHO's "alcohol problems"', *Contemporary Drug Problems*, 42(2), 130–147.

Bacchi, C. (2018), 'Drug problematizations and politics: Deploying a poststructural analytic strategy', *Contemporary Drug Problems*, 45(1), 3–14.

Bacchi, C. and S. Goodwin (2016), *Poststructuralist Policy Analysis: A Guide to Practice*, Basingstoke: Palgrave.

Bache, I., I. Bartly and M. Flinders (2016), 'Multi-level governance', in C. Ansell and J. Torfing (eds), *Handbook on Theories of Governance*, 486–498, Cheltenham: Edward Elgar.

Bachrach, P. and M.S. Baratz (1962), 'Two faces of power', *American Political Science Review*, 56(4), 947–952.

Bäckstrand, K. and A. Kronsell (eds) (2015), *Rethinking the Green State: Environmental Governance towards Climate and Sustainability Transitions*, London: Routledge.

Bäckstrand, K., J. Khan, A. Kronsell and E. Lövbrand (eds) (2010), *Environmental Politics and Deliberative Democracy: Examining the Promise of New Modes of Governance*, Cheltenham: Edward Elgar.

Bailey, D. (2015), 'The environmental paradox of the Welfare State: The dynamics of sustainability', *New Political Economy*, 20(6), 793–811.

Bailey, D. (2020), 'Re-thinking the fiscal and monetary political economy of the green state', *New Political Economy*, 25 (1): 5–17.
Bakker, I. (2003), 'Neo-liberal governance and the privatization of social reproduction: Social provisioning and shifting gender orders', in I. Bakker and S. Gill (eds), *Power, Production and Social Reproduction*, 66–82, Basingstoke: Palgrave Macmillan.
Balibar, É. (2005), 'Difference, otherness, exclusion', *Parallax*, 11(1), 19–34.
Balivé, T. (2012), 'Everyday state formation: Territory, decentralization, and the Narco Landgrab in Colombia', *Environment and Planning D: Society and Space*, 30, 603–622.
Banaszak, L.A. (2010), *The Women's Movement: Inside and Outside the State*, Cambridge: Cambridge University Press.
Banaszak, L.A., K. Beckwith and D. Rucht (2003), 'When Power Relocates: Interactive Changes in Women's Movements and States', in L.A. Banaszak, K. Beckwith and D. Rucht (eds), *Women's Movements Facing the Reconfigured State*, 1–29, Cambridge: Cambridge University Press.
Barkawi, T. (ed.) (2001), *Democracy, Liberalism, and War: Rethinking the Democratic Peace Debate*, Boulder, CO: Lynne Rienner.
Barkawi, T. (2005), *Globalization and War*, Lanham, MD: Rowman & Littlefield.
Barkawi, T. (2006), 'The postcolonial moment in security studies', *Review of International Studies*, 32(2), 329–352.
Barkawi, T. and M. Laffey (1999), 'The imperial peace: Democracy, force and globalization', *European Journal of International Relations*, 5(4), 403–434.
Barkawi, T. and M. Laffey (eds) (2001), *Democracy, Liberalism, and War: Rethinking the Democratic Peace Debate*, Boulder, CO: Lynne Rienner.
Barkawi, T. and M. Laffey (2006), 'The postcolonial moment in security studies' *Review of International Studies*, 32(2), 329–352.
Barnard-Wills, D. and C. Moore (2010), 'The terrorism of the other: Towards a contrapuntal reading of terrorism in India', *Critical Studies on Terrorism*, 3(3), 383–402.
Barrett, M. (1980), *Women's Oppression Today: Problems in Marxist Feminist Analysis*, London: Verso.
Barrow, C.W. (1993), *Critical Theories of the State: Marxist, Neo-Marxist, Post-Marxist*, Madison: University of Wisconsin Press.
Barry, A. (2013), *Material Politics: Disputes Along the Pipeline*, Oxford: Wiley-Blackwell.
Barry, J. (2012), 'Climate change, the cancer stage of capitalism and the return of limits to growth' in M. Pelling, D. Manuel-Navarrete and M. Redclift (eds), *Climate Change and the Crisis of Capitalism*, 129–142, New York: Routledge.
Barry, J. and R. Eckersley (eds) (2005), *The State and the Global Ecological Crisis*, Cambridge, MA: MIT Press.
Bartrip, P.W.J. (1982), 'British government inspection, 1832–75: Some observations', *Historical Journal*, 25, 605–626.
Bastow, S. and J. Martin (2003), *Third Way Discourse: European Ideologies in the Twentieth Century*, Edinburgh: Edinburgh University Press.

Bateman, J. ([1883] 2014), *The Great Landowners of Great Britain and Ireland*, Cambridge: Cambridge University Press.

Bates, R. (1987), 'Contra contractarianism: Some reflections on the new institutionalism', *Politics and Society*, 16, 387–401.

Baty, P. (2020), 'The world after coronavirus: The future of global higher education', available online: https://www.youtube.com/watch?v=qjTLOPtoyfk (accessed 17 March 2022).

Bauman, Z., D. Bigo, P. Esteves, E. Guild, V. Jabri, D. Lyon and R.B. Walker (2014), 'After Snowden: Rethinking the impact of surveillance', *International Political Sociology*, 8(2), 121–144.

Beblawi, H. and G. Luciani (1987), *The Rentier State*, London: Croom Helm.

Beck, U. (1992), *Risk Society: Towards a New Modernity*, London, SAGE.

Beck, U., A. Giddens and S. Lash (1994), *Reflexive Modernisation*, Cambridge: Polity.

Beetham, D. (2011), 'Unelected oligarchy: Corporate and financial dominance in Britain's democracy', available online: https://democraticaudituk.files.wordpress.com/2013/06/oligarchy-1.pdf (accessed 17 March 2022).

Beier, M. (2002), 'Beyond Hegemonic State(ment)s of Nature: Indigenous Knowledge and on-State Possibilities in International Relations', in G. Chowdhry and S. Nair (eds), *Power, Postcolonialism, and International Relations: Reading Race, Gender, and Class*, 82–114, London: Routledge.

Béland, D. and A. Lecours (2008), *Nationalism and Social Policy*, Oxford: Oxford University Press.

Bell, D. (1973), *The Coming of Post-Industrial Society: A Venture in Social Forecasting*, New York: Basic Books.

Bell, D. (1987), 'The World and the United States in 2013', *Daedalus*, 116 (3), 1–31.

Bell, S. (2011), 'Do we really need a new "Constructivist Institutionalism" to explain institutional change?' *British Journal of Political Science*, 41(4), 883–906.

Bell, S. (2012), 'The power of ideas: The ideational mediation of the structural power of business', *International Studies Quarterly*, 56, 661–673.

Bell, S. and A. Hindmoor (2009), *Rethinking Governance: The Centrality of the State in Modern Society*, Cambridge: Cambridge University Press.

Bell, S. and A. Hindmoor (2014a), 'The ideational shaping of state power and capacity: Winning battles but losing the war over bank reform in the US and UK', *Government and Opposition*, 49(3), 342–368.

Bell, S. and A. Hindmoor (2014b), 'Masters of the universe but slaves of the market: Bankers and the great financial meltdown', *British Journal of Politics and International Relations*, 17(1), 1–22.

Bell, S. and A. Hindmoor (2014c), 'The structural power of business and the power of ideas: The strange case of the Australian mining tax', *New Political Economy*, 19(3), 470–486.

Bell, S. and A. Hindmoor (2014d), 'Taming the City? Ideas, structural power and the evolution of British banking policy amidst the great financial melt-

down', *New Political Economy*, 20(3), 454–474.
Bellamy, A. (2009), *Responsibility to Protect: The Global Effort to End Mass Atrocities*, Cambridge: Polity Press.
Bellamy, A.J. (2014), 'From Tripoli to Damascus? Lesson learning and the implementation of the responsibility to protect', *International Politics*, (51) 1, 23–44.
Bentley, A.F. (1908), *The Process of Government: A Study of Social Pressures*, London: Routledge.
Berezin, M. (2009), *Illiberal Politics in Neoliberal Times: Culture, Security and Populism in the New Europe*, Cambridge: Cambridge University Press.
Berger, T.U. (1998), *Cultures of Antimilitarism: National Security in Germany and Japan*, Baltimore, MD: Johns Hopkins University Press.
Berman, S. (1998), *The Social Democratic Moment: Ideas and Politics in the Making of Interwar Europe*, Cambridge, MA: Harvard University Press.
Bernstein, S. and M. Hoffmann (2019), 'Climate politics, metaphors and the fractal carbon trap', *Nature Climate Change*, 9, 919–925.
Bertelsmann Foundation (2020), 'Kinderarmut: Eine unbearbeitete Großbaustelle', available online: https://www.bertelsmann-stiftung.de/de/themen/aktuelle-meldungen/2020/juli/kinderarmut-eine-unbearbeitete-grossbaustelle (accessed 17 March 2022).
Bertramsen, R.B., J.P.F. Thomsen and J. Torfing (1991), *State, Economy and Society*, London: Unwin Hyman.
Bevir, M. (2002), 'A decentered theory of governance', *Journal des Économistes et des Études Humaines*, 12(4), available online: https://www.degruyter.com/view/journals/jeeh/12/4/article-jeeh.2002.12.4.1073.xml.xml (accessed 24 September 2020).
Bevir, M. and J. Blakely (2018), *Interpretive Social Science: An Anti-Naturalist Approach*, Oxford: Oxford University Press.
Bevir, M. and R.A.W. Rhodes (2003), *Interpreting British Governance*, London: Routledge.
Bevir, M. and R.A.W. Rhodes (2010), *The State as Cultural Practice*, Oxford: Oxford University Press.
Bevir, M. and R.A.W. Rhodes (eds) (2015), *Routledge Handbook of Interpretive Political Science*, London: Routledge.
Bevir, M., K. Dowding, A. Finlayson, C. Hay and R. Rhodes (2004), 'The interpretive approach in political science: A symposium', *British Journal of Politics and International Relations*, 6(2), 129–164.
Bhambra, G.K. (2018), 'The State: Postcolonial Histories of the Concept', in O.U. Rutazibwa and R. Shilliam (eds), *Routledge Handbook of Postcolonial Politics*, 200–209, London: Routledge.
Biedenkopf, K. and C.A. Dupont (2013), 'Toolbox Approach to the EU's External Climate Governance', in A. Boening et al. (eds), *Global Power Europe*, Vol. 1, 181–199, Berlin: Springer.
Biermann, F. (2014), *Earth System Governance: World Politics in the Anthropocene*, Cambridge, MA: MIT Press.

Biermann, F. and P. Pattberg (eds) (2012), *Global Environmental Governance Reconsidered*, Cambridge, MA: MIT Press.
Biersteker, T.J. and C. Weber (eds) (1996), *State Sovereignty as Social Construct*, Cambridge: Cambridge University Press.
Bigo, D. (2001), 'The Möbius Ribbon of Internal and External Securit(ies)', in M.E.A. Albert (ed.), *Identities Borders Orders: Rethinking International Relations Theory*, 91–116, Minnesota: University of Minnesota Press.
Bigo, D., E. Guild and R. Walker (2010), 'The Changing Landscape of European Liberty and Security', in D. Bigo, E. Guild, R. Walker and S. Carrera (eds), *Europe's 21st Century Challenge: Delivering Liberty*, 1–27, London: Routledge.
Bilgin, P. (2002), 'Beyond statism in security studies? Human agency and security in the Middle East', *Review of International Affairs*, 2(1), 100–118.
Bilgin, P. (2016a), 'Edward Said's "contrapuntal reading" as a method, an ethos and a metaphor for Global IR', *International Studies Review*, 18(1), 134–146.
Bilgin, P. (2016b), 'How to remedy Eurocentrism in IR? A complement and a challenge for The Global Transformation', *International Theory*, 8(3), 492–501.
Bilgin, P. (2016c), 'Temporalizing Security: Securing the Citizen, Insecuring the Immigrant in the Mediterranean', in A.M. Agathangelou and K.D. Killian (eds), *Time, Temporality and Violence in International Relations: (De)Fatalizing the Present, Forging Radical Alternatives*, 221–232, London: Routledge.
Bilgin, P. and A.D. Morton (2002), 'Historicising representations of "Failed States": Beyond the Cold-War annexation of the social sciences?' *Third World Quarterly*, 23(1), 55–80.
Billig, M. (1995), *Banal Nationalism*, London: SAGE.
Bina, O. (2013), 'The green economy and sustainable development: An uneasy balance?' *Environment and Planning C: Government and Policy*, 31, 1023–1047.
Birch, A. (1993), *The Concepts and Theories of Modern Democracy*, London: Routledge.
Biswas, S. (2007), 'Empire and global public intellectuals: Reading Edward Said as an international relations theorist', *Millennium – Journal of International Studies*, 36(1), 117–133.
Biswas, S. (2014), *Nuclear Desire: Power and the Postcolonial Nuclear Order*, Minneapolis: University of Minnesota Press.
Block, F.L. (1987), *Revising State Theory: Essays in Politics and Postindustrialism*, Philadelphia, PA: Temple University Press.
Block, F.L. (1990), *Postindustrial Possibilities*, Los Angeles: University of California Press.
Bloomberg (2020), 'Pfizer vaccine's funding came from Berlin, not Washington', available online: https://www.bloomberg.com/news/articles/2020-11-09/pfizer-vaccine-s-funding-came-from-berlin-not-washington (accessed 17 March 2022).
Bloomberg (2021), 'The Covid resilience ranking', available online: https://www.bloomberg.com/graphics/covid-resilience-ranking/ (accessed 17 March 2022).
Blühdorn, I. (2020), 'The legitimation crisis of democracy: Emancipatory politics, the environmental state and the glass ceiling to socio-ecological transformation',

Environmental Politics, 29(1), 38–57.
Blühdorn, I. and M. Deflorian (2019), 'The collaborative management of sustained unsustainability', *Sustainability*, 11(4), 1189.
Blundell, R., J. Cribb, S. McNally, R. Warwick and X. Xu (2021), 'Inequalities in education, skills, and incomes in the UK: The implications of the COVID-19 pandemic', available online: https://www.ifs.org.uk/inequality/wp-content/uploads/2021/03/BN-Inequalities-in-education-skills-and-incomes-in-the-UK-the-implications-of-the-COVID-19-pandemic.pdf (accessed 17 March 2022).
Blyth, M. (2002), *Great Transformations: Economic Ideas and Institutional Change in the Twentieth Century*, New York: Cambridge University Press.
Blyth, M. (2003), 'Structures do not come with an instruction sheet: Interests, ideas, and progress in political science', *Perspectives on Politics*, 1 (4), 695–706.
Blyth, M. (2013), *Austerity: The History of a Dangerous Idea*, Oxford: Oxford University Press.
Blyth, M. and R. Vargwese (1999), 'The state of the discipline in American political science: Be careful what you wish for?', *British Journal of Politics and International Relations*, 1 (3), 345–365.
Blyth, M., O. Helgadottir and W. Kring (2016), 'Ideas and Historical Institutionalism', in O. Fioretos, T.G. Falleti and A. Sheingate (eds), *The Oxford Handbook of Historical Institutionalism*, 142–164, Oxford: Oxford University Press.
Blyth, M.M. (1997), '"Any more bright ideas?" The ideational turn in comparative political economy', *Comparative Politics*, 29(2), 229–250.
Boettke, P.J. and E.E. Piano (2019), 'Public Choice and Libertarianism', *The Oxford Handbook of Public Choice*, Vol. 1, available online: https://www.oxfordhandbooks.com/view/10.1093/oxfordhb/9780190469733.001.0001/oxfordhb-9780190469733-e-42 (accessed 24 September 2020).
Bomberg, E. (2015), 'Greening the State, American Style', in A. Bäckstrand and K. Kronsell (eds), *Rethinking the Green State: Environmental Governance towards Climate and Sustainability Transitions*, 122–137, London: Routledge.
Bonefeld, W. (1993), 'Crisis of theory: Bob Jessop's theory of capitalist reproduction', *Capital & Class*, 50, 25–48.
Booth, K. (1991), 'Security and emancipation', *Review of International Studies*, 17(4), 313–326.
Booth, K. (1998), 'Cold Wars of the Mind', in K. Booth (ed.), *Statecraft and Security: The Cold War and Beyond*, 29–55, Cambridge: Cambridge University Press.
Booth, K. (2007), *Theory of World Security*, Cambridge: Cambridge University Press.
Börzel, T.A. (2003), *Environmental Leaders and Laggards in Europe: Why there is (not) a 'Southern Problem'*, London: Routledge.
Boucher, D. (2011), 'The recognition theory of rights: Customary international law and human rights', *Political Studies*, 59(3), 753–771.
Bourdieu, P. (1990), *In Other Words: Essays towards a Reflexive Sociology*, Stanford, CA: Stanford University Press.
Bourke, R. and Q. Skinner (2016), *Popular Sovereignty in Historical Perspec-

tive, Cambridge: Cambridge University Press.
Bouzarovski, S., M. Bradshaw and A. Wochnik (2015), 'Making territory through infrastructure: The governance of natural gas transit in Europe', *Geoforum* 64: 217–228.
Brancati, D. (2006), 'Decentralization: Fuelling the fire or dampening the flames of ethnic conflict and secessionism?', *International Organization*, 60 (3), 651–685.
Brass, P. (1994), 'Élite Competition and Nation-Formation', in A.D. Smith and J. Hutchinson (eds), *Nationalism*, 83–88, Oxford: Oxford Readers.
Bremmer, I. (2020), 'The world after Coronavirus: The future of geopolitics', available online: https://www.youtube.com/watch?v=tWtVhgljmwc (accessed 17 March 2022).
Brennan, G. and J.M. Buchanan (1983), 'Predictive power and the choice among regimes', *The Economic Journal*, 93(369), 89–105.
Brennan, G. and J.M. Buchanan (2000), *The Reason of Rules: Constitutional Political Economy*, Indianapolis, IN: Liberty Fund.
Brenner, N., B. Jessop, M. Jones and G. MacLeod (2003), 'State Space in Question', in N. Brenner, B. Jessop, M. Jones and G. MacLeod (eds), *State-Space: A Reader*, 1–26, Oxford: Blackwell.
Breuilly, J. (1993), *Nationalism and the State*, Manchester: Manchester University Press.
Brewer, M. (2020), 'What are the effects of Covid-19 on poverty and inequality?', available online: https://www.economicsobservatory.com/what-are-effects-covid-19-poverty-and-inequality (accessed 17 March 2022).
Broome, A. (2010), *The Currency of Power: The IMF and Monetary Reform in Central Asia*, Basingstoke: Palgrave Macmillan.
Brown, C. (2013), 'The antipolitical theory of responsibility to protect', *Global Responsibility to Protect*, (5)4, 423–442.
Brown, C. (2018), 'Intervention', in T. Allen, A. Macdonald and H.Radice (eds), *Humanitarianism: A Dictionary of Concepts*, 181–190, London: Routledge.
Brown, D. (1999), 'Are there good and bad nationalisms?' *Nations and Nationalism*, 5(2), 281–302.
Brown, G. (2020), 'The G20 should be leading the world out of the coronavirus crisis – but it's gone awol', *The Guardian*, available online: https://www.theguardian.com/commentisfree/2020/jun/02/g20-leading-world-out-of-coronavirus-crisis-gordon-brown (accessed 17 March 2022).
Brown, W. (1992), 'Finding the man in the state', *Feminist Studies*, 18(1), 7–34.
Brown, W. (1995), *States of Injury: Power and Freedom in the Late Modernity* Princeton, NJ: Princeton University Press.
Brown, W. (2010), *Walled States, Waning Sovereignty*, Brooklyn, NY: Zone Books.
Brown, W. (2015), *Undoing the Demos: Neoliberalism's Stealth Revolution*, Brooklyn, NY: Zone Books.
Browne, R. (2018), 'Elon Musk warns A.I. could create an "immortal dictator from which we can never escape"', CNBC Tech, 6 April 2018, available online: https://www.cnbc.com/2018/04/06/elon-musk-warns-ai-could-create-immortal-

dictator-in-documentary.html (accessed 13 September 2020).
Browne, S. (2012), 'Race and Surveillance', in K. Ball, D. Lyon and K.D. Haggerty (eds), *Routledge Handbook of Surveillance Studies*, 72–79, London: Routledge.
Brownlie's Documents on Human Rights (2010), 6th edn, by Ian Brownlie and G. S. Goodwin-Gill, Oxford: Oxford University Press.
Brubaker, R. (1992), *Citizenship and Nationhood in France and Germany*, Cambridge, MA: Harvard University Press.
Bruno, J. (1989), 'The normative frameworks of public policy', *Political Studies*, 37, 376–386.
Bryson, V. (1992), *Feminist Political Theory*, London: Macmillan.
Buchanan, J.M. (1975), 'Public finance and public choice', *National Tax Journal*, 28(4), 383–394.
Buchanan, J.M. (1984), 'Politics without Romance: A Sketch of Positive Public Choice Theory and Its Normative Implications', in J.M. Buchanan and R.D. Tollison (eds), *The Theory of Public Choice II*, 11–22, Ann Arbor: University of Michigan Press.
Buchanan, J.M. (1995), 'Federalism as an ideal political order and an objective for constitutional reform', *Publius* 25(2), 19–27.
Buchanan, J.M. (2000), *The Limits of Liberty: Between Anarchy and Leviathan*, Indianapolis, IN: Liberty Fund.
Buchanan, J.M. (2005), *Why I, Too, Am Not a Conservative: The Normative Vision of Classical Liberalism*, Cheltenham: Edward Elgar.
Buchanan, J.M. and G. Tullock (1999), *The Calculus of Consent: Logical Foundations of Constitutional Democracy*, Indianapolis, IN: Liberty Fund.
Büchs, M. and M. Koch (2017), *Postgrowth and Wellbeing: Challenges to Sustainable Welfare*, Basingstoke: Palgrave Macmillan.
Bukharin, N.I. ([1921]1926), *Historical Materialism: A System of Sociology*, London: Allen & Unwin.
Bulkeley, H., V.C. Broto and A. Maassen (2010), 'Governing Urban Low Carbon Transitions', in H. Bulkeley, V.C. Broto, M. Hodson and S. Marvin (eds), *Cities and Low Carbon Transitions*, 45–57, London: Routledge.
Bulkeley, H., L. Andonova, M. Betsill, D. Compagnon, T. Hale, M. Hoffmann, P. Newell, M. Paterson, C. Roger and S. VanDeveer (2014), *Transnational Climate Change Governance*, New York: Cambridge University Press.
Bull, H. and A. Watson (eds) ([1984] 2018), *The Expansion of International Society*, Oxford: Clarendon Press.
Buller, J. (1999), 'A critical appraisal of the statecraft interpretation', *Public Administration*, 77(4), 691–712.
Buller, J. (2000), *National Statecraft and European Integration*, London: Pinter.
Buller, J. and T. James (2011), 'Statecraft and the assessment of national political leaders: The case of New Labour and Tony Blair', *British Journal of Politics and International Relations*, 14(4), 534–555.
Bulmer, S., M. Burch, C. Carter, P. Hogwood and A. Scott (2002), *British Devolution and European Policy-Making: Transforming Britain into Multi-Level Governance*, London: Palgrave Macmillan.

Bulmer, S., D. Dolowitz, P. Humphreys and S. Padgett (2007), *Policy Transfer in the European Union*, London: Routledge.

Bulpitt, J. (1986), 'The Discipline of the New Democracy: Mrs Thatcher's Domestic Statecraft', *Political Studies*, 34, 19–39.

Bumiller, K. (2008), *In an Abusive State: How Neoliberalism Appropriated the Feminist Movement against Sexual Violence*, Durham, London: Duke University Press.

Burgess, M. and A.-G. Gagnon (2010), 'Introduction: Federalism and Democracy', in M. Burgess and A.-G. Gagnon (eds), *Federal Democracies*, 1–25, London; New York: Routledge.

Burke, A. (2008), *Fear of Security: Australia's Invasion Anxiety*, Cambridge: Cambridge University Press.

Burn, W.L. (1964), *The Age of Equipoise: A Study of the Mid-Victorian Generation*, London: Allen and Unwin.

Burnham, J. (1943), *The Managerial Revolution*, London: Putnam & Co.

Butler, J. (1990), *Gender Trouble: Feminism and the Subversion of Identity*, New York: Routledge.

Butler, J. (1997), *The Psychic Life of Power*, Stanford, CA: Stanford University Press.

Butler, J. (2002), 'Is kinship always already heterosexual?' *A Journal of Feminist Cultural Studies*, 13(1), 14–44.

Buzan, B. (1991a), 'Is International Security Possible?' in K. Booth (ed.) *New Thinking about Strategy and International Security*, 31–35, London: Harper Collins.

Buzan, B. (1991b), *People, States, and Fear: An Agenda for International Security Studies in the post-Cold War Era*, New York: Harvester Wheatsheaf.

Buzan, B. and G. Lawson (2015), *The Global Transformation: History, Modernity and the Making of International Relations*, Cambridge: Cambridge University Press.

Buzan, B., O. Waever and J. De Wilde (1998), *Security: A New Framework of Analysis*, Boulder, CO: Lynne Rienner.

Cagaptay, S. (2017), *The New Sultan. Erdoğan and the Crisis of Modern Turkey*, London: Bloomsbury I.B. Tauris.

Cairney, P., T. Heikkila and M. Wood (2019), *Making Policy in a Complex World*, Cambridge: Cambridge University Press.

Calhoun, C. (1997), *Nationalism*, Buckingham: Open University Press.

Campbell, D. (1992), *Writing Security: United States Foreign Policy and the Politics of Identity*, Manchester: Manchester University Press.

Campbell, J.L. (2004), *Institutional Change and Globalization*, Princeton, NJ: Princeton University Press.

Campbell, J.L. (2018), *American Discontent: The Rise of Donald Trump and Decline of the Golden Age*, Oxford: Oxford University Press.

Campbell, J.L. and O. Pedersen (2001), *The Rise of NeoLiberalism and Institutional Analysis*, Princeton, NJ: Princeton University Press.

Canovan, M. (1981), *Populism*, London: Junction Books.

Canovan, M. (1996), *Nationhood and Political Theory*, Cheltenham: Edward Elgar.
Canovan, M. (1999), 'Trust the people! Populism and the two faces of democracy', *Political Studies*, 47(1), 2–16.
Canovan, M. (2004), 'Populism for political theorists?' *Journal of Political Ideologies*, 9(3), 241–252, doi:10.1080/1356931042000263500.
Capoccia, G. (2016), 'When do institutions "bite"? Historical institutionalism and the politics of institutional change', *Comparative Political Studies*, 49(8), 1095–1127.
Carnoy, M. (1984), *The State and Political Theory*, Princeton, NJ: Princeton University Press.
Castells, M. (1996), *The Rise of the Network Society*, Oxford: Wiley-Blackwell.
Celis, K. S. Childs, J. Kantola and M.L. Krook (2008), 'Rethinking women's substantive representation', *Representation: The Journal of Representative Democracy*, 44(2), 99–110.
Cetrà, D. (2019), *Nationalism, Liberalism and Language in Catalonia and Flanders*, London: Palgrave Macmillan.
Cetrà, D. and C. Brown Swan (2020), 'State and majority nationalism in plurinational states: Responding to challenges from below', *Nationalism and Ethnic Politics*, 26(1), 1–7.
Cetrà, D. and M. Harvey (2019), 'Explaining accommodation and resistance to demands for independence referendums in the UK and Spain', *Nations and Nationalism*, 25(1), 607–629.
CGTN (2020), 'Sudan ends 30 year rule of Islamic rule separating religion and state', available online: https://newsaf.cgtn.com/news/2020-09-05/Sudan-ends-30-year-rule-of-Islamic-rule-separating-religion-and-state-Twkirn8kZq/index.html (accessed 13 September 2020).
Chandrashekeran, S., B. Morgan, K. Coetzee and P. Christoff (2017), 'Rethinking the green state beyond the Global North: A South African climate change case study', *WIREs Climate Change*, 8, e473, doi.org/10.1002/wcc.473.
Chappell, L. (2000), 'Interacting with the state', *International Feminist Journal of Politics* 2(2), 244–275.
Chappell, L. (2002), *Gendering Government: Feminist Engagement with the State in Australia and Canada*, Vancouver: University of British Columbia Press.
Chappell, L. (2003), *Gendering Government: Feminist Engagement with the State in Australia and Canada*, Vancouver: University of British Columbia Press.
Chappell, L. (2013), 'State and Governance', in G. Waylen, K. Celis, J. Kantola and L. Weldon (eds), *The Oxford Handbook on Gender and Politics*, 603–626, New York: Oxford University Press.
Checkel, J. (1998), 'The constructivist turn in international relations theory', *World Politics*, 50, 324–348.
Christoff, P. (1996), 'Ecological modernization, ecological modernities', *Environmental Politics*, 5(3), 476–500.

Christoff, P. (2005), 'Out of Chaos, a Shining Star? Towards a Typology of Green States', in Barry and Eckersley (eds), *The State and the Global Ecological Crisis*, 25–51, Cambridge, MA: MIT Press.
Clark, A.E., C. D'Ambrosio and A. Lepinteur (2020), 'The fall in income inequality during COVID-19 in five European countries', Working Papers 565, ECINEQ, Society for the Study of Income Inequality, available online: http://www.ecineq.org/2020/12/21/the-fall-in-income-inequality-during-covid-19-in-five-european-countries/ (accessed 17 March 2022).
Clemenson, H. (1982), *English Country Houses and Landed Estates*, London: Croom Helm.
Closs, S.A. (2016), 'The affective atmospheres of nationalism', *Cultural Geographies*, 23, 181–198.
Coady, C.A.J., N. Dubos and S. Sanyal (2018), *Challenges for Humanitarian Intervention*, Oxford: Oxford University Press.
Coates, D. (1980), *Labour in Power? A Study of the Labour Government 1974–79*, London: Routledge.
Cohn, C. (1987), 'Sex and death in the rational world of defense intellectuals', *Signs: Journal of Women in Culture and Society*, 12(4), 687–718.
Colletti, L. (1972), *From Rousseau to Lenin: Studies in Ideology and Society*, New York: Monthly Review Press.
Colletti, L. (1975), 'Introduction', in L. Colletti (ed.), *Karl Marx: Early Writings*, 7–56, London: Pelican.
Collier, D. and R. Collier (1991), *Shaping the Political Arena*, Princeton, NJ: Princeton University Press.
Connell, R.W. (1987), *Gender and Power*, Cambridge: Polity Press.
Connell, R.W. (1990), 'The state, gender and sexual politics: Theory and appraisal', *Theory and Society*, 19, 507–544.
Coole, D. and S. Frost (2010), 'Introducing New Materialisms', in D. Coole and S. Frost (eds), *New Materialisms: Ontology, Agency and Politics*, 1–43, Durham, NC; London: Duke University Press.
Cooper, D. (2019), *Feeling Like a State: Desire, Denial and the Recasting of Authority*, Durham, NC: Duke University Press.
Cowen, Tyler and Daniel Sutter (1999), 'The costs of cooperation', *Review of Austrian Economics*, 12(2), 161–173.
Coyne C.J. and R. Hall (2018), *Tyranny Comes Home: The Domestic Fate of U.S. Militarism*, Stanford, CA: Stanford University Press.
Craig, M. (2018), 'Greening the state for a sustainable political economy', *New Political Economy*, 25(1), 1–4, doi:10.1080/13563467.2018.1526266.
Credit Suisse (2019), *Global Wealth Report*, available online: https://www.credit-suisse.com/about-us/en/reports-research/global-wealth-report.html (accessed 17 March 2022).
Crenshaw, K. (1991), 'Mapping the margins: Intersectionality, identity politics, and violence against women of color', *Stanford Law Review*, 43 (6), 1241–1299.
Crone, P. (1989), *Pre-Industrial Societies: New Perspectives on the Past*, Oxford: Blackwell.

CSIRO (2020), *CSIRO Annual Report 2019–20*, available online: https://www.csiro.au/en/about/Corporate-governance/annual-reports/19-20-annual-report (accessed 17 March 2022).

Culpepper, P.D. (2010), *Quiet Politics and Business Power: Corporate control in Europe and Japan*, Cambridge: Cambridge University Press.

Culpepper, P.D. (2015), 'Structural power and political science in the post-crisis era', *Business and Politics*, 17, 391–409.

Culpepper, P.D. and R. Reinke (2014), 'Structural power and bank bailouts in the United Kingdom and the United States', *Politics and Society*, 42(4), 1–28.

D'Alisa, G., F. Demaria and G. Kallis (2015), *Degrowth: A Vocabulary for a New Era*, New York: Routledge.

D'Alisa, G. and G. Kallis (2020), 'Degrowth and the state', *Ecological Economics*, 169, 106486.

Dahl, R.A. (1957), 'The concept of power', *Behavioral Science*, 2(3), 201–215.

Dahl, R.A. (1961), *Who Governs?* New Haven, CT: Yale University Press.

Dahl, R.A. (1966), 'Further reflections on "the elitist theory of democracy"', *American Political Science Review*, 60(2), 296–305.

Dahl, R.A. (1967), *Pluralist Democracy in the United States*, Chicago, IL: Rand McNally.

Dahl, R.A. (1973), *Polyarchy: Participation and Opposition*, New Haven, CT: Yale University Press.

Dahlerup, D. (1987), 'Confusing Concepts – Confusing Reality: A Theoretical Discussion of the Patriarchal State', in A.S. Sassoon (ed.), *Women and the State*, 93–127, London: Routledge.

Dalton, R.J., W.P. Bürklin and A. Drummond (2001), 'Public Opinion and Direct Democracy', *Journal of Democracy*, 12(4): 141–153.

Danspeckgruber, W.F. (2002), 'Introduction', in W.F. Danspeckgruber, *The Self-determination of Peoples: Community, Nation and State in an Interdependent World*, 1–12, Boulder, CO: Lynne Rienner.

Darwell, Stephen (ed.) (2002), *Contractarianism/Contractualism*, Oxford: Blackwell.

Davies, J.S. (2011), *Challenging Governance Theory: From Networks to Hegemony*, Bristol: Policy Press.

De Cleen, B. (2017), 'Populism and Nationalism', in C.R. Kaltwasser, P. Taggart, P. Ochoa Espejo and P. Ostiguy (eds), *The Oxford Handbook of Populism*, 342–362, Oxford: Oxford University Press.

De Vries, C.E. and S.B. Hobolt (2020), 'Challenger parties and populism', *LSE Public Policy Review*, 1(1), 3, doi:10.31389/lseppr.3.

Dean, M.M. (2009), *Governmentality: Power and Rule in Modern Society*, London: SAGE.

Dean, M.M. (2013), *The Signature of Power: Sovereignty, Governmentality and Biopolitics*, London: SAGE.

Death, C. (2016), 'Green states in Africa: Beyond the usual suspects', *Environmental Politics*, 25(1), 116–135.

DeFilippis, J. (2001), 'The myth of social capital in community development',

Housing Policy Debate, 12(4), 781–806.
DeLanda, M. (2016), *Assemblage Theory*, Edinburgh: Edinburgh University Press.
Deleuze, G. and F. Guattari (1987), *A Thousand Plateaus: Capitalism and Schizophrenia*, London: Athlone Press.
Demsetz, H. (1969), 'Information and efficiency: Another viewpoint', *Journal of Law and Economics* 12(1), 1–22.
Deng, F.M. et al. (1996), *Sovereignty as Responsibility: Conflict Management in Africa*, Washington, DC: Brookings Institute.
Derrida, J. (1978), 'Structure, Sign, and Play in the Discourse of the Human Sciences', in J. Derrida, *Writing and Difference*, trans. A. Bass, 351–370, London: Routledge.
Deutsch, K.W. (1966), *Nationalism and Social Communication: An Inquiry into the Foundations of Nationality*, Cambridge, MA: MIT Press.
DiEM25 (n.d.), 'Democracy in Europe Movement', available online: https://diem25.org/en/ (accessed 17 March 2022).
DiMaggio, P.J. and W.W. Powell (1991), 'Introduction', in Powell and DiMaggio (eds),*The New Institutionalism in Organizational Analysis*, 1–39, Chicago, IL: University of Chicago Press.
Dobbin, F. (1994), *Forging Industrial Policy*, Cambridge: Cambridge University Press.
Dobson, A. (2010), 'Democracy and nature: Speaking and listening', *Political Studies*, 58(4), 752–768.
Dobson, A. and D. Bell (eds) (2006), *Environmental Citizenship*, Cambridge, MA: MIT Press.
Domhoff, G.W. (1967), *Who Rules America?* Englewood Cliff, NJ: Prentice Hall.
Domhoff, G.W. (1970), *The Higher Circles: The Governing Class in America*, New York: Vintage Books.
Domhoff, G.W. (1979), *The Powers That Be: Processes of Ruling Class Domination in America*, New York: Vintage Books.
Domhoff, G.W. (1980), *Power Structure Research*, Beverley Hills, CA: SAGE.
Domhoff, G.W. (1990), *The Power Elite and the State*, New York: Aldine de Gruyter.
Domhoff, G.W. (2014), 'Is the corporate elite fractured, or is there continuing corporate dominance? Two contrasting views', *Class, Race and Corporate Power*, 3(1), 1–42.
Domhoff, G.W. (2017), *Studying the Power Elite: Fifty Years of Who Rules America?* New York: Routledge.
Donnan, H. and T.M. Wilson (1999), *Borders: Frontiers of Identity, Nation and State*, Oxford: Berg.
Dore, E. and M. Molyneux (eds) (2000), *Hidden Stories of Gender and the State in Latin America*, Durham, NC, and London: Duke University Press.
Dorling, D. (2019), *Inequality and the 1%*, London: Verso.
Doty, R.L. (1998), 'Immigration and the politics of security', *Security Studies*, 8(2): 71–93.

Dowding, K. (2001), 'There must be end to confusion: Policy networks, intellectual fatigue, and the need for political science methods courses in British universities', *Political Studies*, 49, 89–105.
Dowding, K. (2016), *The Philosophy and Methods of Political Science*, London: Palgrave.
Dowding, K. and A. Hindmoor (1997), 'The usual suspects: Rational choice, socialism and political theory', *New Political Economy* 2(3), 451–463.
Dowding, K. and B.R. Taylor (2020), *Economic Approaches to Government*, London: Palgrave Pivot.
Draper, H. (1977), *Karl Marx's Theory of Revolution. Volume 1: State and Bureaucracy*, New York: Monthly Review Press.
Drezner, D. (2020), 'The song remains the same: International relations after COVID-19', *International Organization*, 74(s), E18–E35.
Driver, F. (1989), 'The historical geography of the workhouse system in England and Wales, 1834–1883', *Journal of Historical Geography*, 15, 269–286.
Druckman, J.N. (2004), 'Political preference formation: Competition, deliberation, and the (ir)relevance of framing effects', *American Political Science Review*, 98(4), 671–686.
Dryzek, J.S. (1996), 'Political inclusion and the dynamics of democratization', *American Political Science Review*, 90(3), 475–487.
Dryzek, J.S. (2005), *The Politics of the Earth: Environmental Discourses*, Oxford: Oxford University Press.
Dryzek, J.S. (2010), *Foundations and Frontiers of Deliberative Governance*, Oxford: Oxford University Press.
Dryzek, J.S., D. Downies, C. Hunold, D. Schlosberg and H. Hernes (2003), *Green States and Social Movements: Environmentalism in the United States, United Kingdom, Germany and Norway*, Oxford: Oxford University Press.
Duit, A. (2012), 'Adaptive Capacity and the Ecostate', in C. Boyd and E. Folke (eds), *Adapting Institutions, Governance, Complexity and Social-Ecological Resilience*, 127–147, Cambridge: Cambridge University Press.
Duit, A. (ed.) (2014), *The State and the Environment: A Comparative Study of Environmental Governance*, Cambridge, MA: MIT Press.
Duit, A. (2016), 'The four faces of the environmental state: Environmental governance regimes in 28 countries', *Environmental Politics*, 25(1), 69–91.
Duit, A., P.H. Feindt and J. Meadowcroft (2016), 'Greening Leviathan: The rise of the environmental state?' *Environmental Politics*, 25(1), 1–23.
Dunleavy, P. (1991), *Democracy, Bureaucracy and Public Choice: Economic Explanations in Political Science*, London: Harvester Wheatsheaf.
Dunleavy, P. and B. O'Leary (1987), *Theories of the State: The Politics of Liberal Democracy*, London: Macmillan.
Duvall, R. and L. Varadarajan (2007), 'Traveling in paradox: Edward Said and critical international relations', *Millennium – Journal of International Studies*, 36(1), 83–99.
Easton, D.S. (1965), *A Framework for Political Analysis*, Englewood Cliffs, NJ: Prentice Hall.

Easton, D.S. (1967), *A Framework for Political Analysis*, Englewood Cliffs, NJ: Prentice Hall.

Eatwell, R. and M. Goodwin (2018), *National Populism: The Revolt against Liberal Democracy*, London: Pelican Books.

Eckersley, R. (2004), *The Green State: Rethinking Democracy and Sovereignty*, Cambridge, MA: MIT Press.

Eckersley, R. (2016), 'National identities, international roles, and the legitimation of climate leadership: Germany and Norway compared', *Environmental Politics*, 25(1), 180–201.

Eckersley, R. (2018), 'The green state in transition: Reply to Bailey, Barry and Craig', *New Political Economy*, 25(1), 46–56, doi:10.1080/13563467.2018.1526270.

Eckersley, R. (2019), 'Ecological democracy and the rise and decline of liberal democracy: Looking back, looking forward', *Environmental Politics*, 29(2), 214–234.

Economist, The (2020), 'Rich countries try radical economic policies to counter covid-19', available online: https://www.economist.com/briefing/2020/03/26/rich-countries-try-radical-economic-policies-to-counter-covid-19 (accessed 17 March 2022).

Edelman (2019), *2019 Edelman Trust Barometer*, available online: https://www.afr.com/leadership/australians-show-surprise-leap-of-faith-in-edelman-trust-survey-20190122-h1abwv (accessed 21 May 2019).

Edensor, T. (2002), *National Identity, Popular Culture and Everyday Life*, Oxford: Berg.

Edkins, J. (1999), *Poststructuralism and International Relations: Bringing the Political Back In*, Boulder, CO: Lynne Rienner.

Edwards, L. (2020), *Corporate Power in Australia: Do the 1% Rule?* Clayton, VIC: Monash University Publishing.

Eisenstein, Z. (1979), 'Developing a Theory of Capitalist Patriarchy and Socialist Feminism', in Z. Eisenstein (ed.), *Capitalist Patriarchy and the Case for Socialist Feminism*, 5–40, New York: London: Monthly Review Press.

Eisenstein, Z. (1986), *The Radical Future of Liberal Feminism*, Boston, MA: Northeastern University Press.

Elden, S. (2005), 'Missing the point: Globalization, deterritorialization and the space of the world', *Transactions of the Institute of British Geographers*, 30, 8–19.

Elden, S. (2010), 'Land, terrain, territory', *Progress in Human Geography*, 34, 799–817.

Elomäki, A. and J. Kantola (2018), 'Theorizing feminist struggles in the triangle of neoliberalism, conservatism, and nationalism', *Social Politics*, 25(3), 337–360.

Elomäki, A. and P.K. Sandberg (2020), 'Feminist perspectives on the economy within transforming Nordic welfare states', *NORA – Nordic Journal of Feminist and Gender Research*, 28(2), 81–85.

Elomäki, A., J. Kantola and P.K. Sandberg (eds) (2022), *Social Partners and Gender Equality: Change and Continuity in Gendered Corporatism in Europe*,

Basingstoke: Palgrave.
Elomäki, A., A. Mustosmäki and P.K. Sandberg (2021), 'The sidelining of gender equality in a corporatist and knowledge-oriented regime: The case of failed family leave reform in Finland', *Critical Social Policy*, 41(2), 294–314.
Elster, J. (1985), *Making Sense of Marx*, Cambridge: Cambridge University Press.
Elster, J. and A. Hylland (eds) (1986), *Foundations of Social Choice Theory*, Cambridge: Cambridge University Press.
Engels, F. ([1844] 1975), 'Outline of a Critique of Political Economy', in K. Marx and F. Engels, *Collected Works. Volume 3*, 418–443, London: Lawrence & Wishart.
Engels, F. ([1878] 1947), *Anti-Dühring*, Moscow: Progress Publishers.
Engels, F. ([1884] 1978), *The Origin of the Family, Private Property and the State*, Peking: Foreign Language Press.
Enloe, C. (1983), *Does Khaki Become You?: The Militarisation of Women's Lives*, Boston, MA: South End Press.
Enloe, C. (1989), *Bananas, Beaches and Bases: Making Feminist Sense of International Politics*, Berkeley: University of California Press.
Enloe, C. (1990), *Bananas, Beaches and Bases: Making Feminist Sense of International Politics*, Berkeley: University of California Press.
Enloe, C. (1996), 'Margins, Silences and Bottom Rungs: How to Overcome the Underestimation of Power in the Study of International Relations' in K. Booth, S. Smith and M. Zalewski (eds), *International Theory: Positivism and Beyond*, 186–202, Cambridge: Cambridge University Press.
Enloe, C. (2010), *Nimo's War, Emma's War: Making Feminist Sense of the Iraq War*, Berkeley: University of California Press.
Enloe, C. (2014), *Bananas, Beaches and Bases: Making Feminist Sense of International Politics*, Berkeley: University of California Press.
Epstein, C. (2008), *The Power of Words in International Relations: Birth of an Anti-Whaling Discourse*, Cambridge, MA: MIT Press
Erk, J. and L. Anderson (2009), 'The Paradox of Federalism: Does Self-Rule Accommodate or Exacerbate Ethnic Divisions?' *Regional and Federal Studies*, 19(2), 191–202.
Ethics & International Affairs (2011), 'Roundtable: Libya, Responsibility to Protect and Humanitarian Intervention', 25(3).
Evans, G. (2009), *The Responsibility to Protect: Ending Mass Atrocity Crimes Once and For All*, Washington, DC: Brookings Institution.
Evans, M. (2010), 'The Rise and Fall of the Magic Kingdom: Understanding Kevin Rudd's Domestic Statecraft', in C. Aulich, and M. Evans (eds), *The Rudd Government*, 261–278, Canberra: ANU Press.
Evans, M. (2019), 'International Policy Transfer. Between the Global and Sovereign and between the Global and Local', in D. Stone and K. Maloney (eds), *The Oxford Handbook of Global Policy and Administration*, 94–110, Oxford: Oxford University Press.
Evans, M. and B. McCaffrie (2014), 'Rudderless' – Perceptions of Julia Gillard's

Domestic Statecraft', in C. Aulich (ed.), *The Gillard Governments*, 303–321, Melbourne: Melbourne University Press.

Evans, M. and B. McCaffrie (2016), 'From Austerity to the New Economy: Prime Ministerial Leadership in a Time of Mistrust', in C. Aulich (ed.), *From Abbott to Turnbull. A New Direction?* 345–368, West Geelong: Echo Books.

Evans, P.B., D. Rueschemeyer and T. Skocpol (eds) (1985), *Bringing the State Back In*, Cambridge: Cambridge University Press.

Farrall, S., C. Hay and E. Gray (2020) *Exploring Political Legacies*, Basingstoke: Palgrave Macmillan.

Fawcett, P., M.V. Flinders, C. Hay and M. Wood (eds) (2017), *Anti-Politics, Depoliticization, and Governance*, Oxford: Oxford University Press.

Fawcett Society (2020), 'The Coronavirus crossroads: Equal Pay Day 2020 report', available online: https://www.fawcettsociety.org.uk/Handlers/Download.ashx?IDMF=dbe15227-4c02-4102-bbf2-dce0b415e729 (accessed 17 March 2022).

Femia, J.V. (1981), *Gramsci's Political Thought: Hegemony, Consciousness, and the Revolutionary Process*, Oxford: Clarendon Press.

Ferguson, A. (1782), *An Essay on the History of Civil Society*, 5th edn, London: T. Cadell.

Fierke, K.M. (2007), *Critical Approaches to International Security*, Oxford: Polity.

Financial Times (2021), 'Coronavirus tracked: See how your country compares', available online: https://ig.ft.com/coronavirus-chart/ (accessed 17 March 2022).

Finegold, K. and T. Skocpol (1995), 'Marxist Approaches to Politics and the State', in K. Finegold and T. Skocpol, *State and Party in America's New Deal*, 175–199, Madison: University of Wisconsin Press.

Finlayson, A. and J. Valentine (eds) (2002), *Politics and Poststructuralism*, Edinburgh: Edinburgh University Press.

Finnemore, M. (1996a), 'Norms, culture, and world politics: Insights from sociology's institutionalism', *International Organization*, 50(2), 325–347.

Finnemore, M. (1996b), 'Constructing Norms of Humanitarian Intervention', in P. Katzenstein (ed.), *The Culture of National Security: Norms and Identity in World Politics*, 153–185, Ithaca, NY: Cornell University Press.

Finnemore, M. and K. Sikkink (1998), 'International norm dynamics and political change', *International Organization*, 52, 887–917.

Fiore, G. (1970), *Antonio Gramsci: Life of a Revolutionary*, London: New Left Books.

Fiorino, D. (2017), 'Green Economy: Reframing Ecology, Economics, and Equity', in J. Meadowcroft and D. Fiorino (eds), *Conceptual Innovation in Environmental Policy*, 281–306, Cambridge, MA: MIT Press.

Fischer, F. and J. Forester (eds) (1993), *The Argumentative Turn in Policy Analysis and Planning*, Durham, NC: Duke University Press.

Fischer, F. and H. Gottweis (2012), *The Argumentative Turn Revisited: Public Policy as Communicative Practice*, Durham, NC: Duke University Press.

Fischer, R. (2018), 'Environmental Democracy: Participation, Deliberation and Citizenship', in M. Boström and D. Davidson (eds), *Environment and Society*, 257–279, Basingstoke: Palgrave Macmillan.

Fligstein, N. (1990), *The Transformation of Corporate Control*, Cambridge, MA: Harvard University Press.

Fligstein, N. and I. Mara-Drita (1996), 'How to make a market: Reflections on the attempt to create a single market in the European Union', *American Journal of Sociology*, 102, 1–32.

Flinders, M. (2017), 'A new kind of democracy: Anti-politics and the funneling of frustration', *The Conversation*, 12 June 2017, available online: https://theconversation.com/a-new-kind-of-democracy-anti-politics-and-the-funnelling-of-frustration-79128 (accessed 17 March 2022).

Follet, M.P. (1918), *The New State*, London: Longmans.

Forster, P. (2021), 'Covid-19 paused climate emissions – but they're rising again', available online: https://www.bbc.com/future/article/20210312-covid-19-paused-climate-emissions-but-theyre-rising-again (accessed 17 March 2022).

Foster, E.A., P. Kerr and C. Byrne (2014), 'Rolling back to roll forward: Depoliticisation and the extension of government', *Policy & Politics*, 42(2), 225–241.

Foucault, M. (1977), *Discipline and Punish*, London: Penguin.

Foucault, M. (1980), 'Truth and Power', in M. Foucault, *Power-Knowledge: Selected Interviews and Other Writings 1972–1977*, ed. C. Gordon, 109–133, London: Harvester Wheatsheaf.

Foucault, M. (1991), 'Governmentality', in G. Burchell et al. (eds), *The Foucault Effect: Studies in Governmentality*, 87–104, London: Harvester Wheatsheaf.

Foucault, M. (2000), *Power: Essential Works of Foucault, 1954–1984*, vol. 3, ed. J.D. Faubion, New York: New Press.

Foucault, M. (2003), *Society Must Be Defended*, London: Penguin.

Franck, T.G. (1992), 'The emerging right to democratic governance', *American Journal of International Law*, 86(1), 46–91.

Frantzeskaki, N., D. Loorbach and J. Meadowcroft (2012), 'Governing societal transitions to sustainability', *International Journal of Sustainable Development*, 15(1–2), 19–36.

Freeden, M. (2003), *Ideology: A Very Short Introduction*, Oxford: Oxford University Press.

Freeden, M. and M. Stears (2013), 'Liberalism', in M. Freeden and M. Stears (eds), *The Oxford Handbook of Political Ideologies*, 329–348, Oxford: Oxford University Press.

Frey, B.S. and R. Eichenberger (1999), *The New Democratic Federalism for Europe: Functional, Overlapping and Competing Jurisdictions*, Cheltenham: Edward Elgar.

Friedan, B. (1962), *The Feminine Mystique*, New York: Dell Publishing.

Friedman, P. and B.R. Taylor (2012), 'Seasteading: Competitive governments on the ocean', *Kyklos*, 65(2), 218–235.

Fritz, M. and M. Koch (2016), 'Economic development and prosperity patterns around the world: Structural challenges for a global steady-state economy', *Global Environmental Change*, 38, 41–48.

Fuenfschilling, L. and B. Truffer (2014), 'The structuration of socio-technical regimes: Conceptual foundations from institutional theory', *Research Policy*,

43, 772–791.
Gagnon, A.-G., A. Lecours and G. Nootens (eds) (2011), *Contemporary Majority Nationalism*, Montreal: McGill-Queen's University Press.
Gais, T.L., M.A. Peterson and J.L. Walker (1984), 'Interest groups, iron triangles and representative institutions in American national government', *British Journal of Political Science*, 14(2), 161–185.
Galbraith, J. (1952), *American Capitalism: The Concept of Countervailing Power*, London: Routledge.
Galston, W.A. (2017), *Anti-Pluralism: The Populist Threat to Liberal Democracy*, New Haven: CT: Yale University Press.
Galtung, J. (1969), 'Violence, peace, and peace research', *Journal of Peace Research*, 6(3), 167–191.
Gamble, A. (2000), *Politics and Fate*, Cambridge: Polity.
Garikipati, S. and U. Kambhampati (2021), 'Leading the fight against the pandemic: Does gender "really" matter?', available online: https://papers.ssrn.com/sol3/papers.cfm?abstract_id=3617953 (accessed 17 March 2022).
Garrett, L. (2020), 'The world after Coronavirus: The future of pandemics', available online: https://www.youtube.com/watch?v=TU1vwEIYcLg (accessed 17 March 2022).
Geels, F. (2010), 'Ontologies, socio-technical transitions (to sustainability), and the multi-level perspective', *Research Policy*, 39, 495–510.
Geels, F. (2014), 'Regime resistance against low-carbon transitions: Introducing politics and power into the multi-level perspective', *Theory, Culture & Society*, 31(5), 21–40.
Geels, F. and J. Schot (2007), 'Typology of sociotechnical transition pathways', *Research Policy*, 36, 399–417.
Geertz, C. (1994), 'Primordial and Civic Ties', in A.D. Smith and J. Hutchinson (eds), *Nationalism*, 29–33, Oxford: Oxford Readers.
Geist, E. (2015), 'Political fallout: The failure of emergency management at Chernobyl', *Slavic Review*, 74(1), 104–126.
Gellner, E. (1983), *Nations and Nationalism*, Oxford: Blackwell.
Gerbaudo, P. (2014), 'Populism 2.0: Social Media Activism, the Generic Internet User and Interactive Democracy', in D. Trottier and C. Fuchs (eds), *Social Media, Politics and the State: Protests, Revolutions, Riots, Crime and Policing in the Age of Facebook, Twitter and YouTube*, 67–87, New York: Routledge.
Gershtenson, J. and D.L. Plane (2015), 'In government we distrust: Citizen skepticism and democracy in the United States', *The Forum*, 13(3), 481–505.
Gerth, H.H. and C.W. Mills (1970), 'Introduction', in H.H. Gerth and C.W. Mills (eds), *From Max Weber: Essays in Sociology*, 1–83, London: Routledge and Kegan Paul.
Gerth, H.H. and C.W. Mills (1991), 'Introduction: The Man and his Work', in H.H. Gerth and C.W. Mills (eds), *From Max Weber: Essays in Sociology*, 1–74, London: Routledge.
Gibb, R., D.W. Redding, K.Qing Chin, C.A. Donnelly, T.M. Blackburn, T. Newbold, and K.E. Jones (2020), 'Zoonotic host diversity increases in human-dominated

ecosystems', *Nature*, 584, 398–402, doi:10.1038/s41586-020-2562-8.
Giddens, A. (1979), *Central Problems in Social Theory*, London: Macmillan.
Giddens, A. (1981), *A Contemporary Critique of Historical Materialism. Volume 1: Power, Property and the State*, London: Macmillan.
Giddens, A. (1984), *The Constitution of Society*, Cambridge: Polity.
Giddens, A. (1991), *The Consequences of Modernity*, Cambridge: Polity.
Gilding, M., E. Merlot, S. Leitch and M. Alexander (2013), 'Business collective action and the Australian mining industry's tax revolt: A comment on McKnight and Hobbs', *Australian Journal of Political Science*, 48(4), 501–506.
Gilens, M. and B.I. Page (2014), 'Testing Theories of American politics: Elites, interest groups, and average citizens', *Perspectives on Politics*, 12(3), 564–581.
Gill, N. (2009), 'Presentational state power: Temporal and spatial influences over asylum sector decision makers', *Transactions of the Institute of British Geographers*, 34, 215–233.
Gill, N. (2010), 'New state-theoretic approaches to asylum and refugee geographies', *Progress in Human Geography*, 34, 626–645.
Glasberg, D.S., A.S. Willis and D. Shannon (2017), *The State of State Theory: State Projects, Repression, and Multi-sites of Power*, Lanham, MD: Lexington Books.
Glencross, A. (2014), 'Bleak prospects? Varieties of Europessimism and their application to the Eurozone debt crisis and the future of integration', *Journal of European Integration* 36(4), 393–408, doi:10.1080/07036337.2013.846338.
Glyn, A. (2007), *Capitalism Unleashed: Finance, Globalization, and Welfare*, Oxford: Oxford University Press.
Glynos, J. and D.R. Howarth (2007), *Logics of Critical Explanation in Social and Political Theory*, London: Routledge.
Gold, D.A. et al. (1975a), 'Recent developments in Marxist theories of the capitalist state: Part I', *Monthly Review*, 27(5), 29–43.
Gold, D.A. et al. (1975b), 'Recent developments in Marxist theories of the capitalist state: Part II', *Monthly Review*, 27(6), 36–51.
Goldberg, D.T. (2001a), 'Racial States', in J. Solomos and D.T. Goldberg (eds), *Companion to Racial and Ethnic Studies*, 233–258, Oxford: Blackwell.
Goldberg, D.T. (2001b), *The Racial State*, Oxford: Blackwell.
Golder, M. (2016), 'Far right parties in Europe', *Annual Review of Political Science*, 19(1), 477–497, doi:10.1146/annurev-polisci-042814-012441.
Goldstein, J. and R. Keohane (1993), *Ideas and Foreign Policy: Beliefs, Institutions and Political Change*, Ithaca, NY: Cornell University Press.
Gong, G.C. (1984), *The Standard of 'Civilisation' in International Society*, Oxford: Oxford University Press.
Goodhart, D. (2017), *The Road to Somewhere: The Populist Revolt and the Future of Politics*, London: Hurst.
Goodin, R. (1992), *Green Political Theory*, Cambridge: Polity Press.
Gordon, C. (1991), 'Governmental Rationality: An Introduction', in G. Burchell et al. (eds), *The Foucault Effect: Studies in Governmentality*, 1–52, London: Harvester Wheatsheaf.

Gottmann, J. (1973), *The Significance of Territory*, Charlottesville: University Press of Virginia.
Gough, I. (2017), *Heat, Greed and Human Need: Climate Change, Capitalism and Sustainable Wellbeing*, Cheltenham: Edward Elgar.
Gough, I. and J. Meadowcroft (2011), 'Decarbonizing the Welfare State' in J. Dryzek, R. Norgaard and D. Schlosberg (eds), *The Oxford Handbook on Climate Change and Society*, 490–503, Oxford: Oxford University Press.
Gourevitch, P. (1986), *Politics in Hard Times: Comparative Responses to International Economic Crises*, Ithaca, NY: Cornell University Press.
Gramsci, A. ([1929–1937] 1996), *Prison Notebooks*, New York: Colombia University Press.
Gramsci, A. (1971), *Selections from the Prison Notebooks*, ed. Q. Hoare and G. Nowell-Smith, London: Lawrence & Wishart.
Gray, J. (2020), 'Why this crisis is a turning point in history', *New Statesman*, available online: https://www.newstatesman.com/international/2020/04/why-crisis-turning-point-history (accessed 17 March 2022).
Green, D. and I. Shapiro (1994), *The Pathologies of Rational Choice*, New Haven, CT: Yale University Press.
Greenfeld, L. (1992), *Nationalism: Five Roads to Modernity*, Cambridge, MA: Harvard University Press.
Greenhill, B. (2010), 'The company you keep: International socialisation and the diffusion of human rights norms', *International Studies Quarterly*, 54, 127–145.
Gregory, D. (2006) 'The black flag: Guantánamo Bay and the space of exception', *Geografiska Annaler Series B: Human Geography*, 88, 405–427.
Greif, A. and D.D. Laitin (2004), 'A theory of endogenous institutional change', *American Political Science Review*, 98(4), 633–652.
Griffiths, H., R. Jones and P. Merriman (2015), 'Final report on the use of the Welsh language in digital maps and automated address data', copy available from Rhys Jones.
Grimm, D. (2015), *Sovereignty: The Origins and Future of a Political and Legal Concept*, New York: Columbia University Press.
Grin, J., J. Rotmans and J. Schot (2010), *Transitions to Sustainable Development: New Directions in the Study of Long Term Transformative Change*, London: Routledge.
Grosby, S. (2005), *Nationalism: A Very Short Introduction*, Oxford: Oxford University Press.
Grovogui, S.N. (2002), 'Regimes of sovereignty: International morality and the African condition', *European Journal of International Relations*, 8(3), 315–338.
Guardian, The (2021), 'Oxford/AstraZeneca Covid vaccine research "was 97% publicly funded"', available online: https://www.theguardian.com/science/2021/apr/15/oxfordastrazeneca-covid-vaccine-research-was-97-publicly-funded (accessed 17 March 2022).
Guibernau, M. (1999), *Nations without States: Political Communities in a Global*

Age, London: Wiley.
Gusterson, H. (1999), 'Nuclear weapons and the other in the Western imagination', *Cultural Anthropology*, 14(1), 111–143.
Gusterson, H. (2004), *People of the Bomb: Portraits of America's Nuclear Complex*, Minneapolis: University of Minnesota Press.
Gwartney, J.D. and R.E. Wagner (1988), 'Public Choice and the Conduct of Representative Government', in J.D. Gwartney and R.E. Wagner (eds), *Public Choice and Constitutional Economics*, 3–28, New York: JAI Press.
Haas, P.M. (1992), 'Introduction: Epistemic communities and international policy coordination', *International Organization*, 46, 1–35.
Habermas, J. (1975), *Legitimation Crisis*, London: Heinemann.
Habermas, J. (1992), 'Citizenship and national identity: Some reflections on the future of Europe', *Citizenship: Critical Concepts*, 2, 341–358.
Habermas, J. (1996), *Between Facts and Norms: Contributions to a Discourse Theory*, London: Polity Press.
Hacker, J.S. and P. Pierson (2002), 'Business power and social policy: employers and the formation of the American welfare state', *Politics and Society*, 30 (2), 277–325.
Hajer, M. (1993), 'Discourse Coalitions in Practice: The Case of Acid Rain in Great Britain', in F. Fischer and J. Forester (eds), *The Argumentative Turn in Policy Analysis and Planning*, 43–76, Durham, NC: Duke University Press.
Hajer, M. (1995), *The Politics of Environmental Discourse: Ecological Modernisation and the Policy Process*, Oxford: Oxford University Press.
Hale, H. (2008), *The Foundations of Ethnic Politics: Separatism of States and Nations in Eurasia and the World*, Cambridge: Cambridge University Press.
Hale, T. and C. Roger (2014), 'Orchestration and transnational climate governance', *Review of International Organizations*, 9(1), 59–82.
Hall, J.A. and G. John Ikenberry (1989), *The State*, Milton Keynes: Open University Press.
Hall, P. (1986), *Governing the Economy: The Politics of State Intervention in Britain and France*, New York: Oxford University Press.
Hall, P. (1993), 'Policy paradigms, social learning and the state: The case of economic policy-making in Britain', *Comparative Politics*, 25, 275–296.
Hall, P. (2010), 'Historical Institutionalism in Rationalist and Sociological Perspective', in J. Mahoney and K. Thelen (eds), *Explaining Institutional Change: Ambiguity, Agency, and Power*, 204–224, Cambridge: Cambridge University Press.
Hall, P. and D. Soskice (2001), 'Introduction', in P.A. Hall and D. Soskice (eds), *Varieties of Capitalism: The Institutional Foundations of Comparative Advantage*, 1–68, Oxford: Oxford University Press.
Hall, P. and R. Taylor (1996), 'Political science and the three new institutionalisms', *Political Studies*, 44(5), 952–973.
Hall, P. and K. Thelen (2009), 'Institutional change in varieties of capitalism', *Socio-Economic Review*, 7(1), 7–34.
Hall, S. and M. Jacques (1983), *The Politics of Thatcherism*, London: Lawrence

& Wishart.
Halliday, F. (1987), 'State and society in international relations: A second agenda', *Millennium – Journal of International Studies*, 16(2), 215–229.
Halperin, S. (1997), *In the Mirror of the Third World: Capitalist Development in Modern Europe*, Ithaca, NY: Cornell University Press.
Halperin, S. (2013), *Re-envisioning Global Development: A Horizontal Perspective*, London: Routledge.
Halperin, S. (2017), 'Historical Sociology', in X. Guillaume and P. Bilgin (eds), *The Routledge Handbook of International Political Sociology*, 26–35, London: Routledge.
Halpin, D. and J. Warhurst (2016),'Commercial lobbying in Australia: Exploring the Australian lobby register', *Australian Journal of Public Administration*, 75(1), 100–111.
Hamel, M.E. (2016), 'Ethnic belonging of the children born out of rape in post-conflict Bosnia-Herzegovina and Rwanda', *Nations and Nationalism*, 22 (2), 287–304.
Hamid, S. (2020), 'Reopening the world: How the pandemic is reinforcing authoritarianism', available online: https://www.brookings.edu/blog/order-from-chaos/2020/06/16/reopening-the-world-how-the-pandemic-is-reinforcing-authoritarianism/ (accessed 17 March 2022).
Hammond, M. (2020), 'Sustainability as a cultural transformation: The role of deliberative democracy', *Environmental Politics*, 29(1), 173–192.
Haney, L.A. (2000), 'Feminist state theory: Applications to jurisprudence, criminology, and the welfare state', *Annual Review of Sociology*, 26(1), 641–666.
Hannah, M. (1999), *Governmentality and the Mastery of Territory in Nineteenth Century America*, Cambridge: Cambridge University Press.
Hannah, M. (2009), 'Calculable territory and the West German census boycott movements of the 1980s', *Political Geography*, 28, 66–75.
Hansen, L. (2017), 'Poststructuralism and Security', in *Oxford Research Encyclopedia of International Studies*, available online: https://oxfordre.com/internationalstudies/view/10.1093/acrefore/9780190846626.001.0001/acrefore-9780190846626-e-278 (accessed 17 March 2022).
Hardin, R. (1991), 'Hobbesian political order', *Political Theory*, 19(2), 156–180.
Hargreaves-Heap, S. et al. (1992), *The Theory of Choice: A Critical Guide*, Oxford: Blackwell.
Harvey, D. (2010), *The Enigma of Capital: And the Crises of Capitalism*, London: Profile Books.
Hastings, A. (1997), *The Construction of Nationhood: Ethnicity, Religion and Nationalism*, Cambridge: Cambridge University Press.
Hay, C. (1994), 'Werner in Wunderland: Bob Jessop's Strategic-Relational Approach', in F. Sebäi and C. Vercellone (eds), *École de la régulation et critique de la raison économique*, 331–355, Paris: Editions L'Harmattan (Futur Antérieur).
Hay, C. (1996a), 'Narrating crisis: The discursive construction of the winter of discontent', *Sociology*, 30(2), 253–277.
Hay, C. (1996b), *Re-Stating Social and Political Change*, Buckingham: Open

University Press.
Hay, C. (2001), 'The "Crisis" of Keynesianism and the Rise of NeoLiberalism in Britain: An Ideational Institutionalist Approach', in J.L. Campbell and O. Pedersen (eds), *The Rise of NeoLiberalism and Institutional Analysis*, 193-218, Princeton, NJ: Princeton University Press.
Hay, C. (2002), *Political Analysis: A Critical Introduction*, New York: Palgrave Macmillan.
Hay, C. (2004), 'Re-stating politics, re-politicising the state: Neoliberalism, economic imperatives and the rise of the competition state', *Political Quarterly*, 75(5), 38-50.
Hay, C. (2006), 'Constructivist Institutionalism', in R.A.W. Rhodes, S. Binder and B. Rockman (eds), *The Oxford Handbook of Political Institutions*, 56-74, Oxford: Oxford University Press.
Hay, C. (2007), *Why We Hate Politics*, Cambridge: Polity.
Hay, C. (2013), *The Failure of Anglo-Liberal Capitalism*, Basingstoke: Palgrave Macmillan.
Hay, C. (2014), 'Neither real nor fictitious but "as if real"? A political ontology of the state', *The British Journal of Sociology*, 65 (3), 459-480.
Hay, C. (2021), 'Globalisation's Impact on States', in J. Ravenhill (ed.), *Global Political Economy*, 6th edn, 287-316, Oxford: Oxford University Press.
Hay, C. and M. Lister (2006), 'Introduction: Theories of the State', in C. Hay, M. Lister and D. Marsh (eds), *The State: Theories and Issues*, 98-117, Basingstoke: Palgrave.
Hayward, J. (1996), *Elitism, Populism and European Politics*, Oxford: Oxford University Press.
Heath, J. (2020), 'Methodological Individualism', in E.N. Zalta (ed.), *The Stanford Encyclopedia of Philosophy*, available online: https://plato.stanford.edu/archives/sum2020/entries/methodological-individualism/ (accessed 15 September 2020).
Heclo, H. (1978), 'Issue Networks and the Executive Establishment', in A. King (ed), *The New American Political System*, 87-124, Washington, DC: American Enterprise Institute for Public Policy Research.
Heffernan, M. (1995), 'For ever England: The Western Front and the politics of remembrance in Britain', *Ecumene*, 2, 293-323.
Hehir, A. and R. Murray (2013), *Libya, the Responsibility to Protect and the Future of Humanitarian Intervention*, London: Palgrave Macmillan.
Held, D. (1980), *Introduction to Critical Theory: Horkheimer to Habermas*, London: Hutchinson.
Helm, D. (2010), 'Government failure, rent-seeking, and capture: The design of climate change policy', *Oxford Review of Economic Policy*, 26(2), 182-196.
Hepburn, E. (2009), *New Challenges for Stateless Nationalist and Regionalist Parties*, London: Routledge.
Hernes, H.M. (1987), *Welfare State and Woman Power*, Oslo: Norwegian University Press.
Hetherington, M. (2005), *Why Trust Matters: Declining Political Trust and the*

emise of American Liberalism, Princeton, NJ: Princeton University Press.
Hewitt, C.J. (1974), 'Elites and the Distribution of Power in British Society', in A. Giddens and M. Stanworth (eds), Elites and power in British society, 45–64, Cambridge: Cambridge University Press.
Hildingsson, R. and J. Khan (2015), 'Towards a Decarbonised Green State? The Politics of Low-carbon Governance in Sweden', in K. Bäckstrand and A. Kronsell (eds), Rethinking the Green State: Environmental Governance towards Climate and Sustainability Transitions, 156–173, London: Routledge.
Hildingsson, R., A. Kronsell and J. Khan (2019), 'The green state and industrial decarbonisation', Environmental Politics, 28(5), 909–928.
Hill Collins, P. (1991), Black Feminist Thought: Knowledge, Consciousness and the Politics of Empowerment, New York: Routledge.
Hindess, B. (2000), 'Citizenship in the international management of populations', American Behavioral Scientist, 43(9), 1486–1497.
Hindmoor, A. and J. McGeechan (2013), 'Luck, systematic luck and business power: Lucky all the way down or trying hard to get what it wants without trying', Political Studies, 61, 834–849.
Hindmoor, A. and B. Taylor (2015), Rational Choice, London: Palgrave Macmillan.
Hinsley, F.H. (1966), Sovereignty, London: Hutchinson.
Hirsch, J. (1978), 'The State Apparatus and Social Reproduction: Elements of a Theory of the Bourgeois State', in J. Holloway and S. Picciotto (eds), State and Capital: A Marxist Debate, 57–107, London: Arnold.
Hirst, P., G. Thompson and S. Bromley (2009), Globalization in Question, 3rd edn, Cambridge: Polity.
Hobbes, T. (1651), Leviathan, Oxford: Oxford University Press.
Hobbes, T. (1968), Leviathan, ed. C. Macpherson, Harmondsworth: Penguin.
Hobsbawm, E.J. (1994), 'The Nation as Invented Tradition', in A.D. Smith and J. Hutchinson (eds), Nationalism, 76–82, Oxford: Oxford Readers.
Hoffman, M. (2011), Climate Governance at the Crossroads: Experimenting with a Global Response after Kyoto, Oxford: Oxford University Press.
Hoffmann, E.P. (1986), 'Nuclear deception: Soviet information policy', Bulletin of the Atomic Scientists, 42(7), 32–37.
Hönke, J. and M.-M. Müller (eds) (2016), The Global Making of Policing: Post-colonial Perspectives, London: Routledge.
Hooghe, L. and G. Marks (2003), 'Unraveling the central state, but how? Types of multi-level governance', American Political Science Review, 97, 233–243.
Hooghe, M., S. Marien and J. Oser (2017), 'Great expectations: The effect of democratic ideals on political trust in European democracies', Contemporary Politics, 23 (2), 214–230.
Hooks, b. (1984), Feminist Theory: From Margin to Center, Boston, MA: South End Press.
Hoskins, G. and J.F. Maddern (2011), 'Immigration Stations: The Regulation and Commemoration of Mobility at Angel Island, San Francisco and Ellis Island, New York', in T. Cresswell and P. Merriman (eds), Geographies of Mobilities: Practices, Spaces, Subjects, 151–165, Ashgate: Farnham.

Howarth, D.R. (2000), *Discourse*, Milton Keynes: Open University Press.
Howarth, D.R. (2013), *Poststructuralism and After: Structure, Subjectivity and Power*, Basingstoke: Palgrave Macmillan.
Howarth, D.R. and J. Torfing (2005), *Discourse Theory in European Politics: Identity, Policy and Governance*, Basingstoke: Palgrave.
Howarth, D.R., A. Norval and Y. Stavrakakis (2000), *Discourse Theory and Political Analysis: Identities, Hegemonies and Social Change*, Manchester: Manchester University Press.
Huh, T., Y. Kim and J.H. Kim (2018), 'Towards a green state: A comparative study on OECD countries through fuzzy-set analysis', *Sustainability*, 10, 3181.
Hurt, S.R. and M. Kuisma (2016), 'Undermining the "Rainbow Nation"? The Economic Freedom Fighters and Left-Wing Populism in South Africa', in *66th Annual International Conference of the Political Studies Association (PSA)*, Brighton.
Hutchinson, J. (1994), *Modern Nationalism*, London: Fontana.
Hysing, E. (2015), 'Lost in Transition? The Green State in Governance for Sustainable Development', in K. Bäckstrand and A. Kronsell (eds), *Rethinking the Green State: Environmental Governance towards Climate and Sustainability Transitions*, 27–42, London: Routledge.
Ignatieff, M. (1993), *Blood and Belonging: Journeys into the New Nationalism*, New York: Farrar, Straus and Giroux.
Immergut, E. (1998), 'The theoretical core of the new institutionalism', *Politics and Society*, 26 (1), 5–34.
Innes, A. (2015), *Migration, Citizenship and the Challenge for Security: An Ethnographic Approach*, Basingstoke: Palgrave.
Institute for Government (2021), 'Coronavirus: What economic support is the government currently providing for businesses?', available online: https://www.instituteforgovernment.org.uk/explainers/coronavirus-economic-support-businesses (accessed 17 March 2022).
International Commission on Intervention and State Sovereignty (2001), *The Responsibility to Protect*, available online: https://www.globalr2p.org/wp-content/uploads/2019/10/2001-ICISS-Report.pdf (accessed 17 March 2022).
Ionescu, G. (1968), 'To define populism', *Government and Opposition*, 3(2), 137–180, doi:10.1111/j.1477-7053.1968.tb01332.x.
Ionescu, G. and E. Gellner (eds) (1969), *Populism: Its Meanings and National Characteristics*, London: Weidenfeld & Nicolson.
IPBES (2019), *Draft 7th Global Assessment: Nature's Dangerous Decline*, available online: https://www.ipbes.net (accessed 17 March 2022).
IPCC (2014), *Fifth Assessment Report*, Geneva: Intergovernmental Panel on Climate Change.
IPCC (2018), *Special Report on the Impacts of Global Warming of 1.5 Degrees*, Geneva: Intergovernmental Panel on Climate Change.
Iversen, T. and D. Soskice (2006), 'Electoral institutions and the politics of coalitions: Why some democracies redistribute more than others', *American Political Science Review*, 100, 165–181.

Jackson, R. (1990), *Quasi-States: Sovereignty, International Relations and the Third World*, Cambridge: Cambridge University Press.
Jackson, T. (2009), *Prosperity without Growth? Economics for a Future Planet*, London: Earthscan.
Jagers, J. and S. Walgrave (2007), 'Populism as Political Communication Style: An Empirical Study of Political Parties' Discourse in Belgium', *European Journal of Political Research*, 46 (3), 319–345, doi:10.1111/j.1475-6765.2006. 00690.x.
James, D.R. and K. Redding (2005), 'Theories of Race and State', in T. Janoski, R.R. Alford, A.M. Hicks and M.A. Schwartz (eds), *The Handbook of Political Sociology: States, Civil Societies, and Globalization*, 187–198, Cambridge: Cambridge University Press.
James, T. (2012), *Elite Statecraft and Election Administration: Bending the Rules of the Game?* Basingstoke: Macmillan.
Jänicke, M. (1990), *State Failure: The Impotence of Politics in Industrial Society*, Cambridge: Polity.
Jänicke, M. (2012), 'Dynamic governance of clean-energy markets: How technical innovation could accelerate climate policies', *Journal of Cleaner Production*, 22, 50–59.
Jenkins, R. (1996), *Social Identity*, London: Routledge.
Jessop, B. (1977), 'Recent theories of the capitalist state', *Cambridge Journal of Economics*, 1(4), 353–372.
Jessop, B. (1978a), 'Capitalism and Democracy: The Best Possible Political Shell?' in G. Littlejohn, B. Smart, J. Wakeford and N. Yuval-Davies (eds), *Power and the State*, 10–51, London: Croom Helm.
Jessop, B. (1978b), 'Marx and Engels on the State', in S. Hibbin et al. (eds), *Politics, Ideology and the State*, 40–68, London: Lawrence & Wishart.
Jessop, B. (1982), *The Capitalist State*, Oxford: Martin Robertson.
Jessop, B. (1985), *Nicos Poulantzas: Marxist Theory and Political Strategy*, London: Macmillan.
Jessop, B. (1990), *State Theory: Putting Capitalist States in Their Place*, Cambridge: Polity.
Jessop, B. (2002), *The Future of the Capitalist State*, Cambridge: Polity.
Jessop, B. (2007), *State Power: A Strategic-Relational Approach*, Cambridge: Polity.
Jessop, B. (2016), *The State: Past, Present, Future*, Cambridge: Polity.
Job, B.L. (1992), 'The Insecurity Dilemma: National, Regime and State Securities in the Third World', in B.L. Job (ed.), *The Insecurity Dilemma: National Security of Third World States*, 11–35, Boulder, CO; London: Lynne Rienner.
Jobert, B. (1992), 'Représentations sociales, controverses et débats dans la conduite des politiques publiques', *Revue Française de Science Politique*, 42, 219–234.
Johal, S., M. Moran and K. Williams (2014), 'Power, politics and the City of London after the great financial crisis', *Government and Opposition*, 49, 400–425.

Johnson, N.D. and M. Koyama (2017), 'States and economic growth: Capacity and constraints', *Explorations in Economic History* 64, 1–20.
Johnstone, P. and P. Newell (2018), 'Sustainability transitions and the state', *Environmental Innovation and Societal Transitions*, 27, 72–82.
Jones, L. and S. Hameiri (2021), 'COVID-19 and the failure of the neoliberal regulatory state', *Review of International Political Economy*, doi:10.1080/09692290.2021.1892798.
Jones, R. (2008), *People/States/Territories: The Political Geographies of British State Transformation*, Oxford: Blackwell.
Jones, R. and P. Merriman (2009), 'Hot, banal and everyday nationalism: Bilingual road signs in Wales', *Political Geography*, 28, 164–173.
Jones, R. and P. Merriman (2012), 'Network nation', *Environment and Planning A*, 44, 937–953.
Jordan, A.G. (1981), 'Iron triangles, woolly corporatism and elastic nets: Images of the policy process', *Journal of Public Policy*, 1(1), 95–123.
Jordan, A.G. and J.J. Richardson (1987a), *Government and Pressure Groups in Britain*, Oxford: Oxford University Press.
Jordan, A.G. and J.J. Richardson (1987b), *British Politics and the Policy Process: An Arena Approach*, London: Taylor & Francis.
Jordan, G. (1990), 'The pluralism of pluralism: An anti-theory?' *Political Studies*, 38(2), 286–301.
Joyce, P.D. (2003), *The Rule of Freedom: Liberalism and the Modern City*, London: Verso.
Jung, M.-K. and Y. Kwon (2013), 'Theorizing the US racial state: Sociology Since Racial Formation', *Sociology Compass*, 7 (11), 927–940.
Kaijser, A. and A. Kronsell (2013), 'Climate change through the lens of intersectionality', *Environmental Politics*, 23(3): 417–433.
Kakabadse, Y. (2020), 'The World After Coronavirus: The Future of Sustainable Development', available online: https://www.youtube.com/watch?v=Yn7trRdXND4 (accessed 17 March 2022).
Kantola, J. (2006), *Feminists Theorize the State*, New York; London: Palgrave Macmillan.
Kantola, J. (2007), 'The gendered reproduction of the state in international relations', *British Journal of Politics and International Relations* 9(4), 270–283.
Kantola, J. (2010), *Gender and the European Union*, New York; London: Palgrave Macmillan.
Kantola, J. (2016), 'State/Nation', in M. Hawkesworth and L. Disch (eds), *Oxford Handbook on Feminist Theory*, 915–933, Oxford: Oxford University Press.
Kantola, J. and H.M. Dahl (2005), 'Gender and the State: From differences between to differences within', *International Feminist Journal of Politics*, 7(1), 49–70.
Kantola, J. and E. Lombardo (2017a), *Gender and Political Analysis*, Basingstoke: Palgrave.
Kantola, J. and E. Lombardo (eds) (2017b), *Gender and the Economic Crisis in Europe: Politics, Institutions and Intersectionality*, Basingstoke: Palgrave.

Kantola, J. and E. Lombardo (2019), 'Populism and feminist politics: The cases of Finland and Spain', *European Journal of Political Research*, 58(4), 1108–1128.

Kantola, J. and E. Lombardo (2021), 'Strategies of right populists in opposing gender equality in a polarized European Parliament', *International Political Science Review*, 42(5), 565–579.

Kantola, J. and J. Squires (2012), 'From state feminism to market feminism', *International Political Science Review*, 13(3), 382–400.

Kantola, J., C. Norocel and J. Repo (2011), 'Gendering school shootings in Finland', *European Journal of Women's Studies*, 18(2), 183–198.

Karlsson, C., C. Parker, M. Hjerpe and B.-O. Linnér (2011), 'Looking for leaders: Perceptions of climate change leadership among climate change negotiation participants', *Global Environmental Politics* 11(1), 89–107.

Katzenstein, P.J. (ed.) (1978), *Between Power and Plenty*, Madison: University of Wisconsin Press.

Katzenstein, P.J. (ed.) (1996a), *The Culture of National Security: Norms and Identity in World Politics*, New York: Columbia University Press.

Katzenstein, P.J. (1996b), *Cultural Norms and National Security: Policy and Military in Postwar Japan*, Ithaca, NY: Cornell University Press.

Katznelson, I. and B.R. Weingast (eds) (2005), *Preferences and Situations: Points of Intersection between Historical and Rational Choice Institutionalism*, New York: Russell SAGE Foundation.

Kavka, G.S. (1983), 'Hobbes's War of All against All', *Ethics*, 93, 291–310.

Keating, M. (1988), *State and Regional Nationalism: Territorial Politics and the European State*, Brighton: Harvester Wheatsheaf.

Keating, M. (1998), *The New Regionalism in Western Europe: Territorial Restructuring and Political Change*, Cheltenham: Edward Elgar.

Keating, M. (2001), *Plurinational Democracy: Stateless Nations in a Post-Sovereignty Era*, Oxford: Oxford University Press.

Keating, M. and N. McEwen (2017), 'The Scottish Independence Debate', in M. Keating (ed.), *Debating Scotland: Issues of Independence and Union in the 2014 Referendum*, 1–26, Oxford: Oxford University Press.

Keck, M.E. and K. Sikkink (1998), *Activists beyond Borders: Advocacy Networks in International Politics*, Ithaca, NY: Cornell University Press.

Keech, W.R. and M.C. Munger (2015), 'The anatomy of government failure', *Public Choice*, 164(1–2), 1–42.

Kelso, W.A. (1978), *American Democratic Theory: Pluralism and its Critics*, Vol. 1, Wesport, CT: Greenwood.

Kemp, R., J. Rotmans and D. Loorbach (2007), 'Assessing the Dutch energy transition policy: How does it deal with dilemmas of managing transitions?' *Journal of Environmental Policy & Planning*, 9(3–4), 315–331.

Kharas, H. (2020), 'The impact of COVID-19 on global extreme poverty', available online: https://www.brookings.edu/blog/future-development/2020/10/21/the-impact-of-covid-19-on-global-extreme-poverty/ (accessed 17 March 2022).

King, D. (1999), *In the Name of Liberalism: Illiberal Social Policy in the United States and Britain*, Oxford: Oxford University Press.

King, D. and R.M. Smith (2014), '"Without regard to race": Critical ideational development in modern America', *Journal of Politics*, 76(4), 958–971.

Kingdon, J. (1984), *Agendas, Alternatives and Public Policies*, New York: Longman.

Kingsbury, P. (2008), 'Did somebody say jouissance? On Slavoj Žižek, consumption, and nationalism', *Emotion, Space and Society*, 1, 48–55.

Kitchin, R. and M. Dodge (2011), *Code/Space: Software and Everyday Life*, Cambridge, MA: MIT Press.

Kitschelt, H. and A.J. McGann (1995), *The Radical Right in Western Europe: A Comparative Analysis*, Ann Arbor: University of Michigan Press.

Klein, N. (2014), *This Changes Everything: Capitalism vs. the Climate*, London: Penguin Books.

Kleinfeld, R. (2020), 'Do authoritarian or democratic countries handle pandemics better?' available online: https://carnegieendowment.org/2020/03/31/do-authoritarian-or-democratic-countries-handle-pandemics-better-pub-81404 (accessed 17 March 2022).

Koch, M. (2011), *Capitalism and Climate Change: Theoretical Discussion, Historical Development and Policy Responses*, Basingstoke: Palgrave Macmillan.

Koch, M. (2020), 'The state in the transformation to a sustainable postgrowth economy', *Environmental Politics*, 29(1), 115–133.

Koch, M. and M. Fritz (2014), 'Building the eco-social state: Do welfare regimes matter?' *Journal of Social Policy*, 43(4), 679–703.

Koch, M. and M. Fritz (2015), 'Green States in Europe: A Comparative View', in K. Bäckstrand and A. Kronsell (eds), *Rethinking the Green State: Environmental Governance towards Climate and Sustainability Transitions*, 83–103, London: Routledge.

Kohn, H. (1944), *The Idea of Nationalism: A Study in its Origins and Background*, New York: Macmillan.

Koselleck, R. (2000), *Critique and Crisis: Enlightenment and the pathogenesis of modern society*, Cambridge, MA: MIT Press.

Kostka, G. and C. Zhang (2018), 'Tightening the grip: Environmental governance under Xi Jinping', *Environmental Politics*, 27(5), 769–781.

Krasner, S.D. (1999), *Sovereignty: Organized Hypocrisy*, Princeton, NJ: Princeton University Press).

Krasner, S. (1980), *Defending the National Interest*, Princeton, NJ: Princeton University Press.

Krasner, S. (1988), 'Sovereignty: An Institutional Perspective', *Comparative Political Studies*, 21, 66–94.

Kratochwil, F. (1995), 'Sovereignty as *Dominium*: Is There a Right of Humanitarian Intervention?' in G.M. Lyons and M. Mastanduno (eds), *Beyond Westphalia?* 21–42, Baltimore, MD: Johns Hopkins University Press.

Krause, K. (1998), 'Theorizing security, state formation and the "Third World" in the post-Cold War world', *Review of International Studies*, 24(1), 125–136.

Krause, K. and M.C. Williams (1997), 'From Strategy to Security: Foundations of Critical Security Studies', in K. Krause and C.W. Michael (eds), *Critical Security Studies: Concepts and Cases*, 33–60, London,: University of Minnesota Press.

Kriesi, H., E. Grande, R. Lachat, M. Dolezal, S. Bonschier and T. Frey (2008), *West European Politics in the Age of Globalization*, Cambridge: Cambridge University Press.

Krizsán, A. and C. Roggeband (2018), 'Reversing gender policy progress: Patterns of backsliding in Central and Eastern European new democracies', *European Journal of Politics and Gender*, 1(3), 367–385.

Krizsán, A., H. Skjeie and J. Squires (eds) (2012), *Institutionalizing Intersectionality? Comparative Analyses*, Basingstoke: Palgrave Macmillan.

Kronsell, A. and K. Bäckstrand (2010), 'Rationalities and Forms of Governance: A Framework for Analyzing the Legitimacy of New Modes of Governance', in K. Bäckstrand, J. Khan, A. Kronsell and E. Lövbrand (eds), *Environmental Politics and Deliberative Democracy: Examining the Promise of New Modes of Governance*, 28–46, Cheltenham: Edward Elgar.

Kronsell, A. and H. Olofsdotter Stensöta (2015), 'The Green State and Empathic Rationality', in K. Bäckstrand and A. Kronsell (eds), *Rethinking the Green State: Environmental Governance towards Climate and Sustainability Transitions*, 225–240, London: Routledge.

Kronsell, A., J. Khan and R. Hildingsson (2019), 'Actor relations in climate policy-making: Governing decarbonisation in a corporatist green state', *Environmental Policy and Governance*, 29(6), 399–408.

Krueger, A.O. (1974), 'The political economy of the rent-seeking society', *The American Economic Review*, 64(3), 291–303.

Kuhar, R. and D. Paternotte (eds) (2017), *Anti-gender Campaigns in Europe: Mobilizing against Equality*, Lanham, MD: Rowman & Littlefield.

Kuisma, M. (2013), '"Good" and "Bad" Immigrants: The Economic Nationalism of the True Finns' Immigration Discourse', in U. Korkut, G. Bucken-Knapp, A. McGarry, J. Hinnfors and H. Drake (eds), *The Discourses and Politics of Migration in Europe*, 93–108, New York: Palgrave Macmillan.

Kulawik, T. (2009), 'Staking the frame of a feminist discursive institutionalism', *Politics and Gender*, 5(2), 262–271.

Kuper, L. (1969), 'Plural Societies: Perspectives and Problems', in L. Kuper and M.G. Smith (eds), *Pluralism in Africa*, 7–26, Berkeley and Los Angeles: University of California Press.

Kymlicka, W. (1995), *Multicultural Citizenship: A Liberal Theory of Minority Rights*, Oxford: Oxford University Press.

Kymlicka, W. (1999), 'Misunderstanding Nationalism', in R. Beiner (ed.), *Theorizing Nationalism*, 131–140, Albany, NY: SUNY Press.

Kymlicka, W. (2001), 'Western Political Theory and Ethnic Relations in Europe', in W. Kymlicka and M. Opalski (eds), *Can Liberal Pluralism be Exported?* 13–106, Oxford: Oxford University Press.

Laborde, C. (2000), *Pluralist Thought and the State in Britain and France, 1900–25*, Basingstoke: Palgrave Macmillan.

Laclau, Ernesto (1975), 'The specificity of the political', *Economy & Society*, 4(1), 87–110, reprinted in E. Laclau (1977) *Politics and Ideology in Marxist Theory: Capitalism, Fascism, Populism*, London: New Left Books.
Laclau, E. (1977), *Politics and Ideology in Marxist Theory: Capitalism, Fascism, Populism*, London: New Left Books.
Laclau, E. (1996), *Emancipation(s)*, London: Verso.
Laclau, E. (2007), *On Populist Reason*, London: Verso.
Laclau, E. and C. Mouffe (1985), *Hegemony and Socialist Strategy: Towards a Radical Democratic Politics*, London: Verso.
Laclau, E. and C. Mouffe (2014), *Hegemony and Socialist Strategy: Towards a Radical Democratic Politics*, London: Verso.
Laffont, J.-J. and D. Martimort (2009), *The Theory of Incentives: The Principal-Agent Model*, Princeton, NJ: Princeton University Press.
Latouche, S. (2010), *Farewell to Growth*, Cambridge: Polity Press.
Latour, B. (2005), *Reassembling the Social: An Introduction to Actor-Network-Theory*, Oxford: Oxford University Press.
Laumann, E. (1976), *Networks of Collective Action: A Perspective on Community Influence Systems*, New York: Academic.
Law, J. (1992), 'Notes on the theory of the actor-network: Ordering, strategy, and heterogeneity', *Systems Practice*, 5, 379–393.
Le Quéré, C., R.B. Jackson, M.W. Jones, A.J.P. Smith, S. Abernethy, R.M. Andrew, A.J. De-Gol, D.R. Willis, Y. Shan, J.G. Canadell, P. Friedlingstein, F. Creutzig and G.P. Peters (2020), 'Temporary reduction in daily global CO_2 emissions during the COVID-19 forced confinement', *Nature Climate Change*, 10, 647–653.
Lee, G. (1995), 'Clinton apologises for U.S. radiation tests, praises panel report', *Washington Post*, available online: https://www.washingtonpost.com/archive/politics/1995/10/04/clinton-apologizes-for-us-radiation-tests-praises-panel-report/6b6c8ecc-3319-42bb-8097-7a7275c24ebf/ (accessed 17 March 2022).
Lefebvre, H. (1972), *The Sociology of Marx*, Harmondsworth: Penguin.
Le Grand, J. (1991), 'The theory of government failure', *British Journal of Political Science*, 21(4), 423–442.
Legatum Institute (2020), 'Poverty during the Covid-19 crisis', available online: https://li.com/wp-content/uploads/2020/11/Legatum-Institute-briefing-on-poverty-during-the-Covid-crisis.pdf (accessed 17 March 2022).
Legrand, T. (2019), 'Sovereignty Renewed: Transnational Policy Networks and the Global-Local Dilemma', in D. Stone and K. Maloney (eds), *The Oxford Handbook of Global Policy and Administration*, 200–219, Oxford: Oxford University Press.
Lenin, V.I. (1917), *Imperialism: The Highest Stage of Capitalism*, Ravenio Books.
Lenin, V.I. ([1917] 1968), *The State and Revolution*, in V.I. Lenin, *Selected Works*, Moscow: Progress Publishers.
Leon, M.B. and W. Léons (1977), 'The utility of pluralism: M.G. Smith and plural theory', *American Ethnologist*, 4(3), 559–575.
Levi, M. (1989), *Of Rule and Revenue*, Berkeley: University of California Press.

Lim, S. and A. Duit (2018), 'Partisan politics, welfare states, and environmental policy outputs in the OECD countries 1975–2005', *Regulation & Governance*, 12, 220–237.

Lindblom, C.E. (1959), 'The science of muddling through', *Public Administration Review*, 19(2), 79–88.

Lindblom, C.E. (1965), *The Intelligence of Democracy: Decision Making through Mutual Adjustment*, New York: Free Press.

Lindblom, C.E. (1977), *Politics and Markets*, New York: Basic Books.

Lindblom, C.E. (1982), 'Another state of mind', *American Political Science Review*, 76(1), 9–21.

Ling, L.H.M. (2002), 'Cultural Chauvinism and the Liberal International Order: "West vs Rest"', in G. Chowdhry and S. Nair (eds), *Asia's Financial Crisis, Power in a Postcolonial World: Race, Gender and Class in International Relations*, 115–140, London: Routledge.

Linnér, B.-O. and V. Wibeck (2019), *Sustainability Transformations: Agents and Drivers across Societies*, Cambridge: Cambridge University Press.

Lipset, S.M. and S. Rokkan (1967), *Party Systems and Voter Alignments: Cross-National Perspectives*, New York: Free Press.

Lloyd, M. (2007), *Judith Butler: From Norms to Politics*, Cambridge: Polity Press.

Lloyd, M. (2013), 'Power, Politics, Domination and Oppression', in G. Waylen, K. Celis, J. Kantola and L. Weldon (eds), *The Oxford Handbook on Gender and Politics*, 111–134, New York: Oxford University Press.

Lluch, J. (2012), 'Internal variation in sub-state national movements and the moral polity of the nationalist', *European Political Science Review*, 4(3), 433–460.

Lluch, J. (2014), *Visions of Sovereignty*, Philadelphia: University of Pennsylvania Press.

Lo, K. (2015), 'How authoritarian is the environmental governance of China?' *Environmental Science & Policy*, 54, 152–159.

Lockwood, D. (1964), 'Social Integration and System Integration', in G.K. Zolschan and W. Hirsch (eds), *Explorations in Social Change*, London: Routledge & Kegan Paul.

Loorbach, D. (2010), 'Transition management for sustainable development: A prescriptive, complexity-based governance framework', *Governance*, 23(1), 161–183.

Loorbach, D. and J. Rotmans (2010), 'The practice of transition management: Examples and lessons from four distinct cases', *Futures*, 42, 237–246.

Lorde, A. (1997), 'Age, Class, Race and Sex: Women Defining Difference', in A. McClintock, A. Mufti and E. Shohat (eds), *Dangerous Liaisons: Gender, Nation and Postcolonial Perspectives*, 374–80, Minneapolis: University of Minnesota Press.

Lövbrand, E. and J. Khan (2010), 'The Deliberative Turn in Green Political Theory', in K. Bäckstrand, J. Khan, A. Kronsell and E. Lövbrand (eds), *Environmental Politics and Deliberative Democracy: Examining the Promise* of *New Modes of Governance*, 47–64, Cheltenham: Edward Elgar.

Lövbrand, E. and B.-O. Linnér (2015), 'Governing beyond or with the State? State Conceptions in Studies of *non*-State Climate Action', in K. Bäckstrand and A. Kronsell (eds), *Rethinking the Green State: Environmental Governance towards Climate and Sustainability Transitions*, 43–62, London: Routledge.

Lowi, T. (1969), *The End of Liberalism*, London: W.W. Norton.

Lowndes, V. (1996), 'Varieties of new institutionalism: A critical appraisal', *Public Administration*, 74, 181–197.

Lowndes, V. (2002), 'Institutionalism', in D. Marsh and G. Stoker (eds), *Theory and Methods in Political Science*, 90–108, Basingstoke: Palgrave Macmillan.

Lukes, S. (1974), *Power: A Radical View*, Basingstoke: Macmillan.

Lundqvist, L.J. (2001), 'A green fist in a velvet glove: The ecological state and sustainable development', *Environmental Values*, 10, 455–472.

MacDonagh, O. (1958), 'The nineteenth century revolution in government: A reappraisal', *Historical Journal*, 1, 52–67.

Machiavelli, N. (1988) *The Prince*, trans. Q. Skinner and R. Price, Cambridge: Cambridge University Press.

Machin, A. (2020), 'Democracy, disagreement, disruption: Agonism and the environmental state', *Environmental Politics*, 29(1), 155–172.

Machin, D.J. (2013), 'Political inequality and the "super-rich": Their money or (some of) their political rights', *Res Publica*, 19(2), 121–139.

Mackay, F., M. Kenny and L. Chappell (2010), 'New institutionalism through a gender lens: Towards a feminist institutionalism?' *International Political Science Review*, 3(5), 573–588.

MacKenzie, D.A. (2006), *An Engine, Not a Camera: How Financial Models Shape Markets*, Cambridge, MA, MIT Press.

MacKinnon, C.A. (1982), 'Feminism, Marxism, method and the state: An agenda for theory', *Signs*, 7(3), 515–544.

MacKinnon, C.A. (1983), 'Feminism, Marxism, method and the state: Toward feminist jurisprudence', *Signs*, 8(4), 645–658.

MacKinnon, C.A. (1985), *Toward a Feminist Theory of the State*. Cambridge, MA: Harvard University Press.

MacKinnon, C.A. (1987), 'Feminism, Marxism, Method and the State', in Sandra Harding (eds), *Feminism and Methodology*, Milton Keynes: Open University Press, 135–156.

MacKinnon, C.A. (1989), *Towards a Feminist Theory of the State*, London: Harvard University Press.

Madison, J. (1788), 'Letter to Thomas Jefferson', available online: https://founders.archives.gov/documents/Madison/01-11-02-0218 (accessed 17 March 2022).

Mahon, R. (1991), 'From "bringing" to "putting": The state in late twentieth-century social thought', *Canadian Journal of Sociology*, 16(2), 119–144.

Mahoney, J. and K. Thelen (2010), 'A Theory of Gradual Institutional Change', in J. Mahoney and K. Thelen (eds), *Explaining Institutional Change: Ambiguity, Agency, and Power*, 1–37, Cambridge: Cambridge University Press.

Mair, P. (2013), *Ruling the Void: The Hollowing of Western Democracy*, London:

Verso.
Mamdani, M. (2020), *Neither Settler Nor Native: The Making and Unmaking of Permanent Minorities*, Cambridge, MA: Harvard University Press.
Mann, M. (1984), 'The autonomous power of the state: its origins, mechanisms and results', *European Journal of Sociology*, 25, 185–213.
Mann, M. (1988), *States, War and Capitalism*, New York: Basil Blackwell.
Mann, M. (1993), *The Sources of Social Power, Volume 2: The Rise of Classes and Nation-States, 1760–1914*, Cambridge: Cambridge University Press.
Mansbridge, J. (ed.) (1990), *Beyond Self-Interest*, Chicago, IL: University of Chicago Press.
March, J.G. and J.P. Olsen (1989), *Rediscovering Institutions: The Organizational Basis of Politics*, New York: Free Press.
Markard, J., R. Raven and B. Truffer (2012), 'Sustainability transitions: An emerging field of research and its prospects', *Research Policy*, 41(6), 955–967.
Marsh, D. (1983), 'Interest group activity and structural power: The work of Charles Lindblom', *West European Politics*, 6, 3–13.
Marsh, D. (1995), 'The Convergence Between Theories of the State', in D. Marsh and G. Stoker (eds), *Theory and Methods in Political Science*, London: Macmillan.
Marsh, D. (2002), 'Pluralism and the Study of British Politics: It is always the Happy Hour for Men with Money, Knowledge and Power', in C. Hay (ed.), *British Politics Today*, 14–37, Cambridge: Polity Press.
Marsh, D. (2009), 'Keeping ideas in their place: In praise of thin constructivism', *Australian Journal of Political Science*, 44, 679–696.
Marsh, D. (2010), 'It's Not the Economy Stupid: Or is it?' in M. Boss (ed.), *The Nation-State in Transformation: Economic Globalisation, Institutional Mediation and Political Values*, 87–109, Aarhus: Aarhus University Press.
Marsh, D. (2018), 'Meta-Theoretical Issues' in V. Lowndes, D. Marsh and G. Stoker (eds), *Theory and Methods in Political Science*, 199–218, Basingstoke, Palgrave.
Marsh, D. and C. Lewis (2014), 'The political power of big business: A response to Bell and Hindmoor', *New Political Economy*, 19, 628–633.
Marsh, D. and M. Smith (2000), 'Understanding policy networks: Towards a dialectical approach', *Political Studies*, 48, 4–21.
Marsh, D., S. Akram and H. Birkett (2015), 'The structural power of business: Taking structure, agency and ideas seriously', *Journal of Business & Politics*, 17(3), 577–601.
Marsh, D., M. Hall and P. Fawcett (2014), 'Two cheers for interpretivism: Deconstructing the British political tradition', *Australian Journal of Public Administration*, 73(3), 340–348.
Marsh, D., C. Lewis and J. Chesters (2014), 'The Australian mining tax and the political power of business', *Australian Journal of Political Science*, 49(4), 711–725.
Martí-Henneberg, J. (2017), 'The influence of the railway network on territorial integration in Europe (1870–1950)', *Journal of Transport Geography* 62, 160–171.

Martin, J. (2019), 'The postmarxist Gramsci', *Global Discourse*, 9(2), 305–321.
Martin, Lisa (2000), *Democratic Commitments*, Princeton, NJ: Princeton University Press.
Martins-Filho, P.R., B.C. Lima Araújo, K. Batista Sposato, A. Antunes de Souza Araújo, L.J. Quintans-Júnior and V. Santana Santos (2021), 'Racial disparities in COVID-19-related deaths in Brazil: Black Lives Matter?' *Journal of Epidemiology*, 31(3), 239–240.
Martinsson, L., G. Griffin and K.G. Nygren (2017), *Challenging the Myth of Gender Equality in Sweden*, Bristol: Policy Press.
Marx, K. ([1843a] 1975), 'Critique of Hegel's Doctrine of the State', in L. Colletti (ed.), *Karl Marx: Early Writings*, 57–198, London: Pelican.
Marx, K. ([1843b] 1975), 'On the Jewish Question', in L. Colletti (ed.), *Karl Marx: Early Writings*, 211–242, London: Pelican.
Marx, K. ([1844] 1975), 'Introduction to a Contribution to a Critique of Hegel's Philosophy of Law', in L. Colletti (ed.), *Karl Marx: Early Writings*, 243–258, London: Pelican.
Marx, K. ([1850 1978), *The Class Struggles in France: 1845 to 1850*, in K. Marx and F. Engels, *Collected Works, Volume 10*, 45–146, London: Lawrence & Wishart.
Marx, K. ([1852] 1979), 'The Eighteenth Brumaire of Louis Bonaparte', in K. Marx and F. Engels, *Collected Works, Volume 11*, 99–197, London: Lawrence & Wishart.
Marx, K. ([1859] 1987), 'Preface to a Contribution to a Critique of Political Economy', in K. Marx and F. Engels, *Collected Works, Volume 29*, 261–266, London: Lawrence & Wishart.
Marx, K. ([1871] 1986), 'The Civil War in France', in K. Marx and F. Engels, *Collected Works, Volume 22*, 435–551, London: Lawrence & Wishart.
Marx, K. ([1971] 1847), 'The Communist Manifesto', in D.J. Struik (ed.), *The Birth of the Communist Manifesto*, New York: International Publishers.
Marx, K. and F. Engels ([1845] 1987), *The German Ideology: Introduction to a Critique of Political Economy*, London: Lawrence and Wishart.
Marx, K. and F. Engels ([1845/6] 1964), *The German Ideology*, Moscow: Progress Publishers.
Marx, K. and F. Engels ([1848] 1967), *The Communist Manifesto*, London: Pelican.
Massey, D. (1994), *Space, Place and Gender*, Cambridge: Polity Press.
May, S. (2001), *Language and Minority Rights: Ethnicity, Nationalism and the Politics of Language*, London: Routledge.
Mbete, S. (2020), 'Out with the Old, in with the New?: The ANC and EFF's Battle to Represent the South African "People"', in P. Ostiguy, F. Panizza and B. Moffitt (eds), *Populism in Global Perspective: A Performative and Discursive Approach*, 240–254, New York: Routledge.
McBride, D. and A. Mazur (2010), *The Politics of State Feminism: Innovation in Comparative Research*, Philadelphia, PA: Temple University Press.
McBride Stetson, D. and A. Mazur (1995), *Comparative State Feminism*, London: SAGE.

McClure, K. (1992), 'On the Subject of Rights: Pluralism, Plurality and Political Identity', in C. Mouffe (ed.), *Dimensions of Radical Democracy: Pluralism, Citizenship, Community*, 108–127, London: Verso.
McConnell, G. (1953), *Decline of Agrarian Democracy*, Berkeley and Los Angeles: University of California Press.
McConnell, G. (1966), *Private Power & American Democracy*, New York: Knopf.
McCubbins, M.D. and T. Sullivan (eds) (1987), *Congress: Structure and Policy*, Cambridge: Cambridge University Press.
McEwen, N. (2006), *Nationalism and the State: Welfare and identity in Scotland and Québec*, Regionalism and Federalism Book Series, Brussels: Presses interuniversitaires européennes/Peter Lang.
McEwen, N. and C. Brown Swan (2021), 'Embedded Independence: Self-Government and Interdependence in the Scottish National Movement', in A. Lecours et al. (eds), *Constitutional Politics in Multinational Democracies*, 75–100, Montreal: McGill-Queen's University Press.
McIntosh, M. (1978), 'The State and the Oppression of Women' in Annette Kuhn and AnnMarie Wolpe (eds), *Feminism and Materialism: Women and Modes of Production*, London: Routledge and Kegan Paul, 254–289.
McKibben, B. (2020), 'The world after Coronavirus: The future of environmentalism', available online: https://www.youtube.com/watch?v=iE0T3i4oz0g (accessed 17 March 2022).
McKnight, D. and M. Hobbs (2013), 'Public contest through the popular media: The mining industry's advertising war against the Australian Labor government', *Australian Journal of Political Science*, 48(3), 307–319.
McLennan, G. (1995), *Pluralism*, Minneapolis: University of Minnesota Press.
McLuhan, M. (1964), *Understanding Media: The Extensions of Man*, London: Routledge & Kegan Paul.
McNamara, K.R. (2015), *The Politics of Everyday Europe: Constructing Authority in the European Union*, Oxford: Oxford University Press.
McRoberts, K. (1997), *Misconceiving Canada: The Struggle for National Unity*, Oxford: Oxford University Press.
Meadowcroft, J. (2005), 'From Welfare State to Ecostate', in J. Barry and R. Eckersley (eds), *The State and the Global Ecological Crisis*, 3–23, Cambridge, MA: MIT Press.
Meadowcroft, J. (2009), 'What about the politics? Sustainable development, transition management, and long term energy transitions', *Policy Sciences*, 42, 323–340.
Meadowcroft, J. (2011), 'Engaging with the *politics* of sustainability transitions', *Environmental Innovation and Societal Transitions*, 1(1), 70–75.
Meadowcroft, J. (2012), 'Greening the State', in P. Steinberg and S. VanDeveer (eds), *Comparative Environmental Politics: Theory, Practice and Prospects*, 63–87, Cambridge, MA: MIT Press.
Meehan, K., I.G.R. Shaw and S. Marston (2013), 'Political geographies of the object', *Political Geography*, 33, 1–10.
Mehrling, P. (2020), 'The world after Coronavirus: The future of money', available

online: https://www.youtube.com/watch?v=sG9rZv_akQw (accessed 17 March 2022).
Melo-Escrihuela, C. (2015), 'Should ecological citizenship advocates praise the green state?' *Environmental Values*, 24(3), 321–344.
Mendoza, K. (2015), *Austerity: The Demolition of the Welfare State and the Rise of the Zombie Economy*, Oxford: New Internationalist Publications.
Merelman, R.M. (2003), *Pluralism at Yale: The Culture of Political Science in America*, Madison: University of Wisconsin Press.
Mernissi, F. (1992), *Islam and Democracy: Fear of the Modern World*, Reading, MA: Addison-Wesley.
Mernissi, F. (1996), 'Palace fundamentalism and liberal democracy: Oil, arms and irrationality', *Development and Change*, 27(2), 251–265.
Merriman, P. and R. Jones (2017), 'Nations, materialities and affects', *Progress in Human Geography*, 41, 600–617.
Meyer, J.W. and B. Rowan (1977), 'Institutionalized Organizations: Formal structure as myth and ceremony', *American Journal of Sociology*, 83, 340–363.
Mian, A. (2020), 'The world after Coronavirus: The future of debt', available online: https://www.youtube.com/watch?v=DW8OAj0knrI (accessed 17 March 2022).
Michels, R. ([1911] 1962), *Political Parties*, New York: Free Press.
Middlemas, K. (1979), *Politics in Industrial Society: The Experience of the British System since 1911*, London: Andre Deutsch.
Miliband, R. (1965), 'Marx and the state', *Socialist Register 1965*, 278–296.
Miliband, R. (1969), *The State in Capitalist Society: An Analysis of the Western System of Power*, London: Weidenfeld & Nicolson.
Miliband, R. (1970), 'The capitalist state – Reply to Poulantzas', *New Left Review*, 59, 53–60, reprinted in R. Blackburn (ed.) (1972), *Ideology in Social Science*, London: Fontana.
Miliband, R. (1973), 'Poulantzas and the capitalist state', *New Left Review*, 82, 83–92.
Miliband, R. (1977), *Marxism and Politics*, Oxford: Oxford University Press.
Miliband, R. (1994), *Socialism for a Sceptical Age*, London: Verso.
Miller, D. (1995), *On Nationality*, Oxford: Clarendon Press.
Millett, K. (1970), *Sexual Politics*, New York: Garden City/Doubleday.
Milliken, J. and K. Krause (2002), 'State failure, state collapse, and state reconstruction: Concepts, lessons and strategies', *Development & Change*, 33(5), 753–774.
Mills, C.W. (1956), *The Power Elite*, New York: Oxford University Press.
Mintz, B. and M. Schwartz (1985), *The Power Structure of American Business*, Chicago, IL: University of Chicago Press.
Mitchell, T. (1991), 'The limits of the state: Beyond statist approaches and their critics', *The American Political Science Review*, 85, 77–96.
Mitchell, T. (2002a), 'McJihad: Islam in the US global order', *Social Text*, 20(4), 1–18.
Mitchell, T. (2002b), *Rule of Experts: Egypt, Techno-politics, Modernity*, Berkeley:

University of California Press.
Moe, T. (2003), 'Power and political institutions'. Paper read at conference on Crafting and Operating Institutions, Yale University, New Haven, CT, 11–13 April.
Moffitt, B. (2016), *The Global Rise of Populism: Performance, Political Style, and Representation*, Stanford, CA: Stanford University Press.
Moffitt, B. and S. Tormey (2014), 'Rethinking populism: Politics, mediatisation and political style', *Political Studies*, 62(2), 381–397, doi:10.1111/1467-9248.12032.
Mol, A.P.J. (2016), 'The environmental nation state in decline', *Environmental Politics*, 25(1), 48–68.
Mol, A.P.J. and G. Spaargaren (2002), 'Ecological Modernization and the Environmental State', in P. Mol and F. Buttel (eds), *The Environmental State under Pressure: Research in Social Problems and Public Policy*, 33–52, Bingley: Emerald Publishing.
Mol, A.P.J., D.A. Sonnenfeld and G. Spaargaren (2009), *The Ecological Modernisation Reader: Environmental Reform in Theory and Practice*, London: Routledge.
Moore, G. (1979), 'The structure of a national elite network', *American Sociological Review*, 44 (October), 673–692.
Moore, M. (2001), *The Ethics of Nationalism*, Oxford: Oxford University Press.
Moravcsik, A. (1998), *The Choice for Europe: Social Purpose and State Power from Messina to Maastricht*, Ithaca, NY: Cornell University Press.
Mosca, G. ([1896] 1939), *The Ruling Class*, New York: McGraw Hill.
Mouffe, C. (2000), *The Democratic Paradox*, London: Verso.
Mouffe, C. (2005), *On the Political*, London: Routledge.
Mouffe, C. (2013), *Agonistics: Thinking the World Politically*, London: Verso.
Mouffe, C. (2018), *For a Left Populism*, London: Verso.
Mountz, A., K. Coddingtin, R.T. Catania and J.M. Loyd (2012), 'Conceptualizing detention: mobility, containment, bordering and exclusion', *Progress in Human Geography*, 37, 522–541.
Mouzelis, N. (1991), *Back to Sociological Theory: The Construction of Social Orders*, London: Macmillan.
Mouzelis, N. (1995), *Sociological Theory: What Went Wrong?* London: Routledge.
Moyn, S. (2012), *The Last Utopia: Human Rights in History*, Cambridge, MA: Harvard University Press.
Mudde, C. (2004), 'The Populist Zeitgeist', *Government and Opposition*, 39(4), 542–563.
Mudde, C. (2007), *Populist Radical Right Parties in Europe*, Cambridge: Cambridge University Press.
Mudde, C. (2015), 'Populist Radical Right Parties in Europe Today', in J. Abromeit et al. (eds), *Transformations of Populism in Europe and the Americas: History and Recent Trends*, 295–307, London: Bloomsbury.
Mudde, C. (2017), 'Why nativism, not populism, should be declared word of the year', *The Guardian*, 7 December, available online: https://www.theguardian.com/commentisfree/2017/dec/07/cambridge-dictionary-nativism-populism-

word-year (accessed 17 March 2022).
Mudde, C. and C.R. Kaltwasser (2017), *Populism: A Very Short Introduction*, Oxford: Oxford University Press.
Mueller, D.C. (2003), *Public Choice III*, New York: Cambridge University Press.
Müller, J.-W. (2016), *What Is Populism?* Philadelphia: University of Pennsylvania Press.
Muller, P. (1995), 'Les Politiques publiques comme construction d'un rapport au monde', in A. Faure, G. Pollet and P. Warin (eds), *La Construction du sens dans les politiques publiques: débats autour de la notion de référentiel*, Paris: L'Harmattan.
Murdoch, J. (1997), 'Towards a geography of heterogeneous associations', *Progress in Human Geography*, 21, 321–337.
Murphy, C. (1994), *International Organization and Industrial Change: Global Governance since 1850*, Cambridge: Polity Press.
Murphy, C. (2008), *The International Organization for Standardization*, London: Routledge.
Mutz, D.C., P.M. Sniderman and R.A. Brody (1996), *Political Persuasion and Attitude Change*, Ann Arbor: University of Michigan.
Nagel, J. (1998), 'Masculinity and nationalism: Gender and sexuality in the making of nations', *Ethnic and Racial Studies*, 21(2), 242–269.
Najam, A. (2021), 'What will the world look like after Coronavirus?', available online: https://greatergood.berkeley.edu/article/item/what_will_the_world_look_like_after_coronavirus (accessed 17 March 2022).
Nandy, A. (2003), *The Romance of the State: And the Fate of Dissent in the Tropics*, Oxford: Oxford University Press.
Nash, K. (2002), 'Thinking political sociology: Beyond the limits of post-Marxism', *History of the Human Sciences*, 15(4), 97–114.
Neocleous, M. (2006), 'From social to national security: On the fabrication of economic order', *Security Dialogue*, 37, 363–384.
Neocleous, M. (2008), *Critique of Security*, Montreal: McGill-Queen's University Press.
Newell, P. and M. Paterson (2010), *Climate Capitalism: Global Warming and the Transformation of the Global Economy*, Cambridge: Cambridge University Press.
Nexon, D. (2009), *The Struggle for Power in Early Modern Europe: Religious Conflict, Dynastic Empires and International Change*. Princeton, NJ: Princeton University Press.
Nicholls, D. (1974), *Three Varieties of Pluralism*, London: Macmillan.
Niskanen, W.A. (1971), *Bureaucracy and Representative Government*, Chicago, IL: Aldine-Atherton.
Niskanen, W.A. (1988), *Reaganomics: An Insider's Account of the Policies and the People*, New York: Oxford University Press.
Njagi, J.W. (2013), 'The state and sexual politics: An analysis of abortion discourses in Kenya', PhD dissertation, University of Waikato.
North, D.C. (1990), *Institutions, Institutional Change, and Economic Perform-

ance, Cambridge: Cambridge University Press.
North, D.C. (2010), *Understanding the Process of Economic Change*, Princeton, NJ: Princeton University Press.
Ó Tuathail, G. (1996), *Critical Geopolitics: The Politics of Writing Global Space*, London: Routledge.
O'Brien, R. (1992), *Global Financial Integration: The End of Geography*, London: Pinter for Royal Institute of International Affairs.
OECD (2009), 'The global financial crisis: Causes impacts and policy responses', available online: https://www.oecd.org/finance/financial-markets/42549690.pdf (accessed 17 March 2022).
OECD (2019), *Inequality*, available online: http://www.oecd.org/social/inequality.htm (accessed 17 March 2022).
Offe, C. (1974), 'Structural Problems of the Capitalist State: Class Rule and the Political System. On the Selectiveness of Political Institutions', in K. von Beyme (ed.), *German Political Studies*, Vol. 1, 31–54, Beverley Hills: SAGE.
Offe, C. (1975), 'The Theory of the Capitalist State and the Problem of Policy Formation', in L. Lindberg et al. (eds), *Stress and Contradiction in Modern Capitalism*, 125–144, Lexington, MA: D.C. Heath.
Offe, C. (1984), *Contradictions of the Welfare State*, London: Hutchinson.
Office for National Statistics (2020a), 'Coronavirus (COVID-19) related deaths by ethnic group, England and Wales: 2 March 2020 to 10 April 2020', available online: https://www.ons.gov.uk/peoplepopulationandcommunity/birthsdeathsandmarriages/deaths/articles/coronavirusrelateddeathsbyethnicgroupenglandandwales/2march2020to10april2020 (accessed 17 March 2022).
Office for National Statistics (2020b), 'Deaths involving COVID-19 by local area and socioeconomic deprivation: Deaths occurring between 1 March and 17 April 2020', available online: https://www.ons.gov.uk/peoplepopulationandcommunity/birthsdeathsandmarriages/deaths/bulletins/deathsinvolvingcovid19bylocalareasanddeprivation/deathsoccurringbetween1marchand17april (accessed 17 March 2022).
Office for National Statistics (2020c), 'Coronavirus (COVID-19) related deaths by occupation, England and Wales: Deaths registered up to and including 20 April 2020', available online: https://www.ons.gov.uk/peoplepopulationandcommunity/healthandsocialcare/causesofdeath/bulletins/coronaviruscovid19relateddeathsbyoccupationenglandandwales/deathsregistereduptoandincluding20april2020 (accessed 17 March 2022).
Ogborn, M. (1998), 'The capacities of the state: Charles Davenant and the management of the Excise, 1683–1698', *Journal of Historical Geography*, 24, 289–312.
Ohmae, K. (1996a), *The Borderless World: Power and Strategy in the Interlinked Economy*, New York: HarperBusiness.
Ohmae, K. (1996b), *The End of the Nation State: The Rise of Regional Economics*, London: HarperCollins.
Okin, S.M. (1989), *Justice, Gender, and the Family*, New York: Basic Books.

Okin, S.M. (1999), 'Is Multiculturalism Bad for Women?' in S.M. Okin et al. (eds), *Is Multiculturalism Bad for Women?* 7–24, Princeton, NJ: Princeton University Press.
Olson, M. 1965, *The Logic of Collective Action: Public Goods and the Theory of Groups*, 2nd edn, Cambridge, MA: Harvard University Press.
Ong, A. (2007), *Neoliberalism as Exception: Mutations in Citizenship and Sovereignty*, Durham, NC and London: Duke University Press.
Ophuls, W. (1973), 'Leviathan or Oblivion?', in H. Daly (ed.), *Toward a Steady State Economy*, 214–219, San Francisco: Freeman.
Orford, A. (2011), *International Authority and the Responsibility to Protect*, Cambridge: Cambridge University Press.
Ostrom, E. (1982), 'Beyond Positivism', in E. Ostrom, 11–28, *Strategies of Political Inquiry*, Beverley Hills: SAGE.
Ostrom, E. (1990), *Governing the Commons*, New York: Cambridge University Press.
Ostrom, V. (1984), 'Why Governments Fail: An Inquiry into the Use of Instruments of Evil to Do Good', in J.M. Buchanan and R.D. Tollison (eds), *The Theory of Public Choice–II*, 422–438, Ann Arbor: University of Michigan Press.
Page, B.I. and M. Gilens (2020), *Democracy in America: What Has Gone Wrong and What We Can Do about It?* Chicago, IL: University of Chicago Press.
Painter, J. (2006), 'Prosaic geographies of stateness', *Political Geography*, 25, 752–774.
Painter, J. (2010), 'Rethinking territory', *Antipode*, 42, 1090–1117.
Pappas, T.S. (2019), *Populism and Liberal Democracy: A Comparative and Theoretical Analysis*, Oxford: Oxford University Press.
Pappas, T.S. and P. Aslanidis (2016), 'Greek Populism: A Political Drama in Five Acts', in H. Kriesi and T.S. Pappas, *European Populism in the Shadow of the Great Recession*, 181–196, Colchester: ECPR Press.
Parashar, S. (2018), 'The Postcolonial/Emotional State: Mother India's Response to Her Deviant Maoist Children', in S. Parashar, J.A. Tickner and J. True (eds), *Revisiting Gendered States: Feminist Imaginings of the State in International Relations*, 157–173, Oxford: Oxford University Press.
Parashar, S., J.A. Tickner and J. True (2018), 'Introduction: Feminist Imaginings of Twenty-First-Century Gendered States', in S. Parashar, J.A. Tickner and J. True (eds), *Revisiting Gendered States: Feminist Imaginings of the State in International Relations*, 1–15, Oxford: Oxford University Press.
Pareto, V. (1935), *The Mind and Society*, London: Cape.
Pareto, V. (1966), *Sociological Writings*, London: Pall Mall.
Parker, G. (2013), *Global Crisis: Climate Change and Catastrophe in the Seventeenth Century*, New Haven, CT: Yale University Press.
Parolin, Z., M. Curran, J. Matsudaira, J. Waldfogel and C. Wimer (2020), 'Monthly poverty rates in the United States during the COVID-19 pandemic', Poverty And Social Policy Working Paper, available online: https://static1.squarespace.com/static/5743308460b5e922a25a6dc7/t/5f87c59e4cd0011fabd38973/1602733471158/COVID-Projecting-Poverty-Monthly-CPSP-2020.pdf (accessed 17

March 2022).
Passavant, P. and J. Dean (2001), 'Laws and Societies', *Constellations: An International Journal of Critical and Democratic Theory*, 8(3), 376–389.
Pateman, C. (1988), 'The Patriarchal Welfare State', in A. Gutman (ed.), *Democracy and the Welfare State*, 231–260, Princeton, NJ: Princeton University Press.
Paterson, M. (2007), 'Environmental politics: Sustainability and the politics of transformation', *International Political Science Review*, 28(5), 545–556.
Paterson, M. (2016), 'Political economy of greening the state', in T. Gabrielson, C. Hall, J. Meyer and D. Schlosberg (eds), *The Oxford Handbook of Environmental Political Theory*, 475–490, Oxford: Oxford University Press.
Patrick, S. (2020), 'When the system fails: COVID-19 and the costs of global dysfunction', *Foreign Affairs*, 99 (4), 40–50.
Pauwels, T. (2013), *Populism in Western Europe: Comparing Belgium, Germany and The Netherlands*, London: Routledge.
Perrott, R. (1968), *The Aristocrats*, London: Weidenfeld & Nicolson.
Peters, B.G., J. Pierre, and D.S. King (2005), 'The politics of path dependency: Political conflict in historical institutionalism', *The Journal of Politics*, 67(4), 1275–1300.
Peterson, V.S. (1992a), 'Introduction', in V.S. Peterson (ed.), *Gendered States: Feminist (Re)visions of International Relations Theory*, 1–29, Boulder, CO: Lynne Rienner.
Peterson, V.S. (1992b), 'Security and the Sovereign States: What is at Stake in Taking Feminism Seriously?', in V.S. Peterson, *Gendered States: Feminist (Re)visions of International Relations Theory*, 31–64, Boulder, CO: Lynne Rienner.
Pevehouse, J.C.W. (2020), 'The COVID-19 pandemic, international cooperation, and populism', *International Organization*, 74(S1), E191–E212, doi:10.1017/S0020818320000399.
Philo, C. and H. Parr (2000), 'Institutional geographies: Introductory remarks', *Geoforum*, 31, 513–521.
Pierce, R. (2004), 'Clemenson revisited – the rise and fall of the great English landowner?' *Policy Studies*, 25(4), 1–17.
Pierre, J. (2011), 'Stealth economy? Economic theory and the politics of administrative reform', *Administration & Society*, 43(6), 672–692.
Pierson, C. (2011), *The Modern State*, 3rd edn, London: Routledge.
Pierson, P. (1994), *Dismantling the Welfare State?* Cambridge: Cambridge University Press.
Pierson, P. (2004), *Politics in Time: History, Institutions, and Social Analysis*, Princeton, NJ: Princeton University Press.
Pierson, P. (2017), 'American hybrid: Donald Trump and the strange merger of populism and plutocracy', *British Journal of Sociology*, 68, 105–119.
Piketty, T. (2020), 'The world after Coronavirus: The future of inequality', available online: https://www.youtube.com/watch?v=220XAnjXcOI (accessed 17 March 2022).

Pletsch, C.E. (1981), 'The three worlds, or the division of social scientific labor, circa 1950–1975', *Comparative Studies in Society and History*, 23(04), 565–590.
Polanyi, C. (1944), *The Great Transformation*, New York: Farrar & Rinehart.
Pollack, M. (1997), 'Delegation, agency, and agenda setting in the European Community', *International Organization*, 51(1), 99–134.
Polsby, N.W. (1960), 'How to study community power: The pluralist alternative', *The Journal of Politics*, 22(3), 474–484.
Polsby, N.W. (1963), *Community Power and Political Theory*, New Haven, CT: Yale University Press.
Porter, M.E. and van der Linde, C. (1995), 'Green and competitive: Ending the stalemate', *Harvard Business Review* (September–October), 120–134.
Poulantzas, N. (1969), 'The problems of the capitalist state', *New Left Review*, 58, 67–78, reprinted in R. Blackburn (ed.) (1972), *Ideology in Social Science*, London: Fontana.
Poulantzas, N. (1973), *Political Power and Social Classes*, London: New Left Books.
Poulantzas, N. (1975), *Classes in Contemporary Capitalism*, London: New Left Books.
Poulantzas, N. (1976), 'The capitalist state: A reply to Miliband and Laclau', *New Left Review*, 95, 63–83.
Poulantzas, N. (1978), *State, Power, Socialism*, London: New Left Books.
Povitkina, M. (2018), 'The limits of democracy in tackling climate change', *Environmental Politics*, 27(3), 411–432.
Powell, B. and E.P. Stringham (2009), 'Public choice and the economic analysis of anarchy: A survey', *Public Choice*, 140(3/4), 503–538.
Pramudya, E.P., O. Hospes and C.J.A.M. Termeer (2018), 'The disciplining of illegal palm oil plantations in Sumatra', *Third World Quarterly*, 39(5), 920–940.
Pringle, R. and S. Watson (1990), 'Fathers, Brothers, Mates: The Fraternal State in Australia', in S. Watson (ed.), *Playing the State*, 229–243, London: Verso.
Pringle, R. and S. Watson (1992), '"Women's Interests" and the Post-Structuralist State', in M. Barrett and A. Phillips (eds), *Destabilizing Theory*, 53–73, Cambridge: Polity Press.
Prügl, E. (2010), 'Feminism and the postmodern state: Gender mainstreaming in European rural development', *Signs*, 35(2), 447–475.
Prügl, E. (2011), 'Diversity management and gender mainstreaming as technologies of government', *Politics and Gender*, 7(1), 71–89.
Przeworski, A. (1991), *Democracy and the Market*, Cambridge: Cambridge University Press.
Puar, J.K. (2007), *Terrorist Assemblages: Homonationalism in Queer Times*, Durham, NC: Duke University Press.
Putnam, R. (1993), 'The prosperous community: Social capital and public life', *The American Prospect*, 13, 35–42.
Raab, C. (2001), 'Understanding policy networks: A comment on Marsh and Smith', *Political Studies*, 49, 551–556.

Rai, S. and G. Lievesley (eds) (1996), *Women and the State: International Perspectives*, London: Taylor & Francis.

Ratner, S. and J. Altman (1964), *John Dewey and Arthur Bentley: A Philosophical Correspondence*, New Brunswick, NJ: Rutgers University Press.

Raworth, K. (2012), 'A safe and just operating space for humanity: Can we live within the doughnut?' *Oxfam Policy and Practice: Climate Change and Resilience*, 8(1), 1–26.

Razieh, C., F. Zaccardi, N. Islam, C.L. Gillies, Y.V. Chudasama, A. Rowlands, D.E. Kloecker, M.J. Davies, K. Khunti and T. Yates (2021), 'Ethnic minorities and COVID-19: Examining whether excess risk is mediated through deprivation', *European Journal of Public Health*, 31(3), 630–634, doi:10.1093/eurpub/ckab041.

Rein, M. and D.A. Schön (1991), 'Frame-Reflective Policy Discourse', in P. Wagner et al. (eds), *Social Sciences, Modern States, National Experiences, and Theoretical Crossroads*, 262–289, Cambridge: Cambridge University Press.

Requejo, F. (2005), *Multinational Federalism and Value Pluralism: The Spanish Case*, London: Routledge.

Reuters (2020), 'Sudan signs peace deal with key rebel groups', available online: https://af.reuters.com/article/commoditiesNews/idAFL8N2FW0KP (accessed 31 August 2020).

Rhodes, R.A.W. (1994), 'The hollowing out of the state: The changing nature of the public service in Britain', *The Political Quarterly*, 65(2), 138–151.

Richardson, J. and A. Jordan (1979), *Governing under Pressure*, London: Martin Robertson.

Riker, W. (1980), 'Implications from the disequilibrium of majority rule for the study of institutions', *American Political Science Review*, 75, 432–447.

Ripley, R.B. and G.A. Franklin (1987), *Congress, the Bureaucracy, and Public Policy*, Chicago, IL: Dorsey Press.

Risse, T. (2001), 'A European Identity? Europeanization and the Evolution of Nation-State Identities', in M.G.Cowles, J. Caporaso and T. Risse (eds), *Europeanization and Domestic Change*, 198–216, Ithaca, NY: Cornell University Press.

Rodrik, D. (2014), 'When ideas Trump interests: Preferences, worldviews, and policy innovations', *Journal of Economic Perspectives*, 28(1), 189–208.

Roe, E. (1994), *Narrative Policy Analysis*, Durham, NC: Duke University Press.

Rooduijn, M. (2013), 'The nucleus of populism: In search of the lowest common denominator', *Government and Opposition*, 49(4), 573–599.

Rooduijn, M. (2014), 'The mesmerising message: The diffusion of populism in public debates in Western European media', *Political Studies*, 62(4), 726–744.

Rooduijn, M. (2019), 'State of the field: How to study populism and adjacent topics? A plea for both more and less focus', *European Journal of Political Research*, 58(1), 362–372, doi:10.1111/1475-6765.12314.

Rose, N. (1999), *Powers of Freedom*, Cambridge: Cambridge University Press.

Rose, N. and P. Miller (1992), 'Political power beyond the state: Problematics of government', *British Journal of Sociology*, 43(2), 172–205.

Rosenau, J.N. (1990), *Turbulence in World Politics: A Theory of Change and*

Continuity, Princeton, NJ: Princeton University Press.
Rothstein, B. (2005), *Social Traps and the Problem of Trust*, Cambridge: Cambridge University Press.
Rotmans, J., R. Kemp and M. van Asselt (2001), 'More evolution than revolution: Transition management in public policy', *Foresight*, 3(1), 15–31.
Rovinskiy, K. (2019), 'Artificial intelligence as a final verdict on old national elites', *Towards Data Science*, 23 April 2019, available online: https://towardsdatascience.com/artificial-intelligence-as-a-final-verdict-on-old-national-elites-58a6cb6575c2 (accessed 12 September 2020).
Rovira Kaltwasser, C. and P. Taggart (2016), 'Dealing with populists in government: A framework for analysis', *Democratization*, 23(2), 201–220.
Rudolph, J. and R. Thompson (1985), 'Ethnoterritorial movements and the policy process: Accommodating nationalist demands in the developed world', *Comparative Politics*, 17, 291–311.
Ruggie, John (1998), 'What makes the world hang together? Neo-utilitarianism and the social constructivist challenge', *International Organization*, 52(4), 855–885.
Rydgren, Jens (2018), 'The Radical Right: An Introduction', in J. Rydgren (ed.), *The Oxford Handbook of the Radical Right*, 1–14, Oxford: Oxford University Press.
Saari, M., J. Kantola and P.K. Sandberg (2021), 'Implementing equal pay policy: Clash between gender equality and corporatism', *Social Politics*, 28(2), 265–289.
Sabatier, P. and H.C. Jenkins-Smith (eds) (1993), *Policy Change and Learning: An Advocacy Coalition Approach*, Boulder, CO: Westview.
Sack, R. (1986), *Human Territoriality: Its Theory and History*, Cambridge: Cambridge University Press.
Sahlins, M. (1974), *Stone Age Economics*, New York: de Gruyter.
Said, E.W. (1975), *Beginnings: Intention and Method*, New York: Basic Books.
Said, E.W. (1993), *Culture and Imperialism*, New York: Knopf.
Sampson, A. (1962), *The Anatomy of Britain*, London: Hodder & Stoughton.
Sampson, A. (1982), *The Changing Anatomy of Britain*, London: Hodder & Stoughton.
Sanderson, J. (1963), 'Marx and Engels on the state', *The Western Political Quarterly*, 16(4), 946–955.
Sankey, K. (2018), 'Extractive capital, imperialism, and the Colombian state', *Latin American Perspectives*, 45(5), 52–70.
Saran, S. (2015), 'Paris climate talks: Developed countries must do more than reduce emissions', *The Guardian*, available online: https://www.theguardian.com/environment/2015/nov/23/paris-climate-talks-developed-countries-must-do-more-than-reduce-emissions (accessed 17 March 2022).
Sargent, L. (1981), 'New Left Women and Men: The Honeymoon is Over', in L. Sargent (ed.), *Women and Revolution: The Unhappy Marriage of Marxism and Feminism*, xi–xxxii, London: Pluto Press.
Sartori, G. (1970), 'Concept misformation in comparative politics', *American Political Science Review*, 64(4), 1033–1053, doi:10.2307/1958356.

Sass, J., *Remaking Monsanto: Commodification as Corporate Strategy*, New Haven; Yale University Press, forthcoming.
Sassen, S. (2006), *Territory, Authority, Rights: From Medieval to Global Assemblages*, Princeton, NJ: Princeton University Press.
Saurugger, S. (2010), 'The social construction of the participatory turn: The emergence of a norm in the European Union', *European Journal of Political Research*, 49(4), 471–495.
Scharpf, F.W. (1997), *Games Real Actors Play: Actor-Centered Institutionalism in Policy Research*, Boulder, CO: Westview Press.
Scharpf, Fritz W. (1999), *Governing in Europe*, Oxford: Oxford University Press.
Schelling, T.C. (1978), *Micromotives and Macrobehavior*, New York: Norton & Company.
Schlosberg, D. and C. Craven (2019), *Sustainable Materialism: Environmental Practice and the Politics of Everyday Life*, Oxford: Oxford University Press.
Schlosberg, D., K. Bäckstrand and J. Pickering (2019), 'Reconciling ecological and democratic values', *Environmental Values*, 28, 1–8.
Schmidt, V.A. (2000), 'Values and Discourse in the Politics of Adjustment', in F.W. Scharpf and V.A. Schmidt (eds), *Welfare and Work in the Open Economy, Volume 1: From Vulnerability to Competitiveness*, 229–310, Oxford: Oxford University Press.
Schmidt, V.A. (2002), *The Futures of European Capitalism*, Oxford: Oxford University Press.
Schmidt, V.A. (2006), *Democracy in Europe: The EU and National Polities*, Oxford: Oxford University Press.
Schmidt, V.A. (2008), 'Discursive institutionalism: The explanatory power of ideas *and* discourse', *Annual Review of Political Science*, 11, 303–326.
Schmidt, V.A. (2010), 'Taking ideas *and* discourse seriously: Explaining change through discursive institutionalism as the fourth new institutionalism', *European Political Science Review*, 2(1), 1–25.
Schmitter, P. (1985), 'Neo-Corporatism and the State', in W. Grant (ed.), *The Political Economy of Corporatism*, 32–62, London: Macmillan.
Schot, J. and F. Geels (2008), 'Strategic niche management and sustainable innovation journeys: Theory, findings, research agenda, and policy', *Technology Analysis & Strategic Management*, 20(5), 537–554.
Scoones, I., M. Leach and P. Newell (eds) (2015), *The Politics of Green Transformations*, London: Routledge.
Scotland Office (2015), *Scotland's Islands Areas: Guidelines for UK Government Departments*, Edinburgh: Scotland Office.
Scott, J. (1991), *Who Rules Britain?* Cambridge: Polity Press.
Scott, J.C. (1998), *Seeing Like a State: How Certain Schemes to Improve the Human Condition Have Failed*, New Haven, CT: Yale University Press.
Seabrooke, L. and D. Wigan (2016), 'Powering ideas through expertise: Professionals in global tax battles', *Journal of European Public Policy*, 23(3), 357–374.
Self, P. (1993), *Government by the Market? The Politics of Public Choice*, London: Macmillan.

Shennan, J.H. (1974), *The Origins of the Modern European State, 1450–1725*, London: Hutchinson.
Shepherd, L.J. (2007), '"Victims, perpetrators and actors" revisited: Exploring the potential for a feminist reconceptualisation of (international) security and (gender) violence', *The British Journal of Politics and International Relations*, 9(2), 239–256.
Shepherd, L.J. and J. Weldes (2008), 'Security: The State (of) Being Free from Danger?' in H.G. Brauch, Ú.O. Spring, C. Mesjasz et al. (eds), *Globalization and Environmental Challenges: Reconceptualizing Security in the 21st Century*, 529–536, Berlin; Heidelberg: Springer.
Shepsle, K. A. (1986), 'Institutional Equilibrium and Equilibrium Institutions', in H.F. Weisburg (ed.), *Political Science: The Science of Politics*, 51–81, New York: Agathon.
Shepsle, K. A. (2008), 'Rational Choice Institutionalism', in S.A. Binder, R.A.W. Rhodes and B.A. Rockman (eds), *The Oxford Handbook of Political Institutions*, 23–38, Oxford: Oxford University Press.
Shilliam, R. (2021, *Decolonizing Politics: An Introduction*, Oxford: Polity Press.
Siemiatycki, M. (2005), 'Beyond moving people: Excavating the motivations for investing in urban public transit infrastructure in Bilbao Spain', *European Planning Studies*, 13, 23–44.
Siim, B. (1988), 'Towards a Feminist Rethinking of the Welfare State', in K. Jones and A. Jónasdóttir (eds), *The Political Interests of Gender*, 160–186, Oxford: SAGE Publications.
Simmons, R.T. (2011), *Beyond Politics: The Roots of Government Failure*, Oakland, CA: Independent Institute.
Simms, B. and D. Trim (eds) (2011), *Humanitarian Intervention: A History*, Cambridge: Cambridge University Press.
Skinner, Q. (1978), *The Foundations of Modern Political Thought. Volume 1: The Renaissance*, Cambridge: Cambridge University Press.
Skinner, Q. (1989), 'The State', in T. Ball et al. (eds), *Political Innovation and Conceptual Change*, 90–131, Cambridge: Cambridge University Press.
Skinner, Q. (2008), *Hobbes and Republican Liberty*, Cambridge: Cambridge University Press.
Skocpol, T. (1979), *States and Social Revolutions*, Cambridge: Cambridge University Press.
Skocpol, T. (1985), 'Bringing the State Back In: Strategies of Analysis in Current Research', in P. Evans, D. Rueschemeyer and T. Skocpol (eds), *Bringing the State Back In*, 3–37, New York: Cambridge University Press.
Skogstad, G. (2019) 'Global Public Policy and the Constitution of Political Authority', in D. Stone and K. Maloney (eds), *The Oxford Handbook of Global Policy and Administration*, 23–40, Oxford: Oxford University Press.
Skowronek, S. (1982), *Building a New American State: The Expansion of National Administrative Capacities 1877–1920*, Cambridge: Cambridge University Press.
Smith, A. (1776), *An Inquiry into the Nature and Causes of the Wealth of Nations*,

Oxford: Clarendon Press.
Smith, A. and F. Kern (2009), 'The transitions storyline in Dutch environmental policy', *Environmental Politics*, 18(1), 78–98.
Smith, A. and A. Stirling (2010), 'The politics of social-ecological resilience and sustainable socio-technical transitions', *Ecology and Society*, 15(1), 11, available online: http://www.ecologyandsociety.org/vol15/iss1/art11/ (accessed 17 March 2022).
Smith, A., J.-P. Voss and J. Grin (2010), 'Innovation studies and sustainability transitions: The allure of the multi-level perspective and its challenges', *Research Policy*, 39, 435–448.
Smith, A.D. (1986), *The Ethnic Origins of Nations*, Oxford: Blackwell.
Smith, A.D. (1991), *National Identity*, London: Penguin.
Smith, A.D. (1998), *Nationalism and Modernism: A Critical Survey of Recent Theories of Nations and Nationalism*: London; New York: Routledge.
Smith, A.D. (2000), *The Nation in History: Historiographical Debates about Ethnicity and Nationalism*, Cambridge: Polity Press.
Smith, A.D. (2002), 'When is a nation?' *Geopolitics*, 7(2), 5–32.
Smith, C. (2006), *Adam Smith's Political Philosophy: The Invisible Hand and Spontaneous Order*, London: Routledge.
Smith, M. J. (2015), 'From consensus to conflict: Thatcher and the transformation of politics', *British Politics*, 10(1), 64–78.
Solomon, S.G. (1983), *Pluralism in the Soviet Union*, New York: Springer.
Sommerer, T. and S. Lim (2016), 'The environmental state as a model for the world? An analysis of policy repertoires in 37 countries', *Environmental Politics*, 25(1), 92–115.
Sorens, J. (2008), 'Regionalists against secession: The political economy of territory in advanced democracies', *Nationalism and Ethnic Politics*, 14(3), 325–360.
Soysal, Y. (1994), *Limits of Citizenship*, Chicago, IL: University of Chicago Press.
Spaargaren, G. and A.P.J. Mol (2010), 'Sociology, Environment, and Modernity: Ecological Modernisation as a Theory of Social Change', in A. Mol, D. Sonnenfeld and G. Spaargaren (eds), *The Ecological Modernisation Reader*, 56–79, London: Routledge.
Stanley, B. (2008), 'The thin ideology of populism', *Journal of Political Ideologies*, 13(1), 95–110, doi:10.1080/13569310701822289.
Steffen, W., K. Richardson, J. Rockström, S.E. Cornell, I. Fetzer, E.M. Bennett and C. Folke (2015), 'Planetary boundaries: Guiding human development on a changing planet', *Science*, 347(6223), 1259855.
Steinmo, S., K. Thelen and F. Longstreth (eds) (1992), *Structuring Politics: Historical Institutionalism in Comparative Analysis*, Cambridge: Cambridge University Press.
Stoker, G. and M. Evans (2014), 'The democracy-politics paradox: The dynamics of political alienation', *Democracy Theory*, 1(2), 26–36.
Stoker, G. and C. Hay (2016), 'Understanding and challenging populist negativity

towards politics: The perspectives of British citizens', *Political Studies*, 65(1), 4–23.
Stone, D.A. (1988), *Policy Paradox and Political Reason*, Glenview, IL: Scot Foresman.
Stone, D. (2004), 'Transfer agents and global networks in the "transnationalization" of policy', *European Journal of Public Policy*, 11(3), 545–566.
Stone, D. (2012), 'Transfer and translation of policy', *Policy Studies*, 33(6), 483–499.
Stone, D. and S. Ladi (2015) 'Global public policy and transnational administration', *Public Administration*, 93(4), 839–855.
Stone, D. and K. Maloney (eds) (2019a), *The Oxford Handbook of Global Policy and Administration*, Oxford: Oxford University Press.
Stone, D. and K. Maloney (2019b), 'The Rise of Global Policy and Transnational Administration', in D. Stone and K. Maloney (eds), *The Oxford Handbook of Global Policy and Administration*, 3–22, Oxford: Oxford University Press.
Streeck, W. (2014), *Buying Time: The Delayed Crisis of Democratic Capitalism*, London: Verso.
Streeck, W. and K. Thelen (2005), 'Introduction: Institutional Change in Advanced Political Economies', in W. Streeck and K. Thelen (eds), *Beyond Continuity*, 1–39, Oxford: Oxford University Press.
Stringham, E. (2005), *Anarchy, State and Public Choice*, Cheltenham: Edward Elgar.
Stripple, J. and H. Bulkeley (2013), *Governing the Climate: New Approaches to Rationality, Power and Politics*, Cambridge: Cambridge University Press.
Sweezy, P. (1942), *The Theory of Capitalist Development*, New York: Monthly Review Press.
Swyngedouw, E. (2015), *Liquid Power: Contested Hydro-Modernities in Twentieth-Century Spain*, Cambridge, MA: MIT Press.
Sylvester, C. (1994), *Feminist Theory and International Relations in a Postmodern Era*, Cambridge: Cambridge University Press.
Taggart, P. (2000), *Populism*, Buckingham: Open University Press.
Taggart, P. (2002), 'Populism and the Pathology of Representative Politics', in Y. Mény and Y. Surel (eds), *Democracies and the Populist Challenge*, 62–80, London: Palgrave Macmillan.
Taggart, P. (2004), 'Populism and representative politics in contemporary Europe', *Journal of Political Ideologies*, 9(3), 269–288, doi:10.1080/135693 1042000263528.
Tamir, Y. (1993), *Liberal Nationalism*, Princeton, NJ: Princeton University Press.
Tamir, Y. (2019), *Why Nationalism*, Princeton, NJ and Oxford: Princeton University Press.
Tarrow, S.G. (1998), *Power in Movement: Social Movements and Contentious Politics*, Cambridge: Cambridge University Press.
Tarrow, S.G. (2011), *Power in Movement: Social Movements and Contentious Politics*, 3rd edn, Cambridge Studies in Comparative Politics, Cambridge:

Cambridge University Press.
Taylor, C. (1993), *Reconciling the Solitudes: Essays on Canadian Federalism and Nationalism*, Montreal and Kingston: McGill-Queen's University Press.
Taylor, C. (1996), 'Nationalism and Modernity', in J.A. Hall (ed.), *The State of the Nation*, 191–218, Cambridge: Cambridge University Press.
Taylor-Gooby, P. (ed.) (2004), *New Risks, New Welfare: The Transformation of the European Welfare State*, Oxford: Oxford University Press.
Teichman, J. (2007), 'Multilateral lending institutions and transnational policy networks in Mexico and Chile', *Global Governance*, 13, 557–573.
Teo, T.-A. and E. Wynne-Hughes (eds) (2020), *Postcolonial Governmentalities: Rationalities, Violences and Contestations*, London: Rowman & Littlefield International.
Terävainen-Litardo, T. (2015) 'Negotiating green growth as a pathway towards sustainable transitions in Finland', in K. Bäckstrand and A. Kronsell (eds), *Rethinking the Green State: Environmental Governance towards Climate and Sustainability Transitions*, 174–190, London: Routledge.
Teschke, B. (2009) *The Myth of 1648: Class, Geopolitics and the Making of Modern International Relations*, London: Verso.
Teson, F. and van der Vossen, B. (2017) *Debating Humanitarian Intervention: Should We Try To Save Strangers?* Oxford: Oxford University Press.
Thelen, K. (1999), 'Historical Institutionalism in Comparative Politics', in *The Annual Review of Political Science*, Vol. 2, 369–404, Palo Alto, CA: Annual Reviews, Inc.
Thelen, K. (2004), *How Institutions Evolve: The Political Economy of Skills in Germany, Britain, the United States, and Japan*, New York: Cambridge University Press.
Thelen, K. and J. Conran (2016), 'Institutional Change', in O. Fioretos, T.G. Falleti and A. Sheingate (eds), *Oxford Handbook of Historical Institutionalism*, 51–70, Oxford: Oxford University Press.
Thomas, C. (1987), *In Search of Security: The Third World in International Relations*, Boulder, CO: Lynne Rienner.
Thomas, M.W. (1948), *The Early Factory Legislation: A Study in Legislative and Administrative Evolution*, Leigh-on-Sea: Thames Bank Publishing Company.
Thompson, M. (2012), 'Foucault, fields of governability and the population-family-economy nexus in China', *History and Theory*, 51, 42–62.
Thrift, N. (2000), 'Introduction: Dead or Alive?', in I. Cook, D. Crouch, S. Naylor and J.R. Ryan (eds), *Cultural Turns/Geographical Turns: Perspectives on Cultural Geography*, 1–6, Harlow: Prentice Hall.
Thrift, N. (2004), 'Intensities of feeling: Towards a spatial politics of affect', *Geografiska Annaler Series B: Human Geography*, 86, 57–78.
Thrift, N. and S. French (2002), 'The automatic production of space', *Transactions of the Institute of British Geographers*, 27, 309–335.
Tickner, J.A. (1995), 'Re-visioning Security', in K. Booth and S. Smith (eds), *International Relations Theory Today*, 175–197, Oxford: Polity.
Tickner, J.A. (1997), 'You just don't understand: Troubled engagements between

feminists and IR theorists', *International Studies Quarterly*, 41(4), 611–632.

Tilly, C. (ed.) (1975), *The Formation of National States in Western Europe*, Princeton, NJ: Princeton University Press.

Tims, H. and H. Heimans (2018), *New Power: Why Outsiders are Winning, Institutions are Failing, and How the Rest of Us Can Keep Up in the Age of Mass Participation*, London: Pan Macmillan.

Tobin, P. (2015), 'Blue and Yellow Makes Green? Ecological Modernization in Swedish Climate Policy', in K. Bäckstrand and A. Kronsell (eds), *Rethinking the Green State: Environmental Governance towards Climate and Sustainability Transitions*, 141–155, London: Routledge.

Tobin, P. (2017), 'Leaders and laggards: Climate policy ambition in developed states', *Global Environmental Politics*, 17(4), 28–47.

Tol, G. and A. Alemdaroglu (2020), 'Turkey's Generation Z turns against Erdogan', *Foreign Policy*, 15 July 2020, available online: https://foreignpolicy.com/2020/07/15/turkey-youth-education-erdogan/ (accessed 13 September 2020).

Tonder, L. and L. Thomassen (eds) (2014), *Radical Democracy: Between Abundance and Lack*, Manchester: Manchester University Press.

Tooze, A. (2018), *Crashed: How a Decade of Financial Crises Changed the World*, London: Allen Lane.

Torfing, J. (1991), 'A Hegemony Approach to Capitalist Regulation', in R.B. Bertramsen, J.P.F. Thomsen and J. Torfing (eds), *State, Economy and Society*, 35–93, London: Unwin Hyman.

Tripp, Aili Mari (2001), 'The politics of autonomy and cooptation in Africa: The case of the Ugandan women's movement', *Journal of Modern African Studies*, 39(1), 101–128.

Truman, D.B. (1951), *The Governmental Process*, New York: Alfred A. Knopf.

Tsebelis, G. (2002), *Veto Players: How Political Institutions Work*, Princeton, NJ: Princeton University Press.

Tuck, R. (1979), *Natural Rights Theories: Their Origins and Development*, Cambridge: Cambridge University Press.

Tuck, R. (2016), *The Sleeping Sovereign*, Cambridge: Cambridge University Press.

Tullock, G. (1965), *The Politics of Bureaucracy*, Washington, DC: Public Affairs Press.

Tullock, G. (1967), 'The welfare costs of tariffs, monopolies, and theft', *Economic Inquiry*, 5(3), 224–232.

Tullock, G. (1989), *The Economics of Special Privilege and Rent Seeking*, Boston, MA: Kluwer.

Tullock, G., A. Seldon and G.L. Brady (2002), *Government Failure: A Primer in Public Choice*, Washington, DC: Cato Institute.

Turnbull, N. (2013), 'The questioning theory of policy practice: Outline of an integrated analytical framework', *Critical Policy Studies*, 7, 115–131.

United Nations (UN) (1976), *International Covenant on Civil and Political Rights*. Adopted and opened for signature, ratification and accession by General Assembly resolution 2200A (XXI) of 16 December 1966, entry into force 23

March 1976, in accordance with Article 49. Available online: http://www.ohchr.org/EN/ProfessionalInterest/Pages/CCPR.aspx (accessed 17 March 2022).

UN (2020), 'Secretary-General highlights "essential" failure of international cooperation', in Address to Security Council Meeting on Post-Coronavirus Global Governance', available online: https://www.un.org/press/en/2020/sc14312.doc.htm (accessed 17 March 2022).

UNEP (2012), *UNEP Global Environmental Alert Service: Taking the Pulse of the Planet, Connecting Science with Policy*, available online: http://na.unep.net/geas/archive/pdfs/GEAS_Jun_12_Carrying_Capacity.pdf (accessed 17 March 2022).

Usher, M. (2018), 'Conduct of conduits: Engineering, desire and government through the enclosure and exposure of urban water', *International Journal of Urban and Regional Research*, 42(2), 315–333.

van den Berg, A. (1988), *The Immanent Utopia: From Marxism on the State to the State of Marxism*, Princeton, NJ: Princeton University Press.

van den Bergh, J.C.J.M. (2011), 'Environment vs. growth: A criticism of "degrowth" and a plea for "a-growth"', *Ecological Economics*, 70(5), 881–890.

Van den Berghe, P. (1994), 'A Socio-Biological Perspective', in A.D. Smith and J. Hutchinson (eds), *Nationalism*, 96–102, Oxford: Oxford Readers.

Vaughan-Williams, N. (2009), *Border Politics: The Limits of Sovereign Power*, Edinburgh: Edinburgh University Press.

Verloo, Mieke (ed.) (2018), *Varieties of Opposition to Gender Equality in Europe*, London: Routledge.

Victor, P.A. (2008), *Managing without Growth: Slower by Design, Not Disaster*, Cheltenham: Edward Elgar.

Viroli, M. (1992), *From Politics to Reason of State: The Acquisition and Transformation of the Language of Politics 1250–1600*, Cambridge: Cambridge University Press.

Visvanathan, N., L. Duggan, L. Nisonoff and N. Wiegersma (eds) (1997), *The Women, Gender and Development Reader*, London: Zed Books.

Vogel, D. (1987), 'Political science and the study of corporate power: A dissent from the new conventional wisdom', *British Political Science*, 17, 385–408.

Vogel, D. (1989), *Fluctuating Fortunes: The Political Power of Business in America*, New York: Basic Books.

Vogel, D. (2005), *The Market for Virtue: The Potential and Limits of Corporate Social Responsibility*, Washington, DC: Brookings Institution Press.

Voss, J-P. and B. Bornemann (2011), 'The politics of reflexive governance: Challenges for designing adaptive management and transition management', *Ecology and Society*, 16(2), 9, available online: http://www.ecologyandsociety.org/vol16/iss2/art9/ (accessed 17 March 2022).

Wagner, R.E. and J.D. Gwartney (1988), 'Public Choice and Constitutional Order', in J.D. Gwartney and R.E. Wagner (eds), *Public Choice and Constitutional Economics*, 29–56, New York: JAI Press.

Wahlke, J.C. (1979), 'Pre-behavioralism in political science', *American Political*

Science Review, 73(1), 9–31.
Wainwright, H. (1994), *Arguments for a New left*, 291–311, Oxford: Blackwell.
Walker, R.B.J. (1993), *Inside/Outside: International Relations as Political Theory*, Cambridge: Cambridge University Press.
Walker, R.B.J. (1997), 'The Subject of Security', in K. Krause and M.C. Williams (eds), *Critical Security Studies: Concepts and Cases*, 61–81, Minneapolis: University of Minnesota Press.
Waltz, K. ([1959] 2018), *Man, the State, and War*, New York: Columbia University Press.
Waltz, K. (1979), *Theory of International Politics*, Reading, MA: Addison-Wesley.
Walzer, M. (2002), 'Nation-States and Immigrant Societies', in W. Kymlicka and M. Opalski (eds), *Can Liberal Pluralism be Exported?*, 150–153, Oxford: Oxford University Press.
Ward, H. (1987), Structural power – A contradiction in terms? *Political Studies*, 35(4), 593–610.
Washington Post (2020), 'COVID-19 infecting, killing black Americans at alarmingly high rate, analysis shows', 7 April, available online: https://www.washingtonpost.com/nation/2020/04/07/coronavirus-is-infecting-killing-black-americans-an-alarmingly-high-rate-post-analysis-shows/ (accessed 17 March 2022).
Weale, A. (2018), *The Will of the People: A Modern Myth*, Cambridge: Polity Press.
Weber, M. (1946), 'Politics as a Vocation', in H.H. Gerth and C.W. Mills (eds), *From Max Weber: Essays in Sociology*, 77–128, New York: Oxford University Press.
Weber, M. (1978), *Economy and Society: An Outline of Interpretative Sociology*, Berkeley: University of California Press.
Weiss, T.G. (2016), *Humanitarian Intervention*, 3rd edn, Cambridge: Polity Press.
Weldes, J. (1999), *Constructing National Interests: The United States and the Cuban Missile Crisis*, Minneapolis: University of Minnesota Press.
Wendt, A. (1987), 'The agent-structure problem in international relations theory', *International Organization*, 41(3), 335–370.
Wendt, A. (1999), *Social Theory of International Relations Theory*, Cambridge: Cambridge University Press.
Weyland, K. (2013), 'The threat from the populist left', *Journal of Democracy*, 24(3), 18–32, doi:10.1353/jod.2013.0045.
Wheeler, N.J. (2000), *Saving Strangers*, Oxford: Oxford University Press.
White, D. (2019), 'Ecological democracy, just transitions and a political ecology of design', *Environmental Values*, 28(1), 31–53.
Whitehead, M., B. Barr and B. Taylor-Robinson (2020), 'Covid-19: We are not "all in it together" – less privileged in society are suffering the brunt of the damage', BMJ Opinion, available online: https://blogs.bmj.com/bmj/2020/05/22/covid-19-we-are-not-all-in-it-together-less-privileged-in-society-are-suffering-the-brunt-of-the-damage/ (accessed 17 March 2022).
Widmaier, W.W. (2016), *Economic Ideas in Political Time: The Construction*,

Conversion and Crisis of Economic Orders from the Progressive Era to the Global Financial Crisis, Cambridge: Cambridge University Press.

Wieringa, S. (2002), *Sexual Politics in Indonesia*, London; New York: Palgrave Macmillan.

Wilkinson, R. and K. Pickett (2010), *The Spirit Level: Why Equality is Better for Everyone*, London: Penguin.

Williams, C. and A. Smith (1983), 'The national construction of social space', *Progress in Human Geography*, 7, 502–518.

Winchester, S. (1981), *Their Noble Lordships*, London: Faber & Faber.

Wittgenstein, L. (1958), *Philosophical Investigations*, Oxford: Blackwell.

Wolfe, A. (1974), 'New directions in the Marxist theory of politics', *Politics and Society*, 4(2), 131–160.

Wolfe, A. (1977), *The Limits of Legitimacy: Political Contradictions of Late Capitalism*, New York: Free Press.

Wolfe, J. and A. DeVeaux (2020), 'How fast is the economy recovering?' *FiveThirtyEight*, available online: https://projects.fivethirtyeight.com/us-economy-coronavirus/ (accessed 17 March 2022).

Woll, C. (2008), *Firm Interests: How Governments Shape Business Lobbying on Global Trade*, Ithaca, NY: Cornell University Press.

Wood, M. (2015), 'Depoliticisation, resilience and the herceptin post-code lottery crisis: Holding back the tide', *The British Journal of Politics and International Relations*, 17(4), 644–664.

Woods, E.T., R. Schertzer, L. Greenfeld, C. Hughes and C. Miller-Idriss (2020), 'COVID-19, nationalism, and the politics of crisis: A scholarly exchange', *Nations and Nationalism*, 26, (4): 807–825.

Wurzel, R. and J. Connelly (eds) (2011) *The European Union as a Leader in International Climate Change Politics*, London: Routledge.

Yack, B. (2012), *Nationalism and the Moral Psychology of Community*, Chicago, IL: University of Chicago Press.

Yuval-Davis, N. (1997), *Gender and Nation*, London: SAGE.

Žižek, S. (2021), 'Is barbarism with a human face our fate?' *Critical Enquiry*, 47(S2), s4–s8.

Zunes, S. (2005), 'Hurricane Katrina and the war in Iraq', *Foreign Policy in Focus*, available online: https://fpif.org/hurricane_katrina_and_the_war_in_iraq/ (accessed 17 March 2022).

Zysman, J. (1994), 'How institutions create historically rooted trajectories of growth', *Industrial and Corporate Change*, 3(1), 243–283.

찾아보기

D

DiEM25 450-451

ㄱ

가부장적 국가 196, 203
   가부장제 196-197
경로의존(path-dependence) 21, 159, 167-169, 176-177, 185-186, 206, 230
경제적 불가피성 212, 224, 228, 240
경제협력개발기구(OECD) 3, 83, 92-93, 218, 357, 367-368
경향적 공동화 124
고래 구하기(Save the Whale) 184
공공선택이론 14, 19, 27-28, 129-132, 135, 152-156
공동주권(pooling of sovereignty) 274, 282, 295
   만국우편연합(Universal Postal Union) 282
공동화(hollowing out) 131, 153-154, 438
공유지의 비극 161
공화정치이론 11
과격 민주주의 59-61
과두제의 철칙 68-69
구성주의 160, 181, 186, 204, 259, 300, 307
   구성주의자(constructivists) 172, 182
구제도주의 159, 166, 168
구조-대리인 문제 354-355, 369
구조화이론 355
국가 개념 2, 7, 11, 15-16, 18, 98, 108, 114, 121, 125, 193, 200
   국민국가 24-25, 30, 67, 71, 82, 84, 91, 123, 202, 257, 307, 317, 323, 343, 378, 383, 392, 397, 425, 434, 463
   근대적 개념 12
   베버의 정의 12
   성숙한 국가 318
   약한 국가 313
   유사국가(quasi-states) 285, 288
   전쟁중심 국가론자 14
   정상 국가 317-318
   하위 국가 229, 380-381, 437-438
국가 능력 88, 133, 154, 166, 217, 316-317, 446
국가로의 복귀 5, 16
국가-사회관계 308
국가와 혁명 97, 110

국가의 기원 8-9, 220
국가주의 76-77, 190, 304-306, 309, 425
국가중심주의 304-305
국가 통치술 78, 80
    상위 정치 80
    중심/왕실 80
    하위 정치 80
국가 파생론자 101, 117
국민국가 2
국민국가의 위기 24
군주론 11
권력엘리트 73-75
권력의 미시물리학 264
근대주의(modernism) 59, 61, 381-385, 402
급진 여성주의 196-198
급진 민주주의 55, 422
기동전(war of manoeuvre) 113

ㄴ

나로드니키(Narodniki) 426
녹색국가 29, 213-228, 230, 232-233, 237-239
녹색당 212, 215, 223, 234
녹색사회운동 211

ㄷ

담론이론 243, 253
담론적 제도주의(discursive institutionalism) 28, 158-159, 170, 175-177, 180-184, 186, 445
    관념적 구성주의(ideational constructivism) 175
    관념적 전환(ideational turn) 175

소통 담론 183
조정 담론 183
대량살상무기(WMD: weapons of mass destruction) 308, 311
대위법적 읽기(contrapuntal reading) 방법 319
대의민주주의 254, 422, 424, 426
대중 대리인 접근방법 409
대중영합주의적 과격우파 415-416
도구주의자 97-98
독일 이데올로기 70, 108-109
동성민족주의(homonationalism) 191-192
동성보호주의(homoprotectionism) 191
디지털 하부구조 326, 341-342
    부호화된 하부구조 341

ㄹ

라클라우식(Laclauan) 접근방법 409
리바이어던 12, 150

ㅁ

마르크스주의 여성주의 198
모세관(capillary) 권력 372-376
무임승차 135-137
문명 표준 280, 283-284
문화 접근방법 169-170
물질적 여성주의 204
물질적 하부구조 32, 339-340, 342, 346
민족상징주의(ethnosymbolism) 384
민족주의와 국가의 관계 380
민족 지위 378-380, 386, 389, 391-394, 396, 399, 403

ㅂ

반엘리트 대중영합주의 84, 92
방법론적 개별주의(individualism) 27, 129, 135
법적 지위로서의 주권 280
베스트팔렌 주권(Westphalian sovereignty) 273
베스트팔렌 합의 278
베스트팔렌협약 279
보이지 않는 손 131
보호할 책임(responsibility to protect) 291-293
  R2P 291-294
  RtP 291
복지국가 10, 29, 41, 46, 167, 189, 194-195, 198, 207, 213-214, 217, 218-223, 226, 228, 232, 235, 239, 424, 443
북유럽 복지국가 195, 217
브렉시트(Brexit) 30, 85-86, 281, 296, 323-325, 414, 434
비엔나공동연구소(JVI: Joint Vienna Institute) 83

ㅅ

사회경제적 접근방법 409
사회주의 여성주의 196, 198-199
사회학적 제도주의(sociological institutionalism) 28, 158-159, 169-174, 181-183
상대적 자율성 118, 199
생명 권력 264
생태 발자국 223, 226
생태적 민주주의 211, 237
생태학적 근대화 211, 215, 217-218, 224-226, 232

성장 명령 125
세계금융위기(GFC: Global Financial Crisis) 3-4, 30, 32, 104, 122, 124, 126, 295, 349, 357-358, 360, 366, 369-371, 374, 450
세계인권선언문(UDHR: Universal Declaration of Human Rights) 285
세계주의 419, 448
순수 이성 비판(Critique of Pure Reason) 243
스타투스(status) 11
시민민족주의(civic nationalism) 386
시장 실패 27, 103, 131, 134, 139, 220
신공공관리(New Public Management) 55, 131, 153, 458
신국가주의자(neo-statists) 13-14
신다원주의 14, 26, 50, 52
신제도주의 21, 28, 157-160, 165, 175-177, 185-187, 206
심의민주주의 236, 237

ㅇ

양성이론 199
엘리트 순환 26, 68-70, 81, 85, 87-88, 93
  여우와 사자 69-70
엘리트 지배 49, 67-68, 71-72
여성주의 국가이론 22, 100
여성 친화적 복지국가 194
역사적 제도주의(HI: historical institutionalism) 28, 159, 165-170, 172, 174-175, 179-182, 186, 446, 457-458
연결망(networked) 영토 326
연결망화되고 관계적인 사고방식 333
엷은 이데올로기 394, 406, 411, 415, 423

우파 대중영합주의 86, 192, 206-209, 295, 391, 423
원시주의(Primordialism) 381, 385
원주민주의 414-415, 427
위기 환치의 논리 103
유럽 녹색협상(European Green Deal) 218
유럽회의주의 411, 416
유물론적 사회 존재론 339
유엔 총회 285, 291
유엔 헌장 274, 278-279, 283-285, 287, 290, 293
이상적 집단적 자본가 98-99, 103
인공지능(AI) 26, 67, 90-91
  영구적 독재자 91
인도주의적 개입 279, 288, 291, 293
인민주권(popular sovereignty) 274, 383, 422
인종 국가 461-464
인종적 민족주의(ethnic nationalism) 254, 386, 415
인종차별화 감시 315

ㅈ

자본주의적 가부장제 198
자비로운 전제군주(benevolent despot) 132
자연재해 310-311
자원초과이익세 137
자유 민족주의 387
자유주의 여성주의 193, 197
자유주의적 여성주의 28, 193
적소(適所) 행위자(niche actors) 229
적절성의 논리(logic of appropriateness) 159, 171, 181
전략적 관계적 접근방법 355

전략적-관계적 접근방법 118, 121-122, 126
전제권력(despotic power) 77
정부 실패 131, 134, 139
정치공식 68, 70-71, 80
정치적 개념으로서의 주권 280
제3세계의 안보 316-317
제한된 합리성(bounded rationality) 165, 369
조용한 정치 353, 362-363, 366
좌파 대중영합주의 86, 257, 295, 423
죄수의 딜레마(prisoner's dilemma) 146, 161
주권자(sovereign) 11, 263-264, 273-279
주인-대리인 관계(principal-agent relationship) 140
주인-대리인이론 161
지대 추구 139, 308
지배권력(dominium) 275, 277
지속가능성 이행연구 229
직접 민주주의 84, 411, 413, 422
진지전(war of position) 113
진한 이데올로기 411
집단행동 논리 135
집합(assemblage)이론 338, 342

ㅊ

책임으로서의 주권 274, 288, 290
초국적 정책 엘리트 67, 79, 82-84
초국적 행정 82-84
초글로벌주의 448-449
총통 민주주의 90
최소 국가 151

ㅌ

탈구조주의 여성주의 28, 190, 203
탈식민 국가 201-202
통제권 회수 294, 296
통치성 30, 192, 204-205, 243, 263, 266-268, 373-375

ㅍ

파레토 효율성(Pareto efficient) 133
페론주의(Peronism) 426
평범한 민족주의 391-393
폐쇄체제 304

ㅎ

하부구조 권력(infrastructural power) 13, 334
하위국가 민족주의 391, 393-400, 402-403
합리적 선택이론의 기본 요소 129
합리적 선택 제도주의(RCI: rational choice institutionalism) 28, 158, 160-171, 173-174, 178
핵 억지 308-309
행위자연결망이론(ANT: actor-network theory) 338, 342
헤게모니 71, 81, 111-112, 177, 199, 254-258, 268-269, 300, 320, 373, 375, 428, 447
헬싱키워치(Helsinki Watch) 286
형태발생 접근방법 355
홉스적 자연 상태 143-144
　만인의 만인에 대한 투쟁(war of all against all) 147
황금기 접근방법 417
효용 극대화 120, 130, 164

휴먼라이츠워치(Human Rights Watch) 286
흑인의 생명은 중요하다(Black Lives Matter) 432, 460

저자소개

니콜라 맥이웬(Nicola McEwen)은 에딘버러대학교 영토정치학 교수이고, ESRC UK in a Changing Europe의 선임 연구원이다. 그녀는 Centre on Constitutional Change의 창립 공동 소장이다. 니콜라는 민족주의, 권리이전과 정부 간 관계를 전문으로 하며 스코틀랜드와 영국에 관한 비교시각에 초점을 둔다. 그녀의 현재 연구는 Brexit에 의한 영국 권리 이전, 정부 간 관계와 유럽연합에 관한 충격을 평가하고 있다. 그녀는 미디어 작업, 공적 관여, 그리고 의회와 정부에 대한 조언과 지원을 통해서 정책과정과 공적 토론에서 유익한 활동을 활발히 하고 있다.

다니엘 세트라(Daniel Cetrà)는 바르셀로나대학교 정치경제연구소(IPERG)의 비아트류 드 피노스 박사후 연구원이다. 그는 민족주의, 언어정치학, 비교영토정치 분야의 연구를 전문으로 한다. 그는 *Nationalism, Liberalism and Language in Catalonia and Flanders* (2019)의 저자다. 또한 *Journal of Common Market Studies and Territory, Politics, Governance*를 포함한 여러 저널에 광범위하게 출판했다.

데이비드 마쉬(David Marsh)는 호주 캔버라대학교 거버넌스와 정책분석 연구소의 명예교수다. 그는 책 10권과 100개가 넘는 논문의 편저자이다. 무슨 죄인지 그는 브리스톨 로버스 지지자다.

로저 힐딩손(Roger Hildingsson)은 스웨덴 룬드대학교 정치학 선임 연구원이며, 기후변화의 새로운 정치에서의 국가 역할에 관한 박사학위(2014)를 가지고 있다. 그의 연구는 환경정치, 기후 거버넌스, 도시 지속가능성에 초점을 맞추며 탈화석 전환과 산업 탈탄소화를 주도할 녹색국가이론과 (환경)국가의 능력에 특별한 관심을 가진다. 그는 이 주제에 관해 많은 저서와 논문을 출판했다.

리스 존스(Rhys Jones) 정치지리학 교수이며 애버리스트위스대학교 지리지구학과의 전 학과장이다. 그의 연구는 역사적이고 현대적 맥락에서 국가와 민족주의 지리학에 초점을 맞춘다. 보다 최근에 그의 연구는 세계 여러 국가에서 개인의 행태적 통찰과 행복 문제에 대해 점증하는 공공정책의 개입 현상을 평가해 왔다.

마이클 리스터(Michael Lister)는 옥스퍼드브룩스대학교 정치학과 교수다. 그의 연구는 특히 안보와 반테러주의 정책과 관련한 시민 태도와 행태의 본질과 의미에 초점을 둔다. 그는 *Public Opinion and Counter Terrorism* (forthcoming)의 저자이고, *Anti-Terrorism, Citizenship and Security* (with Lee Jarvis, 2015)의 공동저자이며, 광범위한 저널에 논문을 출판했다.

마크 에반스(Mark Evans)는 찰스 스터트대학교의 연구부총장 대리다. 그는 유럽연합, 국제연합, 세계은행을 위해 거버넌스 운영을 변화시키는 국제적 역할을 했고, 선임 정책자문역으로 활동했으며, 프로젝트 연구와 평가를 관리했다. 가장 최근 저서는 게리 스토커와 공저한 *Saving Democracy* (Bloomsbury, 2022)이다.

마틴 J. 스미스(Martin J. Smith)는 요크대학교 정치학 기념 교수이며 학과장과 부부총장으로 일하고 있다. 그전에는 셰필드대학교에서 정치학 교수이자 학과장을 역임했다. 그는 영국정치, 정당정치, 국가권력의 본질 변화에 관해 광범위하게 출판을 해왔다. 그의 연구는 최근 거버넌스와 지역정치의 단편화된 본질에 초점을 맞춰왔으며, 현재 단편화된 거버넌스체제에서의 재무 통제의 효과성을 평가하는 연구용역을 누필드재단에서 지원받아 공동 연구하고 있다.

미코 퀴스마(Mikko Kuisma)는 튀빙겐대학교 비교공공정책 강사다. 그의 연구 관심은 비교복지국가, 특히 사회정책, 대중영합적 과격 우익정당, 복지 제일주의에 있어서의 아이디어와 담론의 역할, 그리고 유럽 사회민주주의의 미래에 있다. 그의 연구는 *West European Politics, New Political Economy, Public Administration, Policy and Society, Critical Social Policy and Critical Policy Studies*에 출판됐으며 그 외 다수 있다.

브래드 R. 테일러(Brad R. Taylor)는 남 퀸즐랜드대학교 경제학과 정치경제학 교수다. 그는 공공선택이론, 분석정치이론, 정치인식론 분야를 연구한다. 그의 연구는 *Journal of Politics, New Political Economy, Constitutional Political Economy* 등의 저널에 출판됐다.

비비안 A. 슈미트(Vivien A. Schmidt)는 보스톤대학교 파르디학부 유럽통합론 교수이자 LUISS대학교 명예교수다. 그녀의 가장 최근 저서인 *Europe's Crisis of Legitimacy: Governing by Rules and Ruling by Numbers in the Eurozone* (2020)은 미국정치학회 아이디어, 지식 및 정치 부문 2021년 최고 저술상을, 그리고 유럽연합연구협회 2022년 최고저술상 가작을 수상했다. 그녀는 최근 프랑스 레종 도뇌르 훈위(勳位)에서 기사 작위를 수여받았고, 유럽연합연구협회로부터 생애업적상을 받았으며, 대중영합주의에 관한 환대서양 조사연구인 '불만의 수사(修辭)'에 대한 현재 연구용역을 위해 구겐하임재단 연구비를 지원받았다.

애니카 크론셀(Annica Kronsell)은 고텐버그대학교 지구학대학원 환경사회과학 교수이자 학과장이다. 그녀는 공적 국가제도가 기후 및 환경 쟁점을 어떻게 다스리는가에 관심이 있으며, *Rethinking the Green State: Environmental Governance towards Environmental and Sustainability Transitions* (2015)을 캐린 백스트랜드와 공동 저술했다. 그녀는 또 기후 거버넌스와 제도에서의 권력, 불평등 및 불공정을 연구하기 위해 여성이론을 적용하는데 이는 맥누스도띠르와 공동 저술한 *Gender, Intersectionality and Climate Institutions in Industrialized States* (2021)에 나타나 있다.

엘런 핀레이슨(Alan Finlayson)은 이스트 앵글리아대학교 정치사회이론학 교수다. 그의 연구는 정치 이데올로기와 정치 수사학에 대해 이론적 역사적 분석과 해석을 통한 민주적 정치문화이론의 발전에 공헌하는 연구를 포함하고 있다. 그의 연구는 레버룸 트러스트와 AHRC에 의해 지원됐다. 출판으로는 *Rhetoric in British Politics and Society* (edited with J. Atkins, J. Martin and N. Turnbull); *Democracy and Pluralism: The Political Thought of William E. Connolly* (ed.); *Contemporary Political Theory: A Reader and Guide; Making Sense of New Labour*가 있으며 광범위한 저널에 논문들이 있다.

요한나 칸톨라(Johanna Kantola)는 탬퍼레대학교 사회과학부 여성학 교수다. 그녀는 ERC Consolidator Grant (2018-2023)가 지원한 연구용역 *Gender, Party Politics and Democracy in Europe: A Study of European Parliament's Party Groups* (EUGenDem)의 연구책임자다. 그녀의 저서로는 *Gender and Political Analysis* (with Emanuela Lombardo, 2017), *Gender and the European Union* (2010); *Feminists Theorize the State* (2006)가 있다. 그녀는 사라 칠즈와 함께 Palgrave Macmillan의 Gender and Politics Book Series 편집인이다.

윌리암 보스워스(William Bosworth)는 호주국립대학교 정치 및 국제관계학부 교수다. 그의 연구는 철학, 정치학, 경제학(PPE)의 분야에 넓게 형성돼 있다. 그는 *Journal of Politics, Journal of Theoretical Politics, European Journal of Political Theory, the Review of Politics* 등의 저널에 출판했다. 그는 런던정치경제대학교(LSE)의 정치이론분야 LSE 펠로우를 역임했다.

제임스 마틴(James Martin)은 런던대학교 골드스미스 캠퍼스 정치학 교수다. 그는 그람시, 풀란차스, 마르크스 같은 인물과 탈마르크스주의 정치이론에 관한 연구를 출판했고, 정치분석에서의 이데올로기, 담론, 수사학에 대한 접근방법을 탐구해 왔다. 그는 *Contemporary Political Theory* 저널의 공동 편집인이다. 그의 가장 최근 저서는 *Hegemony* (2022)이다.

콜린 헤이(Colin Hay)는 파리 씨앙스 포(정치대학) 정치학과 교수이자 박사과정 주임교수이며 셰필드대학교 셰필드정치경제연구소(SPERI) 설립 소장이다. 그는 *New Political Economy*의 주 편집인이며 *Comparative European*

*Politics and British Politics*의 창립 공동 편집인이다. 그는 영국 사회과학원 회원이며, 최근까지도 European University Institute's Research Council의 회장이었다.

크리스 브라운(Chris Brown)은 런던정치경제대학교(LSE) 국제관계학 명예교수고, *International Society, Global Politics* (2015); *Practical Judgement in International Political Theory* (2010); *Sovereignty, Rights and Justice* (2002)의 저자이며, *International Relations in Political Thought* (with Terry Nardin and N.J. Rengger, 2002); *The Oxford Handbook of International Political Theory* (with Robyn Eckersley, 2018)의 공동 편자다. 그의 교과서인 *Understanding International Relations* (2019)는 현재 제5판까지 나왔다. 마티아스 알버트와 안소니 F. 랭 주니어가 편집한 *The Politics of International Political Theory: Reflections on the Work of Chris Brown* (2018)은 그의 연구업적을 평가하고 있다.

피너 빌긴(Pinar Bilgin)은 국제관계학 교수이자 빌켄트대학교 정치행정학과 학과장이다. 그녀는 *Regional Security in the Middle East: A Critical Perspective* (2005, 2019, 2nd edn); *The International in Security, Security in the International* (2016)의 저자이고, *Routledge Handbook of International Political Sociology* (with Xavier Guillaume, 2017); *Asia in International Relations: Unthinking Imperial Power Relations* (with L.H.M. Ling, 2017)의 공동 편자이다. 그녀는 안보에 관한 비판적 접근을 전문으로 다룬다.

역자소개

양승함 (yangsh@yonsei.ac.kr)

연세대학교 정치외교학과 졸업
연세대학교 정치학 석사
미국 워싱턴대학교 국제학 석사
미국 워싱턴대학교 정치학 박사

현 카자흐스탄 KIMEP대학교 재단이사
   한국정치학회 고문

연세대학교 정치외교학과 교수
한국정치학회 회장
연세대학교 행정대학원장 겸 사회과학대학장, 국가관리연구원장,
   리더십센터 소장
통일부 정책자문위원장 역임

주요논저
Korean Studies in the World (편저, 집문당)
Political Change in Korea (편저, 집문당)
『노무현 정부의 국가관리 중간평가와 전망』(편저, 연세대학교출판부)
『한국의 국가관리와 대통령 리더십의 비전과 모델』(편저, 연세대 국가관리
   연구원)
『현대국제정치의 이해』(공저, 오름)
"정치리더십과 평화,"『인간과 평화』, 제3권1호 외 다수